Recht –
schnell erfasst

Springer
*Berlin
Heidelberg
New York
Hongkong
London
Mailand
Paris
Tokio*

Bernd Müller

Verwaltungsrecht

Schnell erfasst

Dritte, überarbeitete und erweiterte Auflage

Reihenherausgeber
Dr. iur. Detlef Kröger
Dipl.-Jur. Claas Hanken

Autor
RA Bernd Müller
Von-Essen-Straße 58
22081 Hamburg

Graphiken
Jürgen Zimmermann

Dem C. H. Beck-Verlag, München, danken wir für die freundliche Genehmigung der Verwendung des „Sartorius, Verfassungs- und Verwaltungsgesetz" auf dem Umschlag dieses Buches.

ISSN 1431-7559
ISBN 3-540-20920-4 Springer Berlin Heidelberg New York
ISBN 3-540-65868-8 2. Auflage Springer Berlin Heidelberg New York

Bibliografische Information Der Deutschen Bibliothek
Die Deutsche Bibliothek verzeichnet diese Publikation in der Deutschen Nationalbibliografie; detaillierte bibliografische Daten sind im Internet über <http://dnb.ddb.de> abrufbar.

Dieses Werk ist urheberrechtlich geschützt. Die dadurch begründeten Rechte, insbesondere die der Übersetzung, des Nachdrucks, des Vortrags, der Entnahme von Abbildungen und Tabellen, der Funksendung, der Mikroverfilmung oder der Vervielfältigung auf anderen Wegen und der Speicherung in Datenverarbeitungsanlagen, bleiben, auch bei nur auszugsweiser Verwertung, vorbehalten. Eine Vervielfältigung dieses Werkes oder von Teilen dieses Werkes ist auch im Einzelfall nur in den Grenzen der gesetzlichen Bestimmungen des Urheberrechtsgesetzes der Bundesrepublik Deutschland vom 9. September 1965 in der jeweils geltenden Fassung zulässig. Sie ist grundsätzlich vergütungspflichtig. Zuwiderhandlungen unterliegen den Strafbestimmungen des Urheberrechtsgesetzes.

Springer. Ein Unternehmen von Springer Science+Business Media

springer.de

© Springer-Verlag Berlin Heidelberg 1995, 1999, 2004

Die Wiedergabe von Gebrauchsnamen, Handelsnamen, Warenbezeichnungen usw. in diesem Werk berechtigt auch ohne besondere Kennzeichnung nicht zu der Annahme, dass solche Namen im Sinne der Warenzeichen- und Markenschutz-Gesetzgebung als frei zu betrachten wären und daher von jedermann benutzt werden dürften.

Umschlaggestaltung: design & production GmbH, Heidelberg

SPIN 10984246   64/3130/DK-5 4 3 2 1 0 – Gedruckt auf säurefreiem Papier

Vorwort zur 3. Auflage

Die dritte Auflage wurde unter anderem durch Beispielformulierungen zu den einzelnen Prüfungs- und Problempunkten von Klausuren und Hausarbeiten des Verwaltungsverfahrens- und Verwaltungsprozessrechtes ergänzt.

Somit liegt neben der Erläuterung von Problemen und Darstellung von Meinungsständen, praktischen Hinweisen zur Fallbearbeitung, Prüfungsschemata, zusammenfassenden Übersichten und Klausurtipps jetzt auch ein Formulierungsgerüst vor, das den Einstieg sowie die Bearbeitung der abzuhandelnden einzelnen Untersuchungspunkte des gestellten Fall es erleichtert und Fehler vermeiden hilft.

Die Gesetzesänderungen seit der 2. Auflage wurden selbstverständlich berücksichtigt.

Besonderer Dank bezüglich der Unterstützung bei der Erarbeitung der 3. Auflage gilt Frau Brigitte Reschke und Herrn Claas Hanken.

Hamburg, im März 2004   Bernd Müller

Vorwort der 1. Auflage

Gegenstand des Buches ist das allgemeine Verwaltungsrecht, das Verwaltungsprozeßrecht sowie das Staatshaftungsrecht. Es ist kein wissenschaftliches Lehrbuch, sondern ein an der Fallösung orientiertes Buch zum Lernen. Ein besonderes Anliegen war es, Grundbegriffe zu erklären und die Systematik anschaulich darzustellen. Zahlreiche Übersichten, Lösungsschemata und Tips zur Fallbearbeitung erleichtern den Einstieg.

Für die Unterstützung möchte ich mich bei Frau Jutta Becker und Herrn Roland Leuschel bedanken. Großer Dank gilt auch Herrn Bernhard Lermer für die Beiträge zum prozessualen Teil dieses Buches.

Hamburg, Juli 1995　　　　　　　　　　　　　　　　　　　　　　　　　　　　　Bernd Müller

Inhaltsübersicht

Einführung   1

▪ Verwaltungsrecht und Verwaltungsprozessrecht ▪ Träger der Verwaltung ▪ Anwendungsbereich des VwVfG ▪ Ermessen und unbestimmter Rechtsbegriff ▪ Unterscheidung öffentliches Recht und Privatrecht ▪ Tipps für die Fallbearbeitung ▪

Der Verwaltungsakt   53

▪ Der Verwaltungsakt ▪ Rechtmäßigkeit von Verwaltungsakten ▪ Nichtigkeit des Verwaltungsaktes ▪ Heilung und Unbeachtlichkeit der Rechtswidrigkeit ▪ Aufhebung von Verwaltungsakten ▪ Rücknahme eines rechtswidrigen Verwaltungsaktes ▪ Widerruf eines rechtmäßigen Verwaltungsaktes ▪ Nebenbestimmungen zu Verwaltungsakten ▪

Andere Formen des Verwaltungshandelns   129

▪ Der Realakt ▪ Die abgeleiteten Rechtsquellen ▪ Der verwaltungsrechtliche Vertrag ▪

Das Staatshaftungsrecht   153

▪ Amtshaftung ▪ Haftung aus enteignungsgleichem und enteignendem Eingriff ▪ Allgemeiner Aufopferungsanspruch ▪

Zulässigkeit und Begründetheit verwaltungsrechtlicher Klagen   176

▪ Zulässigkeit und Begründetheit ▪ Eröffnung des Verwaltungsrechtsweges ▪ Die Klagearten und deren spezielle Voraussetzungen ▪ Allgemeine Prozessvoraussetzungen ▪ Begründetheit einer Klage ▪

Ergänzungen zum Rechtsschutz   284

▪ Das Widerspruchsverfahren ▪ Einstweiliger bzw. vorläufiger Rechtsschutz ▪ Einstweiliger Rechtsschutz nach § 80 V VwGO ▪ Einstweiliger Rechtsschutz bei Drei-Personen-Verhältnissen nach § 80a VwGO ▪ Einstweilige Anordnung nach § 123 VwGO ▪ Gleichzeitiger Rechtsschutz nach §§ 80 V, 123 VwGO ▪

Die Rechtsmittel   363

▪ Rechtsmittel ▪ Berufung ▪ Revision ▪

Klausurfälle   373

Register   395

Zivilrecht

Bürgerliches Recht
Das Recht des täglichen Lebens. Es regelt die privaten Lebensverhältnisse aller Personen untereinander

Arbeitsrecht
Das Sonderrecht der Arbeitnehmer. Es regelt die Beziehungen zwischen Arbeitnehmer und Arbeitgeber

Handelsrecht
Das Sonderrecht der Kaufleute und der Handelsgesellschaften. Es regelt die »großen« Geschäfte des Wirtschaftslebens

Gesellschaftsrecht
Das Recht der privatrechtlichen Personenvereinigungen, die zur Erreichung eines bestimmten gemeinsamen Zwecks durch Rechtsgeschäft begründet werden

Öffentliches Recht

Verfassungsrecht
Die Verfassung legt die Grundordnung des Staates und die Grundsätze des gesellschaftlichen Zusammenlebens fest

Europarecht
In West- und Zentraleuropa geltendes inter- und supranationales Recht mit teilweise erheblichen innerstaatlichen Wirkungen

Verwaltungsrecht
Es bestimmt die Beziehungen zwischen staatlichen Organen (Behörden) sowie zwischen Staat und Bürgern

Strafrecht
Es regelt Umfang und Inhalt der Strafbefugnisse des Staates gegenüber den seiner Hoheitsgewalt unterstellten Personen

Steuerrecht
Es regelt die staatlichen Befugnisse (Finanzamt) der Steuererhebung gegenüber allen steuerpflichtigen Personen

---

Vom Überblick zum Durchblick!
Das Geheimnis des Lernens ist nicht, wie häufig praktiziert, möglichst viel Wissen in sich hineinzuschaufeln, sondern Zusammenhänge zu verstehen.
Alle Bücher dieser Reihe liefern einen schnellen Einstieg in die Methodik und die Anwendung des juristischen »Handwerkszeuges« eines jeden Rechtsgebietes.

Einführung in das Verwaltungsrecht

1.	**Verwaltungsrecht und Verwaltungsprozessrecht**	2
1.1.	Das Verwaltungsrecht	3
1.2.	Das Verwaltungsprozessrecht	4
2.	**Träger der Verwaltung**	5
2.1.	Unmittelbare Staatsverwaltung	7
2.2.	Mittelbare Staatsverwaltung	10
2.2.1.	Unterstaatliche juristische Personen	10
2.2.2.	Beliehene	13
2.3.	Mittelbare Bundes- und Landesverwaltung	14
3.	**Anwendungsbereich des VwVfG**	17
4.	**Ermessen und unbestimmter Rechtsbegriff**	19
4.1.	Gebundene Entscheidung	19
4.2.	Ermessensentscheidung	20
4.2.1.	Ermessensbindung	23
4.2.2.	Auswahl- und Entschließungsermessen	23
4.2.3.	Ermessensgrenzen	24
4.2.4.	Ermessensreduzierung auf Null	25
4.2.5.	Ermessensreduzierung durch Selbstbindung der Verwaltung	26
4.3.	Unbestimmter Rechtsbegriff	26
4.4.	Beurteilungsspielraum	27
4.5.	»Planungsermessen«	30
5.	**Unterscheidung öffentliches Recht und Privatrecht**	32
5.1.	Abgrenzung öffentliches Recht und Privatrecht	33
5.2.	Problemfälle bei der Zuordnung	37
5.2.1.	Realakte	37
5.2.2.	Verwaltungsprivatrecht	41
5.2.3.	Subventionen	42
6.	**Tipps für die Fallbearbeitung**	43
7.	**Wiederholungsfragen**	51

1. Verwaltungsrecht und Verwaltungsprozessrecht

Verwaltungsrecht und Verwaltungsprozessrecht gehören zum öffentlichen Recht.

Verwaltungsrecht und Verwaltungsprozessrecht sind Bestandteile des öffentlichen Rechts. Während sich im Zivilrecht immer rechtlich gleichgestellte (zivile) Personen gegenüberstehen, umfasst das öffentliche Recht alle Rechtsverhältnisse, bei denen zumindest auf einer Seite ein Träger hoheitlicher Gewalt (Staat bzw. Behörde, Polizei etc.) beteiligt ist. Dabei unterscheidet man im Verwaltungsrecht zwischen der sog. Eingriffsverwaltung, bei der der Staat gebietend oder verbietend etwa durch Polizeibefehl in die Freiheitssphäre des Verwalteten eingreift, und der sog. leistenden Verwaltung. Bei letzterer, die auch als Leistungsverwaltung bezeichnet wird, gewährt der Staat dem Bürger Vergünstigungen, z.B. durch Hilfen nach dem Bundessozialhilfegesetz, Leistungen nach dem Bundesgesetz über Ausbildungsförderung (BAföG) oder die Bereitstellung von Wirtschaftssubventionen.

DIE VERWALTUNG

Das Verwaltungsrecht ist dabei nicht nur das für die Verwaltungsorgane und ihre Tätigkeit maßgebliche Recht, sondern regelt gerade die Beziehungen zwischen der Verwaltung und dem Bürger. Das Verwaltungsprozessrecht enthält prozessuale Verfahrensregeln hinsichtlich der verwaltungsgerichtlichen Kontrolle der Rechtmäßigkeit des Verwaltungshandelns der öffentlichen Verwaltung.

1.1. Das Verwaltungsrecht

Unter Verwaltungsrecht versteht man die Gesamtheit der Rechtsvorschriften, die die öffentliche Verwaltung betreffen. Man unterscheidet dabei Verwaltungsverfahrensrecht und materielles Verwaltungsrecht. Im Verwaltungsverfahrensrecht geht es im Anwendungsbereich der Verwaltungsverfahrensgesetze des Bundes und der Länder um die nach außen wirkende Tätigkeit der Behörden, die auf Prüfung der Voraussetzungen, die Vorbereitung sowie den Erlass eines Verwaltungsaktes oder eines öffentlich-rechtlichen Vertrages gerichtet ist. Ausgeschieden werden somit einerseits privatrechtliche Handlungen und andererseits die nicht nach außen wirkende Tätigkeit der Behörden, also nur verwaltungsinterne Anordnungen und sonstige Maßnahmen.

Unter Verwaltungsrecht versteht man die Gesamtheit der Rechtsvorschriften, die die öffentliche Verwaltung betreffen.

Grundsätzlich ist das Verwaltungshandeln keinen besonderen Formen des Verfahrensganges unterworfen (§ 10 VwVfG). Nur, sofern und soweit das Gesetz es vorsieht, hat ein förmliches Verwaltungsverfahren stattzufinden. Zum Bereich des Verwaltungs-Verfahrensrechts zählen die Rechtsregeln über den Verfahrensablauf und besondere Verfahrensarten wie Widerspruchsverfahren oder Verwaltungszwangsverfahren. Es geht hier auch um die formellen Voraussetzungen für zulässiges und rechtmäßiges Handeln der Behörden, wie die sachliche und örtliche Zuständigkeit sowie Beteiligungs- und Handlungsfähigkeit der Behörde, das Recht auf Gehör und den Ausschluss von Amtsträgern. Das Verwaltungsverfahren zielt z.B. auf Erlass eines Verwaltungsaktes oder Abschluss eines verwaltungsrechtlichen Vertrages. Während der Verwaltungsprozess einen Antrag – die Klage oder den Antrag auf einstweiligen Rechtsschutz – voraussetzt, kann das Verwaltungsverfahren auch von Amts wegen von der Verwaltungsbehörde eingeleitet werden (§ 22 VwVfG).

Formfreiheit

Das materielle Verwaltungsrecht umfasst die Handlungsformen der Verwaltung, wie u.a. Verwaltungsakt, öffentlich-rechtlicher Vertrag und Realakt. Es beinhaltet auch die allgemeinen Grundsätze des Verwaltungshandelns, wie Gesetzmäßigkeit der Verwaltung, Gebundenheit, Ermessen, unbestimmter Rechtsbegriff und Beurteilungsspielraum, den Grundsatz der Verhältnismäßigkeit und die Selbstbindung der Verwaltung. Es geht aber auch um die Begründung, Beendigung, Grundlagen und den Inhalt von Verwaltungsrechtsverhältnissen, wie z.B. des Beamten-, Schul- oder Soldatenverhältnisses. Öffentlich-rechtliche Ersatzleistungen gehören auch als Sachgebiet zum materiellen Verwaltungsrecht.

Das materielle Verwaltungsrecht umfasst die Handlungsformen der Verwaltung

Allgemeines und besonderes Verwaltungsrecht

Das Rechtsgebiet des Verwaltungsrechts teilt sich in einen allgemeinen und einen besonderen Teil auf. Zum allgemeinen Verwaltungsrecht zählt man die Vorschriften und Rechtsgrundsätze, die für das gesamte Gebiet, somit auch für alle Sonderbereiche, maßgeblich sind. Das Besondere Verwaltungsrecht umfasst Sonderregeln für das jeweilige Sachgebiet.

Bereiche des Besonderen Verwaltungsrechts sind u.a.:
- das Polizei- und Ordnungsrecht
- das Recht der öffentlichen Sachen
- das Bau-, Boden- und Raumordnungsrecht
- das Gemeinderecht
- das Recht des öffentlichen Dienstes
- das Sozialverwaltungsrecht

1.2. Das Verwaltungsprozessrecht

Der Verwaltungsprozess zielt auf den Erlass eines Urteils

Im Verwaltungsprozessrecht geht es um gerichtliche Auseinandersetzungen über die Rechtmäßigkeit des Verwaltungshandelns. Deshalb folgt der Verwaltungsprozess zeitlich dem Verwaltungsverfahren. Zweck des Verwaltungsprozesses ist meist die Absicht des Klägers, die gerichtliche Entscheidung eines Rechtsstreits zwischen sich und der Verwaltungsbehörde herbeizuführen.

Verwaltungsprozessrecht umfasst öffentlich-rechtliche Streitigkeiten nichtverfassungsrechtlicher Art.

Das Verwaltungsprozessrecht umfasst gem. § 40 I VwGO öffentlich-rechtliche Streitigkeiten nichtverfassungsrechtlicher Art. Bei Streitigkeiten über privatrechtliches Handeln ist der Zivilrechtsweg bzw. der Weg zu den Arbeitsgerichten (§§ 13 GVG, 2 ArbGG) eröffnet. Im Verwaltungsprozessrecht knüpfen die Rechtschutzvoraussetzungen an die Rechtsformen des Verwaltungshandelns an. Die Anfechtungsklage zielt auf die Aufhebung eines Verwaltungsaktes, die Verpflichtungsklage ist gerichtet auf den Erlass von abgelehnten oder unterlassenen Verwaltungsakten, § 42 I VwGO. Die allgemeine Leistungsklage ist auf den Erlass oder das Unterlassen sonstiger öffentlich-rechtlicher Maßnahmen gerichtet. Bei der Normenkontrolle nach § 47 VwGO geht es um die Feststellung der Ungültigkeit einer landesrechtlichen Verordnung oder Satzung usw.

2. Träger der Verwaltung

Bei der praktischen Fallbearbeitung stellt sich häufig zuerst die Frage, wer auf Grund welchen Rechts tätig geworden ist. Deshalb ist es wichtig, einiges über den Verwaltungsaufbau zu wissen. Im Streitverhältnis Bürger gegen den Staat muss zudem festgestellt werden können, an welche Stelle des Staates sich der Bürger wenden muss. Außerdem muss im Prozess die richtige Partei benannt und das Organ als handlungsfähiger Vertreter bezeichnet werden (§§ 62 II, 78 I Nr.1 VwGO).

Da die Verwaltungstätigkeit meist nicht von Einzelpersonen ausgeübt wird, sondern von Personenmehrheiten, wird für diese der Begriff »juristische Person des öffentlichen Rechts« verwendet. Diese sind in der Regel Träger der öffentlichen Verwaltung. Juristische Personen des öffentlichen Rechts sind Träger von Rechten, die zum einseitigen Handeln berechtigen. Sie handeln durch ihre Organe, die Einzelpersonen oder Behörden sein können.

Bund und Länder sind juristische Personen des öffentlichen Rechts

Der Staat hat bei der Erfüllung öffentlicher Aufgaben die Möglichkeit, diese selbst wahrzunehmen. Dann spricht man von unmittelbarer Staatsverwaltung. Er kann diese Aufgaben aber auch durch von ihm geschaffene, für rechtsfähig erklärte Unterorganisationen mittelbar erfüllen. Dann handelt es sich um mittelbare Staatsverwaltung.

Unmittelbare und mittelbare Staatsverwaltung

Bei der mittelbaren Staatsverwaltung überträgt der Staat, statt durch eigene Behörden zu handeln, die Verwaltungsaufgaben im Wege der Dezentralisation auf rechtlich verselbständigte Verwaltungsträger, die dann ihrerseits durch ihre Organe handeln. Während der Staat bei der unmittelbaren Verwaltung die Verwaltungsaufgaben mit eigenem Verwaltungsapparat wahrnimmt, führt er bei der mittelbaren Verwaltung Verwaltungsaufgaben nicht selbst aus, sondern bedient sich der von ihm gegründeten rechtlich selbständigen Organisationen des öffentlichen Rechts in Form von Körperschaften, Anstalten, Stiftungen oder privaten Rechts (sog. Beliehenen) zur Aufgabenerfüllung.

Neben Bund und Ländern gibt es also auch noch die von ihnen sozusagen als Ableger gegründeten Körperschaften, Anstalten und Stiftungen als juristische Personen des öffentlichen Rechts und zusätzlich Beliehene, die die öffentlichen Aufgaben erfüllen.

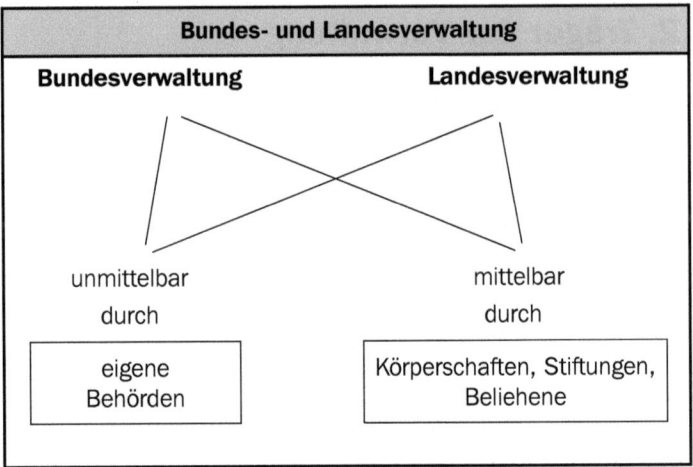

Die gesamte Verwaltung des Staates ist in Bundesverwaltung und Verwaltung der Länder eingeteilt. Die Rechtmäßigkeit des Verwaltungshandelns einer Behörde ist davon abhängig, ob Bundes- oder Landesrecht zur Anwendung kommt. Auf Verwaltungshandlungen von Bundesbehörden kommt ausschließlich Bundesrecht zur Anwendung, auf Verwaltungshandlungen von Landesbehörden Landes- oder Bundesrecht.

Der Bund darf nur in ausdrücklich von der Verfassung zugewiesenen Bereichen verwaltend tätig werden

Der Bund darf nur in den Angelegenheiten verwaltend tätig werden, die ihm ausdrücklich durch die Verfassung eingeräumt sind. In der Regel liegt die Verwaltung in der Hand der Länder, und zwar auch dann, wenn Bundesgesetze auszuführen sind. Deswegen besteht die unmittelbare Bundesverwaltung meist nur aus einer oberen Ebene, den Bundesoberbehörden, und hat nur zu einem geringen Teil einen eigenen Verwaltungsunterbau.

Für den Aufbau der unmittelbaren Landesverwaltung gelten ähnliche Grundsätze wie für den der unmittelbaren Bundesverwaltung. Landkreise und kreisfreie Städte haben allerdings eine Doppelfunktion. Sie sind zum einen Teil Träger der unmittelbaren Verwaltung und zum anderen selbständige Verwaltungsträger.

Die Mittelstufe der Landesverwaltung, die vom Regierungspräsidenten gebildet wird, unterscheidet sich von der der Bundesverwaltung. Der Regierungspräsident ist für den von ihm vertretenen Bezirk sachlich fast allzuständig. Für alle Landesministerien ist er die nachgeordnete Behörde und zum Zwecke der Einheitlichkeit der Verwaltung hat er die unteren Stufen aufeinander abzustimmen.

Bundesbehörden mit Verwaltungsunterbau:
(1) Oberstufe: Oberste Bundesbehörde,
z.B. Bundesverteidigungsministerium
(2) Mittelstufe: Bundesmittelbehörden,
z.B. Wehrbereichsverwaltung
(3) Unterstufe: Bundesunterbehörden,
z.B. Kreiswehrersatzämter

Bundesbehörden ohne Verwaltungsunterbau
(1) Zentralstellen: z.B. Bundesamt für Verfassungsschutz, Bundeskriminalamt etc.
(2) Bundesoberbehörden: z.B. Bundeskartellamt, Kraftfahrt-Bundesamt, Bundesversicherungsamt etc.

Die unmittelbare Landesverwaltung ist in den meisten Bundesländern dreistufig aufgegliedert:
(1) Oberstufe: Oberste Landesbehörden, z.B. Regierung als Kollegialorgan; Landesministerien und Landesoberbehörden, z.B. Landesgesundheitsamt, Landesamt für Verfassungsschutz, Landeskriminalamt usw.
(2) Mittelstufe: z.B. Regierungspräsidenten bzw. Bezirksregierungen sowie Sonderbehörden wie Forstdirektion, Oberschulamt usw.
(3) Unterstufe: Landkreise, kreisfreie Städte, Sonderbehörden

> In Brandenburg, Mecklenburg-Vorpommern, Schleswig-Holstein und im Saarland gibt es keine Mittelstufe.

2.1. Unmittelbare Staatsverwaltung

Die unmittelbare Bundesverwaltung gibt es nur in dem ausdrücklich positiv festgelegten und begrenzten Bereich, in dem das Grundgesetz ausnahmsweise die Ausführung von Bundesgesetzen dem Bund selbst überlässt (siehe: Art. 87 I, II; 87a; 87b; 88; 89 II; 90 III GG.)

> Unmittelbare Staatsverwaltung

Nach Art. 87 III GG kann der Bund für weitere Bereiche Verwaltungsaufgaben an sich ziehen. Er ist aber in Neuerrichtung und Erweiterung von Bundesbehörden durch die Notwendigkeit des Erlasses eines Gesetzes für die Schaffung der Behörde und das Vorliegen der Bundesgesetzgebungskompetenz beschränkt. In der Regel kann er dann auch nur Zentralbehörden ohne eigenen Unterbau schaffen.

Die Ausführung von Bundesgesetzen ist ansonsten nach Art. 83 GG Sache der Länder. Die Ausführung von Landesgesetzen ist nach Art. 30 GG immer Sache der Länder.

> Die Ausführung von Landesgesetzen obliegt allein den Ländern.

Art. 30 GG

Befugnisse der Länder
Die Ausübung der staatlichen Befugnisse und die Erfüllung der staatlichen Aufgaben ist Sache der Länder, soweit dieses Grundgesetz keine andere Regelung trifft oder zuläßt.

Art. 83 GG

Regelzuständigkeit der Länder
Die Länder führen die Bundesgesetze als eigene Angelegenheit aus, soweit dieses Grundgesetz nichts anderes bestimmt oder zuläßt.

Die Ausführung von Landesgesetzen obliegt allein den Ländern.

Folglich sind die Länder grundsätzlich zuständig und setzen Bundesgesetze durch landeseigenen Vollzug um. Eine Ausnahme davon bildet die in Art. 85 GG verankerte Bundesauftragsverwaltung, in deren Rahmen das betreffende Land einer stärkeren Weisungsgebundenheit sowie Rechts- und Fachaufsicht durch den Bund unterliegt (Art. 85 II, IV GG).

Die Art. 86 ff. GG sehen die Möglichkeit eines bundeseigenen Vollzuges vor – entweder durch bundesunmittelbare Verwaltung, also Behörden des Bundes, oder durch mittelbare Bundesverwaltung, also selbständige juristische Personen des öffentlichen Rechts (Anstalten, Körperschaften).

Fall 1: Der G möchte eine Kneipe aufmachen. Er fragt den Jurastudenten J, was er rechtlich dabei zu bedenken und zu tun hat. J wendet sich an Sie.

Nach § 2 GastG (Gaststättengesetz) benötigt der G hierzu eine Erlaubnis, die als Schankkonzession bezeichnet wird. Aber, fragt J, an welche Stelle muss sich G wenden? J sieht das ganze Gaststättengesetz – ein Bundesgesetz – durch, aber über die zuständige Behörde steht dort nichts. Dann erinnern Sie ihn an den in der Staatsrechtsvorlesung erwähnten Art. 83 GG und dabei fällt J ein, dass die Länder die Bundesgesetze grundsätzlich als eigene Angelegenheit umsetzen. Aus diesem Grunde bestimmen auch in der Regel die Länder, durch welche Behörden sie die Bundesgesetze ausführen, wie sich aus Art. 84 I GG ergibt. Dann weisen Sie J darauf hin, dass er in der Sammlung der Landesgesetze seines Bundeslandes dann nur noch die landesrechtliche Ausführungsregelung zum Gaststättengesetz suchen muss.

Nach Art. 30, 83 f. GG ist die Verwaltung grundsätzlich Ländersache. Dabei führen die Länder die Gesetze als eigene Angelegenheit aus, sind also keinen diesbezüglichen Weisungen des Bundes unterworfen, der auf bloße Rechtsaufsicht beschränkt ist. Art. 85 GG regelt dann als Sonderfall die Ausführung von Bundesgesetzen durch die Länder im Wege der Bundesauftragsverwaltung und Art. 86 f. GG den bundeseigenen Vollzug. Jeglicher Bundesvollzug von Landesgesetzen ist schlechthin unzulässig. Damit ist also eine Regelzuständigkeit der Länder für den Vollzug von Bundesgesetzen begründet.

Bundesauftragsverwaltung ist Landesverwaltung nach Beauftragung durch den Bund bei strenger Weisungsgebundenheit sowie Rechts- und Fachaufsicht (bei der Fachaufsicht wird auch die Zweckmäßigkeit kontrolliert) durch den Bund (Art. 85 GG). Der Bereich der bundeseigenen Verwaltung stellt hingegen in Abweichung vom Grundsatz der Art. 30, 83 GG den Eigenvollzug von Bundesgesetzen durch den Bund dar.

Bundes- und Landesverwaltung	
Ausführung	
durch den Bund	durch die Länder
Bundeseigene Verwaltung: Bund vollzieht Bundesgesetze selbst	Bundesaufsichtsverwaltung: Länder vollziehen Bundesgesetze als eigene Angelegenheiten
Mittelbare Bundesverwaltung: Bund vollzieht Bundesgesetze durch bundesunmittelbare Körperschaften und Anstalten	Bundesauftragsverwaltung: Länder vollziehen Bundesgesetze im Auftrag des Bundes

Zum Thema Rechtsschutz: Handeln unmittelbare Bundes- bzw. Landesbehörden, so folgt für das Streitverhältnis, dass der Bund bzw. das Land Partei im Prozess ist, vertreten durch die betreffende Behörde (§§ 61 Nr.1, 62 II VwGO).

Beispiel: Bei einer Klage gegen den Bundesgrenzschutz ist der Bund Partei, vertreten durch den Leiter des betroffenen Grenzschutzamtes.

Rechtsschutz

2.2. Mittelbare Staatsverwaltung

Mittelbare Staatsverwaltung vollzieht sich über Körperschaften, Anstalten, Stiftungen des öffentlichen Rechts und sog. Beliehene

Neben der unmittelbaren Staatsverwaltung gibt es aber auch eine umfangreiche mittelbare Staatsverwaltung. Statt eine eigene staatliche Behörde zu bilden, wird von Bund oder Land eine unterstaatliche juristische Person geschaffen. Dieser ist dann die Verwaltungsaufgabe zur Durchführung übertragen. Anstatt Verwaltungsaufgaben durch die eigenen Behörden auszuführen, kann der Staat also diese Aufgaben auch durch von ihm gegründete rechtsfähige Verwaltungsträger ausführen lassen. Diese sind wiederum zumeist eigene juristische Personen des öffentlichen Rechts, aber auch manchmal Rechtsträger des Privatrechts (Indienstnahme Privater für Verwaltungsaufgaben, sog. »Beliehene«: z.B. Prüfer des TÜV). Sie werden dann mittelbar für den Staat tätig. Sofern die für den Staat mittelbar tätig werdenden Verwaltungseinheiten nicht nur organisatorisch, sondern auch rechtlich verselbständigt sind, besitzen diese selbst den Charakter von juristischen Personen und Verwaltungsträgern. Diese werden in Körperschaften, Anstalten und Stiftungen unterteilt.

2.2.1. Unterstaatliche juristische Personen

Unterstaatliche Personen des öffentlichen Rechts: Körperschaften, Anstalten, Stiftungen

Unterstaatliche juristische Personen des öffentlichen Rechts sind Körperschaften, Anstalten und Stiftungen.

Körperschaften des öffentlichen Rechts zeichnen sich durch ihre mitgliedschaftliche oder Verbandsstruktur aus, d.h. die Personen, gegenüber denen ihre Hoheitsgewalt wirkt, sind in ihnen als Mitglieder mit demokratischen Wahl- und Mitbestimmungsrechten zusammengefasst, und zwar meist durch Zwangsmitgliedschaft. § 37 LVwG Schl.-Holst. definiert Körperschaften als »rechtsfähige, mitgliedschaftlich organisierte Verwaltungseinheiten, die Aufgaben der öffentlichen Verwaltung erfüllen«. Die Körperschaft des öffentlichen Rechts ist eine mitgliedschaftlich verfasste und unabhängig vom Wechsel der Mitglieder bestehende Organisation, die durch staatlichen Hoheitsakt, nämlich i.d.R. durch ein Gesetz oder einen sonstigen Staatsakt auf Grund eines Gesetzes gebildet wird und öffentliche Aufgaben wahrnimmt. Typischerweise sind die öffentlichen Körperschaften rechtsfähige Personenverbände.

Die Körperschaft des öffentlichen Rechts ist durch folgende Merkmale gekennzeichnet:
- Mitgliedschaftliche Struktur,
- Errichtung durch staatlichen Hoheitsakt,
- Rechtsfähigkeit,
- staatsaufsichtliche Kontrolle.

Die Mitgliedschaft in öffentlichen Körperschaften kann freiwillig, aber auch gesetzlich verbindlich vorgeschrieben sein.

Man unterscheidet vier Typen von Körperschaften:
- Gebietskörperschaften
- Realkörperschaften
- Personalkörperschaften
- Verbandskörperschaften

Gebietskörperschaften: Diese zeichnen sich dadurch aus, dass sich die Mitgliedschaft kraft Gesetzes aus dem Wohnsitz eines Menschen oder dem Sitz einer juristischen Person ergibt. Beispiel: Gemeinde, Gemeindeverbände.

Gebietskörperschaften

Realkörperschaften: Bei ihnen richtet sich die Mitgliedschaft nach dem Eigentum an einer Liegenschaft oder dem wirtschaftlichen Sitz eines Betriebes. Beispiel für Liegenschaftskörperschaften: Wasser- und Bodenverbände, Fischerei- und Jagdgenossenschaften, Forstverbände. Beispiel für Betriebskörperschaften: Industrie- und Handelskammern, Handwerkskammern.

Realkörperschaften

Personalkörperschaften: Bei ihnen hängt die Mitgliedschaft von der Zugehörigkeit zu einem bestimmten Beruf oder einer sonstigen Eigenschaft oder dem Willen einer Person ab. Zu ihnen zählen: Berufsverbände (Rechtsanwaltskammer, Steuerberaterkammer, Apothekerkammer) und Lastenverbände (Krankenkassen, Landesversicherungsanstalten, Berufsgenossenschaften) sowie Körperschaften mit Sonderaufgaben (Hochschulen).

Personalkörperschaften

Verbandskörperschaften: Ihnen gehören solche Körperschaften an, deren Mitglieder juristische Personen sind, so dass der Durchgriff auf Mitglieder dieser Verbandskörperschaften nicht in Betracht kommt. Begründet werden kann die Mitgliedschaft kraft Gesetzes (Zwangsmitgliedschaft) oder durch freiwilligen Eintritt.

Verbandskörperschaften

Neben den freiwillig oder gesetzlich zugewiesenen Aufgaben, die Körperschaften in Eigenverantwortung erfüllen, können ihnen auch Aufgaben zur Verwaltung nach Weisung oder im Auftrag des Staates übertragen werden. Körperschaften des öffentlichen Rechts dienen, wie alle Verwaltungsträger, immer öffentlichen Zwecken. Sie können, da sie mit Hoheitsgewalt ausgestattet sind, hoheitlich handeln und auch Zwang anwenden, aber auch nicht-hoheitliche Verwaltungsaufgaben wahrnehmen. Es ist ihnen möglich, Rechtsnormen in Form von Satzungen zu beschließen, Verwaltungsakte zu erlassen und auch zwangsweise durchzusetzen, Beiträge und Gebühren zu erheben.

Fall 2: Steuerberater S meint, dass die von seiner Kammer erhobenen Beiträge zu hoch sind. Welcher Rechtsweg ist gegeben?

Nach § 40 VwGO ist der Verwaltungsrechtsweg eröffnet, da die Beziehungen zwischen Steuerberater und seiner Kammer öffentlich-rechtlicher Natur ist.

> Anstalten sind Zusammenfassungen von persönlichen und sächlichen Mitteln.

Anstalten sind Zusammenfassungen von persönlichen und sächlichen Mitteln, die in der Hand eines Trägers der öffentlichen Verwaltung einem besonderen öffentlichen Zwecke dauernd zu dienen bestimmt sind. Im Unterschied zu den Körperschaften fehlt der Anstalt die Verbandsstruktur, so dass die Bürger, die sich an sie wenden, nicht ihre Mitglieder, sondern ihre Benutzer sind (Anstaltsbenutzung). Die Rechtsbeziehungen zwischen Anstalt und Benutzern bei benutzbaren Anstalten werden durch die Benutzungsordnung geregelt. Ist bei einem als »Anstalt« bezeichneten Verwaltungsträger Mitgliedschaft vorgesehen, so handelt es sich in Wirklichkeit um eine Körperschaft, wie z.B. bei den Landesversicherungsanstalten.

Man unterteilt Anstalten in:
- Nichtrechtsfähige Anstalten und
- Rechtsfähige Anstalten.

Nichtrechtsfähige Anstalten: Die nichtrechtsfähige bzw. unselbständige Anstalt ist lediglich organisatorisch selbständig, aber rechtlich noch Teil eines anderen Verwaltungsträgers.

Beispiel: Krankenhäuser, Schulen, Museen.

Fall 3: Bürger B behauptet, im städtischen Krankenhaus von Bremen habe der Chirurg bei seiner Operation einen Fehler begangen und will auf Schadensersatz klagen.

Der Anspruch ist nicht gegen das Krankenhaus, sondern gegen die Stadt Bremen als Trägerin der nichtrechtsfähigen Anstalt Krankenhaus zu richten.

Rechtsfähige Anstalten: Die rechtsfähige bzw. selbständige Anstalt ist hingegen auch rechtlich selbständig. Sie ist selbst Verwaltungsträger und nicht etwa Teil eines anderen Verwaltungsträgers.

Beispiel: Rundfunkanstalt, Zentralstelle für die Vergabe von Studienplätzen, Studentenwerke, Kreis- und Stadtsparkassen.

Fall 4: Der Bürger B behauptet, Radio Bremen habe in der Fernsehsendung »Neues« unzutreffende Behauptungen über ihn aufgestellt. Der Anspruch des B auf Widerruf ist direkt gegen die Rundfunkanstalt Radio Bremen zu richten.

Stiftungen sind »auf einen Stiftungsakt gegründete, auf Grund öffentlichen Rechts errichtete oder anerkannte Verwaltungseinheiten mit eigener Rechtspersönlichkeit, die mit einem Kapital- und Sachbestand Aufgaben der öffentlichen Verwaltung erfüllen« (§ 46 LVwG Schl.-Holst.). Stiftungen sind Organisationen, die dazu geschaffen sind, einen bestimmten Zweck mit Hilfe eines dafür bestimmten Vermögens dauernd zu fördern. Die Stiftung des öffentlichen Rechts ist eine Variante der Anstalt, die sich in Wirklichkeit von ihr nur durch ihre besondere Bezeichnung unterscheidet.

Die Stiftung des öffentlichen Rechts ist eine Variante der Anstalt.

Beispiel: Stiftung Preußischer Kulturbesitz.

Praktische Unterschiede für den Bürger hinsichtlich des Rechtsschutzes oder der Grundrechtsgeltung ergeben sich aus der Unterscheidung von Körperschaften, Anstalten und Stiftungen des öffentlichen Rechts nicht.

Rechtsschutz gegen Körperschaften, Anstalten, Stiftungen

2.2.2. Beliehene

Beliehene sind Privatrechtssubjekte, denen die Zuständigkeit eingeräumt ist, bestimmte hoheitliche Kompetenzen im eigenen Namen auszuüben. Um öffentliche Verwaltung zu dezentralisieren und zu entlasten, können auch Private für Verwaltungsaufgaben in Dienst genommen werden. Sie sind Verwaltungsträger, soweit ihr hoheitlicher Kompetenzbereich geht.

Beispiel: freiberufliche Fleischbeschauer, Sachverständige oder Prüfer der technischen Überwachungsvereine (TÜV; nicht der TÜV selbst), Bezirksschornsteinfeger bezüglich der Feuerstättenschau.

Privatrechtssubjekte sind als Beliehene nur Träger öffentlicher Verwaltung insoweit, als ihnen einzelne Befugnisse eingeräumt sind. Im Übrigen unterliegt ihr Handeln dem Privatrecht. Der Beliehene ist zur

Dezentralisierung und Entlastung der öffentlichen Verwaltung durch Beliehene

Wahrnehmung der übertragenen Verwaltungsaufgaben berechtigt und verpflichtet, er unterliegt der Aufsicht des beleihenden Rechtsträgers und hat möglicherweise finanzielle Erstattungsansprüche. Der Beliehene tritt nach außen als selbständiger Hoheitsträger auf und ist Behörde i.S.d. § 1 IV VwVfG. Innerhalb des Rahmens des ihm übertragenen Rechtsbereichs kann er Verwaltungsakte erlassen, Gebühren erheben und sonstige hoheitliche Maßnahmen vornehmen.

Rechtsschutz gegen Beliehene: Anfechtungs- und andere verwaltungsgerichtliche Klagen sind gegen den Beliehenen selbst zu richten.

Zum Thema Rechtsschutz gegen Beliehene: Anfechtungs- und andere verwaltungsgerichtliche Klagen sind gegen den Beliehenen selbst zu richten. Über Widersprüche hat die Aufsichtsbehörde zu entscheiden, sofern diese nicht oberste Landesbehörde ist, § 73 I Nr.1, 2 VwGO. Schadensersatzansprüche nach § 839 BGB, Art. 34 GG sind dagegen gegenüber dem beleihenden Verwaltungsträger geltend zu machen. Diese Schadensersatzansprüche sind vor dem Zivilgericht geltend zu machen, § 40 II VwGO.

2.3. Mittelbare Bundes- und Landesverwaltung

Mittelbare Bundesverwaltung, Art. 87 II, III GG

Mittelbare Staatsverwaltung erfolgt, wie wir gesehen haben, durch unterstaatliche juristische Personen des öffentlichen Rechts in Form von Körperschaften, Anstalten oder Stiftungen und durch Beliehene in Bund und Ländern. Dabei gibt es im Bereich der mittelbaren Bundesverwaltung juristische Personen des öffentlichen Rechts mit oder ohne Verwaltungsunterbau. Ohne Verwaltungsunterbau sind z.B. die Bundesversicherungsanstalt, die Berufsgenossenschaften und die Stiftung Preußischer Kulturbesitz. Mit Verwaltungsunterbau sind die Bundesbank – Landeszentralbank – Filialen sowie die Bundesanstalt für Arbeit – Landesarbeitsämter – Arbeitsämter.

Mittelbare Landesverwaltung

Die mittelbare Landesverwaltung erfolgt vor allem durch öffentliche Körperschaften und Beliehene. Es sind hierbei vor allem die Gebietskörperschaften (Gemeinden, Gemeindeverbände, Landkreise) und sonstige Körperschaften (Landwirtschafts-, Rechtsanwalts-, Ärztekammern, Allgemeine Ortskrankenkassen, Landesversicherungsanstalten, Hochschulen des Landes etc.), über die sich die Verwaltung vollzieht.

Arten mittelbarer Verwaltung: Ausnahmsweise sind Beliehene, aber ansonsten Körperschaften, Anstalten und Stiftungen des öffentlichen Rechts Träger mittelbarer Verwaltung in Bund und Ländern. Körperschaften, Anstalten und Stiftungen können in unterschiedlicher Form an den Verwaltungsaufgaben beteiligt werden: entweder in Selbstverwaltung, in Auftragsverwaltung oder über die Organleihe.

Selbstverwaltung: Statt eine eigene staatliche Behörde zu bilden, schafft der Staat eine unterstaatliche juristische Person, der er Verwaltungsaufgaben zur eigenverantwortlichen Durchführung überträgt. Die unterstaatliche juristische Person führt die Verwaltungsaufgabe dann in eigener Rechtsträgerschaft selbstverantwortlich aus. Das Hoheitsrecht liegt praktisch nicht mehr beim Staat, sondern bei der unterstaatlichen juristischen Person; der Staat hat nur die Aufsicht darüber, ob diese rechtmäßig handelt.

Beispiel: Kreise und Gemeinden führen kommunale Angelegenheiten selbstverantwortlich aus; Forschung und Lehre als Selbstverwaltungsaufgabe an der Universität.

Auftragsverwaltung: Bei der Auftragsverwaltung verbleiben die Verwaltungsaufgaben beim Staat, also bei Bund und Ländern. Der Staat führt die Verwaltungsaufgaben durch seine Behörden – meistens in der Oberinstanz – aus und gründet in der Unterinstanz nicht noch eigene Behörden, sondern bedient sich der bereits vorhandenen unterstaatlichen juristischen Personen öffentlichen Rechts. Diese beauftragt er, die staatlichen Aufgaben in der Unterinstanz wahrzunehmen. Die in der Rechtsträgerschaft des Staates verbliebenen Aufgaben werden dann im Auftrag des Staates, aber nach außen gegenüber dem Bürger im eigenen Namen durch die unterstaatliche juristische Person ausgeführt. In der Landesverwaltung bedient sich das Land in der unteren Instanz meist der Kreise und seltener auch der Gemeinden in Auftragsverwaltung. Der Staat hat hier nicht nur ein Kontrollrecht über die Rechtmäßigkeit, sondern auch hinsichtlich der Zweckmäßigkeit der Durchführung der in Auftragsverwaltung übertragenen Aufgaben.

Zum Thema Rechtsschutz des Bürgers: Die unterstaatlichen juristischen Personen nehmen die »eigenen« (Selbstverwaltung) und »in Auftrag auszuführenden« (Auftragsverwaltung) Aufgaben durch ihre Organe wahr, z.B. der Kreis durch den Landrat (in NRW und Nds.: Oberkreisdirektor), die Gemeinde durch den Bürgermeister bzw. in einigen Ländern Gemeindedirektor. Der Bürger muss dann gegen die unterstaatliche juristische Person nach den §§ 61, 62 VwGO, vertreten durch ihr Organ – die Behörde –, klagen.

Beispiel: Klage auf Baugenehmigung durch den Bürger hat gegen den Kreis, vertreten durch den Landrat (in NRW, Nds.: Oberkreisdirektor), zu erfolgen, da es sich um eine in unterer Instanz übertragene Landesaufgabe handelt.

Körperschaften, Anstalten und Stiftungen können an den Verwaltungsaufgaben beteiligt werden:
• in Selbstverwaltung
• in Auftragsverwaltung
• über die Organleihe

Selbstverwaltung

Auftragsverwaltung

Rechtsschutz des Bürgers

Einführung in das Verwaltungsrecht

Aufbau der Verwaltungsorganisation:
- Verwaltungsträger (Bund, Länder, Gemeinden, Körperschaften, Anstalten, Stiftungen)
- Organe (Behörden)
- Organwalter (Bedienstete des öffentlichen Dienstes: Beamte, Angestellte, Arbeiter)

Die Verwaltungsträger (alles juristische Personen des öffentlichen Rechts) handeln durch ihre Organe. Organe der Verwaltungsträger sind Behörden in Form von Ämtern, Verwaltungsstellen und Dienststellen. Beispiele für Behörden: Ministerien, Landesarbeitsämter, örtliche Polizeibehörden.

Rechtsfolge: Partei im Prozess ist die juristische Person des öffentlichen Rechts, der Verwaltungsträger also, der nach den §§ 61 Nr.1, 62 II VwGO durch die betreffende Behörde vertreten wird. Beklagter einer Klage des Bürgers ist grundsätzlich nach § 78 I Nr.1 VwGO hingegen nur der Verwaltungsträger und nicht die Behörde, die gegenüber dem Bürger gehandelt hat.

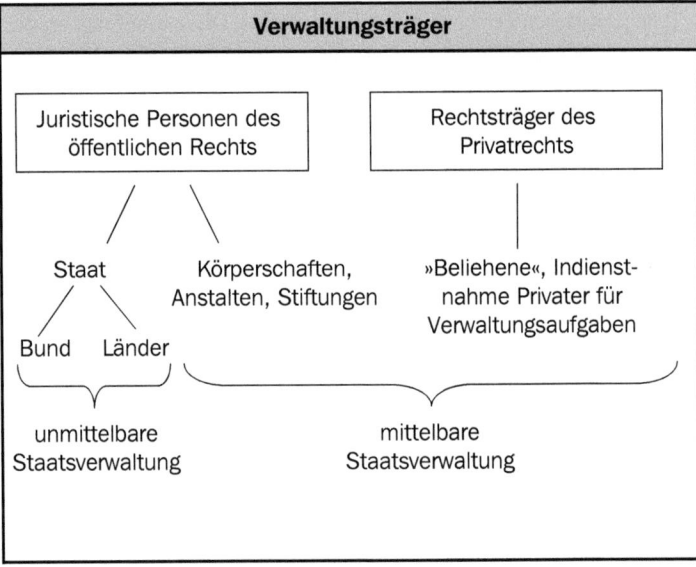

3. Anwendungsbereich des VwVfG

Ist festgestellt worden, welche Behörde welchen Verwaltungsträgers gehandelt hat, so muss die Frage entschieden werden, ob das Verwaltungsverfahrensgesetz des Bundes oder des Landes Anwendung findet oder ob es vielleicht ein Fachgesetz mit Verfahrensregelungen gibt, das dann Vorrang hat.

Fach- bzw. Spezialgesetze haben Vorrang vor den Verwaltungsverfahrensgesetzen.

Nach § 2 VwVfG werden einige Verwaltungsbereiche vom VwVfG nicht erfasst, wie unter anderem die Finanzverwaltung, die durch die Abgabenordnung 1977 geregelt ist. Die Verwaltungsverfahrensgesetze des Bundes und der Länder treten zudem hinter bundes- und landesrechtliche Spezialgesetze (Parlamentsgesetze, Rechtsverordnungen, aber nicht Satzungen) zurück.

Hat eine Bundesbehörde entschieden, so hat ein Fachgesetz des Bundes Vorrang vor dem VwVfG des Bundes und nur bei Lücken käme das VwVfG des Bundes in ergänzender Anwendung in Betracht. Hat eine Landesbehörde gehandelt, so ist zu prüfen, ob ein Fachgesetz des Bundes oder Landes eingreift. Bei Lücken käme dann das VwVfG des Landes zur Anwendung.

Darüber hinaus unterliegt der Anwendungsbereich des VwVfG des Bundes noch weiteren Einschränkungen. Für das Verhältnis des VwVfG des Bundes zu den Landes-Verwaltungsverfahrensgesetzen kommt es darauf an, welche Behörde gehandelt hat. Wird eine Bundesbehörde tätig, dann gilt das VwVfG des Bundes. Handeln hingegen Behörden der Länder, der Gemeinden, der Gemeindeverbände und der sonstigen der Aufsicht des Landes unterstehenden juristischen Personen des öffentlichen Rechts, so gilt das Verwaltungsverfahrensgesetz des jeweiligen Landes, und zwar nach § 1 III VwVfG auch bei Ausführung von Bundesrecht. Nur wenn das Landesverwaltungsverfahrensgesetz die Ausführung von Bundesrecht nicht oder lückenhaft regelt, ist das VwVfG des Bundes anwendbar. Somit steht das VwVfG des Bundes auch bei Ausführung von Bundesrecht durch die Länder zu den Verwaltungsverfahrensgesetzen der Länder im Verhältnis der Subsidiarität.

Für das Verhältnis des VwVfG des Bundes zu den Landes-Verwaltungsverfahrensgesetzen kommt es darauf an, welche Behörde gehandelt hat.

Da die Landes-Verwaltungsverfahrensgesetze natürlich auch für den Vollzug von Landesgesetzen durch Landesbehörden gelten, ist das VwVfG des Bundes für die Landesverwaltung auch in dieser Hinsicht schlechthin unanwendbar. Die landesrechtlichen Verwaltungsverfahrensgesetze stimmen jedoch – entweder als wortgleiche Vollregelungen oder als Mantelgesetze durch Verweisung auf das VwVfG – inhaltlich mit dem VwVfG des Bundes überein.

18 *Einführung in das Verwaltungsrecht*

Tätigkeit von
• Landesbehörden:
Landes-VwVfG anzuwenden
• Bundesbehörden:
Bundes-VwVfG anzuwenden

Das VwVfG des Bundes gilt selbst dann nicht für den Vollzug der Landesgesetze durch die Landesbehörden, wenn das Land kein eigenes Landes-VwVfG hat. Fehlen positivrechtliche Regelungen oder sind sie lückenhaft, so haben die Behörden der Länder nach den allgemeinen Grundsätzen des Verwaltungsverfahrensrechts zu verfahren. Im Hinblick auf die Beispielswirkung des VwVfG und der entsprechenden Landesgesetze kommt dabei aber die sinngemäße Anwendung dieser Gesetze in Betracht.

Zusammenfassend lässt sich feststellen: Die Verwaltungsverfahrensgesetze des Bundes und der Länder treten hinter bundes- und landesrechtliche Spezialgesetze zurück. Auf die öffentliche Verwaltung der Behörden der Länder, der Gemeinden und Gemeindeverbände und der sonstigen der Aufsicht des Landes unterstehenden juristischen Personen des öffentlichen Rechts sind grundsätzlich nur die Verwaltungsverfahrensgesetze der Länder anzuwenden. Das VwVfG des Bundes findet praktisch nur auf die öffentlich-rechtliche Verwaltungstätigkeit des Bundes Anwendung; für die öffentlich-rechtliche Verwaltungstätigkeit der Länder- und Kommunalbehörden gelten die Landesverwaltungsverfahrensgesetze auch dann, wenn diese Behörden Bundesrecht ausführen.

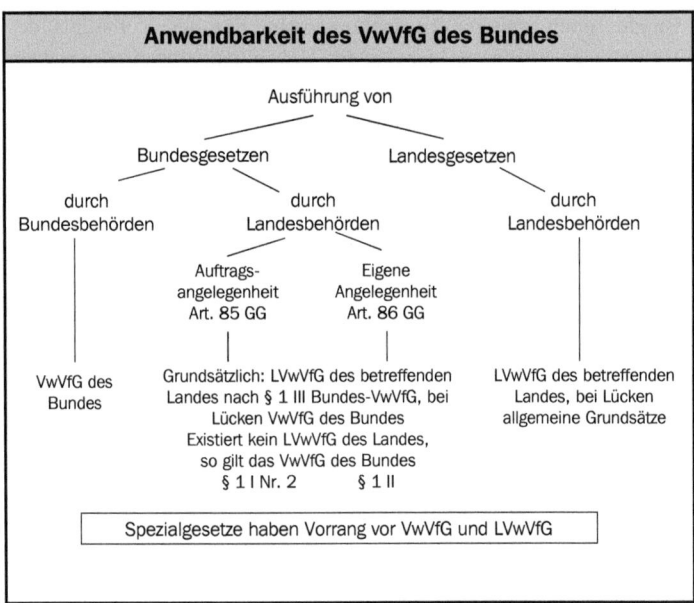

4. Ermessen und unbestimmter Rechtsbegriff

Verwaltungsrechtliche Fälle können nur bearbeitet werden, wenn der Fallbearbeiter die Arten der Normen kennt, vor allem unbestimmte Rechtsbegriffe ohne und mit Beurteilungsspielraum sowie die Einräumung von Ermessen erkennen kann.

In vielen Vorschriften werden bestimmte Rechtsbegriffe verwendet. Diese zeichnen sich dadurch aus, dass sie klar abgrenzbar sind, weil sie entweder Zahlen- oder Zeitangaben enthalten oder zumindest durch Gesetz und Rechtsprechung festgelegt sind. Zahlreiche Normen hingegen enthalten unbestimmte Rechtsbegriffe. Dabei handelt es sich um Begriffe, die einer näheren Bestimmung bedürfen, wie z.B. »Bedürfnis«, »Eignung«, »öffentliche Sicherheit und Ordnung«.

> Von den Generalklauseln des Privatrechts ist die Verwendung unbestimmter Rechtsbegriffe bekannt, wie z.B. »Treu und Glauben«, »gute Sitten«.

In einer Reihe von Rechtsnormen gewährt der Normgeber hinsichtlich der Anwendung der Rechtsfolge einer Regelung gewisse Entscheidungs- und Auswahlspielräume durch die Einräumung von Ermessen. Damit soll der Verwaltung die nötige Flexibilität für die sachgerechte Einzelfallentscheidung ermöglicht werden.

4.1. Gebundene Entscheidung

Das Gesetz im rechtlichen Sinne enthält eine abstrakt-generelle Anordnung für das Verhalten von Rechtssubjekten, Menschen und juristischen Personen. Regelungsbedürftige Sachverhalte werden in einem Gesetz generalisiert und zu einem sog. »Tatbestand« zusammengefasst. An diesen Tatbestand wird eine Rechtsfolge angeknüpft, die den Adressaten der Norm – bei Vorliegen der Tatbestandsvoraussetzungen – zu einem bestimmten Handeln anweist.

Von einer gebundenen Entscheidung spricht man dann, wenn bei Erfüllung der Voraussetzungen auf der Tatbestandsseite der Rechtsnorm eine zwingende Rechtsfolge vorgeschrieben ist. Das Zivil- und Strafrecht ist so gestaltet. Bei Vorliegen der Tatbestandsmerkmale tritt zwingend eine Rechtsfolge ein. Sind die Voraussetzungen des Tatbestandes gegeben, so ist der Fallbearbeiter an die Rechtsfolge gebunden und kann nicht mehr entscheiden, ob die vorgesehene Rechtsfolge eintritt oder nicht. So liegt der Fall auch bei der gebundenen Entscheidung im Verwaltungsrecht.

> Von einer gebundenen Entscheidung spricht man, wenn bei Erfüllung der Voraussetzungen auf der Tatbestandsseite der Rechtsnorm eine »zwingende« Rechtsfolge vorgeschrieben ist.

Beispiel: In § 11 I S. 1 BSHG (Bundessozialhilfegesetz) heißt es, »Hilfe zum Lebensunterhalt ist (vom Träger der Sozialhilfe, vgl. § 9 BSHG) dem zu gewähren, der seinen notwendigen Lebensunterhalt nicht oder nicht aus eigenen Kräften und Mitteln, vor allem aus seinem eigenen Einkommen und Vermögen, beschaffen kann.« Befindet sich also ein Bürger in der Situation, dass er sich etwa wegen Verarmung nicht selbst helfen kann, dann muss ihm der Träger der Sozialhilfe Hilfe zuteil werden lassen. Wenn die im Tatbestand beschriebene Situation vorliegt, ist der Adressat der Norm – hier der Träger der Sozialhilfe nach § 9 BSHG – unbedingt zum Handeln verpflichtet, muss also demnach die Rechtsfolge – Hilfe zum Lebensunterhalt – bewirken.*

Die Verbindung von Tatbestand und Rechtsfolge erfolgt nicht nur durch den Begriff »muss«; sie kann auch durch die Formulierung »darf nicht versagt werden« oder »ist zu erteilen« gekennzeichnet sein.

4.2. Ermessensentscheidung

§ 40 VwVfG

Ermessen
Ist die Behörde ermächtigt, nach ihrem Ermessen zu handeln, hat sie ihr Ermessen entsprechend dem Zweck der Ermächtigung auszuüben und die gesetzlichen Grundlagen des Ermessens einzuhalten.

§ 114 VwGO

Nachprüfung von Ermessensentscheidungen
Soweit die Verwaltungsbehörde ermächtigt ist, nach ihrem Ermessen zu handeln, prüft das Gericht auch, ob der Verwaltungsakt oder die Ablehnung oder Unterlassung des Verwaltungsakts rechtswidrig ist, weil die gesetzlichen Grenzen des Ermessens überschritten sind oder von dem Ermessen in einer dem Zweck der Ermächtigung nicht entsprechenden Weise Gebrauch gemacht ist. Die Verwaltungsbehörde kann ihre Ermessenserwägungen hinsichtlich des Verwaltungsaktes auch noch im verwaltungsgerichtlichen Verfahren ergänzen.

Geht es um eine rein materielle Rechtmäßigkeitsprüfung aus Sicht der Behörde im Verwaltungsverfahren (d.h. vor Erlass des VA), so ist § 40 VwGO Ausgangsnorm der Prüfung. § 114 S. 1 VwGO gibt hingegen an, in welchem Rahmen Ermessensentscheidungen der Verwaltungsbehörde durch das Verwaltungsgericht nachprüfbar sind. Ausgefüllt wird dieser Rahmen durch § 40 VwVfG, nach dem sich die Rechtmäßigkeit einer behördlichen Ermessensentscheidung beurteilt. § 114 S.1 VwGO ist also nur dann zu zitieren, wenn es sich um die gerichtliche Überprüfung einer Verwaltungsentscheidung (d.h. Erlass eines VA) handelt.

Die Ermächtigungsgrundlage an die Verwaltung ist, wie oben gesehen, im Verwaltungsrecht entweder erschöpfend umrissen oder sie lässt – im Gegensatz zum Zivil- oder Strafrecht – der Behörde einen Ermessensspielraum. Die Behörde ist dann befugt, eine Ermessensentscheidung zu treffen, sofern die Rechtsvorschriften es ihr überlassen haben, zwischen mehreren rechtlich möglichen Verhaltensweisen nach ihrem Willen zu entscheiden. Innerhalb des der Verwaltung eingeräumten Spielraums zu eigener Wahl einer Entscheidungsmöglichkeit können unterschiedliche, sogar gegensätzliche Verhaltensweisen rechtmäßig sein. Das Verwaltungsermessen wird als die einer Verwaltungsbehörde eingeräumte Ermächtigung verstanden, zwischen mindestens zwei verschiedenen Rechtsfolgen eine Auswahl zu treffen. Der Verwaltung wird somit ein Handlungsspielraum eingeräumt, innerhalb dessen sie die Rechtsfolge nach Zweckmäßigkeitsgesichtspunkten festlegen darf.

> Ermessensspielraum ist dann gegeben, wenn eine Rechtsvorschrift der Verwaltung die pflichtgemäße Entscheidungsfreiheit einräumt, ob eine Rechtsfolge ausgesprochen werden soll (Entschließungsermessen) und/oder welche Rechtsfolge ausgesprochen werden soll (Auswahlermessen).

Es ist möglich, dass die gesetzliche Grundlage ausdrücklich die Verwaltung ermächtigt »nach pflichtgemäßem Ermessen« zu handeln. Für das Ermessen können aber auch andere Begriffe verwendet werden »berechtigt«, »befugt«, »kann«, »darf« etc.

Beispiel: § 11 III BSHG: »Hilfe zum Lebensunterhalt kann auch dem gewährt werden, der ein für den notwendigen Lebensunterhalt ausreichendes Einkommen oder Vermögen hat, jedoch einzelne für seinen Lebensunterhalt erforderliche Tätigkeiten nicht verrichten kann; von dem Hilfeempfänger kann ein angemessener Kostenbeitrag verlangt werden.«

Anders als im oben genannten Beispiel des § 11 I S.1 BSHG ist die Pflicht der Sozialverwaltung hier nicht mit unbedingter Folge an das Vorliegen der Tatbestandsvoraussetzungen geknüpft. Beim Bestehen besonderer Fälle »kann«, aber muss die Verwaltung nicht Hilfe gewähren. Der Verwaltung wird die Möglichkeit eröffnet und sie ist auch dazu verpflichtet, zusätzliche, im Gesetz nicht ausdrücklich vorgeschriebene Erwägungen anzustellen, bevor eine Entscheidung über die Hilfeleistung getroffen werden darf.

Fall 5: Witwe Bolte wohnt nach dem Tod ihres Mannes allein in der Wohnung. Sie ist nach den Vorfällen mit Max und Moritz vor Aufregung schwer herzkrank geworden und kann nicht mehr ganz allein für sich sorgen. Einkaufen kann sie nicht mehr. Kann oder muss ihr nach § 11 III BSHG Hilfe gewährt werden?

Da es in § 11 III BSHG heißt, dass die Verwaltung Hilfe gewähren kann, so bedeutet dies, dass trotz Vorliegens der Voraussetzungen des Tatbestandes auch die Entscheidung getroffen werden kann, eine Hilfe nicht zu gewähren. Dies ist etwa dann denkbar, wenn sich im konkreten Einzelfall zusätzliche Überlegungen ergeben, die eine Hilfeleistung nicht nötig erscheinen lassen. Im Fall läge eine solche Situation z.B. dann vor, wenn Onkel Fritz und die Nachbarn das Einkaufen erledigen.

Auf Grund der Verknüpfung von Tatbestand und Rechtsfolge durch den Begriff »kann« erhält die Sozialverwaltung ungeachtet ihrer gesetzlichen Gebundenheit eine gewisse Freiheit in der Entscheidung, die man als »Verwaltungsermessen« bezeichnet. Der Gesetzgeber erspart sich so eine Vielzahl von Einzelregelungen, die wegen Unmöglichkeit der Voraussehbarkeit aller denkbaren regelungsbedürftigen Sachverhalte nie umfassend sein könnten.

Gesetzliche Ermessensermächtigungen zum Erlass belastender VAe bedürfen eines Parlamentsgesetzes.

Gesetzliche Ermessensermächtigungen zum Erlass belastender VA unterliegen nach der Wesentlichkeitstheorie dem Gesetzesvorbehalt als Parlamentsvorbehalt (d.h. Parlamentsgesetz erforderlich) und finden in Fragen, die für die Grundrechte wesentlich sind, ihre Grenzen. Mögliche Zweifel an der Ermessenseinräumung in der Ermächtigungsgrundlage selbst sind deshalb im Klausurgutachten schon bei der Verfassungsgemäßheit der ermächtigenden Norm vorweg zu prüfen. § 114 S.1 VwGO gibt an, in welchem Rahmen Ermessensentscheidungen einer Behörde gerichtlich überprüfbar sind. Ausgefüllt wird dieser Rahmen durch § 40 VwVfG, nach dem sich die Rechtmäßigkeit einer behördlichen Entscheidung beurteilt. § 114 S.1 VwGO ist demnach als Ausgangsnorm in der Fallbearbeitung nur dann zu erwähnen, wenn es sich um die gerichtliche Überprüfung einer Verwaltungsentscheidung – nach Erlass eines VA – handelt. Geht es hingegen um eine rein materielle Rechtmäßigkeitsprüfung aus Sicht der Behörde im Verwaltungsverfahren – also vor Erlass des VA – so ist § 40 VwVfG Ausgangsnorm der Prüfung.

Bei prozessualer Prüfung ist § 114 VwGO bei materieller Prüfung § 40 VwVfG anzuwenden.

Mit der Formulierung des Satzes 2 des § 114 VwGO »Die Verwaltungsbehörde kann ihre Ermessenserwägungen hinsichtlich des Verwaltungsaktes auch noch im verwaltungsgerichtlichen Verfahren ergänzen« ist nicht das in den §§ 39, 45 VwVfG behandelte Erfordernis einer Begründung angesprochen. Dies hat der Bundesgesetzgeber abschließend in den §§ 45 VwVfG, 87, 94 VwGO geregelt. § 114 S.2 VwGO betrifft vielmehr das materiellrechtliche Erfordernis einer Ermessensentscheidung, bei der die Gründe für und wider eine bestimmte Regelung angemessen berücksichtigt werden müssen. Es geht um ein »Nachschieben von Gründen« seitens der Verwaltungsbehörde im Verwaltungsgerichtsprozess, also die Heilung von materiell fehlerhaften Entscheidungen. Wie aus der Formulierung »Ermessenserwägungen hinsichtlich des Verwaltungsaktes« hervorgeht, dürfen die ergänzend vorgetragenen Erwägungen hinsichtlich des Ermessens die getroffenen Regelung selbst aber nicht in ihrem Wesen verändern. Dies wird auch aus dem unveränderten § 79 I Nr.1 VwGO deutlich.

4.2.1. Ermessensbindung

So frei wie man meinen sollte, ist die Verwaltung in ihrer Entscheidung auf Grund einer Ermessensnorm aber nicht.

In § 70 I BSHG steht: »Personen mit eigenem Haushalt soll Hilfe zur Weiterführung des Haushalts gewährt werden, wenn keiner der Haushaltsangehörigen den Haushalt führen kann und die Weiterführung des Haushalts geboten ist. Die Hilfe soll in der Regel nur vorübergehend gewährt werden.«

In solchen »Soll-Bestimmungen« ist der Verwaltung auch Ermessen eingeräumt, dies aber mit einer Einschränkung. Grundsätzlich ist nur die im Gesetz ausdrücklich genannte Entscheidung zu wählen, also nach § 70 BSHG Hilfeleistung beim Vorliegen der Voraussetzungen des Tatbestandes. Lediglich in Ausnahmefällen darf die »Soll-Leistung« unterbleiben.

»Soll-Bestimmungen«

Dieser Ausnahmefall ist denkbar, wenn etwa im Fall 5 Onkel Fritz mit im Haushalt der Witwe Bolte lebt und ihr neben der sonstigen Haushaltsführung auch das Kochen abnimmt, weil ihr dies auf Grund der Verschlechterung ihres Zustandes nicht mehr möglich ist. Weiteres Beispiel für »Soll-Bestimmungen«: »die Behörde hat in der Regel«.

4.2.2. Auswahl- und Entschließungsermessen

Auswahlermessen: Einmal kann sich das Ermessen darauf beziehen, welche von verschiedenen zulässigen Maßnahmen man ergreifen will. Dann liegt ein sog. Auswahlermessen vor.

Auswahlermessen

Beispiel: Schreibt eine Gebührenordnung für eine Amtshandlung eine Gebühr von 30,– bis 60,– € vor, so kann die Behörde die Gebühr innerhalb dieser Spanne festlegen.

Entschließungsermessen: Bezieht sich die Ermessensnorm darauf, ob die Behörde überhaupt eine Maßnahme treffen will, so spricht man von einem sog. Entschließungsermessen.

Entschließungsermessen

Beispiel: Unter den Voraussetzungen der Nr. 1 und 2 des § 8 Abs.2 SprengG (Sprengstoffgesetz) kann, muss aber nicht, die Erlaubnis zum Umgang mit explosionsgefährlichen Stoffen versagt werden.

Entschließungs- und Auswahlermessen können auch in einer Norm vorkommen.

Kombination von Auswahl- und Entschließungsermessen

Beispiel: § 5 Gaststättengesetz räumt der Behörde ein Ermessen ein, ob dem Gastwirt Auflagen im Hinblick auf das Ausmaß oder die Häufigkeit bestimmter, von seiner Gaststätte ausgehender Störungen erteilt werden sollen. Entschließt sie sich hierzu, lässt die Vorschrift der Behörde die Möglichkeit zu entscheiden, welche Auflage bzw. Auflagen sie erteilt.

4.2.3. Ermessensgrenzen

Neben der Bindung an die Zielsetzung der Ermessensermächtigung ist die Verwaltung nach § 40 VwVfG (vgl. auch § 114 VwGO) an die Beachtung der gesetzlichen Grenzen der Ermessensnorm in dreifacher Weise gebunden.

Ermessensüberschreitung: Die äußeren Grenzen des Ermessens dürfen von der Verwaltung bei Anwendung der Ermessensnorm nicht überschritten werden. Das ist dann der Fall, wenn die Verwaltung eine Entscheidung trifft, die sie nach der zu Grunde gelegten Norm nicht treffen dürfte, etwa, wenn sie Hilfe zum Lebensunterhalt gewährt, obwohl weder die Voraussetzungen des Tatbestandes von § 11 Abs. 1 noch Abs.3 BSHG vorliegen.

Beispiel: Eine Behörde verlangt eine Gebühr von 50,- €, obwohl die Gebührenordnung in dieser konkreten Verwaltungsangelegenheit nur eine Gebühr zwischen 20,- bis 40,- € vorsieht.

Ermessensunterschreitung bzw. -nichtgebrauch: Rechtswidrig handelt die Behörde auch dann, wenn sie es irrtümlich oder mit Absicht unterlässt, das ihr eingeräumte Ermessen zu gebrauchen. Man spricht dann von Ermessensunterschreitung oder Ermessensnichtgebrauch. Dies ist dann der Fall, wenn die Verwaltung zu Unrecht schon den Tatbestand einer Norm für nicht vorliegend hält oder die Reichweite des Ermessens verkannt hat.

Fall 6: Dem schwerreichen R wird nach § 11 III S. 1 BSHG Hilfe zum Lebensunterhalt gewährt, weil er einzelne für seinen Lebensunterhalt erforderliche Tätigkeiten nicht zu verrichten vermag. Die Sozialverwaltung verlangt aber nicht nach § 11 III S. 2 BSHG einen angemessenen Kostenbeitrag von R, weil sie irrtümlich glaubt, dazu nicht befugt zu sein.

Ermessensfehlgebrauch liegt vor, wenn die Verwaltung zwar die von der Ermessensnorm vorgesehene Rechtsfolge wählt, aber bei Auswahl der Rechtsfolge unsachgemäße Erwägungen angestellt hat. Unsachgemäße Erwägungen durch:

- Unvollständigkeit der Erwägungen, da nicht alles bedacht wurde, was bei der Sachentscheidung zu überlegen war, etwa wegen Unkenntnis einiger Details des zu Grunde liegenden Sachverhalts,
- Fehleinschätzungen der Voraussetzungen und Auswirkungen der Entscheidung,
- Sachfremde Erwägungen.

Ermessensfehlgebrauch

4.2.4. Ermessensreduzierung auf Null

In der Regel hat die Behörde die Möglichkeit, zwischen mindestens zwei Entscheidungsalternativen zu wählen. Es ist aber denkbar, dass sich im Einzelfall nach Überprüfung aller einschlägigen Maßstäbe die Wahlmöglichkeit auf eine Alternative beschränkt. Diese Situation liegt dann vor, wenn nur noch eine Entscheidung ermessensfehlerfrei und damit rechtmäßig wäre, alle anderen hingegen ermessensfehlerhaft. Die Verwaltung ist dann verpflichtet, nur noch diese Entscheidung zu treffen. In einem solchen Fall spricht man von einer Ermessensschrumpfung bzw. Ermessensreduzierung »auf Null«. Denkbar ist dies durch Einwirkung des Grundrechtsschutzes oder bei eindeutigen Wertdifferenzen in Einzelfällen. Eine solche Ermessensverengung ist sowohl beim Entschließungs- als auch beim Auswahlermessen möglich.

Beispiel für Ermessensreduzierung »auf Null«: Im Bereich der Gefahrenabwehr ist der Polizei nach allen landesrechtlichen Polizeigesetzen grundsätzlich hinsichtlich des Einschreitens ein Entschließungsermessen eingeräumt. Dieses Ermessen schrumpft aber »auf Null«, verpflichtet also zum Einschreiten, wenn erhebliche Gefahren für wesentliche Rechtsgüter vorliegen. Dann kann die Polizei nicht nur, sondern muss sogar einschreiten.

Dies ist etwa bei einer ernsthaften Bombendrohung bzgl. eines Kaufhauses der Fall. Das bedrohte Rechtsgut ist hier von hohem Rang – es geht um Menschenleben – und die Gefahr ist gleichzeitig besonders groß. Die Polizei muss das Kaufhaus räumen und nach der Bombe suchen.

4.2.5. Ermessensreduzierung durch Selbstbindung der Verwaltung

Die Verwaltungsbehörde kann auch durch eine längere gleichmäßige Verwaltungspraxis ihren Handlungsspielraum begrenzen. Die Selbstbindung der Verwaltung folgt dann aus dem in Art. 3 I GG verankerten Gleichbehandlungsgebot. Wenn sich die Behörde durch längere gleichmäßige Verwaltungsübung oder durch Verwaltungsvorschriften in ihrer Ermessenssausübung festgelegt hat, dann darf sie in gleichgelagerten Fällen von ihrer Praxis auf Grund des Gleichheitssatzes nicht abweichen. Wenn sich der Bürger in einer Klausur, die sich mit Ermessensfehlern befasst, darauf beruft, dass die Verwaltung in anderen Fällen anders verfahren wäre, dann gilt dieser Einwand nur, wenn die Verwaltungsausübung gegenüber Dritten rechtmäßig war. Eine rechtswidrige Verwaltungspraxis führt nämlich keine Selbstbindung der Verwaltung herbei. Es gibt im Rahmen des Art. 3 I GG keinen Anspruch auf Fehlerwiederholung, »keine Gleichheit im Unrecht« also.

4.3. Unbestimmter Rechtsbegriff

Unbestimmter Rechtsbegriff = wertungsausfüllungsbedürftiger Begriff auf der Tatbestandsseite einer Norm

Während das Ermessen auf der Rechtsfolgenseite einer Rechtsnorm als Rechtsfolge- bzw. Handlungsermessen zu finden ist, sind unbestimmte Rechtsbegriffe auf der Tatbestandsseite des Gesetzes zu finden. Der unbestimmte Rechtsbegriff ist ein Tatbestandsproblem, während das Ermessen ein Rechtsfolgenproblem ist. Die in einem gesetzlichen Tatbestand verwendeten Begriffe können von unterschiedlicher inhaltlicher Bestimmtheit sein. Ein unbestimmter Rechtsbegriff liegt dann vor, wenn der Behörde nur durch die unbestimmte Fassung eines Gesetzesbegriffes eine gewisse Freiheit bei der Auslegung der Tatbestandsvoraussetzungen des Gesetzes eingeräumt wurde.

Die Anwendung unbestimmter Rechtsbegriffe erfordert im Gegensatz zu bestimmten Rechtsbegriffen (»Gewerbe«, »Wehrdienst«, »Eigentum«) eine Wertung, manchmal auch eine Prognose. Unbestimmte Rechtsbegriffe sind also durch Wertungen auszufüllende Tatbestandsmerkmale.

Beispiele für unbestimmte Rechtsbegriffe bzw. Gesetzesbegriffe: »Zuverlässigkeit«, »öffentliches Interesse«, »öffentliche Belange«, »wichtiger Grund«, »Gefahr«, »Bedürfnis«, »Notwendigkeit«, »Sachkunde«, »Stand der Technik«, »Feststellung einer Auswirkung«, »erforderliche Vorsorge«, »Schädlichkeitsgrenze«, Zumutbarkeitsgrenze«, »Förderungswürdigkeit« etc.

Für den Fallbearbeiter ergibt sich häufig das Problem, dass bei Anwendung unbestimmter Rechtsbegriffe eine Wertung (oft in Form einer Prognose) erforderlich ist. Diese Wertung ist wiederum nur möglich, wenn zum Teil sehr unterschiedliche Gesichtspunkte berücksichtigt, bewertet und gegeneinander abgewogen werden.

Ist der Begriff nach Auslegung als erfüllt anzusehen, so ist zwingend die im Gesetz an den unbestimmten Rechtsbegriff geknüpfte Rechtsfolge anzuwenden. Es besteht kein Entscheidungsspielraum mehr für die Verwaltung.

Der Antragsteller ist entweder »zuverlässig« oder er ist es nicht. Sofern »Tatsachen die Annahme rechtfertigen, dass der Antragsteller die für den Gewerbebetrieb erforderliche Zuverlässigkeit« nicht besitzt, muss die Genehmigungsbehörde nach § 4 I Nr.1 GastG (Gaststättengesetz) dem Antragsteller die Erlaubnis versagen. Die Auslegung der unbestimmten Rechtsbegriffe ist grundsätzlich durch die Verwaltungsgerichte voll überprüfbar.

Unbestimmte Rechtsbegriffe sind durch Verwaltungsgerichte voll überprüfbar.

Es gibt auch die Möglichkeit, dass Vorschriften auf der Tatbestandsseite unbestimmte Rechtsbegriffe enthalten und auf der Rechtsfolgenseite der Norm Ermessen gewähren.

Beispiel: § 2 GjSM »In Fällen von geringerer Bedeutung kann davon abgesehen werden, die Schrift in die Liste aufzunehmen«, oder § 26 BBG, »Der Beamte kann, ..., innerhalb seines Dienstbereiches ... versetzt werden, wenn er es beantragt oder ein dienstliches Bedürfnis besteht. ...«

Die Tatbestandsseite mit dem unbestimmten Rechtsbegriff und die Rechtsfolgenseite, die Ermessen einräumt, sind in diesen Fällen jeweils nach ihren eigenen Regeln zu beurteilen.

4.4. Beurteilungsspielraum

Ausnahmen von der Regel, dass unbestimmte Rechtsbegriffe voll überprüfbar sind, werden allerdings von Rechtsprechung und Literatur dann gemacht, wenn der unbestimmte Rechtsbegriff einen Beurteilungsspielraum enthält. D.h., die Feststellung, ob der unbestimmte Rechtsbegriff erfüllt ist oder nicht, ist selbst unter Hinziehung eines Sachverständigen durch das Verwaltungsgericht nicht möglich, da bei seiner Auslegung die Verwaltung einen nicht nachvollziehbaren Erkenntnisvorsprung hat.

Unbestimmte Rechtsbegriffe mit Auslegungsspielraum: bei der Auslegung hat die Verwaltung einen nicht nachvollziehbaren Erkenntnisvorsprung.

Liegt ein unbestimmter Rechtsbegriff mit einem Beurteilungsspielraum vor, so besteht durch den Beurteilungsspielraum auf der Tatbestandsseite ein Spielraum für die Behörde. Die Einräumung des Ermessens eröffnet hingegen auf der Rechtsfolgenseite einen Handlungsspielraum für die Verwaltung.

Der gerichtlich nicht nachvollziehbare Beurteilungsspielraum besteht nach der Rechtsprechung in folgenden Bereichen:

Fallgruppen des Beurteilungsspielraumes:
- *Einmaligkeit der Beurteilungssituation*
- *beamtenrechtliche Beurteilungen*
- *Wertungsentscheidungen durch weisungsfreie Ausschüsse*

(1) bei Einmaligkeit der Beurteilungssituation (bei Prüfungs- und prüfungsähnlichen Entscheidungen u.a. in Schule und Universität),

Beispiel: Versetzung in die nächsthöhere Klasse, Abitur, juristische und medizinische Staatsprüfung.

(2) bei beamtenrechtlichen Beurteilungen,

Beispiel: Beurteilung von Eignung, Befähigung und fachlicher Leistung bei Einstellung eines Beamten, dienstliche Beurteilung des Beamten durch den Vorgesetzten, Beurteilung der Bewährung eines Probebeamten, Prüfung der Verfassungstreue eines Beamtenbewerbers ins Beamtenverhältnis oder eines Lehrers ins Angestelltenverhältnis.

(3) bei Wertungsentscheidungen durch weisungsfreie Ausschüsse, die mit Sachverständigen und/oder Interessenvertretern besetzt sind.

Beispiele: Personalgutachterausschuss, Indizierung jugendgefährdender Schriften durch die Bundesprüfstelle, ob z.B. Schriften nach § 1 GjSM (Gesetz über die Verbreitung jugendgefährdender Schriften und Medieninhalte) zukünftig geeignet sind, jugendgefährdend zu wirken.

Auch wenn bei der Auslegung der unbestimmten Rechtsbegriffe etwa Prognoseentscheidungen über künftige Ereignisse und Erwartungen bedingen, so ist nicht von vornherein aus der Schwierigkeit der Bewertung auf die mangelnde Nachprüfbarkeit zu schließen, sondern zu prüfen, ob ein nicht nachvollziehbarer Erkenntnisvorsprung der Verwaltung vorliegt.

Überprüfung des Beurteilungsspielraumes

Liegt ein Beurteilungsspielraum vor, so kann vom Verwaltungsgericht auf Beurteilungsfehler nur dahingehend geprüft werden, ob:
- der Sachverhalt verkannt wurde,
- Tatbestandsmerkmale verkannt wurden,
- allgemein anerkannte Bewertungsmaßstäbe missachtet wurden,
- sachfremde Erwägungen getroffen wurden,
- eine nachvollziehbare Begründung vorliegt und
- der Gleichheitsgrundsatz nach Art. 3 GG beachtet wurde.

Für Prüfungsentscheidungen, z. B. Examensklausuren, bedeutet dies: Vorschriften über das Prüfungsverfahren müssen eingehalten werden. Hierzu gehört auch die Unbefangenheit der Prüfer nach § 21 VwVfG. Allgemein anerkannte Bewertungsmaßstäbe müssen beachtet werden. Bei juristischen Arbeiten ist nach der Rechtsprechung allgemeiner Bewertungsmaßstab, dass eine von der höchstrichterlichen Rechtsprechung vertretene Auffassung vom Prüfer nicht als falsch, sondern mindestens als vertretbar gewertet werden muss. Es dürfen keine sachfremden Erwägungen zu Grunde gelegt werden. Chancengleichheit nach Art. 3 GG muss gewährleistet werden. Es dürfen nicht etwa einem Teil der Prüflinge kommentierte, dem anderen aber nur unkommentierte Gesetzestexte vom Prüfungsamt zur Verfügung gestellt werden.

Bei Prüfungsentscheidungen darf eine vertretbare Lösung nicht als falsch gewertet werden. Danach steht dem Prüfer im Hinblick auf fachwissenschaftliche Einschätzungen kein Beurteilungsspielraum zu. Reine Fachfragen sind – gegebenenfalls mit Hilfe von Sachverständigen – gerichtlich überprüfbar. Für prüfungsspezifische Wertungen bleibt freilich im Zusammenhang mit Fachfragen ein großer Spielraum. Eine vom Kandidaten gewählte, fachlich vertretbare und somit seinem Antwortspielraum zuzurechnende Lösung kann zwar nicht als falsch bewertet werden. Dies hindert den Prüfer aber nicht daran zu kritisieren, dass eine abweichende Ansicht gar nicht erwähnt wird. Reine Fachfrage und damit voll überprüfbar ist insofern, ob die angeblich nicht dargestellte Auffassung in der Literatur vertreten wird. Eine prüfungsspezifische und damit nicht voll überprüfbare Wertung ist dagegen, wie sich die fehlende Auseinandersetzung mit der Ansicht in der Prüfungsarbeit auf die Bewertung auswirkt. Werturteile des Prüfers, insbesondere seine Notenentscheidung sind nur im Rahmen der oben angegebenen Punkte – Beachtung allgemein gültiger Wertmaßstäbe, keine sachfremden Erwägungen usw. – überprüfbar. Wird demnach in der Bewertung, wie das zumeist der Fall ist, nicht auf das Ergebnis abgestellt, sondern darauf, ob der Prüfling die Probleme der Aufgabe angemessen abgehandelt und eine überzeugende Lösung gebracht hat, so ist diese prüfungsspezifische Wertung nur auf Beurteilungsfehler überprüfbar.

4.5. »Planungsermessen«

Planungsermessen bezeichnet die weitgehende Gestaltungsfreiheit der Verwaltung zur Konkretisierung der allgemein gehaltenen Maßgaben des Planes.

Pläne gibt es in Form von Gesetzen, wie z.B. beim Haushaltsplan nach Art. 110 I GG oder etwa als Landesentwicklungspläne. Es gibt sie auch als Rechtsverordnungen (Landesentwicklungsprogramme in Bayern), als Satzungen, wie etwa nach § 10 BauGB und auch z.B. bei Geschäftsverteilungsplänen als Verwaltungsinterna.

Ob das ermächtigende Gesetz nicht gegen die Verfassung verstößt oder der Verordnungsgeber zur Rechtsetzung ermächtigt ist, ist bei einer prozessualen Klausurfragestellung wie sonst auch zu prüfen.

Viele Pläne ergehen aber auch als Verwaltungsakte. Gesetzliche Ermächtigungsgrundlage für Planungsfeststellungsbeschlüsse, bei denen es sich um Verwaltungsakte handelt, sind die Bestimmungen der Fachplanungsgesetze, die zum Erlass dieser Planungsfeststellungsbeschlüsse ermächtigen.

Beispiel für Fachplanungsgesetze: § 36 BauGB, § 31 WHG, §§ 8 I, 10 I LuftVG, § 14 WaStrG, § 7 KrW-/AbfG, § 9 b AtomG, § 41 FlurbG (Flurbereinigungsgesetz), auch wenn diese überwiegend Verfahrensfragen regeln.

Eine allgemeine Regelung des Planungsfeststellungsverfahrens findet sich in den §§ 72 ff. VwVfG. Dort ist auch das Anhörungsverfahren geregelt, ferner der Planungsfeststellungsbeschluss in § 74 VwVfG und die Rechtswirkungen in § 75 VwVfG. Da die §§ 72 ff. VwVfG ebenso wie das übrige VwVfG nur subsidiär gelten, kommen sie z.B. angesichts der Spezialregelung in §§ 16 ff. FStrG (Bundesfernstraßengesetz) nicht zur Anwendung.

Im Rahmen der notwendig allgemein gehaltenen und konkretisierungsbedürftigen Maßgaben des Planes hat die Verwaltung eine gewisse Gestaltungsfreiheit, die mit Planungsermessen bezeichnet wird. Diese weitgehende planerische Gestaltungsfreiheit der Verwaltung kann vom Gericht nur inhaltlich bezüglich ihrer gesetzlichen Bindungen und Grenzen und des Abwägungsgebotes überprüft werden. Die Gestaltungsfreiheit besteht in einer gerechten Interessenabwägung.

Dieser Abwägungsvorgang kann auf verschiedene Abwägungsfehler überprüft werden:

- Abwägungsausfall: eine Abwägung ist überhaupt nicht vorgenommen worden,
- Abwägungsdefizit: nicht alle entscheidungserheblichen Belange sind berücksichtigt worden,
- Abwägungsfehleinschätzung: die abgewogenen Belange sind falsch gewichtet worden.

Einführung in das Verwaltungsrecht 31

Ermessen

Entscheidungsspielraum auf der Rechtsfolgenseite der Rechtsnorm, der gerichtlich nur überprüfbar ist auf

- **Überschreitung**
  Eine außerhalb der Norm liegende Rechtsfolge wird gewählt

- **Unterschreitung bzw. Nichtgebrauch**
  Das eingeräumte Ermessen wird nicht gebraucht oder die Reichweite des Ermessens wird verkannt

- **Fehlgebrauch**
  Es wird eine von der Norm vorgesehene Rechtsfolge gewählt, bei Auswahl dieser aber unsachgemäße Erwägungen angestellt
  - Unvollständigkeit der Erwägungen
  - sachfremde Erwägungen
  - Fehleinschätzung der Auswirkung

Arten des Ermessens

Entschließungsermessen:
Handlungsspielraum, ob die Behörde eine Maßnahme trifft oder nicht

Auswahlermessen:
Handlungsspielraum, welche von verschiedenen Maßnahmen die Behörde ergreifen will

Überprüfungskriterien einer gerechten Interessenabwägung des Abwägungsvorgangs beim Planungsermessen

1. Stattfinden einer Abwägung
2. Einbeziehung sämtlicher Belange
3. kein Verkennen privater Belange
4. richtige Gewichtung der einzelnen Belange

Abwägungsfehler

- **Abwägungsausfall**
  Abwägung ist überhaupt nicht vorgenommen

- **Abwägungsdefizit**
  nicht alle Belange wurden berücksichtigt

- **Abwägungsfehleinschätzung**
  falsche Gewichtung der Belange

Das Verwaltungsgericht hat zu prüfen, ob:
- eine sachgerechte Abwägung überhaupt stattgefunden hat,
- sämtliche Belange in die Abwägung einbezogen wurden, die nach Lage der Dinge einbezogen werden mussten,
- die Bedeutung der privaten Belange nicht verkannt wurde,
- bei einem Ausgleich zwischen den von der Planung berührten Belangen diese im Verhältnis zu ihrer Bedeutung auch richtig gewichtet wurden.

Gerichtliche Überprüfung des sog. Planungsermessens

Zum Thema Rechtsschutz gegen Pläne:
- Bei Vorliegen eines Verwaltungsaktes: Anfechtungsklage oder Verpflichtungsklage (bspw. auf Planergänzung).
- Bei Vorliegen eines Bebauungsplans: Normenkontrollverfahren nach § 47 VwGO.

5. Unterscheidung öffentliches Recht und Privatrecht

Die Verwaltung kann ihre Aufgaben häufig wahlweise in der Form des öffentlichen Rechts oder des Privatrechts erfüllen. Ob das eine oder andere vorliegt, richtet sich danach, nach Maßgabe welcher Rechtsnorm die Verwaltungsbehörde gehandelt hat. In welchem Rechtsbereich der Erfolg der Maßnahme eintritt, ist unbeachtlich.

Die der öffentlichen Verwaltung demnach auf dem Gebiet des Verwaltungsrechts zur Verfügung stehenden Handlungsmöglichkeiten im Außenrechtsbereich – vor allem also gegenüber dem Bürger – sind Verwaltungsakt, verwaltungsrechtlicher Vertrag, öffentlich-rechtliche Willenserklärung, Rechtsverordnung und Satzung.

Bedeutung der Unterscheidung: öffentliches Recht – Privatrecht

Wichtig bei der prozessualen Klausurgestaltung:
- Festlegung des Rechtsweges, § 40 VwGO: für öffentlich-rechtliche Streitigkeiten nichtverfassungsrechtlicher Art sind die Verwaltungsgerichte zuständig.
  § 13 GVG: Privatrechtliche Streitigkeiten sind den ordentlichen Gerichten zugewiesen.
- Anwendbarkeit des VwVfG, § 1 I, IV VwVfG: Das VwVfG gilt nur für öffentlich-rechtliche Verwaltungstätigkeit.
- Handeln durch Verwaltungsakt, § 35 VwVfG: Ein Verwaltungsakt ergeht im Bereich öffentlich-rechtlicher Tätigkeit.
- Durchführung der Verwaltungsvollstreckung: §§ 1, 6 VwVG: Ausschließlich öffentlich-rechtliche Forderungen und Verpflich-

tungen können im Wege der Verwaltungsvollstreckung durchgesetzt werden. Für privatrechtliche Ansprüche gilt nur die ZPO.
• Amts- bzw. Staatshaftung: Nur wenn die Pflichtverletzung in Ausübung eines öffentlichen Amtes erfolgt, kommt § 839 BGB zur Anwendung und eröffnet die Möglichkeit der Staatshaftung nach § 839 BGB i.V.m. Art 34 GG.

5.1. Abgrenzung öffentliches Recht und Privatrecht

Der Staat kann als Inhaber der Staatsgewalt Rechte und Pflichten des Bürgers einseitig und damit hoheitlich begründen, er kann als juristische Person aber auch privatrechtlich handeln.

Abgrenzung nach der Organisationsform

Handelt staatlicherseits eine natürliche oder juristische Person des Privatrechts, ist das Handeln auf Grund fehlender Hoheitsgewalt zwangsläufig privatrechtlich.

Beispiel: Der Abschleppunternehmer, der von der Polizei zum Entfernen eines PKW aus einer Feuerwehreinfahrt beauftragt wird, handelt privatrechtlich; ebenso sind Geruchsbelästigungen, die von der Müllverbrennungsanlage der kommunalen Müllentsorgungs-AG herrühren, dem Privatrecht zuzuordnen.

Werden allerdings öffentlich-rechtliche Verwaltungsträger tätig, so können diese in vielen Bereichen sowohl öffentlich-rechtlich als auch privatrechtlich handeln, da der Verwaltung die Freiheit der Formenwahl zusteht. Dann ist das Abgrenzungskriterium der Organisationsform nicht anwendbar.

Abgrenzung nach der Handlungsform

Eindeutig hoheitliche Wahrnehmung von Aufgaben in Form der Eingriffsverwaltung, etwa im Bereich des Polizei- und Ordnungsrechts, ist stets öffentlich-rechtlich, während fiskalisches Handeln – Anschaffung von Gütern für die Verwaltungstätigkeit wie Büromaterial und die Teilnahme am Wirtschaftsverkehr – immer privatrechtlich erfolgt.

Auch die von der Verwaltung verwendeten Begriffe lassen meist einen Rückschluss auf die gewählte Handlungsform zu. Begriffe wie Bescheid, Gebühr oder Zwangsmittel sind dann eindeutig als öffentlich-rechtliche Handlungsform zu qualifizieren, wenn die Behörde in diesem Handlungsbereich hoheitliche Befugnisse besitzt.

Bedient sich ein Träger hoheitlicher Gewalt eindeutig hoheitlicher Befugnisse, die ihm im betreffenden Bereich auch allgemein, aber eben gerade nicht im konkreten Fall zustehen, so liegt eine öffentlich-rechtliche Maßnahme vor. Die öffentlich-rechtliche Natur ergibt sich in diesem Fall allein aus der gewählten Rechtsform und zwar unbeschadet davon, ob diese öffentlich-rechtliche Handlungsform zulässig und damit rechtmäßig war.

Gegenbeispiel: Die Anordnungen des »Hauptmannes von Köpenick« zur Erstellung eines Passes für sich erfolgten zwar in Form einer hoheitlichen Verfügung, eines Verwaltungsaktes, aber mangels Zurechnung auf einen öffentlichen Rechtsträger können sie nicht als Verwaltungsakt qualifiziert werden.

Schwierigkeiten ergeben sich allerdings in den Fällen, in denen durch eine eindeutig hoheitliche Regelung eine Maßnahme getroffen wird, die an sich mit Sicherheit dem Privatrecht zuzuordnen wäre, wie etwa die Kündigung eines Pachtvertrages durch eine »Verfügung« der Behörde. Es ist dann nach h.M. auf die nach außen hin erkennbare Form abzustellen. Wird eine behördliche Maßnahme für den Betroffenen objektiv erkennbar im Wege einer einseitig hoheitlichen Regelung eines Einzelfalles mit Außenwirkung getroffen, so liegt auch dann ein Verwaltungsakt nach § 35 VwVfG vor, wenn die beabsichtigte Regelung eine privatrechtliche Beziehung betrifft.

Abgrenzungstheorien

Nur in den seltenen Fällen, in denen zweifelhaft ist, ob die für die Entscheidung eines Lebenssachverhaltes heranzuziehende Norm dem öffentlichen oder dem privaten Recht angehört, ist auf die Abgrenzungstheorien zurückzugreifen.

> Die Abgrenzungstheorien können nebeneinander angewandt werden.

Lässt die Handlungsform keinen eindeutigen Rückschluss darauf zu, ob öffentlich-rechtliche oder privatrechtliche Tätigkeit vorliegt, so gibt es für die Abgrenzung mehrere Theorien:

Öffentliches Recht liegt vor:

- Interessentheorie: wenn eine Rechtsnorm überwiegend dem Interesse der Allgemeinheit dient.
  Problem: auch im Privatrecht gibt es Normen, die dem Allgemeininteresse dienen, wie z.B. im Miet-, Arbeits- oder Wettbewerbsrecht des UWG sowie im öffentlichen Recht Normen, die dem Einzelnen dienen, wie etwa nachbarschützende Vorschriften im Baurecht,

- Subordinations- bzw. Subjektstheorie: wenn zwischen den Beteiligten ein Über- und Unterordnungsverhältnis besteht.
Problem: im Bereich der Leistungsverwaltung wird meist nicht im Über- und Unterordnungsverhältnis gehandelt, ebenso stehen sich die Beteiligten bei öffentlich-rechtlichen Verträgen nach §§ 54 ff. VwVfG gleichgeordnet gegenüber,
- modifizierte Subjekts- bzw. Sonderrechtstheorie (h.M.): nach dieser ist die Rechtsnatur des Verwaltungshandelns identisch mit der Rechtsnatur der zu Grunde liegenden Norm. Die zu Grunde liegende Norm gehört dann dem öffentlichen Recht an, wenn sie ausschließlich den Staat als Berechtigten oder Verpflichteten erkennen lässt.

Eine privatrechtliche Norm liegt dann vor, wenn sie auch zwischen Privatpersonen zur Anwendung kommen kann.

Beispiel: § 6 StVG (Straßenverkehrsgesetz) ist öffentlich-rechtlicher, § 7 StVG hingegen privatrechtlicher Natur.

Bei der Lösung vieler Fälle ist es unnötig, die Abgrenzungstheorien heranzuziehen. Wenn der konkrete Fall nach dem Polizeigesetz, der Gewerbeordnung etc. zu beurteilen ist, reicht der Hinweis, dass das maßgebliche Gesetz dem öffentlichen Recht angehört und damit eine öffentlich-rechtliche Streitigkeit vorliegt. Die Rechtsprechung versucht in der Praxis die Mängel der einzelnen Theorien dadurch auszugleichen, dass sie sie miteinander kombiniert. Da die Theorien sich häufig nicht gegenseitig ausschließen, ist es durchaus sinnvoll, sie nebeneinander anzuwenden und miteinander zu verbinden.

Oft ist es unnötig, die Abgrenzungstheorien heranzuziehen.

Eine Diskussion, welche der Abgrenzungstheorien die richtige ist, wird sich in der Klausur damit erübrigen. Es wird in der Klausur, vor allem im Examen, erwartet, dass der Bearbeiter die gefundene Norm unter Rückgriff auf eine oder mehrere der einschlägigen Theorien kurz qualifiziert.

Beispiel: »Die streitentscheidende Norm des § (Art.) ... wendet sich zumindest auf der einen Seite des durch sie geregelten Rechtsverhältnisses ausschließlich an einen Träger öffentlicher Gewalt (modifizierte Subjektstheorie). Somit liegt eine öffentlich-rechtliche Streitigkeit vor.«

oder

»Die Anordnung der Behörde gegenüber dem Bürger A erging im Über-/Unterordnungsverhältnis (Subordinationstheorie) und war auf die Rechtsnorm, nämlich des § (Art.) ... gestützt, die sich nur an einen Träger öffentlicher Gewalt wendet.«

Der Klausurbearbeiter kann bei der Qualifikation der gefundenen Normen durchaus auf die gerade am besten passende Theorie zurückgreifen.

Liegt ein Problemfall vor, so ist wie folgt zu prüfen:
- negative Abgrenzung nach der Organisationsform,
- Handlungsform,
- Abgrenzungstheorien,
- Sachzusammenhang,
- Rechtsgrundlage des Verwaltungshandelns,
- im Zweifelsfall öffentliches Recht.

Sachzusammenhang

Steht ein Handeln der Verwaltung in Verbindung mit einem anderen, eindeutig als öffentlich-rechtlich zu qualifizierenden Verwaltungshandeln, so gehört dieses auch zum öffentlichen Recht.

Fall 7: Beamter B bezeichnet den A, der einen Antrag auf Sozialhilfe stellt, als Schmarotzer und Betrüger. Der A will auf Widerruf klagen. Da hier die beleidigenden Aussagen im Sachzusammenhang mit öffentlich-rechtlicher Tätigkeit stehen, ist der Verwaltungsrechtsweg zulässig.

Rechtsgrundlage des Verwaltungshandelns

Abwehrfall

Abwehrfall: Wehrt sich ein Betroffener gegen ein Verwaltungshandeln, so kommt es auf die Norm an, auf die sich die Behörde meint stützen zu dürfen, selbst wenn sie rechtmäßig anders hätte handeln müssen. Ist die zu Grunde liegende Rechtsnorm nicht ersichtlich, ist die rechtmäßige Ermächtigungsgrundlage festzustellen. Die von der Verwaltung zitierte Norm, nicht ein etwa rechtmäßiges Handeln ist zu unterstellen.

Begehrensfall

Begehrensfall: Erstrebt der Betroffene ein Verwaltungshandeln, so ist auf die dem begehrten Handeln zu Grunde liegende rechtmäßige Rechtsgrundlage abzustellen, wenn der Bürger eine falsche behauptet.

Zweifelsregelung

Im Zweifel liegt – vor allem bei der Leistungsverwaltung (Sozialhilfe, Arbeitsvermittlung) – hoheitliches Handeln vor.

Im Zweifelsfall Vermutung für öffentlich-rechtliches Handeln des Staates

Führen obige Abgrenzungskriterien zu keinem Ergebnis, so ist die Zweifelsregelung anzuwenden. Aus dem Wahlrecht der Verwaltung folgt, dass, wenn der Wille, in privatrechtlicher Handlungsform tätig zu werden, nicht in Erscheinung tritt, grundsätzlich von öffentlich-rechtlicher Tätigkeit auszugehen ist.

Beispiel: Immissionen, die von der gemeindlichen Kanalisation herrühren, sind dem öffentlichen Recht zuzurechnen, sofern keine Vorschriften wie AGB oder Satzung über den Kanalisationsbetrieb bestehen.

5.2. Problemfälle der Zuordnung

In der Rechtsprechung haben sich einige Fallgruppen von Problemfällen herausgebildet, bei denen die Abgrenzung zwischen öffentlichem Recht/Privatrecht besondere Schwierigkeiten bereitet.

Schwierigkeiten bei der Abgrenzung zwischen öffentlichem und Privatrecht

5.2.1. Realakte

Abgrenzungsschwierigkeiten ergeben sich bei Tathandlungen (Realakten), die keine gesetzliche Grundlage haben.

Beispiel für schwierig abzugrenzende Realakte:
- *Teilnahme am Straßenverkehr,*
- *Beleidigende Äußerungen von Beamten,*
- *Eingriffe durch Immissionen,*
- *Hausverbote.*

Teilnahme am Straßenverkehr

Das Fahren mit dem Auto ist als solches weder öffentlich-rechtlich noch privatrechtlich. Nach der Rechtsprechung des BGH ist die Verkehrsteilnahme nur dann öffentlich-rechtlich, wenn das Ziel der Teilnahme am Straßenverkehr die Erfüllung hoheitlicher Aufgaben war und ein enger innerer und äußerer Zusammenhang zwischen der Erfüllung dieser hoheitlichen Aufgabe und der schadensverursachenden Handlung besteht.

Fall 8: Beamter B aus dem Innenministerium des Bundeslandes L fährt mit dem PKW zum Landrat wegen einer dienstlichen Besprechung über polizei- und ordnungsrechtliche Probleme. Auf dem Weg verursacht er einen Autounfall mit dem Geschädigten G. Den Staat in Form des Bundeslandes als Halter des Dienstfahrzeuges trifft die Gefährdungshaftung nach § 7 StVG.

Da der Anspruch aus § 7 StVG zwar verschuldensunabhängig, aber dem Umfang nach begrenzt ist und ein Schmerzensgeld nicht umfasst, ergibt sich nicht nur in der Falllösung, sondern auch in der Praxis die Frage, ob G auch ein Schadensersatzanspruch aus Art. 34 GG, § 839 BGB zusteht. B müsste dann in Ausübung eines ihm anvertrauten öffentlichen Amtes gehandelt haben, als er mit dem Dienstwagen unterwegs war zum Landrat. Da B zu einer Dienstbesprechung über polizei- und ordnungsrechtliche Probleme, also öffentlich-rechtliche Angelegenheiten war, steht der Zweck seiner Autofahrt im Zusammenhang mit der Erfüllung hoheitlicher Aufgaben. B hat auch eine gegenüber dem G obliegende Amtspflicht verletzt. Weil auch kein Haftungsausschluss nach § 839 I S. 2 BGB vorliegt, haftet das Bundesland L nach Art. 34 GG, § 839 BGB sowie Art. 34 GG i.V.m. § 18 StVG (Straßenverkehrsgesetz) auf Ersatz des verursachten Personen- und Sachschadens.

Der Amtshaftungsanspruch ist auch bei Angestellten und Arbeitern des öffentlichen Dienstes anwendbar, sofern nur hoheitlich gehandelt wurde.	*Der Schmerzensgeldanspruch ergibt sich aus Art. 34 GG, §§ 839, 847 BGB. B selbst haftet nicht. Hätte anstatt des B ein Angestellter oder Arbeiter des öffentlichen Dienstes gehandelt, so tritt die gleiche Rechtsfolge ein, da nicht erforderlich ist, dass ein Beamter im beamtenrechtlichen Sinne gehandelt hat. Die Amtshaftung greift auch bei Angestellten und Arbeitern des öffentlichen Dienstes ein, sofern nur hoheitlich gehandelt wurde.*

Privatrechtlich ist hingegen nach der Rechtsprechung die Autofahrt zu beurteilen, wenn sie zur Erledigung »fiskalischer Geschäfte« (Bedarfsdeckung und Beschaffung, Vermögensverwaltung, erwerbswirtschaftliche Teilnahme am Wirtschaftsverkehr) dient.

Fall 9: Der Beamte B oder der Angestellte des öffentlichen Dienstes A fährt zum Papierwarenladen, um Bleistifte für die Landesverwaltung zu kaufen, und es kommt zu einen Autounfall.
Das Land haftet dann nur nach § 831 BGB mit der Möglichkeit des Entlastungsbeweises. Außerdem haftet es nach §§ 831, 847 BGB, § 7 StVG. Daneben haftet der B bzw. der A nach § 823 BGB; §§ 823, 847 BGB; § 18 StVG.

Praktikabler, als auf den Sachzusammenhang abzustellen, ist die in der Literatur vertretene Meinung, die die Dienstfahrt als Teilnahme am allgemeinen Straßenverkehr dem Privatrecht zuordnet und nur Einsätze in den Fällen des § 35 StVO von Polizei und Feuerwehr etc. als öffentlich-rechtlich einstuft.

Beleidigende Äußerungen von Beamten

Beleidigende Äußerungen von Beamten	Beleidigende Äußerungen von Beamten sowie Ansprüche auf Widerruf und Unterlassung ehrverletzender Äußerungen können privatrechtlicher, aber auch öffentlich-rechtlicher Natur sein.

Wenn der Beamte beleidigende Äußerungen macht, bestehen verschiedene Möglichkeiten:

Privatrechtlicher Widerrufsanspruch gegen B: Beamter B äußert sich als Privatmann außerhalb des Dienstes beleidigend über A, z.B. im Gasthaus vor Freunden.

Privatrechtlicher Widerrufsanspruch gegen den Staat: Beamter B macht die beleidigenden Äußerungen während der Wahrnehmung privatrechtlicher Geschäfte mit A, etwa bei Vertragsverhandlungen über die Vergabe von Aufträgen an A. Die Äußerungen seines Beamten B werden in diesem Fall dem Staat zugerechnet.

Öffentlich-rechtlicher Widerrufsanspruch gegen den Staat: Beamter B äußert sich während der Wahrnehmung hoheitlicher Aufgaben gegenüber A beleidigend, etwa bei einem Anhörungstermin im Planfeststellungsverfahren. Die Äußerungen seines Beamten B werden dem Staat in diesem Fall zugerechnet.

Eingriffe durch Immissionen (Geräusche, Gerüche)

Der Abwehranspruch gegen Immissionen kann privatrechtlicher Natur sein und sich aus § 1004 BGB ergeben. Er kann aber auch öffentlich-rechtlicher Natur sein und sich dann auf Grund entsprechender (analoger) Anwendung des § 1004 BGB oder direkt aus den Grundrechten ergeben.

Fall 10: Einmal im Jahr findet in der Nähe eines Wohngebietes auf einem freien Platz eine historisch überkommene Kirmesveranstaltung statt. Diese wird durch die Gemeinde G veranstaltet. Einwohner des Wohngebietes werden durch den von der Kirmes ausgehenden Lärm belästigt und klagen.

Auch hier ergibt sich für die Feststellung des Rechtsweges die Frage nach der Rechtsnatur – privatrechtlich oder öffentlich-rechtlich – des Abwehranspruches.

Die Durchführung freiwillig vorgenommener Aufgaben der örtlichen Gemeinschaft durch die Gemeinde muss sich nach der Rechtsprechung nicht notwendig in der Form des öffentlichen Rechts vollziehen. Stützt sich die Verwendung eines Grundstücks, hier die Bereitstellung der G-Wiesen, für besondere Veranstaltungen nicht auf eine besondere öffentlich-rechtliche Regelung, so wird diese Maßnahme in der Regel nach dem allgemeinen privaten Recht vorgenommen, meinte der BGH. Anschließend prüfte er das Bestehen einer besonderen öffentlich-rechtlichen Regelung als Grundlage für die Verwendung des Grundstücks und kam so zu einem privatrechtlichen Abwehranspruch. Es läge auch keine gemeindliche Einrichtung vor.

Es kommt auf die Argumentation, nicht auf das Ergebnis an.

Der Verwaltungsgerichtshof Baden-Württemberg ist in einem ähnlichen Fall zu einem gegenteiligen Ergebnis gekommen und hat den Abwehranspruch als öffentlich-rechtlichen qualifiziert. Für die Falllösung bedeutet dies, dass es nicht auf das Ergebnis, sondern nur auf die Argumentation ankommt.

Es ist dem Goethe-Spruch zu folgen: »Im Auslegen seid frisch und munter! Legt ihr's nicht aus, so legt was unter!« (Goethe, Zahme Xenien II).

Hausverbote

Für Hausverbote in öffentlichen Gebäuden kommt als Rechtsgrundlage öffentlich-rechtliche Sachherrschaft des aussprechenden Trägers öffentlicher Gewalt, die privatrechtliche Lösung nach den §§ 859 ff., 903, 1004 BGB in Betracht. Die Rechtsprechung stellt hingegen auf die Art der rechtlichen Beziehung der zugangssuchenden Besucher ab. Steht der Besuch in Zusammenhang mit hoheitlichen Aufgaben, so wird das Hausverbot als öffentlich-rechtlich qualifiziert, geht es hingegen um die erwerbswirtschaftlichen Beziehungen, so ist das Hausverbot privatrechtlich.

Fall 12: Der Kläger verhandelte im Verteidigungsministerium wegen Erteilung von Forschungs- und Fertigungsaufträgen für von ihm entwickelte Flugschrauberprojekte. Mit der Begründung, er habe unwahre Behauptungen in Bezug auf Beamte des Ministeriums aufgestellt, erhielt er Hausverbot, und weitere Verhandlungen wurden abgelehnt.

Das Hausverbot steht nach der Rechtsprechung des Bundesverwaltungsgerichts mit der dem Zivilrecht angehörenden Erklärung der Beklagten derart in einem untrennbaren Zusammenhang, dass es die Rechtsnatur dieser Erklärung zwangsläufig teilt. Danach hat das dem Kläger gegenüber ausgesprochene Hausverbot privatrechtlichen Charakter.

Fall 13: Dem Obdachlosen O wird vom Bürgermeister B ein Hausverbot erteilt, als er wieder zum Aufwärmen in den Fluren des Rathauses herumlungert.

Hier lässt sich mangels eindeutiger Zuordnung des Zusammenhangs nicht feststellen, ob für das Hausverbot die privatrechtlichen Besitz- und Eigentumsrechte der §§ 859 ff., 903, 1004 BGB oder die öffentlich-rechtliche Sachherrschaft in Frage kommt.

Es zeigt sich, dass die in der Literatur vertretene Meinung praktikabler ist, die das von einem Träger öffentlicher Gewalt erlassene Hausverbot stets dem öffentlichen Recht zuordnet, weil nicht auf den Zweck des Besuchs, sondern auf den Zweck des Hausverbots abzustellen sei. Der Zweck sei die Aufrechterhaltung des ungestörten Dienstbetriebes und deshalb hoheitlich. Damit erfolge das Hausverbot unmittelbar im öffentlichen Interesse.

5.2.2. Verwaltungsprivatrecht

Verwaltungsprivatrecht liegt dann vor, wenn ein Träger öffentlicher Verwaltung unmittelbare Verwaltungsaufgaben im Bereich der Leistungsverwaltung in Form des Privatrechts erledigt. Er kann selbst oder auch durch eine von ihm beherrschte juristische Person des Privatrechts, etwa durch eine GmbH, in privatrechtlicher Form handeln und gegenüber dem Bürger eine öffentliche Aufgabe erfüllen. Zu den öffentlichen Aufgaben gehört die Daseinsvorsorge: Wasser, Strom, Gas, Kanalisation, öffentliche Verkehrsmittel.

Verwaltungsprivatrecht liegt dann vor, wenn ein Träger öffentlicher Verwaltung unmittelbare Verwaltungsaufgaben in Form des Privatrechts erledigt.

Liegt verwaltungsprivatrechtliches Handeln vor, so gelten:
- die Grundrechte, insbes. der Gleichheitssatz des Art. 3 GG,
- die Zuständigkeitsregelungen des öffentlichen Rechts,
- der Verhältnismäßigkeitsgrundsatz und
- das Verbot sachwidriger Verknüpfung von Leistung und Gegenleistung.

Zum Thema Rechtsschutz, Zivilrechtsweg nach § 13 GVG: Beziehungen der Parteien sind privatrechtlich geregelt. Obgleich es um die Erledigung von Verwaltungsaufgaben und damit zusammenhängende Ansprüche geht, sind im Bereich des Verwaltungsprivatrechts die ordentlichen Gerichte – und nicht die Verwaltungsgerichte – zuständig. Nach den Abgrenzungsgrundsätzen ist für die Einordnung des Charakters der Rechtsstreitigkeit grundsätzlich die Rechtsform bestimmend, in der der Handelnde tätig wird.

5.2.3. Subventionen

Subventionen werden rechtlich gesehen grundsätzlich in zweistufiger Form abgewickelt (Zwei-Stufen Theorie):

1. Stufe: »Ob« der Leistung

1. Stufe: Über das »Ob« der Leistung ergeht eine gesonderte Entscheidung auf Grund öffentlicher Vorschriften. Dies ist vor allem dann der Fall, wenn in öffentlich-rechtlichen Vorschriften ein gesonderter Bewilligungsbescheid vorgesehen ist und ein Verwaltungsakt i.S.v. § 35 S.1 VwVfG vorliegt.

2. Stufe: »Wie« der Leistung

2. Stufe: Ist positiv über das Ob der Leistung entschieden worden, so schließt sich für das »Wie« der Abwicklung ein privatrechtlicher Vertrag an, auf Grund dessen die Leistung dann tatsächlich gewährt und abgewickelt wird. In der Regel handelt es sich um Darlehens-, Bürgschafts-, aber auch sonstige Verträge. Der Vollzug des Bewilligungsbescheides sowie die Abwicklung der Subvention sind daher dem Privatrecht zuzurechnen.

1. Stufe: Verwaltungsrechtsweg

Rechtsschutz hinsichtlich der 1. Stufe, »Ob« der Leistung: Verwaltungsrechtsweg, etwa Verpflichtungsklage auf Entscheidung über die Gewährung der Subvention; Anfechtungsklage gegen die Rückforderung der Subvention nach Aufhebung des Bewilligungsbescheides durch die Verwaltung.

2. Stufe: Zivilrechtsweg

Rechtsschutz hinsichtlich der 2. Stufe, Abwicklung der Leistung: Zivilrechtsweg gem. § 13 GVG, etwa Klage auf Auszahlung des Darlehens durch Betroffenen bzw. Rückzahlung des Darlehens durch Behörde.

Ausnahme: einstufige Vergabe von Subventionen durch verlorene Zuschüsse. Der beantragte Zuschuss wird durch Verwaltungsakt bewilligt und daraufhin ausbezahlt. Die Auszahlung ist keine zweite Stufe, sondern die Erfüllung des Bewilligungsbescheides. Den Subventionszweck sichernde Regelungen können durch Auflagen und Bedingungen verfügt werden.

An die Stelle eines Bewilligungsbescheides in Form eines Verwaltungsaktes kann auch ein Verwaltungsvertrag nach § 54 VwVfG treten.

6. Tipps für die Fallbearbeitung

Die genaue Kenntnis der Grundzüge und Kernprobleme des Allgemeinen Verwaltungsrechts ist für die erfolgreiche Bearbeitung verwaltungsrechtlicher Klausuren unerlässlich. Genau so wichtig ist es, sich mit den Grundzügen des Verwaltungsprozessrechts vertraut zu machen, weil in Klausurfällen sehr häufig Probleme des materiellen Verwaltungsrechts in verwaltungsprozessrechtliche Fragestellungen eingekleidet sind, wenn etwa nach den Erfolgsaussichten einer Klage gefragt wird.

Klausuren werden meist aus ganz normalen Fällen gewonnen, die aber selten die richtige Länge für die Prüfungsaufgabe haben und daher regelmäßig mit Standardproblemen, die meist aus dem Prozessrecht kommen, auf den richtigen Umfang gebracht werden. Für solche Probleme gibt es zumeist bewährte Lösungen. Kein Prüfer erwartet hier die genialen Ideen, sondern lediglich das sichere »Abhaken« aller Prüfungspunkte. Es sollte der positive Eindruck nicht unterschätzt werden, der schon zu Beginn beim Prüfer entsteht, sofern der Aufbau und die Prüfung vollständig ist.

In den juristischen Prüfungsaufgaben in Universitäten und Fachhochschulen wird zumeist die Erstellung eines Gutachtens verlangt. Nicht nur in der Verwaltung werden zur Entscheidungsfindung in schwierigen Angelegenheiten Gutachten gefertigt, sondern auch bei den Verwaltungsgerichten – wie auch bei anderen Kollegialgerichten – findet eine solche Verfahrensweise statt. Der mit der Berichterstattung beauftragte Richter hat hier ein Gutachten als Grundlage für die Beratung über ein Urteil, einen Beschluss oder eine sonstige Entscheidung des Gerichts zu entwerfen. Das Erlernen der Technik der Anfertigung eines Gutachtens hat also einen praktischen Sinn.

Gutachtenstil ist in der Klausur zu verwenden.

Der beim Entwurf einer solchen Beratungsgrundlage zu beachtende Gutachtenstil unterscheidet sich dabei grundsätzlich vom Urteilsstil. Beim Gutachtenstil kommt der Bearbeiter auf Grund einzelner Denkschritte zu einem Ergebnis, während beim Urteilsstil das Ergebnis vorangestellt ist und dann durch die verschiedenen Denkschritte begründet wird. Das Urteil beginnt mit dem Ergebnis und dieses wird dann begründet, das Gutachten hingegen fängt mit einer Frage an und am Ende steht das Ergebnis. Das Gutachten ist die Aufzeichnung des gedanklichen Weges, der zu einem rechtlichen Ergebnis führt.

Beispiel für den Urteilsstil: »*Die Maßnahme der Behörde greift in den Schutzbereich des Art. 5 I GG ein, denn ...«.*

Beispiel für den Gutachtenstil: »*Die Maßnahme der Behörde könnte in den Schutzbereich des Art. 5 I GG eingreifen. Dann müsste zunächst ...«.*

Nur völlig unproblematische Dinge dürfen kurz im Urteilsstil abgehandelt werden.

Beispiel: »*Da es sich um einen Bescheid handelt, zu dem keine weiteren Angaben gemacht werden, liegt ein Verwaltungsakt vor.«*

Beim Aufbau der Klausur ist immer von der Frage des Aufgabenstellers auszugehen. Wird nicht etwa nach der Rechtmäßigkeit eines Verwaltungsaktes gefragt, sondern nach Ersatzansprüchen aus dem Staatshaftungsrecht, so darf die Frage der Rechtswidrigkeit des Verwaltungsaktes nur innerhalb der Prüfung der Ersatzansprüche und nicht allgemein vorab erfolgen. Sind mehrere Fragen gestellt worden, so sollten diese in der vorgegebenen Reihenfolge abgehandelt werden.

Die Frage des Aufgabenstellers bestimmt den Klausuraufbau.

Ist nach der Rechtmäßigkeit einer Maßnahme gefragt, z.B. »Ist der Bescheid rechtmäßig« oder »Wie ist die materielle Rechtslage zu beurteilen«, so erübrigt sich eine Prüfung der prozessualen Lage. Es ist dann keinesfalls auf die Zulässigkeit einer Klage, einer einstweiligen Anordnung, eines Widerspruchs usw. einzugehen.

Wird hingegen nach den Erfolgsaussichten einer Klage gefragt oder ist eine Klage laut Sachverhalt schon erhoben, so ist zuerst die Zulässigkeit und sodann die Begründetheit einer verwaltungsgerichtlichen Klage zu untersuchen. Die Wahl des möglichen Rechtsbehelfs hängt im Übrigen von dem Begehren des bzw. der Beteiligten ab, z.B. »Hat die Klage Aussicht auf Erfolg?« oder »Wie wird das Gericht entscheiden?« oder »Kann Bürger B gegen die Maßnahme mit Aussicht auf Erfolg vorgehen?«.

Die Begründetheit einer Klage darf bei diesen Fragestellungen erst geprüft werden, wenn vorher deren Zulässigkeit feststeht. Entsprechendes gilt für den einstweiligen Rechtsschutz. Falls die Frage lautet »Wie ist über den Widerspruch zu entscheiden?«, ist die Zulässigkeit und Begründetheit eines Widerspruchs zu prüfen. Lautet die Frage »Wie ist die Rechtslage?«, so ist in der Regel zuerst die materielle Rechtslage zu untersuchen und dann auf die prozessualen Möglichkeiten und evtl. die Zulässigkeit eines Widerspruchs (eines außergerichtlichen Rechtsbehelfs) einzugehen.

Erweist sich die Klage als unzulässig, so ist auf jeden Fall die Begründetheit in einem Hilfsgutachten zu prüfen. Kommt man bei der Klausur an einen Punkt, bei dem das Gutachten eigentlich abgeschlossen werden müsste, ohne alle erkennbaren Probleme abgehandelt zu haben – die Klage erweist sich z.b. als unzulässig –, so ist ein sog. Hilfsgutachten zu erstellen. Stellt sich also bei der Prüfung eines Rechtsbehelfs dessen Unzulässigkeit heraus, so ist in jedem Fall die Begründetheit in einem Hilfsgutachten zu erörtern. Dieses leitet man etwa wie folgt ein: »Unterstellt, die Klage wäre entgegen dem hier gefundenen Ergebnis zulässig, dann fragt es sich, ob sie auch begründet wäre...«

Problem Hilfsgutachten

Während im Zivilrecht ein Fall nach »Ansprüchen« aufzubauen ist und im Strafrecht der Aufbau nach Tatbeständen erfolgt, ist für den Bearbeiter einer verwaltungsrechtlichen Klausur eine Gliederung des Falles in der vorgenannten Weise in der Regel nicht möglich. Ausgehend von der Ausgangsfrage helfen hier häufig die Prüfungsschemata(listen), der Fallbearbeitung eine logische Struktur zu geben. Zu warnen ist aber davor, sich an den Schemata lückenlos »entlangzuhangeln«, da dann die Gefahr besteht, dass abseits liegende Probleme in den Mittelpunkt der Lösung gerückt werden.

Auswahl der Ermächtigungsgrundlage nach dem Spezialitätsgrundsatz: Beim Suchen der einschlägigen Ermächtigungsgrundlage für Handlungen der Behörde ist nach folgender Normenfolge vorzugehen
1. Spezialgesetze (spezielle Bundesgesetze – wegen Art. 31 GG vor speziellen Landesgesetzen)
2. Allgemeine Gesetze

Hier gilt der Satz von Goethe: »Getretener Quark wird breit, nicht stark.« (»Westöstlicher Diwan«, darin: Buch der Sprüche).

Auf einige wesentliche Fixpunkte der Schemata muss aber zumindest im Urteilsstil eingegangen werden, selbst wenn sie im Fall unproblematisch sind. Bei der verwaltungsgerichtlichen Klage muss z.B. immer festgelegt werden, welches die statthafte Klageart ist. Es wird aber kaum jemals erforderlich sein, alle Punkte eines Aufbauschemas anzusprechen, geschweige denn zu problematisieren. Andernfalls wird das Verhältnis von inhaltlicher Substanz zu überflüssigen Erörterungen immer ungünstiger, und die zentralen Probleme einer Klausur drohen auch zeitlich zu kurz zu kommen. Die fehlende Schwerpunktbildung und richtige Problemgewichtung ist ein häufiger und erheblicher Fehler von Klausuren.

Ausführungen zu jeder Einzelheit der Zulässigkeit der verwaltungsrechtlichen Klage zu machen, obwohl dort keinerlei rechtliche Problematik besteht, weil der Schwerpunkt der Arbeit in der Begründetheit liegt, führt zur sogenannten Kopflastigkeit der Klausur. Es dürfen nur jene Punkte problematisiert werden, die zweifelhaft sind. Demnach ist auch von einem übertriebenen Gutachtenstil abzuraten. Weniger wichtige und unproblematische Dinge sind im Urteilsstil abzuhandeln. Auf die Definition des Verwaltungsaktes z.B. ist nur dann einzugehen, wenn eines der Merkmale des § 35 VwVfG zweifelhaft ist.

Offensichtliches ist kurz im Urteilsstil zu behandeln.

Der Gutachtenstil erfolgt in mehreren Prüfungsschritten. Es wird zunächst das Problem aufgeworfen, alsdann die Norm benannt, die einer Prüfung unterzogen wird; schließlich erfolgt die Subsumtion und dann die Feststellung des Ergebnisses.

(1) Der zu untersuchende Komplex wird mittels einer Hypothese benannt: »Der A könnte einen Anspruch auf ... haben.«,

(2) Nennung der Norm und Darstellung der einzelnen Merkmale des Tatbestandes,

(3) Merkmale bzw. Voraussetzungen der Norm sind, soweit erforderlich, zu definieren,

(4) Darstellung des Sachverhalts,

(5) Prüfung, ob der gegebene Sachverhalt dem erläuterten Tatbestandsmerkmal(en) entspricht (Subsumtion),

(6) Ergebnis der Subsumtion ist festzuhalten.

Anfängerhaft wäre es, jedes Problem der Klausur in diesen Schritten des Gutachtenstils zu bearbeiten. Zudem fehlt dazu auch die Zeit. Deshalb ist Unproblematisches kurz im Urteilsstil abzuhandeln.

Im Rahmen der Begründetheitsprüfung bei einer verwaltungsrechtlichen Klausur ist in jedem Fall von einer konkreten Ermächtigungsgrundlage / Anspruchsnorm auszugehen, die von ihrer Rechtsfolge die Verwaltungsmaßnahme ermöglicht bzw. dem Begehren des Betroffenen entspricht. Danach erst, ist dann auf die formelle Rechtmäßigkeit des Verwaltungshandelns mit den Unterpunkten Zuständigkeit, Verfahren, Form einzugehen. Ist dies geschehen, so sind die einzelnen Tatbestandsmerkmale der Ermächtigungs- / Anspruchsgrundlage der Reihe nach zu prüfen.

<small>Diskussionen verschiedener Theorien und Rechtsansichten nur bei unterschiedlichem Fallergebnis.</small>

Die Auseinandersetzung mit Rechtsansichten oder Theorien, wie z.B. der Abgrenzung zwischen öffentlichem Recht und Privatrecht, ist weit weniger häufig angebracht als zumeist angenommen. Sie ist sogar überflüssig und folglich falsch, wenn das Ergebnis nach sämtlichen Rechtsansichten oder Theorien gleich ist. Eine Abwägung der verschiedenen Auffassungen und eine Begründung, warum man einer bestimmten folgt, ist dann überflüssig und falsch.

Ein starres Schema der Behandlung von Meinungsstreiten, auf der häufig der Schwerpunkt der Klausur liegen wird, gibt es nicht.

Ratsam ist aber die Vorgehensweise in folgenden Schritten:
(1) Prüfung, ob der Meinungsstreit vom Sachverhalt aufgeworfen wird, um überflüssige Ausführungen zu vermeiden,
(2) bei Fallrelevanz des Meinungsstreits hat es sich häufig als günstig erwiesen, dass zuerst die abzulehnende Meinung dargestellt wird, um anschließend der vermeintlich besseren Argumentation der Gegenmeinung zu folgen,
(3) Begründung (eigene Stellungnahme), warum einer der angeführten Ansichten gefolgt wird, da ein bloßer Verweis auf die herrschende Meinung keine juristische Argumentation ist.

Die ausführliche Darstellung der verschiedenen Meinungen ist überflüssig und schädlich, wenn alle Theorien bzw. Ansichten zum selben Ergebnis führen. Es reicht ein kurzer Hinweis auf die verschiedenen Argumente in Verbindung mit der Feststellung, dass das Ergebnis gleich ist.

Das Zitieren in Form der Angabe einer Literaturstelle mit Angabe von Titel, Autor und gar noch Seitenzahl hat genauso wie die Angabe der Rechtsprechungsfundstelle in der Klausur zu unterbleiben.

Richtig vielmehr sind folgende Beispiele: »In der Literatur werden zu der Frage (dem Problem) zwei unterschiedliche Meinungen vertreten ... Die Rechtsprechung hingegen ... Sie begründet dies damit, dass ... Vorzugswürdig ist diese von der Rechtsprechung (in der Literatur) vertretene Ansicht, weil ...«

Führen streitige Rechtsfragen im Fall zu unterschiedlichen Ergebnissen, so sind die einzelnen Auffassungen zu Meinungsgruppen zusammenzufassen und die verschiedenen Rechtsansichten einander mit den jeweiligen Argumenten gegenüberzustellen. Der Fallbearbeiter kann sich einer der zuvor untersuchten Meinungen mit Begründung, warum dieser gefolgt wird, anschließen.

Selbst ein langer Sachverhalt sollte einen nicht schrecken, denn häufig sind in ihm schon einige Ansichten der Beteiligten wiedergegeben, auf die dann im Rahmen der Falllösung in jedem Fall eingegangen werden sollte.

In einem Schlusssatz sollte die Fallfrage konkret beantwortet werden.

> Führen streitige Rechtsfragen im Fall zu unterschiedlichen Ergebnissen, so muss sich der Fallbearbeiter einer der dargestellten Meinungen mit Begründung anschließen.

Formalien für Aufsichtsarbeiten (Klausuren)

- Zumindest auf der ersten Seite sollten Name, Vorname, Matrikelnummer, Semesterzahl, Ort, Datum (bei Arbeitsgruppenklausuren auch der Name des Arbeitsgemeinschaftsleiters) angegeben werden. Auf den Folgeseiten sollten Name und Matrikelnummer oben auf dem Blatt eingetragen werden. Bei Examensklausuren sind statt des Namens usw. die Blätter mit der zugeteilten Kennziffer zu versehen (vgl. hierzu die Weisungen des Justizprüfungsamtes).
- Schon von Anfang an, nicht erst nach Fertigstellung der Klausur, sollten die Seiten nummeriert werden, damit nicht in Zeitnot nachher die aufeinander folgenden Seiten verwechselt oder gar die einzelnen Seiten zur Seitenzahleintragung angelesen werden müssen.
- Eine vorangestellte Gliederung ist bei einer Klausur nicht erforderlich.
- Die Arbeit sollte durch einleitende Hauptüberschriften und Unterüberschriften, die mit Buchstaben und Ziffern versehen sind, übersichtlich untergliedert werden. Unterüberschriften können auch eingerückt werden, um das Rangverhältnis der einzelnen Abschnitte zu verdeutlichen.

Beispiel:

1. Teil: Zulässigkeit und Begründetheit der Klage des A

A. Zulässigkeit

I. Eröffnung des Rechtsweges, § 40 I VwGO

... HIER folgen die Ausführungen ...

II. Statthafte Klageart, § 42 I Alt.1 VwGO

... HIER folgen die Ausführungen ...

III. Besondere Sachurteilsvoraussetzungen

... HIER folgen die Ausführungen zu

    1. Klagebefugnis, § 42 II VwGO

    2. Vorverfahren, §§ 68 ff. VwGO

    3. Klagefrist § 74 I 1 VwGO

    4. Klagegegner, § 78 I Nr. 2 VwGO

IV. Allgemeine Sachurteilsvoraussetzungen

... HIER folgen die Ausführungen zu

    1. Beteiligten- und Prozessfähigkeit

    2. Form

V. Zwischenergebnis

B. Begründetheit
I. Ermächtigungsgrundlage
II. Formelle Rechtmäßigkeit
... HIER folgen die Ausführungen zu
  1. Zuständigkeit
    a) Sachliche Zuständigkeit
    b) Örtliche Zuständigkeit
  2. Verfahren
  3. Form
III. Materielle Rechtmäßigkeit
  1. Tatbestandsvoraussetzungen
  2. Rechtsfolgen
IV. Zwischenergebnis
C. Ergebnis

Wegen der Fehleranfälligkeit der Gliederung nach DIN (1., 1.1., 1.1.2., 1.1.3, 1.2, 2. usw.) – auch als Wittgensteingliederung bezeichnet – ist diese in juristischen Arbeiten unüblich, weil sie als unübersichtlich empfunden wird.

- Die einzelnen Absätze sollten kurz sein und nicht mehr als 4 bis 5 Sätze umfassen. So werden die Seiten auch schneller gefüllt.
- Mit Verweisungen auf vorherige Ausführungen werden überflüssige Wiederholungen vermieden und Zeit für die Schwerpunkte der Klausur gespart.
- Gebräuchlich ist in Klausuren auch die Abkürzung, etwa VA für Verwaltungsakt. Dabei sollte zum ersten Mal das Wort Verwaltungsakt (VA) ausgeschrieben und die Abkürzung VA in Klammern dahinter gesetzt werden. Die teilweise am Anfang der Ausarbeitung aufzufindenden Fußnotenverweise auf das am meisten zu verwendende Gesetz, etwa »§§ ohne Gesetzesangabe sind solche des VwVfG« ist wenig zweckmäßig, wenn auch viele §§ der VwGO in der Klausur anzugeben sind, da die Gefahr des Durcheinanderbringens besteht.
- Keine sog. Schlangensätze, sondern kurze prägnante Satzkonstruktionen sind zu verwenden. Die häufig verwendete Formulierung »Fraglich ist« kann durch sofortigen Beginn der Prüfung vermieden werden: »A könnte einen Anspruch auf den begehrten Verwaltungsakt haben ...«

Auf den Punkt gebracht

- Ausgangspunkt der Falllösung ist die Fragestellung des Aufgabenstellers,
- die Lösung der Aufgabenstellung ist grundsätzlich im Gutachtenstil zu formulieren,
- für weniger wichtige und unproblematische Dinge kann der Urteilsstil verwendet werden,
- führt die Prüfung des Falles im Ergebnis zur Unzulässigkeit eines Rechtsbehelfs, so ist in einem Hilfsgutachten die Zulässigkeit zu unterstellen und die Begründetheit zu prüfen,
- führen unterschiedliche Rechtsansichten oder Theorien bei der Falllösung zum gleichen Ergebnis, so hat eine Auseinandersetzung mit diesen Rechtsansichten und Theorien (Auffassungen) nicht zu erfolgen,
- längere Ausführungen sind nur bei problematischen Punkten angebracht,
- Aufbauschemata dienen dem logischen Aufbau bei der Falllösung. Sie sind als Checkliste anzusehen, um nicht wesentliche Prüfungspunkte zu übersehen.

Zuallerletzt sei noch für Studenten der mittleren und höheren Semester auf die Verwaltungsblätter einiger Bundesländer hingewiesen, die in den meisten Rechtsbibliotheken in der öffentlich-rechtlichen Abteilung aufzufinden sind. In ihnen sind Prüfungsfälle mit methodischen Anleitungen und Lösungsskizzen zur Vorbereitung auf die juristischen Examina im öffentlichen Recht zu finden. Es finden sich dort der Abdruck der Aufgabentexte aus der 1. und 2. juristischen Staatsprüfung und entsprechende Lösungsskizzen.

Auf folgende Verwaltungsblätter sei verwiesen:
- Verwaltungsblätter für Baden-Württemberg (VBlBW),
- Bayerische Verwaltungsblätter (BayVBl),
- Niedersächsische Verwaltungsblätter (NdsVBl),
- Nordrhein-Westfälische Verwaltungsblätter NWVBl),
- Sächsische Verwaltungsblätter (SächsVBl),
- Thüringer Verwaltungsblätter (ThürVBl).

Für wessen Land keine Verwaltungsblätter existieren, sollte in die vorhandenen eben genannten hineinsehen.

7. Wiederholungsfragen

- 1. Was versteht man unter Verwaltungsrecht? Lösung S. 3
- 2. Worum geht es im Verwaltungsprozessrecht? Lösung S. 4
- 3. Welche verschiedenen unterstaatlichen juristischen Personen des öffentlichen Rechts gibt es? Lösung S. 11
- 4. Mit welchen Klagen und gegen wen kann der Bürger vorgehen, wenn ein sog. Beliehener gehandelt hat? Lösung S. 14
- 5. In welcher Form können Körperschaften, Anstalten und Stiftungen des öffentlichen Rechts an Verwaltungsaufgaben beteiligt sein? Lösung S. 14/15
- 6. In welchem Verhältnis steht das VwVfG des Bundes zu denen der Länder? Lösung S. 17, 18
- 7. Was ist eine gebundene Entscheidung? Lösung S. 19
- 8. Was bedeutet Ermessensüberschreitung, -unterschreitung, -fehlgebrauch? Lösung S. 24, 25, 31
- 9. Was versteht man unter einem unbestimmten Rechtsbegriff mit Beurteilungsspielraum? Lösung S. 27
- 10. Welche Fallgruppen des Beurteilungsspielraumes erkennt die Rechtsprechung an? Lösung S. 28
- 11. Wie kann der Beurteilungsspielraum überprüft werden? Lösung S. 28
- 12. In welcher Weise kann sog. Planungsermessen gerichtlich überprüft werden? Lösung S. 30-32
- 13. Wann erlangt die Unterscheidung öffentliches Recht / Privatrecht Bedeutung? Lösung S. 32
- 14. Wann ist es unnötig, die Abgrenzungstheorien zwischen öffentlichem Recht und Privatrecht heranzuziehen? Lösung S. 35
- 15. Bei welchen Fallgruppen ergeben sich warum Probleme bei der Zuordnung zum öffentlichen Recht / Privatrecht? Lösung S. 37-41

Der Verwaltungsakt

1.	**Der Verwaltungsakt**	**54**
1.1.	Merkmale des Verwaltungsaktes	55
1.2.	Arten der Verwaltungsakte	64
1.3.	Abgrenzung zu Verordnung sowie Satzung	66
2.	**Rechtmäßigkeit von Verwaltungsakten**	**67**
2.1.	Erforderlichkeit einer Rechtsgrundlage	68
2.2.	Feststellen der Rechtsgrundlage	71
2.3.	Einzelne Rechtsgrundlagen für Verwaltungsakte	71
2.4.	Formelle Rechtmäßigkeit des Verwaltungsaktes	74
2.5.	Materielle Rechtmäßigkeit des Verwaltungsaktes	81
3.	**Nichtigkeit des Verwaltungsaktes**	**91**
4.	**Heilung und Unbeachtlichkeit der Rechtswidrigkeit**	**95**
5.	**Aufhebung von Verwaltungsakten**	**98**
6.	**Rücknahme eines rechtswidrigen Verwaltungsaktes**	**103**
6.1.	Sondergesetzliche Regelungen der Rücknahme	103
6.2.	Rücknahme nach § 48 VwVfG	104
7.	**Widerruf eines rechtmäßigen Verwaltungsaktes**	**110**
7.1.	Sondergesetzliche Regelungen des Widerrufs	111
7.2.	Widerruf nach § 49 VwVfG	111
8.	**Nebenbestimmungen zu Verwaltungsakten**	**118**
8.1.	Arten von Nebenbestimmungen	119
8.2.	Zulässigkeit von Nebenbestimmungen	125
8.3.	Rechtsschutz	125
9.	**Wiederholungsfragen**	**128**

1. Der Verwaltungsakt

DER VERWALTUNGSAKT

§ 35 VwVfG

Begriff des Verwaltungsaktes

Verwaltungsakt ist jede Verfügung, Entscheidung oder andere hoheitliche Maßnahme, die eine Behörde zur Regelung eines Einzelfalls auf dem Gebiet des öffentlichen Rechts trifft und die auf unmittelbare Rechtswirkung nach außen gerichtet ist. Allgemeinverfügung ist ein Verwaltungsakt, der sich an einen nach allgemeinen Merkmalen bestimmten oder bestimmbaren Personenkreis richtet oder die öffentlich-rechtliche Eigenschaft einer Sache oder ihre Benutzung durch die Allgemeinheit betrifft.

Der Verwaltungsakt gibt der Behörde die Möglichkeit, rechtliche Beziehungen durch einseitigen Akt zu begründen, zu ändern, aufzuheben oder verbindlich festzustellen.

Die Aufgabe des Verwaltungsaktes besteht vor allem darin, die Rechtslage in einem konkreten Einzelfall für den Bürger bzw. für mehrere Personen festzulegen. Eine abstrakte Rechtsnorm wird durch den Verwaltungsakt verbindlich für einen Einzelfall konkretisiert und individualisiert. Der Verwaltungsakt (VA) erfasst eine sehr umfangreiche Gruppe von Verwaltungsmaßnahmen, die durch gemeinsame Merkmale gekennzeichnet ist und gemeinsamen Rechtsregeln unterworfen ist. So hat z.B. das Vorliegen eines VAs Einfluss auf die Klageart dergestalt, dass etwa nur Anfechtungs-, Verpflichtungs- oder Fortsetzungsfeststellungsklage mit deren besonderen Rechtsschutzvoraussetzungen anwendbar sind.

Merkmale des Verwaltungsaktes nach § 35 VwVfG

Begriffsbestimmung	Merkmal	abzugrenzende Gegenbegriffe
jedes einseitige Verhalten aufgrund hoheitlicher Gewalt	Hoheitliche Maßnahme	• öffentlich-rechtlicher Vertrag
§ 1 Abs. 4 VwVfG: Stelle, die Aufgaben der öffentlichen Verwaltung wahrnimmt (auch Beliehene)	einer Behörde	• Maßnahmen von Privatpersonen • Maßnahmen von Gesetzgebung, Regierung und Rechtsprechung
Handeln aufgrund öffentlich-rechtlicher Rechtsgrundlage	auf dem Gebiet des öffentlichen Rechts	• privatrechtliche Tätigkeiten • Handeln von Verfassungsorganen aufgrund der Verfassung
Maßnahme ist unmittelbar auf Herbeiführung einer Rechtsfolge gerichtet in Form von Gebot, Verbot, Rechtsgewährung, -versagung und Feststellung bei klärungsbedürftigem Rechtsverhältnis	zur Regelung	• Realakt (schlichtes Verwaltungshandeln in Form von Geldzahlungen, Hinweisen, Auskünften, Dienstfahrten) • Wiederholung eines VA

Liegt nicht vor, wenn Sachverhalt abstrakt und generell (dann Rechtsnorm; ausnahmsweise aber auch dann, sofern nach Form eindeutig VA)	eines Einzelfalls	• Rechtsnorm:
		  – Gesetz
		  – Rechtsverordnung
		  – Satzung

Rechtskreis gegenüber einem außerhalb der Verwaltung stehenden Rechtssubjekt wird erweiternd, verringernd oder feststellend gestaltet Rechtsschutz bei VA: • Anfechtungsklage • Verpflichtungsklage	mit unmittelbarer Rechtswirkung nach außen	• innerdienstliche Weisungen • verwaltungsinterne Zustimmung anderer Verwaltungsträger beim mehrstufigen VA • innerorganisatorische Maßnahmen

Im prozessualen Aufbau stellt sich die Frage nach dem Verwaltungsakt bei der Prüfung der Klageart, denn Anfechtungs-, Verpflichtungs- und Fortsetzungsfeststellungsklage setzen einen Verwaltungsakt voraus (vgl. § 42 I VwGO, § 113 I VwGO). Das Merkmal »auf dem Gebiet des öffentlichen Rechts« wird freilich schon beim Verwaltungsrechtsweg (»öffentlich-rechtliche Streitigkeit«) abgehandelt. Bei einer Rechtmäßigkeitsprüfung ohne prozessuale Einkleidung ist das Vorliegen eines Verwaltungsaktes vielfach für die Ermittlung der Rechtsgrundlage der Verwaltung relevant; im Übrigen ist es wegen des § 9 VwVfG auch für die Verfahrensprüfung (formelle Rechtmäßigkeit) bedeutsam.

1.1. Merkmale des Verwaltungsaktes

Folgende Begriffsmerkmale müssen erfüllt sein:
- Maßnahme
- einer Behörde
- auf dem Gebiet des öffentlichen Rechts
- zur Regelung
- eines Einzelfalles
- mit unmittelbarer Rechtswirkung nach außen.

1.1.1. Maßnahme

Unter dem Begriff Maßnahme versteht man eine Anordnung, d.h. ein Gebot oder Verbot, eine Feststellung, eine Gewährung sowie deren Versagung.

Die Schwierigkeit besteht hier darin, dass der Verwaltungsakt keinen Formerfordernissen unterliegt, er nach § 37 VwVfG schriftlich, mündlich oder in anderer Form, also auch konkludent ergehen kann. Dies bedeutet, dass in besonderen Fällen unter Beachtung aller Umstände auch dem behördlichen Schweigen der rechtliche Erklärungswert eines Verwaltungsaktes beizumessen ist.

1.1.2. Behörde

Behördenbegriff ist definiert in § 1 IV VwVfG.

Der Begriff Behörde wird in § 1 IV VwVfG beschrieben. Es handelt sich danach um eine Stelle, die Aufgaben der öffentlichen Verwaltung wahrnimmt. Der Behördenbegriff leistet die Abscheidung von der Regierungstätigkeit, der Gesetzgebung und der Rechtsprechung.

Beachte: Etwas anderes gilt nur dann, wenn Organe dieser Staatsgewalten Verwaltungstätigkeiten ausführen, wie es z.b. die Geschäftsstellen der Gerichte oder die Hausverwaltung des Bundestages tun. Auch wenn z.b. durch den Bundestagspräsidenten die Entscheidung über die Wahlkampfkosten getroffen wird oder ein parlamentarischer Untersuchungsausschuss eine Ordnungsstrafe festsetzt, gewinnen diese die Eigenschaft einer Behörde, weil es sich dann um »einen Akt in Ausübung öffentlicher Verwaltung« handelt.

1.1.3. Gebiet des öffentlichen Rechts

Auf das Merkmal »öffentliches Recht« wurde schon in der Einführung unter 5. eingegangen und deshalb sei hierauf verwiesen.

Ist in einem Fall als erste Frage oder auch gänzlich nur nach der materiellen Rechtslage gefragt, so muss der Begriff »auf dem Gebiet des öffentlichen Rechts« gesondert im Rahmen der Feststellung, ob ein VA vorliegt, geprüft werden. Im prozessualen Klausurfall, bei dem es hingegen zuerst um die Zulässigkeit einer verwaltungsgerichtlichen Klage bzw. eines Widerspruchs oder einer einstweiligen Entscheidung geht, wird dieses Merkmal schon im Rahmen der Zulässigkeit des Rechtsweges nach § 40 I VwGO bei der Prüfung, ob eine »öffentlich-rechtliche Streitigkeit« vorliegt, untersucht. Bei der späteren Feststellung, ob ein VA vorliegt und damit eine Anfechtungs-, Verpflichtungs- oder Fortsetzungsfeststellungsklage die gegebene Klageart ist, kann kurz im Urteilsstil auf die schon vorgenommene Prüfung des Begriffsmerkmals im Rahmen der Zulässigkeit des Rechtsweges verwiesen werden.

Klausurhinweis:
Bei prozessualer Fallgestaltung ist dieses Merkmal schon bei der Eröffnung des Verwaltungsrechtsweges zu prüfen.

1.1.4. Regelung

Die Maßnahme der Behörde muss ferner zur Regelung ergehen, mithin ihrem Inhalt nach darauf gerichtet sein, eine Rechtsfolge zu setzen. Arten der Regelung sind Verbot, Gebot, Erteilung einer Rechtsgewährung, z.B. in Form einer Genehmigung, und die Rechtsversagung.

Abgrenzung zum rein tatsächlichen Verwaltungshandeln, den Realakten: Hierzu gehören neben den tatsächlichen Verrichtungen, wie die Beseitigung eines Verkehrshindernisses von einem Polizisten, insbesondere Erklärungen der Behörden, die nur eine Mitteilung oder Bewertung enthalten. Auch Auskünfte nach § 25 VwVfG, die nur eine »bloße Wissenserklärung« enthalten, sind keine Regelungen. Sie sind nicht auf Herbeiführung eines Rechtserfolges gerichtet.

Abgrenzung zum rein tatsächlichen Verwaltungshandeln, den Realakten

Beispiel: reine Zahlungsaufforderungen, Hinweise, Auskünfte, Belehrungen.

Aber: Ist die Äußerung der Behörde darauf gerichtet, eine bei einem klärungsbedürftigen Rechtsverhältnis im Verhältnis von Staat und Bürger bestehende Rechtsunsicherheit zu beseitigen, indem im Einzelfall zur Klärung des Rechtsverhältnisses festgestellt wird, was rechtens sein soll, liegt ein sog. feststellender VA vor.

<small>Abgrenzung zur »wiederholenden Verfügung«</small>

Abgrenzung zur »wiederholenden Verfügung«: Bei der wiederholenden Verfügung wird eine bereits getroffene Regelung von der Verwaltung nochmals erneut erlassen.

<small>Klausurhinweis:
• Zweitbescheid bei erneuter Sachprüfung, Begründung
Konsequenz:: erneute Klagemöglichkeit
• Wiederholende Verfügung bei bloßem Hinweis auf frühere Entscheidung
Konsequenz: keine Klage möglich, weil Bestandskraft des VA nicht umgangen werden darf</small>

Aber: Erhält der erneute Bescheid eine neue sachliche Begründung bzw. wird ein erneutes Einlassen zur Sache selbst deutlich, liegt eine Regelung in Form eines sog. Zweitbescheides vor. Dies gilt selbst dann, wenn das Ergebnis der Entscheidung mit der des schon ergangenen VAs übereinstimmt.

Anhaltspunkte für das Vorliegen eines Zweitbescheides:

- die Berücksichtigung neuer Ermittlungsergebnisse oder bisher nicht erörterter Gesichtspunkte tatsächlicher und rechtlicher Art,
- der Bezug auf andere oder weitere Rechtsvorschriften, auf eine veränderte Rechtsprechung,
- die Änderung tragender Gesichtspunkte,
- die Aufnahme ergänzender Begründungen,
- die Beifügung einer Rechtsbehelfsbelehrung.

1.1.5. Einzelfall

Weitere Voraussetzung für das Vorliegen eines VAs ist, dass die Regelung einen Einzelfall betrifft. Die Einzelfallregelung verlangt die Regelung eines konkreten Sachverhalts.

<small>Eine abstrakt-generelle Regelung ist eine Rechtsnorm und kein VA.

Die Abgrenzung VA – Rechtsnorm hat Bedeutung für die Art des Rechtsschutzes.</small>

Abzugrenzen ist die Einzelfallregelung gegenüber einer abstrakt-generellen Regelung, wie sie einer Rechtsnorm, also einem Parlamentsgesetz, einer Rechtsverordnung oder einer Satzung zu Grunde liegt.

Die Abgrenzung von konkreten Einzelfällen (d.h. VA) gegenüber abstrakt-generellen Regelungen ist von großer rechtlicher Bedeutung, weil von ihr u.a. die Art des Rechtsschutzes abhängt.

VAe können nach Abschluss des behördlichen Verwaltungsverfahrens durch ablehnenden Widerspruchsbescheid der verwaltungsgerichtlichen Kontrolle unterworfen werden. Anfechtungs- oder Verpflichtungsklage kann erhoben werden. Normen hingegen unterliegen der verfassungsgerichtlichen Normenkontrolle nach § 13 Nr. 6, 8 a BVerfGG bzw. der verwaltungsgerichtlichen Normenkontrolle nach den entsprechenden Landesverfassungsgerichtsgesetzen oder nach § 47 VwGO.

Formelles Abgrenzungskriterium für das Vorliegen einer abstrakt-generellen Regelung ist die Bezeichnung als Gesetz, Rechtsverordnung oder Satzung sowie die Verkündung im Gesetz- oder Verordnungsblatt. Nimmt die Behörde eine Maßnahme in Form eines VAs vor, die aber inhaltlich keine ist, so ist diese Maßnahme als VA zu behandeln, wenn sie nur eine Regelung enthält, selbst wenn ihr der Bezug zum öffentlichen Recht fehlt. Die Form der Rechtshandlung entscheidet über die zulässigen Rechtsbehelfe. Dieser bloß »formelle VA« ist dann zwar wegen seines inhaltlichen Fehlers wegen des Verstoßes gegen § 35 VwVfG rechtswidrig, aber solange er nicht durch die Behörde oder Gericht aufgehoben ist, wirksam.

Formelle Abgrenzung VA – Rechtsnorm

Materielle Abgrenzung VA – Rechtsnorm: Ist der Rechtscharakter von der Form her nicht erkennbar, so ist zu prüfen, ob er dem Inhalt nach eine abstrakt-generelle Regelung, dann Rechtsnorm oder eine Einzelfallregelung enthält, dann VA.

Materielle Abgrenzung VA – Rechtsnorm

Zu unterscheiden ist nach dem geregelten Fall:
- konkreter Fall: wenn nur ein einzelner Fall geregelt wird,
- abstrakter Fall: wenn eine unbestimmte Vielzahl von Fällen geregelt wird,

und nach dem Adressatenkreis:
- individueller Adressatenkreis: die Regelung richtet sich an ganz bestimmte Personen, die zumindest zahlenmäßig feststehen,
- genereller Adressatenkreis: die Regelung richtet sich an zahlenmäßig unbestimmt und unbestimmbar viele Personen.

Abgrenzung		
Sachverhalt / Personenkreis	konkret	abstrakt
individuell	Verwaltungsakt	Verwaltungsakt
generell	Allgemeinverfügung § 35 S. 2 VwVfG	Rechtsnorm (Gesetz, Rechtsverordnung, Satzung)

Die konkret-individuelle Regelung betrifft einen einzelnen Sachverhalt und richtet sich an eine bestimmte Person oder einen bestimmbaren Personenkreis.

Beispiel: Der A wird zum Dienst bei der Bundeswehr einberufen.

Die abstrakt-individuelle Regelung betrifft zwar nur einen bestimmten Adressaten, ist aber im Zeitpunkt des Erlasses für eine nicht vorhersehbare Anzahl von Fällen gedacht.

Beispiel: Einem Kraftwerksunternehmen K wird aufgegeben, jedes Mal, wenn die Nebelschwaden seines Kühlturmes zu Glatteisbildung zu führen drohen, bestimmte näher bezeichnete Straßen zu streuen. Abstrakt ist hier der Anwendungsfall »jedes Mal, wenn...«, individuell aber der Adressat K.

Allgemeinverfügung = Konkret-generelle Regelung

Eine konkret-generelle Regelung, eine sogenannte Allgemeinverfügung i.S.d. § 35 S. 2 VwVfG liegt dann vor, wenn ein einzelner Fall bzw. Sachverhalt geregelt wird, der Personenkreis aber unbestimmt ist.

Beispiel: Eine am Samstag geplante Demonstration wird verboten.

Fall 14: In einigen Landkreisen von Baden-Württemberg kommt es zu zahlreichen Typhuserkrankungen, die mit großer Wahrscheinlichkeit auf den Genuss von Endiviensalat zurückzuführen sind. Das Innenministerium verbietet daraufhin ab sofort bis auf weiteres den Verkauf von Endiviensalat in allen von Typhus betroffenen Landkreisen.

Stellt man auf den konkreten Fall Typhusseuche ab, so liegt eine konkrete Regelung vor, betrachtet man hingegen die Vielzahl gedachter Verkaufsfälle als Anlass der Regelung, so kommt man zu einer abstrakten Regelung. Das Bundesverwaltungsgericht nahm in diesem Fall eine Allgemeinverfügung an, indem es auf die konkrete Seuchengefahr abstellte.

Hebt man bei der im Beispiel genannten Demonstration am Wochenende auf das Teilnehmen an der Versammlung als Sachverhalt ab, so kommt man auch hier zu einer unbestimmten Anzahl von Fällen, damit abstrakte Regelung. Hiergegen spricht aber, dass bei der Begriffsbestimmung in § 35 VwVfG nur vom Einzelfall, nicht von Einzelpersonen die Rede ist und die Allgemeinverfügung in S. 2 keinen feststellbaren Adressatenkreis verlangt.

Für die Klausur kommt es in Zweifelsfällen nicht auf das Ergebnis, sondern auf das Erkennen des Problems und die Entscheidung entweder für VA oder Rechtsnorm an.

Fall 15: Die zuständige Straßenverkehrsbehörde in Stadt A stellt vor dem Ministerium Parkverbotsschilder mit dem Zusatz auf »Ausgenom-

men Dienstfahrzeuge des Kultusministeriums«. Der K, der in der Nähe wohnt und selten einen Parkplatz findet, hält das zur Freihaltung von Parkplätzen für Dienstfahrzeuge erlassene Parkverbot für rechtswidrig. Welche Klageart sollte er vor dem Verwaltungsgericht erheben?

Eine Anfechtungsklage setzt einen VA voraus. Verkehrsschilder sind, da das Straßenverkehrsrecht zum öffentlichen Recht gehört, Maßnahmen einer Behörde auf dem Gebiet des öffentlichen Rechts. Da das betreffende Zeichen nicht nur ein Gefahrenzeichen, welches nur Gefahren ankündigt, und auch kein bloßes Hinweiszeichen ist, sondern ein Zeichen nach § 41 StVO, das ein Ge- bzw. wie hier ein Verbot enthält, liegt auch der für den VA erforderliche Regelungscharakter vor. Fraglich ist aber, ob eine konkret-generelle, dann VA, oder eine abstrakt-generelle Regelung, dann Rechtsnorm, vorliegt.

Für eine abstrakt-generelle Regelung spricht, dass das Parkverbot das Verkehrsverhalten einer unbestimmten Zahl von Personen in einer unbestimmten Anzahl von Fällen regelt.

Hiergegen spricht aber, dass Verkehrszeichen »die Benutzung einer öffentlich-rechtlichen Sache durch die Allgemeinheit« regeln, es sich damit um eine Allgemeinverfügung im Sinne der 3. Variante des S. 2 des § 35 VwVfG handelt. Diese Auffassung findet ihre Grundlage vor allem in der amtlichen Begründung zu § 35 VwVfG.

Demnach ist das Parkverbotszeichen ein VA in Form der Allgemeinverfügung, die Anfechtungsklage somit zulässig. Bleibt die Frage nach der Begründetheit der Klage. Auch diese ist gegeben, weil § 45 StVO Parkverbote nur aus Gründen der Sicherheit und Ordnung des Verkehrs, nicht aber zur Bevorzugung von Behördenfahrzeugen im Verkehr gestattet.

Der § 35 S. 2 VwVfG unterscheidet drei Fälle abstrakt-individueller Regelungen. Danach ist eine Allgemeinverfügung ein VA: | Drei Arten der Allgemeinverfügung als VA

(1) der sich an einen nach allgemeinen Merkmalen bestimmten oder bestimmbaren Personenkreis richtet (1. Fall), | Personenbezogene Allgemeinverfügung im 1. Fall des § 35 S. 2 VwVfG

Beispiel: Verbot einer Demonstration an einem bestimmten Tag und Ort,

(1) der die öffentlich-rechtlichen Eigenschaften einer Sache betrifft (2. Fall), | Sachbezogene Allgemeinverfügungen im 2. und 3. Fall des § 35 S. 2VwVfG

Beispiel: Widmung einer Straße zum öffentlichen Verkehr,

(1) der ihre Benutzung durch die Allgemeinheit betrifft (3. Fall),

Beispiel: Verkehrszeichen.

Allgemeinverfügungen der 2. und 3. Variante werden auch als dingliche Verwaltungsakte bezeichnet, da sie nicht unmittelbar menschliches Verhalten regeln, sondern sich auf den öffentlich-rechtlichen Status oder die Benutzung einer öffentlichen Sache beziehen und erst vermittelt durch diese dingliche Regelung – also indirekt – auf das Verhalten von Personen einwirken.

Verfahrensrechtlich gelten für die Allgemeinverfügung besondere Vorschriften. Die Behörde kann nach § 28 II Nr. 4 VwVfG von der Anhörung Beteiligter absehen, darf sie nach § 41 III VwVfG öffentlich bekannt geben und braucht sie nach § 39 II Nr. 5 VwVfG nicht zu begründen.

1.1.6. Unmittelbare Rechtswirkung nach außen

Eine Regelung mit unmittelbarer Rechtswirkung nach außen liegt vor, wenn die Maßnahme eine natürliche oder juristische Person unmittelbar betrifft, indem sie ihren Rechtskreis erweiternd, verringernd oder feststellend gestaltet. Pflichten oder Rechte für den Bürger oder sonstige Außenstehende müssen begründet werden.

Innerdienstliche Weisungen: Weisungen des Vorgesetzten an nachgeordnete Behörden oder Beamte hinsichtlich ihrer dienstlichen Tätigkeit, sog. innerdienstliche Weisungen, haben zwar Regelungscharakter, verbleiben aber im verwaltungsinternen Bereich.

Beispiel: Die Weisung des Behördenleiters an den Beamten B, die Akten nach einer bestimmten Buchstabenfolge zu bearbeiten oder im konkreten Fall eine Baugenehmigung zu versagen, betrifft den Bürger nicht. Erst wenn der ablehnende Bescheid ergeht, ist dies der Fall. Auch der Beamte selbst ist durch solche Anweisungen nur als Glied der Verwaltungsorganisation, als Amtswalter, betroffen.

Aber: Wird durch eine Maßnahme die persönliche Rechtsstellung des Beamten berührt, so liegt diesem gegenüber ein VA vor. Die Feststellung der Besoldungsbezüge oder die vorzeitige Pensionierung betreffen unmittelbar den Rechtskreis des Beamten B als selbständiges Rechtssubjekt.

Betriebsverhältnis im Schulbereich: Betriebsverhältnis im Schulbereich: Innenwirkung haben hier organisatorische Maßnahmen zur Aufrechterhaltung des Lehrbetriebes, Zuteilung eines Klassenlehrers, Erteilung von Schulaufgaben, Bewertung von einzelnen Arbeiten.

Fall 16: Fritz Faul wird nicht in die 10. Klasse versetzt. Er hält die Nichtversetzung für ungerechtfertigt. Kann er dagegen etwas unternehmen?

Fritz kann nur dann etwas unternehmen, wenn die Nichtversetzung nicht nur innerorganisatorische Bedeutung hat, sondern Außenwirkung entfaltet. Die Außenwirkung einer Regelung ist dann gegeben, wenn das sog. Grundverhältnis betroffen ist. Dies ist dann der Fall, sofern grundrechtsrelevante Maßnahmen getroffen werden. Bei Schulentlassung, Nichtversetzung ist Art. 12 GG betroffen, ebenso bei der Gesamtnotenfestsetzung im Zeugnis oder der Einzelnote im Abiturzeugnis.

Mitwirkungsakte bei einem mehrstufigen VA

Fall 17: A beantragt die Genehmigung nach § 35 BauGB für ein Wohnhaus im Außenbereich der Gemeinde G. Der Antrag wird vom Kreisbauamt unter Hinweis auf die Versagung des nach § 36 BauGB erforderlichen gemeindlichen Einvernehmens abgelehnt. Wird die Klage des A mit dem Antrag, die Gemeinde zur Herstellung ihres Einvernehmens zu verpflichten, Erfolg haben?

Eine Klage gegen die Gemeinde G setzt voraus, dass die Weigerung zur Erteilung des Einvernehmens ein Verwaltungsakt ist. Die Gemeinde trifft gegenüber dem Bürger B keine endgültige Regelung. Sondern erst durch den Erlass des Ablehnungsbescheids wird eine gegenüber dem B nach außen wirksame Entscheidung getroffen. B kann also nur gegen das Landratsamt auf Erteilung der Baugenehmigung klagen. Das Verwaltungsgericht prüft bei dieser Klage auch, ob die Verweigerung des Einvernehmens durch G rechtmäßig war. War sie rechtswidrig, so verurteilt es das Landratsamt zur Erteilung der Baugenehmigung.

Aber: Ausnahmsweise hat eine Mitwirkungshandlung eine Außenwirkung, wenn diese eine eigenständige Teilregelung gegenüber dem Bürger enthält. Indiz hierfür ist, dass der Mitwirkungsbehörde die selbständige und ausschließliche Geltendmachung bestimmter rechtlicher Gesichtspunkte im Verhältnis zum Bürger übertragen wird.

Beispiel: Ausnahmegenehmigung des Ministers des Inneren zur Ernennung von Ausländern zu Beamten nach § 4 III BRRG (Beamtenrechtsrahmengesetz); siehe auch § 9 II, III Bundesfernstraßengesetz.

1.2. Arten der Verwaltungsakte

Nach dem Inhalt der Regelung lassen sich folgende Arten von Verwaltungsakten unterscheiden:
- Gebundene oder im Ermessen stehende Verwaltungsakte
- Befehlende Verwaltungsakte
- Gestaltende Verwaltungsakte
- Feststellende Verwaltungsakte
- Verwaltungsakte mit Einmal- oder mit Dauerwirkung
- Begünstigende und belastende Verwaltungsakte
- Verwaltungsakte mit Doppelwirkung
- Verwaltungsakte mit Drittwirkung

Gebundene oder im Ermessen stehende VA

Nach dem Grad der Rechtsgebundenheit kann man gebundene oder im Ermessen stehende Verwaltungsakte unterscheiden.

Unter Gebundenen VA sind solche zu verstehen, bei denen die Behörde bei Vorliegen der im Tatbestand bezeichneten Voraussetzungen den VA erlassen muss. Bei Erfüllung des gesetzlichen Tatbestandes muss die Verwaltung die gesetzlich angeordnete Rechtsfolge setzen.

Beispiel Baugenehmigung: Diese ist zu erteilen, wenn das geplante Bauvorhaben allen öffentlich-rechtlichen Vorschriften entspricht.

Bei im Ermessen stehenden VA verleiht der Gesetzgeber der Verwaltung einen Spielraum zu eigener und eigenverantwortlicher Wahl der Entscheidung innerhalb eines Spielraumes. Die Verwaltung darf bei Verwirklichung eines gesetzlichen Tatbestandes zwischen verschiedenen Verhaltensweisen wählen. Unterschiedliche, sogar gegensätzliche Entscheidungen sind zulässig und rechtmäßig innerhalb des gesetzten Rahmens.

Beispiel: Gemäß § 15 Abs. 2 VersG (Versammlungsgesetz) kann eine nicht angemeldete Versammlung aufgelöst werden. Die Behörde kann, muss die Versammlung aber nicht auflösen, hat somit die Wahl.

Befehlende Verwaltungsakte

Befehlende VAe verpflichten zu einem bestimmten Tun, Dulden oder Unterlassen.

Beispiel: Versammlungsverbot gem. § 15 I VersG, Verkehrsregelung des Polizisten gem. § 36 StVO (Straßenverkehrsordnung), Gebührenbescheid, Einberufung zum Wehrdienst, Abbruchgebot an den Eigentümer eines baufälligen Hauses.

Gestaltende Verwaltungsakte

Gestaltende VAe begründen, beenden oder verändern ein Rechtsverhältnis.

Beispiel: Ernennung und Entlassung eines Beamten, Erteilung und Widerruf einer Erlaubnis.

Feststellende Verwaltungsakte

Feststellende VAe stellen ein Recht oder eine rechtlich erhebliche Eigenschaft einer Person fest.

Beispiel: Feststellung des Besoldungsdienstalters eines Beamten, Feststellung von Geldleistungsansprüchen, wie Subventionen, Stipendien.

Verwaltungsakte mit Einmal- oder mit Dauerwirkung

Unterscheiden lassen sich die Arten der VAe auch entsprechend ihrer zeitlichen Wirkung.

Es gibt VAe, die sich in ihrer einmaligen Befolgung oder Vollziehung oder in einer einmaligen Rechtsgestaltung erschöpfen.

Beispiel: Einkommensteuerbescheid.

Davon zu unterscheiden sind VAe mit Dauerwirkung. Dies sind Verwaltungsakte, die auf Dauer angelegte Rechtsverhältnisse zur Entstehung bringen und sich ständig neu aktualisieren.

Beispiel: Rentenbescheid, Gewerbeerlaubnis.

Begünstigende und belastende Verwaltungsakte

Bei der Unterscheidung zwischen begünstigenden und belastenden VA wird von der Rechtswirkung auf den Bürger ausgegangen. Nach der Begriffsbeschreibung in § 48 I S. 2 VwVfG liegt ein begünstigender VA vor, wenn ein Recht oder ein rechtlich erheblicher Vorteil begründet oder bestätigt wird.
Begünstigende VAe sind mit der Verpflichtungsklage zu erstreiten.

Beispiel: Erteilung einer Bauerlaubnis, Bewilligung eines Stipendiums.

Umgekehrt wirkt sich der belastende VA aus. Entweder greift er in die Rechte des Betroffenen ein oder bewirkt, dass eine begehrte Begünstigung abgelehnt wird. Gegen belastende VAe ist mit der Anfechtungsklage vorzugehen.

Beispiel: Exmatrikulation, Ablehnung einer beantragten Baugenehmigung.

Verwaltungsakte mit Doppelwirkung

Es gibt aber auch Verwaltungsakte, die für den Betroffenen sowohl begünstigend als auch belastend sind. Einmal kann dies der Fall sein, wenn eine staatliche Leistung mit einer Verpflichtung für den Betroffenen verknüpft ist, aber auch, wenn eine begehrte Leistung nur zum Teil zugesprochen wird, liegt ein sog. Verwaltungsakt mit Doppelwirkung vor.

Beispiel: Der Wohnungsmieter M beantragt beim Wohnungsamt 150,- € Wohngeld, bewilligt werden ihm aber nur 75,- €. Die begünstigende Bewilligung durch das Wohnungsamt enthält gleichzeitig auch die Ablehnung der mehr geforderten 75,- €. Dem M bleibt dann nur Widerspruch und Verpflichtungsklage auf die mehr geforderten 75,- €.

Verwaltungsakte mit Drittwirkung

Diese VAe sind für den einen Bürger begünstigend, für den anderen aber gleichzeitig belastend.

Beispiel: Die für den Bauherrn B begünstigende Baugenehmigung kann für den Nachbarn N belastend sein, da diesem z.B. durch das Bauwerk die freie Aussicht genommen wird.

1.3. Abgrenzung zu Rechtsverordnung sowie Satzung

Die Unterscheidung und Abgrenzung vom VA zur Rechtsnorm ist deshalb praktisch so bedeutsam, da für beide Handlungsformen ganz unterschiedliche Anforderungen an Verfahren, Form und Wirksamkeit gelten. Außerdem wird auch unterschiedlicher Rechtsschutz gewährt.

Gemeinsamkeiten:

- Behörde,
- Handeln auf Grund öffentlichen Rechts,
- verbindliche Regelung,
- mit Außenwirkung.

Fehlt die Außenwirkung, so liegen interne Richtlinien, Verwaltungsvorschriften, vor.

Unterschiede Rechtsnorm (Verordnung und Satzung) zum VA:

(1) Regelung einer Vielzahl von Fällen,
(2) formell ordnungsgemäße Verkündung,

> Ein VA regelt einen konkreten Einzelfall.

- RVOen des Bundes im Bundesgesetzblatt oder Bundesanzeiger,
- RVOen der Landesregierungen und Landesminister in den Gesetz- und Verordnungsblättern,
- Satzungen im Amtsblatt der Gemeinde,

(3) Unwirksamkeit bei Rechtswidrigkeit.

Verwaltungsakte sind grundsätzlich individuell bekannt zu geben und können auch formlos ergehen, während Rechtsnormen der Schriftform bedürfen und durch Veröffentlichung in Gesetz-, Verordnungs- und Amtsblättern verkündet werden. Fehlerhafte Verwaltungsakte sind grundsätzlich wirksam, fehlerhafte Rechtsnormen dagegen nichtig.

Gegen jeden Verwaltungsakt ist eine verwaltungsgerichtliche Klage des Betroffenen innerhalb einer gewissen Frist möglich, Rechtsnormen können nur unter den Voraussetzungen des Normenkontrollverfahrens nach § 47 VwGO vor Gericht angegriffen werden.

Ein VA, der rechtswidrig, aber nicht nichtig ist, bleibt wirksam, bis er aufgehoben worden ist.

2. Rechtmäßigkeit von Verwaltungsakten

Die nachfolgende Übersicht kann als Checkliste verstanden werden, die die Reihenfolge der Prüfungspunkte für die Bearbeitung der Klausur strukturiert. Die Auflistung der einzelnen Rechtmäßigkeitsvoraussetzungen bedeutet aber nicht, dass in der Klausur zu jedem Punkt etwas geschrieben werden muss. Es sind nur Ausführungen zu den einzelnen Prüfungspunkten zu machen, wenn der Aufgabentext dazu Anhaltspunkte liefert. Es wäre falsch, etwa zur formellen Rechtmäßigkeit des VAs Aussagen zu treffen, wenn im Klausurtext dazu keine Anhaltspunkte aufzufinden sind.

Drei Hauptprüfungsabschnitte ergeben sich bei der Rechtmäßigkeitsprüfung von Verwaltungsakten:
- Feststellen der Rechtsgrundlage,
- Formelle Rechtmäßigkeit,
- Materielle Rechtmäßigkeit.

Es sollte beim Auffinden der Norm, auf die der Verwaltungsakt gestützt wird, vermieden werden, den Begriff »Ermächtigungsgrundlage« zu verwenden, da dieser Terminus einer Rechtsgrundlage zum Erlass abstrakt-genereller Regelungen, wie z.B. Verordnungen, vorbehalten ist. In den verschiedenen Lehrbüchern und Skripten wird zwar auch hier unterschiedlich verfahren. Es ist aber besser, den allgemeineren

Begriff Rechtsgrundlage zu verwenden, um auch beim pedantischen Korrektor keinen schlechten Eindruck in dieser Hinsicht zu erwecken.

Rechtmäßigkeit von Verwaltungsakten	
formell	**materiell**
Zuständigkeit, § 3 VwVfG	Rechtsgrundlage • Wirksamkeit • tatbestandliches Vorliegen • VA-Befugnis als Rechtsfolge
Verfahren, §§ 9 ff. VwVfG	
Form, § 37 II-IV VwVfG	
Begründung, § 39 VwVfG	Allgemeine Anforderungen • richtiger Adressat • Ermessen, § 40 VwVfG • Verhältnismäßigkeit • Grundrechtsbeachtung • Möglichkeit, § 44 Nr. 4. 5 VwVfG • Bestimmtheit, § 37 VwVfG
Bekanntgabe, § 41 VwVfG	
Rechtsbehelfsbelehrung, §§ 58 ff. VwVfG	

2.1. Erforderlichkeit einer Rechtsgrundlage

<small>Bei Eingriffen der Verwaltung kein Handeln ohne Rechtsgrundlage in Form von RVO, Satzung oder Parlamentsgesetz (Gesetzesvorbehalt); bei wesentlichen Entscheidungen ist immer ein Parlamentsgesetz erforderlich (Wesentlichkeitstheorie).</small>

Der Grundsatz vom Vorbehalt des Gesetzes (Art. 20 III GG) verlangt grundsätzlich die Rückführbarkeit des VAs auf eine gesetzliche Rechtsgrundlage.

Eingriffsverwaltung: Der aus dem Rechtsstaats- und Demokratieprinzip des Art. 20 GG hergeleitete Grundsatz vom Vorbehalt des Gesetzes erfordert, dass die Verwaltung bei Eingriffen in die Rechte des Einzelnen einer gesetzlichen Rechtsgrundlage in Form einer Rechtsnorm – Gesetz, Verordnung, Satzung usw. – bedarf. Der Grundsatz des Gesetzesvorbehalts fordert nach der Rechtsprechung des Bundesverfassungsgerichtes nicht nur irgendeine, sondern eine begrenzte und näher bestimmte Berechtigung zur Vornahme belastender VAe.

Sonstige Verwaltung: Nach der sog. Wesentlichkeitstheorie muss der Gesetzgeber Entscheidungen selbst treffen und darf sie nicht vollständig der Verwaltung überlassen, sofern sie für das Zusammenleben im Staat wesentlich sind. Das sind alle Maßnahmen, die den Grundrechtsbereich berühren. Hierzu gehören auch Maßnahmen, die für den Adressaten eine Begünstigung sind, oder für den Dritten oder auch den Adressaten mit einer Grundrechtsbeeinträchtigung verbunden sind.

Beispiel Pressesubventionen: Sie haben zur Folge, dass der Begünstigte vom Staat abhängig zu werden droht und der Wettbewerb mit den Konkurrenten des Subventionierten beeinflusst wird, so dass die Pressefreiheit gefährdet ist. Damit ist der Schutzbereich des Art. 5 I S. 2 GG betroffen. Pressesubventionen dürfen, soweit sie zulässig sind, nur auf Grund eines Gesetzes vergeben werden.

Im Bereich der Leistungsverwaltung reicht es zumeist, dass die Leistungsgewährung durch das Sozialstaatsprinzip gedeckt und durch ein Haushaltsgesetz hinreichend festgelegt ist.

Rechtsgrundlage eines Exekutivaktes (z.B. eines VAs) kann ein Parlamentsgesetz, eine Rechtsverordnung oder eine Satzung sein.

Für die Prüfung in der Klausur bedeutet dies, dass solange keine Rechtsverordnung zwischengeschaltet ist, in einem zweistufigen Aufbau zu untersuchen ist:

1. Rechtmäßigkeit der Rechtsgrundlage der Einzelmaßnahme

a. formelle Rechtmäßigkeit des Parlamentsgesetzes, Vereinbarkeit des Gesetzes mit höherrangigem Verfassungsrecht:
   - formelle Zuständigkeit nach Art. 70 ff. GG,
   - Verfahren nach Art. 76 ff. GG,
   - Form nach Art. 82 I GG.

b. materielle Rechtmäßigkeit des Parlamentsgesetzes als Rechtsgrundlage der Einzelmaßnahme:
   - hinreichende Bestimmtheit,
   - kein Verstoß gegen Grundrechte und Staatsprinzipien.

   Dieser Punkt ist nur zu prüfen, wenn Zweifel an der Rechtmäßigkeit des Parlamentsgesetzes bestehen.

c. Inhalt, Zweck und Ausmaß des ermächtigenden Parlamentsgesetzes sind am Maßstab des Art. 80 I S. 2 GG (Bestimmtheitsgebot) zu überprüfen.

2. Vereinbarkeit der Einzelmaßnahme, hier des Verwaltungsaktes, mit der Rechtsgrundlage:
   - wurden unbestimmte Rechtsbegriffe richtig ausgelegt,
   - wurden eingeräumte Beurteilungsspielräume eingehalten?

3. Fehlerfreie Ausübung des Ermessens (vgl. § 40 VwVfG):
   Räumt die Rechtsgrundlage des Verwaltungsaktes auf der Rechtsfolgenseite ein Ermessen ein, so ist die fehlerfreie Ausübung des

Entschließungs- und Auswahlermessens zu prüfen. Es ist aber auch die Verhältnismäßigkeit der Maßnahme im Rahmen der Ermessensüberschreitung zu prüfen. Zudem darf auch kein Verstoß gegen den Bestimmtheitsgrundsatz vorliegen (siehe § 37 VwVfG).

Besteht hingegen eine Rechtsverordnung, die als taugliche Rechtsgrundlage in Betracht kommt, so ist in einem dreistufigen Aufbau zu prüfen:

1. Rechtmäßigkeit der Rechtgrundlage der Einzelmaßnahme

a. formelle Rechtmäßigkeit des Parlamentsgesetzes, Vereinbarkeit des Gesetzes mit höherrangigem Verfassungsrecht:
- formelle Zuständigkeit nach Art. 70 ff. GG,
- Verfahren nach Art. 76 ff. GG,
- Form nach Art. 82 I GG.

b. materielle Rechtmäßigkeit des Parlamentsgesetzes:
- hinreichende Bestimmtheit,
- kein Verstoß gegen Grundrechte und Staatprinzipien.

Dieser Punkt ist nur zu prüfen, wenn Zweifel an der Rechtmäßigkeit des Parlamentsgesetzes bestehen.

c. Inhalt, Zweck und Ausmaß des ermächtigenden Parlamentsgesetzes sind am Maßstab des § 80 I S. 2 GG (Bestimmtheitsgebot) zu überprüfen

2. formelle und materielle Rechtmäßigkeit der Rechtsverordnung

a. formelle Rechtmäßigkeit der Rechtsverordnung:

Sie ist gegeben, wenn die in der Ermächtigungsgrundlage, also dem Parlamentsgesetz enthaltenen Zuständigkeits- und Verfahrensvorschriften sowie die in Art. 80 I GG, 19 I S. 2 GG niedergelegten Formvorschriften eingehalten sind.

b. materielle Rechtmäßigkeit der Rechtsverordnung:

Sie ist gegeben, wenn sie mit ihrer Ermächtigungsgrundlage (dem Parlamentsgesetz) vereinbar ist und sie sich im Übrigen an die an ein Parlamentsgesetz zu stellenden Rechtmäßigkeitsvoraussetzungen hält. Im Gegensatz zum formellen Gesetz darf die Rechtmäßigkeit der Rechtsverordnung nie unterstellt werden.

3. Vereinbarkeit der Einzelmaßnahme, hier des Verwaltungsaktes, mit der Rechtsgrundlage

4. Fehlerfreie Ausübung des Ermessens (vgl. § 40 VwVfG):

Räumt die Rechtsgrundlage des Verwaltungsaktes auf der Rechtsfolgenseite ein Ermessen ein, so ist die fehlerfreie Ausübung des Entschließungs- und Auswahlermessens zu prüfen. Es ist aber auch die Verhältnismäßigkeit der Maßnahme im Rahmen der Ermessensüberschreitung zu prüfen. Zudem darf auch kein Verstoß gegen den Bestimmtheitsgrundsatz vorliegen (siehe § 37 VwVfG).

2.2. Feststellen der Rechtsgrundlage

Der Abschnitt »Feststellen der Rechtsgrundlage« hat die Prüfung, auf welcher rechtlichen Grundlage der VA ergangen ist, zum Gegenstand. Die Feststellung, auf welche Rechtsgrundlage die Behörde den VA stützt, bestimmt die nachfolgende Prüfung der formellen Rechtmäßigkeit. Nur in Kenntnis der herangezogenen Rechtsgrundlage lässt sich etwa prüfen, ob die handelnde Behörde auch für den Erlass des VAs zuständig war. Deshalb könnte es als schwerer Fehler angesehen werden, die Bestimmung der Rechtsgrundlage bis zu deren Subsumtion zurückzustellen.

Bei der Prüfung, auf welcher Rechtsgrundlage der VA ergangen ist, ist zunächst nach einer Spezialermächtigung zu suchen. In der bundes- bzw. landesrechtlichen Ebene gehen Verordnungen und Satzungen in der Prüfungsabfolge den formellen Gesetzen vor, auch wenn diese Regelungen auf Grund des Gesetzesvorranges (Normenhierarchie) materiell-rechtlich den formellen Gesetzen untergeordnet sind. Fehlt eine Spezialermächtigung, ist zu prüfen, ob der VA auf allgemeine Gesetze, wie z.B. die polizeirechtliche Generalermächtigung, gestützt werden kann.

Bei der Prüfung der Rechtsgrundlage eines VAs ist zuerst nach einer Spezialermächtigung zu suchen, erst bei Nichtvorliegen ist zu prüfen, ob der VA auf allgemeine Gesetze gestützt werden kann.

2.3. Einzelne Rechtsgrundlagen für Verwaltungsakte

Einschlägige spezielle Rechtsgrundlagen können sich sowohl aus einer Rechtsverordnung, einer Satzung und einem Gesetz etc. ergeben.

Das Problem des Auffindens einer Rechtsgrundlage kann sich aus zwei Blickwinkeln stellen.

Für die Verwaltung stellt sich die Frage, ob und welche Rechtsgrundlage für den Erlass eines Verwaltungsaktes erforderlich ist.

Der Bürger wiederum kann am Erlass eines Verwaltungsaktes, etwa einer Baugenehmigung oder einer Subventionsbewilligung, interessiert sein und nach einer Anspruchsgrundlage für den erstrebten VA fragen. Einschlägige spezielle Rechtsgrundlagen können sich sowohl aus einem Gesetz als auch aus einer Rechtsverordnung oder einer Satzung ergeben.

2.3.1. Rechtsverordnungen

Rechtsverordnungen sind Rechtsnormen, die von der Exekutive (d.h. von einer Regierung, von Ministern oder von Verwaltungsbehörden) erlassen wurden.

Spezielle Rechtsgrundlage kann eine Rechtsverordnung sein. Bei Rechtsverordnungen handelt es sich, ebenso wie bei Satzungen, um materielle Gesetze. Diese werden nicht wie die Parlamentsgesetze von der Legislative, sondern von der Exekutive erlassen. Rechtsverordnungen sind Rechtsnormen, die von der Exekutive im Bereich der unmittelbaren Staatsverwaltung erlassen werden. Hierbei kommen alle Ebenen der Exekutive, wie Bundes- oder Landesregierung, Bundes- oder Landesminister, alle Bundes-, Landes- und Kommunalbehörden, in Betracht.

Zahlreiche Rechtsgrundlagen für den Erlass von Verwaltungsakten finden sich auch in Rechtsverordnungen.

Beispiel: § 17 StVZO (Straßenverkehrszulassungsordnung), § 44 II StVO (Straßenverkehrsordnung) als Eingriffsgrundlage; § 19 StVZO, § 3 RöntgenVO (Röntgenverordnung) als Beispiele für Rechtsverordnungen, die subjektive Rechte begründen und dann Anspruchsgrundlage sein können.

2.3.2. Satzungen

Satzungen sind Rechtsnormen, die von einem Selbstverwaltungsträger (Körperschaft, Anstalt, Stiftungen) zu Regelung ihrer eigenen Angelegenheiten erlassen wird.

Es können auch Satzungen die Rechtsgrundlage für den Erlass eines VAs bilden. Satzungen sind Rechtsnormen, die vom Staat, somit von Bund oder Land eingegliederten, jedoch rechtlich selbständigen juristischen Personen des öffentlichen Rechts, also Körperschaften, Anstalten und Stiftungen, im Rahmen der ihnen gesetzlich verliehenen Eigen- und Selbständigkeit erlassen werden. Wie bei Rechtsverordnungen zählen diese Normgeber der Exekutive nicht zur unmittelbaren, sondern zur mittelbaren Staatsverwaltung. Die Befugnis zum Erlass von Satzungen folgt dabei zum Teil unmittelbar aus der Verfassung (siehe z.B. Art. 28 II GG für die Gemeinden) oder aus formellen Gesetzen (siehe z.B. § 59 b I BRAO).

Ein Selbstverwaltungsträger, wie z.B. die Gemeinde, kann durch den Erlass einer Satzung auch Ermächtigungsgrundlagen für den Erlass belastender Verwaltungsakte schaffen. Die Satzung kann aber auch Anspruchsgrundlagen auf den Erlass begünstigender Verwaltungsakte einräumen.

Beispiel: Die §§ 59 b, 191 a II BRAO (Bundesrechtsanwaltsordnung) ermächtigen die Satzungsversammlung bei der Bundesrechtsanwaltskammer zum Erlass einer Satzung zur weiteren Konkretisierung der anwaltlichen Berufspflichten nach §§ 43 ff. BRAO; viele

Gemeindeordnungen der Bundesländer enthalten die Ermächtigungen für kommunale Satzungen zum Anschluss- und Benutzungszwang.

2.3.3. Zusicherung

Gemäß § 38 I S. 1 VwVfG kann die zuständige Behörde zusichern, einen bestimmten Verwaltungsakt zu erlassen oder zu unterlassen. Zusicherungsfähig sind alle Verwaltungsakte, auch Allgemeinverfügungen, etwa Verkehrszeichen. Häufigster Fall dürfte die Zusicherung eines begünstigenden, durchaus auch drittbelastenden Verwaltungsaktes sein.

Zur Zusicherung siehe § 38 VwVfG

Beispiel: Die zuständige Baubehörde sichert dem Bauherrn zu, ihn von bestimmten beeinträchtigenden Nachbarrechten Befreiung zu erteilen, sog. Baudispens. Es wird etwa ein Baudispens von Mindestabstandsflächen vom Nachbargrundstück erteilt.

Sofern die Zusicherung sich auf einen rechtswidrigen Verwaltungsakt bezieht, ist sie zwar selbst rechtswidrig, grundsätzlich aber wirksam und verbindlich, § 38 II und III VwVfG. Führt die Rechtswidrigkeit nicht zur Nichtigkeit i.S.d. § 44 VwVfG, bietet die Zusicherung damit dem Zusicherungsempfänger eine Anspruchsgrundlage auf den rechtswidrigen VA. Die Behörde kann ihn allerdings gem. § 38 II i.V.m. § 48 I S. 1 VwVfG zurücknehmen. Wenn der Bürger Vertrauensschutz genießt, hat er nur noch einen Ausgleichsanspruch.

2.3.4. Verwaltungsvertrag

Der Verwaltungsvertrag kann einen Anspruch auf einen Verwaltungsakt begründen. Häufigster Fall ist der sog. Baudispensvertrag.

Zum Verwaltungsvertrag siehe §§ 54-62 VwVfG

Beispiel: Bauherr B kann die erforderlichen Einstellplätze (Parkplätze) für Kfz nicht auf seinem Grundstück bereitstellen. Er schließt daher mit der Behörde einen Vertrag, in dem diese sich verpflichtet, ihn vom Erfordernis der Einstellplätze freizustellen. Im Gegenzug verpflichtet sich Bauherr B zur Zahlung einer Geldsumme für den Bau eines öffentlichen Parkhauses.

Der Bürger kann die Vertragserfüllung mit einer Verpflichtungsklage auf Erlass des vertraglich vereinbarten Verwaltungsaktes (z.B. Dispens vom Erfordernis der erforderlichen Einstellplätze für Kfz) durchsetzen. Kommt der Bürger seiner vertraglich vereinbarten Zahlungsverpflichtung nicht nach, dann kann die Behörde nicht mittels Leistungsbescheid diese durchsetzen, sondern muss mit der allgemeinen Leistungsklage gegen den Bürger vorgehen.

2.3.5. Verwaltungsvorschriften

Verwaltungsvorschriften sind verwaltungsinterne Regelungen, welche über den Gleichheitsgrundsatz des Art. 3 I GG durch gleichartige Verwaltungspraxis Außenwirkung über die sog. Selbstbindung der Verwaltung entfalten.

Verwaltungsvorschriften selbst können nicht im Verhältnis Staat – Bürger Rechts- oder Anspruchsgrundlage für einen VA sein, da sie verwaltungsinterne Regelungen sind. Ausnahmsweise können Verwaltungsvorschriften aber über den Gleichheitsgrundsatz des Art. 3 I GG Außenwirkung über die sogenannte Selbstbindung der Verwaltung entfalten. Besteht z.B. eine verwaltungsinterne Richtlinie über die Vergabe von Subventionen, kann der Bürger aus Art. 3 I GG i.V.m. der Subventionsrichtlinie einen Anspruch auf Grund der bestehenden Verwaltungspraxis auf Vergabe der Subvention auch an ihn geltend machen, wenn er die in der Richtlinie festgesetzten Kriterien erfüllt. Ist er der erste Antragsteller, so stellt die Richtlinie eine sog. »antizipierte Verwaltungspraxis« dar, da die Richtlinie die spätere Verwaltungspraxis vorwegnimmt.

2.3.6. Parlamentsgesetze

Parlamentsgesetze (formelle Gesetze) werden von der Legislative (der gesetzgebenden Gewalt) erlassen und sind sehr häufig Rechtsgrundlage für Verwaltungsakte.

Beispiel: § 20 II BImSchG (Bundes-Immissionsschutzgesetz) als Rechtsgrundlage für belastende Verwaltungsakte, § 6 BImSchG als Rechts- und zugleich Anspruchsgrundlage für begünstigende Verwaltungsakte; siehe ansonsten auch die Polizeigesetze der Länder, die Bauordnungen der Länder etc.

2.3.7. Verfassungsrecht

Im Grundgesetz und den Landesverfassungen der Bundesländer finden sich nur vereinzelt Rechtsgrundlagen für Verwaltungsakte.

Beispiel: Art. 13 III 1. Alt. GG als Ermächtigungsgrundlage für Eingriffe in die Unverletzlichkeit der Wohnung, Art. 7 IV S. 3 GG als Anspruchsgrundlage auf Erteilung einer Genehmigung für eine Privatschule.

2.4. Formelle Rechtmäßigkeit des VAs

Die formelle Rechtmäßigkeit des VAs bezieht sich auf die Förmlichkeiten beim zu Stande kommen eines VAs.

Zu den formellen Voraussetzungen für den Erlass eines belastenden VAs gehören die Zuständigkeit der Erlassbehörde, die Einhaltung des ordnungsgemäßen Verfahrens sowie die Beachtung von Formerfordernissen.

2.4.1. Zuständigkeit der Erlassbehörde

Bei Feststellung der sachlichen Zuständigkeit ist zu prüfen, ob die tätig gewordene Behörde zu dem Verwaltungsträger sowie innerhalb dessen Organisation zu dem Behördenzweig gehört, dem die wahrgenommene Aufgabe zugewiesen ist.

Sachliche Zuständigkeit

Verwaltungsträger ist die juristische Person des öffentlichen Rechts, der die wahrgenommene Aufgabe als Verband zugewiesen ist. Nach den Art. 80 ff. GG sind in der Regel die Länder Verwaltungsträger, der Bund nur, falls ihm die Aufgaben ausdrücklich zugewiesen sind. Daneben kommen als weitere bedeutende Verwaltungsträger noch die Kreise und Gemeinden in Betracht.

Sollte der sachlich zuständige Behördenzweig in Instanzen, wie etwa Ober-, Unter- und Mittelbehörde, aufgegliedert sein, so muss diejenige den VA erlassen haben, der die Aufgabe auch instanziell zugewiesen ist.

Gibt es mehrere gleichartige Behörden, so muss diejenige gehandelt haben, die örtlich zuständig ist, deren räumlich beschränktem Zuständigkeitsbereich die Aufgabe zugeordnet ist.

Örtliche Zuständigkeit

Unerheblich ist, welche Abteilung, also welches Amt innerhalb der Behörde gehandelt hat, da dies lediglich eine interne Angelegenheit der Geschäftsverteilung ohne Auswirkung auf die äußere Zuständigkeit gegenüber dem Bürger ist und deshalb mit der Rechtmäßigkeit des VAs nichts zu tun hat.

Rechtsfolge des Verstoßes: Wurde bei Erlass eines VAs gegen eine Zuständigkeitsvorschrift verstoßen, so ist der VA rechtswidrig und aufhebbar.

Rechtsfolge des Verstoßes

Achtung: Nach § 46 VwVfG sind Verletzungen der örtlichen Zuständigkeit dann unbeachtlich, wenn in der Sache keine andere Entscheidung hätte getroffen werden können.

2.4.2. Verfahren

Verstöße gegen die §§ 20, 21 VwVfG – der Amtsträger ist selbst am Verwaltungsverfahren beteiligt, Angehöriger bzw. Vertreter eines Beteiligten oder es besteht ein Grund zur Besorgnis der Befangenheit – führen zur Rechtswidrigkeit des VAs. Liegen aber die Voraussetzungen des § 46 VwVfG vor, so bleibt dies unbeachtlich.

Fall 18: Onkel O ist Mitglied eines ordnungsgemäß besetzten Prüfungsausschusses. Er erklärt sich gegenüber dem Prüfungsamt bezüglich eines Prüfungstermins für befangen, weil einer der Kandidaten sein Neffe N ist. Hat sich O korrekt verhalten?

Nach § 20 VwVfG sind diejenigen Personen kraft Gesetzes vom Verwaltungsverfahren ausgeschlossen, bei denen das Gesetz befürchtet, dass sie wegen besonders enger persönlicher oder wirtschaftlicher Beziehungen nicht unvoreingenommen entscheiden können. O ist deshalb nach § 20 I Nr. 2 i.V.m. V Nr. 5 VwVfG vom Verfahren ausgeschlossen. Im Gegensatz zum gerichtlichen Verfahren gibt es aber nicht die Möglichkeit der Ablehnung wegen Besorgnis der Befangenheit. In diesen Fällen hat der betroffene Amtsträger aber die Möglichkeit, die Behörde um eine Anordnung nach § 21 I VwVfG zu bitten. Diese kann auch ein Beteiligter anregen, wie hier O.

Fehlende Mitwirkung

Fehlende Mitwirkung beim mitwirkungsbedürftigen VA: Ein mitwirkungsbedürftiger VA liegt vor, wenn der Erlass von einem Antrag oder der Zustimmung des Betroffenen abhängig ist, wie etwa die baurechtliche Genehmigung, die Staatsbürgerschaft oder die Beamtenernennung und -entlassung.

Nur bei belastendem mitwirkungsbedürftigem VA führt fehlende Mitwirkung zu Nichtigkeit.

Nur dann, wenn es sich um einen für den Betroffenen belastenden VA handelt und es sich zusätzlich bei der Mitwirkung um eine unabdingbare Verfahrenshandlung handelt, führt die fehlende Mitwirkung nicht nur zur Rechtswidrigkeit, sondern auch zur Nichtigkeit des VAs. Beispiel hierfür ist die Beamtenernennung und -entlassung wie auch die Einbürgerung.

Fehlende Mitwirkung beim mehrstufigen VA: Darf die den VA erlassende Behörde nur »mit Zustimmung« oder »im Einvernehmen« mit einer anderen Behörde handeln, so führt der Erlass des VAs bei völligem Unterbleiben der Mitwirkung oder bei Verweigerung des Einverständnisses der Mitwirkungsbehörde zur Rechtswidrigkeit des VAs. Ist im Verwaltungsverfahren lediglich die »Anhörung« bzw. »Beteiligung« anderer Behörden vorgeschrieben, so führt nicht das Übergehen einer negativen Stellungnahme, sondern nur das Ausbleiben der Mitwirkung zur Rechtswidrigkeit.

Die Rechtswidrigkeit kann nach § 46 VwVfG unbeachtlich sein, wenn in der Sache keine andere Entscheidung hätte getroffen werden können. In allen Fällen besteht zudem die Möglichkeit, dass die Rechtswidrigkeit des VAs nach § 45 I Nr. 5 VwVfG durch Nachholen der Mitwirkung geheilt werden kann.

Anhörungspflicht gegenüber einem Verfahrensbeteiligten

Die Anhörungspflicht besteht, von den Ausnahmen der Abs. 2 und 3 des § 28 VwVfG abgesehen, immer dann, wenn der zu erlassende VA zu Lasten des Bürgers in dessen Rechte eingreift.

Soll also die Rechtsstellung eines Betroffenen zu dessen Nachteil durch einen belastenden VA verändert werden, so ist eine Anhörung des Verfahrensbeteiligten vorgeschrieben. Dabei soll dem Bürger die Gelegenheit gegeben werden, sich zu den für die Entscheidung erheblichen Gesichtspunkten zu äußern.

Eine Anhörungspflicht besteht nicht, falls der Erlass eines VAs abgelehnt wird, der erst eine Rechtsposition einräumen soll.

Ist eine Anhörung nicht durchgeführt worden, so ist stets zunächst zu prüfen, ob sie nicht durch den eng auszulegenden § 28 II, III VwVfG entfallen konnte.

Ist eine notwendige Anhörung unterblieben, so liegt ein Verfahrensfehler vor. In Betracht kommt aber eine Heilung dieses Verfahrensfehlers gem. § 45 I Nr. 3 VwVfG.

Nach § 45 I Nr. 3 VwVfG können Verletzungen der Anhörungspflicht durch Nachholung geheilt werden. Es reicht dabei beim gebundenen VA aus, dass dem Betroffenen noch nach seinem Widerspruch gegen den VA, aber vor Erlass des Widerspruchsbescheides Gelegenheit zur Stellungnahme gegeben wird.

Rechtsfolgen der Verletzung der Anhörungspflicht

Bei Ermessensentscheidungen hingegen muss die Ausgangsbehörde unter Berücksichtigung der Stellungnahme des Bürgers noch einmal neu entscheiden, sofern Ausgangsbehörde und Widerspruchsbehörde nicht identisch sind.

Ein beliebtes Thema in Klausuren des Verwaltungsrechtes sind auch Problematiken um die Bekanntgabe von Verwaltungsakten, die in die Fälle eingebaut werden, um die Klausuren auf die passende Länge zu bringen.

Grundnorm für die Bekanntgabe des VAs ist § 41 VwVfG (bzw. bei Handeln einer Landesbehörde die entsprechende landesrechtliche Bestimmung). Dabei definiert das Gesetz den Begriff der Bekanntgabe nicht, sondern setzt ihn voraus. Folge der Bekanntgabe ist, dass der VA gegenüber dem Adressaten wirksam wird. Der hier verwendete Begriff ist doppelter Natur – er umfasst die äußere und innere Wirksamkeit. Die äußere Wirksamkeit bedeutet, dass der VA existent geworden ist und beginnt in dem Zeitpunkt, in dem der VA einem Betroffenen bekannt gegeben wurde. Ab diesem Zeitpunkt kann der VA durch den Betroffenen mit dem jeweils statthaften Rechtsbehelf, mit dem Widerspruch, manchmal aber auch unmittelbar mit der Klage (vgl. § 68 I VwGO) angefochten werden und zwar auch von einem Betroffenen, dem er – noch – nicht bekannt gegeben wurde. Diese Variante ist bei der Nachbar- oder der Konkurrentenklage recht häufig.

Beispiel: Die Behörde hat dem Nachbarn N die dem Bauherrn B erteilte Baugenehmigung nicht bekannt gegeben. Die Behörde hat einen Bewerber B bevorzugt und diesem, aber nicht dem Unterlegenen U dies mitgeteilt. In beiden Beispielen kann der Nachbar N bzw. der Unterlegene U Rechtsbehelfe einlegen.

Ist der VA hingegen noch nicht bekannt gegeben worden, so ist er noch nicht existent, ein Rechtsbehelf dagegen unzulässig. Diese Unzulässigkeit ändert sich auch nicht dadurch, dass der VA später tatsächlich erlassen wird.

Fall 19: Der Nachbar Übereifrig erfährt vom zuständigen Bausachbearbeiter, dass dem Bauherrn Bausofort bei dessen nächster Vorsprache in der nächsten Woche im Amt die beantragte Baugenehmigung ausgehändigt werden soll. Übereifrig erhebt sofort schriftlich Widerspruch, der am nächsten Tag bei der Baubehörde eingeht. Eine Woche später erhält Bauherr Bausofort die Baugenehmigung und Übereifrig wird davon eine Abschrift zugestellt. Fünf Monate danach erhebt Übereifrig Klage zum Verwaltungsgericht mit dem Antrag, die Baugenehmigung aufzuheben, da diese seine Rechte verletze.

Die Klage ist unzulässig. Zwar war es Übereifrig möglich, die Klage nach § 75 S. 1, 2 VwGO auch ohne Entscheidung der Behörde über seinen Widerspruch als sog. Untätigkeitsklage zu erheben. Die Klage ist jedoch wegen des fehlenden Widerspruchsverfahrens unzulässig. Der den Übereifrig belastende Verwaltungsakt, die dem Bauherrn Bausofort erteilte Baugenehmigung, ist dem Übereifrig gegenüber bestandskräftig geworden. Der vor Erteilung der Baugenehmigung eingelegte Widerspruch von Übereifrig war mangels Existenz des Verwaltungsaktes unzulässig. Dieser Mangel konnte auch nicht durch spätere Erteilung der Baugenehmigung geheilt werden. Einen erneuten Widerspruch hat Übereifrig auch nicht eingelegt, so dass einen Monat nach Zustellung der Baugenehmigung (vgl. § 70 I VwGO) die Bestandskraft eingetreten ist.

Für den Zeitpunkt, wann ein schriftlicher Verwaltungsakt bekannt gegeben worden ist, enthält § 41 II VwVfG eine Regelung: Er gilt am dritten Tag nach Aufgabe zur Post als bekannt gegeben. Hierbei handelt es sich nach weit gehend übereinstimmender Ansicht nicht um eine eigentliche Frist. Dies hat zur Folge, dass § 31 III VwVfG nicht gilt. Der Zugang kann somit auch als an einem Sonntag oder Feiertag eingetreten gelten. Die Dreitagefiktion gilt hingegen nicht, wenn der tatsächliche Zugang später oder gar nicht erfolgt ist. Im Zweifel hat die Behörde den Zugang zu beweisen. Bei anderen Bekanntgabearten gilt der Zeitpunkt, an dem der Adressat sichere Kenntnis vom Ergehen und vom Inhalt des VAs hat. Eine Sonderform der Bekanntmachung ist die

Zustellung. Auf welche Art und unter Beachtung welcher Formalien ein Verwaltungsakt zuzustellen ist, muss der Fallbearbeiter dem jeweiligen Landeszustellungsgesetz entnehmen.

Von der äußeren ist die innere Wirksamkeit des VAs zu unterscheiden. Sie bedeutet, dass der VA die von ihm bezweckten oder kraft Gesetzes eintretenden Rechtswirkungen gegenüber dem Betroffenen herbeiführt. Neben der äußeren Wirksamkeit ist sie noch von weiteren Bedingungen abhängig. So tritt sie etwa nicht ein, wenn die aufschiebende Wirkung kraft Gesetzes (§ 80 I VwGO) eingetreten ist oder wenn sie durch das Verwaltungsgericht angeordnet oder wiederhergestellt worden ist (§ 80 V VwGO). Des Weiteren entfällt die innere Wirksamkeit, wenn der VA durch das Verwaltungsgericht (§ 113 I S. 1 VwGO) aufgehoben oder von der Behörde zurückgenommen (§ 48 VwVfG), widerrufen (§ 49 VwVfG) oder auf andere Weise erledigt wurde (§ 43 II VwVfG). Die innere Wirksamkeit ist auch dann nicht gegeben, wenn ein VA nichtig ist (§ 43 III VwVfG). Probleme in der Klausur können sich in diesem Zusammenhang etwa dann ergeben, wenn gegenüber verschiedenen Betroffenen ein VA mit unterschiedlichem Inhalt erlassen wurde. Unterbleibt etwa in einem wasserrechtlichen Bewilligungsbescheid nach § 8 WHG gegenüber einem Betroffenen eine Schutzauflage nach § 4 I S. 2 WHG, die einem anderen gewährt wurde, ist ersterer nach § 11 WHG nach Eintritt der Bestandskraft mit einem Anspruch auf eine Schutzeinrichtung ausgeschlossen, letzterer nicht.

2.4.3. Form

Beim Erlass des VAs ist in der Regel gem. § 37 II VwVfG keine besondere Form zu wahren. Ausnahmen können sich aber aus Spezialvorschriften ergeben.

Äußere Form

Beispiel: Aushändigung der Fahrerlaubnis nach § 10 StVZO (Straßenverkehrszulassungsordnung).

Nach erfolgreich bestandener Fahrprüfung erklärt der Prüfer P dem Autofahrer A mündlich, er dürfe nun ein Kraftfahrzeug bis 3,5 t führen, und entlässt ihn dann.

Nach § 37 II S. 1 VwVfG können VA schriftlich, mündlich oder in anderer Form erlassen werden. Dies gilt aber dann nicht, wenn eine bestimmte Form vorgeschrieben ist. Die Fahrerlaubnis kann ausschließlich im Wege des Führerscheins, folglich in einer besonderen Schriftform, erteilt werden.

Formverstöße führen aber nur dann zur Nichtigkeit des VAs nach § 44 I VwVfG, wenn die Wahrung der Form in materieller Hinsicht konstitutive Bedeutung hat.

Beispiel: Urkundenaushändigung bei Einbürgerung, Ernennung und Entlassung eines Beamten.

<small>Form der Begründung des VA</small>

Eine Begründung eines VAs ist nur in den in § 39 II VwVfG genannten Fällen nicht notwendig. Hierbei handelt es sich um Fälle, bei denen die Behörde dem Antrag eines Bürgers entspricht und der VA nicht in Rechte Dritter eingreift. Des Weiteren braucht die Behörde den VA nicht zu begründen, wenn die Auffassung der Behörde über die Sach- und Rechtslage dem Bürger bereits bekannt ist oder wenn eine Rechtsvorschrift sie von der Verpflichtung zur Begründung enthebt. Letzteres ist etwa im Fall des Zurufs des Polizisten an den fliehenden Verbrecher denkbar.

Nach § 39 I VwVfG ist ein VA aber grundsätzlich von der Behörde zu begründen. Die Behörde hat dabei die Tatsachen und rechtlichen Erwägungen anzugeben, die ihrer Meinung nach die Grundlage für den Verwaltungsakt darstellen. Auf die Korrektheit der Begründung kommt es dabei nicht an.

Nach § 45 I Nr. 2 und II VwVfG besteht aber die Möglichkeit der Heilung durch Nachholung der Begründung insgesamt oder der Ergänzung der unzureichenden Begründung. Bei § 45 VwVfG geht es um die Heilung von Verstößen gegen das formelle Begründungserfordernis des § 39 VwVfG. Für die Begründung als formelles Erfordernis ist nicht entscheidend, ob diese inhaltlich zutreffend ist, sondern ausschließlich, dass die Tatsachen und rechtlichen Erwägungen angegeben worden sind, die nach Auffassung der Behörde den Erlass des VAs rechtfertigen. Diese Nachholung der Begründung ist bis zum Abschluss des Widerspruchsverfahrens möglich. Falls dieses noch nicht durchgeführt worden ist, bleibt sogar noch Zeit bis zur Klageerhebung durch den Bürger. Die Behörde darf dabei auch ohne weiteres unzutreffende Vorschriften durch zutreffende ersetzen. Wenn nach § 45 I Nr. 2 i.V.m. II VwVfG eine fehlende Begründung nachgeholt werden darf, so muss erst recht die Auswechslung einer falschen rechtlichen Begründung durch Nachschieben der Richtigen möglich sein.

Beispiel: Student S hat das Referendarexamen nicht bestanden. Er glaubt, in der entscheidenden mit »ungenügend« bewerteten Aufsichtsarbeit ungerecht bewertet worden zu sein. Nach Einsicht in seine Arbeit stellt er fest, dass diese weder Randbemerkungen noch eine sonstige Begründung für die Zensur enthält. Er glaubt, schon aus diesem Grunde sei die Bewertung rechtswidrig.

VAe, zu denen auch die Bewertung der Aufsichtsarbeit gehört, sind grundsätzlich schriftlich zu begründen, § 39 I VwVfG. Die Art und Weise der Begründung ist aber nicht festgelegt. Sie kann formularmäßig aussehen oder auch, wie bei Klausuren, in Randbemerkungen, u.U. sogar in Randbemerkungen in Verbindung mit einer Klausurbesprechung, bestehen. Maßgeblich ist, dass aus ihnen die tragenden Gründe für die Entscheidung zu folgern sind.

Das Fehlen einer Begründung führt dazu, dass der VA fehlerhaft ist. Nach § 45 I Nr. 2 VwVfG kann die erforderliche Begründung jedoch nachgeholt werden mit der Folge, dass die Rechtsverletzung unbeachtlich ist. Dies ist auch in der hier vorliegenden Prüfungsentscheidung noch möglich, obwohl die Regelung des § 45 I Nr. 2 VwVfG gerade im Hinblick auf Entscheidungen, die nur aus einer bestimmten Situation heraus getroffen werden, wie die hier vorliegende Prüfungsentscheidung, nicht unproblematisch ist.

Die Frage, ob bei formell einwandfreier Begründung deren inhaltliche Änderung im Prozess möglich ist, wird später im Verwaltungsprozessteil behandelt.

2.4.4. Zeitliche Grenze der Heilung von Verfahrensfehlern

Der Zeitpunkt des Abschlusses des verwaltungsgerichtlichen Verfahrens ist nach § 45 II VwVfG die zeitliche Grenze für die Heilung von Verfahrensfehlern durch die Verwaltungsbehörde. Die Behörde kann also im Verwaltungsprozess die in § 45 I VwVfG aufgeführten Verfahrensfehler heilen.

Siehe § 45 I u. II VwVfG

2.4.5. Rechtsbehelfsbelehrung

Fehlt eine oder steht eine unrichtige Rechtsbehelfsbelehrung unter dem VA oder nach erfolgtem Widerspruchsbescheid unter diesem, so hat dies nicht die Rechtswidrigkeit zur Folge, sondern nur die Monatsfrist für Widerspruch (§ 70 VwGO) oder Klage (§ 74 VwGO) beginnt nicht zu laufen. Es läuft stattdessen die Jahresfrist nach § 58 II VwGO.

Bei Fehlen oder unrichtiger Rechtsbehelfsbelehrung läuft die Jahresfrist des § 58 II VwGO.

2.5. Materielle Rechtmäßigkeit

Dieser Prüfungsabschnitt bezieht sich auf die inhaltliche Seite des VAs. Es geht um die Frage, ob die Rechtsgrundlage selbst wirksam ist und ob die im VA enthaltene Anordnung materiell mit den bestehenden Gesetzen und allgemeinen Rechtsgrundsätzen im Einklang steht.

2.5.1. Rechtsgrundlage

Im Rahmen der Prüfung der materiellen Rechtmäßigkeit ist zunächst die einschlägige Rechtsgrundlage für den Erlass des jeweiligen VAs voranzustellen. Es handelt sich um die Norm, die den Verwaltungsakt tragen muss.

Erst wenn festgestellt ist, dass keine spezielle Rechtsgrundlage einschlägig ist, kann auf die allgemeinen Normen zurückgegriffen werden.

Beim Aufsuchen der richtigen Rechtsgrundlage sollte vor der Prüfung der formellen Rechtmäßigkeit des VAs unter dem Prüfungspunkt »Feststellen der Rechtsgrundlage« (siehe Abschnitt 2.2.) erörtert werden, welche Rechtsgrundlagen denkbar sind und welche warum die richtige ist. Dieses Vorgehen bietet sich vor allem an, wenn speziellere Rechtsgrundlagen bestehen, aber letztlich die allgemeine Norm einschlägig ist.

2.5.2. Wirksamkeit der Rechtsgrundlage des Verwaltungsaktes

Es reicht nicht, dass die Verwaltungsbehörde innerhalb der Geltung des Gesetzesvorbehaltes auf eine gesetzliche Rechtsgrundlage verweisen kann, vielmehr muss die Rechtsgrundlage ihrerseits wirksam sein. Eine tragfähige Rechtsgrundlage würde nämlich auch dann fehlen, wenn sie wegen Verstoßes gegen höherrangiges Recht nichtig wäre.

Eine tragfähige Rechtsgrundlage des VAs fehlt auch dann, wenn sie wegen Verstoßes gegen höherrangiges Recht nichtig wäre.

Aber nur dann, wenn sich im Sachverhalt Anhaltspunkte finden, ist die Rechtmäßigkeit der dem VA zu Grunde liegenden gesetzlichen Grundlage zu prüfen.

Bei einem vom Parlament erlassenem Gesetz, einem sog. Gesetz im formellen Sinn, stellt sich also die Frage, ob das Gesetz formell und materiell ordnungsgemäß erlassen wurde? In der Klausur stellt sich die Prüfung der Wirksamkeit der Rechtsgrundlage meist als Auslegungsproblem dar, so dass es vor allem auf die verfassungskonforme Auslegung ankommt, da ein nichtiges formelles Gesetz von der Verwaltung nicht verworfen werden darf (vgl. Art. 100 I GG). Die Verfassungsmäßigkeit von Gesetzen sollte deshalb nur dann problematisiert werden, wenn der Sachverhalt dazu entsprechenden Anlass, also bestimmte Anhaltspunkte, bietet.

Mehr Relevanz für die Klausur hat die Überprüfung einer Rechtsverordnung oder einer (z.B. gemeindlichen) Satzung. Normalerweise wird hier das Normenkontrollverfahren nach § 47 VwGO Gegenstand der Klausur sein. Es kann aber auch sein, dass eine Anfechtungsklage Gegenstand der Klausur ist. Dann hat in einem nicht ganz einfachen Schachtelaufbau eine Inzidenzkontrolle der Gültigkeit der Rechtsgrundlage stattzufinden. Die Rechtsgrundlage ist dann vor der Subsum-

Der Verwaltungsakt 83

tion des VAs (Prüfung der Übereinstimmung von VA und Rechtsgrundlage) unter die Rechtsgrundlage vorzunehmen.

Bei einer Rechtsverordnung stellt sich also die Frage, reicht die Rechtsverordnung als Ermächtigungsgrundlage aus oder hätten die wesentlichen Entscheidungen durch den Gesetzgeber in einem Parlamentsgesetz getroffen werden müssen?

Eine Satzung ist dann darauf zu überprüfen, ob sie formell und materiell ordnungsgemäß ist und als Ermächtigungsgrundlage ausreicht, also ob der Eingriff eines Gesetzes im formellen Sinn, also eines Parlamentsgesetzes, bedurft hätte?

Das Eingreifen einer Rechtsnorm als Rechtsgrundlage ist auch abhängig von ihrer Vereinbarkeit mit höherrangigem Recht, speziell mit dem Grundgesetz. Stützt die Verwaltungsbehörde den VA auf ein formelles Gesetz, so kann die Prüfung anhand der Landesverfassung und angesichts des Art. 31 GG eine Vereinbarkeit mit Bundesrecht notwendig sein.

Die Gültigkeit einer Norm ist in vielen Fallgestaltungen nicht direkt, sondern nur inzident zu prüfen. Dies gilt vor allem dann, wenn die Norm (Parlamentsgesetz, Rechtsverordnung, Satzung) Rechtsgrundlage für einen Verwaltungsakt ist. Belastende Verwaltungsakte unterliegen dem Vorbehalt des Gesetzes, müssen also auf eine ihrerseits verfassungsmäßige gesetzliche Grundlage zurückführbar sein (Verbot der Gesetzlosigkeit).

Der VA kann auf einem Parlamentsgesetz, einer Verordnung oder einer Satzung beruhen. Ist die Grundlage eine Verordnung oder Satzung, so muss diese wiederum auf ein entsprechendes Gesetz rückführbar sein.

VA kann Parlamentsgesetz, Verordnung oder Satzung als Rechtsgrundlage haben

2.5.2.1. Rechtsverordnung (VO) als Rechtsgrundlage

Der VA ist rechtmäßig, wenn eine wirksame Rechtsgrundlage vorliegt und diese voraussetzungsgemäß angewendet wurde. Rechtsgrundlage könnte die Rechtsverordnung sein. Dann müsste diese wirksam sein und ferner müssten die Tatbestandsvoraussetzungen der Rechtsverordnung vorliegen. Für die Wirksamkeit bzw. Rechtmäßigkeit der Rechtsverordnung müssen formelle und materielle Voraussetzungen vorliegen, die sich vor allem aus Art. 80 GG ergeben.

2.5.2.1.1. Gültigkeit des zu Grunde liegenden Parlamentsgesetzes

Die Rechtsverordnung bedarf zuallererst nach Art. 80 I S. 1 GG einer gültigen Ermächtigungsgrundlage. (Art. 80 GG ist aber nur anzuwenden, wenn eine bundesgesetzliche Ermächtigung in Betracht kommt.

Die dem Art. 80 GG entsprechenden Bestimmungen der jeweiligen Landesverfassungen gelten hingegen bei landesgesetzlicher Ermächtigung.)

Die Exekutive muss durch ein Parlamentsgesetz dazu ermächtigt sein, die entsprechende Rechtsverordnung zu erlassen, wobei die Ermächtigung nach Inhalt, Zweck und Ausmaß im Parlamentsgesetz bestimmt sein muss (Art. 80 I S. 2 GG oder für eine Rechtsverordnung auf Landesebene der entsprechende Artikel der Landesverfassung). Dann muss die Rechtsverordnung dem Vorrang des Gesetzes genügen, d.h., der Verordnungsgeber darf nicht gegen höherrangiges Recht verstoßen. Eine Landesrechtsverordnung muss folglich im Einklang mit förmlichen Landesgesetzen, der Landesverfassung sowie dem gesamten Bundesrecht stehen. Im Folgenden wird eine Rechtsverordnung des Bundes geprüft (entsprechende Abwandlungen sind bei einer Landesrechtsverordnung vorzunehmen).

Es muss eine gültige (bundes-) gesetzliche Ermächtigung vorhanden sein.

Verbandskompetenz des Gesetzgebers, Art. 70 ff. GG

Verbandskompetenz des Gesetzgebers, Art. 70 ff. GG: Erheblich ist, ob der Bundes- oder ein Landesgesetzgeber zuständig ist. Lässt sich aus dem Wortlaut der Art. 70 ff. GG keine ausreichende Kompetenz für den Bund ermitteln, so ist nach der Rechtsprechung des Bundesverfassungsgerichtes noch zu untersuchen, ob eine Kompetenz »kraft Sachzusammenhangs« oder aus der »Natur der Sache« für den Bund gegeben ist.

Ordnungsgemäßheit des Gesetzgebungsverfahrens

Ordnungsgemäßheit des Gesetzgebungsverfahrens: Für Bundesgesetze sind hier die Art. 76 ff. GG anzuwenden, bei Landesgesetzen die entsprechenden Regelungen der Landesverfassung. Die Einzelheiten lassen sich ohne weiteres der Verfassung entnehmen, wobei daran zu denken ist, dass Gesetzesinitiative und Behandlung im Parlament keine Gültigkeitsvoraussetzungen für ein bereits erlassenes Gesetz sind, vgl. Art. 78 GG. Zumeist ist auch die Zustimmung des Bundesrates nötig, Art. 80 II GG.

Inhaltliche Vereinbarkeit des Gesetzes mit höherrangigem Recht: Jegliche Norm ist am Grundgesetz, vor allem an den Grundrechten zu messen. Landesgesetze müssen zudem mit der Landesverfassung übereinstimmen.

Des Weiteren ist die sog. Wesentlichkeitstheorie des Bundesverfassungsgerichtes zu beachten. Danach muss der Gesetzgeber in grundlegenden normativen Bereichen, zumal im Bereich der Grundrechtsausübung alle wesentlichen Entscheidungen selbst treffen, d.h., er darf sie nicht an die Exekutive delegieren (weiter übertragen).

Beispiel: zwangsweiser Ausschluss von einer Schule; unwesentlich aber ist die Nichtversetzung in die nächsthöhere Klasse, insoweit reicht die Rechtsverordnung als Rechtsgrundlage; die Grundentscheidung für oder gegen die Atomkraft sowie die Regelungen für die behördliche Zulassung von Atomanlagen i.S.d. § 7 I AtomG bedürfen eines Parlamentsgesetzes.

Manchmal bedürfen auch begünstigende Verwaltungsakte einer parlamentarischen Rechtsgrundlage.

Beispiel: Diese kann etwa im Fall von staatlichen Pressesubventionen nötig sein. Pressesubventionen können zur Folge haben, dass der Begünstigte vom Staat abhängig zu werden droht und der Wettbewerb mit den Konkurrenten des Subventionierten beeinflusst wird, so dass die Pressefreiheit gefährdet ist. Damit ist der Schutzbereich des Art. 5 I S. 2 GG betroffen. Pressesubventionen dürfen, soweit sie zulässig sind, nur auf Grund eines Parlamentsgesetzes vergeben werden.

2.5.2.1.2. Gültigkeit der (dem VA zu Grunde liegenden) Verordnung

Formelle Voraussetzungen für den Erlass der Verordnung: Des Weiteren müssen die formellen und materiellen Voraussetzungen für den Erlass der Rechtsverordnung selbst vorliegen. Hierfür erforderlich sind die Zuständigkeit der die Rechtsverordnung erlassenden Stelle und ein ordnungsgemäßes Normsetzungsverfahren (hier ist u.a. an die Mitwirkung anderer Stellen, z.B. der Aufsichtsbehörde, zu denken). Die Rechtsverordnung muss auch ordnungsgemäß ausgefertigt und verkündet sein, Art. 82 I S. 2 GG. In der Verordnung muss die Ermächtigungsgrundlage angegeben sein, Art. 80 I S. 3 GG (sog. Zitiergebot). Sollte der Sachverhalt zu den formellen Punkten keine Angabe enthalten, kann ohne Bedenken das Vorliegen dieser Voraussetzungen unterstellt werden.

Materielle Voraussetzungen für den Erlass der Verordnung: Ferner sind die materiellen Erfordernisse für den Erlass der Rechtsverordnung zu prüfen. Bei einer Ermächtigung zu einer Rechtsverordnung müssen die Voraussetzungen des Art. 80 I S. 1 u. S. 2 GG vorliegen, damit die Ermächtigungsgrundlage gültig ist.

Richtiger Ermächtigungsadressat: Die Beachtung der abschließend bestimmten Ermächtigungsadressaten nach Art. 80 I S. 1 GG (»Bundesregierung, Bundesminister oder Landesregierungen«) ist notwendig. Zu beachten ist, dass bei Subdelegation außerdem die Voraussetzungen des Art. 80 I S. 4 GG vorliegen müssen.

Formelle Voraussetzungen für den Erlass der Verordnung:
1. Zuständigkeit (für Bundesgesetze vgl. Art. 80 I 1 GG)
2. Verfahren (vgl. z.B. Art. 80 II GG), ansonsten sind Spezialgesetze zu beachten
3. Form
a. Zitiergebot: RVOen müssen Rechtsgrundlage benennen, auf der sie beruhen
b. Ausfertigung und Verkündung (vgl. z.B. Art. 82 I 2 GG)

Materielle Voraussetzungen für den Erlass der Verordnung:
1. Ermächtigungsgrundlage in Form eines formellen Gesetzes, vgl. Art. 80 I 1 GG
2. Verfassungskonformität der Ermächtigungsgrundlage
a. Ermächtigungsadressat muss benannt werden, vgl. Art. 80 I 1 GG
b. Bestimmtheit der Ermächtigung: aus Gesetz muss hervorgehen, mit welchem Inhalt von der Ermächtigung Gebrauch gemacht werden kann
3. In der Verordnung getroffene Regelung muss durch das ermächtigende Gesetz gedeckt sein
4. Verordnung darf nicht gegen höherrangiges Recht verstoßen, ansonsten ist sie rechtswidrig und nichtig.

Bestimmtheit der Ermächtigung: Das Gesetz muss nach Art. 80 I S. 2 GG »Inhalt, Zweck und Ausmaß« der erteilten Ermächtigung zum Erlass von Rechtsverordnungen selbst bestimmen.

Grundsätzlich muss die Ermächtigung nach der Rechtsprechung des Bundesverfassungsgerichts so bestimmt sein, dass bereits aus ihr erkennbar und vorhersehbar ist, was vom Bürger gefordert werden kann. Diese Anforderungen fehlen dann, wenn die Ermächtigung so unbestimmt ist, dass nicht vorausgesehen werden kann, in welchen Fällen und mit welcher Tendenz von ihr Gebrauch gemacht werden wird und welchen Inhalt die auf Grund der Ermächtigung erlassenen Verordnungen haben können. Auf eine hinreichende Bestimmtheit der Ermächtigung kommt es um so mehr an, wenn die Verfassung Eingriffe in den grundrechtlichen Bereich nur auf Grund eines Gesetzes zulässt.

Art. 80 I S. 2 GG begründet den Gesetzesvorbehalt für Verordnungen von Bund oder Land, die auf Grund von Bundesgesetzen ergehen. Für landesgesetzliche Verordnungen besteht ein entsprechendes Erfordernis in der Landesverfassung, wenn nicht, ist Art. 80 I GG anzuwenden.

Zu prüfen ist letztendlich auch, ob der Verordnungsgeber selbst gegen höherrangiges Recht verstößt.

2.5.2.2. Satzung als Rechtsgrundlage

Für Satzungen gilt zwar nicht Art. 80 I S. 2 GG, Grenzen der Satzungsbefugnis ergeben sich aber aus dem Grundsatz des Vorrangs der höherrangigen Normen. Der Satzungsgeber darf nicht gegen höherrangiges Recht verstoßen. Eine Satzung eines Selbstverwaltungsträgers auf Landesebene muss in förmlichen Landesgesetzen, der Landesverfassung sowie dem gesamten Bundesrecht stehen, ansonsten ist sie nichtig. Verstößt sie gegen Europarechtliche Vorschriften, so ist sie nicht anwendbar. Ist eine Satzung Grundlage eines VAs, so müssen die formellen und materiellen Voraussetzungen zum Erlass einer Satzung beachtet worden sein.

Formelle Voraussetzungen

Zuständigkeit der juristischen Person des öffentlichen Rechts

Die Zuständigkeit z.B. der Gemeinde zum Erlass von Satzungen folgt z.T. aus Spezialgesetzen, im Übrigen aber aus der Generalermächtigung der Gemeindeordnung des jeweiligen Bundeslandes.

Ordnungsgemäßes Verfahren: Die Satzung muss in einem ordnungsgemäßen Verfahren erlassen worden sein. Hier sind die Punkte fristgerechte Ladung, Beschlussfähigkeit des Gemeinderates, ordnungsgemäßer Abstimmungsvorgang zu beachten. Außerdem muss möglicherweise die Zustimmung anderer Behörden vorliegen, soweit dies spezialgesetzlich vorgeschrieben ist, wie z.B. in § 11 BauGB.

Ordnungsgemäße Form der Verkündung: Außerdem muss die Satzung in ordnungsgemäßer Form verkündet worden sein, z.B. im Amtsblatt der Gemeinde.

Ordnungsgemäße Form der Verkündung

Materielle Voraussetzungen

Eine Begrenzung der Satzungsbefugnis ergibt sich auch noch aus dem Parlamentsvorbehalt. Nach der sogenannten Wesentlichkeitstheorie des Bundesverfassungsgerichts darf in grundlegenden normativen Bereichen, zumal im Bereich der Grundrechtsausübung, nur das Parlament alle wesentlichen Entscheidungen selbst treffen.

Beispiel: Die allgemeine Satzungsautonomie einer Kammer für eine Satzung reicht nicht zur Ahndung von Verstößen gegen Berufspflichten, z.B. in Form von Verweisen durch Verwaltungsakte; die allgemeine Satzungshoheit genügt nicht für ein kommunales Verbot von Einweg-Verpackungen.

Für die Eingriffe in Grundrechte oder die Ermächtigung zu Grundrechtseingriffen durch Satzung ist eine hinreichend bestimmte parlamentarische Grundlage erforderlich, die zum Erlass entsprechender Satzungen ermächtigt. Aber auch bei vorhandener parlamentarischer Rechtsgrundlage können Satzungen nur unwesentliche Grundrechtsbeschränkungen legitimieren.

Beispiel: §§ 59 b, 191 a II BRAO (Bundesrechtsanwaltsordnung) ermächtigen die Satzungsversammlung bei der Bundesrechtsanwaltskammer zum Erlass einer Satzung zur weiteren Konkretisierung der anwaltlichen Berufspflichten nach §§ 43 ff. BRAO.

Soweit es nicht um die Regelung wesentlicher Fragen im Sinne des (Parlaments-)Gesetzesvorbehalts geht, reicht als Grundlage für den Erlass einer Satzung eine gesetzliche Generalermächtigung des Selbstverwaltungsträgers aus. Bei Eingriffen in »Freiheit und Eigentum« bedarf die Satzung spezieller Rechtsgrundlagen:

Rechtsgrundlage

Beispiel: Im BauGB Vorschriften zu Bebauungsplänen, im Kommunalabgabengesetz für gemeindliche Steuern, Beiträge und Gebühren, in der Gemeindeordnung für den Anschluss- und Benutzungszwang bei gemeindlichen Einrichtungen.

Bei nichtbelastenden Satzungen genügt die Generalermächtigung der Gemeindeordnung als Rechtsgrundlage.

Beachtung höherrangigen Rechts: Auch muss höherrangiges Recht, insbesondere die Grundrechte, beachtet sein und die Satzung muss sich

Beachtung höherrangigen Rechts, insbesondere der Grundrechte im Rahmen der verliehenen Satzungsautonomie halten, die Gemeinde darf etwa nur im Rahmen der »eigenen Angelegenheiten« nach Art. 28 II GG Sachverhalte durch Satzung regeln.

Eine Beschränkung ergibt sich auch aus der Aufgabenbegrenzung des Selbstverwaltungsträgers.

Beispiel: Eine Gemeinde darf nicht durch Satzung eine Art kommunales Kindergeld einführen.

2.5.2.3. Parlamentsgesetz als Rechtsgrundlage

Stützt sich der VA direkt auf ein Parlamentsgesetz, so müssen u.a. die Verbandskompetenz des Gesetzgebers nach Art. 70 ff. GG und die Ordnungsmäßigkeit des Gesetzgebungsverfahrens nach Art. 76 ff. GG beachtet worden sein. Das Parlamentsgesetz ist am Grundgesetz zu messen, Landesgesetze dürfen zudem nicht gegen die Landesverfassung verstoßen.

2.5.3. Anwendung der Rechtsgrundlage

2.5.3.1. Vorliegen der Tatbestandsvoraussetzungen

<small>Vorliegen der tatbestandlichen Voraussetzungen</small>

Die materielle Rechtmäßigkeit erfordert die Erfüllung der tatbestandlichen Voraussetzungen im konkreten Fall. Diese Prüfung betrifft die inhaltliche Übereinstimmung des VAs mit Gesetz und Recht. Es muss nachgeprüft werden, ob die tatbestandlichen Voraussetzungen gegeben sind (»Ob« des Handelns) und ob sich die angeordnete Rechtsfolge aus der Rechtsgrundlage entnehmen lässt (»Wie« des Handelns). Darüber hinaus muss der VA selbst mit allen Rechtsvorschriften und Rechtsgrundsätzen, wie etwa dem Grundsatz des Vorrangs des Gesetzes, im Einklang stehen. Dies betrifft u.a. die Bestimmtheit des VAs, die Möglichkeit der angeordneten Rechtsfolge sowie das Prinzip der Verhältnismäßigkeit.

2.5.3.2. Vorrang des Gesetzes

<small>Kein Handeln gegen das Gesetz</small>

Alle Verwaltungsakte unterliegen dem Vorrang des Gesetzes, dürfen also inhaltlich nicht einem gültigen Gesetz widersprechen (Verbot der Gesetzwidrigkeit).

2.5.3.3. VA-Befugnis als Rechtsfolge

Das Eingreifen einer Rechtsnorm als Rechtsgrundlage für eine bestimmte Maßnahme in Form eines VAs setzt neben ihrer Wirksamkeit und des Vorliegens der tatbestandlichen Voraussetzungen im Einzelfall die sog. VA-Befugnis der Behörde voraus. Sind die tatbestandlichen Voraussetzungen der Rechtsgrundlage erfüllt, so kommt es anschließend darauf an, ob die Behörde berechtigt ist, gerade durch den Erlass eines VAs handeln zu dürfen. Keine Probleme bereitet die VA-Befugnis, wenn die Rechtsgrundlage sie ausdrücklich vorsieht.

Verwaltungsakt als zulässige Rechtsfolge

In einigen Bereichen des Verwaltungsrechts ist die VA-Befugnis, soweit sie nicht ausdrücklich eingeräumt ist, gewohnheitsrechtlich anerkannt.

Ausnahmen von dem Grundsatz, dass das Gesetz den VA als Rechtsfolge regeln muss, gibt es in vier Bereichen:

- Hausrecht: Ausnahmen von der Notwendigkeit einer gesetzlichen Grundlage gibt es beim Erlass von belastenden VA im Bereich des Hausrechtes. Das Hausrecht wird als ungeschriebene Ordnungsgewalt angesehen, die ein Annex (Anhängsel) zur Sachkompetenz der öffentlichen Einrichtung ist.
- Erstattungsrecht: Nach der sog. Kehrseitentheorie können, sofern der Zuwendung ein VA zu Grunde lag, öffentlich-rechtliche Erstattungsansprüche auch außerhalb des § 48 II S. 8 VwVfG durch VA geltend gemacht werden.
- Beamtenrecht: Da die VA-Befugnis zu den »hergebrachten Grundsätzen des Beamtenrechts« i.S.v. Art. 33 V GG gehört, reicht eine Ge- oder Verbotsnorm wie z.B. in den §§ 35 ff. BRRG (Beamtenrechtsrahmengesetz) als Rechtsgrundlage für einen Verwaltungsakt in diesem Bereich aus.
- Polizei- und Ordnungsrecht: Verbotsnormen wie beispielsweise § 33 StVO (Straßenverkehrsordnung) reichen als Rechtsgrundlage für einen Verwaltungsakt aus. Sofern diese Verbotsnorm einen VA als Rechtsfolge nicht vorsieht, kann im Polizeirecht die polizeirechtliche Generalermächtigung herangezogen werden.

Ausnahmen vom Grundsatz, dass das Gesetz den VA als Rechtsfolge vorsehen muss, im:
- *Erstattungsrecht*
- *Beamtenrecht*
- *Polizei- und Ordnungsrecht*

Ist die VA-Befugnis bei fehlender ausdrücklicher Rechtsgrundlage nicht gewohnheitsrechtlich anerkannt, so geht die herrschende Ansicht davon aus, dass die handelnde Behörde im Rahmen eines Über- und Unterordnungsverhältnisses auch ohne ausdrückliche Ermächtigung Regelungen durch VA treffen darf.

2.5.3.4. Allgemeine Rechtmäßigkeitsanforderungen

Möglichkeit des Regelungsinhalts

Keine tatsächliche Unmöglichkeit: Die tatsächliche Unmöglichkeit des Regelungsinhalts führt nach § 44 Abs. 2 Nr. 4 VwVfG zur Nichtigkeit des VAs.

Keine rechtliche Unmöglichkeit: Kann die Behörde das rechtliche Hindernis noch durch eine Duldungsverfügung gegen einen Dritten ausräumen, so bleibt der VA rechtmäßig. Bis zum Erlass dieser Duldungsverfügung ist lediglich die Vollstreckung des VAs nicht möglich.

Bestimmtheitsgebot, § 37 I VwVfG

Gemäß § 37 I VwVfG muss der VA inhaltlich hinreichend bestimmt sein. Die Verletzung des Bestimmtheitsgebotes führt zur Rechtswidrigkeit und damit Anfechtbarkeit des Verwaltungsaktes. Zur Nichtigkeit führt sie nur, wenn sie einen besonders schwerwiegenden Fehler nach § 44 I VwVfG darstellt.

Verhältnismäßigkeitsgrundsatz

- Geeignetheit der Maßnahme: Geeignet ist jede Maßnahme, die zur Erreichung des Zwecks objektiv beiträgt.
- Erforderlichkeit der Maßnahme: Eine Maßnahme ist erforderlich, wenn es kein milderes Mittel gibt, das angestrebte Ziel gleich wirksam zu fördern.
- Angemessenheit der Maßnahme: Eine Maßnahme darf nicht zu einem Nachteil führen, der zum erstrebten Erfolg erkennbar außer Verhältnis steht.

Ordnungsgemäße Ausübung des Ermessens

Ordnungsgemäße Ausübung des Ermessens: Ermessensakte unterliegen dem Verbot der Ermessensüberschreitung, des Ermessensmissbrauchs (§ 40 VwVfG und § 114 VwGO) und des Ermessensfehlgebrauchs.

- Ermessensüberschreitung: Eine Überschreitung des Ermessens liegt vor, sofern die Behörde bei ihrer Entscheidung eine vom Gesetz nicht zugelassene Rechtsfolge wählt.
- Ermessensnichtgebrauch: Ein Nichtgebrauch des Ermessens ist dann gegeben, wenn die Behörde das ihr eingeräumte Ermessen überhaupt nicht ausübt.
- Ermessensfehlgebrauch: Von einem Ermessensfehlgebrauch spricht man, wenn die Behörde ihre Entscheidung auf sachfremde Erwägungen stützt, von unzutreffenden tatsächlichen Feststellungen ausgeht oder bei den entscheidungserheblichen Erwägungen gegen den Gleichbehandlungsgrundsatz aus Art. 3 I GG verstößt.

2.5.3.5. Vereinbarkeit des Verwaltungsaktes mit höherrangigem Recht

Die Prüfung der Vereinbarkeit des Verwaltungsaktes mit höherrangigem Recht braucht an diesem Punkt nicht mehr zu erfolgen, wenn dies bereits zur Auslegung unbestimmter Rechtsbegriffe der Ermächtigungsgrundlage, im Rahmen des Verhältnismäßigkeitsgrundsatzes oder der Prüfung des Ermessens herangezogen wurde.

3. Nichtigkeit des Verwaltungsaktes

Nichtigkeit des Verwaltungsaktes § 44 VwVfG

(1) Ein Verwaltungsakt ist nichtig, soweit er an einem besonders schwerwiegenden Fehler leidet und dies bei verständiger Würdigung aller in Betracht kommenden Umstände offensichtlich ist.

(2) Ohne Rücksicht auf das Vorliegen der Voraussetzungen des Absatzes 1 ist ein Verwaltungsakt nichtig,

1. der schriftlich oder elektronisch erlassen worden ist, die erlassende Behörde aber nicht erkennen lässt;

2. der nach einer Rechtsvorschrift nur durch die Aushändigung einer Urkunde erlassen werden kann, aber dieser Form nicht genügt;

3. den eine Behörde außerhalb ihrer durch § 3 Abs. 1 Nr. 1 begründeten Zuständigkeit erlassen hat, ohne dazu ermächtigt zu sein;

4. den aus tatsächlichen Gründen niemand ausführen kann;

5. ...

(3) Ein Verwaltungsakt ist nicht schon deshalb nichtig, weil

1. Vorschriften über die örtliche Zuständigkeit nicht eingehalten worden sind, außer wenn ein Fall des Absatzes 2 Nr. 3 vorliegt;

2. eine nach § 20 Abs. 1 Satz 1 Nr. 2 bis 6 ausgeschlossene Person mitgewirkt hat;

3. ein durch Rechtsvorschrift zur Mitwirkung berufener Ausschuss den für den Erlass des Verwaltungsaktes vorgeschriebenen Beschluss nicht gefasst hat oder nicht beschlussfähig war;

4. die nach einer Rechtsvorschrift erforderliche Mitwirkung einer anderen Behörde unterblieben ist.

(4) Betrifft die Nichtigkeit nur einen Teil des Verwaltungsaktes, so ist er im Ganzen nichtig, wenn der nichtige Teil so wesentlich ist, dass die Behörde den Verwaltungsakt ohne den nichtigen Teil nicht erlassen hätte.

(5) ...

Rechtmäßigkeit von Verwaltungsakten	
Ein VA ist rechtmäßig, wenn er • von der zuständigen Behörde • im richtigen Verfahren • der gehörigen Form • erlassen und bekannt gegeben wird • sowie frei von inhaltlichen Mängeln ist	
Formelle Voraussetzungen	Materielle Voraussetzungen bei Eingriff der Verwaltung in die Rechtssphäre des Bürgers
1. Zuständigkeit Bund / Land – sog. Verbandskompetenz a) sachliche Zuständigkeit b) örtliche Zuständigkeit, § 3 VwVfG	5. Rechtsgrundlage a) Vorrang des Gesetzes Alle Verwaltungsakte unterliegen dem Vorrang des Gesetzes. Sie dürfen demzufolge nicht einem gültigen Gesetz widersprechen (Verbot der Gesetzwidrigkeit). Der Vorrang des Gesetzes ist in allen Stadien der Gesetzesanwendung zu beachten, also bei Tatsachenfeststellung, Subsumtion, Interpretation, Setzung der Rechtsfolgen, Bestimmung des Adressaten b) Vorbehalt des Gesetzes Belastenden Verwaltungsakte müssen auf eine ihrerseits verfassungsmäßige gesetzliche Ermächtigungsgrundlage zurückführbar sein. Der Vorbehalt des Gesetzes gilt auch bei untrennbarer Verknüpfung von Begünstigung und Belastung, falls diese nicht nur als Nebenbestimmung einer im behördlichen Ermessen stehenden Begünstigung beigefügt wird oder sicherstellen soll, dass deren gesetzliche Voraussetzungen erfüllt werden, vlg. § 35 I, II VwVfG c) Ermessensakte unterliegen dem Verbot der Ermessensüberschreitung und des Ermessensmissbrauchs, § 40 VwVfG und § 114 VwGO. Ermessensbegrenzende Wirkung entfalten vor allem die Grundrechte und das Übermaßverbot sowie das Sozialstaatsprinzip. Zu beachten ist auch das aus Art. 3 I GG abgeleitete Prinzip der Selbstbindung der Verwaltung, das keinen Anspruch auf die Wiederholung von Fehlern verleiht.
2. Verfahren a) Spezialgesetz b) VwVfG aa) richtige Besetzung der Behörde bb) Unbefangenheit (§ 20 f. VwVfG) sowie Freiheit von Zwang, Drohung, Täuschung und Bestechung c) rechtliches Gehör bei belastenden Verwaltungsakten, falls nicht überwiegende öffentliche Interessen entgegenstehen, § 28 VwVfG d) u.U. Beteiligung anderer Behörden oder Mitwirkung von Privatpersonen	
3. Form a) Spezialgesetz b) VwVfG aa) § 37 Abs. 2-4 VwVfG, sofern nicht Rechtssätze eine bestimmte Form vorschreiben bb) Begründung, § 39 VwVfG cc) Rechtsbehelfsbelehrung, 3 58 f. VwGO	
4. Bekanntgabe Bekanntgabe (§ 41 VwVfG) als Voraussetzung des Wirksamwerdens, § 43 Abs. 1 VwVfG	6. Möglichkeit des Regelungsinhalts, vgl. § 44 II Nr. 4, 5 VwVfG
	7. Inhaltliche Bestimmtheit, § 37 I VwVfG

Fehlerhafte und nichtige Verwaltungsakte

Fehlerhafte Verwaltungsakte

Fehler ohne Konsequenz für Rechtmäßigkeit	Anfechtbare (vernichtbare) Verwaltungsakte
Offenbare Unrichtigkeit • Schreibfehler • Rechenfehler • weitere offenbare Unrichtigkeiten Folge: jederzeitige Berichtigungsmöglichkeit	Formfehler, soweit keine Nichtigkeit nach § 44 VwVfG oder unbeachtliche Verfahrensfehler • Unzuständigkeit der Erlassbehörde • keine Begründung • keine Mitwirkung anderer Stellen, soweit erforderlich
Fehlerhafte Rechtsbehelfsbelehrung (§ 58 VwGO) • keine, unvollständige oder unrichtige Rechtsbehelfsbelehrung Folge: § 58 II VwGO: Einlegung des Rechtsbehelfs innerhalb eines Jahres seit Zustellung, Eröffnung oder Verkündung	Materielle bzw. inhaltliche Fehler • keine Rechtsgrundlage = gesetzloser VA • unrichtige Tatsachenfeststellung • falsche Gesetzesanwendung • fehlerhafte Ermessensanwendung • Missachtung des Grundsatzes der Verhältnismäßigkeit • keine Bestimmtheit der Maßnahme
Heilbare Verfahrens- und Formfehler, soweit nicht nichtig nach § 44 VwVfG und unbeachtlich, weil • notwendige Handlungen nachgeholt werden können, § 45 VwVfG • Verletzungen von Vorschriften über Verfahren, Form oder örtliche Zuständigkeit ohne Auswirkung, § 46 VwVfG	

Nichtige Verwaltungsakte

Ausnahmsweise sind rechtswidrige Verwaltungsakte auch zugleich nichtig.

Nichtigkeitsgründe ergeben sich aus § 44 VwVfG. Die Norm ist als Ausnahmevorschrift eng auszulegen.
Zu prüfen ist sie in folgender Reihenfolge:
1. § 44 Abs. 2 VwVfG: absolute Nichtigkeitsgründe
2. § 44 Abs. 3, § 45 VwVfG: Fehler reicht zur Begründung der Nichtigkeit nicht aus
3. § 44 Abs. 1 VwVfG: relative Nichtigkeitsgründe, nur bei Schwere und Offenkundigkeit des Fehlers liegt Nichtigkeit vor.

§ 44 VwVfG ist als Ausnahmevorschrift eng auszulegen.
Prüfungsfolge der Nichtigkeitsgründe
(1) § 44 II VwVfG: absolute Nichtigkeitsgründe,
(2) § 44 III, § 45 VwVfG: Fehler reicht zur Begründung der Nichtigkeit nicht aus,
(3) § 44 I VwVfG: relative Nichtigkeitsgründe, nur bei Schwere und Offenkundigkeit des Fehlers liegt Nichtigkeit vor,
(4) § 44 IV VwVfG: Teilnichtigkeit führt nur zur Gesamtnichtigkeit, wenn der nichtige Teil so wesentlich ist, dass der VA ohne diesen nicht erlassen worden wäre.

Der Negativ-Katalog mit der Aufstellung von Rechtsfehlern in § 44 III VwVfG, die zwingend keine Nichtigkeit zur Rechtsfolge haben, verwehrt den Rückgriff auf die Generalklausel des § 44 I VwVfG. Auch wenn die in § 44 III VwVfG aufgeführten Fehler offensichtlich oder besonders schwerwiegend sind, so führen sie auf keinen Fall zur Nichtigkeit des Verwaltungsaktes.

Im Interesse der Rechtssicherheit und des öffentlichen Interesses am Bestand von Hoheitsakten führt – anders als bei § 139 BGB im Privatrecht – die teilweise Nichtigkeit eines Verwaltungsaktes nicht zur Nichtigkeit des ganzen Verwaltungsaktes.

Folgen der Nichtigkeit

Der Bürger braucht nichtige Verwaltungsakte nicht innerhalb der gesetzlich vorgesehenen Fristen anfechten und kann sich damit begnügen, der Vollstreckung zu widersprechen oder früher oder später Feststellungsklage gem. § 43 VwGO zu erheben. Irrt sich der Klausurbearbeiter, weil er nicht die erforderlichen strengen Maßstäbe für die Annahme der Nichtigkeit nach § 44 VwVfG angelegt hat, so gibt es höchstens eine schlechte Zensur. Für den Bürger aber kann die Versäumung von Fristen im falschen Vertrauen auf die angebliche Nichtigkeit eines Verwaltungsaktes schwerwiegende Konsequenzen haben.

4. Heilung und Unbeachtlichkeit der Rechtswidrigkeit des Verwaltungsaktes

Wirksamkeit des Verwaltungsaktes § 43 VwVfG

(1) ...

(2) Ein Verwaltungsakt bleibt wirksam, solange und soweit er nicht zurückgenommen, widerrufen, anderweitig aufgehoben oder durch Zeitablauf oder auf andere Weise erledigt ist.

(3) Ein nichtiger Verwaltungsakt ist unwirksam.

Viele erstaunt die Feststellung, dass fehlerhafte Verwaltungsakte, die man auch als rechtswidrig bezeichnet, grundsätzlich wirksam sind und auch wirksam bleiben (§ 43 II VwVfG), solange sie nicht:

- nichtig sind nach § 44 VwVfG,
- durch die Verwaltung zurückgenommen werden,
- im Widerspruchsverfahren (§§ 68 ff. VwGO) oder im Verwaltungsgerichtsverfahren (§§ 81 ff. VwGO) aufgehoben werden,
- sich der Verwaltungsakt erledigt hat, § 43 II VwVfG.

Fehlerhafte VAe, die nicht nichtig sind, können umgedeutet werden. Bestimmte Verfahrens- oder Formfehler können nach § 45 VwVfG geheilt werden. Selbst unheilbare Verfahrens- oder Formfehler betreffen nicht die Wirksamkeit eines VAs, der nicht nichtig ist.

Heilung von Verfahrens- und Formfehlern § 45 VwVfG

(1) Eine Verletzung von Verfahrens- oder Formvorschriften, die nicht den Verwaltungsakt nach § 44 nichtig macht, ist unbeachtlich, wenn

1. der für den Erlass des Verwaltungsaktes erforderliche Antrag nachträglich gestellt wird;
2. die erforderliche Begründung nachträglich gegeben wird;
3. die erforderliche Anhörung eines Beteiligten nachgeholt wird;
4. der Beschluss eines Ausschusses, dessen Mitwirkung für den Erlass des Verwaltungsaktes erforderlich ist, nachträglich gefasst wird;
5. die erforderliche Mitwirkung einer anderen Behörde nachgeholt wird.

(2) Handlungen nach Absatz 1 können bis zum Abschluss der letzten Tatsacheninstanz eines verwaltungsgerichtlichen Verfahrens nachgeholt werden.

(3) Fehlt einem Verwaltungsakt die erforderliche Begründung oder ist die erforderliche Anhörung eines Beteiligten vor Erlass des Verwaltungsaktes unterblieben und ist dadurch die rechtzeitige Anfechtung

> des Verwaltungsaktes versäumt worden, so gilt die Versäumung der Rechtsbehelfsfrist als nicht verschuldet. Das für die Wiedereinsetzungsfrist nach § 32 Abs. 2 maßgebende Ereignis tritt im Zeitpunkt der Nachholung der unterlassenen Verfahrenshandlung ein.

Die wegen eines Verstoßes gegen die formellen Rechtmäßigkeitsanforderungen begründete Rechtswidrigkeit kann in den in § 45 VwVfG genannten Fällen geheilt werden.

§ 45 VwVfG ist vor § 46 VwVfG zu prüfen

Soweit die Heilung eines Mangels gem. § 45 VwVfG möglich ist und diese auch erfolgt, kommt § 46 VwVfG nicht mehr zur Anwendung, weil der Fehler dann bereits nach § 45 VwVfG keine Bedeutung mehr für die Frage der Rechtmäßigkeit des VAs hat. Aus diesem Grund ist bei Verfahrensfehlern immer zuerst zu prüfen, ob nicht schon nach § 45 VwVfG der Mangel geheilt wurde.

Nach § 45 II VwVfG können Verfahrens- und Formfehler bis zum Abschluss des Gerichtsverfahrens dadurch geheilt werden, dass die Behörde die erforderlichen Handlungen nachholt. Bis zum Abschluss des gerichtlichen Verfahrens ist es möglich, bei gänzlich fehlender oder formell ungenügender Begründung diese durch nachträgliche Bekanntgabe der für die Entscheidung maßgeblichen Gründe nachzuholen. Maßgeblich ist der Zeitpunkt des Abschlusses des verwaltungsgerichtlichen Verfahrens. Die Behörde kann also im Verwaltungsprozess die in § 45 I VwVfG aufgeführten Verfahrensfehler heilen. Hiervon abzugrenzen ist das Nachschieben von neuen Tatsachen und neuen Erwägungen. Dieses Nachschieben von Gründen ist ein Problem der materiellen Rechtmäßigkeit eines VAs.

§ 46 VwVfG

Folgen von Verfahrens- und Formfehlern

> Die Aufhebung eines Verwaltungsaktes, der nicht nach § 44 nichtig ist, kann nicht allein deshalb beansprucht werden, weil er unter Verletzung von Vorschriften über das Verfahren, die Form oder die örtliche Zuständigkeit zustande gekommen ist, wenn offensichtlich ist, dass die Verletzung die Entscheidung in der Sache nicht beeinflusst hat.

Ist eine auf Grund eines Verstoßes gegen die formellen Rechtmäßigkeitsanforderungen begründete Rechtswidrigkeit des VAs nicht nach § 45 VwVfG geheilt worden, so kann der Verstoß aber noch nach § 46 VwVfG unbeachtlich sein. Liegen die Erfordernisse des § 46 VwVfG vor, so bleibt der Verwaltungsakt zwar weiterhin rechtswidrig, jedoch ohne weitere Folgen. Selbst durch Rechtsbehelf kann die Aufhebung eines solchen VAs nicht erreicht werden.

Drei Voraussetzungen für die Anwendung des § 46 VwVfG:

(1) Verletzung von Vorschriften über Verfahren, Form, örtliche Zuständigkeit,
(2) kein Fall der Nichtigkeit nach § 44 VwVfG,
(3) keine andere Entscheidung in der Sache ist nach materiellem Recht möglich.

Bei einem gebundenen VA ist die dritte Voraussetzung dann erfüllt, wenn seine materiellen Voraussetzungen vorliegen, bei einer Ermessensentscheidung nur, wenn sich der Ermessensspielraum der Behörde »auf Null reduziert«, also nur eine Entscheidung inhaltlich richtig wäre. Ist dies nicht der Fall, so besteht bei der Ermessensentscheidung immerhin noch die Möglichkeit, dass bei Beachtung aller Verfahrensvorschriften die Ermessensausübung beeinflusst worden wäre.

Nach § 46 VwVfG sind Verfahrensfehler unbeachtlich, »wenn offensichtlich ist, dass die Verletzung die Entscheidung in der Sache nicht beeinflusst hat«. Es kann die Aufhebung eines VAs, der nicht nach § 44 VwVfG nichtig ist, nicht allein deshalb beansprucht werden, weil er unter Verletzung von Vorschriften über das Verfahren, die Form oder die örtliche Zuständigkeit zu Stande gekommen ist, wenn offensichtlich ist, dass die Verletzung die Entscheidung nicht beeinflusst hat. Der Fehler ist daher unbeachtlich, wenn er für den Inhalt der Entscheidung (offensichtlich) nicht kausal geworden ist. Damit kann § 46 VwVfG bei Vorliegen von formellen Fehlern nicht nur bei gebundenen VA, sondern auch bei Ermessensentscheidungen eingreifen. Da eine förmliche Begründung i.S.v. § 39 VwVfG nur Entscheidungsprozess und -ergebnis wiedergibt, ohne diese zu beeinflussen, ist ihr Fehlen regelmäßig unbeachtlich.

Umdeutung eines fehlerhaften Verwaltungsaktes § 47 VwVfG

(1) Ein fehlerhafter Verwaltungsakt kann in einen anderen Verwaltungsakt umgedeutet werden, wenn er auf das gleiche Ziel gerichtet ist, von der erlassenden Behörde in der geschehenen Verfahrensweise und Form rechtmäßig hätte erlassen werden können und wenn die Voraussetzungen für dessen Erlass erfüllt sind.
(2) ...

5. Aufhebung von Verwaltungsakten

RÜCKNAHME DES VERWALTUNGSAKTES

§ 48 VwVfG

Rücknahme eines rechtswidrigen Verwaltungsaktes

(1) Ein rechtswidriger Verwaltungsakt kann, auch nachdem er unanfechtbar geworden ist, ganz oder teilweise mit Wirkung für die Zukunft oder für die Vergangenheit zurückgenommen werden. Ein Verwaltungsakt, der ein Recht oder einen rechtlich erheblichen Vorteil begründet oder bestätigt hat (begünstigender Verwaltungsakt), darf nur unter den Einschränkungen der Absätze 2 bis 4 zurückgenommen werden.

(2) Ein rechtswidriger Verwaltungsakt, der eine einmalige oder laufende Geldleistung oder teilbare Sachleistung gewährt oder hierfür Voraussetzung ist, darf nicht zurückgenommen werden, soweit der Begünstigte auf den Bestand des Verwaltungsaktes vertraut hat und sein Vertrauen unter Abwägung mit dem öffentlichen Interesse an einer Rücknahme schutzwürdig ist. Das Vertrauen ist in der Regel schutzwürdig, wenn der Begünstigte gewährte Leistungen verbraucht oder eine Vermögensdisposition getroffen hat, die er nicht mehr oder nur unter unzumutbaren Nachteilen rückgängig machen kann. Auf Vertrauen kann sich der Begünstigte nicht berufen, wenn er

1. den Verwaltungsakt durch arglistige Täuschung, Drohung oder Bestechung erwirkt hat;

2. den Verwaltungsakt durch Angaben erwirkt hat, die in wesentlicher Beziehung unrichtig oder unvollständig waren;

3. die Rechtswidrigkeit des Verwaltungsaktes kannte oder infolge grober Fahrlässigkeit nicht kannte.

In den Fällen des Satzes 3 wird der Verwaltungsakt in der Regel mit Wirkung für die Vergangenheit zurückgenommen.

(3) Wird ein rechtswidriger Verwaltungsakt, der nicht unter Absatz 2 fällt, zurückgenommen, so hat die Behörde dem Betroffenen auf Antrag den Vermögensnachteil auszugleichen, den dieser dadurch erleidet, dass er auf den Bestand des Verwaltungsaktes vertraut hat, soweit sein Vertrauen unter Abwägung mit dem öffentlichen Interesse schutzwürdig ist. Absatz 2 Satz 3 ist anzuwenden. Der Vermögensnachteil ist jedoch nicht über den Betrag des Interesses hinaus zu ersetzen, das der Betroffene an dem Bestand des Verwaltungsaktes hat. Der auszugleichende Vermögensnachteil wird durch die Behörde festgesetzt. Der Anspruch kann nur innerhalb eines Jahres geltend gemacht werden; die Frist beginnt, sobald die Behörde den Betroffenen auf sie hingewiesen hat.

(4) Erhält die Behörde von Tatsachen Kenntnis, welche die Rücknahme eines rechtswidrigen Verwaltungsaktes rechtfertigen, so ist die Rücknahme nur innerhalb eines Jahres seit dem Zeitpunkt der Kenntnisnahme zulässig. Dies gilt nicht im Falle des Absatzes 2 Satz 3 Nr. 1.

(5) Über die Rücknahme entscheidet nach Unanfechtbarkeit des Verwaltungsaktes die nach § 3 zuständige Behörde; dies gilt auch dann, wenn der zurückzunehmende Verwaltungsakt von einer anderen Behörde erlassen worden ist.

Widerruf eines rechtmäßigen Verwaltungsaktes § 49 VwVfG

(1) Ein rechtmäßiger nicht begünstigender Verwaltungsakt kann, auch nachdem er unanfechtbar geworden ist, ganz oder teilweise mit Wirkung für die Zukunft widerrufen werden, außer wenn ein Verwaltungsakt gleichen Inhalts erneut erlassen werden müsste oder aus anderen Gründen ein Widerruf unzulässig ist.

(2) Ein rechtmäßiger begünstigender Verwaltungsakt darf, auch nachdem er unanfechtbar geworden ist, ganz oder teilweise mit Wirkung für die Zukunft nur widerrufen werden,

1. wenn der Widerruf durch Rechtsvorschrift zugelassen oder im Verwaltungsakt vorbehalten ist;

2. wenn mit dem Verwaltungsakt eine Auflage verbunden ist und der Begünstigte diese nicht oder nicht innerhalb einer ihm gesetzten Frist erfüllt hat;

3. wenn die Behörde auf Grund nachträglich eingetretener Tatsachen berechtigt wäre, den Verwaltungsakt nicht zu erlassen, und wenn ohne den Widerruf das öffentliche Interesse gefährdet würde;

4. wenn die Behörde auf Grund einer geänderten Rechtsvorschrift berechtigt wäre, den Verwaltungsakt nicht zu erlassen, soweit der

Begünstigte von der Vergünstigung noch keinen Gebrauch gemacht oder auf Grund des Verwaltungsaktes noch keine Leistungen empfangen hat, und wenn ohne den Widerruf das öffentliche Interesse gefährdet würde;

5. um schwere Nachteile für das Gemeinwohl zu verhüten oder zu beseitigen.

§ 48 Abs. 4 gilt entsprechend.

(3) Ein rechtmäßiger Verwaltungsakt, der eine einmalige oder laufende Geldleistung oder teilbare Sachleistung zur Erfüllung eines bestimmten Zwecks gewährt oder hierfür Voraussetzung ist, kann, auch nachdem er unanfechtbar geworden ist, ganz oder teilweise auch mit Wirkung für die Vergangenheit widerrufen werden,

1. wenn die Leistung nicht, nicht alsbald nach der Erbringung oder nicht mehr für den in dem Verwaltungsakt bestimmten Zweck verwendet wird;

2. wenn mit dem Verwaltungsakt eine Auflage verbunden ist und der Begünstigte diese nicht oder nicht innerhalb einer ihm gesetzten Frist erfüllt hat.

§ 48 Abs. 4 gilt entsprechend.

(4) Der widerrufene Verwaltungsakt wird mit dem Wirksamwerden des Widerrufs unwirksam, wenn die Behörde keinen anderen Zeitpunkt bestimmt.

(5) Über den Widerruf entscheidet nach Unanfechtbarkeit des Verwaltungsaktes die nach § 3 zuständige Behörde; dies gilt auch dann, wenn der zu widerrufende Verwaltungsakt von einer anderen Behörde erlassen worden ist.

(6) Wird ein begünstigender Verwaltungsakt in den Fällen des Absatzes 2 Nr. 3 bis 5 widerrufen, so hat die Behörde den Betroffenen auf Antrag für den Vermögensnachteil zu entschädigen, den dieser dadurch erleidet, dass er auf den Bestand des Verwaltungsaktes vertraut hat, soweit sein Vertrauen schutzwürdig ist. § 48 Abs. 3 Satz 3 bis 5 gilt entsprechend. Für Streitigkeiten über die Entschädigung ist der ordentliche Rechtsweg gegeben.

§ 49 a VwVfG   **Erstattung, Verzinsung**

(1) Soweit ein Verwaltungsakt mit Wirkung für die Vergangenheit zurückgenommen oder widerrufen worden oder infolge Eintritts einer auflösenden Bedingung unwirksam geworden ist, sind bereits erbrachte Leistungen zu erstatten. Die zu erstattende Leistung ist durch schriftlichen Verwaltungsakt festzusetzen.

(2) Für den Umfang der Erstattung mit Ausnahme der Verzinsung gelten die Vorschriften des Bürgerlichen Gesetzbuchs über die Heraus-

gabe einer ungerechtfertigten Bereicherung entsprechend. Auf den Wegfall der Bereicherung kann sich der Begünstigte nicht berufen, soweit er die Umstände kannte oder infolge grober Fahrlässigkeit nicht kannte, die zur Rücknahme, zum Widerruf oder zur Unwirksamkeit des Verwaltungsaktes geführt haben.

(3) Der zu erstattende Betrag ist vom Eintritt der Unwirksamkeit des Verwaltungsaktes an mit fünf Prozentpunkten über dem Basiszinssatz jährlich zu verzinsen. Von der Geltendmachung des Zinsanspruchs kann insbesondere dann abgesehen werden, wenn der Begünstigte die Umstände, die zur Rücknahme, zum Widerruf oder zur Unwirksamkeit des Verwaltungsaktes geführt haben, nicht zu vertreten hat und den zu erstattenden Betrag innerhalb der von der Behörde festgesetzten Frist leistet.

(4) Wird eine Leistung nicht alsbald nach der Auszahlung für den bestimmten Zweck verwendet, so können für die Zeit bis zur zweckentsprechenden Verwendung Zinsen nach Absatz 3 Satz 1 verlangt werden. Entsprechendes gilt, soweit eine Leistung in Anspruch genommen wird, obwohl andere Mittel anteilig oder vorrangig einzusetzen sind. § 49 Abs. 3 Satz 1 Nr. 1 bleibt unberührt.

Nach § 43 II VwVfG bleibt ein – nicht nichtiger – Verwaltungsakt wirksam, solange und soweit er nicht zurückgenommen, widerrufen, anderweitig aufgehoben oder auf andere Weise erledigt ist.

Die Aufhebung ist demzufolge eine Entscheidung, die die Wirksamkeit eines Verwaltungsaktes beendet. Zu unterscheiden ist die Aufhebung rechtswidriger Verwaltungsakte durch das Verwaltungsgericht im Wege einer Anfechtungsklage (§§ 42 I, 113 I S. 1 VwGO) und die Aufhebung durch die Verwaltung selbst.

Auf zwei Wegen kann die Aufhebung eines Verwaltungsaktes bewirkt werden:

(1) nach Tätigwerden des Bürgers:
- durch Einlegung eines Widerspruchs (§ 68 VwGO) oder eines Antrages auf Rücknahme oder Widerruf bzw. auf Wiederaufgreifen des Verfahrens nach § 51 VWGO hebt die Verwaltung den VA auf oder
- durch Anfechtungsklage gem. § 42 VwGO wird der VA durch das Gericht aufgehoben, § 113 VwGO,

(2) auf Initiative der Verwaltung selbst wird durch Rücknahme (§ 48 VwVfG) oder Widerruf (§ 49 VwVfG) der VA aufgehoben.

Die landesrechtlichen Verwaltungsverfahrensgesetze stimmen – entweder als wortgleiche Vollregelungen oder als Mantelgesetze durch

Verweise – inhaltlich mit dem VwVfG des Bundes überein, somit auch die landesrechtlichen Regelungen über Rücknahme und Widerruf. Auf die öffentlich-rechtliche Verwaltungstätigkeit der Behörden der Länder, der Gemeinden und Gemeindeverbände und der sonstigen der Aufsicht des jeweiligen Landes unterstehenden juristischen Personen des öffentlichen Rechts sind die Verwaltungsgesetze der Länder anzuwenden und damit deren inhaltsgleiche Regelungen über Rücknahme und Widerruf.

Vorrang von Spezialvorschriften gegenüber §§ 48, 49 VwVfG

Allerdings gehen sondergesetzliche Vorschriften des Bundes und der Länder den §§ 48, 49 des VwVfG bzw. der LVwVfGe vor, so dass diese nur bei Fehlen solcher Vorschriften subsidiär eingreifen.

Die Unterscheidung von Rücknahme und Widerruf

Die behördliche Aufhebung eines rechtswidrigen Verwaltungsaktes wird als Rücknahme bezeichnet (§ 48 VwVfG), diejenige eines rechtmäßigen Verwaltungsaktes als Widerruf (§ 49 VwVfG). Beide sind selbst wiederum Verwaltungsakte.

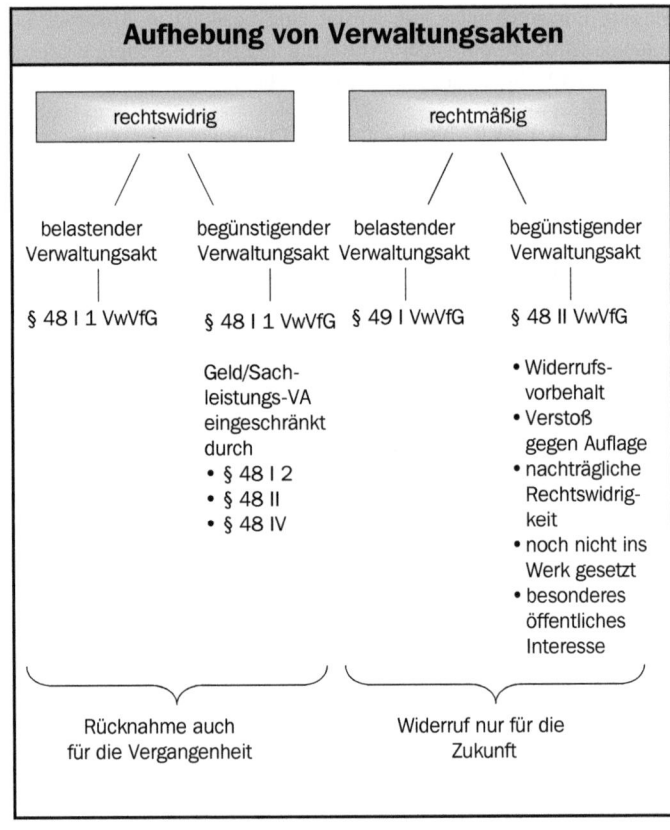

6. Rücknahme eines rechtswidrigen Verwaltungsaktes

Rücknahme eines rechtswidrigen VAs	
1.	rechtswidriger VA
2.	begünstigender / belastender
3.	begünstigender VA
3.1.	Geld- und Sachleistungs-VA: Rücknahme ist lediglich unter Einschränkungen durchführbar
3.1.1.	Jahresfrist nach § 48 IV
3.1.2.	Vertrauen des Betroffenen auf den Bestand des Verwaltungsaktes

3.1.3.	Schutzwürdigkeit des Vertrauens aus Sicht eines Dritten
	• keine Schutzwürdigkeit in den Alternativen des § 48 II S. 3
	  Folge: Möglichkeit der Rücknahme nach Ermessen, § 48 I S. 1
	• Schutzwürdigkeit im Falle des § 48 II S. 2
	  Folge: Rücknahme i.d.R. ausgeschlossen, § 48 II S. 1

3.2.	sonstiger begünstigender VA
3.2.1.	Jahresfrist, § 48 IV
3.2.2.	Rücknahme ist nach Ermessen möglich, § 48 I S. 1
4.	belastender VA: Rücknahme nach pflichtgemäßem Ermessen möglich, § 48 I S. 1 VwVfG

6.1. Sondergesetzliche Regelungen

Die Rücknahme von Verwaltungsakten ist Gegenstand einer Reihe von bundes- und landesgesetzlichen Spezialregelungen, die den Regelungen des VwVfG vorgehen.

Spezialgesetzliche Sonderregelungen der Rücknahme: § 12 BBG; § 15 I GastG; § 17 II AtomG; § 45 I WaffG etc. Soweit jedoch diese Regelungen lückenhaft sind, kommen die Regelungen der Verwaltungsverfahrensgesetze des Bundes und der Länder ergänzend zum Zuge. Ausschließlich und abschließend gelten allerdings die §§ 130, 132, 172 ff. AO (Abgabenordnung) im Bereich der Finanzverwaltung und die §§ 44, 45 sowie 49 SGB (Sozialgesetzbuch) X in der Sozialleistungsverwaltung.

6.2. Rücknahme nach § 48 VwVfG

Rücknahme ist die Aufhebung eines rechtswidrigen VAs.

Nach § 48 VwVfG kann ein rechtswidriger Verwaltungsakt ganz oder teilweise mit Wirkung für die Vergangenheit und Zukunft von der Verwaltung zurückgenommen werden.

Vorliegen eines Verwaltungsaktes

Erforderlich für die Rücknahme ist, dass ein Verwaltungsakt nach § 35 VwVfG vorliegt. Sowohl der anfechtbare wie auch der unanfechtbare Verwaltungsakt unterliegt der Rücknahme. Bei Anfechtung durch einen Dritten aber ist nur § 50 VwVfG anzuwenden.

Rechtswidrigkeit des Verwaltungsaktes

Des Weiteren muss der VA rechtswidrig sein. Nichtige VAe nach § 44 VwVfG fallen nicht darunter. Sie sind nach § 43 III unwirksam und unterliegen der in § 44 V VwVfG vorgesehenen Nichtigkeitsfeststellung. War der VA bei seinem Erlass rechtswidrig, so kann die Verwaltung den VA unter den Maßgaben des § 48 VwVfG zurücknehmen. Dabei ist zu unterscheiden, ob ein belastender oder begünstigender VA vorliegt.

Unterscheidung begünstigender oder belastender VA

Belastender Verwaltungsakt

Ein belastender VA liegt vor, falls er Pflichten begründet, Gebote oder Verbote auferlegt, Rechte aufhebt oder zum Nachteil verändert oder bestätigt, sonstige rechtlich erhebliche Nachteile begründet oder bestätigt. Belastend ist der Verwaltungsakt auch im umgekehrten Fall, wenn durch ihn die Begründung eines Rechts oder rechtlich erheblichen Vorteils abgelehnt wird.

Begünstigender Verwaltungsakt

Ein begünstigender VA liegt vor, wenn er ein Recht begründet oder – wie im Fall des feststellenden VAs – bestätigt, § 48 I S. 2 VwVfG.

Rücknahme begünstigender VA

Die Rücknahme begünstigender VA setzt zuerst einmal voraus, dass ein VA vorliegt, der ein Recht oder einen rechtlich erheblichen Vorteil gewährt oder bestätigt, § 48 I S. 2 VwVfG.

Beispiel: Subventionsgewährung, Gewerbeerlaubnis, Baugenehmigung, Einbürgerung, Asylanerkennung, Beamtenernennung, Feststellung des Besoldungsdienstalters.

Problem bei Verwaltungsakten mit Mischwirkung

Problematisch ist die Einordnung von VA mit Mischwirkung. Diese liegen zum einen vor, wenn der Adressat begünstigt, aber zugleich ein Dritter belastet wird, wie z.B. bei einer Baugenehmigung, die für den Nachbarn eine Belastung darstellt. Zum anderen gibt es noch den Fall, dass durch den VA der Adressat sowohl begünstigt als auch belastet wird, wie bei einer Baugenehmigung mit Auflagen für den Bauherrn. Hier hat bei Teilbarkeit des VAs eine Teilrücknahme der Belastung bzw. Begünstigung nach den jeweilig für begünstigende bzw. belastende VAe geltenden Vorschriften zu erfolgen. Liegt hingegen eine nicht trennbare Verknüpfung von Begünstigung und Belastung vor, so ist die Rücknahme des gesamten VAs zu prüfen.

Die Rücknahme rechtswidriger begünstigender VAe ist nur unter den Einschränkungen der Absätze 2-4 des § 48 VwVfG möglich. Dabei unterscheidet § 48 VwVfG nochmals zwischen VAen, die eine einmalige oder laufende Geldleistung oder teilbare Sachleistung gewähren oder hierfür die Voraussetzung (§ 48 II S. 1 VwVfG) sind, sowie sonstigen VA.

Geld- und Sachleistungs-VAe

Bei Geld- oder Sachleistungs-VAen ist das Vertrauen des Betroffenen auf den Bestand des VA gegen das öffentliche Interesse der Verwaltung an der Gesetzmäßigkeit abzuwägen. Aus diesem Grund ist die Rücknahme bei den Geld- oder Sachleistungsbescheiden bei Vorhandensein eines schutzwürdigen Vertrauens des Adressaten ausgeschlossen, § 48 II S. 1 VwVfG. In solchen Fällen genießt der Begünstigte ungeachtet des Vorliegens eines rechtswidrigen VAs Vertrauensschutz, der ihm auch den Bestand eines rechtswidrigen Bescheides verbürgt.

Vertrauen des Bürgers am Bestand des VA gegen öffentliches Interesse an der Gesetzmäßigkeit ist abzuwägen

Maßgaben für die Abwägung und zu dem Zweck der Beantwortung der Frage nach der Schutzwürdigkeit des Vertrauens sind durch die positiven Regelbeispiele in § 48 II S. 2 VwVfG und in dem Negativkatalog in § 48 II S. 3 VwVfG aufgeführt.

Hiernach ist beim Verbrauch der gewährten Leistungen sowie beim Vorliegen von Vermögensdispositionen, welche nicht mehr oder aber nur unter unzumutbaren Nachteilen rückgängig gemacht werden können, in der Regel von der Schutzwürdigkeit des Vertrauens gemäß § 48 II S. 2 VwVfG auszugehen. Ein »Ins-Werk-Setzen« des Vertrauens durch getroffene Vermögensdispositionen muss nach der Rechtsprechung des Bundesverwaltungsgerichtes stattgefunden haben. Dagegen ist das Vertrauen des Begünstigten trotz getroffener Vermögensdispositionen nach § 48 II S. 3 VwVfG nicht schutzwürdig, sofern der Begünstigte:

(1) den VA durch arglistige Täuschung, Drohung oder Bestechung erwirkt hat,
(2) den VA durch Angaben erwirkt hat, die in wesentlicher Beziehung unrichtig bzw. unvollständig waren,
(3) wusste bzw. infolge grober Fahrlässigkeit nicht wusste, dass ihm die gewährte Leistung rechtlich nicht zustand.

Beispiel: Referendar R, der Beamter auf Widerruf ist, erhält ungerechtfertigt eine überhöhte Besoldung. Aus der beamtenrechtlichen Treuepflicht ergibt sich für R – wie für alle anderen Beamten auch – nach der Rechtsprechung die Verpflichtung, seinen Besoldungsfestsetzungsbescheid auf seine Richtigkeit zu überprüfen und auf Überzahlungen Acht zu geben. Dies gilt selbst dann, wenn der Bescheid nur auf Grund von beigefügten Kennzahlen zu entschlüsseln ist.

In der Regel führt das Vorliegen schutzwürdigen Vertrauens bei begünstigenden Verwaltungsakten des Abs. 2 von § 48 VwVfG dazu, dass nur eine Rücknahme mit Wirkung für die Zukunft rechtlich zulässig ist. Dies gilt nach § 48 II S. 4 VwVfG dann nicht, wenn der Begünstigte den VA nach § 48 II S. 3 VwVfG auf unredliche Weise erwirkt oder dessen Rechtswidrigkeit kannte oder auf Grund grober Fahrlässigkeit nicht kannte. Dann kann die Rücknahme auch mit Wirkung für die Vergangenheit erfolgen, wie hier bei R.

Rechtsfolge bei Rücknahme des Geld- und SachleistungsVAs

Ist ein Geld- oder Sachleistungs-VA auch mit Wirkung für die Vergangenheit zurückgenommen worden, so hat der Betroffene nach § 49 a I VwVfG die bereits gewährten Leistungen zurückzuerstatten. Es liegt dann ein sog. öffentlich-rechtlicher Erstattungsanspruch vor.

Der Umfang dieses öffentlich-rechtlichen Erstattungsanspruches richtet sich auf Grund der Rechtsfolgenverweisung des § 49 a II S. 1 VwVfG nach den Vorschriften über die ungerechtfertigte Bereicherung. Dabei ist jedoch darauf zu achten, dass die Möglichkeit der Berufung auf den Wegfall der Bereicherung nach § 819 BGB durch § 49 a II S. 2 VwVfG eingeschränkt wird. Nicht nur bei positiver Kenntnis, sondern auch bei grob fahrlässiger Unkenntnis der Rechtswidrigkeit ist die Berufung auf den Wegfall der Bereicherung nicht möglich.

Sonstige rechtswidrige begünstigende VAe

Bei sonstigen rechtswidrigen begünstigenden VA, die also nicht Geld- oder Sachleistungen zum Gegenstand haben, gewährt der Gesetzgeber dem Grundsatz der Gesetzmäßigkeit der Verwaltung in der Regel den Vorrang vor dem Gedanken des Vertrauensschutzes. War das Vertrauen in den Verwaltungsakt schutzwürdig, so billigt § 48 III VwVfG dem Betroffenen jedoch einen finanziellen Ausgleich für erlittene Vermögensnachteile zu. Der Vermögensausgleich ist davon abhängig, dass das Vertrauen unter Abwägung mit dem öffentlichen Interesse schutzwürdig ist. Diese Regelung betrifft z.B. Genehmigungen und Erlaubnisse sowie Statusveränderungen und -feststellungen.

Gesetzmäßigkeit der Verwaltung, Vorrang vor Vertrauensschutz

Fall 20: Ausländer A wird von der zuständigen Behörde nach § 8 RuStAG (Reichs- und Staatsangehörigkeitsgesetz) eingebürgert. Nach Unanfechtbarkeit des Einbürgerungsbescheides stellt die Einbürgerungsbehörde fest, dass ihr bei der Einbürgerung des A ein schwerer Formfehler, der aber nicht zur Nichtigkeit ihres Verwaltungsaktes führt, unterlaufen ist. Unter Berufung auf ihren Formfehler teilt die Behörde dem A nun mit, dass die Einbürgerung rückgängig gemacht werde. Ist dies rechtens?

Ein Entzug der deutschen Staatsbürgerschaft durch die Einbürgerungsbehörde kommt nicht in Betracht. Dieser ist nämlich nach Art. 16 I S. 1 GG unzulässig.

Die Behörde will hier offenbar auch nicht die Staatsangehörigkeit entziehen, sondern den Einbürgerungsvorgang des A rückgängig machen. Weil es sich um einen rechtswidrigen VA handelt, kommt nur § 48 VwVfG als maßgebliche Vorschrift in Betracht. Da es sich bei der Einbürgerung um eine begünstigende Maßnahme handelt, ist zu prüfen, ob der vorliegende rechtswidrige begünstigende Verwaltungsakt auch zurückgenommen werden darf.

Bei der Einbürgerung handelt es sich nicht um einen Geld- oder Sachleistungs-VA, sondern um einen sonstigen VA. Dieser kann grundsätzlich nach Abs. 1 des § 48 VwVfG frei von der Verwaltung zurückgenommen werden. Abs. 3 sieht lediglich eine besondere Ausgleichspflicht für die durch die Rücknahme des rechtswidrigen begünstigenden VAs verursachten Vermögensnachteile vor. Wird z.B. eine Genehmigung für eine Anlage zurückgenommen, so werden nur die Kosten für die Errichtung der Anlage ersetzt. Ersetzt werden nur die Aufwendungen, die der Begünstigte nicht gemacht hätte, hätte er nicht auf den Bestand der Genehmigung vertraut (negatives Interesse), somit nicht der entgangene Gewinn, den er noch durch den weiteren Betrieb der Anlage hätte erzielen können.

> Einbürgerung ist sonstiger VA i.S.d. § 48 VwVfG

Der Unterschied in der Regelung zu Abs. 2 ist dadurch bedingt, dass bei den in Frage stehenden VA meist nicht oder nicht nur finanzielle Interessen berührt werden, sondern wichtige öffentliche Interessen auf dem Spiel stehen. Dies schließt gleichwohl die Berücksichtigung des Vertrauensinteresses – hier des A – bei der Abwägung der Gründe im Rahmen der Ermessensentscheidung nach Abs. 1 nicht aus. Die Möglichkeit des Ausgleichs von Vermögensnachteilen stellt nur einen zusätzlichen Aspekt dar, der bei Abwägung der für oder gegen die Rücknahme sprechenden Gründe mit in Betracht zu ziehen ist. Deshalb führt die Abwägung in Fällen, in denen das öffentliche Interesse an der Herstellung des gesetzmäßigen Zustandes weniger dringlich ist – es liegt im Fall nur ein Formalverstoß vor – und vor allem auch in Hinblick auf den Grundsatz der Verhältnismäßigkeit zur Aufrechterhaltung des Einbürgerungsbescheides, auf dessen Bestand der A vertraut hat. Im vorliegenden Fall ist auch in Betracht zu ziehen, dass der A möglicherweise nach dem Recht seines Heimatlandes nicht wieder seine vorherige Staatsbürgerschaft erhält und damit staatenlos würde.

Auch bei den sonstigen rechtswidrigen begünstigenden VA kann sich der Begünstigte auf ein Vertrauen nicht berufen, wenn er den Verwaltungsakt auf unlautere Weise oder durch Angaben, die in wesentlicher Beziehung unrichtig oder unvollständig waren, erwirkt hat oder dessen Rechtswidrigkeit kannte oder infolge grober Fahrlässigkeit nicht kannte, § 48 III S. 2 i.V.m. II S. 3 VwVfG.

Vgl. etwa
§ 17 II AtomG;
§ 12 BBG;
§ 15 I und IV GastG;
§ 8 PaßG;
§ 45 I WaffG

Die meisten spezialgesetzlichen Rücknahmebestimmungen, die dem VwVfG wegen dessen allgemeiner Subsidiarität vorgehen, beziehen sich auf Verwaltungsakte, die nicht auf eine Geld- oder Sachleistung gerichtet sind.

Voraussetzungen des Vermögensausgleichs bei Rücknahme eines sonstigen VAs:

(1) Geltendmachung des Anspruches innerhalb eines Jahres, § 48 III S. 5 VwVfG,
(2) Betroffener hat auf den Bestand des Verwaltungsaktes vertraut,
(3) das Vertrauen ist unter Abwägung mit dem öffentlichen Interesse an der Gesetzmäßigkeit des Verwaltungsaktes unter Berücksichtigung der Maßgaben des II S. 3 des § 48 VwVfG schutzwürdig, der Vermögensschutz ist nach § 48 III S. 3 VwVfG auf das negative Interesse, das Bestandsinteresse beschränkt, die Haftung geht auf Ersetzung des Vertrauensschadens.

Rücknahme belastender VAe

Belastende rechtswidrige Verwaltungsakte können jederzeit zurückgenommen werden.

Rechtswidrige VAe, die dem Bürger Pflichten auferlegen, Rechte aufheben, zum Nachteil verändern, eine ungünstige Feststellung treffen, sonstige rechtlich erhebliche Nachteile mit sich bringen oder die Begründung oder Bestätigung eines Rechts oder rechtlich erheblichen Vorteils ablehnen, können nach § 48 I S. 1 VwVfG grundsätzlich jederzeit ganz oder teilweise zurückgenommen werden.

Beispiel belastender VA: Einberufungsbescheid für den Wehrdienst, Ausweisung eines Ausländers, Entziehung der Fahrerlaubnis, Feststellung einer Versicherungspflicht.

Bei VA, die zwar einen rechtlichen Vorteil begründen oder bestätigen – wie etwa die Gewährung einer Subvention oder die Festsetzung des Besoldungsdienstalters – ist daran zu denken, dass diese auf Grund zu niedriger Festsetzung hinter dem Antrag oder dem rechtlich Möglichen zurückbleiben können. Die spätere »Erhöhung« bei der Leistungsgewährung ist daher als Rücknahme eines nicht begünstigenden VAs verknüpft mit dem Neuerlass eines begünstigenden VAs zu bewerten.

Die Beseitigung belastender VAe ist unter dem Aspekt des Vertrauensschutzes problemlos, da die Rücknahme gerade im Interesse des Betroffenen liegt.

> Rücknahme belastender VAe ist unproblematisch, da im Interesse des Betroffenen liegend.

Fall 21: Die Ablehnung des Antrags des Beamten B auf Beihilfe im Krankheitsfall ist unanfechtbar geworden, als die Behörde feststellt, dass der Verwaltungsakt, in dem die Ablehnung ausgesprochen wurde, rechtswidrig war. Was kann oder muss die Behörde tun?

Zu prüfen ist, ob der rechtswidrige belastende Verwaltungsakt in Form der Ablehnung des Beihilfeantrages des B zurückgenommen werden kann oder muss. Nach § 48 I Nr. 1 VwVfG ist die Behörde nach der Rechtsprechung im Rahmen ihres pflichtgemäßen Ermessens ermächtigt, jedoch nicht verpflichtet, einen rechtswidrigen VA zurückzunehmen. Hat sie aber in einer Reihe von gleichgelagerten Fällen Beihilfe im Krankheitsfall gewährt, so ergibt sich aus dem Gleichheitssatz des Art. 3 I GG die Verpflichtung, auch die anderen gleichgelagerten Fälle in gleicher Weise zu behandeln. Ergeben sich aus dem Sachverhalt Anhaltspunkte, dass die Behörde in anderen Fällen Beihilfeanträge nicht abgelehnt hat, so müsste die Behörde ihren Bescheid über die Ablehnung der Beihilfe gegenüber B zurücknehmen.

Zuständigkeit der Rücknahmebehörde

Grundsätzlich ist die für den Erlass des VAs zuständige Behörde auch für die Rücknahme örtlich und sachlich zuständig.

> Die für den Erlass des VAs zuständige Behörde ist grundsätzlich auch für die Rücknahme zuständig.

Rechtsweg:
- grundsätzlich Verwaltungsrechtsweg nach § 40 I S. 1 VwGO,
- öffentlich-rechtlicher Erstattungsanspruch nach § 48 II S. 5-8 VwVfG sowie Vermögensausgleich nach § 48 III, Rechtswegsonderzuweisung zu den Verwaltungsgerichten, § 48 VI VwVfG,
- hat der Anspruch auf Vermögensausgleich auch seine Grundlage im enteignungsgleichen Eingriff, so ist Art. 14 III S. 4 GG anzuwenden, Rechtsweg vor Zivilgerichten,
- Anspruch aus Art. 34 GG, § 839 BGB, wenn der Erlass des rechtswidrig begünstigenden VAs gegenüber dem Vertrauenden eine besondere Sorgfaltspflichtverletzung ist, Rechtsweg vor Zivilgerichten nach Art. 34 S. 3 GG.

7. Widerruf eines rechtmäßigen Verwaltungsaktes

	Widerruf eine rechtmäßigen VAs
1.	rechtmäßiger VA
2.	begünstigender / belastender VA; siehe Definition in § 48 I S. 2
3.	begünstigender VA
3.1.	Jahresfrist nach § 48 IV
3.2.	Vorliegen der besonderen Widerrufsgründe nach II Nr. 1-5
3.2.1.	Widerrufsvorbehalt und Auflage im begünstigenden VA enthalten und nicht nichtig
3.2.2.	Tatsachen, die zur Versagung berechtigt hätten, sind nachträglich eingetreten, und ohne Widerruf würde das öffentliche Interesse gefährdet
3.2.3.	Rechtsvorschrift wurde geändert, der Begünstigte hat davon noch nicht Gebrauch gemacht, und ohne Widerruf würde das öffentliche Interesse gefährdet
3.2.4.	Änderung der Sach- und Rechtslage bei VA mit Dauerwirkung, sofern die Voraussetzungen für seinen Erlass zugleich Voraussetzungen für seinen Fortbestand sind und Widerruf das öffentliche Interesse gefährdet
3.2.5.	Gefährdung des öffentlichen Interesses: Bedrohung überragend wichtiger Gemeinschaftsgüter
4.	belastender VA
4.1.	Widerruf vor oder nach Eintritt der Unanfechtbarkeit ganz oder teilweise möglich
4.2.	kein Ausschluss nach § 49 I letzter HS
4.2.1.	VA gleichen Inhalts müsste erneut erlassen werden
4.2.2.	Widerruf ist aus anderen Gründen, etwa aus der Bindung einer Zusage, unzulässig
5.	Rechtsfolge das Widerrufs: Ersatz des Vertrauensschadens nach § 49 V

7.1. Sondergesetzliche Regelungen

Auch der Widerruf von Verwaltungsakten ist Gegenstand einer Reihe von bundes- und landesgesetzlichen Spezialregelungen, die den Regelungen des VwVfG vorgehen.

7.2. Widerruf nach § 49 VwVfG

Nach § 49 VwVfG kann ein rechtmäßiger VA ganz oder teilweise, aber nur mit Wirkung für die Zukunft von der Verwaltung zurückgenommen werden.

Widerruf ist die Aufhebung eines rechtmäßigen VAs.

Rechtmäßigkeit des VAs

Rechtmäßig ist ein VA, der im formell ordnungsgemäßen Verfahren erlassen worden ist und keine inhaltlichen Rechtsmängel enthält. Er ist selbst dann noch rechtmäßig, wenn seine Fehlerhaftigkeit nach § 45 VwVfG nachträglich geheilt worden ist.

Unterscheidung begünstigender/belastender VAe

Zur Unterscheidung von begünstigenden und belastenden VAen kann auf die Legaldefinition des Abs. 1 S. 1 der Rücknahmevorschrift des § 49 VwVfG verwiesen werden.

Die Widerrufbarkeit einer durch einen rechtmäßigen VA ausgesprochenen Begünstigung versteht sich nicht von selbst. Gerade auf Grund der immer stärker werdenden Abhängigkeit des Einzelnen vom Bestand begünstigender VAe muss vielmehr ein rechtsstaatliches, auf Individualschutz angelegtes Verwaltungsrecht das Interesse des Begünstigten am Bestand des VAs grundsätzlich als schutzwürdig anerkennen. Durch die abschließende Aufzählung von Widerrufsgründen schließt § 49 II VwVfG einen Widerruf allein aus Gründen des öffentlichen Interesses aus und schafft daher für den Bürger Rechtssicherheit und Vorhersehbarkeit.

Rechtmäßig erlassene begünstigende VAe können aus den genannten Gründen nach § 49 II VwVfG ausschließlich beim Vorhandensein bestimmter in den Nr. 1-5 abschließend geregelter Widerrufsgründe aufgehoben werden.

Widerruf begünstigender VAe

Der Widerruf ist die Aufhebung eines rechtmäßigen VAs. Den Widerruf eines VAs kann die Behörde also nicht damit begründen, dass sie gesetzmäßige Zustände herbeiführen wolle. Die Behörde wird vor allem dann einen Widerruf erwägen, wenn die Sach- und Rechtslage

Der Verwaltungsakt

sich so verändert hat, dass der VA jetzt nicht mehr erlassen werden dürfte.

Der Widerruf steht grundsätzlich im Ermessen der Behörde (Ausnahme: § 49 I 2. HS VwVfG) und ist nach § 49 III VwVfG bei Vorliegen der dort genannten Tatbestandsvoraussetzungen auch für die Vergangenheit möglich.

Widerrufsgrund nach § 49 II S. 1 Nr. 1 VwVfG

Nach § 49 II S. 1 Nr. 1 VwVfG darf ein begünstigender VA widerrufen werden, sofern der Widerruf durch Rechtsvorschrift zugelassen ist. Zu diesen Rechtsvorschriften gehören die Spezialregelungen der Verwaltungsgesetze des Bundes, aber auch die der Länder, die einen Widerruf entweder ausdrücklich oder der Sache nach zulassen. § 49 II Nr. 1 VwVfG verweist also klarstellend auf die zahlreichen spezialgesetzlichen Vorschriften der Bestimmungen über den Widerruf, die bereits auf Grund der allgemeinen Subsidiarität des VwVfG des Bundes und der Länder für deren Bereich Vorrang beanspruchen können. Spezialgesetzliche Sonderregelungen des Widerrufs: § 12 BBG; § 15 II u. III GastG; § 17 III-V AtomG; § 45 II-IV WaffG; § 25 I, II PBefG; § 21 BImSchG; § 12 I, II Nr. 2-4 WHG etc.

Darüber hinaus ist ein Widerruf auch möglich, wenn die Behörde dem VA einen Widerrufsvorbehalt nach § 36 VwVfG beigefügt hat. Ist der Widerrufsvorbehalt rechtswidrig, aber nicht nichtig, liegen eigentlich die Voraussetzungen für einen Widerruf vor. Es wird in diesem Fall aber davon ausgegangen, dass sich das Widerrufsermessen auf ein Widerrufsverbot reduziert.

Widerrufsgrund nach § 49 II S. 1 Nr. 2 VwVfG

Die Widerrufsermächtigung der Nr. 2 setzt zweierlei voraus:

(1) der VA ist mit einer Auflage verbunden,
(2) der Begünstigte erfüllt diese aber nicht oder nicht binnen einer ihm gesetzten Frist.

Dabei wird im letzteren Fall das Übermaßverbot der Behörde vor Widerruf gebieten, dem Begünstigten unter Androhung des Widerrufs noch eine letzte Frist zur Erfüllung der Auflage zu setzen. Auch eine Auflage lässt nur dann einen Widerruf zu, wenn sie nach Maßgabe des § 36 VwVfG zulässigerweise beigefügt wurde.

Widerrufsgrund nach § 49 II S. 1 Nr. 3 VwVfG

Widerrufsgrund nach § 49 II S. 1 Nr. 3 VwVfG. Dieser Tatbestand ermöglicht den Widerruf bei Änderung der Sachlage. Drei Punkte müssen erfüllt sein:

(1) eine nachträgliche Änderung der für den Erlass des VAs erheblichen Tatsachen,
(2) bei dieser neuen Tatsachenlage müsste die Behörde berechtigt sein, den VA nicht zu erlassen und
(3) das öffentliche Interesse ohne den Widerruf gefährdet sein.

Bei diesem letzten Punkt muss der Widerruf zur Beseitigung oder Verhinderung eines sonst unmittelbar drohenden Schadens für Staat oder Allgemeinheit erforderlich sein. Die Anforderungen sind dabei weniger stark als bei den »schweren Nachteilen für das Gemeinwohl« im Sinne der Nr. 5.

Die Widerrufsermächtigung der Nr. 4 bei Änderung der Rechtslage ist durch vier Voraussetzungen gekennzeichnet: *Widerrufsgrund nach § 49 II S. 1 Nr. 4 VwVfG*

(1) nach Erlass haben sich die für den Erlass des begünstigenden VAs maßgebenden Rechtsvorschriften geändert,
(2) auf Grund der neuen Rechtslage wäre die Behörde berechtigt, den VA nicht zu erlassen,
(3) der Begünstigte hat von der Begünstigung noch keinen Gebrauch gemacht oder noch keine Leistungen empfangen,
(4) das öffentliche Interesse wäre ohne den Widerruf gefährdet.

Mit »Gebrauchmachen« der Begünstigung ist gemeint, dass der Begünstigte nicht durch »Ins-Werk-Setzen« des VAs Vertrauen investiert hat, wie z.B. durch den Baubeginn nach erteilter Baugenehmigung bei nachträglicher Änderung des Bebauungsplanes. Bei einer Begünstigung in Form einer Leistungsgewährung kommt es entscheidend auf den Empfang der Leistung an. War die Leistung noch nicht verbraucht bzw. noch nicht Gegenstand einer Vermögensdisposition, so hat ein »Ins-Werk-Setzen« des Vertrauens noch nicht stattgefunden.

Der Widerruf der Tatbestandsalternative nach § 49 II S. 1 Nr. 5 VwVfG lässt den Widerruf des VAs zur Verhinderung von Nachteilen für das Gemeinwohl zu. Wann diese vorliegen, ist im konkreten Fall anhand des materiellen Rechts zu ermitteln und, da es sich um eine Art Auffangklausel handelt, eng auszulegen. Der Begriff »Nachteile für das Gemeinwohl« dürfte dabei auf der gleichen Stufe stehen wie die wichtigen Gemeinschaftsgüter der Art. 12 GG, die sich dort auf der 2. Stufe oberhalb der vernünftigen Erwägungen des Gemeinwohls, aber unterhalb der für die objektiven Zulassungsvoraussetzungen notwendigen überragend wichtigen Gemeinschaftsgüter befinden.   *Widerrufsgrund nach § 49 II S. 1 Nr. 5 VwVfG*

Nach § 49 III S. 1 VwVfG besteht für die Behörde eine Rechtsgrundlage für den Widerruf eines VAs auch mit Wirkung für die Vergangenheit. § 49 III S. 1 VwVfG erfasst alle VAe, die eine einmalige oder laufende Geldleistung oder eine teilbare Sachleistung zur Erfüllung eines bestimmten Zwecks gewähren oder hierfür Voraussetzung sind. Maßgeblich ist somit die aus dem VA zu entnehmende Zweckbindung der staatlichen Leistung, d.h., der Leistungsempfänger muss die Leistung zu einem bestimmten Zweck verwenden. Der Verwendungszweck muss sich in allen Fällen des § 49 III S. 1 VwVfG aus dem VA selbst ergeben.

Als Voraussetzung sieht § 49 III VwVfG vor, dass der aufzuhebende VA rechtmäßig ist,
- er eine einmalige oder laufende Geldleistung oder teilbare Sachleistung gewährt und
- die Leistung zur Erfüllung eines bestimmten Zwecks gewährt oder hierfür Voraussetzung ist.

Liegen diese Voraussetzungen vor, ist der Widerruf zweckmäßig, wenn einer der Widerrufstatbestände der Nr. 1 oder 2 vorliegt.

§ 49 III S. 1 Nr. 1 enthält drei zum Teil ineinander übergehende Widerrufsgründe. Die gewährte Leistung wird:
- nicht für den im VA bestimmten Zweck verwandt,
- nicht alsbald nach ihrer Erbringung für den im VA bestimmten Zweck verwandt,
- nicht mehr für den im VA bestimmten Zweck verwandt (nachgängige Zweckentfremdung).

Nach § 49 III S. 1 Nr. 2 VwVfG kann ein rechtmäßiger VA auch widerrufen werden, wenn der Begünstigte die mit dem VA verbundene Auflage nicht oder nicht innerhalb der ihm gesetzten Frist erfüllt.

Liegen die genannten Voraussetzungen vor, steht es im Ermessen der Behörde, ob sie den Verwaltungsakt widerruft. Dabei kann der Widerruf auch für die Vergangenheit (ex tunc) erfolgen. Im Rahmen des § 49 III VwVfG kann die Behörde den VA für die Vergangenheit oder für die Zukunft (siehe das Wort »auch«) zurücknehmen, d.h., ihr steht Ermessen hinsichtlich des »Ob« und des Umfangs des Widerrufs zu. Unberührt bleibt der Widerruf der Leistungsverwaltungsakte unter den Voraussetzungen des § 49 II VwVfG. Für die Bereiche, die § 49 III VwVfG speziell regelt, wird allerdings § 49 II VwVfG insoweit verdrängt. Dafür spricht die Regelung des § 49 III S. 2 VwVfG, in der auf § 48 IV VwVfG verwiesen wird. Dies wäre überflüssig, wenn § 49 II VwVfG – und damit auch dessen S. 2 – in diesen Fällen ebenfalls anwendbar wäre.

§ 49 a VwVfG regelt die Erstattung von rechtsgrundlos für die Vergangenheit gewährten Leistungen.

§ 49 a VwVfG regelt die Erstattung von rechtsgrundlos für die Vergangenheit gewährten Leistungen. Er gilt sowohl für die Fälle des § 49 III VwVfG als auch für die Fälle des § 48 II VwVfG. Außerdem erfasst er die nachträgliche Rechtsgrundlosigkeit durch Eintritt einer auflösenden Bedingung. Bei dieser Bestimmung geht es nicht um den Bestand des VAs, sondern um die Rückforderung der gewährten Leistung, wenngleich Ersteres mit Letzterem sachlich verknüpft ist. § 49 a II VwVfG regelt den Umfang des Erstattungsanspruchs durch (Rechtsfolgen-) Verweisung auf die Vorschriften über die ungerechtfertigte Bereicherung (§§ 812 ff. BGB). § 49 a III schreibt die grundsätzliche Pflicht zur ggf. rückwirkenden Verzinsung des zu erstattenden Betrages vor. Von der Zinspflicht kann bei Gutgläubigkeit abgesehen werden. Nach § 49 a IV VwVfG können Zinsen auch bis zur zwecksprechenden Verwendung verwandt werden. In Abweichung von dem Grundsatz der Formfreiheit des § 37 II VwVfG muss die Rückforderung in schriftlicher Form erfolgen, § 49 a I S. 2 VwVfG. Der Umfang der Rückforderung der erbrachten Leistungen ist durch VAe festzusetzen. Diese Regelung schließt insoweit für die Behörde die Möglichkeit einer allgemeinen Leistungsklage aus. Es muss zwingend mittels eines Leistungsbescheides vorgegangen werden.

Entschädigungsregelung

Für die Entschädigungsregelung gem. § 49 V VwVfG müssen nachfolgende Voraussetzungen erfüllt sein:

(1) Antrag des Betroffenen innerhalb der Jahresfrist des § 48 IV, § 49 II S. 2 VwVfG,
(2) dem Betroffenen ist ein Vermögensnachteil entstanden,
(3) der Vermögensnachteil muss durch Vertrauen auf den Bestand des VAs entstanden sein,
(4) das Vertrauen des Betroffenen muss schutzwürdig sein.

Entschädigungsregelung gem. § 49 VI VwVfG für die Fälle § 49 Nr. 3-5 VwVfG

Bei den spezialgesetzlichen Regelungen kann nur dann die Entschädigungsregelung des § 49 VI VwVfG herangezogen werden, wenn dort keine abschließende Regelung getroffen worden ist.
Der Umfang des Vermögensausgleichs geht nach § 49 VI S. 2 i.V.m. § 48 III S. 3 VwVfG lediglich auf Ersatz des negativen Interesses, d.h., ist auf den Betrag des Interesses begrenzt, das der Betroffene am Bestand des VAs hat und umfasst etwa nicht den entgangenen Gewinn.

Umfang der Entschädigungsregelung

Widerruf belastender Verwaltungsakte

Der Widerruf eines rechtmäßigen belastenden VAs liegt im Interesse des Betroffenen. Daher dürfen belastende rechtmäßige VA nur dann nicht nach § 49 I VwVfG widerrufen werden,

- wenn ein VA gleichen Inhalts neu erlassen werden müsste, da dies ein widersprüchliches Verhalten der Behörde wäre oder
- wenn der Zulässigkeit des Widerrufs andere Gründe entgegenstehen, womit sich die Unzulässigkeit somit auch aus ausdrücklichen gesetzlichen Sonderregelungen, aus dem Sinn und Zweck gesetzlicher Regelungen oder aus allgemeinen Rechtsgrundsätzen ergibt.

Belastende VA müssen bei Änderung der Sach- und Rechtslage widerrufen werden.

Solange sich die Sach- und Rechtslage nicht geändert hat, steht der Widerruf im Ermessen der Behörde. Ist aber eine Änderung der Sach- und Rechtslage dergestalt eingetreten, dass der VA nun nicht mehr erlassen werden dürfte, ist von einer Verpflichtung zum Widerruf auszugehen. Dies gilt auch für den bereits unanfechtbar gewordenen VA.

Beispiel: Eine Gewerbeuntersagung muss nach § 49 I VwVfG widerrufen werden, sofern die Gründe für die Unzuverlässigkeit im Nachhinein weggefallen sind.

Der Widerruf kann sich auf den gesamten oder auch auf einen Teil beziehen und ist immer nur mit Wirkung für die Zukunft möglich.

Zuständigkeit der Widerrufsbehörde

Örtliche Zuständigkeit: § 49 V i.V.m. § 3 VwVfG.

Sachliche Zuständigkeit: Es gelten die für den Erlass des zurückgenommenen VAs geltenden Regelungen über die Zuständigkeit.

Grundsätzlich ist die für den Erlass des Verwaltungsaktes zuständige Behörde auch für den Widerruf örtlich und sachlich zuständig.

> Grundsätzlich ist die für den Erlass des VA zuständige Behörde auch für den Widerruf zuständig.

Rechtsweg

Bei Streitigkeiten über den Widerruf: Verwaltungsrechtsweg gem. § 40 I VwGO.

Entschädigungsregelung des § 49 II Nr. 3-5 VwVfG: § 49 VI S. 3 VwVfG Sonderzuweisung zu den Zivilgerichten.

Fall 22: Bürger B hat auf Grund eines ordnungsgemäßen Planes in einem als Baugebiet ausgewiesenen Gemeindeteil eine Baugenehmigung für ein dreistöckiges Wohnhaus erhalten. Die Gemeinde ändert ihre Planung. Der neue Bebauungsplan sieht nur noch eine einstöckige Bebauungsweise vor. Daraufhin erklärt die Gemeinde die Genehmigung für unwirksam.

Weil es hier um die Beseitigung eines rechtmäßigen VAs in Form der Baugenehmigung geht, will die Gemeinde diese widerrufen.

Wenn der B noch nicht mit dem Bau begonnen hat, kann die Gemeinde nach § 49 II Nr. 4 VwVfG die Baugenehmigung widerrufen.

Sofern der B schon mit dem Bau begonnen hat, ist der Widerruf nur unter den engen Voraussetzungen des § 49 II Nr. 5 VwVfG möglich.

Widerruft die Gemeinde nur kurz vor oder nach Baubeginn, so ist der B entsprechend seines schutzwürdigen Vertrauens zu entschädigen. Der Widerruf eines begünstigenden VAs kann nach § 49 VI VwVfG Entschädigungspflichten auslösen. Dies gilt vor allem dann, wenn der VA, wie etwa durch Planungsarbeiten, Vermögensdispositionen oder Beginn des Hausbaues schon ins Werk gesetzt wurde. Für die gerichtliche Geltendmachung des Entschädigungsanspruches ist der ordentliche Rechtsweg gegeben, § 49 VI VwVfG letzter Satz.

Liegen die Voraussetzungen des § 51 VwVfG für ein Wiederaufgreifen des Verfahrens nicht vor, so kann die Behörde nach allgemeinem Verwaltungsverfahrensrecht über das Wiederaufgreifen im weiteren Sinne nach § 51 V i.V.m. § 48 I, II VwVfG nach pflichtgemäßem Ermessen entscheiden.

Wiederaufgreifen des Verfahrens

8. Nebenbestimmungen zu Verwaltungsakten

§ 36 VwVfG

(1) Ein Verwaltungsakt, auf den ein Anspruch besteht, darf mit einer Nebenbestimmung nur versehen werden, wenn sie durch Rechtsvorschrift zugelassen ist oder wenn sie sicherstellen soll, dass die gesetzlichen Voraussetzungen des Verwaltungsaktes erfüllt werden.

(2) Unbeschadet des Absatzes 1 darf ein Verwaltungsakt nach pflichtgemäßem Ermessen erlassen werden mit

1. einer Bestimmung, nach der eine Vergünstigung oder Belastung zu einem bestimmten Zeitpunkt beginnt, endet oder für einen bestimmten Zeitraum gilt (Befristung);
2. einer Bestimmung, nach der der Eintritt oder der Wegfall einer Vergünstigung oder einer Belastung von dem ungewissen Eintritt eines zukünftigen Ereignisses abhängt (Bedingung);
3. einem Vorbehalt des Widerrufs

oder verbunden werden mit

4. einer Bestimmung, durch die dem Begünstigten ein Tun, Dulden oder Unterlassen vorgeschrieben wird (Auflage);
5. einem Vorbehalt der nachträglichen Aufnahme, Änderung oder Ergänzung einer Auflage.

(3) Eine Nebenbestimmung darf dem Zweck des Verwaltungsaktes nicht zuwiderlaufen.

Der VA selbst ist, wie wir gesehen haben, eine hoheitliche Maßnahme, welche eine Behörde zur Regelung eines Einzelfalles auf dem Gebiet des öffentlichen Rechts trifft und die auf eine unmittelbare Rechtswirkung nach außen gerichtet ist, § 35 S. 1 VwVfG.

Eine Nebenbestimmung ist eine zum Hauptausspruch des VAs hinzutretende, mit ihm zusammenhängende Regelung. Nebenbestimmungen sind Zusätze, welche die Behörde einem begünstigenden VA beifügt, um ihn inhaltlich oder zeitlich zu beschränken.

Auf Grund des Wortlautes des § 36 II VwVfG ist zu unterscheiden zwischen unselbständigen Nebenbestimmungen – »erlassen werden mit« – wie Befristung, Bedingung, Widerrufsvorbehalt und selbständigen Nebenbestimmungen – »verbunden werden mit« – Auflage und Auflagenvorbehalt.

Nach § 36 II VwVfG sind Nebenbestimmungen eines VAs:
- die Befristung,
- die Bedingung,
- der Vorbehalt des Widerrufs,

- die Auflage,
- der Vorbehalt der nachträglichen Aufnahme,
- Änderung oder Ergänzung einer Auflage.

8.1. Arten von Nebenbestimmungen

Befristung

Befristungen legen Beginn oder Ende der Wirksamkeit oder dessen Dauer zeitlich fest, § 36 II Nr. 1 VwVfG.

Beispiel: Die Ausländerbehörde in Hamburg erteilt dem Ausländer A die beantragte Aufenthaltserlaubnis bis zum 31.12.2004 (siehe § 12 II S. 1 AuslG). Sorgt Ausländer A nur nach § 12 II S. 2 AuslG nicht für Verlängerung dieser Erlaubnis, so endet die Vergünstigung mit Ablauf des 31.12.2004.

Das Kennzeichnende der Befristung besteht darin, dass sie auf einen bestimmten Zeitpunkt oder Zeitraum Bezug nimmt. Bei der Befristung wird die innere Wirksamkeit des Verwaltungsaktes an einen bestimmten Zeitpunkt geknüpft. Der Zeitpunkt muss jedoch nicht kalendermäßig fixiert sein, sondern kann auch durch sicheren Eintritt eines künftigen Ereignisses, wie z.B. durch das Ableben einer Person, bestimmt werden.

> Unter Befristung versteht man eine Vergünstigung oder Belastung, welche zu einem späteren Zeitpunkt beginnt, endet oder für einen bestimmten Zeitraum gilt, § 36 II Nr. 1 VwVfG.

Sofern der Bestand des VAs nicht datumsmäßig von einem bestimmten Ereignis abhängt, ist die Abgrenzung zur Bedingung danach vorzunehmen, ob der Eintritt des Ereignisses gewiss erfolgt, dann Befristung, oder nicht, dann Bedingung.

Die Formulierung »Die Aufnahme in den Krankenhausbedarfsplan erfolgt mit der Befristung bis zur Sicherstellung der Krankenhausversorgung im Kreis X« ist dann als Befristung zu qualifizieren, wenn die Sicherstellung der Krankenversorgung nach menschlichem Ermessen sicher zu erwarten ist. Ist dies nicht der Fall, so läge eine auflösende Bedingung vor.

Bedingung

Die Bedingung macht die Wirksamkeit eines VAs auflösend oder aufschiebend vom ungewissen Eintritt eines künftigen Ereignisses abhängig, § 36 II Nr. 2 VwVfG. Weil bei der Bedingung unsicher ist, ob und wann das bedingende Ereignis eintritt, hält diese Art der Nebenbestimmung die Belastung oder Begünstigung aufschiebend oder auflösend in der Schwebe.

> Eine Bedingung ist eine Bestimmung, nach der eine Begünstigung oder Belastung bei Eintritt eines zukünftigen, noch ungewissen Ereignisses beginnt (aufschiebend) oder endet (auflösend), § 36 II Nr. 2 VwVfG.

Beispiel: Der Bundeswehrreservist erhält einen bedingten Einberufungsbescheid für den Verteidigungsfall, der besagt, wo er sich einzufinden hat, wenn der Verteidigungsfall erklärt wird.

Der aufschiebend bedingte VA entfaltet schon mit Bekanntgabe (vgl. § 43 I S. 1 VwVfG) Regelungswirkung. Eine aufschiebend bedingte Erlaubnis enthält – auflösend bedingt – eine Ablehnung.

Beispiel: Eine Baugenehmigung wird erteilt nur unter der (aufschiebenden) Bedingung, dass noch Einstellplätze für Kraftfahrzeuge geschaffen werden.

Eine Bedingung liegt hingegen nicht vor, wenn der Schwebezustand unmittelbar auf dem Gesetz selbst beruht. Die Bauerlaubnis ist auf Grund Gesetzes in der Weise befristet bzw. auflösend bedingt, dass die Erlaubnis erlischt, wenn der Bauherr nicht innerhalb einer bestimmten Frist von der Baugenehmigung Gebrauch macht.

Widerrufsvorbehalt

<small>Widerrufsvorbehalt ist die Befugnis der Behörde, durch eine zukünftige Erklärung die Wirksamkeit eines rechtmäßigen VAs ganz oder teilweise für die Zukunft zu beenden, § 49 II Nr. 1 VwVfG.</small>

Widerrufsvorbehalte als Nebenbestimmung zum VA sprechen aus, dass der Widerruf des VAs allgemein oder unter bestimmten Voraussetzungen vorbehalten wird, § 36 II Nr. 3 VwVfG.

Beispiel: Ein Plan für den Gewässerausbau wird unter dem Vorbehalt gestellt, dass in nächster Zeit zu Gunsten der öffentlichen Wasserversorgung eine bestimmte Wassermenge gebraucht wird.

Im Unterschied zur auflösenden Bedingung, bei der die Vergünstigung ohne Weiteres mit dem Eintritt des bedingenden Ereignisses entfällt, ist beim Widerrufsvorbehalt eine Widerrufserklärung der Behörde notwendig.

Auflage

<small>Die Auflage ist selbst ein VA</small>

Auflagen sind in aller Regel nur mit einem begünstigenden VA verbunden und stellen eine Beschränkung der Begünstigung dar. Die Auflage verpflichtet den Begünstigten zu einem bestimmten Tun, Dulden oder Unterlassen, § 36 II Nr. 4 VwVfG.

Beispiel 1: Dem Ausländer A wird die Aufenthaltserlaubnis mit der Ergänzung erteilt, dass er kein Gewerbe ausüben dürfe.

Beispiel 2: Die Baugenehmigungsbehörde erteilt dem B die Genehmigung zur Errichtung einer Hütte im Außenbereich unter der Auflage, die Hütte nach Ablauf des Pachtvertrages abzureißen.

Die Auflage beinhaltet ein vollstreckbares Gebot oder Verbot, welches die Behörde mit einer Begünstigung verbindet. Im Gegensatz zur Bedingung oder Befristung ist die Auflage nicht Bestandteil des VAs, sondern eine zusätzliche Verpflichtung und ist deshalb selbst ein VA. Trotzdem ist sie aber eine Nebenbestimmung, weil sie auf einen Hauptverwaltungsakt bezogen ist und in ihrem Bestand von dessen Wirksamkeit abhängt.

Die Auflage ist zur Begünstigung des Hauptverwaltungsaktes akzessorisch. Der Betroffene muss die Auflage erst befolgen, wenn er die Begünstigung des Hauptverwaltungsaktes ausnutzt.

Der Ausländer im Beispiel darf ins Bundesgebiet einreisen. Nimmt er diese Vergünstigung wahr, so darf er aber bis zur Ausreise keine selbständige Erwerbstätigkeit ausüben. VAe mit Auflagen, die schon zum Zeitpunkt der Inanspruchnahme der Begünstigung eine Verpflichtung begründen, setzen eine besondere gesetzliche Ermächtigung hierzu voraus.

Dies gilt aber nicht für Auflagen, die Vorkehrungen für den Fall vorsehen, dass eine Vergünstigung endet.

Beispiel: Errichtet der B die Hütte im Außenbereich, so ist deren Bestand für die Zeit des Pachtvertrages erlaubt, die Genehmigung also insoweit auflösend bedingt. Erst nach Ablauf des Pachtvertrages greift die Auflage zur Beseitigung der Hütte ein, da zu diesem Zeitpunkt dann das Stehen der Hütte im Außenbereich formell und materiell illegal geworden ist.

Der aufschiebend bedingte VA wird erst mit dem Bedingungseintritt wirksam, der mit einer Auflage verbundene VA hingegen sofort.

Fall 23: B stellt bei der zuständigen Baubehörde einen Antrag auf Bauerlaubnis eines Einfamilienhauses. Der Baugenehmigung ist aber der Zusatz beigefügt, dass diese »nur unter der Bedingung erteilt werde, dass das Baugrundstück nach Errichtung des Einfamilienhauses innerhalb von zwei Jahren mit einer mindestens 1,50 m hohen Laubhecke umfriedet wird«. Bauherr B graust es schon jetzt, jeden Herbst Blätter fegen zu müssen und er möchte um das Grundstück lieber einen Jägerzaun errichten.

Die im Zusatz als »Bedingung« gekennzeichnete Nebenbestimmung läge nur vor, wenn von ihrer Einhaltung die Wirksamkeit der Baugenehmigung abhinge, was hier aber offensichtlich nicht der Fall ist. Für die Art der Nebenbestimmung ist aber nicht die Bezeichnung maßgeblich, sondern der tatsächliche Inhalt. In Wirklichkeit handelt es sich vielmehr um eine Nebenbestimmung, bei deren Nichteinhaltung die Erlaubnis wirksam bleibt, folglich um eine Auflage, die aber erfor-

Die Auflage ist eine nur bei einem begünstigenden VA mögliche Bestimmung, durch die dem Begünstigten ein Tun, Dulden oder Unterlassen vorgeschrieben wird, wobei dieses vorgeschriebene Verhalten mit dem GrundVA in Zusammenhang stehen muss, § 36 II Nr. 4 VwVfG.

Bei der Bedingung soll die Wirksamkeit des Haupt-VA von der Nebenbestimmung abhängig sein, bei der Auflage nicht.

derlichenfalls durch Verwaltungszwang durchgesetzt werden kann. Die Auflage, da selbständiger VA, kann B anfechten. Ob die Nebenbestimmung auch aufzuheben ist, hängt dann davon ab, ob vielleicht auf Grund der Einheitlichkeit des Bebauungsgebietes die Auflage, das Grundstück mit einer Laubhecke zu umfrieden, aus ästhetischen Gründen gerechtfertigt ist.

Es kann aber auch sein, dass ein zukünftiges Verhalten auch zur Bedingung für die innere Wirksamkeit des VAs statuiert wird. Eine Gaststättenerlaubnis kann etwa unter der Maßgabe erfolgen, dass den Gästen mindestens zwei getrennte WC zur Verfügung gestellt werden. Die Frage, ob es sich bei einer solchen Verhaltenserwartung um eine Potestativbedingung oder eine Auflage handelt, ist davon abhängig, ob die Behörde die innere Wirksamkeit der Gaststättenerlaubnis von der Schaffung zweier getrennter WC abhängig machen wollte. Eine Bedingung ist gewollt, wenn die Nebenbestimmung so wichtig ist, dass die Wirksamkeit des VAs davon abhängen soll. Eine Auflage liegt vor, wenn ein VA sofort wirksam werden soll und es ausreicht, die Auflage ggf. zwangsweise durchzusetzen.

Sofern dem Wortlaut des Bescheides oder auch den Umständen nicht zu entnehmen ist, ob eine Auflage oder eine Bedingung vorliegt, so ist im Zweifel anzunehmen, dass es sich um eine Auflage handelt, da diese für den Betroffenen günstiger ist. Die Behörde muss aus Gründen der Rechtssicherheit ihren Willen eindeutig zum Ausdruck bringen, Unklarheiten gehen deshalb zu ihren Lasten.

Grundsätzlich kann die Auflage isoliert aufgehoben oder vom Bürger angefochten werden, da sie ein selbständiger VA ist.

Auflagenvorbehalt

Auflagenvorbehalt ist selbst ein VA.

Durch den Auflagenvorbehalt kann sich die Behörde nicht nur die nachträgliche Erklärung von Auflagen vorbehalten, sondern auch die Änderung oder die Ergänzung bereits verfügter Auflagen.

Der Auflagenvorbehalt unterscheidet sich von der Auflage dadurch, dass die Behörde erst künftig Gebote oder Verbote verfügen will.

Der Auflagenvorbehalt wird meist dann verfügt, wenn zum Zeitpunkt des Erlasses des VAs bestimmte Auswirkungen – wie beispielsweise Lärmbelästigungen für die Nachbarschaft – nicht eindeutig feststellbar sind.

Beispiel: Eine Fabrikhalle wird unter einem Auflagenvorbehalt zur Reduzierung von Immissionen genehmigt. Nachträglich werden dann von der Behörde Schallschutzauflagen verfügt.

Nachträgliche Auflage

Die nachträgliche Auflage ist dadurch gekennzeichnet, dass sie nicht dem Ursprungsverwaltungsakt beigefügt ist, sondern erst später erlassen wird.

Beispiel: Wegen einer Häufung der Beschwerden der Nachbarn über Geruchsbelästigungen erlässt die Behörde dem U gegenüber, der eine seinerzeit ordnungsgemäß genehmigte chemische Fabrik betreibt, einen Bescheid, in dem dieser verpflichtet wird, bestimmte Filter in seine Schornsteine einzubauen.

Der Bescheid ist als – nachträgliche – Auflage zu qualifizieren. Solche Auflagen sind zulässig, wenn sie im Gesetz ausdrücklich vorgesehen sind, wie hier in § 12 BImSchG und wenn sie – bei VA, auf die ein Rechtsanspruch besteht –, der Beseitigung eines Hindernisses dienen, das dem Erlass eines VAs entgegensteht, § 36 I VwVfG.

Sog. modifizierende Auflage

Eine modifizierende Auflage soll dann gegeben sein, wenn nicht – wie sonst bei der Auflage – eine zusätzliche Leistungspflicht begründet wird, sondern die eigentliche Genehmigung inhaltlich qualitativ verändert, demnach modifiziert wird. Es handelt sich bei der modifizierenden Auflage um eine inhaltliche Einschränkung oder Veränderung des VAs gegenüber dem beantragten VA. Da der Bürger etwas anderes erhält, als er beantragt hat, stellt sich die sog. modifizierende Auflage bei genauer Betrachtung als Teilablehnung eines beantragten begünstigenden Verwaltungsaktes, als modifizierende Genehmigung dar bzw. als Ablehnung des beantragten, verbunden mit dem Erlass eines anderen Verwaltungsaktes.

Beispiel: Bauherr B beantragt ein Haus mit Giebeldach, die erteilende Genehmigung verlangt aber ein Flachdach.

Da der beantragende Bürger nicht das erhält, was er beantragt hat, handelt es sich bei der sog. modifizierenden Auflage eigentlich um eine inhaltliche Veränderung oder Einschränkung des VAs. Eine isolierte Aufhebung oder Anfechtung ist hier nicht möglich, so dass der Antragsteller auf Erlass des erstrebten VAs – Haus mit Giebeldach – klagen muss. Da die modifizierende Auflage selbst Bestandteil des VAs ist, kommt eine isolierte Anfechtung nicht in Betracht. Rechtsschutz kann daher nur die Verpflichtungsklage bieten. Es handelt sich um eine Verpflichtungsklage in Form der Versagungsgegenklage mit dem Begehren, einen von »modifizierenden« Auflagen freien Hauptverwaltungsakt zu erhalten.

> Rechtsschutz bei modifizierter Auflage nur durch Verpflichtungsklage möglich.

Unter die modifizierende Auflage fallen auch Konstellationen, bei denen die für eine bestimmten Verwaltungsakt typischen, normalerweise damit verbundenen Rechtsfolgen ausgeschlossen oder modifiziert werden.

Beispiel: Eine Einfuhrerlaubnis aus bestimmten, näher bezeichneten Ländern gilt, wenn an Stelle der beantragten endgültigen Erlaubnis nur eine vorläufige Erlaubnis erteilt wird oder wenn an Stelle der abschließenden Bewilligung nur eine Bewilligung unter Vorbehalt erteilt wird.

Als Faustregel lässt sich festhalten, dass eine modifizierende Auflage in der Regel dann angenommen werden kann, wenn durch sie ein beantragtes Vorhaben wesentlich – im Sinne von qualitativ – verändert wird.

Unterscheidung von Nebenbestimmungen

Unterscheidungsmerkmale der Nebenbestimmungen

Kein maßgebliches Unterscheidungsmerkmal, sondern nur ein Anhaltspunkt ist die Bezeichnung durch die Behörde.

Maßgeblich kommt es aber auf den Willen der Behörde an. Eine Bedingung ist dabei in der Regel dann anzunehmen, wenn der Behörde die Beachtung der Nebenbestimmung so wichtig erscheint, dass sie die Wirksamkeit des VAs von der Beachtung der Nebenbestimmung abhängig machen will.

Ein weiterer Anhaltspunkt ist die Zulässigkeit der jeweiligen Nebenbestimmung. Im Zweifelsfall darf unterstellt werden, dass die Behörde eine rechtmäßige Anordnung verfügen wollte.

Helfen diese Punkte nicht weiter, so ist die Auflage als das am wenigsten belastende Mittel anzunehmen.

Betroffene Dritte

Der durch begünstigende VAe belastete Dritte kann Verpflichtungsklage mit dem Ziel erheben, die Vergünstigung durch Auflagen einzuschränken oder die Begünstigung selbst anfechten mit dem Ziel, sie ganz oder teilweise zu beseitigen.

8.2. Zulässigkeit von Nebenbestimmungen

Unzulässig sind Nebenbestimmungen in der Regel bei rechtlich gebundenen VAen, d.h. bei VAen, auf die bei Vorliegen der Voraussetzungen ein Anspruch besteht. Ausnahmsweise sind Nebenbestimmungen dann möglich, wenn Spezialvorschriften bestehen oder nach § 36 I VwVfG die Möglichkeit besteht, durch Nebenbestimmungen die Erfüllung noch fehlender gesetzlicher Voraussetzungen sicherzustellen.

Unzulässigkeit beim gebundenen Verwaltungsakt

Zulässig sind Nebenbestimmungen in der Regel aber bei VA, die im Ermessen der Behörde stehen, § 36 II VwVfG. Steht es im Behördenermessen, ob sie einen VA erlässt oder nicht, so muss sie auch berechtigt sein, einen VA mit Nebenbestimmungen zu erlassen.

I.d.R. Zulässigkeit bei im Ermessen stehenden Verwaltungsakten

8.3. Rechtsschutz

Fraglich ist, welche prozessualen Möglichkeiten bestehen, wenn dem begünstigenden VA eine belastende Nebenbestimmung beigefügt ist.

Es werden folgende Auffassungen vertreten:
- bei allen Nebenbestimmungen Anfechtungsklage,
- bei allen Nebenbestimmungen Verpflichtungsklage auf nebenbestimmungsfreien VA.

Differenziert nach der Art der Nebenbestimmung:
- Anfechtungsklage: bei Auflage und
- Verpflichtungsklage auf Erlass des unbefristeten bzw. unbedingten VA: bei Befristung, Bedingung.

Differenziert nach Art der Hauptregelung:
- isolierte Anfechtungsklage: bei rechtlich gebundenen VA,
- Verpflichtungsklage auf nebenbestimmungsfreien Verwaltungsakt: bei VA, die im Ermessen der Behörde stehen.

Das Bundesverwaltungsgericht lässt die Anfechtungsklage bei allen Nebenbestimmungen – außer der modifizierenden Auflage – zu und prüft, ob der bei der Auflage verbleibende Restverwaltungsakt noch der Rechtsordnung entspricht und lässt bei Befristung und Bedingung die Anfechtungsklage dann zu, wenn die Behörde zum Erlass eines VAs ohne Befristung und Bedingung verpflichtet war. Ist dies nicht der Fall, so muss eine Verpflichtungsklage erhoben werden.

Nach neuerer Ansicht von Rechtsprechung und Teilen der Literatur sind Nebenbestimmungen generell zulässigerweise mit der Anfechtungsklage isoliert anfechtbar, wobei evtl. ein Ermessensspielraum der

Klausurtaktik bei Nebenbestimmungen:
1. für die Bejahung der isolierten Anfechtung einer Nebenbestimmung (Ausnahme: modifizierte Auflage) durch Anfechtungsklage beim Punkt Klageart reicht es, wenn man feststellt, dass der Gesetzgeber in § 113 I S. 1 VwGO mit den Worten »soweit der VA rechtswidrig... ist« von einer Teilaufhebung ausgeht, ob ein Anspruch auf eine solche besteht, ist Frage der materiellen Rechtmäßigkeit der Begründetheit
2. bei Unbegründetheit der isolierten Anfechtungsklage, weil der Rest-VA nach Teilung rechtswidrig ist, hat eine Umdeutung des Klägerbegehrens nach § 88 VwGO in eine Verpflichtungsklage zu erfolgen.

Behörde erst im Rahmen der Begründetheit zu berücksichtigen ist. Für die Frage der isolierten Anfechtbarkeit ist nicht die Art der Nebenbestimmung entscheidend. Diese Ansicht, wonach jede Nebenbestimmung grundsätzlich einer isolierten Teilanfechtungsklage unterworfen werden kann, ist vorzugswürdig. § 113 I VwGO (»soweit«) sieht ausdrücklich die Teilaufhebbarkeit des Verwaltungsaktes vor, soweit dieser rechtswidrig ist, geht somit also grundsätzlich von einer Teilaufhebbarkeit aus. Auch § 44 IV VwVfG nimmt erkennbar eine Teilnichtigkeit des Verwaltungsaktes bei Teilbarkeit an. Der teilweise nichtige Verwaltungsakt ist nach dieser Bestimmung insgesamt nichtig, wenn der nichtige Teil so wesentlich ist, dass die Behörde den Verwaltungsakt ohne den nichtigen Teil nicht erlassen hätte. Dies bedeutet nach dieser Ansicht, dass das Anfechtungsbegehren auf die Aufhebung der rechtswidrigen, unselbständigen Nebenbestimmung beschränkt werden kann, gleichgültig, ob es sich um eine Befristung oder Bedingung handelt. Gleiches gilt für die Auflage, und zwar auch dann, wenn man dieser eigenständige Verwaltungsaktqualität nicht zuerkennt. Liegt hingegen eine inhaltliche Veränderung des erlassenen Verwaltungsaktes vor, handelt es sich mithin um eine modifizierende Auflage, so muss der Kläger eine Verpflichtungsklage mit dem Ziel erheben, einen von einer modifizierenden Auflage freien Hauptverwaltungsakt zu erhalten.

Im Hinblick auf den Prüfungsaufbau in einer Klausur bedeutet dies, dass im Rahmen der Zulässigkeitsprüfung unter dem Prüfungspunkt »Klageart« zu klären ist, ob eine modifizierende Auflage oder eine sonstige Nebenbestimmung vorliegt.

Handelt es sich um eine modifizierende Auflage, so ist nur die Verpflichtungsklage die richtige Klageart. Liegt hingegen keine modifizierende Auflage vor, so ist festzustellen, dass gegen Nebenbestimmungen generell die Anfechtungsklage statthaft ist. Nur in dem Fall, dass der VA offensichtlich ohne die Nebenbestimmung keinen Bestand haben kann, ist die Möglichkeit einer isolierten Anfechtungsklage zu verneinen und die Verpflichtungsklage anzunehmen. Voraussetzung für die isolierte Anfechtbarkeit der Nebenbestimmung ist nämlich die Teilbarkeit des VAs. Steht die Nebenbestimmung in einem untrennbaren Zusammenhang mit dem Hauptverwaltungsakt und ist sie mit diesem untrennbar verbunden, so scheidet eine isolierte Anfechtung aus. Im Normalfall wird aber die Rechtswidrigkeit der Teilung des VAs nicht auf der Hand liegen. Regelmäßig lassen sich nämlich zusätzliche Regelungen von der Hauptregelung trennen; insoweit ist auf § 44 IV VwVfG analog abzustellen. Mit dieser Vorgehensweise in der Klausur wird verhindert, dass schon Begründetheitsprobleme im

Rahmen der Zulässigkeitsprüfung vorweg geprüft werden und die Arbeit damit »kopflastig« wird.

Die Frage der Begründetheit der Anfechtungsklage ist dann, ob eine isolierte Aufhebung der Nebenbestimmung erfolgen darf. Die Klage ist begründet, wenn die Beifügung der Nebenbestimmung rechtswidrig war und entweder die Behörde den begünstigenden VA ohne die fehlerhafte Teilregelung hätte erlassen müssen oder die Begünstigung hätte gewährt werden dürfen und die Verwaltung sie bei objektiver Betrachtungsweise auch in Kenntnis der Fehlerhaftigkeit der Teilregelung gewährt hätte.

Stellt sich dann im Rahmen der Begründetheitsprüfung die Rechtswidrigkeit der Teilung des VAs heraus, so ist unter Hinweis auf § 88 VwGO der Klageantrag umzudeuten. Es ist dann darauf abzustellen, ob sich der Klageantrag seinem erst jetzt erkennbaren Zweck nach als Vollanfechtung oder – was dem Begehren des Klägers wohl eher entsprechen wird – als Antrag auf Verpflichtung der Behörde zum Erlass eines VAs ohne Nebenbestimmung auslegen lässt. Liegt der Erlass des Verwaltungsaktes und damit auch die Nebenbestimmung im Ermessen der Behörde, so ist die Klage in eine Verpflichtungsklage und zwar auf eine Verpflichtung auf Neubescheidung unter Beachtung der Rechtsauffassung des Gerichts, umzudeuten. Jedenfalls scheidet insoweit die isolierte Anfechtungsklage aus, da die Entscheidung der Behörde berücksichtigt und gewahrt werden muss. Etwas anderes gilt nur, wenn das Ermessen der Behörde auf Null reduziert ist.

9. Wiederholungsfragen

- 1. Was unterscheidet den VA von Realakten? Lösung S. 57 f.
- 2. Was unterscheidet den VA von der wiederholenden Verfügung? Lösung S. 58
- 3. Was unterscheidet den VA von der Rechtsnorm? Lösung S. 58 f., 66 f.
- 4. Wann spricht man von VA mit Doppel-, wann von VA mit Drittwirkung? Lösung S. 66
- 5. Welche Rechtsfolge hat die Verletzung einer Zuständigkeitsvorschrift beim Erlass eines VAs? Lösung S. 75
- 6. Wann führt die Verletzung von Formvorschriften zur Nichtigkeit eines VAs? Lösung S. 76, 80
- 7. Wozu führt eine fehlende Rechtsbehelfsbelehrung beim VA? Lösung S. 81
- 8. In welchen Bereichen ist anerkannt, dass das Gesetz den VA nicht als Rechtsfolge vorsehen muss? Lösung S. 89
- 9. In welcher Reihenfolge sind die Nichtigkeitsgründe des § 44 VwVfG zu prüfen? Lösung S. 93
- 10. Welche Voraussetzungen sind für die Anwendung des § 46 VwVfG erforderlich? Lösung S. 97
- 11. Auf welchen Wegen kann die Aufhebung eines VAs bewirkt werden? Lösung S. 101
- 12. Wie sind VAe mit drittbelastender Wirkung im Rahmen der Aufhebungsvorschriften zu behandeln? Lösung S. 104
- 13. Wann kann bei Geld- und Sachleistungs-VA auch eine Rücknahme eines VAs mit Wirkung für die Vergangenheit erfolgen? Lösung S. 105 f.
- 14. In welchen Fällen und auf welche Weise lassen sich rechtmäßige begünstigende VAe auch mit Wirkung für die Vergangenheit widerrufen? Lösung S. 112 ff.
- 15. Wann ist die Teilanfechtung einer Nebenbestimmung möglich und welche Klageart ist dann zu wählen? Lösung S. 126

Andere Formen des Verwaltungshandelns

1.	**Der Realakt**	**130**
1.1.	Rechtmäßigkeit von schlichtem Verwaltungshandeln	131
1.2.	Rechtsschutz	131
1.2.1.	Primäransprüche	131
1.2.2.	Sekundäransprüche	131
2.	**Abgeleitete Rechtsquellen**	**133**
2.1.	Die Rechtsverordnung	133
2.2.	Die Satzung	135
2.3.	Abgrenzung gegenüber dem Verwaltungsakt	138
3.	**Der verwaltungsrechtliche Vertrag**	**139**
3.1.	Öffentlich-rechtlicher Vertrag	141
3.2.	Zweiseitige (vertragliche) Regelung	143
3.3.	Art des Vertrages	143
3.3.1.	Koordinationsrechtlicher Vertrag	143
3.3.2.	Subordinationsrechtlicher Vertrag	143
3.4.	Wirksames zu Stande kommen des Vertrages	145
3.5.	Keine Nichtigkeit	146
3.6.	Leistungsstörungen	148
3.7.	Abänderung oder Kündigung	149
3.8.	Rechtsschutz zur Durchsetzung der Ansprüche	149
4.	**Wiederholungsfragen**	**152**

1. Der Realakt

Realakte bzw. Tathandlungen oder schlichtes Verwaltungshandeln sind diejenigen Verwaltungsmaßnahmen, die nicht auf einen Rechtserfolg, sondern auf einen tatsächlichen Erfolg gerichtet sind. Im Gegensatz zum VA unterscheiden sie sich dadurch, dass sie nur auf einen tatsächlichen und nicht auf einen Rechtserfolg abzielen.

Zu den Realakten gehören Auskünfte, Warnungen, Berichte, aber auch die Fahrt mit dem Dienstfahrzeug, die Reinigung einer Straße oder die Auszahlung eines Geldbetrages.

DER REALAKT

<small>Auch schlichtes Verwaltungshandeln bedarf einer Ermächtigungsgrundlage.</small>

Auch das Handeln durch Realakte bzw. schlichtes Verwaltungshandeln bedarf bei belastenden tatsächlichen Handlungen einer Ermächtigungsgrundlage. Die handelnde Behörde muss zuständig sein und es gilt der Vorbehalt des Gesetzes auch für diese faktischen Eingriffe. Außerdem muss der Verhältnismäßigkeitsgrundsatz beachtet werden.

Fallgruppen des schlichten Verwaltungshandelns sind:
- hoheitliche Immissionen, vgl. dazu §§ 3, 22 BImSchG als Zumutbarkeitsmaßstab,
- tatsächliche Verrichtungen,
- Persönlichkeitsrechtsverletzungen durch unwahre Tatsachenbehauptungen und schmähende Werturteile.

1.1. Rechtmäßigkeit von schlichtem Verwaltungshandeln

Formelle Anforderungen: Zuständigkeit der handelnden Behörde.
Materielle Anforderungen: bei belastenden Eingriffen gegenüber dem Bürger ist zu beachten:
- Vorbehalt des Gesetzes (d.h. kein Handeln ohne Gesetz),
- Vorrang des Gesetzes (d.h. kein Handeln gegen das Gesetz, es darf durch schlichtes Verwaltungshandeln nicht gegen Rechtsvorschriften verstoßen werden),
- Verhältnismäßigkeitsgrundsatz.

1.2. Rechtsschutz

1.2.1. Primäransprüche

Als statthafte Klageart für Primäransprüche kommt grundsätzlich die Leistungsklage in Betracht, da es um die Vornahme bzw. die Abwehr (bei Abwehr Leistungsklage in Form der Unterlassungsklage) schlichten Verwaltungshandelns geht.

Die allgemeine Leistungsklage ist einschlägig gegen Realakte.

Da es sich bei Realakten nicht um Verwaltungsakte handelt, brauchen die besonderen Zulässigkeitsvoraussetzungen von Vorverfahren und Fristen nach §§ 68 ff. und 74 VwGO nicht beachtet zu werden, da Anfechtungs- und Verpflichtungsklage nicht als Klageart in Betracht kommen.

1.2.2. Sekundäransprüche

Für Schadensersatzansprüche oder Entschädigung wegen rechtswidriger Folgen durch Realakte sind nach Art. 34 S. 3 GG, § 40 II S. 1 VwGO die Zivilgerichte zuständig.

Fall 24: Minister X wird in der NDR-Sendung »Spontan« vorgeworfen, Kontakte zum »Rotlichtmilieu« zu unterhalten, die Staatsanwaltschaft habe gegen ihn nicht wegen Strafvereitelung im Amt ermittelt. X will vom NDR Widerruf.

Rechtsweg: Nach der Rechtsprechung ist von Minister X der Zivilrechtsweg zu beschreiten. Denn jedenfalls dann, wenn die Sendungen von öffentlich-rechtlichen Rundfunk- und Fernsehanstalten die privaten Rechte Einzelner berühren, handele es sich um privatrechtliche

Tätigkeit, bei der sich Rundfunk- und Fernsehanstalten und der betroffene Bürger nicht hoheitlich, sondern auf der Ebene der Gleichordnung begegnen. Eine Begründung für diese Behauptung wird aber vom BGH nicht gegeben.

Nach der überwiegenden Meinung im Schrifttum handelt es sich bei Rundfunk- und Fernsehsendungen der öffentlich-rechtlichen Sender hingegen um öffentlich-rechtliche Tätigkeit. Da die Rundfunk- und Fernsehteilnehmer Gebühren zahlen müssen, liege ein öffentlich-rechtliches Benutzungsverhältnis vor. Aus dieser Qualifizierung des Benutzungsverhältnisses folge, dass die Sendung von Programmen öffentlich-rechtlich ist. Sendungen der Privatsender seien hingegen dem Privatrecht zuzuordnen. Für eine Klage des Ministers X ist demnach, weil es sich auf ein öffentlich-rechtliches Handeln des NDR bezieht, der Verwaltungsrechtsweg zulässig. Minister X verlangt den Widerruf eines Realaktes.

Gegebene Klageart ist dann die allgemeine Leistungsklage.

Begründetheit: Da ein Anspruch aus Art. 34 GG i.V.m. § 839 BGB – für den der Zivilrechtsweg gegeben wäre – nur auf Geldersatz geht, kommt für den Widerruf der allgemeine Folgenbeseitigungsanspruch durch analoge Anwendung der §§ 12, 862, 1004 BGB im öffentlichen Recht in Betracht.

Der allgemeine Folgenbeseitigungsanspruch beruht auf der analogen Anwendung der §§ 12, 862, 1004 BGB im öffentlichen Recht.

Der Folgenbeseitigungsanspruch setzt voraus:

- einen hoheitlichen Eingriff,
- auf dem Gebiet des öffentlichen Rechts,
- in ein subjektives Recht und entweder
- fortdauernde rechtswidrige Rechtsbeeinträchtigung nach Geltungsende eines belastenden VAs oder
- fortdauernde rechtswidrige Rechtsbeeinträchtigung infolge schlichthoheitlichen Handelns.

Die Voraussetzungen der fortdauernden rechtswidrigen Rechtsbeeinträchtigung auf Grund schlichthoheitlichen Handelns wären durch einen widerrechtlichen Eingriff in das allgemeine Persönlichkeitsrecht des Ministers X durch eine Ehrverletzung erfüllt.

Sofern sich im Verfahren aber herausstellt, dass der verantwortliche Redakteur der Sendung alles getan hat, was ihm möglich war, um den Verdacht zu prüfen, und sich gründlich hat beraten lassen, handelt es sich um eine zulässige »Verdachtsberichterstattung«. Der Widerrufsanspruch wäre dann unbegründet.

Folgenbeseitigungsanspruch

Die prozessuale Rechtslage sieht beim öffentlich-rechtlichen Folgenbeseitigungsanspruch wie folgt aus:

Der Folgenbeseitigungsanspruch des Bürgers richtet sich auf die Beseitigung der Folgen eines VAs oder der Folgen von Realakten (Folgen von faktischem schlichthoheitlichem Verwaltungshandeln) durch eine Wiedergutmachungshandlung der Behörde. Weigert sich die Behörde, dem Folgenbeseitigungsbegehren nachzukommen, so muss der Bürger, wenn es um die Beseitigung der Folgen eines VAs geht, Verpflichtungsklage, und, im Falle seines Begehrens auf Beseitigung der Folgen von sonstigem (faktischem) Verwaltungshandeln, Leistungsklage zur Durchsetzung des Folgenbeseitigungsanspruches erheben. Der Folgenbeseitigungsanspruch im Anschluss an schlichthoheitliches Handeln, z.B. Widerruf einer die Ehre des Klägers beeinträchtigenden Äußerung ist somit durch Leistungsklage geltend zu machen.

Wiedergutmachung der Folgen von faktischem schlichthoheitlichem Verwaltungshandeln

2. Abgeleitete Rechtsquelle

Rechtsverordnungen und Satzungen sind Rechtsnormen. Eine Rechtsverordnung ist eine allgemeine Regelung, die von einer Regierungs- oder Verwaltungsbehörde auf Grund gesetzlicher Ermächtigung erlassen wird. Eine Satzung ist eine allgemeine Regelung, die ein Selbstverwaltungsträger – wie z.B. Universität, Gemeinde oder Sozialversicherungsträger – zur Regelung eigener Angelegenheiten erlässt.

2.1. Die Rechtsverordnung

Eigentlich hat allein die gesetzgebende Gewalt – das Parlament – Gesetze zu erlassen. Auf Grund der Fülle gesetzgeberischer Aufgaben und zur Vermeidung der Überfrachtung der Parlamentsgesetze mit Detailregelungen hat sich schon recht frühzeitig herausgestellt, dass die strikte Einhaltung dieses Prinzips nicht praktikabel ist. Deshalb lässt Art. 80 GG eine Übertragung von Gesetzgebungsbefugnissen des Parlaments auf Regierungs- und Verwaltungsorgane zu. Rechtsverordnungen sind somit Rechtsnormen, die von Exekutivorganen – Regierung, Minister, Verwaltungsbehörden – erlassen werden.

Sie sind Ausdruck der vom Parlament (Legislative) auf die Verwaltung übertragenen Rechtsetzungsgewalt. Sie sind ein Mittel zur Ausführung der Gesetze.

Es handelt sich um keine Durchbrechung des Gewaltenteilungsprinzips, da die Exekutive nur auf Grund eines durch das Parlament erlassenen Gesetzes gesetzgebend tätig werden darf. Damit eine generelle Übertragung der Gesetzgebungsgewalt vom Parlament auf Regierung, Minister und Verwaltungsbehörden verhindert wird, bedarf die Verordnung einer speziellen gesetzlichen Ermächtigung durch den Gesetzgeber, Art. 80 I S. 2 GG (siehe ähnliche Artikel in den Landesverfassungen). Erlässt eine Landesregierung auf Grund bundesgesetzlicher Ermächtigung eine Rechtsverordnung, so handelt es sich bei dieser Verordnung um Landesrecht.

Nach der vom Bundesverfassungsgericht entwickelten »Wesentlichkeitstheorie« muss das vom Parlament erlassene, zur Rechtsverordnung ermächtigende Gesetz »alle wesentlichen Entscheidungen selbst treffen«, darf diese also nicht an die Exekutive delegieren.

Parlamentsgesetz muss zum Erlass von Rechtsverordnungen ermächtigen.

Die Rechtsverordnung muss auf einer formal-gesetzlichen Ermächtigungsgrundlage, einem Parlamentsgesetz, beruhen. Das zum Erlass von Rechtsverordnungen ermächtigende Gesetz muss Inhalt, Zweck und Ausmaß der erteilten Ermächtigung hinreichend bestimmt enthalten. Die Rechtsverordnung selbst muss nach Art. 80 I S. 3 GG die ermächtigende formellgesetzliche Norm zitieren.

Rechtsverordnungen dienen zur Konkretisierung von Bundes- oder Landesparlamentsgesetzen. Das Parlament hat den Rahmen und die Zielrichtung der zu erlassenden Rechtsverordnung durch ein formelles Gesetz festzulegen. Der Exekutive soll dann nur noch die Regelung von Detailfragen im Rahmen des vom Gesetzgeber vorgegebenen Programms verbleiben. Die Ermächtigung der Exekutive zur Rechtsverordnung entlastet das Parlament von der Regelung aller Einzelheiten und ermöglicht die rasche Anpassung an sich ändernde Verhältnisse. Ihr Erlassverfahren ist kürzer.

Beispiel für Verordnungen: Straßenverkehrsordnung, Baunutzungsverordnung, ordnungsbehördliche Ermächtigungen nach Landesordnungsrecht.

Abgrenzungen

Abzugrenzen ist die Verordnung als abstrakt-generelle Regelung von Verwaltungsakten bzw. Allgemeinverfügungen (§ 35 S. 2 VwVfG) und von Verwaltungsvorschriften.

Verwaltungsvorschriften sind Rechtssätze mit unmittelbarer Rechtswirkung nur für den staatlichen Innenbereich.

Verwaltungsvorschriften sind i.d.R. Verwaltungsinternum.

Beispiel: Erlasse, Richtlinien, Geschäftsverteilungspläne, generelle Anweisungen.

Ausnahmsweise können Verwaltungsvorschriften über den Gleichbehandlungsgrundsatz des Art. 3 I GG Außenwirkung über die sogenannte Selbstbindung der Verwaltung entfalten.

Beispiel: Im Bundesland L gibt der zuständige Fachminister einen Runderlass heraus: »Zur Gewinnung qualifizierter öffentlicher Sachverständiger auf dem Gebiet Hygiene sind Antragsteller, die Hochschullehrer der Medizin, Fachbereich Hygiene sind oder waren, auf ihrem Fachgebiet ohne Rücksicht auf ein Bedürfnis zum Sachverständigen zu bestellen.«

Professor P, der Hygieniker ist, stellt bei der zuständigen Behörde einen Antrag, als öffentlicher Sachverständiger für Hygiene bestellt zu werden. Die Behörde lehnt dies ab mit der Begründung, dass es genügend Sachverständige auf diesem Gebiet gebe.

Wegen Verstoßes gegen Art. 3 GG i.V.m. der Verwaltungsvorschrift in Form des Runderlasses ist die Ablehnung des Antrages des P rechtswidrig. Selbst wenn P der Erste und Einzige gewesen wäre, der diesen Antrag gestellt hätte, bestünde sein Anspruch auf Bestellung zum Sachverständigen.

Selbstbindung der Verwaltung durch Verwaltungsvorschriften

Ohne dass eine entsprechende Verwaltungsübung festgestellt zu werden braucht, tritt bereits mit Erlass der Verwaltungsvorschrift eine Selbstbindung der Verwaltung ein, da der der Verwaltung bekannt gegebene Runderlass eine vorweggenommene »antizipierte Verwaltungspraxis« darstellt.

2.2. Satzungen

Öffentlich-rechtliche Satzungen sind Rechtsnormen, die von einer dem Staat eingeordneten juristischen Person des öffentlichen Rechts (z.B. Gemeinden, Universitäten, Berufsverbänden wie Handels- oder Ärztekammern, Rundfunkanstalten) zur Regelung ihrer eigenen Angelegenheiten im Rahmen der verliehenen Autonomie mit Wirksamkeit für die ihr angehörenden und unterworfenen Personen erlassen werden (Instrument der mittelbaren Staatsverwaltung).

Beispiel für Satzungsregelungen: Benutzungssatzungen über gemeindliche Einrichtungen, der Bebauungsplan, Gebührensatzungen oder die Promotions- oder Habilitationsordnungen als Satzungen aus dem universitären Bereich.

Neben der Gesetzgebung des Staates steht auch inner- bzw. auch als unterstaatlich bezeichneten juristischen Personen Rechtsetzungsgewalt zu, d.h., diesen ist die Befugnis zuerkannt, ihre eigenen Angelegenheiten mit Wirksamkeit gegenüber den ihnen angehörenden Personen durch Satzung zu regeln.

Unterschied Satzung / Rechtsverordnung

Satzungen unterscheiden sich von Rechtsverordnungen dadurch, dass sie auf Grund der eingeräumten Rechtsetzungsgewalt einer juristischen Person des öffentlichen Rechts hervorgehen, während Rechtsverordnungen auf delegierter Rechtsetzungsgewalt beruhen.

Wie auch Rechtsverordnungen sind Satzungen abgeleitete Rechtsquellen. Im Gegensatz zur Rechtsverordnung dient die Satzung nicht unmittelbar der Ausführung von Gesetzen, sondern der Regelung eigener Angelegenheiten durch Selbstverwaltungskörperschaften und sonstige juristische Personen des öffentlichen Rechts. Satzungen sind abstrakt-generelle Regelungen mit verbindlicher Rechtswirkung nach außen, die von juristischen Personen des öffentlichen Rechts, wie Gemeinden, Kreisen, Universitäten, Handwerks- und Ärztekammern, auf Grund und im Rahmen der ihnen gesetzlich verliehenen Rechtssetzungsbefugnis bzw. Satzungsgewalt zur Regelung ihrer eigenen Angelegenheiten erlassen werden. Unterstaatlichen juristischen Personen des öffentlichen Rechts ist jeweils die Ermächtigung übertragen worden, die eigenen Angelegenheiten selbst (autonom) zu regeln. Diese Ermächtigung ergibt sich z.T. aus dem Grundgesetz, wie z.B. Art. 28 II S. 1 GG für die Gemeinden, oder aus einfachen Gesetzen, wie z.B. § 105 HandwO für Handwerkskammern.

Satzungen dürfen nur im Rahmen des verfassungsrechtlich oder gesetzlich zugewiesenen Bereichs der juristischen Person des öffentlichen Rechts erlassen werden. Die Verwaltung des Bundes und der einzelnen Länder vollzieht sich nicht nur durch Bund und Länder selbst, handelnd durch die ihnen jeweils zugeordneten Behörden (unmittelbare Staatsverwaltung), sondern auch durch die Kreise bzw. Anstalten. Diese sind mit einem autonomen Selbstverwaltungsbereich ausgestattet. In diesem Bereich können sie eigenverantwortlich ihre eigenen Angelegenheiten durch Satzung regeln. Bei Gemeinden ist dieser Bereich auf den »örtlichen Wirkungskreis« und räumlich begrenzt auf das Gemeindegebiet beschränkt.

Als Ausdruck autonomer und demokratisch legitimierter Hoheitsgewalt unterliegen Satzungen nicht den strengen Anforderungen des Art. 80 I S. 2 GG.

Satzungen dienen vor allem der eigenverantwortlichen Regelung von Verwaltungsaufgaben im Rahmen der Selbst- und Eigenverwaltung der autonomen Körperschaften, Anstalten und Stiftungen des öffentlichen Rechts.

Satzungen dürfen nur im Rahmen des verfassungsrechtlich oder gesetzlich zugewiesenen Aufgabenbereichs erlassen werden, und zwar nur vom Hauptbeschlussorgan der juristischen Person. Bei Gemeinden etwa sind das die nach demokratischen Grundsätzen (vgl. Art. 28 I S. 2 GG) gewählten Vertretungskörperschaften wie Gemeinderat, Gemeindevertretung, Stadtverordnetenversammlung und Kreistag. Das Verfahren über das zu Stande kommen und die Verkündung von Satzungen ist meist spezialgesetzlich festgelegt, wie z.B. in den einzelnen Gemeindeordnungen.

Beispiel von Satzungen: Anschluss- und Benutzungszwangsatzungen der Gemeinden, Bebauungspläne der Gemeinden nach § 10 BauGB; Satzungen der Ärzte-, Handwerkskammern.

Der Unterschied ergibt sich aus der verschiedenen Zuständigkeit und dem Erlassverfahren.

Zuständig für den Erlass von Rechtsverordnungen ist die vorher vom Parlament durch Gesetz ermächtigte Exekutive. Satzungen dürfen nur im Rahmen des verfassungsrechtlich oder gesetzlich zugewiesenen Selbstverwaltungsbereichs von juristischen Personen des öffentlichen Rechts erlassen werden.

Die Rechtsverordnung konkretisiert nur die im Rahmen des ermächtigenden Parlamentsgesetzes getroffenen wesentlichen Entscheidungen.

Abgrenzung zu Rechtsverordnungen

Die Satzung ergeht im Rahmen der in Selbstverwaltung verliehenen Rechtsetzungsbefugnis.

Autonome Satzungsbefugnis haben juristische Personen des öffentlichen Rechts im Rahmen des ihnen durch Gesetz eingeräumten Autonomiebereiches mit Wirksamkeit für die ihnen angehörigen oder – namentlich kraft Gebietshoheit – unterworfenen Personen.

Das sind z.B. die:

- Gemeinden und Gemeindeverbände zur Regelung ihrer eigenen, örtlichen und weisungsfreien Angelegenheiten,
- Universitäten,
- Industrie- u. Handelskammern, Handwerkskammern, Innungen,
- berufsständischen Kammern, wie etwa Ärzte-, Apotheker-, Architekten-, Rechtsanwalts- und Steuerberatungskammern,
- Landwirtschaftskammern,
- öffentlich-rechtlichen Rundfunkanstalten,
- Wasser- und Bodenverbände,
- Krankenkassen,
- Realkörperschaften (öffentliche Genossenschaften),

mit deren z.B.:

- organisationsrechtlichen Satzungen, wie Grundordnungen, Hauptsatzungen, Betriebssatzungen, Haushaltssatzungen,
- Benutzungsordnungen, etwa für Schlachthöfe, Sportanlagen, Friedhöfe, einschließlich Ordnungen mit Anschluss und Benutzungszwang (Trinkwasserversorgung, Kanalisation, Müllabfuhr, Straßenreinigung),
- Satzungen für Alters- und Versorgungswerke,
- Prüfungsordnungen,
- Wahlordnungen und
- Beitragsordnungen.

2.3. Abgrenzung zwischen Rechtsverordnung / Satzung und VA

Unterscheidung von Rechtsverordnung / Satzung – also einer Rechtsnorm – zum VA

Handelt die Behörde der Form nach eindeutig im Wege einer Verordnung, Satzung – also einer Rechtsnorm – oder eines VA, so handelt es sich um Verordnung, Satzung oder VA, selbst wenn es sich inhaltlich um eine andere Maßnahme handelt.

Formelles Unterscheidungsmerkmal VO/Satzung:

- Entsprechende Bezeichnung,
- Hinweis in der VO auf die Ermächtigungsgrundlage,
- Verkündung der VO im Verordnungsblatt,
- Verkündung der Satzung im Amtsblatt der Gemeinde.

Formelles Unterscheidungsmerkmal VA:

- Bezeichnung als Bescheid,
- Rechtsbehelfsbelehrung,
- Form der Zustellung,
- Begründung.

Von Verwaltungsvorschriften unterscheidet sich die Rechtsverordnung dadurch, dass Verwaltungsvorschriften nur für den Innenbereich der Verwaltung gelten.

3. Der verwaltungsrechtliche Vertrag

Zulässigkeit des öffentlich-rechtlichen Vertrags § 54 VwVfG

Ein Rechtsverhältnis auf dem Gebiet des öffentlichen Rechts kann durch Vertrag begründet, geändert oder aufgehoben werden (öffentlich-rechtlicher Vertrag), soweit Rechtsvorschriften nicht entgegenstehen. Insbesondere kann die Behörde, anstatt einen Verwaltungsakt zu erlassen, einen öffentlich-rechtlichen Vertrag mit demjenigen schließen, an den sie sonst den Verwaltungsakt richten würde.

Vergleichsvertrag § 55 VwVfG

Ein öffentlich-rechtlicher Vertrag im Sinne des § 54 Satz 2, durch den eine bei verständiger Würdigung des Sachverhalts oder der Rechtslage bestehende Ungewissheit durch gegenseitiges Nachgeben beseitigt wird (Vergleich), kann geschlossen werden, wenn die Behörde den Abschluss des Vergleichs zur Beseitigung der Ungewissheit nach pflichtgemäßem Ermessen für zweckmäßig hält.

Austauschvertrag § 56 VwVfG

(1) Ein öffentlich-rechtlicher Vertrag im Sinne des § 54 Satz 2, in dem sich der Vertragspartner der Behörde zu einer Gegenleistung verpflichtet, kann geschlossen werden, wenn die Gegenleistung für einen bestimmten Zweck im Vertrag vereinbart wird und der Behörde zur Erfüllung ihrer öffentlichen Aufgaben dient. Die Gegenleistung muss den gesamten Umständen nach angemessen sein und im sachlichen Zusammenhang mit der vertraglichen Leistung der Behörde stehen.

(2) Besteht auf die Leistung der Behörde ein Anspruch, so kann nur eine solche Gegenleistung vereinbart werden, die bei Erlass eines Verwaltungsaktes Inhalt einer Nebenbestimmung nach § 36 sein könnte.

Schriftform § 57 VwVfG

Ein öffentlich-rechtlicher Vertrag ist schriftlich zu schließen, soweit nicht durch Rechtsvorschrift eine andere Form vorgeschrieben ist.

Der öffentlich-rechtliche Vertrag

1. Öffentlich-rechtlich:
Vertragsgegenstand bezieht sich auf einen öffentlich-rechtlichen Sachverhalt
- ein öffentlich-rechtliches Rechtsverhältnis wird abgeändert
- sofern sich Rechte und Pflichten der am Vertrag Beteiligten, sofern kein Vertrag geschlossen worden wäre, nach öffentlichem Recht richten würden,
- Sachzusammenhang zu öffentlich-rechtlicher Tätigkeit

2. Zweiseitig (vertragliche) Regelung: kein mitwirkungsbedürftiger VA

3. Art des Vertrages
- koordinationsrechtlicher Vertrag: Wenn die Beteiligten prinzipiell gleichgeordnete Rechtsträger sind (z.B. Gemeinden)
- subordinationsrechtlicher Vertrag nach § 54 S. 2 VwVfG: Wenn die beteiligte Behörde im Verhältnis zum Partner auch VA erlassen könnte. Unterformen:
    – Vergleichsvertrag, § 55 VwVfG: Ungewissheit über eine Sach- und Rechtslage wird durch gegenseitiges Nachgeben beseitigt
    – Austauschvertrag, § 56 VwVfG: der Vertragspartner verpflichtet sich gegenüber der Behörde zu einer Gegenleistung

4. Wirksames Zustandekommen eines Vertrages
- Einigung analog §§ 145 ff. BGB, § 62 S. 2 VwVfG
- Schriftform, § 57 VwVfG
- möglicherweise Beteiligung Dritter bzw. anderer Behörden, § 58 VwVfG

5. Keine Nichtigkeit nach § 59 VwVfG
- Nichtigkeitsgründe für alle ö-r Verträge § 59 I i.V.m. BGB-Vorschriften analog
- ausschließliche Nichtigkeitsgründe für subordinationsrechtliche Verträge (§ 54 S. 2 VwVfG) nach § 59 II

6. Rechtsschutz zur Durchsetzung der Ansprüche aus dem ö-r Vertrag
- i.d.R.: Leistungsklage auf Erfüllung der Verpflichtung
- Ausnahme: Verpflichtungsklage, falls Behörde einen VA schuldet, z.B. Baugenehmigung
- vertragliche Schadensersatzansprüche: Verwaltungsrechtsweg im Gegenschluss aus § 40 II S. 1 VwGO
- Behörde: Klage beim Verwaltungsgericht, Klageart ist die allgemeine Leistungsklage

7. Erlöschen bei Leistungsstörungen
- § 62 S. 2 VwVfG i.V.m. BGB-Vorschriften über Leistungsstörungen: Untergang des Anspruchs

8. Abänderung oder Kündigung
Wesentliche Veränderung der bei Vertragsschluss maßgebenden Verhältnisse: nach § 60 VwVfG: Anpassung oder Kündigung, falls Anpassung nicht möglich oder zumutbar

3.1. Öffentlich-rechtlicher Vertrag

Bei einem Vertrag stehen sich die Vertragsparteien auf der Ebene der Gleichordnung gegenüber. Auf das Ob und den Inhalt des Vertrages, das Wie, haben die Vertragsschließenden gleichberechtigten Einfluss. Der Verwaltungsakt wird hingegen einseitig von der Behörde erlassen. Weil es Verträge sowohl im Zivilrecht als auch im öffentlichen Recht gibt und für den Streit zwischen den Vertragspartnern verschiedene Rechtswege eröffnet sind, bedarf es der Feststellung, ob ein Vertrag dem öffentlichen Recht zuzuordnen ist. Aus diesem Grund ist zu untersuchen, welchem Rechtsgebiet der Gegenstand des Vertrages angehört.

Ein Vertrag ist öffentlich-rechtlich, wenn sich die vertragliche Vereinbarung auf Sachverhalte bezieht, die von der gesetzlichen Ordnung öffentlich-rechtlich geregelt sind.

Diese von der Rechtsprechung zu einem großen Teil verwendete Definition präzisiert von den nebeneinander anwendbaren Abgrenzungstheorien am besten die Sonderrechtstheorie dahingehend, dass ein öffentlich-rechtlicher Vertrag vorliegt, wenn er notwendigerweise Rechtsbeziehungen gerade zu einem Träger öffentlicher Gewalt begründet, ändert oder aufhebt. Vertragliche Beziehungen bestehen notwendigerweise gerade zu einem Träger öffentlicher Gewalt, wenn nach der Rechtsordnung mindestens ein Zuordnungssubjekt des Gegenstandes der vertraglich geregelten Rechtsbeziehungen nur ein Träger öffentlicher Gewalt sein kann.

Damit wird deutlich, dass es für die Abgrenzung zwischen öffentlich-rechtlichen und privatrechtlichen Verträgen nicht auf die von den Vertragspartnern beabsichtigte rechtliche Zuordnung ankommen darf, sondern allein darauf, ob der Vertrag objektiv auf dem Gebiet des öffentlichen Rechts liegt, wofür wiederum der Vertragsgegenstand von entscheidender Bedeutung ist.

Zuordnung zum öffentlichen Recht nach objektiven Gesichtspunkten

Drei Fallgruppen lassen sich danach unterscheiden:

(1) ö-r Verträge, die notwendigerweise Rechtsbeziehungen zu einem Träger öffentlicher Gewalt begründen,
(2) ö-r Verträge, die notwendigerweise Rechtsbeziehungen zu einem Träger öffentlicher Gewalt ändern,
(3) ö-r Verträge, die notwendigerweise Rechtsbeziehungen zu einem Träger öffentlicher Gewalt aufheben.

Zu (1), ö-r Verträge, die notwendigerweise Rechtsbeziehungen zu einem Träger öffentlicher Gewalt begründen: Beispiele für solche Verträge, die Rechtsbeziehungen gerade zu einem Träger öffentlicher Gewalt begründen, sind Vertragsbeziehungen, in denen ein Träger öffentlicher Gewalt eine Baugenehmigung oder eine Befreiung von baurechtlichen Vorschriften ausspricht oder sich zu ihrer Erteilung verpflichtet. Privatrechtlich zu charakterisieren ist z.B. ein Vertrag, in dem sich eine Gesellschaft, die ein gemeindeeigenes Grundstück gepachtet hat, verpflichtet, die betrieblichen Verhältnisse der Gesellschaft so zu gestalten, dass die in dem Unternehmen anfallende Gewerbesteuer ausschließlich der Gemeinde zufließt. Hier sind die im Vertrag begründeten Pflichten in keinem Punkt dem Staat oder einem sonstigen Träger öffentlicher Gewalt vorbehalten.

Zu (2), ö-r Verträge, die notwendigerweise Rechtsbeziehungen zu einem Träger öffentlicher Gewalt ändern: Hierbei handelt es sich um Verträge, die eine von der gesetzlichen Ordnung abweichende Verschiebung öffentlich-rechtlicher Lasten und Pflichten vorsehen. Hierzu zählen etwa Verträge, durch die die Gemeinden die Pflicht Privater zur Schaffung von Kfz-Stellplätzen als eigene übernehmen.

Zu (3), ö-r Verträge, die notwendigerweise Rechtsbeziehungen zu einem Träger öffentlicher Gewalt aufheben: Hierzu gehören Verträge, in denen sich z.B. der private Vertragspartner verpflichtet, Ausgleichszahlungen zu leisten und dafür von einer gesetzlichen Pflicht dispensiert wird.

Bei der vorgenannten Übernahme der Pflicht zur Erstellung von Kfz-Stellplätzen durch die Gemeinde wird der davon entlastete Private zur Zahlung einer Ausgleichszahlung im Vertrag verpflichtet. Zu der genannten Kategorie gehört auch der Vertrag, in dem Margarinehersteller sich dem Bund gegenüber verpflichten, Ausgleichszahlungen an einen Sonderfonds zu leisten, statt der gesetzlich begründeten Pflicht nachzukommen, bei der Margarineherstellung inländische Rübenöle beizumischen.

Bei Mischverträgen kommt es auf den Sachzusammenhang an.

Nach der einheitlichen Betrachtungsweise ist immer auf den Gesamtcharakter des Vertrages abzustellen. Die Vertragsbestimmungen dürfen nur solche Regelungen enthalten, die auch im Rahmen der Hoheitsverwaltung einseitig angeordnet werden könnten. So genannte Mischverträge sind dann öffentlich-rechtlich, wenn der Vertrag nicht ohne die aus der Nähe zu öffentlich-rechtlich geregelten Sachverhalten stammenden öffentlich-rechtlichen Bindungen beurteilt werden kann.

Prüfung der Frage nach der öffentlich-rechtlichen Rechtsnatur

Beim prozessualen Aufbau in der Klausur ist die Frage nach der öffentlich-rechtlichen Rechtsnatur gleich eingangs bei der Feststellung des Rechtsweges nach § 40 Abs. 1 VwGO beim Merkmal »öffentlich-rechtliche Streitigkeit« zu prüfen.

3.2. Zweiseitige (vertragliche) Regelung

Um eine vertragliche Regelung handelt es sich, wenn der Inhalt der Regelung rechtlich auf dem übereinstimmenden Willen der Beteiligten beruht, insbesondere, wenn der beteiligte Bürger einen Einfluss auf den Inhalt der Regelung hat.

Abgrenzung zum mitwirkungsbedürftigen VA: Dadurch, dass der Bürger einen Einfluss auf den Inhalt der Regelung hat, unterscheidet sich der öffentlich-rechtliche Vertrag vom mitwirkungsbedürftigen VA. Bei Letzterem handelt es sich um eine einseitige Regelung durch die Verwaltung, deren Rechtmäßigkeit und teilweise auch deren Wirksamkeit von einer Zustimmung oder dem Antrag eines Bürgers abhängen. Bei der Ernennung und Entlassung zum Beamten oder bei der Einbürgerung ergibt sich der Inhalt ausschließlich aus der staatlichen Regelung, der Bürger hat keinen Einfluss auf den Inhalt der Regelung, somit liegt ein mitwirkungsbedürftiger VA vor.

Abgrenzung zum mitwirkungsbedürftigen VA: Entscheidend ist, ob der Bürger mitentscheidend auf die inhaltliche Gestaltung Einfluss nehmen konnte (dann ö-r Vertrag); Indiz für Vertrag: individueller Text; Indiz für VA: Rechtsbehelfsbelehrung

Abgrenzung zum VA mit Nebenbestimmung nach § 36 VwVfG: Die Nebenbestimmung ist dadurch gekennzeichnet, dass mit ihrem Erlass dem Bürger einseitig Pflichten auferlegt werden.

Abgrenzung zum VA mit Nebenbestimmung

3.3. Art des Vertrages

3.3.1. Koordinationsrechtlicher Vertrag

Öffentlich-rechtliche Verträge zwischen Rechtsträgern, die gleichgeordnet sind, weil keiner dem Anderen gegenüber Weisungen erteilen oder Verwaltungsakte erlassen kann, werden als koordinationsrechtliche Verträge bezeichnet.

Gleichordnungsverhältnis ist Voraussetzung; deshalb meist Vertrag zwischen Trägern öffentlicher Verwaltung

Beispiel: Zwei Gemeinden vereinbaren die Errichtung einer gemeinsamen Großsporthalle.

3.3.2. Subordinationsrechtlicher Vertrag

Ein subordinationsrechtlicher Vertrag liegt vor, wenn die Behörde »anstatt einen Verwaltungsakt zu erlassen, eine Vereinbarung mit demjenigen [schließt], an den sie sonst den Verwaltungsakt richten würde«, § 54 S. 2 VwVfG.

Zwischen den Parteien besteht ein Über-/Unterordnungsverhältnis, so dass die Verwaltung auch durch VA handeln könnte

Voraussetzung für die Annahme eines subordinationsrechtlichen Vertrages ist, dass auf dem einschlägigen öffentlich-rechtlichen Sachgebiet für die Behörde im Prinzip die generelle Möglichkeit besteht, den Vertragsgegenstand durch einen Verwaltungsakt zu regeln, demnach hinsichtlich des Vertragsgegenstandes ein Über-Unterordnungsverhältnis – ein sog. Subordinationsverhältnis – zwischen der Behörde und dem Vertragspartner besteht. Dies ist vor allem dann der Fall, wenn die Verpflichtung, die der Vertragspartner der Behörde übernimmt, auch im Wege einer Nebenbestimmung zum Verwaltungsakt hätte begründet werden können.

Auch der Erschließungsvertrag nach dem BauGB unterfällt begrifflich dem § 54 S. 2 VwVfG, weil auf dem Gebiet der Kostentragung für Erschließungsmaßnahmen generell die Möglichkeit besteht, Beitragsbescheide zu erlassen.

Bei subordinationsrechtlichen Verträgen sind noch die Unterfälle des Vergleichs- und Austauschvertrages zu unterscheiden.

Subordinationsrechtlicher Vergleichsvertrag: Ungewissheit über Sach- und Rechtslage wird durch gegenseitiges Nachgeben beseitigt

Ein subordinationsrechtlicher öffentlich-rechtlicher Vertrag in der Form eines Vergleichsvertrages nach § 55 VwVfG liegt dann vor, wenn durch ihn eine bei verständiger Würdigung bestehende Ungewissheit über die tatsächliche Lage durch gegenseitiges Nachgeben beseitigt wird.

Der Vergleichsvertrag ist rechtmäßig, sofern die Behörde den Abschluss des Vergleichs zur Beseitigung der Ungewissheit nach pflichtgemäßem Ermessen für sinnvoll hält.

Subordinationsrechtlicher Austauschvertrag: Vertragspartner verpflichtet sich gegenüber der Behörde zu einer Gegenleistung

Bei dem getroffenen subordinationsrechtlichen öffentlich-rechtlichen Vertrag kann es sich auch um einen Austauschvertrag nach § 56 VwVfG handeln. Danach kann ein öffentlich-rechtlicher Vertrag im Sinne des § 54 S. 2 VwVfG, in dem sich der Vertragspartner der Behörde zu einer Gegenleistung verpflichtet, insbesondere dann geschlossen werden, wenn die Behörde eine Leistung erbringt und der Vertragspartner zu einer Gegenleistung verpflichtet ist.

Der Austauschvertrag ist rechtmäßig, wenn die Gegenleistung des Bürgers zu einem bestimmten Zweck im Vertrag vereinbart wird und der Behörde zur Erfüllung ihrer Aufgaben dient.

Hat der Bürger einen Anspruch auf die Leistung der Behörde, so darf nur eine solche Gegenleistung des Bürgers vereinbart werden, die bei Erlass eines VA Inhalt einer Nebenbestimmung nach § 36 VwVfG sein könnte, § 56 II VwVfG.

Angemessenheit sowie sachlicher Zusammenhang von Leistung und Gegenleistung beim Austauschvertrag

Die Gegenleistung des Bürgers muss gemäß § 56 I S. 2 VwVfG den gesamten Umständen nach angemessen sein, d.h., bei wirtschaftlicher Betrachtungsweise des Gesamtvorganges muss die vom Bürger geschuldete vertragliche Leistung in einem angemessenen Verhältnis zur Leistung der Behörde stehen. Vor allem darf der Verpflichtete durch die vertragliche Übernahme der Leistung nicht unzumutbar belastet werden. Im Regelfall kann davon ausgegangen werden, dass beide Vertragsparteien ihre Interessen sachgerecht wahrgenommen haben, so

Andere Formen des Verwaltungshandelns 145

dass sich Leistung und Gegenleistung die Waage halten. Etwas anderes soll nur für den Fall gelten, dass einer der Vertragspartner den anderen offensichtlich unter Druck gesetzt oder zum Vertragsschluss gezwungen hat. Durch öffentlich-rechtlichen Vertrag darf nichts verknüpft werden, was nicht ohnehin in einer inneren Beziehung zueinander steht.

3.4. Wirksames Zustandekommen

Einigung nach BGB, § 62 S. 2 VwVfG: Beim zu Stande kommen des Vertrages gelten über § 62 S. 2 VwVfG die Vorschriften des BGB, insbesondere also die §§ 145 ff. BGB hinsichtlich der Einigung und die § 116 ff. bezüglich Willensmängeln.

Einigung nach BGB, § 62 S. 2 VwVfG

Schriftform nach § 57 VwVfG: Grundsätzlich bedarf der öffentlich-rechtliche Vertrag der Schriftform, soweit durch Rechtsvorschrift nicht eine andere Form vorgeschrieben ist. Gemäß § 62 S. 2 VwVfG ist für den Grundstücksveräußerungsvertrag die notarielle Form nach § 313 BGB erforderlich.

Schriftform nach § 57 VwVfG

Zustimmung bei Drittbeteiligung, § 58 I VwVfG: Bei Drittbeteiligung, etwa durch Nachbarn beim Vertrag über die Grundstücksbebauung, ist die Zustimmung des Dritten notwendig, § 58 I VwVfG. Ersetzt der Vertrag einen VA, bei dem die Mitwirkung einer anderen Behörde vorgeschrieben ist, so wird dieser erst nach Zustimmung der Mitwirkungsbehörde wirksam.

Zustimmung bei Drittbeteiligung, § 58 I VwVfG

Beachtung sonstiger materieller Anforderungen: Für einige Rechtsgebiete – Bau- u. Immissionsschutzrecht – gibt es spezielle gesetzliche Regelungen, mit denen der Vertrag vereinbar sein muss, wie z.B. § 129 Abs. 1 S. 3 BauGB. Bestehen keine gesetzlichen Vorschriften, so sind im Ermessensbereich liegende Verträge auf den fehlerfreien Ermessensgebrauch zu überprüfen. Außerdem sind die Grundrechte und der Verhältnismäßigkeitsgrundsatz zu beachten.

Beachtung sonstiger materieller Anforderungen

Sofern es im Polizei- und Ordnungsrecht um den Bereich der gebundenen Verwaltung geht, folgt schon aus dem Gesetz, dass die Handlung der Behörde nur durch VA ergehen darf. Die Verwaltung kann sich hier nicht zur Erteilung von Genehmigungen oder zum Nichteinschreiten bei Gesetzesverletzungen durch öffentlich-rechtlichen Vertrag verpflichten. Des Weiteren darf die Verwaltung durch Vertrag nicht die Rücknahme- und Widerrufsregeln des VwVfG umgehen bzw. ausschalten, indem sie sich etwa durch Vertrag zu einer Gewerbeerlaubnis verpflichtet.

Im Bereich der gebundenen Verwaltung ist ein Verwaltungsvertrag nicht möglich.

3.5. Keine Nichtigkeit

§ 59 VwVfG

Nichtigkeit des öffentlich-rechtlichen Vertrags

(1) Ein öffentlich-rechtlicher Vertrag ist nichtig, wenn sich die Nichtigkeit aus der entsprechenden Anwendung von Vorschriften des Bürgerlichen Gesetzbuchs ergibt.

(2) Ein Vertrag im Sinne des § 54 Satz 2 ist ferner nichtig, wenn

1. ein Verwaltungsakt mit entsprechendem Inhalt nichtig wäre;

2. ein Verwaltungsakt mit entsprechendem Inhalt nicht nur wegen eines Verfahrens- oder Formfehlers im Sinne des § 46 rechtswidrig wäre und dies den Vertragschließenden bekannt war;

3. die Voraussetzungen zum Abschluss eines Vergleichsvertrags nicht vorlagen und ein Verwaltungsakt mit entsprechendem Inhalt nicht nur wegen eines Verfahrens- oder Formfehlers im Sinne des § 46 rechtswidrig wäre;

4. sich die Behörde eine nach § 56 unzulässige Gegenleistung versprechen lässt.

(3) Betrifft die Nichtigkeit nur einen Teil des Vertrags, so ist er im Ganzen nichtig, wenn nicht anzunehmen ist, dass er auch ohne den nichtigen Teil geschlossen worden wäre.

§ 60 VwVfG

Anpassung und Kündigung in besonderen Fällen

(1) Haben die Verhältnisse, die für die Festsetzung des Vertragsinhalts maßgebend gewesen sind, sich seit Abschluss des Vertrags so wesentlich geändert, dass einer Vertragspartei das Festhalten an der ursprünglichen vertraglichen Regelung nicht zuzumuten ist, so kann diese Vertragspartei eine Anpassung des Vertragsinhalts an die geänderten Verhältnisse verlangen oder, sofern eine Anpassung nicht möglich oder einer Vertragspartei nicht zuzumuten ist, den Vertrag kündigen. Die Behörde kann den Vertrag auch kündigen, um schwere Nachteile für das Gemeinwohl zu verhüten oder zu beseitigen.

(2) Die Kündigung bedarf der Schriftform, soweit nicht durch Rechtsvorschrift eine andere Form vorgeschrieben ist. Sie soll begründet werden.

Nichtigkeitsgründe

Die Vereinbarung ist wirksam, wenn keine Nichtigkeitsgründe vorliegen. Nichtig ist der Vertrag nur, wenn einer der in § 59 VwVfG aufgeführten Nichtigkeitsgründe vorliegt, die Rechtswidrigkeit allein berührt hingegen die Gültigkeit des Vertrages und der sich daraus ergebenden Ansprüche nicht.

Für alle Verträge gelten die Nichtigkeitsgründe des § 59 I VwVfG. Danach ist ein öffentlich-rechtlicher Vertrag nichtig, wenn sich die Nichtigkeit aus der entsprechenden Anwendung der Vorschriften des BGB ergeben.
Streitig ist die Frage der entsprechenden Anwendbarkeit des § 134 BGB. Die vertretenen Auffassungen reichen von der grundsätzlichen Ablehnung der Anwendbarkeit des § 134 BGB über die Befürwortung der eingeschränkten Anwendbarkeit bis hin zur uneingeschränkten Anwendbarkeit.

Soweit die Anwendbarkeit generell und damit auch für koordinationsrechtliche Verträge abgelehnt wird, ist diese Ansicht eindeutig dadurch widerlegt, dass mangels Anwendbarkeit des § 59 II VwVfG jeder Vertragsverstoß für koordinationsrechtliche Verträge sanktionslos bliebe, falls er nicht von §§ 134, 138 BGB erfasst wird.

Problem der entsprechenden Anwendbarkeit des § 134 BGB

Soweit die Ablehnung der Anwendbarkeit des § 134 BGB auf subordinationsrechtliche Verträge beschränkt wird, wird dies mit dem sonst gefährdeten abschließenden Charakter des § 59 Abs. 2 VwVfG begründet. Gegen diese Auffassung spricht aber der Wortlaut des § 59 II VwVfG, der unter den genannten Voraussetzungen subordinationsrechtliche Verträge »über Abs. 1 hinaus« durch das Wort »ferner« für nichtig erklärt.

Die h.M. gewährleistet den Schutz des § 59 II VwVfG vor Aushöhlung durch eine differenzierte, nicht jeden Gesetzesverstoß erfassende Anwendung des § 134 BGB. Es wird vielmehr berücksichtigt, dass nicht jeder Verstoß gegen eine verbindliche Norm einem Verstoß gegen ein Verbotsgesetz gleichzusetzen ist. Im Gegenteil, die Anwendung des § 134 BGB im Rahmen des § 59 VwVfG kommt dem Willen des Gesetzgebers nach differenzierter Anordnung der Nichtigkeitsfolge gerade entgegen. Ob ein bestimmtes Gesetz ein Verbotsgesetz i.S.d. BGB darstellt, ist anhand des Wortlautes der entsprechenden Vorschriften und aus dem Sinn- und Gesamtzusammenhang zu ermitteln. Aus dem Sinn- und Gesamtzusammenhang kann sich insbesondere ein Verbot ergeben, sofern eine Vereinbarung gegen zwingendes Recht verstößt, der Rechtsverstoß erheblich ist, und ein im Einzelfall schutzwürdiges Interesse an der Einhaltung der Rechtsordnung besteht, hinter dem der Grundsatz der Vertragsverbindlichkeit zurückzutreten hat.

Als gesetzliche Verbote i.S.d. § 134 BGB kommen nach h.M. nur solche Vorschriften in Betracht, die den Vertrag als Handlungsform verbieten oder den Vertragsinhalt bzw. -erfolg als solchen missbilligen, nicht aber Verstöße gegen sonstige ö-r Zuständigkeits-, Verfahrens-, oder Formvorschriften.

Ein Verstoß gegen ein gesetzliches Verbot nach § 134 BGB wird danach nur sanktioniert, wenn sich die Vorschrift an beide Beteiligten richtet und die Herbeiführung eines bestimmen Erfolges verbietet oder das Gewicht der verletzten Vorschrift so groß ist, dass es unerträglich wäre, wenn der Vertrag wirksam wäre. Eine Sanktionierung eines Verstoßes findet nicht statt, wenn nur die Art und Weise des Handelns durch die Vorschrift negativ bewertet wird.

Keine Nichtigkeit tritt ein, wenn ein Gesetz nur bestimmte Umstände oder Einzelheiten des Rechtsgeschäfts missbilligt.

Andere Formen des Verwaltungshandelns

Sonstige Nichtigkeitsvorschriften:

Weitere nach § 59 I VwVfG für alle ö-r Verträge geltenden Nichtigkeitsgründe des BGB

- § 105 BGB: Willenserklärung eines Geschäfts- oder Handlungsunfähigen,
- §§ 116-118 BGB: Geheimer Vorbehalt, Scheingeschäft, Mangel der Ernstlichkeit,
- § 125 BGB: Verletzung einer Formvorschrift,
- § 138 BGB: Verstoß gegen die guten Sitten,
- §§ 164 ff. BGB: Vertreter ohne Vertretungsmacht sowie auch §§ 14 ff. VwVfG,
- §§ 119 ff. i.V.m. § 142 I BGB: Anfechtung ausgelöste Nichtigkeit.

Ausschließliche Nichtigkeitsgründe für subordinationsrechtliche Verträge:

Nichtigkeitsgründe nur für subordinationsrechtliche Verträge

(1) VA entsprechenden Inhalts wäre nichtig,
(2) VA gleichen Inhalts wäre rechtswidrig und Kenntnis der Vertragschließenden – nur für subordinationsrechtlichen Vergleichsvertrag nach § 55 VwVfG,
(3) VA gleichen Inhalts wäre nicht nur wegen eines Verfahrens- und Formfehlers i.S.d. § 46 VwVfG rechtswidrig + keine Vergleichslage – nur für subordinationsrechtlichen Austauschvertrag nach § 56 VwVfG,
(4) unzulässige Leistungspflichten des Bürgers.

Rechtsfolgen der Nichtigkeit

Der nichtige Verwaltungsvertrag entfaltet keine Rechtswirkungen, als Verpflichtungsvertrag begründet er keine Leistungspflichten und als Verfügungsvertrag führt er keine Rechtsänderungen herbei. Die Leistungen sind zurückzuerstatten. Die Teilnichtigkeit führt zur Gesamtnichtigkeit, wenn nicht anzunehmen ist, dass er auch ohne den nichtigen Teil abgeschlossen worden wäre, § 59 III VwVfG.

Beim nichtigen Verwaltungsvertrag sind die Leistungen zurückzuerstatten.

Ein auf Grund eines nichtigen Verwaltungsvertrages erlassener Verwaltungsakt ist rechtswidrig und damit anfechtbar und rücknehmbar. Aber nur unter den Voraussetzungen des § 44 VwVfG ist er nichtig.

3.6. Leistungsstörungen des öffentlich-rechtlichen Vertrages

Nach § 62 S. 2 VwVfG sind Leistungsstörungen nach den Vorschriften des BGB und den dazu entwickelten Grundsätzen zu behandeln.

3.7. Abänderung oder Kündigung

Bei wesentlicher Veränderung der bei Vertragsschluss maßgebenden Verhältnisse ist ein Festhalten einer Vertragspartei an der ursprünglichen vertraglichen Regelung nicht zumutbar, so kann Anpassung verlangt werden; ist dies nicht möglich, so kann eine Kündigung des Vertrages nach § 60 I S. 1 VwVfG erfolgen.

3.8. Rechtsschutz zur Durchsetzung der Ansprüche aus dem ö-r Vertrag

Grundsätzlich: Leistungsklage auf Erfüllung der Verpflichtung.

Ausnahme: Verpflichtungsklage, falls Behörde einen VA schuldet, z.B. Baugenehmigung.

Vertragliche Schadensersatzansprüche: Verwaltungsrechtsweg im Gegenschluss aus § 40 Abs. 2 S. 1 VwGO.

Ein öffentlich-rechtlicher Vertrag gibt der Behörde keine Ermächtigungsgrundlage zum Erlass eines VA, etwa eines Leistungsbescheides.

Die Behörde ist – wie der Bürger auch – auf eine Klage beim Verwaltungsgericht angewiesen. Klageart ist die allgemeine Leistungsklage.

> Rechtsschutz: Grundsätzlich Leistungsklage auf Erfüllung der Verpflichtung; ausnahmsweise Verpflichtungsklage, sofern Behörde einen Verwaltungsakt schuldet, z.B. Baugenehmigung

Fall 24: Die Gemeinde G. braucht Geld für eine neue Umgehungsstraße. Da sie Eigentümerin von Grundstücken in bester Lage ist, beschließt sie, diese Grundstücke finanziell zu verwerten. Sie bietet deshalb die Grundstücke Bauwilligen an. Zusätzlich zum Grundstückskaufvertrag wird noch eine schriftliche Vereinbarung mit den Bauwilligen getroffen. Nach dieser verspricht die Gemeinde den Erlass eines Verwaltungsaktes in Form der Erteilung einer Baugenehmigung, die Erwerber verpflichten sich gleichzeitig, einen verlorenen Zuschuss in Höhe von 10.000,- € zum Bau der gemeindlichen Kanalisation zu zahlen.

Welchen Charakter haben die Vereinbarungen; sind sie zulässig?
Bei Verkauf des Grundstücks durch die Gemeinde handelt es sich um einen bürgerlich-rechtlichen Grundstückskaufvertrag, die Gemeinde handelte hier wie ein Privater.

Fraglich ist, wie die Vereinbarung bezüglich der Verpflichtung zur Erteilung einer Baugenehmigung und des verlorenen Zuschusses zu qualifizieren ist.

Öffentlich-rechtlich wäre die Vereinbarung, wenn sie sich auf Sachverhalte bezieht, die von der gesetzlichen Ordnung öffentlich-rechtlich geregelt sind.

Hier geht es um Rechte und Pflichten, die im Baurecht, einem Bereich des öffentlichen Rechts, begründet sind.

Es handelt sich auch um eine vertragliche Regelung, weil der Inhalt der Regelung rechtlich auf dem übereinstimmenden Willen der Beteiligten beruht, insbesondere, da der beteiligte Bürger durch Zahlung des verlorenen Zuschusses einen Einfluss auf den Inhalt der Regelung hat.

Dieser Vertrag ist als Handlungsform insbesondere dann zulässig, wenn die Behörde »anstatt einen Verwaltungsakt zu erlassen, eine Vereinbarung mit demjenigen schließt, an den sie sonst den Verwaltungsakt richten würde«, § 54 S. 2 VwVfG. Voraussetzung für die Annahme eines solchen subordinationsrechtlichen Vertrages ist, dass der Vertragsgegenstand im Prinzip einseitig durch einen Verwaltungsakt geregelt werden kann, also hinsichtlich des Vertragsgegenstandes ein Subordinationsverhältnis zwischen der Verwaltung und dem Vertragspartner besteht. Das ist insbesondere der Fall, wenn die Verpflichtung, die der Vertragspartner gegenüber der Behörde übernimmt, auch im Wege einer Nebenbestimmung zu einem Verwaltungsakt hätte begründet werden können.

Die Baugenehmigung hätte auch mit einer Nebenbestimmung hinsichtlich der Zahlung eines verlorenen Zuschusses zur Kanalisation versehen werden können. Dabei ist unerheblich, dass die Baugenehmigung nicht durch den Vertrag ersetzt, sondern auf Grund des Vertrages durch Verwaltungsakt erteilt werden soll. Auch jene Verträge, in denen sich die Behörde zum Erlass eines VA verpflichtet, unterliegen den Regelungen über subordinationsrechtliche Verträge.

Bei vorliegendem Vertrag handelt es sich auch um einen subordinationsrechtlichen Austauschvertrag i.S.v. § 56 VwVfG, da sich die Vertragspartner der Behörde, die Grundstückskäufer, zu einer Gegenleistung für das Versprechen einer Baugenehmigung verpflichten.

Voraussetzung der Zulässigkeit eines Austauschvertrages ist nach § 54 S. 1 VwVfG, dass eine Rechtsvorschrift nicht entgegensteht. Die Gemeinde ist aber zum Erteilen einer Baugenehmigung nicht zuständig. Zuständig ist hierfür die Bauaufsichtsbehörde, und das ist in den Bundesländern die Verwaltung der Kreise, kreisfreien und der großen kreisangehörigen Städte.

Weitere Zulässigkeitsvoraussetzung ist, dass die Gegenleistung für einen bestimmten Zweck im Vertrag vereinbart worden ist – hier einen verlorenen Zuschuss in Höhe von 10.000,- € zum Bau der gemeindlichen Kanalisation – und der Behörde zur Erfüllung ihrer Aufgaben dient, was auch der Fall ist.

Darüber hinaus muss die Gegenleistung nach § 56 I S. 2 VwVfG den gesamten Umständen nach angemessen sein und in einem sachlichen Zusammenhang mit der vertraglichen Leistung der Gemeinde stehen.

Auf Grund des hohen Betrages von 10.000,- €, der als Zuschuss zur gemeindlichen Kanalisation verlangt wird, liegt hier der käufliche Erwerb einer Baugenehmigung vor und damit kein angemessener Leistungsaustausch. Ein käuflicher Erwerb einer Baugenehmigung ist in Bezug auf den Gleichheitssatz des Art. 3 GG nicht zulässig. Demnach liegt eine unzulässige Gegenleistung vor. Folglich ist der öffentlich-rechtliche Vertrag nach § 59 II Nr. 4 VwVfG nichtig.

Nichtigkeit des öffentlich-rechtlichen Vertrages

1. Nichtigkeitsgründe für alle öffentlich-rechtlichen Verträge, § 59 I i.V.m. BGB-Vorschriften analog
- § 134: Verstoß gegen ein gesetzliches Verbot
  aber nur, wenn sich die Vorschrift an beide Beteiligten richtet und Herbeiführung eines bestimmten Erfolges verbietet oder das Gewicht der verletzten Vorschrift so groß ist, dass es unerträglich wäre, wenn der Vertrag wirksam wäre
- § 105 BGB: Willenserklärung eines Geschäfts- oder Handlungsunfähigen
- §§ 116-118 BGB: geheimer Vorbehalt, Scheingeschäft, Mangel der Ernstlichkeit
- § 125 BGB: Verletzung einer Formvorschrift
- § 138 BGB: Verstoß gegen die guten Sitten
- § 164 ff. BGB: Vertreter ohne Vertretungsmacht, sowie auch §§ 14 ff. VwVfG
- §§ 119 ff. i.V.m. § 142 I BGB: durch Anfechtung ausgelöste Nichtigkeit

2. ausschließliche Nichtigkeitsgründe für subordinationsrechtliche Verträge
    (§ 54 S. 2 VwVfG) nach § 59 II
- Nr. 1: VA entsprechenden Inhalt wäre nichtig
- Nr. 2: rechtswidriger VA und Kenntnis der Vertragsschließenden
- Nr. 3: keine Vergleichslage
- Nr. 4: unzulässige Leistungspflichten des Bürgers

4. Wiederholungsfragen

○ 1. Welche Klageart ist zu wählen, wenn die Abwehr oder die Vornahme eines Realaktes erreicht werden soll? Lösung S. 131

○ 2. Welche Punkte sind beim Folgenbeseitigungsanspruch zu prüfen? Lösung S. 132

○ 3. Was ist eine Rechtsverordnung? Lösung S. 133 f.

○ 4. Was ist eine Satzung? Lösung S. 135

○ 5. Was unterscheidet die Rechtsverordnung von der Satzung? Lösung S. 138

○ 6. Wie unterscheiden sich Rechtsverordnung und Satzung einerseits und vom VA andererseits? Lösung S. 138

○ 7. Wann bedarf der Erlass einer Satzung spezieller Rechtsgrundlagen? Lösung S. 137

○ 8. Wann ist beim prozessualen Aufbau der Klausur das Merkmal »öffentlich-rechtlich« zu prüfen, wenn es um eine vertragliche Vereinbarung mit der Verwaltung geht? Lösung S. 140

○ 9. Zu welchen Arten von VA ist der öffentlich-rechtliche Vertrag abzugrenzen? Lösung S. 143

○ 10. Welche Arten des verwaltungsrechtlichen Vertrages werden unterschieden? Lösung S. 141

○ 11. In welchen Bereichen ist ein Verwaltungsvertrag nicht möglich? Lösung S. 145

○ 12. Welche Nichtigkeitsgründe gelten für alle öffentlich-rechtlichen Verträge? Lösung S. 146 f.

○ 13. Welche Nichtigkeitsgründe gelten nur für subordinationsrechtliche Verträge? Lösung S. 148

○ 14. Welche Rechtsfolgen hat die Nichtigkeit eines verwaltungsrechtlichen Vertrages? Lösung S. 148

○ 15. Welche Rechtsschutzmöglichkeiten bestehen zur Durchsetzung von Ansprüchen aus öffentlich-rechtlichen Verträgen? Lösung S. 149

Das Staatshaftungsrecht

1.	Amtshaftung	154
2.	Haftung aus enteignungsgleichem und enteignendem Eingriff	165
3.	Allgemeiner Aufopferungsanspruch	171
4.	Wiederholungsfragen	174

1. Amtshaftung

Hin und wieder ist Gegenstand öffentlich-rechtlicher Klausuren das Staatshaftungsrecht. Eines der Themen ist die Amtshaftung.

§ 839 BGB

Haftung bei Amtspflichtverletzung

(1) Verletzt ein Beamter vorsätzlich oder fahrlässig die ihm einem Dritten gegenüber obliegende Amtspflicht, so hat er dem Dritten den daraus entstehenden Schaden zu ersetzen. Fällt dem Beamten nur Fahrlässigkeit zur Last, so kann er nur dann in Anspruch genommen werden, wenn der Verletzte nicht auf andere Weise Ersatz zu erlangen vermag.

(2) Verletzt ein Beamter bei dem Urteil in einer Rechtssache seine Amtspflicht, so ist er für den daraus entstehenden Schaden nur dann verantwortlich, wenn die Pflichtverletzung in einer Straftat besteht. Auf eine pflichtwidrige Verweigerung oder Verzögerung der Ausübung des Amts findet diese Vorschrift keine Anwendung.

(3) Die Ersatzpflicht tritt nicht ein, wenn der Verletzte vorsätzlich oder fahrlässig unterlassen hat, den Schaden durch Gebrauch eines Rechtsmittels abzuwenden.

Art. 34 GG

Haftung bei Amtspflichtverletzungen

Verletzt jemand in Ausübung eines ihm anvertrauten öffentlichen Amtes die ihm einem Dritten gegenüber obliegende Amtspflicht, so trifft die Verantwortlichkeit grundsätzlich den Staat oder die Körperschaft, in deren Dienst er steht. Bei Vorsatz oder grober Fahrlässigkeit bleibt der Rückgriff vorbehalten. Für den Anspruch auf Schadensersatz und für den Rückgriff darf der ordentliche Rechtsweg nicht ausgeschlossen werden.

Wer als Bürger durch den Fehler eines Staatsbediensteten einen Schaden erleidet, hat Anspruch auf Ersatz. Dabei ist jedoch entscheidend, ob der Bedienstete in Ausübung öffentlicher Gewalt, also als »Beamter«, oder als »Privatperson« gehandelt hat. Als Beamter muss er gemäß § 839 BGB für sein schuldhaftes Verhalten einstehen, wobei den Schuldnachweis der Geschädigte, eben der Bürger, zu führen hat.

An die Stelle dieser persönlichen Haftung tritt, hat der Beamte ein hoheitliches Amt ausgeübt, wie beispielsweise die Erteilung einer Baugenehmigung, gemäß Art. 34 GG der Staat oder die Körperschaft (Land, Stadt) für ihn ein.

Eine Haftung des nur fahrlässig handelnden Beamten entfällt in der Regel, wenn der Geschädigte »auf andere Weise«, so § 839 II BGB, Ersatz des Schadens bekommen kann, also beispielsweise durch eine Versicherung.

Voraussetzung für die Amts- oder Staatshaftung ist, dass die verletzte Amtspflicht des Beamten gerade gegenüber dem Geschädigten »obliegen« muss, d.h., es darf sich nicht lediglich um eine Pflicht gegenüber der Allgemeinheit oder gegenüber einer Behörde handeln.

Schwierig wird es im Falle technischen Versagens (Ampelausfall, falsche Steuerberechnungen durch die EDV). Hier können Schäden nur reguliert werden, wenn die Fehler direkt auf menschliches Versagen zurückgeführt werden können.

Schadensersatzanspruch

Die Anspruchsgrundlage für einen Anspruch aus Amtshaftung bildet Art. 34 S.1 GG i.V.m. § 839 BGB. Beide Vorschriften müssen zusammengelesen werden. Während § 839 BGB als Anspruchsnorm die persönliche Haftung des Beamten statuiert, bildet Art. 34 S.1 GG die Zurechnungsnorm. Die Eigenart der Amtshaftung besteht darin, dass sie auf der persönlichen Haftung des handelnden Amtswalters beruht und diese Haftung auf den Staat übergeleitet wird.

§ 839 BGB stellt die anspruchsbegründende und Art. 34 GG die überleitende Norm dar.

Ein Anspruch aus Amtshaftung gem. Art. 34 S.1 GG i.V.m. § 839 BGB wird begründet, wenn

(1) jemand in Ausübung eines öffentlichen Amtes,
(2) eine Amtspflicht verletzt,
(3) die ihm einen Dritten gegenüber obliegt,
(4) und dadurch einen Schaden verursacht,
(5) wobei die Amtspflicht schuldhaft erfolgt sein muss und
(6) weder ein Haftungsausschluss (§ 839 III BGB) noch sonstige Haftungsbeschränkungen (§ 839 I S.2 BGB) eingreifen dürfen.

Bevor man den Amtshaftungstatbestand prüft, muss zuerst feststehen, dass er nicht durch ein formelles Gesetz ausgeschlossen ist. Einen solchen Ausschluss findet man z.B. bei Gebührenbeamten in § 5 Nr.1 des Gesetzes über die Haftung des Reichs für seine Beamten (RBHG).

Schadensersatzanspruch aus Art. 34 GG i.V.m. § 839 BGB

Die staatliche Amtshaftung, der Schadensersatzanspruch aus Art. 34 GG i.V.m. § 839 BGB setzt voraus, dass ein Amtsträger in Ausübung öffentlicher Gewalt schuldhaft eine gegenüber dem Geschädigten obliegende Amtspflicht verletzt. Dabei setzt § 839 BGB nicht nur die Verletzung der in § 823 BGB genannten Rechtsgüter voraus, sondern es wird für jede Rechtsgutverletzung gehaftet. Geschieht die Pflichtverletzung bei hoheitlicher Tätigkeit, so haftet der jeweilige Amtswalter dem Geschädigten gegenüber nicht persönlich. Schadensersatzpflichtig ist vielmehr der Staat bzw. die Körperschaft des öffentlichen Rechts, in deren Dienst der Amtsträger steht.

Amtshaftung als Verlagerung der Eigenhaftung des Beamten

Art. 34 GG bewirkt im Verhältnis zu § 839 BGB, dass

- der Kreis der Haftenden sich über den Beamten hinaus auch etwa auf Angestellte und Arbeiter im öffentlichen Dienst erstreckt,
- bei Vorliegen der Voraussetzungen ein Schuldübergang auf die öffentliche Hand erfolgt,
- gegen den Handelnden nur bei Vorsatz oder grober Fahrlässigkeit Rückgriff genommen werden darf.

Der Anspruch aus § 839 I BGB, Art. 34 GG setzt voraus, dass jemand in Ausübung eines öffentlichen Amtes die ihm einem Dritten gegenüber obliegende Amtspflicht schuldhaft verletzt, wodurch ein Schaden verursacht wird, ohne dass ein Haftungsausschluss eintritt.

Voraussetzungen:
- jemand
- in Ausübung eines ihm anvertrauten öffentlichen Amtes
- verletzt eine Amtspflicht, die
- ihm einem Dritten gegenüber obliegt, und
- verursacht dadurch einen Schaden, wobei
- die Amtspflichtverletzung schuldhaft erfolgt sein muss
- ohne dass eine anderweitige Ersatzmöglichkeit (§ 839 I S. 2 BGB) besteht oder ein Haftungsausschluss (§ 839 III BGB) eintritt.

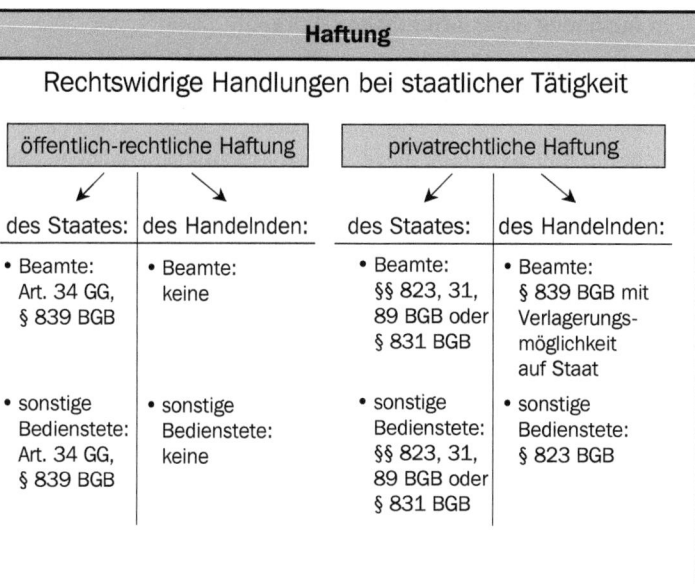

Jemand

Im Bereich der Staatshaftung gilt der sog. haftungsrechtliche Beamtenbegriff. Danach ist es nicht notwendig, dass der Handelnde Beamter im staatsrechtlichen Sinne ist. Es reicht aus, dass, wie es auch der Wortlaut des Art. 34 S. 1 GG zum Ausdruck bringt, jemand in Ausübung eines ihm anvertrauten öffentlichen Amtes, also hoheitlich gehandelt hat.

Es kommt nicht auf den Status des Handelnden an.

Somit können auch Angestellte und Arbeiter im öffentlichen Dienst den Anspruch aus § 839 I BGB, Art. 34 GG auslösen, soweit sie mit der Wahrnehmung hoheitlicher Aufgaben betraut sind. Gleiches gilt für Personen,

- die in einem sonstigen öffentlich-rechtlichen Dienstverhältnis stehen, wie z.B. Richter, Soldaten, Zivildienstleistende,
- die in einem sonstigen öffentlich-rechtlichen Amtsverhältnis, welches kein Dienstverhältnis ist, stehen, wie etwa Mitglieder kommunaler Vertretungskörperschaften, Ratsmitglieder, Bürgermeister, Parlamentsabgeordnete (Bundestags- sowie Landtagsabgeordnete), Minister,
- und sogar für Privatpersonen, falls diese als Beliehene oder Verwaltungshelfer hoheitlich tätig werden.

In Ausübung eines öffentlichen Amtes

Die Frage, ob das Verhalten des Amtsträgers öffentlich-rechtlich oder privatrechtlich zu beurteilen ist, beantwortet sich nach den allgemeinen Regeln. Erforderlich ist hoheitliches Handeln, wobei schlichthoheitliches Handeln genügt, nicht jedoch fiskalisches Handeln. Der Amtsträger muss »in Ausübung« eines öffentlichen Amtes handeln, also nicht nur »bei Gelegenheit«. Es ist deshalb ein äußerer oder innerer Zusammenhang mit der Amtsausübung erforderlich.

Verletzung der Amtspflicht

Amtspflichten sind Pflichten, die dem Amtswalter infolge der Wahrnehmung der mit seinem Amt verbundenen Aufgaben gegenüber dem Dienstherrn – Staat oder sonstiger Träger öffentlicher Verwaltung – obliegen. Haftungsgrund ist die Verletzung einer internen Dienstpflicht. Die Rechtsordnung geht demnach davon aus, dass die Nichtbeachtung einer Dienstpflicht im Innenverhältnis regelmäßig zugleich den davon betroffenen Bürger im Außenverhältnis verletzt.

Der Inhalt der Amtspflichten bestimmt sich nach dem Bundesbeamtengesetz für Bundesbeamte und dem Landesbeamtengesetz für Landesbeamte, Gemeindebeamte und Beamte der juristischen Personen des öffentlichen Rechts und der mittelbaren Verwaltung eines Bundeslandes, wobei die Kreis- und Gemeindeordnungen noch zusätzliche Bestimmungen für Wahlbeamte enthalten. Für Angestellte und Arbeiter im öffentlichen Dienst sind deren Tarifverträge maßgeblich. Die dort verankerten Rechte und Pflichten sind denen der Beamten immer mehr angenähert worden und deshalb sehr ähnlich. Amtspflichten können sich des Weiteren aus Rechtsverordnung, Satzung, Verwaltungsvorschriften, verwaltungsinternen Einzelweisungen und Gewohnheitsrecht ergeben.

Fallgruppen der Verletzung der Amtspflicht

Die vier wesentlichen Fallgruppen sind dabei:

- Pflicht zu rechtmäßigem Verwaltungshandeln:
    - Keine Begehung eines Delikts i.S.d. § 823 ff. BGB
    - Beachtung der sachlichen Zuständigkeitsregelungen
    - Beachtung der wesentlichen Verfahrensvorschriften
    - Keine Ermessensfehler
    - Keine Unverhältnismäßigkeit
- Pflicht zur Amtsverschwiegenheit
- Verbot des Amtsmissbrauchs
- Pflicht zur richtigen Auskunftserteilung

Drittbezogenheit der Amtspflicht

Es ist zu prüfen, ob

- die verletzte Amtspflicht drittschützende Wirkung entfaltet
- der geschädigte dem geschützten Personenkreis zuzurechnen ist.

Eine Amtspflicht besteht dann gegenüber einem Dritten, wenn ihre Begründung zumindest auch den Interessen des geschädigten Dritten zu dienen bestimmt ist. Das ist dann der Fall, wenn die Amtspflicht zumindest auch den Zweck verfolgt, die Interessen des Dritten zu schützen (Individualschutz). Demzufolge muss die die Amtspflicht begründende Vorschrift nicht nur die Allgemeinheit, sondern zumindest auch die Interessen Einzelner schützen wollen, zu denen der Geschädigte gehören muss (sog. persönlicher Schutzbereich). Darüber hinaus muss sie auch den Zweck verfolgen, gerade den eingetretenen Schaden zu verhindern (sog. sachlicher Schutzbereich).

> Eine Drittbezogenheit der Amtspflicht besteht gegenüber einem Dritten, wenn ihre Begründung zumindest auch den Interessen des Dritten zu dienen bestimmt ist.

Deshalb kommt eine Amtshaftung bei Maßnahmen der Rechtsetzung des Gesetz- und Verordnungsgebers nur ausnahmsweise bei Maßnahme- oder Einzelfallgesetzen in Betracht.

Bei der Bauleitplanung erkennt der Bundesgerichtshof drittbezogene Amtspflichten dann an, wenn das Gebot der Rücksichtnahme auch zugunsten eines bestimmten Planbetroffenen drittschützende Wirkung entfaltet und ihm damit ein subjektives Recht zusteht.

Verursachung des Schadens

Als Folge der Amtspflichtverletzung muss ein Schaden entstanden sein. Es ist zu untersuchen, ob die Amtspflichtverletzung nicht hinweggedacht werden kann, ohne dass der Erfolg entfiele. Zu prüfen ist, welchen Verlauf das Geschehen bei pflichtgemäßem Handeln des Amtswalters genommen und wie sich das Vermögen des Betroffenen dann entwickelt hätte.

> Der Schaden kann in der Falllösung auch am Anfang geprüft werden

Hinsichtlich der Ursächlichkeit einer Amtspflichtverletzung bei Ermessensentscheidungen ist zu fragen, wie die Behörde bei fehlerfreier Ausübung des Ermessens zu entscheiden hätte. Eine Kausalität liegt dann vor, wenn bei rechtmäßiger Ermessensausübung der Schaden nicht eingetreten wäre.

Nur wenn das gebotene pflichtgemäße Handeln mit an Sicherheit grenzender Wahrscheinlichkeit eingetreten wäre, ist eine Amtspflichtverletzung durch pflichtwidriges Unterlassen gegeben.

Bei diesem Punkt ist darauf hinzuweisen, dass einige Autoren das Bestehen eines Schadens zuerst prüfen, so dass in der Falllösung vertretbar ist, mit der Feststellung eines Schadens zu beginnen.

Verschulden (Schuldhafte Verletzung)

Vorsätzliche oder fahrlässige Handlung

Eine Amtshaftung tritt nur ein, wenn ein Verschulden gegeben ist. Dieses Verschulden muss sich auf die Amtspflichtverletzung, nicht auf den Eintritt des Schadens beziehen. Erforderlich ist also eine vorsätzlich oder fahrlässige Verletzung (§ 276 BGB) der Amtspflicht. Hinsichtlich des nach § 839 BGB erforderlichen Verschuldens gilt der objektivierte Fahrlässigkeitsmaßstab des § 276 BGB. Danach ist auf die im Verkehr erforderliche, nicht aber auf die im konkreten übliche oder die nach dem Leistungsniveau des einzelnen Amtswalters zu erwartende Sorgfalt abzustellen. Es ist der Sorgfaltsmaßstab eines ordentlichen Amtswalters zu Grunde zu legen.

Schwierigkeiten ergeben sich bei Feststellung des Verschuldens, wenn es um die unrichtige Anwendung des Rechts durch die Verwaltung geht. Unzureichende Gesetzeskenntnis wie auch die Unkenntnis der Auslegung der Gesetze werden als fahrlässige Handlung angesehen, nicht aber eine unrichtige Norminterpretation, sofern ungeklärte Zweifelsfragen zu klären sind. Dieser Verschuldensmaßstab gilt auch für Gemeinde- und Stadtratsmitglieder, also Mitglieder kommunaler Vertretungskörperschaften, auch wenn diese keine Juristen sind, da diese sich von ihrer Verwaltung oder sonstigen Fachbehörden beraten lassen können.

Dem Amtsträger ist allerdings kein Schuldvorwurf zu machen, wenn ein Kollegialgericht sein Verhalten als objektiv rechtmäßig beurteilt hat. Es kann nicht verlangt werden, dass der Amtswalter die Rechtswidrigkeit seines Handelns erkennt, wenn es nicht einmal nachträglich von einem Kollegialgericht erkannt wurde.

Keine anderweitige Ersatzmöglichkeit

Subsidiaritätsprinzip

Ist der Schaden nicht nur durch hoheitliches Unrecht entstanden, sondern haben an ihm auch andere Schädiger mitgewirkt, so haben bei fahrlässiger Amtspflichtverletzung anderweitige Ersatzmöglichkeiten den Vorrang vor dem Amtshaftungsanspruch. Solange eine anderweitige Ersatzmöglichkeit besteht, ist also ein Amtshaftungsanspruch ausgeschlossen.

Die anderweitige Entschädigung muss aber den Sinn und Zweck haben, den Staat als Schädiger zu entlasten. Dies ist insbesondere dann nicht der Fall, wenn der Geschädigte eigene Aufwendungen für den anderweitigen Anspruch erbracht hat.

Nach § 839 I S. 2 BGB haftet der Bedienstete nur subsidiär, d.h., er kann »nur dann in Anspruch genommen werden, wenn der Verletzte nicht auf andere Weise Ersatz verlangen kann«.

Das sog. »Verweisungsprivileg« setzt voraus:

- fahrlässige Amtspflichtverletzung,
- Bestehen eines Anspruchs gegen einen Dritten,
- Durchsetzbarkeit des Anspruchs und Zumutbarkeit der Durchsetzung.

Dies ist in der Praxis dann der Fall, wenn ein Ersatzanspruch gegen einen Mitschädiger bzw. dessen Versicherung besteht.

Die Anwendung des § 839 I S. 2 BGB ist aber in der Regel ausgeschlossen, wenn eine Abwägung zwischen dem Zweck des Subsidiaritätsprivilegs und dem Zweck der Leistungspflicht des Dritten ergibt, dass eine Haftungsbefreiung des Staates sachlich nicht gerechtfertigt oder unbillig erscheint.

Typische Fallgruppen, bei denen § 839 I S. 2 BGB ausgeschlossen ist, sind:

Ausschluss der Subsidiaritätsklausel

- der anderweitige Anspruch richtet sich wiederum nur gegen einen Verwaltungsträger,

Grund: wirtschaftliche Einheit des Staates, Entlastungseffekt zugunsten des Staates tritt nicht ein.

- dienstliche Teilnahme am allgemeinen Straßenverkehr,

Grund: Haftungsrechtliche Gleichbehandlung aller Verkehrsteilnehmer führt zur Nichtbevorrechtigung.

- Straßenverkehrssicherungspflicht,

Grund: Gleichheit zwischen öffentlich-rechtlicher und privatrechtlicher Verkehrssicherungspflicht.

- gesetzliche oder private Versicherungsansprüche gegen Kranken-, Sozial- oder Rentenversicherung,

Grund: Zweck der Versicherung ist es nicht, dem Staat das Haftungsrisiko abzunehmen.

- bestehende Ansprüche nach dem Entgeltfortzahlungsgesetz,

Grund: diese Leistungen des Arbeitgebers haben nicht den Zweck, staatliches Unrecht auszugleichen.

Haftungsbeschränkungen in Gemeindesatzungen aufgrund kommunalrechtlicher Ermächtigung zum Satzungserlass sind nicht möglich, weil in der Normenhierarchie Art. 34 GG oberhalb des örtlichen Satzungsrechts angesiedelt ist. Ein Mitverschulden muss sich der Geschädigte gemäß § 254 BGB anrechnen lassen.

Kein Haftungsausschluss

Nach § 839 III BGB tritt die Schadensersatzpflicht aus Amtshaftung nicht ein, »wenn der Verletzte vorsätzlich oder fahrlässig unterlassen hat, den Schaden durch Gebrauch eines Rechtsmittels abzuwenden«. Der Begriff des Rechtsmittels ist hier weit zu fassen. Darunter fällt jeder Rechtsbehelf, mit dem die Maßnahme des Amtswalters überprüft werden kann, selbst Gegenvorstellungen. Jedoch muss das Rechtsmittel zumutbar sein. Unter Rechtsmittel werden nach der Rechtsprechung alle förmlichen und nichtförmlichen Rechtsbehelfe außer der Verfassungsbeschwerde und der Bauvoranfrage gezählt:

- Widerspruch und verwaltungsgerichtliche Klagen,
- der Antrag nach § 80 V VwGO,
- der Antrag auf Anordnung der Vollziehung nach § 361 II AO, § 69 II FGO,
- die Dienstaufsichtsbeschwerden,
- formlose Vorstellungen, Beschwerden, Erinnerungen.

Fall 25: Staatsanwalt Schneidig erwirkt beim zuständigen Amtsgericht einen Haftbefehl gegen Rechtsanwalt Unschuldig wegen Untreue und informiert die Presse von der Verhaftung, die unter voller Namensnennung hiervon berichtet. Nach der Haftprüfung wird der Haftbefehl aufgehoben, im Verfahren wird Unschuldig freigesprochen. Aufgrund der unzutreffenden Berichterstattung erleidet Unschuldig Einkommenseinbußen und erhebt Schadensersatzklage aus Amtshaftung. Diese wird vom BGH letztinstanzlich abgewiesen. Unschuldig hätte eine Dienstaufsichtsbeschwerde gegen Schneidig einlegen müssen. Der Behördenleiter der StA hätte dann einen Widerruf oder eine Richtigstellung in der Zeitung veranlasst, so dass künftiger Schaden ganz oder überwiegend verhindert worden wäre. Diese teilweise Ursächlichkeit der Rechtsbehelfsversäumung führte nach § 839 III BGB zu einem vollständigen Ausschluss der Schadensersatzpflicht.

Inhalt und Umfang des Anspruches

Rechtsfolge ist ein Schadenersatzanspruch in Geld, der auch Schmerzensgeld umfasst. Jedoch kann keine Naturalrestitution verlangt werden, wie z.B. die Rücknahme von VA. Der Staat haftet nur so wie ein Beamter und diesem wäre die Rücknahme als Privatmann unmöglich.

Leistung von Geld oder anderen vertretbaren oder unvertretbaren Sachen

Der Amtshaftungsanspruch ist inhaltlich in der Weise beschränkt, dass er keinen Anspruch auf Vornahme einer Amtshandlung gewährt. Die Amtshaftung des Art. 34 GG basiert auf der Eigenhaftung des Beamten nach § 839 BGB, Art. 34 GG und überträgt die persönliche Haftung des Bediensteten im Wege einer befreienden Schuldübernahme auf die betreffende Körperschaft. Aus dieser Struktur der Amtshandlung ergibt sich, dass die Körperschaft nicht weiter haften kann, als der Bedienstete persönlich haften würde. Vom Staat kann wegen der nur privaten Schuldübernahme gem. Art. 34 S. 1 GG lediglich dasjenige verlangt werden, was der Bedienstete aufgrund seiner eigenen Haftung als Privatmann gem. § 839 I S. 1 BGB persönlich zu leisten imstande wäre.

Als Privatmann könnte der Bedienstete eine Amtshandlung nicht vornehmen. Deshalb ist die Amtshaftung auch auf die Leistung von Geld oder anderen vertretbaren oder unvertretbaren Leistungen beschränkt, die der Bedienstete als solcher erbringen könnte. Dies gilt auch bei rechtswidrigen Prüfungsentscheidungen. Ersatzfähig ist dort der Vermögensschaden, der als Verzögerungsschaden in Gestalt eines Verdienstausfalles, der durch die pflichtwidrige negative Prüfungsentscheidung entstanden war, eingetreten ist.

Der ansonsten auf vollen Schadensersatz i.S.v. §§ 249 ff. BGB gehende Amtshaftungsanspruch umfasst insbesondere auch den entgangenen Gewinn nach § 252 BGB und ggf. Schmerzensgeld nach § 847 BGB.

Ein Anspruch gegenüber dem Bediensteten selbst scheidet dagegen aus, weil Art. 34 GG in Form der befreienden Schuldübernahme die Haftung auf die Körperschaft überträgt.

Die Bediensteten sind aber nach den einschlägigen, im Rahmen von Art. 34 S. 2 ergangenen Vorschriften im Innenverhältnis zu ihrem Dienstherrn einem Rückgriffsanspruch ausgesetzt, wenn sie grob fahrlässig oder vorsätzlich gehandelt haben. Für Bundesbeamte etwa ist dies in § 78 I S. 1 BBG geregelt, für Landesbeamte gilt die inhaltsgleiche Regelung des Landesbeamtengesetzes. Für den Rückgriff bei Angestellten und Arbeitern im öffentlichen Dienst gelten die allgemeinen zivil- und arbeitsrechtlichen Vorschriften, wobei jedoch § 14 Bundesangestelltentarif zu beachten ist. Danach sind für Angestellte die für die Beamten jeweils geltenden Vorschriften entsprechend anzuwenden. Inhaltsgleiche Regelungen gibt es auch in den Tarifverträgen für Arbeiter.

Rechtsweg

Nach Art. 34 S. 3 GG darf bei der Geltendmachung des Amtshaftungsanspruches der ordentliche Rechtsweg nicht ausgeschlossen werden.

Zivilrechtsweg

Zuständig sind damit in erster Instanz, unabhängig vom Streitwert, die Landgerichte, § 73 II Nr. 2 GVG (Gerichtsverfassungsgesetz).

Grundsätzlich ist schadensersatzpflichtig die Anstellungskörperschaft, d.h. die Körperschaft, die den handelnden Amtswalter mit dem Amt betraut hat.

Ausnahmen sind zu machen bei Beamten mit Doppelfunktion. Hier haftet der Amtsträger, für den der Amtswalter gerade gehandelt hat. Bei Beliehenen haftet der beleihende Rechtsträger.

Fall 26: Referendar R, in Schuldiensten des Bundeslandes L, der aus gesundheitlichen Gründen nicht Beamter auf Widerruf ist, sondern nur im Angestelltenverhältnis seinen Referendardienst ableistet, führt im Rahmen des Unterrichts chemische Versuche durch. Durch Unachtsamkeit führt ein Versuch zur Verletzung des Schülers S. Welche Ansprüche hat S?

S könnte gem. § 839 BGB i.V.m. Art. 34 GG ein auf den Ersatz seines Schadens gerichteter Amtshaftungsanspruch gegen das Bundesland L zustehen.

Nach § 839 BGB i.V.m. Art. 34 GG hat das Bundesland L als Anstellungskörperschaft des R für die Folgen seiner Handlung einzustehen, wenn jemand in Ausübung eines ihm anvertrauten Amtes schuldhaft die ihm einem Dritten gegenüber obliegende Amtspflicht verletzt hat und dem Dritten dadurch ein Schaden entstanden ist. Die Verantwortlichkeit trifft in diesem Fall die Körperschaft, die dem Handelnden das Amt anvertraut hat, also das Bundesland L. Auf sie wird gemäß Art. 34 S. 1 GG die sonst den Handelnden persönlich treffende Haftung übergeleitet.

Da im Bereich der Staatshaftung der sog. haftungsrechtliche Beamtenbegriff gilt, ist es nicht notwendig, dass der Handelnde Beamter im staatsrechtlichen Sinne ist. Es reicht aus, dass, wie es auch der Wortlaut des Art. 34 S. 1 GG zum Ausdruck bringt, jemand in Ausübung eines ihm anvertrauten öffentlichen Amtes, also hoheitlich, gehandelt hat. Danach sind die Regeln über die Staatshaftung auch auf R als Angestellter im öffentlichen Dienst anwendbar.

R war auch mit einem öffentlichen Amt betraut, da die Zielsetzung seiner Handlung, die Versuchsdurchführung, dem Bereich hoheitlicher Verwaltung zuzurechnen ist, denn Schulunterricht ist Bestandteil der öffentlichen Verwaltung.

Er hat auch eine Amtspflicht verletzt. Neben den aus Gesetz, Dienst- und Verwaltungsvorschriften usw. resultierenden Amtspflichten ergibt sich auch die allgemeine Amtspflicht, unerlaubte Handlungen zu unterlassen. R trifft deshalb die Amtspflicht, seine Versuche so durchzuführen, dass kein Schüler dabei zu Schaden kommt. Die Amtspflichtverletzung geschah auch nicht nur bei Gelegenheit. Da alle weiteren Erfordernisse auch erfüllt sind und weder eine anderweitige

Ersatzmöglichkeit nach § 839 I S. 2 BGB noch ein Ausschluss der Haftung nach § 839 III BGB ersichtlich sind, hat S einen Schadensersatzanspruch aus § 839 BGB i.V.m. Art. 34 GG gegen das Bundesland L. R haftet daneben nicht. Da R auch nicht vorsätzlich oder grob fahrlässig gehandelt hat, besteht auch kein Rückgriffsanspruch des Bundeslandes L gegen R.

2. Haftung aus enteignungsgleichem und enteignendem Eingriff

Beide Rechtsinstitute wurden vom BGH in einer Rechtsfortbildung entwickelt, um den Schutz des Bürgers gegen Eingriffe des Staates in Eigentum zu vervollkommnen. Die Lücke im Haftungssystem bestand deswegen, weil die allgemeine Aufopferung nur Eingriffe in immaterielle Rechtsgüter abdeckte und die Enteignung nur solche Eingriffe umfasste, die zielgerichtet in das Eigentum eingriffen. Nicht erfasst waren somit Eingriffe, die zwar die Opfergrenze überschritten, diese Wirkung aber nur als nicht gewollt und nicht vorhersehbare Nebenerscheinung eintrat, so dass in den zugrunde gelegten Gesetzen keine Entschädigungsregelung vorhanden war. Diese Lücke wurde durch die Rechtsinstitute des enteignenden und enteignungsgleichen Eingriffs geschlossen.

Die Rechtsinstitute enteignender und enteignungsgleicher Eingriff werden hier zusammengefasst, da sie sich lediglich darin unterscheiden, dass es sich bei ersterem um rechtmäßige Eingriffe, bei letzterem um rechtswidrige Eingriffe handelt. Beide Rechtsinstitute unterscheiden sich von der Enteignung dadurch, dass die hoheitliche Maßnahme nicht zielgerichtet, sondern als nicht vorhersehbare Nebenwirkung enteignende Wirkung hat.

Der Entschädigungsanspruch aus enteignungsgleichem Eingriff setzt voraus, dass in eine durch Art. 14 I GG geschützte Rechtsposition mittels hoheitlicher, durch das Allgemeinwohl begründeter Maßnahme unmittelbar eingegriffen wird und dabei dem Betroffenen ein Sonderopfer abverlangt wird. Die Rechtswidrigkeit des Eingriffs indiziert dabei das Sonderopfer.

Das Staatshaftungsrecht

Rechtswidrigkeit der Maßnahme bei enteignungsgleichem Eingriff
Rechtmäßigkeit der Maßnahme bei enteignendem Eingriff
Sonderopfer nur bei enteignendem Eingriff

Überblick über die Voraussetzungen
- Eigentum
- hoheitlicher Eingriff
- Rechtswidrigkeit der Maßnahme bei enteignungsgleichem Eingriff
- Rechtmäßigkeit der Maßnahme bei enteignendem Eingriff
- nur bei enteignendem Eingriff: Sonderopfer

Der enteignungsgleiche Eingriff ist wie auch sonst im Recht, nicht anwendbar, wenn spezialgesetzliche Anspruchsgrundlagen vorhanden sind und der Schaden mit verwaltungsgerichtlichen Rechtsbehelfen abwendbar ist.

Der sog. enteignende Eingriff umfasst Sonderopferlagen, die als Nebenfolge rechtmäßigen hoheitlichen Handelns entstanden sind, d.h. an sich rechtmäßige Maßnahmen, die aber dem einzelnen mangels Vorhersehbarkeit atypische oder unvorhergesehene Nachteile und Nebenfolgen auferlegen, die die Schwelle des eigentumsrechtlich Zumutbaren überschreiten. Bei diesen faktischen Eingriffen in Grundrechte durch Realakte, Immissionen und reale Folgen von Verwaltungshandeln kann es mangels zielgerichteten Eingriffs durch Rechtsakt und damit wegen fehlender Vorhersehbarkeit keine Gesetze i.S.d. Art. 14 III S. 2 GG geben. Diese faktischen Eingriffe sind trotz Fehlens von Gesetzen rechtmäßig, sofern Duldungspflichten eingreifen, etwa aus vorangegangenem VA, §§ 903 ff. BGB analog, Einwilligung. Haftungsrechtlich liegt keine Lücke bei Rechtswidrigkeit vor, da dann Abwehrklage bzw. die Unrechtsrechtshaftung eingreifen, bei Rechtmäßigkeit ergibt sich hingegen eine solche Lücke, die zum Entschädiganspruch aus rechtmäßig enteignenden Eingriff geführt hat.

Durch das Merkmal der »Rechtmäßigkeit« und der Erforderlichkeit des »Sonderopfers« unterscheidet sich der enteignende vom enteignungsgleichen Eingriff, dessen Anspruchsvoraussetzungen er ansonsten teilt. Beide Rechtsinstitute werden hier deshalb zusammen erklärt, in der Klausur sind sie jeweils für sich zu prüfen.

Eigentum i.S.v. Art. 14 I GG

Die Haftung aus enteignungsgleichem und enteignendem Eingriff setzt voraus, dass das Objekt des Eingriffs in den Schutzbereich von Art. 14 I GG fällt.

Unter Eigentum i.S.v. Art. 14 GG ist jede privatrechtliche Vermögensposition, wie etwa dingliche Rechtspositionen, schuldrechtliche Ansprüche, das Recht am eingerichteten und ausgeübten Gewerbebetrieb zu verstehen. Zum Eigentum wird auch jede öffentlich-rechtliche vermögenswerte Rechtsposition gerechnet, die der Bürger durch eigene Arbeit und Leistung erworben hat und sich damit als Äquivalent eigener Leistung darstellt und nicht überwiegend auf staatlicher Gewährung beruht.

Hoheitlicher Eingriff mit unmittelbaren Auswirkungen

Unter hoheitlichem Eingriff versteht man jede öffentlich-rechtliche Maßnahme, die auf eine eigentumsrechtlich geschützte Rechtsposition einwirkt. Es genügt dabei, dass von der Maßnahme Auswirkungen auf das Eigentum ausgingen. Im Unterschied zur Enteignung ist die hoheitliche Maßnahme nicht zielgerichtet, sondern hat als nicht vorhersehbare Nebenwirkung enteignende Wirkung.

Finalität der Maßnahme nicht erforderlich

Beispiele: Ein von der Straße abgekommener Schützenpanzer durchbricht die Mauern eines Gasthauses; im Verlaufe von Artillerieschießübungen auf einem Truppenübungsplatz werden Waldbrände verursacht, die einen Teil des von der Klägerin gekauften und dort lagernden Holzes vernichten.

Die Eigentumsbeeinträchtigung kann sowohl durch eine untergesetzliche Rechtsnorm, also mittels Satzung oder Rechtsverordnung erfolgen, als auch durch Verwaltungsrealakte. Auch unvorhersehbare und zufällige tatsächliche, also rein faktische Folgen schlichthoheitlichen Handelns können einen Anspruch aus enteignungsgleichem Eingriff begründen.

Beispiele: Auswirkungen von U-Bahn-Bauten, Straßenarbeiten; Möwen und Krähen werden von einer Mülldeponie angelockt und verursachen auf Nachbargrundstücken Schäden an der Saat. Durch öffentlich-rechtliche Baumaßnahmen werden Überschwemmungsschäden angerichtet.

Die öffentlich-rechtlichen Maßnahmen müssen die Eigentumsbeeinträchtigung unmittelbar herbeigeführt haben, d.h., die Beeinträchtigung darf nicht auf einem außerhalb der Maßnahme liegenden selbständigen Ereignis beruhen, sondern muss ohne selbständige Zwischenursache eingetreten sein.

Unmittelbare Herbeiführung der Eigentumsbeeinträchtigung

Beispiele: Teilweise Saatvernichtung auf Äckern durch Möwen und Krähen, die durch eine schlichthoheitlich betriebene benachbarte Mülldeponie angelockt werden.

Die Erhöhung eines Seedeiches zur Verbesserung des Hochwasserschutzes führt zu einer verstärkten Überschwemmung von Grundstücken im Vordeichgelände.

Die Unmittelbarkeit wird nur bejaht, wenn schädigende Auswirkungen eines Eingriffs vorliegen, die für die konkrete Betätigung öffentlicher Gewalt typisch sind und aus der Eigenart einer hoheitlichen Maßnahme folgen. In Abgrenzung zur Gefährdungshaftung muss sich neben dem adäquaten Kausalzusammenhang zwischen hoheitlicher Maßnahme und der Eigentumsbeeinträchtigung eine besondere Gefahr verwirklichen, die bereits in der hoheitlichen Maßnahme angelegt ist.

Gegenbeispiele: Wegen eines technischen Defekts einer Ampelanlage kommt es zu einem Unfall. Die Beklagte hat durch die Aufstellung der Ampelanlage nur eine Gefahrenlage geschaffen, die erst durch das Hinzutreten weiterer Umstände im weiteren Verlauf zu den Schäden des Klägers geführt hat.

Aufgrund eines Rohrbruchs der gemeindlichen Wasserleitung entstehen Schäden auf dem Grundstück des Klägers. Eine Unmittelbarkeit wird vom BGH abgelehnt, weil Schaffen und Unterhalten der Wasserleitung unter Druck nur das Schaffen und Aufrechterhalten eines Zustandes darstellen, der zwar Gefahren in sich birgt, aber erst bei Hinzutreten weiterer Umstände zu einer Schädigung anderer führen konnte.

Nur hinsichtlich der Rechtmäßigkeit des Eingriffs unterscheiden sich die Haftungsvoraussetzungen von enteignungsgleichem und enteignendem Eingriff. Es sind erforderlich

Enteignungsgleicher Eingriff: nur bei Rechtswidrigkeit des Einriffs

• Rechtswidrigkeit des Eingriffs bei enteignungsgleichem Eingriff,

Beispiel: A wird die Durchführung einer Verkaufsveranstaltung untersagt. Diese Verfügung erweist sich als rechtswidrig, weil Verkaufsveranstaltungen des A keine genehmigungsbedürftigen Veranstaltungen waren. Der enteignungsgleiche Eingriff ist sowohl auf rechtswidrig-schuldlose, aber auch auf -schuldhafte Eingriffe anwendbar.

Ein enteignungsgleicher Eingriff ist z.B. dann gegeben, wenn ein Beamter des Staates rechtswidrig, aber schuldlos (so dass ein Amtshaftungsanspruch nicht eingreift) gegenüber einem Bürger eine Amtspflicht verletzt und diese als nicht vorhersehbare und nicht gewollte Nebenwirkung in das Eigentum in enteignender Weise eingreift.

Enteignender Eingriff: nur bei Rechtmäßigkeit des Eingriffs

• Rechtmäßigkeit des Eingriffs beim enteignenden Eingriff.

Ein typischer Fall für einen enteignenden Eingriff stellen Bauarbeiten im schlichthoheitlichen Bereich dar, die als Nebenfolge für die Anlieger ein unzumutbares Opfer mit enteignender Wirkung zur Folge haben.

Beispiel: Kläger A betreibt in der Innenstadt ein Ladengeschäft. Durch den U-Bahn-Bau bedingt ist der Fußgängerverkehr in der Straße über Monate erheblich behindert und infolgedessen die Geschäftseinnahmen stark beeinträchtigt. Da die Bauarbeiten sachgemäß und damit nicht rechtswidrig durchgeführt wurden, kommt nur ein enteignender Eingriff bezüglich der Nebenfolgen eines rechtmäßigen Eingriffs in Betracht.

Sonderopfer bei enteignendem Eingriff

Die Entschädigung bei enteignungsgleichen Eingriff erfolgt, wenn ein rechtswidriger Eingriff vorliegt.

Bei einem Entschädigungsanspruch aus enteignendem Eingriff ist zusätzlich erforderlich, dass durch den Eingriff dem Betroffenen ein Sonderopfer, das die Schwelle des eigentumsrechtlich Zumutbaren überschreitet, vorliegt.

Sonderopfer nur beim enteignenden Eingriff erforderlich.

Aus dem Gesichtspunkt der Sozialpflichtigkeit des Eigentums müssten somit die infolge der Arbeiten zur Schaffung der U-Bahn im oben genannten Beispiel auftretenden Behinderungen bis zu einem gewissen Grad ohne Entschädigung hingenommen werden. Den Anliegern muss jedoch, wenn die Beeinträchtigungen und Behinderungen ein bestimmtes Maß überschritten haben, Entschädigung wegen Eingriffs in ihren als Eigentum geschützten Gewerbebetrieb gewährt werden.

Im konkreten Fall hat der Bundesgerichtshof festgestellt, dass Art, Dauer und Intensität der Arbeiten für den Bau so stark waren, dass eine entschädigungslose Hinnahme nicht mehr zuzumuten war, die Opfergrenze also überschritten gewesen sei.

Inhalt und Umfang des Entschädigungsanspruches

Dem Inhalt nach richtet sich der Anspruch wegen enteignungsgleichen und enteignenden Eingriffs auf die Leistung einer Geldentschädigung. Dem Umfange nach wird der Anspruch durch Art. 14 III S. 2 GG bestimmt.

• Verhältnis zu den anderen Rechtsinstituten

Die Rechtsinstitute Amtshaftungsanspruch wegen Amtspflichtverletzung und der enteignungsgleiche Eingriff können sich insoweit überschneiden, als eine rechtswidrige und schuldhafte Handlung vorliegt. Jedoch umfasst der enteignungsgleiche Eingriff auch rechtswidrige, aber schuldlose Eingriffe in das Eigentum. Andererseits umfasst der Amtshaftungsanspruch auch andere geschützte Rechtsgüter außer dem Eigentum. Der enteignende Eingriff unterscheidet sich von der Amtspflichtverletzung dadurch, dass diesem eine rechtmäßige

Maßnahme zugrunde liegt, jener eine rechtswidrige Amtspflichtverletzung.

Vom enteignenden und enteignungsgleichen Eingriff unterscheidet sich die Enteignung aus Art. 14 III GG insbesondere dadurch, dass die Enteignung bewusst zweckgerichtet in das Eigentum eingreift. Die Rechtsinstitute des enteignenden und enteignungsgleichen Eingriffs zeichnen sich hingegen dadurch aus, dass die »enteignende« Wirkung nicht gewollte und nicht voraussehbare Folge war.

Entschädigungsansprüche		
Enteignungsgleicher Eingriff	Enteignender Eingriff	Aufopferungsanspruch
Vorrang von Spezialgesetzen, z.B. im Polizeirecht	Keine Spezialgesetze, da unvorhergesehene Folgen rm. Handelns	Vorrang von Spezialgesetzen, z.B. § 51 BGSG, § 51 BSeuchG
Anspruchsgrundlage ist der allgemeine Aufopferungsgedanke der §§ 74, 75 Einleitung zum Allgemeinen Preußischen Landrecht		
Schutzbereich von Art. 14 GG betroffen		Beeinträchtigung der Schutzgüter von Art. 2 II GG
Hoheitlicher Eingriff mit unmittelbaren Auswirkungen auf		
Das Eigentum		Leben, Körper, Gesundheit
Eingriff überschreitet Grenzen zulässiger Inhalts- und Schrankenbestimmungen	Eingriff als atypische Nebenfolge rechtmäßigen Verwaltungshandelns	Eingriff, der unmittelbar zu einer Einbuße führt
Rechtsfolge: Entschädigung		

Rechtsweg

Zivilrechtsweg

Ansprüche aus enteignungsgleichem und enteignendem Eingriff sind gem. Art. 14 III S. 4 GG, 40 II S. 1 VwGO vor den ordentlichen Gerichten, d.h. vor den Zivilgerichten geltend zu machen. Die Regelungen über die ausschließliche Zuständigkeit der Landgerichte in § 71 I Nr. 2 GVG gilt hier nicht, sondern nur für die Beamten- und Amtshaftung.

Ansprüche wegen schuldhafter Amtspflichtverletzung und wegen enteignungsgleichen (rechtswidrigen) Eingriffs können nebeneinander bestehen, da der enteignungsgleiche Anspruch keine anderweitige Ersatzmöglichkeit i.S.d. § 839 I S. 2 BGB ist.

Die Amtshaftung ist insofern für den Geschädigten ungünstiger, als sie einen Verschuldensnachweis voraussetzt und der kurzen Verjährungsfrist § 852 BGB unterliegt. Günstiger ist sie insoweit, als ein Eingriff in eine bestehende Rechtsposition nicht erforderlich ist, sondern jede Vermögensschädigung reicht und Schadensersatz inklusive entgangenen Gewinn sowie Schmerzensgeld nach § 847 BGB nach sich zieht.

3. Allgemeiner Aufopferungsanspruch

Während bei hoheitlichen Eingriffen in das Eigentum das Grundgesetz (Art. 14 III GG) sowie die Landesverfassungen unter bestimmten Voraussetzungen eine Entschädigung zugunsten des betroffenen Bürgers ausdrücklich vorsehen, fehlt es bei der Verletzung nichtvermögenswerter Rechte i.S.d. Art. 2 II GG an einer Entschädigungsregelung. Der Bundesgerichtshof geht von einer gewohnheitsrechtlichen Anerkennung des Haftungsinstituts des Aufopferungsanspruches aus.

Bei Betroffenheit von immateriellen Gütern, wie Leben, Körper, Gesundheit und Freiheit, sind die Rechtsinstitute von enteignungsgleichem und enteignendem Eingriff nicht anwendbar. Hier greift der allgemeine Aufopferungsanspruch ein.

Voraussetzungen hierfür sind:
- Fehlen einer vorrangigen Regelung
- Beeinträchtigung eines nichtvermögenswerten immateriellen Rechtsgutes, wie Leben, Körper, Gesundheit, Freiheit
- hoheitlicher Eingriff
- Sonderopfer

• Nichtvermögensgut
• Eingriff
• Sonderopfer

Fehlen einer vorrangigen Regelung

Für Impfschäden ist in den §§ 51 ff. BSeuchG und für Schäden durch Strafverfolgungsmaßnahmen ist in den §§ 1 ff. StrEG z.B. eine Regelung getroffen worden, deren Grundlage im Aufopferungsgedanken zu suchen ist. Solche Regelungen verdrängen aufgrund ihrer Spezialität den allgemeinen Aufopferungstatbestand.

Beeinträchtigung eines nicht vermögenswerten Rechtsgutes

Zunächst muss ein Eingriff in die oben genannten Rechtsgüter aufgrund staatlichen Zwangs vorliegen. Dabei umfasst der hoheitliche Zwang nicht nur die typischen Eingriffsmittel wie Verwaltungsakt und Gesetz, sondern auch solche subjektiven Maßnahmen, die beim Bürger einen sog. psychischen Zwang bewirken.

Es sind zwei Arten von Zwangsmaßnahmen zu unterscheiden. Der sog. Allgemeinzwang erfasst Zwangsmaßnahmen, die alle Bürger in einer bestimmten Position betreffen, wie z.B. der Impfzwang oder die Schulpflicht. Der Einzelzwang hingegen umfasst – wie der Begriff schon deutlich macht – nur Maßnahmen gegenüber einer einzelnen Person, wie z.B. die zwangsweise Erprobung eines Medikaments gegen die Auswirkungen chemischer Kampfstoffe bei einem Soldaten.

Voraussetzung für einen Anspruch aus Aufopferung ist, dass sich aufgrund der Zwangsmaßnahmen ein inadäquater Schaden beim Bürger einstellt hat, d.h. er ein Sonderopfer für die Allgemeinheit erbracht hat. Ein Sonderopfer liegt vor, wenn jemandem über die jedermann treffende Opferlage hinaus ein Opfer im Allgemeininteresse abverlangt wird. Ein Verstoß gegen den Gleichheitssatz (»Sonder«) und eine schwere unzumutbare Beinträchtigung (»Opfer«) ist hierfür erforderlich.

Beim Einzelzwang reicht bereits das Vorliegen eines Sonderopfers, dass der Bürger, im Unterschied zu anderen, einer besonderen Zwangsmaßnahme unterzogen wurde, aus der sich der Schaden ergeben hat.

Beispiel: Dem Soldaten S wurde zwangsweise zur Erprobung ein Medikament gegen die Auswirkungen chemischer Kampfstoffe verabreicht, durch die dieser schwere Leber- und Nierenschäden erleidet.

Beim Allgemeinzwang kann das Sonderopfer nicht in der Zwangsmaßnahme als solcher gesehen werden, da diese alle Bürger trifft (z.B. bei einer Vorsorgeimpfung für alle Bürger). Ein Sonderopfer des einzelnen für die Allgemeinheit kann sich nur dann ergeben, wenn dem Bürger aus der Zwangsmaßnahme ein schwerer, nicht hinzunehmender Schaden entsteht. Schäden, die eingriffsadäquat sind, hat der Bürger hingegen hinzunehmen. Ebenso ist ein Sonderopfer in den Fällen zu verneinen, in denen sich die Beeinträchtigung lediglich als Verwirklichung eines allgemeinen Lebensrisikos erweist.

<small>Kein Sonderopfer bei allgemeinem Lebensrisiko</small>

Beispiele: Erhebliche Gesundheitsschäden infolge Impfung sind Sonderopfer; Schulunfall ist hingegen allgemeines Lebensrisiko; Schäden durch Mithäftlinge sind allgemeines Lebensrisiko, außer man sitzt unschuldig in U-Haft und hat den Verhaftungsgrund, also den Tatverdacht, nicht zu vertreten.

Der Eingriff darf nicht gezielt durch eine hoheitliche Maßnahme erfolgt sein, und es ist auch ohne Bedeutung, ob der Eingriff rechtmäßig oder rechtswidrig war.

Der allgemeine Aufopferungsanspruch ist gegenüber besonderen Gesetzen wie z.B. in den §§ 51 ff. BSeuchG, subsidiär. Er hat insoweit eine Auffangfunktion. Jedoch ist eine Konkurrenz zwischen Ansprüchen aus Aufopferung für das allgemeine Wohl und Amtshaftung wegen Amtspflichtverletzung möglich wegen der verschiedenen Ebenen beider Ansprüche.

Rechtsfolge

Rechtsfolge ist Ersatz des Vermögensschadens (z.B. Arztkosten) gem. § 254 BGB, aber kein Schmerzensgeld.

Zivilrechtsweg nach § 40 Abs. 2 VwGO ist gegeben. Die Zivilgerichte können nach Maßgabe des § 17 Abs. 2 GVG (Gerichtsverfassungsgesetz) auch über konkurrierende Anspruchsgrundlagen, wie z.b. den Amtshaftungsanspruch nach § 839 BGB, Art. 34 GG entscheiden. Anspruchsgegner ist dabei derjenige Hoheitsträger, der durch das Sonderopfer des Verletzten begünstigt ist. Entsprechend der Kompetenzordnung ist dies der Hoheitsträger, dessen Aufgaben wahrgenommen wurden bzw. dem die Vorteile des Eingriffs zugeflossen sind.

Beispiel: Zollinspektor Z hört Geräusche auf seinem Streifgang und schießt eine Leuchtkugel ab, die nicht zündet und auf einem Radweg landet. Vor dem mit dem Fahrrad herannahenden unbeteiligten A explodiert die Leuchtkugel und verletzt diesen. A hat, da ein Spezialgesetz nicht vorhanden ist, einen Entschädigungsanspruch aus dem allgemeinen Aufopferungsanspruch, soweit die Krankenkosten nicht von der Krankenkasse getragen werden.

4. Wiederholungsfragen

○ 1. Welches sind die Voraussetzungen des Amtshaftungsanspruches? Lösung S. 155

○ 2. Welche Personengruppen umfasst der haftungsrechtliche Beamtenbegriff des Art. 34 S. 1 GG? Lösung S. 157

○ 3. Woraus können sich Amtspflichten ergeben? Lösung S. 158 f.

○ 4. Was ist beim Drittbezug der Amtspflicht zu prüfen? Lösung S. 159

○ 5. Was ist hinsichtlich der Ursächlichkeit einer Amtspflichtverletzung bei Ermessensentscheidungen zu untersuchen? Lösung S. 159

○ 6. Worauf muss sich bei der Amtspflichtverletzung das Verschulden beziehen? Lösung S. 160

○ 7. Wann ist ein Verschulden des Amtsträgers auf jeden Fall abzulehnen? Lösung S. 160

○ 8. Wann haftet der Bedienstete nur subsidiär? Lösung S. 160

○ 9. Welches sind die Voraussetzungen des sog. Verweisungsprivilegs des § 839 I 2 BGB? Lösung S. 161

○ 10. Bei welchen Fallgruppen greift das Verweisungsprivileg des § 839 I 2 BGB nicht ein? Lösung S. 161

○ 11. Wann tritt die Schadensersatzpflicht aus Amtshaftung nicht ein? Lösung S. 162

○ 12. Worauf ist der Amtshaftungsanspruch vom Inhalt und Umfang her gerichtet? Lösung S. 162

○ 13. Vor welchem Gericht ist der Amtshaftungsanspruch geltend zu machen? Lösung S. 163 f.

○ 14. Welches sind die Prüfungsvoraussetzungen des enteignungsgleichen und welche die des enteignenden Eingriffs? Lösung S. 166

○ 15. Welches sind die Tatbestandsvoraussetzungen des allgemeinen Aufopferungsanspruchs? Lösung S. 170

Zulässigkeit und Begründetheit verwaltungsrechtlicher Klagen

1.	Zulässigkeit und Begründetheit	176
2.	Eröffnung des Verwaltungsrechtsweges	180
2.1.	Sonderzuweisungen	181
2.2.	Die Generalklausel des § 40 I VwGO	181
3.	Die Klagearten und deren spezielle Voraussetzungen	186
3.1.	Die Anfechtungsklage	187
3.2.	Die Verpflichtungsklage	197
3.3.	Die Fortsetzungsfeststellungsklage	201
3.4.	Die allgemeine Leistungsklage	218
3.5.	Die Feststellungsklage	224
3.6.	Die Normenkontrollklage	229
4.	Allgemeine Prozessvoraussetzungen	236
4.1.	Sachliche und örtliche Zuständigkeit	236
4.2.	Beteiligungsfähigkeit	238
4.3.	Prozessfähigkeit	240
4.4.	Postulationsfähigkeit	241
4.5.	Formell ordnungsgemäße Klageerhebung	242
4.6.	Keine anderweitige Rechtshängigkeit	243
4.7.	Keine andere rechtskräftige Entscheidung	244
4.8.	Allgemeines Rechtsschutzbedürfnis	245
5.	Begründetheit einer Klage	247
5.1.	Die Anfechtungsklage	248
5.2.	Die Verpflichtungsklage	259
5.3.	Die Fortsetzungsfeststellungsklage	264
5.4.	Die allgemeine Leistungsklage	265
5.5.	Die Feststellungsklage	269
5.6.	Die Normenkontrollklage	270
6.	Wiederholungsfragen	281

1. Zulässigkeit und Begründetheit

Durch die Verwaltungsgerichtsbarkeit wird dem einzelnen Rechtsschutz gegen Maßnahmen der Verwaltung gewährt. Der Verwaltungsrechtsschutz setzt in der Regel die für das Verwaltungsrechtsverhältnis typische Unterordnung des einzelnen unter den Staat (Bund und Länder) oder anderer Träger öffentlicher Verwaltung (z.B. Gemeinde usw.) voraus. Es wird auch Verwaltungsrechtsschutz dort gewährt, wo es an dem typischen Über-Unterordnungsverhältnis fehlt, etwa wenn öffentlich-rechtliche Streitigkeiten zwischen Trägern öffentlicher Verwaltung, z.B. aus verwaltungsrechtlichen Verträgen oder innerhalb dieser Verwaltungsträger entstehen, wie z.B. bei Organstreitigkeiten in einer Gemeinde.

Beim »Sachurteil« ergeht eine Entscheidung in der Sache selbst, beim »Prozessurteil« wird die Klage als unzulässig aus prozessualen Gründen abgewiesen.

Die für das Verfahren vor den allgemeinen Verwaltungsgerichten anzuwendende Verwaltungsgerichtsordnung (VwGO) unterscheidet zwischen der Zulässigkeit und der Begründetheit einer Klage. Erst wenn eine Klage zulässig ist, muss das Verwaltungsgericht über die von den Parteien gestellten Anträge entscheiden. In solchen Fällen ergeht ein sog. »Sachurteil«. Stellt sich allerdings heraus, dass die Klage schon unzulässig ist, so ergeht ein sog. »Prozessurteil«.

Zulässigkeit

Die Zulässigkeit einer Klage vor dem Verwaltungsgericht hängt vom Vorliegen der in der VwGO festgelegten Voraussetzungen ab. Diese bezeichnet man als Sachurteils-, Sachentscheidungs- oder Prozessvoraussetzungen. Sie müssen in ihrer Gesamtheit erfüllt sein, damit die Klage zulässig ist und somit eine Entscheidung zur Sache selbst, also ein Sachurteil ergehen kann. Fehlt es hingegen auch nur an einer Sachurteilsvoraussetzung, so wird die Klage ohne Prüfung in der Sache selbst als unzulässig abgewiesen.

Drei Obergruppen von Prozessvoraussetzungen:
- die allgemeinen Sachentscheidungsvoraussetzungen
- die Statthaftigkeit der Klageart
- die besonderen Sachentscheidungsvoraussetzungen

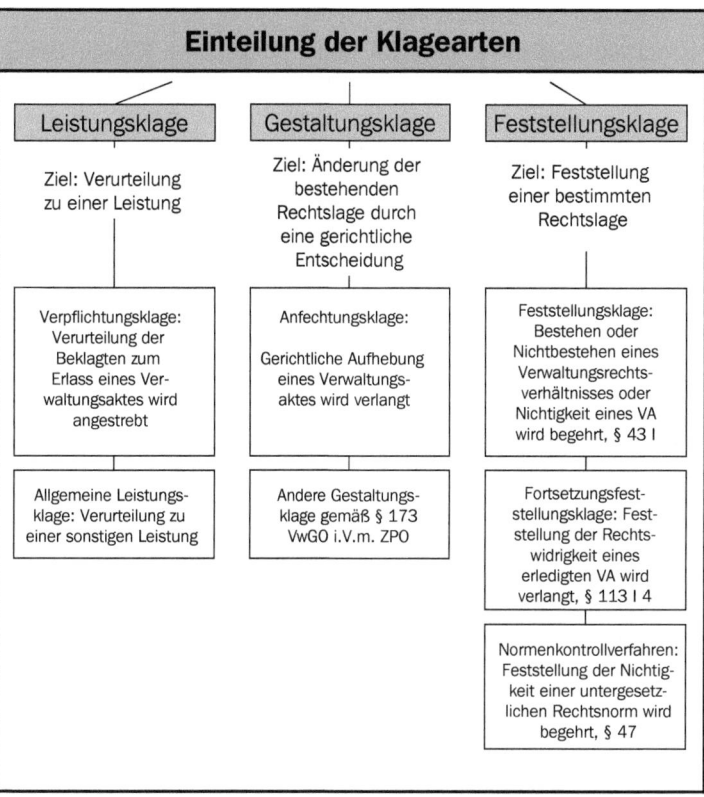

Klageartunabhängige Prozessvoraussetzungen

Die allgemeinen Sachurteilsvoraussetzungen sind Zulässigkeitsbedingungen, die bei jeder Klage- und Antragsart vorliegen müssen, wie z.B. die Zulässigkeit des Rechtsweges, die ordnungsgemäße Klageerhebung, die Beteiligten- und Prozessfähigkeit, das allgemeine Rechtsschutzbedürfnis.

Statthaftigkeit des Rechtsbehelfs

Die Zulässigkeit der Klage oder des Antrags setzt wiederum voraus, dass die gewählte Verfahrensart statthaft ist. Statthaftigkeit heißt, dass die angegriffene Maßnahme mit dem gewählten Rechtsbehelf angefochten bzw. erstritten werden kann. Vom Klausurbearbeiter ist bei Prüfung der einschlägigen Klageart zuerst das Begehren des Antragstellers festzustellen. Im Hinblick auf die gestellte(n) Aufgabenfrage(n) ist also zu beantworten, wer will was von wem. Ebenso wie im

Zivilprozess unterscheidet die VwGO zwischen Leistungs-, Gestaltungs- und Feststellungsklagen.

Auf die statthafte Klageart ist in der prozessualen Klausur immer einzugehen. Von der statthaften Klageart hängen zumeist besondere Sachentscheidungsvoraussetzungen ab, die für die verschiedenen Klagen unterschiedlich sein können. Die Anfechtungs- und Verpflichtungsklage setzen eine sog. Klagebefugnis nach § 42 VwGO und ein Vorverfahren nach §§ 68 ff. VwGO und die Einhaltung einer Klagefrist nach § 74 VwGO voraus. Die Zulässigkeit einer Feststellungsklage nach § 43 I VwGO erfordert als besondere Voraussetzung ein berechtigtes Interesse an der baldigen Feststellung. Auf die besonderen Sachentscheidungsvoraussetzungen ist in der Klausur immer einzugehen. Sind sie nicht zweifelhaft, so kann dies im Urteilsstil geschehen.

Längere Ausführungen über die einzelnen Sachurteilsvoraussetzungen sind nur immer dann erforderlich, wenn der Fall Zweifel an ihrem Vorliegen entstehen lässt. Andernfalls genügt ein kurzer Hinweis, dass sie vorliegen. Allerdings ist immer zumindest im Urteilsstil kurz auf die Zulässigkeit des Verwaltungsrechtsweges, die Klageart und bei Anfechtungs-, Verpflichtungs- sowie Fortsetzungsfeststellungsklage auf die Klagebefugnis (§ 42 II VwGO) und das Vorverfahren (§§ 68 ff. VwGO) einzugehen.

Zulässigkeit und Begründetheit verwaltungsrechtlicher Klagen

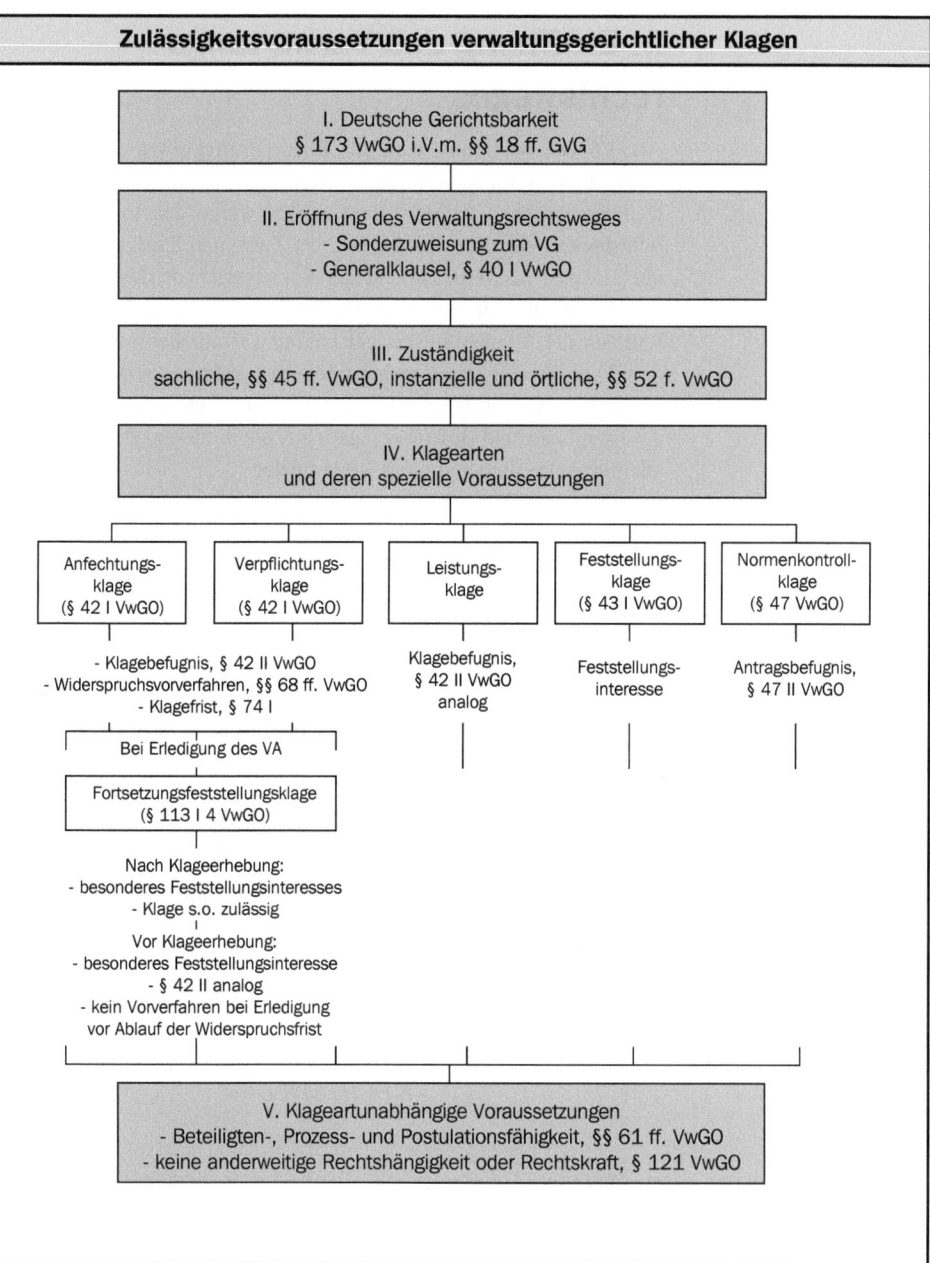

Zulässigkeit des Verwaltungsrechtsweges:
I. Spezialzuweisung (z.B. § 126 I BRRG)
II. Generalklausel, § 40 I VwGO
1. ö.-r. Streitigkeit
2. nichtverfassungsrechtlicher Art
3. keine anderweitige Zuweisung
a. durch Bundes- oder Landesgesetz
b. Sonderfälle des § 40 I 2, II

2. Eröffnung des Verwaltungsrechtsweges

Art. 95 GG bestimmt, dass für Rechtsstreitigkeiten verschiedener Sachgebiete verschiedene Gerichtszweige errichtet werden müssen. Dementsprechend wurden die Gerichtszweige der Verwaltungsgerichtsbarkeit, der ordentlichen, d.h. der Zivil- und Strafgerichtsbarkeit, der Finanz-, der Arbeits- und der Sozialgerichtsbarkeit geschaffen. Darüber hinaus gibt es noch das Bundesverfassungsgericht, das im Rahmen der Verfassungsgerichtsbarkeit verschiedenste verfassungsrechtliche Streitigkeiten entscheidet, und andere, spezielle Gerichte, beispielsweise Berufsgerichte für Ärzte und Rechtsanwälte oder Bundesdisziplinar- und Beschwerdegerichte, die in diesem Zusammenhang allerdings eine untergeordnete Rolle spielen.

»RECHTSWEGE«

Die Eröffnung des Verwaltungsrechtsweges bedeutet somit nichts anderes, als dass die Verwaltungsgerichte und nicht die Gerichte der anderen Zweige für die Entscheidung der Streitigkeit zuständig sind. Die Zulässigkeit des Verwaltungsrechtsweges ist eine allgemeine, also für alle Klagearten der VwGO geltende Prozessvoraussetzung. Das angerufene Verwaltungsgericht prüft anhand dessen, was der Kläger vorträgt, von Amts wegen, ob der Verwaltungsrechtsweg eröffnet ist. Kommt es zu der Auffassung, dass der Verwaltungsrechtsweg nicht zulässig ist, so verweist es den Rechtsstreit gemäß § 173 VwGO i.V.m. § 17a II S. 1 GVG von Amts wegen an das zuständige Gericht des zulässigen Rechtsweges.

2.1. Sonderzuweisungen

Der Verwaltungsrechtsweg ist eröffnet, wenn ein formelles Bundes- oder Landesgesetz dies für Streitigkeiten eines speziellen Sachgebietes ausdrücklich bestimmt. Als Beispiel kann etwa § 126 I BRRG angeführt werden, der dem Verwaltungsrechtsweg alle Klagen eines Beamten aus dem Beamtenverhältnis zuweist (vgl. weiter § 172 BBG; § 32 WPflG; § 102 Abs.1 II.WoBauG).

2.2. Die Generalklausel des § 40 I VwGO

Eröffnung des Verwaltungsrechtsweges § 40 VwGO

(1) Der Verwaltungsrechtsweg ist in allen öffentlich-rechtlichen Streitigkeiten nichtverfassungsrechtlicher Art gegeben, soweit die Streitigkeiten nicht durch Bundesgesetz einem anderen Gericht ausdrücklich zugewiesen sind. Öffentlich-rechtliche Streitigkeiten auf dem Gebiet des Landesrechts können einem anderen Gericht auch durch Landesgesetz zugewiesen werden.

Für eine große Zahl von Streitigkeiten trifft das Gesetz keine ausdrückliche Rechtswegbestimmung. In diesen Fällen ist die Zuständigkeit der Verwaltungsgerichtsbarkeit von derjenigen der anderen Gerichtszweige mittels § 40 Abs.1 VwGO abzugrenzen.

Eröffnung des Verwaltungsrechtsweges gemäß § 40 I VwGO:
- öffentlich-rechtliche Streitigkeit
- nichtverfassungsrechtlicher Art
- keine Sonderzuweisung an ein anderes Gericht

Öffentlich-rechtliche Streitigkeit

Der Gegenbegriff zur öffentlich-rechtlichen Streitigkeit ist die privatrechtliche Streitigkeit. Maßgeblich für die Beurteilung der Frage, ob eine Streitigkeit als öffentlich-rechtlich oder privatrechtlich zu qualifizieren ist, ist die wirkliche – nicht (!) die vom Kläger vermutete – Rechtsnatur des dem Streit zu Grunde liegenden Rechtsverhältnisses. Demnach ist zu ermitteln, ob die rechtliche Beziehung zwischen den Parteien, aus der der Streit erwachsen ist, auf öffentlich-rechtlichen oder privatrechtlichen Normen basiert.

Die wirkliche – nicht die vom Kläger vermutete – Rechtsnatur der Streitigkeit ist festzustellen

Beispiel: Ein Bürger klagt auf Erteilung einer Baugenehmigung, die ihm seitens der Bauaufsichtsbehörde versagt worden ist. Das Baurecht gehört zum öffentlichen Recht. Somit ist die rechtliche Beziehung zwischen dem Bürger und der Bauaufsichtsbehörde öffentlich-rechtlicher Natur.

Das öffentliche Recht unterscheidet sich vom Privatrecht dadurch, dass es nicht für jede beliebige Person Rechte und Pflichten festsetzt, sondern nur für den Staat und andere Träger öffentlicher Gewalt. Aus diesem Grund wird das öffentliche Recht Sonderrecht des Staates und der anderen Träger öffentlicher Gewalt genannt. Dem öffentlichen Recht ist insbesondere das Verwaltungsrecht, aber u.a. auch das Verfassungsrecht zuzuordnen.

<u>Öffentlich-rechtlich ist eine Streitigkeit, wenn die Beteiligten in der Hauptsache um Rechtsfolgen aus der Anwendung öffentlich-rechtlicher Normen streiten.</u>

Danach ist eine öffentlich-rechtliche Streitigkeit immer gegeben, wenn ein Bürger den Staat mittels einer Klage zur Vornahme oder Unterlassung einer hoheitlichen Handlung, etwa zum Erlass oder zur Aufhebung eines VA, verpflichten will. Hoheitliche Handlungen können nur auf Grund öffentlich-rechtlicher Normen vorgenommen werden. Deshalb basiert die Streitigkeit auch auf öffentlich-rechtlichen Regelungen, wenn die Beteiligten in der Hauptsache um Rechtsfolgen aus der Anwendung öffentlich-rechtlicher Normen streiten.

Problematischer ist die Sachlage, wenn kein solches – für das öffentliche Recht typische – Über-/Unterordnungsverhältnis zwischen Staat und Bürger besteht, beispielsweise, wenn ein staatliches Organ einen Vertrag mit einem Bürger geschlossen hat. Dann stellt sich die Frage, ob der Vertrag und damit die rechtliche Beziehung zwischen den Beteiligten öffentlich-rechtlicher oder privatrechtlicher Natur ist.

Beispiel: A geht in das gemeindliche Schwimmbad. Dort stellt er fest, dass die Duschen nicht funktionieren und das Wasser maximal 18 Grad Celsius hat. Daraufhin verlangt er seinen Eintritt zurück. Da sich die Bedienstete weigert, will er klagen. Fraglich ist hier, ob der Zivil- oder der Verwaltungsgerichtsweg gegeben ist. Maßgeblich ist die Rechtsnatur des Vertrages zwischen der Gemeinde und A. Der Vertrag wäre als privatrechtlich zu qualifizieren, wenn die Benutzungsordnung für das Schwimmbad privatrechtlich ausgestaltet ist; als öffentlich-rechtlich, wenn sie öffentlich-rechtlicher Natur ist.

Die Verwaltung kann ihre Aufgaben, wie wir am vorigen Beispiel gesehen haben, häufig wahlweise in der Form des öffentlichen Rechts oder des Privatrechts erfüllen. Ob das eine oder andere vorliegt, richtet sich danach, nach Maßgabe welcher Rechtsnorm die Verwaltungsbehörde gehandelt hat. In welchem Rechtsbereich der Erfolg der Maßnahme eintritt, ist unbeachtlich. Zur Wiederholung wird auf die Darlegung der Abgrenzungsprüfungspunkte im 1. Teil verwiesen.

Nichtverfassungsrechtlicher Art

Streitigkeiten verfassungsrechtlicher Art werden gemäß § 40 I S. 1 VwGO nicht von den Verwaltungsgerichten entschieden. Dies bedeutet jedoch nicht, dass jeder Rechtsstreit, zu dessen Beurteilung Normen des Grundgesetzes oder der Landesverfassungen herangezogen werden müssen, der Zuständigkeit der Verwaltungsgerichte entzogen ist. Eine Streitigkeit verfassungsrechtlicher Art i.S.d. § 40 I S. 1 VwGO erfordert vielmehr eine doppelte Verfassungsunmittelbarkeit, d.h. muss in formeller und materieller Hinsicht verfassungsrechtlichen Charakter haben. »Doppelte« Verfassungsunmittelbarkeit deshalb, weil der Kläger und der Beklagte unmittelbar am Verfassungsleben beteiligte Rechtsträger, Verfassungsorgane oder Teile von solchen sein müssen (= formelle Komponente) und die Hauptfrage der Streitigkeit Rechte und Pflichten betreffen muss, die unmittelbar aus dem Verfassungsrecht resultieren (= materielle Komponente).

Streit von Verfassungsorganen oder Teilen von ihnen über materielles Verfassungsrecht, d.h. Inhalt, Auslegung oder Anwendung der Verfassung

Am Verfassungsleben unmittelbar beteiligte Rechtsträger, Verfassungsorgane oder Teile von solchen sind beispielsweise der Bund, die Länder, die Gemeinden, der Bundestag, der Bundesrat, der Bundespräsident, die Bundes- oder Landesregierung und auch einzelne Abgeordnete, nicht aber ein Bürger, selbst wenn Verfassungsnormen, etwa Grundrechte, in Frage stehen. Nicht zu den verfassungsrechtlichen Streitigkeiten gehört nach der Rechtsprechung des Bundesverwaltungsgerichtes ein Prozess über die Ansprüche aus den Rechtsbeziehungen zwischen dem Bürger und dem Staat. Dies gilt selbst dann, wenn auf Seiten des Staates ein Verfassungsorgan daran beteiligt ist.

Zum Verfassungsrecht gehören ausschließlich die Normen des Grundgesetzes und die der Landesverfassungen. Formelle Gesetze (Parlamentsgesetze), Rechtsverordnungen und Satzungen sind selbst dann kein Verfassungsrecht, wenn sie, wie etwa Wahlbestimmungen, Normen des Grundgesetzes konkretisieren. Streitigkeiten hierüber sind ausschließlich nichtverfassungsrechtlicher Art. Eine Streitigkeit nichtverfassungsrechtlicher Art liegt somit auch vor, wenn nicht Verfassungsorgane oder Teile von ihnen um ihre verfassungsrechtlichen Rechte und/oder Pflichten Auseinandersetzungen führen.

Nicht allein die Organeigenschaft ist entscheidend, sondern darüber hinaus in materieller Hinsicht die Natur des ausgetragenen Streits. Er muss entscheidend vom Verfassungsrecht geformt sein, was die Unterscheidung zwischen dem Kern einer Streitigkeit und bloßen Vorfragen erfordert.

Beispiele: Obwohl der Abschluss des Vertrages der Bundesländer über die Vergabe von Studienplätzen zwar in einem verfassungsrechtlichen Gebot aus Art. 12 I GG i.V.m. Art. 3 I GG nachkommt und im Sozialstaatsprinzip wurzelt, ist er vielmehr verwaltungsrechtlich zu qualifi-

zieren, da er sich der Sache nach auf die Gestaltung einer Verwaltungsaufgabe beschränkt und verfassungsrechtliche Pflichten nicht begründet; das Verfassungsorgan Bundestagspräsident handelt als Verwaltungsbehörde, sofern es den politischen Parteien Wahlkampfkosten erstattet; wenn der Bundestagspräsident von den Fraktionen an diese gezahlte Zuschüsse zurückverlangt, handelt es sich hingegen um eine im Organstreitverfahren nach Art. 93 I Nr. 1 GG auszutragende verfassungsrechtliche Streitigkeit.

Keine Sonderzuweisung an ein anderes Gericht

Abdrängende Sonderzuweisung

Gemäß § 40 I S. 1 u. S. 2 VwGO können das Grundgesetz und formelle Bundes- oder Landesgesetze bestimmen, dass für öffentlich-rechtliche Streitigkeiten nichtverfassungsrechtlicher Art nicht die Verwaltungsgerichtsbarkeit, sondern ein anderer Gerichtszweig zuständig ist.

Demnach besteht nicht nur die Möglichkeit, den Verwaltungsgerichten Streitigkeiten spezieller Sachgebiete zuzuweisen; die Verwaltungsgerichte können vom Gesetzgeber auch bezüglich öffentlich-rechtlicher Streitigkeiten nichtverfassungsrechtlicher Art für unzuständig erklärt werden.

Es ist zu prüfen, ob nicht eine einen anderen Rechtsweg festlegende Sonderregelung vorliegt. Solche Sonderzuweisungen können generalklauselartig zum einen die Zuständigkeit besonderer Verwaltungsgerichtsbarkeiten vorschreiben, wie dies in § 51 I SGG (Sozialgerichtsgesetz) oder § 33 FGO (Finanzgerichtsordnung) geschehen ist. Zum anderen sind aber auch einzelne Streitverhältnisse einer anderen Gerichtsbarkeit zugewiesen worden, wie in § 40 II S. 1 VwGO, § 23 EGGVG, § 217 BauGB oder Art.14 III S. 4 GG, Art. 34 S. 3 GG.

Zuweisungen ö-r Streitigkeiten an andere Gerichte:

Besondere Verwaltungsgerichte

- Finanzgerichte nach § 33 FGO

hier aber nicht, sondern vor dem VG:

Streit um Kommunalabgaben

Ordentliche Gerichte

- Sozialgerichte nach § 51 SGG
- Zivilgerichte wegen Ansprüchen auf öffentlich-rechtliche Entschädigung
  - Verletzung ö-r Pflichten, sofern nicht aus ö-r-Vertrag, § 40 II VwGO
  - Aufopferung, enteignender und enteignungsgleicher Eingriff, § 40 II VwGO
  - Amtshaftung, Art. 34 S. 3 GG

Verfassungsgerichte

- Verfassungsgerichte

- Art. 93 GG i.V.m. § 13 BVerfGG
- Landesverfassungen i.V.m. Landesgesetzen

Beispielformulierung:

»I. Zulässigkeit der .....klage

1. Eröffnung des Verwaltungsrechtsweges

Mangels aufdrängender Spezialzuweisung beurteilt sich die Eröffnung des Verwaltungsrechtsweges nach der (sogenannten) Generalklausel, § 40 Abs.1 VwGO.

Danach wäre der Verwaltungsrechtsweg eröffnet, wenn es sich um eine öffentlich-rechtliche Streitigkeit nicht verfassungsrechtlicher Art handelt und diese auch nicht ausdrücklich einem anderen Gericht zugewiesen ist.

a) Nach der sog. modifizierten Subjektstheorie handelt es sich dann um eine öffentlich-rechtliche Streitigkeit, wenn sich die Beurteilung des Rechtsstreits nach solchen Vorschriften richtet, die ausschließlich einen Träger hoheitlicher Gewalt berechtigen oder verpflichten. Vorliegend wird ....

Eine öffentlich-rechtliche Streitigkeit liegt damit vor.

b) Es müsste sich ferner auch um eine Streitigkeit nicht verfassungsrechtlicher Art handeln. Diese Streitigkeit wäre nur dann verfassungsrechtlicher Art, wenn Rechtsbeziehungen zwischen Verfassungsorganen oder am Verfassungsleben beteiligten Organen im Streit sind und über die Auslegung und Anwendung von verfassungsrechtlichen Rechten, Pflichten oder Kompetenzen gestritten wird. Im vorliegenden Fall ist bereits auf einer Seite des Streits der Bürger A beteiligt, so dass eine verfassungsrechtliche Streitigkeit i.S.d. § 40 Abs.1 VwGO auszuschließen ist.

Der Verwaltungsrechtsweg nach §§ 40 Abs.1 VwGO ist somit eröffnet.«

oder

»A. Zulässigkeit des Widerspruchs

I. Eröffnung des Verwaltungsrechtsweges

Die Anwendbarkeit der §§ 68 ff. VwGO setzt (trotz § 79 VwVfG) voraus, dass für die Widerspruchssache der Rechtsweg zu den allgemeinen Verwaltungsgerichten eröffnet ist, d.h. dass eine öffentlich-rechtliche Streitigkeit nichtverfassungsrechtlicher Art vorliegen muss, die keinem anderen Gerichtszweig zugewiesen sein darf (§ 40 Abs.1 i.V.m. § 68 VwGO).

A wendet sich hier gegen die ...... (z.B. Bauordnungsverfügung) der ......behörde. Über die Rechtmäßigkeit dieser Maßnahme entscheidet

Formulierungs- vorschlag

im Klagefalle das Verwaltungsgericht, weil die streitentscheidenden Vorschriften des ...... (z.B. Bauordnungsrechts) öffentlich-rechtlich und die negativen Voraussetzungen des § 40 Abs.1 VwGO insoweit nicht erfüllt sind.«

3. Die Klagearten und deren spezielle Voraussetzungen

Mit den verschiedenen Klagearten können unterschiedliche Ziele verfolgt werden. Die Beurteilung der Frage, welche Klageart bezüglich eines bestimmten Ziels einschlägig ist, ist von Bedeutung, da bei jeder Klageart gewisse Zulässigkeitsvoraussetzungen erfüllt sein müssen. Hat sich der Kläger im Hinblick auf seine Zielsetzung für die falsche – eine unstatthafte – Klageart entschieden oder sind deren besondere Sachentscheidungsvoraussetzungen nicht gegeben, so weist das Gericht die Klage als unzulässig ab, beurteilt also nicht den streitigen Sachverhalt.

Die besonderen Klageartvoraussetzungen hängen von der jeweiligen Klageart ab.

Ob und gegebenenfalls welche besonderen Rechtschutzform- bzw. Sachentscheidungsvoraussetzungen vorliegen müssen, ist abhängig von der jeweiligen Klage oder sonstiger Anträge auf Gewährung verwaltungsgerichtlichen Rechtsschutzes. Je nach Begehren des Betroffenen kann es sich um eine Anfechtungs-, Verpflichtungs-, Leistungs-, Feststellungs-, Fortsetzungsfeststellungsklage oder auch um einen Antrag auf Gewährung einstweiligen Rechtsschutzes nach § 80 V oder § 123 I VwGO handeln.

Häufig endet in Klausuren der Sachverhalt – manchmal auch nach Erwähnung, dass ein Widerspruchsbescheid schon erlassen worden ist – mit der Frage, ob eine verwaltungsgerichtliche Klage Aussicht auf Erfolg hat. Dann ist die Zulässigkeit und Begründetheit einer Klage vor dem Verwaltungsgericht zu untersuchen.

Im Rahmen der Zulässigkeit ist unter dem Punkt »Klageart« nach dem Rechtsschutzziel in folgender Reihenfolge die richtige Klageart nach dem Begehren des Antragstellers zu bestimmen:

(1) Aufhebung eines VAs: Anfechtungsklage,
(1) Erlass eines VAs: Verpflichtungsklage,
(1) Feststellung der Rechtswidrigkeit eines erledigten VAs: Fortsetzungsfeststellungsklage,
(1) Vornahme oder Abwehr schlichten Verwaltungshandelns (Realakte): Allgemeine Leistungsklage,

(1) Feststellung des Bestehens oder Nichtbestehens eines Rechtsverhältnisses oder der Nichtigkeit eines VAs: Feststellungsklage,
(1) Feststellung der Ungültigkeit einer unterparlamentsgesetzlichen Norm: Normenkontrollklage.

3.1. Die Anfechtungsklage

Anfechtungsklage § 42 VwGO

(1) Durch Klage kann die Aufhebung eines Verwaltungsakts (Anfechtungsklage) sowie die Verurteilung zum Erlaß eines abgelehnten oder unterlassenen Verwaltungsakts (Verpflichtungsklage) begehrt werden.
(2) Soweit gesetzlich nichts anderes bestimmt ist, ist die Klage nur zulässig, wenn der Kläger geltend macht, durch den Verwaltungsakt oder seine Ablehnung oder Unterlassung in seinen Rechten verletzt zu sein.

Voraussetzungen einer Anfechtungsklage:

(1) Statthaftigkeit: Begehrt wird die Aufhebung eines Verwaltungsakts, § 42 I Alt. 2 VwGO,
(1) Klagebefugnis, § 42 II VwGO,
(1) Durchführung eines Vorverfahrens, § 68 I S. 1 VwGO,
(1) Klagefrist, § 74 I VwGO,
(1) Klagegegner, § 78 VwGO.

Statthaftigkeit

Es kann sich bei dem vom Kläger erhobenen Begehren um eine Anfechtungsklage handeln. Dann müsste sich seine Klage auf die Aufhebung eines Verwaltungsaktes durch das VG richten.

Gegenstand der Anfechtungsklage kann also ausschließlich die Aufhebung bzw. Beseitigung eines Verwaltungsaktes i.S.v. § 35 VwVfG sein, allerdings auch in der Form der Allgemeinverfügung. Zumeist wird das VwVfG des Landes anzuwenden sein, außer es handelt sich um den Verwaltungsakt einer Behörde des Bundes oder einer unter der Aufsicht des Bundes stehenden juristischen Person. Das Merkmal »auf dem Gebiet des öffentlichen Rechts« braucht hier nicht geprüft zu werden, da dies schon bei der Prüfung im Rahmen des § 40 VwGO bei dem Punkt »öffentlich-rechtliche Streitigkeit« geschehen ist.

VA erforderlich

Ausnahmsweise ist in folgenden Fällen allein der Widerspruchsbescheid Gegenstand der Anfechtungsklage:

(1) § 79 I Nr. 2 VwGO: ein Dritter wird durch den Widerspruchsbescheid erstmalig beschwert.

Beispiel: A stellt einen Baugenehmigungsantrag. Die Baugenehmigungsbehörde lehnt ab. A legt Widerspruch ein und die Widerspruchsbehörde erteilt die Genehmigung. Nachbar N ist hierdurch erstmalig beschwert.

(1) § 79 II VwGO: der Widerspruchsbescheid enthält gegenüber dem ursprünglichen VA eine zusätzliche Beschwer.

Beispiel: A errichtet ohne Baugenehmigung ein Wohnhaus mit Scheune. Die Baugenehmigungsbehörde erlässt eine auf die Scheune beschränkte Abrissverfügung. A legt Widerspruch ein. Daraufhin verfügt die Baugenehmigungsbehörde den Abriss des gesamten Gebäudes, also von Scheune und Wohnhaus.

Vollzugsfolgenbeseitigungsantrag

Will der Kläger die Folgen eines im Zeitpunkt des Urteils bereits vollzogenen VAs beseitigen bzw. rückgängig machen, reicht die Anfechtungsklage allein nicht aus. Der Kläger muss dann zusätzlich einen Antrag auf Beseitigung der Folgen des angefochtenen VAs stellen, etwa auf Rückzahlung der zu Unrecht per Gebührenbescheid erhobenen Gebühren. Es tritt dann eine Klageverbindung nach § 113 I S. 2 VwGO ein. § 113 I S. 2 ist eine Sondernorm zu § 113 IV VwGO. Das Schwergewicht der Zulässigkeitsprüfung liegt bei der Anfechtungsklage, die gekoppelte Vollzugsfolgenbeseitigungsklage ist nach § 113 I S. 2 VwGO zulässig, ohne dass auf ihre Klageart und besonderen Sachurteilsvoraussetzungen einzugehen ist. Ist die Zulässigkeit der Anfechtungsklage durchgeprüft, so stellt man nur noch fest, dass der Klageantrag nach § 113 I S. 2 VwGO zu stellen sei und worauf dieser gerichtet ist. Stellt sich danach dann heraus, dass die Anfechtungsklage auch begründet ist, so prüft man im Anschluss daran noch die Begründetheit des Folgenbeseitigungsantrages nach § 113 I S. 2 VwGO.

In Fallkonstellationen, bei denen der materiell-rechtliche Leistungsanspruch ebenfalls erst mit Rechtskraft des Anfechtungsurteils begründet wird, es sich aber nicht um einen Anspruch wegen Vollzugs eines VAs handelt, ist die Regelung des § 113 IV VwGO anzuwenden.

Beispiel: Anfechtungsklage des Beamten B gegen seine Entlassung und Forderung der Nachzahlung seiner Bezüge. Die Nachzahlung kann erst gefordert werden, wenn die Entlassung rechtskräftig aufgehoben ist. § 113 I S. 2 VwGO ist nicht anwendbar, da die Zahlung der Bezüge des B keine Rückgängigmachung des Vollzugs eines VAs ist. § 113 IV VwGO ist hier einschlägig.

Es handelt sich um eine Klageverbindung nach § 113 IV VwGO. Es ist als 1. Stufe Zulässigkeit und Begründetheit der Anfechtungsklage, dann als 2. Stufe Zulässigkeit und Begründetheit der Leistungsklage und als 3. Stufe die Zulässigkeit der Klageverbindung zu prüfen. Vorstufe muss nach § 113 IV VwGO immer eine Anfechtungsklage sein, weitere Klage kann neben der allgemeinen Leistungsklage auch eine Verpflichtungsklage sein. Nicht dagegen möglich ist auf Grund der Gewaltenteilung die Verknüpfung zweier Verpflichtungsklagen, weil sich sonst das Gericht über den Entscheidungsvorrang der Behörde in Bezug auf den ersten VA hinwegsetzen würde.

Die Anfechtungsklage ist trotz Vorliegens eines VAs nicht zulässig oder wird im Laufe eines Prozesses unzulässig, wenn ein Ereignis eintritt, das zur Folge hat, dass dem Kläger aus der Aufhebung des VAs kein Vorteil mehr erwachsen würde. Diese Situation wird als Erledigung der Hauptsache bezeichnet. Dabei sind im Wesentlichen zwei Konstellationen denkbar: Der VA kann etwa durch Zurücknahme, Widerruf, seine Abänderung oder durch Erlass eines neuen Verwaltungsaktes in gleicher Sache seine rechtliche Beschwer verlieren. Des Weiteren kann auch die mit einem VA verbundene sachliche Beschwer wegfallen.

Beispiel: Durch VAe wird die Konzession zum Betrieb einer Diskothek entzogen, da die sanitären Anlagen nicht den gesetzlichen Vorschriften entsprechen. Der Diskotheken inhaber geht mittels der Anfechtungsklage gegen den Bescheid vor. Während des Prozesses brennt die Diskothek ab. Die Anfechtungsklage ist wegen Wegfalls der mit dem Bescheid verbundenen sachlichen Beschwer unzulässig.

In diesen Fällen kommt als Klageart nur die Fortsetzungsfeststellungsklage in Betracht.

Mangels Rechtsschutzbedürfnisses ist eine sog. isolierte Anfechtungsklage dann unzulässig, wenn sich eine neuerliche Inanspruchnahme des Gerichts abzeichnet. Deshalb besteht das Rechtsschutzbedürfnis nur dann, wenn der Kläger ein besonderes Interesse an der bloßen Aufhebung des belastenden VAs hat, weil er der Auffassung ist, dass eine Genehmigung gar nicht erforderlich sei. Reicht eine Aufhebung des VAs allein aus, um das Klageziel zu erreichen, so ist das Rechtsschutzbedürfnis der isolierten Anfechtungsklage gegeben. Eine weitergehende Verpflichtungsklage, die neben der Aufhebung des belastenden VAs auch den Erlass eines VAs umfasst, ist in diesen Fällen entbehrlich.

Sog. isolierte Anfechtungsklage

Klagebefugnis

Nach § 42 II VwGO ist die Anfechtungsklage nur dann zulässig, wenn der Kläger geltend macht, durch den angefochtenen VA in seinen Rechten verletzt zu sein.

Recht im Sinne dieser Regelung ist jedes rechtlich geschützte Interesse des Einzelnen, das sog. subjektive Recht. Bloße wirtschaftliche oder sonstige rechtlich nicht geschützte Interessen genügen also nicht, und die Geltendmachung nur privater Rechte reicht nicht aus, weil diese nur Verhaltensgebote beinhalten, die für jedermann gelten könnten.

Möglichkeit einer Rechtsverletzung

Die Anfechtungsklage ist dann unzulässig, wenn sich aus dem Vortrag des Klägers ergibt, dass eine Verletzung seiner Rechte nicht in Betracht kommt, also ausgeschlossen ist. Es muss also die Möglichkeit einer Rechtsverletzung nach dem Sachvortrag des Klägers bestehen. Nach der sog. Möglichkeitstheorie macht der Kläger i.S.d. § 42 II VwGO geltend, durch den VA in seinen Rechten verletzt zu sein, wenn er hinreichend substantiiert Tatsachen vorträgt, die es zumindest möglich erscheinen lassen, dass er durch den VA in einer rechtlich geschützten Position beeinträchtigt wird. Zur Verdeutlichung: Die Ausführungen des Klägers müssen ergeben, dass der angegriffene VA möglicherweise rechtswidrig ist, denn eine Rechtsverletzung kann nicht in Betracht kommen, wenn das Handeln der Behörde ersichtlich unter jedem Gesichtspunkt der Rechtsordnung entspricht. Es wird aber keine schlüssige, sondern lediglich die substantiierte Behauptung einer möglichen Rechtsverletzung verlangt. Negativ formuliert bedeutet dies, dass die Klagebefugnis nur dann nicht gegeben ist, wenn offensichtlich und eindeutig nach keiner Betrachtungsweise die vom Kläger behaupteten Rechte bestehen oder ihm zustehen können. Des Weiteren muss sich aus dem Vortrag des Klägers ergeben, dass der VA möglicherweise ein so genanntes subjektives öffentliches Recht tangiert. Subjektive Rechte gewähren Rechtsnormen, die nicht nur das Allgemeininteresse, sondern auch Individualinteressen schützen sollen. Dies sind insbesondere die Grundrechte als Abwehrrechte des Einzelnen gegenüber dem Staat.

Einfach-gesetzliche Rechtssätze sind nur dann als individualschützend zu qualifizieren, wenn sie einen bestimmten Kreis von Personen benennen und diesen im Hinblick auf bestimmte Interessen gegen spezielle Verletzungen schützen wollen.

Beispiel: Gemäß § 5 I Nr. 1 BImSchG sind genehmigungsbedürftige Anlagen, etwa Industrieanlagen, so zu errichten und so zu betreiben, dass schädliche Umwelteinwirkungen für die Nachbarschaft nicht hervorgerufen werden können. Auf die Verletzung dieser Vorschrift könnte sich ein Kläger, der in der Nachbarschaft einer Industrieanlage wohnt, berufen, da sie die Nachbarn als Kreis von Personen benennt und diese vor Gesundheitsbeschädigungen, etwa durch schädliche Gase, schützen will (vgl. ferner § 17 BImSchG; § 32 I S. 1 Nr. 3 KrW-/AbfG; §§ 1 Nr. 2, 7 II Nr. 3 und 5 AtomG; § 45 I StVO; § 5 I Nr. 3 GastG).

Schließlich muss aus den Darlegungen des Klägers hervorgehen, dass er durch den angegriffenen VA unmittelbar in seinen Rechten verletzt ist, also höchstpersönlich in dem angeführten subjektiven öffentlichen Recht betroffen ist. Davon ist immer dann auszugehen, wenn der VA an den Kläger adressiert war. Häufig kann sich der Kläger zumindest auf Art. 2 I GG berufen, da die allgemeine Handlungsfreiheit durch belastende staatliche Maßnahmen praktisch immer eingeschränkt ist.

Unproblematisch ist demnach die Klagebefugnis in den Fällen gegeben, wenn der Kläger Adressat eines ihn belastenden VAs ist. Probleme können sich im Hinblick auf das Merkmal der unmittelbaren Betroffenheit ergeben, wenn der VA an einen Dritten gerichtet war. Der Kläger kann in diesen Fällen zwar durchaus mittels der Anfechtungsklage gegen den VA vorgehen, denn Voraussetzung der Anfechtungsklage ist nicht, dass der Kläger formal Adressat des VAs ist. Dabei ist zu beachten, dass die Norm, die der Dritte als verletzt rügt, drittschützende Wirkung haben muss. Drittschutz bedeutet, dass der in Frage stehende Rechtssatz nicht nur die Interessen der Allgemeinheit schützen soll, sondern – zumindest auch – den Individualinteressen des Klägers zu dienen bestimmt ist (sog. Schutznormtheorie). Er muss darlegen, dass der VA in seinen Rechtskreis eingreift.

Adressat eines belastenden VA ist immer klagebefugt

Fall 27: A wird von der Bauaufsichtsbehörde eine Baugenehmigung erteilt. B will gegen die Erteilung dieser Baugenehmigung klagen. B müsste vortragen, dass er Nachbar des A ist oder zumindest in einer solchen Nähe wohnt, dass Einwirkungen durch den Bau nicht offensichtlich ausgeschlossen sind. Ansonsten würde die Baugenehmigung nicht in seinen Rechtskreis eingreifen, und er wäre nicht klagebefugt.

Damit ist durch § 42 II VwGO die Geltendmachung fremder Rechte ausgeschlossen und damit eine Klage für andere, eine sogenannte Popularklage, nicht möglich. Es soll verhindert werden, dass beispielsweise ein Naturschutzverband auf Aufhebung einer an einen Dritten gerichteten Genehmigung zum Betrieb einer Industrieanlage klagen kann, um das allgemeine Interesse an einer sauberen Luft zu schützen. Klagen soll immer nur derjenige können, der durch den VA unmittelbar in seinem eigenen Recht verletzt sein könnte. Betrachtet man den Sinn der Vorschrift, so wird klar, dass es falsch wäre, schon bei der Klagebefugnis zu prüfen, ob tatsächlich eine Rechtsverletzung gegeben ist. Dies ist die Frage der Begründetheit der Klage. Eine Rechtsverletzung darf nur nicht offensichtlich unmöglich sein.

Die Geltendmachung fremder Rechte, sog. Popularklage, ist ausgeschlossen.

Gesetzliche Ausnahmen vom Erfordernis der Klagebefugnis finden sich in den §§ 8 IV, 12 HandWO.

Durchführung eines Vorverfahrens

Vor Erhebung der Anfechtungsklage sind gemäß § 68 I S. 1 VwGO die Rechtmäßigkeit und die Zweckmäßigkeit des Verwaltungsakts grundsätzlich in einem Vorverfahren nachzuprüfen.

Grundsätzlich, weil die Anfechtungsklage in Ausnahmefällen auch ohne die vorherige Durchführung eines Vorverfahrens zulässig ist. So normiert § 68 I S. 2 VwGO, dass ein formelles Gesetz außerhalb der VwGO dies für besondere Fälle bestimmen kann (vgl. §§ 70, 74 VwVfG; § 11 AsylVfG).

Ausnahmen von der Erforderlichkeit eines Vorverfahrens: siehe § 68 I S. 2 VwGO

Des Weiteren ist das Vorverfahren nach § 68 I S. 2 Nr. 1 VwGO entbehrlich, wenn der angegriffene VA von einer obersten Bundes- oder Landesbehörde erlassen worden ist. Oberste Bundesbehörde sind beispielsweise der Bundespräsident, der Bundeskanzler und die Bundesminister, oberste Landesbehörden dementsprechend Ministerpräsidenten und Landesministerien. Schließlich bedarf es keiner Nachprüfung des VAs in einem Vorverfahren, wenn ein Dritter durch einen Widerspruchsbescheid erstmalig beschwert ist, § 68 I S. 2 Nr. 2 VwGO. Diese Vorschrift betrifft die sogenannten Drei-Personen-Verhältnisse; der Kläger geht nicht gegen einen an ihn, sondern an einen Dritten gerichteten VA vor.

Fall 28: A beantragt bei der Bauaufsichtsbehörde eine Baugenehmigung. Diese wird von der Behörde zunächst nicht erteilt. A hat jedoch im Widerspruchsverfahren Erfolg und erhält die Baugenehmigung. Der Nachbar B will gegen die Erteilung der Baugenehmigung an A klagen. Er muss gemäß § 68 I S. 2 Nr. 2 VwGO vor Erhebung der Anfechtungsklage kein Vorverfahren durchführen, da er durch den an A gerichteten Widerspruchsbescheid, mit dem die Genehmigung erteilt wurde, erstmalig beschwert ist.

Sofern eine Ausnahme nicht gegeben ist, muss das Vorverfahren ordnungsgemäß durchgeführt worden sein. Ordnungsgemäße Durchführung bedeutet, dass der Kläger bei der Einlegung des Widerspruchs, womit das Vorverfahren beginnt, keine Fehler gemacht haben darf. Insbesondere muss er die für das Vorverfahren geltenden Vorschriften bezüglich Form und Frist beachtet haben (siehe dazu »Widerspruchsverfahren«). Es ist allein ein ordnungsgemäß durchgeführtes Vorverfahren erforderlich, nicht aber, dass der Widerspruchsbescheid selbst frei von Rechtsfehlern ist.

Erfolgloser Widerspruch erforderlich

Trotz ordnungsgemäßer Durchführung muss das Vorverfahren aus der Sicht des Klägers erfolglos gewesen sein, er darf in der Sachfrage noch nicht Recht bekommen haben. Erfolglos war das Vorverfahren zum einen, wenn die entscheidende Behörde den mit dem Widerspruch angegriffenen VA nicht aufgehoben und einen entsprechenden Widerspruchsbescheid erlassen hat. Zum anderen ist das Vorverfahren nach § 75 S. 1 VwGO als nicht erfolgreich zu werten, wenn über den Widerspruch innerhalb angemessener Frist sachlich nicht entschieden worden ist. Unter einer angemessenen Frist sind nach § 75 S. 2 VwGO grundsätzlich drei Monate seit Einlegung des Widerspruchs zu verstehen.

Untätigkeitsklage (hier im weiteren Sinn, da nicht der Erlass eines VA eingeklagt wird, dessen Antrag nicht verbeschieden wurde, ist unter Voraussetzungen des § 75 VwGO möglich

Die Zuständigkeit der Widerspruchsbehörde ist nicht Zulässigkeitsvoraussetzung. Dies wird bedeutsam, wenn die den VA erlassende Behörde entgegen der Regelung des § 73 I Nr. 1 VwGO auch den Widerspruchsbescheid erlässt. Die den Widerspruchsbescheid erlassende Behörde soll nicht in den Fällen des § 73 I Nr. 1 VwGO die Möglichkeit haben, die Unzulässigkeit der Klage herbeizuführen.

Zuständigkeit der den Widerspruchsbescheid erlassenden Behörde keine Zulässigkeitsvoraussetzung

Wurde trotz Versäumung der Widerspruchsfrist ein Widerspruchsbescheid erlassen, so steht dies nach überwiegender Ansicht der Zulässigkeit der verwaltungsgerichtlichen Klage nicht entgegen.

Klagefrist

Eine weitere besondere Prozessvoraussetzung der Anfechtungsklage ist die Beachtung der Klagefrist. Gemäß § 74 I VwGO muss die Anfechtungsklage innerhalb eines Monats nach Zustellung des Widerspruchsbescheids, sofern die Durchführung eines Vorverfahrens nicht erforderlich ist, innerhalb eines Monats nach Bekanntgabe des VAs erhoben werden, d.h. die ordnungsgemäße Klageschrift bei Gericht eingehen.

Ausgangspunkt für die Berechnung der Frist ist demnach der Tag der Zustellung des Widerspruchsbescheids bzw. der Tag der Bekanntgabe des VAs. An dieser Stelle ist immer zu überprüfen, ob die Zustellung bzw. Bekanntgabe den gesetzlichen Vorschriften entsprochen hat. War die Zustellung bzw. die Bekanntgabe mangelhaft, so beginnt keine Frist zu laufen. Der durch den VA Belastete muss die Klage dennoch innerhalb eines Jahres, nachdem er von dem Widerspruchsbescheid bzw. VA Kenntnis erlangt hat, erheben. Ansonsten verwirkt er sein Klagerecht. War die Zustellung des Widerspruchsbescheids bzw. die Bekanntgabe des Verwaltungsakts in Ordnung, so läuft die Frist nach §§ 57 II VwGO, 222 I ZPO und 187 I BGB am Tag nach der Zustellung bzw. der Bekanntgabe um 0.00 Uhr an.

Die Dauer der Frist beträgt einen Monat, wenn dem Widerspruchsbescheid (vgl. § 73 III VwGO) bzw. Verwaltungsakt eine ordnungsgemäße Rechtsbehelfsbelehrung im Sinne des § 58 I VwGO beigefügt war. War die Belehrung unrichtig oder hat sie ganz gefehlt, so kann die Anfechtungsklage innerhalb eines Jahres erhoben werden, § 58 II VwGO.

Klagefrist grundsätzlich gem. § 74 I VwGO ein Monat, nur bei fehlerhafter oder fehlender Rechtsbehelfsbelehrung nach § 58 II VwGO ein Jahr

Gemäß der §§ 57 II VwGO, 222 I ZPO und 188 II BGB endet die Frist an dem Tag des folgenden Monats, der von seiner Zahl her dem Tag der Zustellung bzw. Bekanntgabe entspricht, um 24:00 Uhr. Fällt das Ende der Frist auf einen Sonntag, einen allgemeinen Feiertag oder einen Sonnabend (Samstag), so endet die Frist erst mit Ablauf des nächsten Werktages, §§ 57 II VwGO, 222 II ZPO.

Fall 29: Dem A wurde ein VA mit dem Inhalt bekannt gegeben, dass er sein Haus abreißen muss, weil es ein Schwarzbau ist. Gegen diesen Bescheid legt er Widerspruch ein. Der Widerspruch ist erfolglos. Ein dementsprechender – mit einer fehlerfreien Rechtsbehelfsbelehrung versehener – Widerspruchsbescheid wird dem A am 01.12.2004 ordnungsgemäß zugestellt. Die Klagefrist beginnt gemäß der §§ 57 II, 222 I ZPO, 187 I BGB am 02.12.2004 um 0.00 Uhr zu laufen. Fristende wäre gemäß der §§ 57 II VwGO, 222 I ZPO, 188 II BGB an sich am 01.01.2005 um 24.00 Uhr. Der 01.01. ist jedoch ein allgemeiner Feiertag und der 02.01.2000 ein Sonntag. Deshalb endet die Frist gemäß § 222 II ZPO am Montag, dem 03.01.2005, um 24.00 Uhr. Zu diesem Zeitpunkt müsste die Klage des A in die Verfügungsgewalt des zuständigen Gerichts gelangt, also eingegangen sein.

Hat der Kläger die Frist nicht gewahrt, so kann er gemäß § 60 VwGO Wiedereinsetzung in den vorigen Stand beantragen, wenn die Fristversäumung unverschuldet war.

Ist über einen Widerspruch ohne hinreichenden Grund sachlich nicht entschieden worden, so ist § 74 I VwGO nicht anwendbar. Der Betroffene kann die Klage gemäß § 75 S. 2 VwGO drei Monate nach Einlegung des Widerspruchs erheben.

Richtiger Klagegegner

§ 78 VwGO

Beklagter

(1) Die Klage ist zu richten

1. gegen den Bund, das Land oder die Körperschaft, deren Behörde den angefochtenen Verwaltungsakt erlassen oder den beantragten Verwaltungsakt unterlassen hat; zur Bezeichnung des Beklagten genügt die Angabe der Behörde,

2. sofern das Landesrecht dies bestimmt, gegen die Behörde selbst, die den angefochtenen Verwaltungsakt erlassen oder den beantragten Verwaltungsakt unterlassen hat.

(2) Wenn ein Widerspruchsbescheid erlassen ist, der erstmalig eine Beschwer enthält (§ 68 Abs. 1 Satz 2 Nr. 2), ist Behörde im Sinne des Absatzes 1 die Widerspruchsbehörde.

Das sog. Rechtsträgerprinzip beherrscht § 78 VwGO. Beklagter ist grundsätzlich der Rechtsträger, also die juristische Person des öffentlichen Rechts, dem die Behörde nach Organisationsrecht angehört.

Nach § 78 I Nr. 1 VwGO ist die Klage gegen den Bund, das Land oder die Körperschaft zu richten, deren Behörde den angefochtenen Verwaltungsakt erlassen hat oder den beantragten Verwaltungsakt unterlassen hat. Demnach ist eine Anfechtungsklage nicht gegen die Behörde selbst, sondern gegen deren sogenannten Rechtsträger (sog. Rechtsträgerprinzip) zu richten. Grund für diese Regelung ist Folgendes: Eine Behörde ist nicht rechtsfähig, kann also selbst nicht Trägerin von Rechten und Pflichten sein. Erlässt sie einen VA, so wird sie als Organ der hinter ihr stehenden juristischen Person tätig. Deshalb sind Behörden – von Ausnahmen abgesehen – auch nicht beteiligungsfähig, können also überhaupt nicht Klägerin und Beklagte sein.

§ 78 I Nr. 1 VwGO

Unter den Begriff »Körperschaft« fallen alle juristischen Personen des öffentlichen Rechts mit Ausnahme des Bundes und der Länder, die extra benannt sind, und diejenigen Personenvereinigungen, die kraft Gesetzes für beteiligungsfähig erklärt worden sind. Körperschaft nach § 78 I VwGO ist im weiteren Sinne gemeint. Dazu gehören auch Anstalten und Stiftungen des öffentlichen Rechts. Es sind damit auch die ebenfalls in den Staatsorganismus eingegliederten und mit öffentlichen Aufgaben betrauten Institutionen erfasst, einschließlich der Beliehenen (beliehene Unternehmer), wie etwa TÜV oder Schornsteinfeger. § 78 I Nr. 1 2. HS VwGO enthält eine Erleichterung zu Gunsten des Klägers. Zur Bezeichnung des Beklagten genügt die Angabe der Behörde.

Unmittelbar gilt § 78 wegen seiner Stellung im 8. Abschnitt der VwGO nur für Anfechtungs- und Verpflichtungsklagen, aber § 78 I Nr. 1 VwGO ist auch analog auf andere Klagen anzuwenden. Dies ist weitgehend anerkannt.

Nach § 78 I Nr. 2 VwGO ist eine Klage gegen die Behörde selbst zu richten, wenn das Landesrecht im Sinne des § 61 Nr. 3 VwGO bestimmt, dass eine Behörde beteiligungsfähig ist. Diese Vorschrift gilt uneingeschränkt für die Bundesländer Brandenburg (§ 8 Abs. 2 VwGG), Mecklenburg-Vorpommern (§ 14 Abs. 2 GerOrgG), Nordrhein-Westfalen (§ 5 Abs. 2 AGVwGO) und das Saarland (§ 17 Abs. 2 AGVwGO). In Niedersachsen (§ 8 Abs. 2 AGVwGO), Sachsen-Anhalt (§ 8 Abs. 2 AGVwGO) und Schleswig-Holstein (§ 6 S. 2 AGVwGO) ist die Regelung auf Behörden des Landes beschränkt, gilt dort also insbesondere nicht für Kommunalbehörden.

§ 78 I Nr. 2 VwGO

Hat das Land eine entsprechende Regelung nach § 78 I Nr. 2 VwGO getroffen, so gilt die Regelung in diesen Ländern nach h.M. aber nicht für Bundesbehörden. Aber auch der Bundesgesetzgeber kann bestimmen, dass Klagen gegen Bundesbehörden gerichtet werden können.

Seine allgemeine Gesetzgebungszuständigkeit (Art. 74 Nr. 1 GG) ermöglicht ihm ein Abweichen vom Prinzip des § 78 Abs. 1 VwGO. Kann zulässigerweise gegen eine Behörde Klage erhoben werden, handelt es sich um einen Fall der Prozessstandschaft. Die Behörde handelt im Prozess für den Rechtsträger, dem sie angehört. Eine solche Prozessstandschaft ist nach einer Auffassung in der Zulässigkeit der Klage zu prüfen.

§ 78 I Nr. 2 VwGO ist auch nicht analog auf Feststellungs- oder Leistungsklagen anwendbar.

§ 78 I Nr. 2 VwGO bezieht sich nur auf Anfechtungs- und Verpflichtungsklagen. Hat also der (Landes-)Gesetzgeber von der Ermächtigung Gebrauch gemacht – wie in den oben zitierten Bundesländern –, so gilt sie nicht schlechthin für alle Klagen, insbesondere nicht für die allgemeine Leistungsklage. Bei der Leistungs- und Feststellungsklage ist dann nach h.M. § 78 I Nr. 1 VwGO analog einschlägig.

Die Frage, ob der richtige Beklagte in der Klausur im Rahmen der Zulässigkeit oder in der Begründetheit zu prüfen ist, ist umstritten. In den meisten norddeutschen Bundesländern wird diese Prüfung in der Zulässigkeit unter dem Begriff »Klagegegner« vorgenommen. In den süddeutschen Bundesländern wird dieser Punkt in der Begründetheit unter dem Punkt »Passivlegitimation« vorgenommen. Welche Prüfungsfolge einschlägig ist, kann man in seiner Verwaltungsrechtsarbeitsgemeinschaft oder in der Vorlesung erfahren.

Nicht zur Zulässigkeit, sondern zur Begründetheit gehört die Frage der Passivlegitimation, also die Frage, ob der Beklagte materiell der richtige Anspruchsgegner ist. Bei Anfechtungs- und Verpflichtungsklage ist jedoch nach h.M. abweichend bereits in der Zulässigkeit zu prüfen, ob die Klage prozessual – also nicht materiell – gegen den richtigen Beklagten gerichtet worden ist. Dies folgt aus § 78 VwGO, der nach h.M. nicht die Sachlegitimation, sondern die Prozessführungsbefugnis auf Beklagtenseite regelt.

Die Gegenansicht vertritt jedoch die Auffassung, dass § 78 VwGO eine Regelung der Sachlegitimation enthalte, deren Voraussetzungen in der Begründetheit zu prüfen seien.

Gegen diese Gegenansicht spricht aber, dass sich die Sachlegitimation bereits aus dem materiellen Recht ergibt und eine Regelung nur notwendig ist, wenn diese von der Sachlegitimation abweicht. Zudem darf der Bund nach Art. 74 I Nr. 1 GG in der VwGO nur das gerichtliche Verfahren regeln. Dem Bund fehlt deshalb auch die Gesetzgebungskompetenz für eine Normierung der Passivlegitimation in den Ländern. § 78 VwGO bestimmt daher nicht, wer materiell Gegner des Anspruchs ist, sondern regelt nur, wer für das Begehren prozessual in Anspruch genommen werden muss. In diesem Buch wird deshalb bei der Erläuterung der Begründetheit in Klammern auf die Passivlegitimation eingegangen, da in den Klausuren in den süddeutschen Bundesländern die Sachlegitimation als Prüfungspunkt »Passivlegitimation« im Rahmen der Begründetheit geprüft wird. Der Bayerische Verwaltungsgerichtshof und auch die Kommentare Kopp und Eyermann / Fröhler vertreten diese Ansicht. Hin und wieder prüft auch das Bundesverwaltungsgericht § 78 VwGO im Rahmen der Begründetheit, ohne dies jedoch näher zu begründen. Es ist deshalb am besten, in der Verwaltungsrechtsarbeitsgemeinschaft vor der Klausur zu fragen, wo der § 78 VwGO zu prüfen ist.

§ 78 II VwGO betrifft dann noch seltene Ausnahmefälle, die sogenannten Dreipersonenverhältnisse.

Ob § 78 VwGO in der Zulässigkeit oder Begründetheit zu prüfen ist, sollte vorher erfragt werden.

3.2. Die Verpflichtungsklage

Verpflichtungsklage

§ 42 VwGO

(1) Durch Klage kann die Aufhebung eines Verwaltungsakts (Anfechtungsklage) sowie die Verurteilung zum Erlaß eines abgelehnten oder unterlassenen Verwaltungsakts (Verpflichtungsklage) begehrt werden.
(2) Soweit gesetzlich nichts anderes bestimmt ist, ist die Klage nur zulässig, wenn der Kläger geltend macht, durch den Verwaltungsakt oder seine Ablehnung oder Unterlassung in seinen Rechten verletzt zu sein.

Voraussetzungen einer sog. »Versagungsgegenklage«:
(1) Statthaftigkeit: Begehrt wird der Erlass eines VAs, § 42 I Alt. 2 VwGO,
(1) Antrag bei der zuständigen Behörde,
(1) Klagebefugnis, § 42 II VwGO,
(1) Durchführung eines Vorverfahrens, § 68 II VwGO,
(1) Klagefrist, § 74 I VwGO i.V.m. § 74 II VwGO,
(1) Klagegegner, § 78 VwGO.

Voraussetzungen einer sog. »Untätigkeitsklage«:
(1) Statthaftigkeit: Begehrt wird der Erlass eines VAs, § 42 I Alt. 3 VwGO,
(1) Antrag bei der zuständigen Behörde,
(1) Klagebefugnis, § 42 II VwGO.

Statthaftigkeit

Der Verpflichtungsklage, die auf den Erlass eines VAs gerichtet ist, können zwei verschiedene Sachverhaltskonstellationen zu Grunde liegen. Zum einen kann eine Behörde den Antrag des Klägers auf den Erlass des begehrten VAs abgelehnt, zum anderen kann sie auf den

VA erforderlich

Antrag hin überhaupt nichts unternommen haben. Entsprechend werden die Unterarten der Verpflichtungsklage Versagungsgegenklage und Untätigkeitsklage (§ 75 VwGO) genannt.

Bei Hauptsacheerledigung Fortsetzungsfeststellungsklage denkbar

Wie die Anfechtungsklage darf auch die Verpflichtungsklage in der Hauptsache noch nicht erledigt sein, d.h., es darf vor oder während des Prozesses nicht aus sachlichen oder rechtlichen Gründen die Situation entstehen, dass dem Kläger aus dem Erlass des VAs kein Vorteil mehr erwachsen würde.

Beispiel: A beantragt beim Land X einen Verwaltungsakt, der ihm den Erhalt einer Subvention für seine Baufirma zusagt. Das Land lehnt den Erlass ab. Nachdem der Widerspruch des A erfolglos war, erhebt er Verpflichtungsklage. Während des Prozesses geht die Firma des A in Konkurs, vor welchem ihn auch die Subvention nicht hätte bewahren können. Damit hat sich die Verpflichtungsklage des A in der Hauptsache erledigt.

Anzumerken ist, dass mit der Verpflichtungsklage nicht nur der Erlass eines VAs an den Kläger selbst, sondern auch an einen Dritten begehrt werden kann.

Beispiel: A betreibt in der Nachbarschaft des B eine Diskothek. Die Diskothek ist nicht mit den erforderlichen Schallschutzvorrichtungen versehen, so dass B in seiner Nachtruhe gestört ist. B kann sein Ziel, die zuständige Behörde dazu zu veranlassen, den A per Verwaltungsakt zur Isolierung seiner Diskothek zu verpflichten, mit der Verpflichtungsklage verfolgen.

Antrag bei der zuständigen Behörde

Der Kläger muss den begehrten VA ordnungsgemäß, d.h. formgerecht, bei der zuständigen Behörde beantragt haben. Dies folgt für die Versagungsgegenklage aus § 68 Abs. 2 VwGO, für die Untätigkeitsklage aus § 75 S. 1 VwGO.

Klagebefugnis

Möglichkeit des Anspruchs auf einen VA

Zur Beurteilung der Frage, ob der Kläger im Sinne des § 42 II VwGO klagebefugt ist – wie bei der Anfechtungsklage – ist die Möglichkeitstheorie heranzuziehen. Der Kläger muss danach hinreichend substantiiert Tatsachen vortragen, die es zumindest als möglich erscheinen lassen, dass er durch die Ablehnung oder Unterlassung eines VAs in einer eigenen rechtlich geschützten Position beeinträchtigt wird. Dies bedeutet: Nach dem Vortrag des Klägers muss die konkrete Möglichkeit bestehen, dass er einen Anspruch auf den Erlass des begehrten VAs hat. Ein Anspruch kann aus den Gesetzen, etwa § 6 BImSchG oder den landesrechtlichen Vorschriften für die Baugenehmigung, aus einer Zusicherung im Sinne des § 38 VwVfG oder aus einem öffentlich-rechtlichen Vertrag mit einer Behörde resultieren.

Die Grundrechte sind als Abwehrrechte gegenüber dem Staat grundsätzlich keine Anspruchsgrundlagen. Deshalb kann die Klagebefugnis aus einem Grundrecht nur hergeleitet werden, wenn das Grundrecht ohne den Erlass eines VAs für den Einzelnen bedeutungslos würde.

Beispiel: A hat die erste juristische Staatsprüfung bestanden und will nun per VA als Beamter auf Widerruf in den Vorbereitungsdienst für den höheren Justiz- und Verwaltungsdienst aufgenommen werden. Da er aber in seiner Jugendzeit als Autonomer politisch aufgefallen ist, lehnt das Bundesland X die Bewerbung des A ab. Der Staat hat in Bezug auf den Referendardienst ein Ausbildungsmonopol. Deshalb kann A sich auf das Grundrecht des Art. 12 I GG als Anspruchsgrundlage berufen, da es ohne die Aufnahme in den Vorbereitungsdienst für A bedeutungslos würde, er könnte nicht Volljurist werden.

Durchführung eines Vorverfahrens

Gemäß § 68 II i.V.m. § 68 I VwGO ist ein Vorverfahren, auch Widerspruchsverfahren genannt, durchzuführen, wenn der Antrag auf Erlass eines Verwaltungsakts abgelehnt worden ist. Demnach ist die Durchführung eines Vorverfahrens nur für die Versagungsgegenklage, nicht auch für die Untätigkeitsklage, Voraussetzung. Dies ist verständlich: Wenn die Behörde auf den Antrag auf Erlass eines VAs überhaupt nicht reagiert, also nicht einmal einen Ablehnungsbescheid absendet, so ist es dem Betroffenen nicht zuzumuten, bei derselben Behörde Widerspruch gegen das »Nichtstun« einzulegen.

Widerspruchsverfahren nicht bei Untätigkeitsklage erforderlich

Beispiel: Der Antrag des A auf eine Baugenehmigung, den er vor einem halben Jahr schon gestellt hat, wird von der Bauaufsichtsbehörde nicht beschieden. Für diesen Fall legt § 75 VwGO fest, dass eine Verpflichtungsklage unter den in dieser Regelung vorgeschriebenen Voraussetzungen auch ohne Widerspruch zulässig ist, wenn ohne zureichenden Grund nicht in angemessener Frist entschieden worden ist.

Hinsichtlich der Erfordernisse, die das Vorverfahren als Sachentscheidungsvoraussetzung erfüllen muss, kann hier auf die Ausführungen zur Anfechtungsklage verwiesen werden.

Klagefrist

Ist das Vorverfahren durch Widerspruchsbescheid abgeschlossen worden, so ist gemäß § 74 II VwGO die Verpflichtungsklage nur zulässig, wenn sie innerhalb eines Monats nach Zustellung des Widerspruchsbescheides erhoben worden ist. Die Klagefrist des § 74 I

VwGO gilt gemäß § 74 II VwGO nur für die Versagungsgegenklage, wenn also der Erlass eines VAs abgelehnt worden ist. Ausgangspunkt für die Fristberechnung ist die Zustellung des Widerspruchsbescheids; sofern das Vorverfahren nicht erforderlich war, die Bekanntgabe des Ablehnungsbescheids. Im Übrigen erfolgt die Fristberechnung wie bei der Anfechtungsklage dargestellt.

Untätigkeitsklage nach § 75 VwGO ist nur nach Ablauf einer angemessenen Frist möglich.

Bei der Untätigkeitsklage ist in diesem Zusammenhang zu beachten, dass nach § 75 S. 2 VwGO zwischen Antragstellung und Klageerhebung in der Regel drei Monate liegen müssen. Dies ist die Zeit, die das Gesetz der Behörde einräumt, um auf einen Antrag zu reagieren. Die Frist von 3 Monaten hat die Bedeutung, dass das Verwaltungsgericht eine nach Ablauf von 3 Monaten erhobene Klage jedenfalls nicht als unzulässig, weil verfrüht, abweisen kann. Dies gilt selbst dann, wenn dem Kläger der zureichende Grund der Verzögerung der Entscheidung der Behörde bekannt ist.

Das Ergehen der noch ausstehenden Entscheidung, nachdem die Klage nach § 75 VwGO bereits zulässig erhoben worden ist, berührt die Zulässigkeit der Klage nach § 75 VwGO nicht mehr.

Besondere Umstände, die eine kürzere Frist als 3 Monate gebieten, liegen nur dann vor, wenn dem Betroffenen ansonsten unverhältnismäßige Nachteile entstünden (z.B. Hilfsbedürftigkeit eines Antragstellers bei Sozialhilfe; Dringlichkeit einer Entscheidung über eine Prüfungsanfechtung, wenn sonst ein Schuljahr für die Ausbildung verloren zu gehen droht).

Liegt hingegen ein zureichender Grund für die Verzögerung des Vorverfahrens vor, so hat das Gericht gemäß § 75 S. 3 VwGO das Verfahren für eine von ihm zu bestimmende Frist auszusetzen. Gibt die Behörde innerhalb dieser vom Gericht festgesetzten Frist dem Widerspruch statt oder erlässt den begehrten VA, so wird gemäß § 75 S. 4 VwGO die Hauptsache für erledigt erklärt.

Richtiger Klagegegner

Richtiger Beklagter ist bei der Verpflichtungsklage, für die ebenfalls § 78 VwGO gilt, der Rechtsträger der Behörde, die nach Ansicht des Klägers zum Erlass des VAs verpflichtet war.

Die Prozessführungsbefugnis bzw. Beklagtenbefugnis der Verpflichtungsklage ist zwar nur in § 78 I VwGO für den Fall des unterlassenen VAs ausdrücklich erwähnt, gilt aber auch für den Antrag auf Erlass eines abgelehnten VAs.

3.3. Die Fortsetzungsfeststellungsklage

Fortsetzungsfeststellungsklage § 113 I S. 4 VwGO

(1) ... Hat sich der Verwaltungsakt vorher durch Zurücknahme oder anders erledigt, so spricht das Gericht auf Antrag durch Urteil aus, daß der Verwaltungsakt rechtswidrig gewesen ist, wenn der Kläger ein berechtigtes Interesse an dieser Feststellung hat.
(2) ...

Wie bereits behandelt, wird eine Anfechtungsklage während des Prozesses unzulässig, wenn sie sich nach Klageerhebung in der Hauptsache erledigt, d.h. ein Ereignis eintritt, das zur Folge hat, dass dem Kläger mit der Aufhebung des Verwaltungsakts nicht mehr gedient ist. In diesem Fall gibt § 113 I S. 4 VwGO dem Kläger die Möglichkeit, seinen Klageantrag umzustellen und die Feststellung zu beantragen, dass der VA rechtswidrig gewesen ist. Diese umgestellte Klage wird als Fortsetzungsfeststellungsklage bezeichnet.

Fortsetzungsfeststellungsklagen in allen Variationen sind häufig Gegenstand der Klausuren von Fortgeschrittenenübungen und Examen.

Nach dem Wortlaut des § 113 I S. 4 VwGO ist die Fortsetzungsfeststellungsklage, die zu den besonderen Feststellungsklagen gerechnet wird und ihrem Wesen nach eine fortgesetzte Anfechtungsklage ist, nur zulässig, wenn sich der Verwaltungsakt nach Klageerhebung erledigt hat. Es ist allerdings nicht verständlich, warum der Kläger die Feststellung der Rechtswidrigkeit nicht beantragen kann, wenn der Verwaltungsakt schon vor Klageerhebung seine sachliche oder rechtliche Beschwer verloren hat. Deshalb wird § 113 I S. 4 VwGO auf diese Konstellation analog angewandt.

Schließlich kann sich auch eine Verpflichtungsklage in der Hauptsache erledigen. Auch dann kommt § 113 I S. 4 VwGO analog zur Anwendung.

Variationen der Fortsetzungsfeststellungsklage:
- gesetzlich geregelter Fall (Der Verwaltungsakt hat sich nach Erhebung der Anfechtungsklage erledigt),
- § 113 I S. 4 VwGO analog (Der Verwaltungsakt hat sich vor Erhebung der Anfechtungsklage erledigt),
- § 113 I S. 4 VwGO analog (Der Antrag auf den Erlass des Verwaltungsakts hat sich erledigt).

Die Fortsetzungsfeststellungsklage bildet sowohl im Referendar- als auch im Assessorexamen einen beliebten verwaltungsprozessualen Prüfungsschwerpunkt.

3.3.1. Der gesetzlich geregelte Fall

Der angegriffene VA hat sich nach Klageerhebung erledigt. Voraussetzungen:

- (1) Statthaftigkeit: begehrt wird die Feststellung der Rechtswidrigkeit eines Verwaltungsaktes, der sich nach Erhebung einer Anfechtungsklage erledigt hat,
- (1) die Anfechtungsklage war bei Klageerhebung zulässig,
- (1) Umstellung des Klageantrages,
- (1) Vorverfahren, § 68 f. VwGO,
- (1) Klagefrist, § 74 I VwGO,
- (1) Richtiger Klagegegner, § 78 I Nr. 1 bzw. Nr. 2 VwGO analog,
- (1) Feststellungsinteresse.

Statthaftigkeit

Nach § 113 I S. 4 VwGO kann der Bürger in den Fällen, in denen sich ein VA nach Erhebung der Anfechtungsklage, aber vor Entscheidung des Gerichts über die Klage erledigt, den Klageantrag auf eine Fortsetzungsfeststellungsklage umstellen und damit die Rechtswidrigkeit des VAs feststellen lassen. Er kann damit verhindern, dass er auf Grund der Erledigung um die Früchte seiner bisherigen Prozessführung gebracht wird.

Mit der Fortsetzungsfeststellungsklage kann die Feststellung der Rechtswidrigkeit eines VAs im Sinne des § 35 VwVfG begehrt werden, sofern sich die vorher erhobene Anfechtungsklage in der Hauptsache erledigt hat. § 113 I S. 4 VwGO setzt den Eintritt des erledigenden Ereignisses vor Schluss der mündlichen Verhandlung durch das Wort »vorher« voraus, regelt somit unmittelbar nur den Fall der Erledigung eines Verwaltungsakts nach Erhebung der Anfechtungsklage.

Wegfall der mit dem VA verbundenen Beschwer

Eine Erledigung im Sinne dieser Vorschrift liegt vor, wenn die mit dem VA verbundene Beschwer entfällt bzw. mit ihm für den betroffenen Bürger keine belastenden Wirkungen verbunden sind. Dies ist dann der Fall, wenn der eigentliche, der Vollziehung fähige Regelungsgehalt des VAs gegenstandslos geworden ist. Der Wegfall des Regelungsgehalts kann, wie in § 113 I S. 4 beispielhaft genannt, durch »Zurücknahme«, d.h. durch Rücknahme oder Widerruf nach den §§ 48, 49 VwVfG oder aber auch durch den Zeitablauf oder auf andere Weise erfolgen.

Beispiel 1: Eine Abbruchverfügung, gegen die der Hauseigentümer A klagt, wird zurückgenommen.

Beispiel 2: Der A hat gegen eine (rechtswidrige) Abrissverfügung bezüglich seines Hauses Anfechtungsklage erhoben. Während des Anfechtungsprozesses brennt das abzureißende Gebäude ab. Der VA hat sich dadurch erledigt. Die Anfechtungsklage ist nunmehr unzulässig. Statthaft ist jedoch die Fortsetzungsfeststellungsklage nach § 113 I S. 4 VwGO.

Da eine unzulässige Anfechtungsklage sich auf Grund des erledigenden Ereignisses nicht in eine zulässige Fortsetzungsfeststellungsklage umwandeln lässt, müssen auch die für die Anfechtungsklage geltenden besonderen Sachentscheidungsvoraussetzungen gelten.

Vorverfahren, Klagefrist

Die ursprünglich erhobene Anfechtungsklage muss also zulässig gewesen sein, d.h., die Klage muss sich gegen einen VA i.S.d. § 35 VwVfG gerichtet haben und der Kläger muss klagebefugt im Sinne des § 42 II VwGO gewesen sein, ein Vorverfahren ordnungsgemäß durchgeführt und die Klagefrist des § 74 I VwGO gewahrt haben.

Tritt Erledigung nach Klageerhebung ein, so ist die Fortsetzungsfeststellungsklage nur zulässig, wenn vor Erhebung der Ursprungsklage erfolglos Widerspruch eingelegt worden ist. Denn ohne ein Vorverfahren war die (Ursprungs-) Anfechtungsklage (oder Verpflichtungsklage, siehe dazu später) vor Erledigung unzulässig, so dass Entsprechendes auch für die Fortsetzungsfeststellungsklage gelten muss.

Auch die Klagefrist ist grundsätzlich einzuhalten. Tritt Erledigung nach Bestandskraft des VAs ein, so ist die Fortsetzungsfeststellungsklage in jedem Fall unzulässig. Bei Erledigung vor Bestandskraft bestimmt sich die Klagefrist nach § 74 I S. 1 VwGO analog, wenn vorher ein Widerspruchsverfahren durchgeführt worden ist.

Entsprechendes gilt in Bezug auf das Vorverfahren (vgl. § 68 II i.V.m. § 68 I S. 1 VwGO) für den Übergang von der später näher behandelten Verpflichtungsklage (Versagungsgegenklage) auf die Fortsetzungsfeststellungsklage. War die Widerspruchsfrist im Moment der Erledigung dagegen noch nicht abgelaufen, so hängt auch die Zulässigkeit der Fortsetzungsfeststellungsklage gemäß § 113 I S. 4 VwGO davon ab, ob nach Erledigung des VAs noch ein Widerspruchsverfahren durchzuführen ist (dazu noch später).

> Bei Erledigung nach Klageerhebung ist die Fortsetzungsfeststellungsklage nur zulässig, wenn vor Erhebung der Ursprungsklage erfolglos Widerspruch eingelegt wurde.

Umstellung des Klageantrages

Das Gericht entscheidet über die Rechtswidrigkeit des erledigten VAs nur auf Antrag des Klägers. Demnach muss der Kläger dem Gericht deutlich machen, dass er statt der Aufhebung des VAs die Feststellung von dessen Rechtswidrigkeit begehrt.

Feststellungsinteresse

Besonderes Feststellungsinteresse als besondere Sachurteilsvoraussetzung

Des Weiteren muss der Kläger ein berechtigtes Interesse an der Feststellung der Rechtswidrigkeit haben. Ein berechtigtes Interesse ist jedes nach vernünftigen Erwägungen auf Grund der konkreten Situation des Klägers schutzwürdiges Interesse rechtlicher, wirtschaftlicher oder ideeller Art. Somit ist der Begriff des berechtigten Interesses im Rahmen der Fortsetzungsfeststellungsklage so auszulegen wie bei der Feststellungsklage im Sinne des § 43 VwGO.

Die Rechtsprechung hat das Feststellungsinteresse dementsprechend insbesondere in folgenden Fällen bejaht:

- Erheblichkeit für nachfolgenden zivilrechtlichen Schadensersatzprozess (Präjudizialität).

VG hat sich mit der Sache schon befasst, ein Entschädigungsprozess ist anhängig oder zu erwarten und nicht offensichtlich aussichtslos.

Zum einen, wenn die Feststellung der Rechtswidrigkeit für den Kläger bedeutsam ist, weil er in einem weiteren Prozess einen Schadensersatz- oder Entschädigungsanspruch vor den Zivilgerichten auf Grund des rechtswidrigen Handelns der Behörde geltend machen will.

Dieser Fallgruppe liegt der Gedanke der Prozessökonomie zu Grunde. Das mit der Anfechtungsklage angerufene Gericht muss sich nach der Rechtsprechung des Bundesverwaltungsgerichtes bis zur Erledigung des VAs schon mit der Sache befasst haben und soll deshalb dann auch die – für den Schadensersatz erhebliche – Frage der Rechtswidrigkeit vollständig klären. Ansonsten wäre die bisherige Arbeit des Gerichts nutzlos und das für die Schadensersatzklage zuständige Gericht müsste den Sachverhalt von neuem aufrollen. Denn bei einer Erledigung vor Klageerhebung gebietet der Grundsatz der Verfahrensökonomie, dass der Kläger sich sofort an das zuständige Zivilgericht wenden muss. Das Zivilgericht ist in solchen Fällen auch für die Klärung der öffentlich-rechtlichen Vorfragen im vollem Umfange zuständig. Anders als bei der Erledigung erst nach Klageerhebung, wo der Kläger nicht ohne Not um die Früchte des bereits begonnenen Verwaltungsprozesses gebracht werden soll, führt bei einer Erledigung schon vor Klageerhebung die (erstmalige) vorherige Anrufung des Verwaltungsgerichts zu einer unökonomischen Prozessvermehrung. Dieses verfahrensökonomische Argument lässt sich nicht durch die Berufung auf eine vermeintlich größere »Sachnähe« der Verwaltungsgerichte entkräften.

Besonderes Feststellungsinteresse bei:
- Erheblichkeit für nachfolgenden Amtshaftungsprozess, aber nicht, wenn sich VA vor Klageerhebung erledigt hat oder sich das VG noch nicht mit der Sache befasst hat
- Wiederholungsgefahr, sofern konkret
- Rehabilitierungsinteresse, sofern durch Maßnahme diskriminiert

Eine Mindermeinung in der Literatur hält hingegen die Erheblichkeit für einen nachfolgenden Schadensersatzprozess auch bei Erledigung vor Klageerhebung für gegeben, weil der Verwaltungsrechtsweg jedenfalls der sachnähere Rechtsweg für die Klärung der Rechtswidrigkeit eines VAs sei. Hiergegen spricht aber, dass bei noch nicht erhobener Klage zum Verwaltungsgericht es natürlich nicht prozessökonomisch ist, zuerst einen Verwaltungsprozess zur Vorbereitung eines Amtshaftungsprozesses anzustrengen. Selbst wenn der Verwaltungsrichter grundsätzlich »sachnäher« mit der Materie des Verwaltungsrechts vertraut ist, so kann doch auch die mit verwaltungsrechtlichen Fragestellungen reichlich vertraute Amtshaftungskammer beim Zivilgericht (Landgericht) die Rechtswidrigkeit des erledigten VAs genauso gut feststellen.

Der nachfolgende Entschädigungsprozess muss anhängig oder mit hinreichender Sicherheit zu erwarten und nicht aussichtslos sein.

- Wiederholungsgefahr.

Das Feststellungsinteresse ist auch gegeben, wenn die hinreichend konkrete Wahrscheinlichkeit besteht, dass unter im Wesentlichen unveränderten tatsächlichen und rechtlichen Umständen erneut ein VA gleichen oder ähnlichen Inhalts von der Behörde erlassen wird, also die Wiederholungsgefahr besteht.

Fall 30: Gemäß Gesetz vom 08.11.1985 wurde im Jahr 1987 eine Volkszählung durchgeführt. Auch A erhielt einen Bescheid, nach dem er Auskunft über seine privaten und beruflichen Verhältnisse erteilen sollte. A wandte sich mittels Klage gegen den Bescheid. Die Behörde erklärte während des Prozesses, dass sie diesmal auf eine Auskunft des A verzichte und den Bescheid nicht mehr aufrechterhalte, da sie für die Statistik genügend Daten von anderen Bürgern erhalten habe. Demnach hatte sich der an A gerichtete Bescheid nach Klageerhebung erledigt. A stellte nun seine Anfechtungsklage auf eine Fortsetzungsfeststellungsklage um. Das berechtigte Interesse des A an der Feststellung der Rechtswidrigkeit des VAs war zu bejahen, da das Volkszählungsgesetz einige Jahre später eine erneute Befragung vorsah und Wiederholungsgefahr bestand.

Die bloße theoretische Möglichkeit, dass die zu entscheidende Rechtsfrage für den Kläger irgendwann in der Zukunft wieder Bedeutung gewinnen könnte, reicht allerdings für eine Wiederholungsgefahr nicht aus. Für die Annahme einer Wiederholungsgefahr bedarf es der konkreten Möglichkeit, dass unter im wesentlichen unveränderten tatsächlichen und rechtlichen Umständen ein gleichartiger Verwaltungsakt wie der erledigte ergehen wird bzw. auf einen gleichartigen Antrag eine gleichartige Verwaltungsentscheidung getroffen werden wird. Die Gleichartigkeit kann angenommen werden, wenn sich die tatsächlichen und rechtlichen Verhältnisse seit dem Erlass der erledigten Verwaltungsentscheidung nicht geändert haben und diese Verhältnisse auch noch im Zeitpunkt der zukünftig zu erwartenden Verwaltungsentscheidung mit hinreichender Wahrscheinlichkeit vorliegen werden.

Nur die konkrete Wahrscheinlichkeit, dass die zu entscheidende Rechtsfrage für den Kläger irgendwann in der Zukunft wieder Bedeutung gewinnen könnte, reicht für eine Wiederholungsgefahr aus.

Beispiel: Schausteller S ist zu einem jährlich stattfindenden Jahrmarkt (Volksfest) nicht zugelassen worden. Es ist abzusehen, dass S auch im nächsten Jahr wieder einen Zulassungsantrag stellen wird, der nach den Vergaberichtlinien der Gemeinde G voraussichtlich erneut abgelehnt wird. Hier ergibt sich somit die konkrete Wiederholungsgefahr daraus, dass ein Zulassungsantrag des auch künftig teilnahmewilligen S auf der Grundlage der Vergaberichtlinien der Gemeinde G im nächsten Jahr aller Voraussicht nach erneut abgelehnt werden würde.

Eine völlige Übereinstimmung des erledigten mit dem zukünftigen Begehren, eine in jeder Hinsicht identische Entscheidungssituation ist aber nicht erforderlich. Es muss auch nicht feststehen, dass eine vergleichbare Situation wieder eintritt. Es reicht, dass der Kern des Rechtsstreits identisch ist. Man muss auf Grund gewisser Anhaltspunkte in absehbarer Zeit mit im Wesentlichen gleichen tatsächlichen und rechtlichen Verhältnissen rechnen können, für welche die Entscheidung des erledigten VAs von richtungsweisender Bedeutung ist. Wegen des Grundsatzes effektiven Rechtsschutzes sind jedoch an die Wiederholungsgefahr keine allzu hohen Anforderungen zu stellen.

Beispiel: Veranstalter V beantragt eine politische Demonstration, die von der zuständigen Behörde verboten wird. V plant, auch in Zukunft solche Veranstaltungen durchzuführen. Eine Wiederholungsgefahr ist auch hier zu bejahen, wenn nach dem Vortrag des V Anhaltspunkte dafür bestehen, dass er auch in näherer Zukunft Veranstaltungen ähnlicher Art durchführen will. Anlässe für Versammlungen sind in der Regel nicht so lange im Voraus erkennbar, dass eine gerichtliche Entscheidung in der Hauptsache vor dem Zeitpunkt der Versammlung herbeigeführt werden kann. Erweist sich die Fortsetzungsfeststellungsklage als die einzige Möglichkeit, die mit dem Versammlungsverbot verbundenen Rechtsfragen einer gerichtlichen Klärung im Hauptsacheverfahren zuzuführen, so ist es ein Gebot des effektiven Rechtsschutzes, nur geringe Anforderungen an das Bestehen der Wiederholungsgefahr zu stellen.

- Rehabilitierungsinteresse

Das Rehabilitierungsinteresse setzt einen in die Gegenwart fortwirkenden diskriminierenden Charakter des inzwischen erledigten VAs voraus.

Das Feststellungsinteresse ist auch gegeben, wenn wegen des in die Gegenwart fortwirkenden diskriminierenden Charakters des inzwischen erledigten VAs ein Rehabilitationsinteresse des Klägers zu bejahen ist, wie etwa bei körperlicher Misshandlung durch die Polizei oder rechtswidriger Telefonüberwachung.

Beispiel: A ist Diskothekeninhaber. Die Behörde erhält durch einen »Tipp« Kenntnis davon, dass gegen A polizeilich ermittelt werde, weil der Verdacht besteht, er verkaufe in der Diskothek Kokain. Daraufhin entzieht ihm die Behörde die Genehmigung zum Betrieb seiner Diskothek mit der Begründung, A sei dazu nicht geeignet. Nach erfolglosem Widerspruch erhebt A Anfechtungsklage. Bevor über seine Klage entschieden wird, brennt die Diskothek ab. A kann von der Anfechtungsklage auf die Fortsetzungsfeststellungsklage umstellen, da ihn der VA diskriminiert.

Auch bei einer nach Erledigung fortdauernden, nicht unerheblichen Grundrechtsbeeinträchtigung, wie z.B. die fortdauernde Beeinträchtigung der künstlerischen Betätigung (Art. 5 III GG) durch das erledigte Verbot einer Kunstausstellung, ist auf Grund grundrechtsspezifischer belastender Nachwirkung eines VAs ein Rehabilitationsinteresse gegeben.

Beispielformulierung:

III. Fortsetzungsfeststellungsinteresse

Besondere Zulässigkeitsvoraussetzung für eine Klage nach § 113 Abs. 1 S. 4 VwGO ist das berechtigte Interesse an der Feststellung der Rechtswidrigkeit des erledigten Verwaltungsaktes.

Ein berechtigtes Interesse an der Feststellung wird unter anderem dann angenommen, wenn Wiederholungsgefahr besteht oder die Maßnahme diskriminierende Wirkung hatte und der Kläger seine Rehabilitierung erstrebt oder der Adressat Schadenersatz verlangen will und hierfür die vorgängige Feststellung der Rechtswidrigkeit des Verwaltungsaktes vorteilhaft ist. Im vorliegenden Fall ... (z.B. kann eine Wiederholungsgefahr nicht ausgeschlossen werden, da ...).

oder

III. Fortsetzungsfeststellungsinteresse

Die Klage analog § 113 Abs. 1 S. 4 VwGO ist nur zulässig, wenn der Kläger ein berechtigtes Interesse an der Feststellung der Rechtswidrigkeit des Verwaltungsaktes hat. Hierfür genügt jedes schutzwürdige Interesse rechtlicher, wirtschaftlicher oder ideeller Art. Bejaht wird dies in der Regel für die Fallgruppen Wiederholungsgefahr, Rehabilitationsinteresse wegen objektiv nachteiliger Folgen und Vorbereitung eines Amtshaftungsprozesses. ...

Formulierungsvorschlag

3.3.2. Analoge Anwendung des § 113 I S. 4 VwGO

Der angegriffene VA hat sich vor Klageerhebung erledigt.
- Statthaftigkeit: begehrt wird die Feststellung der Rechtswidrigkeit eines VAs, der sich vor Klageerhebung erledigt hat,
- die Anfechtungsklage wäre vor Erledigung zulässig gewesen, Ausnahme: Entbehrlichkeit eines Vorverfahrens bei Erledigung des VAs vor Ablauf der Widerspruchsfrist,
- Feststellungsinteresse.

Statthaftigkeit

Rechtsprechung und Literatur haben die Fortsetzungsfeststellungsklage in entsprechender Anwendung des § 113 I S. 4 VwGO auch auf den Fall der Erledigung vor Klageerhebung wegen der identischen Interessenlage für statthaft erklärt, da es vielfach vom Zufall abhängt, wann das erledigende Ereignis eintritt.

Beispiel: Die Baubehörde erlässt eine (rechtswidrige) Abrissverfügung gegen ein Haus des A. Wenige Tage nach Erlass der Beseitigungsverfügung brennt das von der Abrissverfügung betroffene Gebäude des A ab und zwar bevor der Adressat der Abrissverfügung, A, Anfechtungsklage erhoben hat.

Die Interessenlage im Hinblick auf die Erledigung nach Klageerhebung ist vergleichbar. Aus der Sicht des Klägers ist es gleichgültig, ob sich ein VA vor oder nach Klageerhebung erledigt. Vom zufälligen Zeitpunkt der Erledigung kann der Rechtsschutz nicht abhängen.

Beispielformulierung:

Formulierungsvorschlag

II. Statthafte Klageart

Für die richtige Klageart ist das Klagebegehren maßgebend. Danach scheidet im vorliegenden Fall eine Anfechtungsklage gem. § 42 Abs. 1 VwGO aus. Erforderlich wäre, dass die Klage die Aufhebung des Verwaltungsakts begehrt. A verlangt aber die Feststellung. Es ist geboten, den Antrag wörtlich auszulegen. Selbst wenn das Verkaufsverbot von ... ein VA war, wäre es nicht sinnvoll, dessen Aufhebung zu verlangen, weil sämtliche gegen den Verkauf von ... eingeleiteten Maßnahmen von der Behörde aufgehoben worden sind. Für eine Aufhebung dieser Maßnahmen durch das Verwaltungsgericht wäre kein Raum mehr.

Es könnte aber eine Fortsetzungsfeststellungsklage gem. § 113 Abs. 1 S. 4 VwGO vorliegen.

Unmittelbar regelt § 113 Abs. 1 S. 4 VwGO nach seinem Wortlaut nur den Fall, dass der VA sich nach Klageerhebung und vor Erlass eines Urteils erledigt hat. Im vorliegenden Fall kann eine Erledigung nur vor Klageerhebung eingetreten sein. Durch § 113 Abs. 1 S. 4 VwGO soll dem Anfechtungskläger im Interesse eines umfassenden Rechtsschutzes die Möglichkeit geboten werden, die Rechtswidrigkeit des während des Verfahrens erledigten VAs feststellen zu lassen, falls hieran ein berechtigtes Interesse besteht. Ein ebenso gelagertes Rechtsschutzinteresse kann auch in dem Fall bestehen, dass sich der den Kläger belastende VA bereits vor Klageerhebung erledigt hat, so dass Normzweck und Interessenlage eine analoge Anwendung des § 113 Abs. 1 S. 4 VwGO auch auf den Fall einer Erledigung des VAs vor Klageerhebung fordern. § 113 Abs. 1 S. 4 VwGO ist somit analog anwendbar, wenn ein VA erlassen wurde, sich dieser vor Klageerhebung erledigt hat und ein Feststellungsantrag gestellt worden ist. Da im vorliegenden Fall das Verkaufsverbot vor Klageerhebung aufgehoben wurde, und der A einen Feststellungsantrag gestellt hat, kommt es darauf an, ob das Verkaufsverbot ein Verwaltungsakt ist. ...

oder kürzer

II. Statthafte Klageart

A begehrt die Feststellung ...

Da sich der Verwaltungsakt auf Grund der Durchführung der Maßnahmen erledigt hat, ist die Fortsetzungsfeststellungsklage nach § 113 Abs. 1 S. 4 VwGO die richtige Klageart. Die Erledigung erfolgte allerdings bereits vor Erhebung der Klage. Aus diesem Grunde handelt es sich um eine analoge Fortsetzungsfeststellungsklage.

Entbehrlichkeit des Vorverfahrens bei Erledigung vor Ablauf der Widerspruchsfrist

Auch im Fall der analogen Anwendung im Fall der Erledigung vor Klageerhebung tritt die Fortsetzungsfeststellungsklage an die Stelle einer wegen Erledigung des VAs zulässigen Anfechtungsklage. Deshalb kann sie nur zulässig sein, wenn im Zeitpunkt des erledigenden Ereignisses eine Anfechtungsklage noch zulässigerweise hätte erhoben werden können. Tritt die Erledigung nach Ablauf der Widerspruchsfrist ein, kommt eine Klage analog § 113 I S. 4 VwGO nicht in Betracht, weil ein durch Fristablauf unanfechtbarer VA auch nicht wegen

> Bei Erledigung nach Klageerhebung ist ein Vorverfahren stets erforderlich, bei Erledigung vor Klageerhebung nur, wenn die Erledigung nach Ablauf der Widerspruchsfrist eintritt.

seiner späteren Erledigung gerichtlich überprüfbar werden soll. War somit die Anfechtungsklage vor der Erledigung der Widerspruchsfrist unzulässig geworden, so bleibt auch die Klage analog § 113 I S. 4 VwGO unzulässig und wird nicht etwa infolge der Erledigung wieder zulässig. Ohne Widerspruch wäre der VA im Zeitpunkt der Erledigung bestandskräftig und damit unanfechtbar.

Fraglich ist aber, ob es der Durchführung eines Vorverfahrens auch dann bedarf, wenn sich der VA noch innerhalb der Widerspruchsfrist erledigt hat.

Fall 31: Die Verwaltung verbietet für den Aschermittwoch eine beantragte Demonstration gegen den traditionellen Karneval. Die Initiatoren überlegen sich im Hinblick auf die für den 11.11. ebenfalls geplante weitere Demonstration, ob sie Widerspruch einlegen müssen und an die Klagefrist gebunden sind.

Für die Erforderlichkeit eines Vorverfahrens spricht, dass die Fortsetzungsfeststellungsklage eine fortgeführte Anfechtungsklage ist. Des Weiteren spricht für die Notwendigkeit der Durchführung eines Vorverfahrens, dass die Überprüfung des VAs durch die Verwaltung zur Selbstkontrolle der Verwaltung beiträgt und eine Klage unter Umständen entbehrlich machen kann und die Verwaltungsgerichte entlastet werden. Auch ist im gerichtlichen Verfahren keine Zweckmäßigkeitskontrolle möglich.

Nur bei Erledigung vor Klageerhebung, aber nach Ablauf der Widerspruchsfrist ist ein Vorverfahren Zulässigkeitsvoraussetzung, denn nur in diesen Fällen war der VA ohne Widerspruch im Zeitpunkt der Erledigung bereits bestandskräftig.

Andererseits ist das Vorverfahren nicht auf die Überprüfung von erledigten VAs zugeschnitten. Der vom Betroffenen vorrangig verfolgte Zweck, das durch den rechtswidrigen VA verletzte Recht wiederherzustellen, kann nicht mehr erreicht werden. Gegen die Durchführung eines Vorverfahrens spricht außerdem, dass es seine Funktion, der Behörde die Möglichkeit zu geben, nach Prüfung der Recht- und Zweckmäßigkeit den Betroffenen durch die Aufhebung des VAs klaglos zu stellen, nicht mehr erfüllen kann, wenn der VA sich erledigt hat. In dieser Situation kann nur noch nachträglich festgestellt werden, dass der VA rechtswidrig war. Einer solchen bloßen Feststellung dient das Vorverfahren aber nicht und auch ist eine solche Feststellung nicht Aufgabe der Behörde.

Ein behördlicher Bescheid über die Feststellung der Rechtswidrigkeit würde die einer gerichtlichen Entscheidung zukommende Bindungswirkung eines verwaltungsgerichtlichen Urteils nach § 121 VwGO nicht aufweisen können. Nur diese verhindert aber die abweichende Beurteilung der Rechtswidrigkeit einer etwaigen anschließenden Haftungsklage.

Damit spricht vor allem für die h.M., dass eine Feststellung der Rechtswidrigkeit durch die Behörde für den Bürger weniger Vorteile bringt als die gerichtliche Feststellung, da die behördliche Feststellung keine Rechtskraftwirkung wie das Urteil nach § 121 VwGO entfaltet. Außerdem ähnelt die Fortsetzungsfeststellungsklage, die gegen einen VA erhoben wird, der sich unmittelbar nach seinem Erlass erledigt hat, stark der Feststellungsklage. Das lässt es gerechtfertigt erscheinen, in solchen Fällen auf die Notwendigkeit eines Vorverfahrens zu verzichten. Ein Vorverfahren ist also dann entbehrlich, wenn die Erledigung vor Ablauf der Widerspruchsfrist eingetreten ist.

Die Initiatoren der Demonstration gegen den traditionellen Karneval brauchen somit keinen Widerspruch vor Klageerhebung einzulegen.

Dies gilt allerdings nur, wenn die Erledigung vor Ablauf der Widerspruchsfrist gem. § 70 VwGO eintritt, weil ein durch Fristablauf unanfechtbarer VA auch nicht wegen seiner späteren Erledigung gerichtlich überprüfbar werden soll.

Beispielformulierung:

III. Vorverfahren

Zu prüfen ist die Erforderlichkeit eines Vorverfahrens, die Notwendigkeit eines Widerspruchs durch A im Falle der vorliegenden Erledigung des Verwaltungsaktes vor Klageerhebung innerhalb der Widerspruchsfrist.

Das Vorverfahren hat die Funktion Rechtsschutz des Bürgers, Selbstkontrolle der Verwaltung und Entlastung der Gerichte. Einen wesentlichen Teil dieser Aufgaben kann das Vorverfahren bei der analogen Fortsetzungsfeststellungsklage nicht mehr erfüllen. Eine Korrektur ist nicht mehr möglich und es ist nicht Sache der Verwaltung darüber zu entscheiden, ob ein erledigter Verwaltungsakt rechtswidrig gewesen ist. Aus diesem Grunde bedurfte es bei der analogen Fortsetzungsfeststellungsklage keines Vorverfahrens. Für die Feststellungsklage nach § 43 VwGO sieht bereits das Gesetz kein Widerspruchsverfahren vor.

oder

III. Vorverfahren

Da es sich bei der Fortsetzungsfeststellungsklage analog § 113 Abs. 1 S. 4 VwGO ursprünglich um eine Anfechtungsklage gehandelt hat, ist fraglich, ob vor Klageerhebung ein Widerspruchsverfahren gem. §§ 68 ff. VwGO durchzuführen ist. Dies wird für den Fall der Erledigung des Verwaltungsaktes innerhalb der Widerspruchsfrist zum Teil

Formulierungsvorschlag

mit dem Argument bejaht, das Vorverfahren diene neben dem Rechtsschutz des Bürgers und der Entlastung der Gerichte der Selbstkontrolle der Verwaltung und erfülle infolgedessen auch bei der Erledigung vor Klageerhebung seinen Zweck. Nach herrschender Meinung ist ein Fortsetzungsfeststellungswiderspruch unzulässig, wenn die Erledigung des Verwaltungsaktes innerhalb der Widerspruchsfrist eintritt. Dies wird damit begründet, dass der Hauptzweck des Vorverfahrens, eine Rechtsverletzung durch Aufhebung des Verwaltungsaktes zu beseitigen nach Erledigung nicht mehr erreicht werden könne. Für diese Auffassung spricht, dass die ergangene Entscheidung der Verwaltung bei einem erledigten Verwaltungsakt nicht mehr korrigierbar ist und eine verwaltungsbehördliche Feststellung der Rechtswidrigkeit des erledigten Verwaltungsaktes keine Bindungswirkung entfaltet, folglich in einem Amtshaftungsprozess nahezu nutzlos wäre. Ein Vorverfahren ist somit entbehrlich.

IV. Klagefrist

Für die Klagefrist gilt nach h.M. § 74 I S. 2 VwGO analog. Diese muss also von den Initiatoren der Demonstration eingehalten werden, wenn sie vor dem Verwaltungsgericht klagen wollen.

Die Gegenmeinung wendet hingegen nur die Jahresfrist des § 58 II VwGO an. Sie argumentiert damit, dass es in der Erledigungssituation meist an einer fehlerfreien Rechtsbehelfsbelehrung fehlt. Da der Betroffene in der Rechtsbehelfsbelehrung des gegen ihn ergangenen VAs zumeist nur auf die Möglichkeit des Widerspruchs, nicht aber auf die sofortige Fortsetzungsfeststellungsklage bei Erledigung vor Ablauf der Widerspruchsfrist hingewiesen wird, was insofern unrichtig wäre, wird nach dieser Auffassung die Jahresfrist des § 58 II VwGO auf die Fortsetzungsfeststellungsklage bei Erledigung vor Ablauf der Widerspruchsfrist angewandt. Die Initiatoren wären dann nicht an die Monatsfrist des § 74 VwGO gebunden, müssten aber aus praktischen Gründen einige Zeit vor dem 11.11. Klage erheben, um noch ein Verwaltungsgerichtsurteil vor diesem Zeitpunkt zu erhalten.

Auch bei Erledigung während des Widerspruchsverfahrens ist dieses nach der Rechtsprechung einzustellen (in Bayern ist dies sogar aus der Regelung des Art. 80 I S. 5 BayVwVfG, nach welcher bei Erledigung im Vorverfahren nur noch eine Kostenentscheidung ergeht, zu entnehmen). Erlässt die Behörde dennoch einen den Widerspruch ablehnenden Bescheid, so kann dieser Widerspruchsbescheid isoliert angefochten werden, wie aus § 79 II S. 1 VwGO hervorgeht. Denn der ablehnende Widerspruchsbescheid beschwert den Adressaten insoweit, als er den Eindruck erweckt, dass der erledigte VA (bzw. die Versagung des begehrten VAs im Verpflichtungsfall) bestandskräftig geworden ist.

Feststellungsinteresse

Das Feststellungsinteresse ist allerdings dann zu verneinen, wenn der Kläger die Feststellung der Rechtswidrigkeit des VAs nur deshalb begehrt, weil er in einem Folgeprozess einen Schadensersatzanspruch durchsetzen will. Im Unterschied zur oben beschriebenen Konstellation bei Erledigung nach Klageerhebung hat das Gericht, da keine Anfechtungsklage erhoben worden ist, noch nicht mit der Prüfung der Rechtswidrigkeit des VAs begonnen. Insofern besteht hier keine Gefahr, dass zwei Gerichte dieselbe Frage klären. Der Betroffene müsste direkt die Klage auf Schadensersatz bei dem dafür zuständigen Gericht erheben.

Kein Feststellungsinteresse aus Prozessökonomiegründen bzgl. nachfolgenden Schadensersatzprozesses bei Erledigung vor Klageerhebung

Klagefrist

Bei der Anfechtungs- und Verpflichtungsklage ist für die Erhebung der Klage die Monatsfrist des § 74 I VwGO einzuhalten, die im Regelfall des § 68 I S. 1 VwGO nach § 74 I S. 1 VwGO mit der Zustellung des Widerspruchsbescheides, im Ausnahmefall des § 68 I S. 2 VwGO gemäß § 74 I S. 2 VwGO mit der Bekanntgabe des VAs zu laufen beginnt.

Es ist zu fragen, ob diese Regelungen auch im Rahmen der Fortsetzungsfeststellungsklage anzuwenden sind. In diesem Zusammenhang sind zwei Fallgestaltungen möglich:

(1) Der Betroffene hat vor oder nach Erledigung des VAs in Unkenntnis der Erledigung Widerspruch eingelegt. In diesem Fall wird auf den trotz seiner Entbehrlichkeit seit Erledigung gleichwohl zulässigen Widerspruch ein Widerspruchsbescheid an den Betroffenen ergehen, der dann den Lauf der Klagefrist von einem Monat nach § 74 I S. 1 VwGO in Gang setzt.

(2) Der Betroffene hat in Kenntnis der Erledigung innerhalb der Widerspruchsfrist keinen Widerspruch erhoben, weil das Vorverfahren in diesem Fall bei Erledigung nach h.M. entbehrlich ist.

Klagefrist des § 74 VwGO: Meist fehlt aber die Rechtsbehelfsbelehrung, die auf die Möglichkeit der Fortsetzungsfeststellungsklage bei Erledigung des VA hinweist, so dass statt der Monatsfrist des § 74 VwGO die Jahresfrist des § 58 II VwGO gilt.

Eigentlich gilt dann § 74 I S. 2 analog. Da in diesen Fällen dem VA aber fast immer die nach § 58 I VwGO erforderliche Rechtsbehelfsbelehrung, die auf den Umstand hinweist, dass eine Fortsetzungsfeststellungsklage bei Erledigung des VAs innerhalb der Widerspruchsfrist, also grundsätzlich bis einen Monat nach Bekanntgabe des VAs erhoben werden muss, fehlen wird, gilt mangels ordnungsgemäßer Rechtsbehelfsbelehrung die Jahresfrist des § 58 II VwGO.

In der Praxis fehlt zumeist eine fehlerfreie Rechtsbehelfsbelehrung unter dem VA. In der Regel wird der Bürger bei Erlass des VAs nämlich nur auf die Möglichkeit des Widerspruchs hingewiesen, nicht aber auf die sofortige Fortsetzungsfeststellungsklage bei Erledigung vor Ablauf der Widerspruchsfrist. Da die Rechtsbehelfsbelehrung insoweit unrichtig ist, gilt bei der Fortsetzungsfeststellungsklage als Klagefrist daher i.d.R. die Jahresfrist des § 58 II VwGO. Zu beachten ist jedoch, dass die Frist mit der Bekanntgabe des VAs zu laufen beginnt und nicht erst der Zeitpunkt der Erledigung maßgeblich ist.

Beispielformulierung:

IV. Klagefrist

Mangels eines Widerspruchsbescheides beträgt die Klagefrist bei der analogen Fortsetzungsfeststellungsklage in analoger Anwendung des § 74 VwGO einen Monat. Da keine Rechtsbelehrung erfolgt ist, gilt die Jahresfrist des § 58 Abs. 2 VwGO. Diese Frist wurde von A eingehalten.

Das Bundesverwaltungsgericht vertritt hingegen die Auffassung, dass die Klage auf Feststellung der Rechtswidrigkeit eines VAs, der sich vorprozessual vor Eintritt der Bestandskraft erledigt hat, keiner Klagefrist unterliegt. Es seien bloß die Grundsätze der Verwirkung zu beachten, weil sich der Zeitpunkt der Erledigung für den Kläger nicht immer eindeutig ermitteln lasse.

Eine Entscheidung für obige Auffassung oder die des Bundesverwaltungsgerichts kann aber in der Regel dahin stehen, da auch für die letztere Ansicht, als Indiz für die Verwirkung, die Jahresfrist des § 58 II VwGO heranzuziehen sein wird.

3.3.3. Analoge Anwendung auf die Verpflichtungsklage

Erledigung vor oder nach Klageerhebung:
- Statthaftigkeit: begehrt wird die Feststellung, dass ein Anspruch auf den Erlass eines bestimmten Verwaltungsaktes bestanden hat, wobei sich das Verpflichtungsbegehren vor oder nach Klageerhebung erledigt hat,
- die Verpflichtungsklage war bei Klageerhebung zulässig (im Fall der Erledigung nach Klageerhebung),
- Umstellung des Klageantrages (im Fall der Erledigung nach Klageerhebung),
- die Verpflichtungsklage wäre im Zeitpunkt des erledigenden Ereignisses zulässig gewesen (im Fall der Erledigung vor Klageerhebung),
- Feststellungsinteresse.

Statthaftigkeit

§ 113 I S. 4 VwGO ist nach einhelliger Auffassung auch auf Verpflichtungsbegehren entsprechend anzuwenden, wenn im Zeitpunkt der letzten mündlichen Verhandlung die Verurteilung zum Erlass des begehrten VAs aus prozessrechtlichen Gründen nicht mehr in Betracht kommt:

- Das Interesse des Klägers am Erlass des VAs ist zwischenzeitlich weggefallen.

  Beispiel: Der Termin des Jahrmarktes (Volksfestes), für das der Kläger seine Teilnahme als Schausteller erstreiten wollte, ist inzwischen verstrichen.

- Die begehrte Leistung ist objektiv unmöglich oder auf Grund einer Rechtsänderung besteht kein Anspruch mehr auf die Leistung.

  Beispiel: Bauherr B begehrt eine Baugenehmigung auf der Grundlage des § 34 BauGB. Während des (Verpflichtungs-)Prozesses wird ein wirksamer Bebauungsplan erlassen, der das Bauvorhaben nicht zulässt. Der Kläger kann seine Klage auf eine Fortsetzungsfeststellungsklage gemäß § 113 I S. 4 VwGO analog umstellen.

Wird vor dem Verwaltungsgericht auf Verurteilung der Verwaltung zum Erlass eines VAs geklagt, so ist es möglich, dass eine Erledigung dadurch eintritt, dass die begehrte Regelung, z.B. die Erteilung einer Baugenehmigung, während des Prozesses erteilt wird. Auch in solchen Fallkonstellationen wird der Übergang von der Verpflichtungsklage zur Fortsetzungsfeststellungsklage für zulässig angesehen und zwar auch für den Fall fehlender Spruchreife.

Beispielformulierung (Erledigung nach Klageerhebung):

II. Statthafte Klageart

Eine Verpflichtungsfortsetzungsfeststellungsklage kommt im vorliegenden Fall in Betracht, da die Erledigung des Verpflichtungsbegehrens des Klägers (A) während des Klageverfahrens eingetreten ist.

Die Verpflichtungsfortsetzungsfeststellungsklage ist statthaft, wenn der Kläger nach der Erledigung des begehrten Verwaltungsaktes sein Klagebegehren auf die Verpflichtungsfortsetzungsfeststellungsklage umstellt und § 113 Abs. 1 S. 4 analog anwendbar ist. ...

Ferner wird § 113 I S. 4 analog auf die Verpflichtungsklage auch dann angewandt, wenn die Erledigung vor Klageerhebung eingetreten ist.

Formulierungsvorschlag

Verpflichtungsbegehren vor oder nach Klageerhebung

§ 113 I S. 4 VwGO kann auf die Verpflichtungsklage sowohl in Form der Versagungsgegenklage als auch in der Form der Untätigkeitsklage analog angewandt werden, wenn sich diese nach Klageerhebung in der Hauptsache erledigt hat. Die Fortsetzungsfeststellungsklage ist im Rahmen der Erledigung von Verpflichtungsklagen unabhängig davon zulässig, ob die Erledigung des Verpflichtungsbegehrens vor oder nach Klageerhebung eintritt.

Bei Erledigung vor Klageerhebung wird § 113 I 4 VwGO doppelt analog angewandt.

Billigkeitserwägungen erfordern die entsprechende Anwendung – die Interessenlage an einer Feststellung der Rechtswidrigkeit ist die gleiche wie bei einer Anfechtungsklage – in den Fällen der rechtswidrigen Ablehnung eines beantragten VAs – d.h. bei Verpflichtungsklagen.

Es ist daher kein Grund ersichtlich, den Verpflichtungskläger schlechter zu stellen als denjenigen, der mit einer Anfechtungsklage lediglich die Aufhebung von ihn belastenden Bescheiden begehrt. Es liegt hier genau genommen eine doppelte Analogie vor. Zum einen liegt ursprünglich keine Anfechtungsklage, zum anderen keine Erledigung nach Klageerhebung vor. Die Bezeichnung »§ 113 I S. 4 VwGO doppelt analog« sollte gleichwohl in der Klausur nicht verwandt werden, da es auch in diesem Fall besser ist, nur die Bezeichnung »§ 113 I S. 4 VwGO analog« zu verwenden.

Beispielformulierung (Erledigung vor Klageerhebung):

Formulierungsvorschlag

II. Statthafte Klageart

Fraglich ist die Anwendbarkeit des § 113 Abs. 1 S. 4 VwGO im vorliegenden Fall. § 113 Abs. 1 S. 4 VwGO wird analog auf die Verpflichtungsklage angewandt, auch soweit eine Erledigung vor Klageerhebung eingetreten ist. Unter diesem Gesichtspunkt kommt eine Anwendung der Vorschrift hier in Betracht.

Voraussetzung ist, dass ursprünglich die Situation der Verpflichtungsklage gegeben war. Das ist nur dann der Fall, wenn der Kläger einen VA beantragt und dieser VA von der Behörde abgelehnt oder unterlassen worden ist. ...

Erledigendes Ereignis kann neben dem Erlass des begehrten VAs auch der Wegfall des Regelungsgegenstandes durch Zeitablauf sein. Dem steht eine nach Erhebung der Verpflichtungsklage wirksam werdende erhebliche Änderung oder Beseitigung der das Verpflichtungsbegehren stützenden Rechtsgrundlage gleich.

Fortsetzungsfeststellungsklage gem. § 113 I S. 4 VwGO

I. Statthafte Klageart

§ 113 I S. 4 direkt	§ 113 I S. 4 analog
1. Verwaltungsakt ergangen	
2. Erledigung nach Klageerhebung der Anfechtungsklage eingetreten	2. Erledigung der Anfechtungsklage vor Klageerhebung / Verpflichtungsklage bei Erledigung vor oder nach Klageerhebung
3. Antrag auf Feststellung der Rechtswidrigkeit des Verwaltungsaktes	

II. Besondere Zulässigkeitsbedingungen

4. Klagebefugnis gem. § 42 II	4. Klagebefugnis gem. § 42 II analog
5. Vorverfahren gem. §§ 68 ff.	5. Vorverfahren, §§ 68 ff. VwGO, aber: entbehrlich, sofern Erledigung vor Ablauf der Widerspruchsfrist
6. Klagefrist gem. § 74	h.M.: Klagefrist einen Monat, wenn • Widerspruchsbescheid ergangen ist, § 74 I 1 VwGO analog • Widerspruch entbehrlich, § 74 I 2 VwGO analog Gegenmeinung: § 58 II, Jahresfrist, wenn in Rechtsbehelfsbelehrung nicht auf Fortsetzungsfeststellungsklage bei Erledigung vor Ablauf der Widerspruchsfrist hingewiesen worden ist (was meist der Fall ist)

7. Berechtigtes Interesse an Feststellung erfüllt, wenn
• Wiederholungsgefahr bzgl. des erledigten VA
• Rehabilitationsinteresse bei Diskriminierung
• nachfolgendes Schadensersatzbegehren (z.B. Amtshaftung) nicht von vornherein aussichtslos: nur bei Erledigung nach Klageerhebung zur Vermeidung der nochmaligen Befassung mit der Rechtswidrigkeit des VA im nachfolgenden Amtshaftungsverfahren vor dem Zivilgericht

III. Begründetheit der Fortsetzungsfeststellungsklage

1. im Anfechtungsfall:
Die Klage ist begründet, wenn der Kläger die Klage gegen den richtigen Beklagten gerichtet hat, der VA gem. § 113 Abs. 1 S. 1 und 4 VwGO vor seiner Erledigung rechtswidrig war und der Kläger durch den rechtswidrigen VA in seinen Rechten verletzt worden ist.

2. Im Verpflichtungsfall:
Der Kläger muss in diesem Fall einen Anspruch auf den begehrten Verwaltungsakt gehabt haben.

Die Klage ist begründet, wenn die Versagung des beantragten VAs bzw. die Unterlassung des begehrten VAs rechtswidrig gewesen ist. War das Verpflichtungsbegehren im Zeitpunkt der Erledigung (noch) nicht spruchreif (vgl. § 113 V S. 2 VwGO), so ist die Klage begründet, wenn die Beklagte zur (erneuten) Bescheidung verpflichtet gewesen wäre.

Hinsichtlich der Voraussetzungen gelten sinngemäß die Ausführungen zum gesetzlich geregelten Fall der Fortsetzungsfeststellungsklage und bei Erledigung vor Klageerhebung die dort gemachten Ausführungen.

Richtet sich die Fortsetzungsfeststellungsklage im Verpflichtungsfall gegen einen ablehnenden Bescheid (Versagungsbescheid = VA), so bezieht sich der Begriff der Erledigung nicht wie bei der direkten Anwendung des § 113 I S. 4 VwGO auf den angefochtenen Verwaltungsakt, sondern auf den geltend gemachten Erlassanspruch.

Richtiger Klagegegner

Der richtige Klagegegner bestimmt sich bei der Fortsetzungsfeststellungsklage wie bei Anfechtungs- und Verpflichtungsklagen, wobei § 78 I Nr. 1 bzw. Nr. 2 VwGO analog anzuwenden sind.

3.4. Die allgemeine Leistungsklage

Die allgemeine Leistungsklage ist in der VwGO nicht ausdrücklich geregelt. Sie ist aber an einigen Stellen, z.B. in § 43 II oder §§ 111, 113 III, 169 III, 170, 191 I VwGO erwähnt oder vorausgesetzt. Deshalb ist die allgemeine Leistungsklage gewohnheitsrechtlich anerkannt.

Die allgemeine Leistungsklage ist auch einschlägig, wenn die Verwaltung zur Durchsetzung öffentlich-rechtlicher Leistungsansprüche gegen den Bürger erhebt.

Die allgemeine Leistungsklage ist als Klageart sowohl dann einschlägig, wenn der Bürger sie gegen die öffentliche Verwaltung erhebt, als auch umgekehrt, nämlich, wenn die Verwaltung zur Durchsetzung öffentlich-rechtlicher Leistungsansprüche Klage gegen den Bürger erhebt. Die allgemeine Leistungsklage ist gegenüber allen anderen Klagearten subsidiär mit Ausnahme der Feststellungsklage.

Voraussetzungen einer allg. Leistungsklage:

- Statthaftigkeit: begehrt wird die Vornahme einer bestimmten Handlung, die nicht Verwaltungsakt im Sinne des § 35 VwVfG ist, oder ein Unterlassen,
- Klagebefugnis, § 42 II VwGO analog,
- Rechtsschutzbedürfnis,
- kein Vorverfahren mit Ausnahme von Klagen aus dem Beamtenverhältnis gem. § 126 III BRRG,
- Richtiger Klagegegner, § 78 VwGO analog,
- keine Klagefrist.

Statthaftigkeit

Die allgemeine Leistungsklage dient der Durchsetzung jedes materiell-rechtlichen Anspruchs, der nicht auf Erlass oder Beseitigung eines VAs gerichtet ist. Sofern der Erlass eines VAs begehrt wird, ist die Verpflichtungsklage als spezielle Leistungsklage gegenüber der allgemeinen Leistungsklage vorrangig. Dies bedeutet, dass ein Bürger eine Behörde niemals mittels der allgemeinen Leistungsklage zum Erlass eines VAs i.S.d. § 35 VwVfG, gleichgültig, ob dieser an ihn selbst oder einen Dritten gerichtet sein soll, verpflichten kann. Hier ist die Abgrenzung von VA und Realakt von Bedeutung. Entscheidend ist insoweit, ob die erstrebte Leistung sich als hoheitliche Setzung einer Rechtsfolge darstellt, dann liegt ein VA vor mit der Folge, dass nur die Verpflichtungsklage die richtige Klageart ist oder die begehrte Leistung in der unmittelbaren Herbeiführung eines tatsächlichen Erfolges besteht, so dass ein Realakt vorliegt, wie etwa bei Erteilung einer Auskunft. Gegenstand der allgemeinen Leistungsklage können nur solche Realakte oder öffentlich-rechtliche Willenserklärungen sein. Realakte sind Handlungen der Verwaltung, die nicht auf die Herbeiführung einer Rechtsfolge gerichtet sind, sondern einen »greifbaren«, tatsächlichen Erfolg bezwecken.

Anspruch, der nicht auf Erlass oder Beseitigung eines VA gerichtet ist

»Vornahmeklage«

Die Leistungsklage umfasst Klagebegehren, die auf die Vornahme eines begünstigenden Verwaltungshandelns, vor allem eines Realaktes in Form der sog. »Vornahmeklage« gerichtet sind.

Beispiel: Klage auf Auszahlung einer Geldsumme, die mittels VA als Subvention zugesagt wurde; Klage auf eine behördliche Auskunft ohne Bindungswirkung; Klage gegen die Polizei- und Ordnungsbehörde auf Beseitigung eines Verkehrshindernisses durch die Polizei; und im Verhältnis vom Land gegen den Bürger etwa: Leistungsklage des Landes gegen den Referendar auf Rückzahlung überzahlter Bezüge.

Ist einer erstrebten Leistung ein VA vorgeschaltet, etwa eine Aufhebung eines VAs erforderlich, der der Rückforderung entgegensteht oder der Erlass einer begehrten Leistung vorangehen muss, so kommt im ersten Fall nur die Anfechtungsklage und in der zweiten Konstellation nur die Verpflichtungsklage in Betracht.

Wird die allgemeine Leistungsklage im Hinblick auf eine öffentlich-rechtliche Willenserklärung erhoben, so strebt der Kläger meist den Abschluss eines öffentlich-rechtlichen Vertrages an.

Fall 32: Der Bund stellt zur Förderung der Bauwirtschaft eine bestimmte Summe als Subvention bereit. Einigen Unternehmen wurde mittels öffentlich-rechtlicher Verträge ein bestimmter Teil der Summe zugesichert. Der Bauunternehmer A hat seiner Meinung nach auch Anspruch auf Bewilligung der Subvention, da er ansonsten gegenüber seinen Konkurrenten benachteiligt würde. A kann die allgemeine Leistungsklage mit dem Ziel erheben, den Bund zur Abgabe einer öffentlich-rechtlichen Willenserklärung zu verpflichten, welche zum Abschluss eines öffentlich-rechtlichen Vertrages führen würde.

»Abwehrklage«

Der häufigste Fall von Leistungsklagen richtet sich aber auf die Abwehr schlichten Verwaltungshandelns in Gestalt der sog. »Abwehrklage«. Das Begehren des Bürgers richtet sich dann auf Verurteilung zur Beseitigung eines Realaktes oder seiner Folgen oder auf die Unterlassung weiterer gleichartiger Eingriffe.

Beispiel: Klage auf Widerruf nachteiliger oder ehrkränkender Behauptungen gegen die Verwaltung; Klage auf Unterlassung der (andauernden) Immissionen der städtischen Müllverbrennungsanlage.

Allgemeine Unterlassungsklage: Abwehr einer bereits eingetretenen (noch andauernden) Störung

Vorbeugende Unterlassungsklage: Abwehr künftigen Verwaltungshandelns

Von der Leistungsklage in Form der allgemeinen Unterlassungsklage, bei der es sich um die Abwehr einer bereits eingetretenen Störung handelt und bei der es um Klage gegen zu befürchtende Wiederholungen gleichartiger Eingriffe geht, ist die vorbeugende Unterlassungsklage zu unterscheiden. Bei Letzterer geht es um die Abwehr eines erstmals drohenden Eingriffes, etwa wenn der Kläger verhindern will, dass die Beklagte eine Realhandlung vornimmt, eine öffentlich-rechtliche Willenserklärung abgibt oder einen Verwaltungsakt erlässt.

In den Fällen der Unterlassungsklage kann die allgemeine Leistungsklage zwar nicht auf den Erlass, aber auf das Unterlassen eines zukünftigen Verwaltungsakts gerichtet sein, wenn die Verweisung auf den erst nach Erlass des VAs möglichen Rechtsschutz (Widerspruch, Anfechtungsklage) unzumutbar ist.

Fall 33: Die zuständige Polizeibehörde der Stadt S kündigt an, die für den übernächsten Monat angemeldete Demonstration der Partei P wegen deren verfassungsfeindlicher Haltung aufzulösen. Sofern P gegen die drohende Auflösungsverfügung, bei der es sich um einen Verwaltungsakt handelt, vorbeugend auf Unterlassung klagt, so liegt eine allgemeine Leistungsklage in Form der (vorbeugenden) Unterlassungsklage vor.

Eine einstweilige Anordnung nach § 123 I S. 1 VwGO kann bereits vor Klageerhebung beantragt werden, wenn die Gefahr besteht, dass eine Entscheidung des Verwaltungsgerichts über das Unterlassungsbegehren der Partei P nicht innerhalb der nächsten 2 Monate ergeht und durch eine Veränderung des bestehenden Zustandes die Verwirklichung eines Rechts des Antragstellers vereitelt oder wesentlich erschwert werden könnte.

Klagebefugnis

Die Geltendmachung der Verletzung eigener Rechte im Sinne des § 42 II VwGO ist eine spezielle Voraussetzung der Anfechtungs- und Verpflichtungsklage. Die allgemeine Leistungsklage ist in dieser Vorschrift nicht erwähnt.

Eine Mindermeinung lehnt deshalb die entsprechende Anwendung des § 42 II VwGO mangels Regelungslücke ab. Nach ihr ist die Leistungsklage immer dann wegen Fehlens der allgemeinen Prozessführungsbefugnis unzulässig, wenn das durch die Klage geltend gemachte Recht dem Kläger eindeutig und offensichtlich nicht zustehen kann. Gegen diese Auffassung spricht aber, dass die Klagebefugnis als speziellere Sachentscheidungsvoraussetzung der allgemeinen Prozessführungsbefugnis vorgeht.

§ 42 II VwGO wird von der h.M. aber auf die allgemeine Leistungsklage wegen ihrer sachlichen Nähe zur Verpflichtungsklage entsprechend, also analog, angewandt. Im Hinblick auf die strukturelle Ähnlichkeit von allgemeiner Leistungsklage und Verpflichtungsklage und unter Berücksichtigung des Umstandes, dass auch die allgemeine Leistungsklage nur dem Individualrechtsschutz dienen soll, ist es jedoch gerechtfertigt, § 42 II VwGO auf die allgemeine Leistungsklage entsprechend anzuwenden.

§ 42 II VwGO ist analog anzuwenden.

Im Ergebnis bestehen zwischen der oben erwähnten h.M. und dieser Mindermeinung kaum Unterschiede, zumal die entsprechende Anwendung des § 42 II VwGO nur bei »Abwehrklagen« zum Tragen kommt. Macht der Kläger nämlich einen Vornahmeanspruch, etwa auf Zahlung von Geld, geltend und ergibt sich aus dem Vorbringen des Klägers, dass er das Bestehen eines eigenen Anspruchs behauptet, so ist die entsprechende Anwendung des § 42 II VwGO nicht notwendig. Der Streitstand braucht in dieser Fallkonstellation in der Klausur nur erwähnt, aber nicht entschieden zu werden, da herrschende Meinung und Mindermeinung zum gleichen Ergebnis kommen.

Eine analoge Anwendung des § 42 II VwGO kommt nur bei »Abwehrklagen« in Betracht, weil hier die gleiche Situation wie bei einer Anfechtungsklage vorliegt, was auch gleichzeitig für die entsprechende Anwendung des § 42 II VwGO durch die h.M. spricht. Demnach muss der Kläger hinreichend substantiiert Tatsachen behaupten, die es zumindest als möglich erscheinen lassen, dass er in einer eigenen rechtlich geschützten Position beeinträchtigt wird. Dabei reicht die Möglichkeit aus, dass der betroffene Bürger durch die belastende Maßnahme in seiner Handlungsfreiheit des Art. 2 I GG beeinträchtigt sein könnte.

Klagebefugnis bei vorbeugender Unterlassungsklage: mögliches subjektives Recht auf Beseitigung und Unzumutbarkeit des Abwartens

Ob der Anspruch auch tatsächlich besteht oder eine rechtswidrige Beeinträchtigung des Bürgers vorliegt, ist erst im Begründetheitsteil der Klausur zu prüfen.

Unstreitig ist, dass für die allgemeine Leistungsklage in Form der vorbeugenden Unterlassungsklage § 42 II VwGO analog gilt. Sie ist deshalb nur zulässig, wenn der Kläger einen Unterlassungsanspruch haben kann. Dies setzt voraus, dass der Kläger:

(1) ein subjektives Recht auf Beseitigung haben kann
und zusätzlich

(1) ein Abwarten unzumutbar ist:
- da die Beeinträchtigung unmittelbar bevorsteht (z.B.: nicht reparables polizeiliches Einschreiten steht bevor),
- da in der Vergangenheit schon mehrfach derartige Belastungen erfolgten (z.B.: allmorgendlicher Probelauf von Panzermotoren der Bundeswehr im Freien),
- da das Abwarten die Rechtsverteidigung verhindern oder wesentlich erschweren würde (z.B.: Verwirklichung der Bauerlaubnis würde vollendete Tatsachen schaffen).

Rechtsschutzbedürfnis

Das Rechtsschutzbedürfnis ist an sich eine allgemeine Prozessvoraussetzung, die bei allen Klagearten vorliegen muss (siehe auch unter 4.8.). Allerdings werden bei der allgemeinen Leistungsklage, insbesondere in der Form der Unterlassungsklage, besondere Anforderungen an das Rechtsschutzbedürfnis gestellt, weshalb es hier vorgezogen behandelt wird.

Verlangt ein Bürger von einer Behörde mittels der allgemeinen Leistungsklage ein bestimmtes Tun, so muss er vorher einen entsprechenden Antrag gestellt haben. Ansonsten weiß die Behörde unter Umständen gar nicht, dass ihr Einschreiten erforderlich ist. Will umgekehrt der Staat den Bürger zur Vornahme einer Handlung, etwa der Zahlung einer Geldsumme verpflichten, so fehlt ihm das Rechtsschutzbedürfnis für die Klage, wenn er seinen Anspruch auch mittels eines Bescheides, also eines VAs, durchsetzen könnte.

Die Unterlassungsklage ist eine vorbeugende Klage, bestimmte Maßnahmen sollen schon von vornherein verhindert werden. In diesem Fall hat der Kläger nur dann das erforderliche Rechtsschutzbedürfnis, wenn die Gefahr besteht, dass durch die Handlung vollendete Tatsachen geschaffen würden oder ein irreparabler Schaden entstünde. Ansonsten muss er die Vornahme der geplanten Maßnahme abwarten, bevor er klagen kann.

Das Rechtsschutzbedürfnis für eine Unterlassungsklage des Staates gegen einen Bürger ist zu verneinen, wenn der Staat auch einen entsprechenden VA erlassen könnte.

Kein Vorverfahren erforderlich

§ 68 VwGO gilt nur für Anfechtungs- und Verpflichtungsklagen und ist weder unmittelbar noch entsprechend auf die allgemeine Leistungsklage anwendbar.

Die Erforderlichkeit eines Widerspruchsverfahrens kann sich aber aus sondergesetzlichen Regelungen wie etwa § 126 BRRG ergeben, der auch für die allgemeine Leistungsklage des Beamten aus dem Beamtenverhältnis die Anwendbarkeit der Vorschriften des 8. Abschnitts der VwGO über das Vorverfahren vorschreibt.

Aber Sonderregelungen wie z.B. § 126 BRRG sind zu beachten.

Richtiger Klagegegner

§ 78 VwGO gilt wegen seiner Stellung im 8. Abschnitt der VwGO unmittelbar nur für Anfechtungs- und Verpflichtungsklagen. Es ist aber anerkannt, dass § 78 I Nr. 1 VwGO analog oder aber jedenfalls das in ihm statuierte Rechtsträgerprinzip auf die Leistungsklage angewandt wird. Anders jedoch beurteilt sich die Lage hinsichtlich § 78 I Nr. 2 VwGO. Hier wird eine analoge Anwendung dieser Regelung abgelehnt, so dass nicht an die Stelle der Körperschaft – auch nicht mit Hilfe des Landesrechts – eine Behörde treten kann.

Die Klage ist gegen den Bund, das Land oder die Körperschaft zu richten, deren Behörde nach materiellem Recht zur Erfüllung des geltend gemachten Leistungsanspruches verpflichtet ist. Die Klage ist also, sofern sie gegen einen Rechtsträger gerichtet ist, gegen die Körperschaft zu richten, die nach dem materiellen Recht verpflichtet ist, den geltend gemachten Leistungsanspruch zu erfüllen.

Da bei der Leistungsklage die Prozessführungsbefugnis und die materielle Passivlegitimation identisch sind, wird üblicherweise auf den Klagegegner in der Zulässigkeit nicht näher eingegangen. Die Passivlegitimation wird – sofern problematisch – sodann in der Begründetheit geprüft.

Anwendbarkeit der allgemeinen Leistungsklage

Die allgemeine Leistungsklage ist anwendbar im Verhältnis Bürger – öffentliche Verwaltung. Sie dient der Durchsetzung von Ansprüchen:

(1) die auf ein tatsächliches (reales, schlichtes) Verwaltungshandeln gerichtet sind,

(2) auf Unterlassung rechtswidriger hoheitlicher Handlungen in Form von:
- rechtswidrigem schlichtem Verwaltungshandeln, aber auch
- drohenden rechtswidrigen Verwaltungsakten,

(3) und im Verhältnis öffentliche Verwaltung – Bürger zur Durchsetzung von materiellrechtlichen Ansprüchen gegenüber dem Bürger.

3.5. Die Feststellungsklage

§ 43 VwGO

Feststellungsklage

(1) Durch Klage kann die Feststellung des Bestehens oder Nichtbestehens eines Rechtsverhältnisses oder der Nichtigkeit eines Verwaltungsakts begehrt werden, wenn der Kläger ein berechtigtes Interesse an der baldigen Feststellung hat (Feststellungsklage).

(2) Die Feststellung kann nicht begehrt werden, soweit der Kläger seine Rechte durch Gestaltungs- oder Leistungsklage verfolgen kann oder hätte verfolgen können. Dies gilt nicht, wenn die Feststellung der Nichtigkeit eines Verwaltungsakts begehrt wird.

Voraussetzungen einer Feststellungsklage:
- Statthaftigkeit: begehrt wird die Feststellung des Bestehens oder Nichtbestehens eines Rechtsverhältnisses oder die Feststellung der Nichtigkeit eines Verwaltungsaktes, § 43 I VwGO,
- Feststellungsinteresse, § 43 I 2. HS VwGO,
- Subsidiarität, § 43 II VwGO.

Statthaftigkeit

Eine Feststellungsklage i.S.v. § 43 I VwGO liegt vor, wenn das Begehren des Klägers auf die Feststellung des Bestehens eines Rechtsverhältnisses oder des Nichtbestehens eines Rechtsverhältnisses oder der Nichtigkeit eines VAs gerichtet ist.

Die Statthaftigkeit der Feststellungsklage in den ersten beiden Alternativen ist nur zu bejahen, wenn sie im Hinblick auf ein Rechtsverhältnis bzw. einen VA erhoben wird.

Rechtsverhältnis = wo Rechte, Pflichten oder die Anwendung einer Norm streitig ist

Ein Rechtsverhältnis im Sinne des § 43 I VwGO wird definiert als eine sich aus einem konkreten Sachverhalt ergebende rechtliche Beziehung zu einer anderen Person.

Eine »rechtliche« Beziehung setzt voraus, dass zwischen den Beteiligten Rechte und Pflichten bestehen oder dies von einer Seite behauptet wird. Dabei ist es gleichgültig, ob sie aus einem Vertrag, einem VA oder einer Norm resultieren.

Unter den Begriff Person fallen neben allen natürlichen und juristischen Personen auch nichtrechtsfähige Personenvereinigungen, die Träger von Rechten und Pflichten sein können (z.b. offene Handelsgesellschaften, Kommanditgesellschaften, politische Parteien). Aber auch Organe oder Organteile juristischer Personen (z.B. Gemeinderat, Bürgermeister, Gemeinderatsmitglieder als Organe bzw. Organteile der juristischen Person Gemeinde) und Behörden gehören dazu.

Das Rechtsverhältnis muss auch nicht unbedingt zwischen Kläger und Beklagten bestehen. Es kann ebenso auch um Rechtsbeziehungen zwischen Kläger oder Beklagten und einem Dritten gehen.

Beispiel 1: Die Handwerkskammer A klagt gegen die Handwerkskammer B vor dem Verwaltungsgericht, dass der Handwerksmeister H zu ihr und nicht in einem Mitgliedschaftsverhältnis zur Handwerkskammer B stehe.

Beispiel 2: Unternehmer U hat bisher in monatlichen Abständen den Sperrmüll und den wiederverwertbaren Müll gegen ein Entgelt im Bereich der Gemeinde G bei den einzelnen Haushalten abgeholt. Die Gemeinde G erlässt eine gemeindliche Satzung, die die Bürger zwingt, auch hinsichtlich des Sperrmülls und des wiederverwertbaren Mülls nur die gemeindliche Müllabfuhr in Anspruch zu nehmen. Unternehmer U klagt nun vor dem Verwaltungsgericht gegen die Gemeinde G auf Feststellung, dass eine entsprechende Verpflichtung seiner bisherigen Kunden wegen Nichtigkeit der Satzung nicht zu Stande gekommen ist.

Die in Frage stehende rechtliche Beziehung muss sich aus einem konkreten Sachverhalt ergeben, d.h., der dem Streit zu Grunde liegende Lebenssachverhalt muss bestimmt und überschaubar sein. Dies ist zu verneinen, wenn der Kläger sich lediglich einen Sachverhalt vorstellt und dessen rechtliche Klärung deshalb begehrt, weil dieselbe Situation seiner Meinung nach in Zukunft auf ihn zukommen könnte.

Fall 34: Die 25jährige B hat gehört, dass der Bund für Frauen das soziale Pflichtjahr einführen will. Vorsorglich beantragt die B beim Kreiswehrersatzamt festzustellen, dass sie im Falle der Einführung untauglich wäre, da sie Rückenprobleme hat. Das Kreiswehrersatzamt lehnt den Antrag der B ab. B will klagen. Ein feststellungsfähiges Rechtsverhältnis ist hier nicht gegeben, da der Sachverhalt auf Grund dessen, dass es das soziale Jahr nicht gibt, nicht hinreichend konkret ist.

Die Klage muss auf die Feststellung des Bestehens oder Nichtbestehens des gegenwärtigen konkreten Rechtsverhältnisses gerichtet sein.

> »Bestehen oder Nichtbestehen« heißt jedoch nicht, dass die Fragestellung nur lauten muss: Existiert ein Rechtsverhältnis, z.B. ein öffentlich-rechtlicher Vertrag, oder existiert es nicht? Vielmehr kann mit der Feststellungsklage auch geklärt werden, welche einzelnen Rechte und Pflichten auf Grund eines Rechtsverhältnisses bestehen.

Gegenwärtig = wenn das Rechtsverhältnis z.Zt. der Klage streitig ist

Ein Rechtsverhältnis kann durch Rechtssatz, also durch Gesetz, Rechtsverordnung oder Satzung begründet werden. Die Gültigkeit einer Rechtsnorm selbst kann aber nicht Gegenstand einer Feststellungsklage sein.

Gültigkeit einer Rechtsnorm selbst kann nicht Gegenstand der Feststellungsklage sein.

Mit der Feststellungsklage kann auch die Feststellung der Nichtigkeit eines VAs begehrt werden. In diesem Zusammenhang ergibt sich häufig die Problemkonstellation: Der Kläger weiß oder vermutet, dass der an ihn gerichtete Verwaltungsakt an einem Fehler leidet, ist sich aber nicht darüber im Klaren, ob er nichtig im Sinne des § 44 VwVfG, also ein »rechtliches Nichts«, oder lediglich rechtswidrig, d.h. bis zu seiner Aufhebung wirksam, ist. Die Rechtswidrigkeit eines VAs ist aber nicht ein der Feststellung im Rahmen des § 43 I VwGO fähiges Rechtsverhältnis, deshalb ist im Falle der Rechtswidrigkeit nur die Anfechtungsklage die richtige Klageart.

Da – insbesondere dem rechtsunkundigen Bürger – die Unterscheidung zwischen Rechtswidrigkeit und Nichtigkeit nicht zugemutet werden kann, kann sich der Kläger zunächst eine der beiden Klagearten aussuchen. Falls sich herausstellt, dass er die falsche gewählt hat, kann er seinen Klageantrag umstellen, statt der Feststellung der Nichtigkeit die Aufhebung des rechtswidrigen Verwaltungsakts beantragen oder umgekehrt. Voraussetzung der Möglichkeit der Umstellung des Klageantrages ist allerdings, dass auch die besonderen Sachentscheidungsvoraussetzungen derjenigen Klageart, auf die übergegangen wird, erfüllt sind. Soll etwa von der Feststellungs- auf die Anfechtungsklage übergegangen werden, so ist zu prüfen, ob der Kläger im Sinne des § 42 II VwGO klagebefugt ist, ein Vorverfahren durchgeführt wurde und die Klagefrist gewahrt ist. Besser ist es jedenfalls, wenn sich der Kläger zunächst für die Anfechtungsklage entscheidet, da deren Voraussetzungen enger sind als die der Feststellungsklage; von der Anfechtungsklage kann er jederzeit auf die Feststellungsklage umsteigen. Fristen sind hinsichtlich der Feststellungsklage nicht zu beachten.

Bei Streitigkeiten zwischen Organen öffentlich-rechtlicher juristischer Körperschaften – Gemeinden, öffentlich-rechtliche Verbände, Universitäten – untereinander über Rechte, Pflichten, Kompetenzen und Befugnisse aus dem Körperschaftsverhältnis ist je nach Rechtsschutzziel entweder die Feststellungsklage oder die Leistungsklage anzuwenden.

Feststellungsinteresse

Voraussetzungen des Feststellungsinteresses:
(1) Unklarheit hinsichtlich des Bestehens oder Nichtbestehens des Rechtsverhältnisses bzw. der Nichtigkeit des Verwaltungsaktes,
(2) berechtigtes Interesse an der Feststellung,
(3) Interesse an der baldigen Feststellung.

Ein berechtigtes Interesse des Klägers an der Feststellung ist nach der Definition der Rechtsprechung jedes nach vernünftigen Erwägungen auf Grund der konkreten Situation des Klägers schutzwürdige Interesse rechtlicher, wirtschaftlicher oder ideeller Art. »Nach vernünftigen Erwägungen« bedeutet, dass die Sachlage und die konkrete Situation des Klägers objektiv zu beurteilen ist.

Eigenbetroffenheit des Klägers in rechtlicher, wirtschaftlicher, ideeller Art

»Schutzwürdig« ist ein Interesse, wenn dem Kläger wegen der Unsicherheit im Hinblick auf das Rechtsverhältnis oder auf die Nichtigkeit des Verwaltungsakts Nachteile rechtlicher, wirtschaftlicher oder ideeller Art drohen. Im Unterschied zu den Regelungen der Zivilprozessordnung ist kein »rechtliches Interesse«, wie z.B. in § 256 ZPO, erforderlich. Es reicht demzufolge ein aus Eigenbetroffenheit des Klägers entstandenes vernünftiges Interesse, sei es rechtlicher, ideeller oder wirtschaftlicher Natur.

Beispiel 1: A weiß nicht, ob er zum Betreiben eines bestimmten Gewerbes einer Genehmigung bedarf. Er hat ein berechtigtes Interesse an der Feststellung, da er, wenn das Gewerbe genehmigungspflichtig ist, ohne eine Genehmigung die Zahlung eines Bußgeldes riskieren würde (wirtschaftlicher Nachteil).

Beispiel 2: B hat eine kleineres Unternehmen gegründet, das Metallteile produziert. Bei der Produktion wird Wasser zur Kühlung benötigt. B weiß nicht, ob er das Wasser in den nahe gelegenen Fluss einleiten darf oder speziell entsorgen muss. Er hat ein berechtigtes Interesse an der Feststellung, da er ansonsten eventuell eine Straftat begeht (Verunreinigungen eines Gewässers, § 324 StGB; rechtlicher Nachteil).

Der Kläger hat ein Interesse an der baldigen Feststellung, wenn die Klärung des streitigen Sachverhalts nicht erst in fernerer Zukunft bedeutsam wird.

Subsidiarität, § 43 II S. 1 VwGO

Gemäß § 43 II S. 1 VwGO ist die Feststellungsklage unzulässig, soweit der Kläger seine Rechte durch Gestaltungs- oder Leistungsklage verfolgen kann oder hätte verfolgen können. Demnach ist die Feststellungsklage gegenüber den Gestaltungs- und Leistungsklagen subsidiär.

Wichtigste Gestaltungsklage ist die Anfechtungsklage. Leistungsklagen sind die Verpflichtungsklage und die allgemeine Leistungsklage (siehe dazu unter 3.4.)

I.d.R. kein Widerspruchsverfahren notwendig

Grund für diese Regelung ist Folgendes: Der Begriff des Rechtsverhältnisses umfasst praktisch sämtliche rechtlichen Beziehungen, etwa auch solche, die durch den Erlass eines Verwaltungsakts entstanden sind. Die Anfechtungs- und Verpflichtungsklage hat wesentlich strengere spezielle Sachentscheidungsvoraussetzungen als die Feststellungsklage. Es muss ein Vorverfahren durchgeführt, die Klagefrist gewahrt werden und der Kläger klagebefugt im Sinne des § 42 II VwGO sein. Diese Vorschriften könnten, wäre nicht die Subsidiaritätsklausel, umgangen werden, indem eine Feststellungs- statt einer Anfechtungs- oder Verpflichtungsklage erhoben wird. Vor Erhebung der allgemeinen Feststellungsklage wird hingegen etwa kein Vorverfahren durchgeführt, wie sich aus § 68 VwGO ergibt. Aus diesem Grund hat der Gesetzgeber auch den Zusatz »hätte verfolgen können« angefügt.

Bei Klagen aus dem Beamtenverhältnis ist ein Widerspruchsverfahren notwendig.

Es besteht allerdings eine wichtige Ausnahme. Für alle Klagen aus dem Beamtenverhältnis, und demnach auch für die Feststellungsklage, bedarf es eines Vorverfahrens (vgl. § 172 BBG für Bundesbeamte und § 126 III BRRG sowie die Landesbeamtengesetze für Landesbeamte).

Des Weiteren ist ein Streit mit der Feststellung bestimmter Rechte und Pflichten häufig nicht beendet. Ein Feststellungsurteil kann – im Gegensatz zu einem Gestaltungs- oder Leistungsurteil – nicht vollstreckt werden, d.h., wenn der Beklagte nicht den Feststellungen des Gerichts gemäß handeln würde, müsste ein zweiter Prozess angeregt werden. Eine solche Doppelbelastung der Gerichte soll mittels der Subsidiarität der Feststellungsklage vermieden werden.

Unbedingt zu beachten ist jedoch, dass die Feststellungsklage nach § 42 II S. 2 VwGO nicht subsidiär ist, wenn die Feststellung der Nichtigkeit eines VAs begehrt wird. Darüber hinaus ist die Feststellungsklage durch die Möglichkeit einer Gestaltungs- oder Leistungsklage nicht ausgeschlossen, wenn die andere Klageart nicht ebenso effektiv Rechtsschutz bietet.

Fall 35: Der Unternehmer U und die Gemeinde G haben in einem öffentlich-rechtlichen Vertrag verschiedene Absprachen getroffen. Unter anderem wurde dem U die Zahlung einer bestimmten Geldsumme versprochen. U ist sich nicht sicher, ob der Vertrag im Gesamten wirksam ist. Obwohl er bezüglich der Zahlung der Geldsumme die allgemeine Leistungsklage erheben könnte, ist die Feststellungsklage nicht subsidiär. Dem U geht es um den ganzen Vertrag, nicht nur um den einzelnen Anspruch. Die Leistungsklage würde deshalb nicht im gleichen Maße wie die Feststellungsklage Rechtsschutz gewähren.

Richtiger Klagegegner

Hier gelten die gleichen Grundsätze wie bei der Leistungsklage. Der richtige Beklagte ist bei der Feststellungsklage grundsätzlich nach dem Rechtsträgerprinzip zu bestimmen. Da dieser auch passiv legitimiert ist, braucht dieser Punkt nicht in der Zulässigkeitsprüfung angesprochen zu werden.

Hiervon besteht aber eine Ausnahme bei der Klage auf Feststellung der Nichtigkeit eines VAs. Hier ist § 78 VwGO analog anzuwenden. Richtiger Klagegegner ist demnach der Rechtsträger der Behörde, die den VA, dessen Nichtigkeit geltend gemacht wird, erlassen hat.

3.6. Die Normenkontrollklage

Normenkontrollklage § 47 VwGO

(1) Das Oberverwaltungsgericht entscheidet im Rahmen seiner Gerichtsbarkeit auf Antrag über die Gültigkeit

1. von Satzungen, die nach den Vorschriften des Baugesetzbuchs erlassen worden sind, sowie von Rechtsverordnungen auf Grund des § 246 Abs. 2 des Baugesetzbuchs

2. von anderen im Rang unter dem Landesgesetz stehenden Rechtsvorschriften, sofern das Landesrecht dies bestimmt.

(2) Den Antrag kann jede natürliche oder juristische Person, die geltend macht, durch die Rechtsvorschrift oder deren Anwendung in ihren Rechten verletzt zu sein oder in absehbarer Zeit verletzt zu werden, sowie jede Behörde innerhalb von zwei Jahren nach Bekanntmachung der Rechtsvorschrift stellen. Er ist gegen die Körperschaft, Anstalt oder Stiftung zu richten, welche die Rechtsvorschrift erlassen hat. Das Oberverwaltungsgericht kann dem Land und anderen juristischen Personen des öffentlichen Rechts, deren Zuständigkeit durch die Rechtsvorschrift berührt wird, Gelegenheit zur Äußerung binnen einer zu bestimmenden Frist geben. ...

(3) ...

Voraussetzungen einer Normenkontrollklage:
- Statthaftigkeit: begehrt wird die Feststellung der Ungültigkeit bestimmter Rechtsnormen im Range unter dem formellen Gesetz, wobei das Oberverwaltungsgericht nur »im Rahmen seiner Gerichtsbarkeit« entscheidet, § 47 I VwGO,
- Antrag beim zuständigen Gericht: Oberverwaltungsgericht, § 47 I,
- Antragsbefugnis, § 47 II S. 1 VwGO,
- Antragsfrist, § 47 II S. 1 VwGO,
- richtiger Antragsgegner, § 47 II S. 2 VwGO.

Statthaftigkeit

Feststellung der Nichtigkeit der Normen im Range unter dem formellen Gesetz

Die von einem konkreten Fall losgelöste Normenkontrolle nach § 47 VwGO ist ein besonderes Feststellungsverfahren, bei dem es um die Feststellung der Nichtigkeit im Range unter dem formellen Gesetz stehender Rechtsnormen geht.

Die Norm muss bereits erlassen sein und damit aus Sicht des Normengebers formell Geltung beanspruchen. Nicht erforderlich ist, dass die Norm bereits in Kraft getreten ist. Normenkontrollklage kann bereits dann erhoben werden, wenn die Norm verkündet bzw. bekannt gemacht wurde, auch wenn sie erst ab einem späteren Zeitpunkt gilt. Im Übrigen ist ein Normenkontrollantrag gerade dann möglich, wenn streitig ist, ob die Norm bereits Geltung beanspruchen kann.

Gegenstand der Normenkontrollklage können gemäß § 47 I Nr. 1 VwGO nur Satzungen, die nach den Vorschriften des Baugesetzbuches erlassen worden sind, und sonstige landesrechtliche Vorschriften im Range unter dem formellen Gesetz sein, sofern das Landesrecht dies bestimmt. Bundesrechtliche Normen, d.h. Rechtsverordnungen von Bundesbehörden und Satzungen von Anstalten des Bundes (z.B. Bundesbank, Bundesanstalt für Arbeit), kommen nicht in Betracht.

Satzungen, die nach den Vorschriften des Baugesetzbuches erlassen werden, sind insbesondere Bebauungspläne (§ 10 BauGB), Veränderungssperren (§ 14 BauGB), Abrundungssatzungen (§ 34 IV, V BauGB), Erschließungsbeitragssatzungen (§ 132 BauGB) und die Festlegung von Sanierungsgebieten (§ 142 BauGB), aber nicht Flächennutzungspläne (§ 5 BauGB).

Ob sonstige landesrechtliche Rechtsverordnungen und Satzungen, also landesrechtliche Vorschriften im Range unter dem formellen Gesetz (dem Parlamentsgesetz) im Rahmen der Normenkontrollklage überprüfbar sind, hat der Bundesgesetzgeber den Landesgesetzgebern zur Disposition gestellt. Folgende Bundesländer haben ein entsprechendes formelles Gesetz erlassen: Baden-Württemberg (§ 4 AGVwGO), Bayern (Art. 5 AGVwGO), Bremen (Art. 7 AGVwGO), Hessen (§ 15 AGVwGO), Niedersachsen (§ 7 AGVwGO), Saarland (§ 18 AGVwGO), Schleswig-Holstein (§ 5 AGVwGO), Brandenburg (§ 4 I VwGG) Mecklenburg-Vorpommern (§ 13 GerOrgG), Sachsen (§ 24 SächsJG), Sachsen-Anhalt (§ 10 AGVwGO) und Thüringen (§ 4 AGVwGO); Satzungen und andere von den Gemeinden und Kreisen erlassene Rechtsvorschriften: Rheinland-Pfalz (§ 4 AGVwGO mit der Einschränkung, dass Rechtsverordnungen eines Verfassungsorgans i.S.d. Art. 130 I der Landesverfassung ausgeschlossen sind). In den übrigen Bundesländern (Hamburg, Berlin und Nordrhein-Westfalen) ist die Möglichkeit der Überprüfung von untergesetzlichen Rechtsnormen nicht ausgeschlossen. Meist wird hierfür die Feststellungsklage als richtige Klageart angesehen.

Insofern der Landesgesetzgeber von der Möglichkeit des § 47 I Nr. 2 VwGO Gebrauch gemacht hat, können Gegenstand der Normenkontrolle Rechtsverordnungen und Satzungen des Landes sowie Satzungen der Kommunen sein, nicht aber Bundesrecht und formelle (Parlaments-)Landesgesetze. Ob Bundes- oder Landesrecht vorliegt, bestimmt sich nicht danach, ob die Ermächtigungsgrundlage bundes- oder landesrechtlich ist. Entscheidend ist, ob das normerlassende Organ der Landesverwaltung zuzurechnen ist. Landesrechtlich z.B. sind danach auch die auf Grund des § 40 BImSchG von den Landesregierungen erlassenen Smog-Verordnungen.

Das Oberverwaltungsgericht (Achtung: in Baden-Württemberg, Bayern und Hessen wird das Oberverwaltungsgericht Verwaltungsgerichtshof genannt) entscheidet gemäß § 47 I VwGO nur »im Rahmen seiner Gerichtsbarkeit«. Dies bedeutet, dass das Oberverwaltungsgericht nur Normen überprüft, aus deren Anwendung Streitigkeiten entstehen können, für die der Verwaltungsrechtsweg eröffnet ist.

Fall 36: Die Gemeinde G erlässt für die Wintermonate eine Rechtsverordnung, wonach das Betreten eines zumeist zugefrorenen Baggersees – etwa zum Eislaufen – verboten ist, da Einbruchgefahr besteht. Zuwiderhandlungen sind mit Geldbuße bis zu 5.000,- € bedroht. Der Gemeindebürger A hält die mögliche Geldbuße für unangemessen hoch. Deshalb möchte er Normenkontrollklage im Sinne des § 47 VwGO erheben.

Bei der gemeindlichen Rechtsverordnung handelt es sich um eine landesrechtliche Vorschrift gemäß § 47 I Nr. 2 VwGO. Die Normenkontrollklage wäre dennoch unzulässig. Nach § 68 OWiG werden Streitigkeiten bezüglich Bußgeldbescheiden von den Zivilgerichten entschieden. Demnach würde sich bei Anwendung der Bußgeldvorschriften der gemeindlichen Rechtsverordnung keine Streitigkeit ergeben können, für die der Verwaltungsrechtsweg eröffnet ist.

Rechtsverordnungen, die von Landesorganen auf Grund bundesrechtlicher Ermächtigung gem. Art. 80 I S. 1 GG erlassen worden sind, sind Landesrecht, da Landesorgane nur Landesstaatsgewalt und nur Landesrecht ausüben. Eine etwa auf Grund des § 30 GastG von einer Landesregierung erlassene Gaststättenverordnung ist deshalb im Rahmen der abstrakten Normenkontrolle nach § 47 VwGO überprüfbar.

Rechtsvorschriften i.S.d. § 47 I Nr. 2 VwGO sind Rechtsverordnungen, d.h. abstrakt-generelle Regelungen, die auf unmittelbare Rechtswirkung nach außen zielen. Nicht darunter fallen Einzelfallregelungen,

---

Der Begriff der Rechtsvorschrift, wie er in § 47 I Nr. 2 VwGO verwendet wird, ist in einem weiteren Sinne zu verstehen. Deshalb werden neben den eigentlichen Verordnungen und Satzungen etwa auch Verwaltungsvorschriften, denen die Rechtsordnung unmittelbare Außenwirkung zumisst (Festsetzung von Sozialhilferegelsätzen durch Runderlass der zuständigen Landesbehörde), die Geschäftsordnung kommunaler Vertretungsorgane, jedenfalls soweit darin Rechte ihrer Mitglieder geregelt werden oder grundsätzlich auch Regionalpläne erfasst.

Rechtsverordnungen, die von Landesorganen aufgrund bundesrechtlicher Ermächtigung erlassen worden sind, sind Landesrecht.

insbesondere Verwaltungsakte und Allgemeinverfügungen sowie Verwaltungsvorschriften.

Neben der Normenkontrolle besteht gegen untergesetzliche Normen i.S.v. § 47 I Nr. 1 u. 2 VwGO noch die Möglichkeit einer sog. Inzidenzkontrolle dieser Normen im Rahmen eines anhängigen verwaltungsgerichtlichen Verfahrens. Als letzte Möglichkeit bleibt nach Erschöpfung des Rechtsweges die Verfassungsbeschwerde.

Fall 37: M möchte sein bisheriges Mietshaus zum Bürohaus umwandeln. Die beantragte Nutzungsänderung wird abgelehnt, da sie dem Bebauungsplan widerspreche. M hält den Bebauungsplan allerdings für nichtig. Was kann er tun?

M kann nach § 47 I Nr. 1 VwGO einen Normenkontrollantrag beim OVG stellen. M kann aber auch nach erfolglosem Widerspruch Verpflichtungsklage beim Verwaltungsgericht erheben. Bei seiner Entscheidung wird das VG dann von Amts wegen inzident prüfen, ob der Bebauungsplan gültig ist und damit auch Rechtsgrundlage für die abgelehnte Nutzungsänderung sein kann.

Zusammenfassend kann festgestellt werden, dass Voraussetzung eines Normenkontrollverfahrens ist, dass es sich um eine untergesetzliche landesrechtliche Rechtsnorm handelt.

In Betracht kommen hier insbesondere:
- Rechtsverordnungen einschließlich der Polizeiverordnungen,
- autonome Satzungen,
- allgemeinverbindliche Anstaltsordnungen,
- Satzungen von Hochschulen und Körperschaften des öffentlichen Rechts,
- bundeslandweite Festsetzungen von Sozialhilferegelsätzen.

In Ermangelung der erforderlichen Rechtsnormqualität ist eine Überprüfung nach § 47 VwGO nicht möglich bei:
- Raumordnungsplänen,
- Landesentwicklungsplänen,
- Allgemeinverfügungen,
- Verwaltungsvorschriften.

Beispielformulierung:

Formulierungsvorschlag

I. Zulässigkeit des Antrages nach § 47 VwGO

1. Rahmen der Gerichtsbarkeit

Nach § 47 Abs. 1 S. 1 VwGO entscheidet das Oberverwaltungsgericht (OVG) im Rahmen seiner Gerichtsbarkeit. Diese erstreckt sich ledig-

lich auf Streitigkeiten für die der Verwaltungsrechtsweg nach § 40 VwGO eröffnet ist. Da das OVG nicht Normen prüfen soll, für die im konkreten Streitfall die Gerichte anderer Gerichtszweige und nicht die Verwaltungsgerichte zuständig wären, ist die Gerichtsbarkeit des OVG zu beschränken. Dies führt dazu, dass das OVG nach § 47 VwGO nur dann zuständig ist, wenn sich aus dem Vollzug der angegriffenen Vorschrift Streitigkeiten ergeben können, für die der Verwaltungsrechtsweg nach § 40 VwGO eröffnet ist.

Dies ist der Fall, wenn es sich dabei um öffentlich-rechtliche Streitigkeiten nichtverfassungsrechtlicher Art handeln würde. Öffentlich-rechtliche Streitigkeiten liegen vor, wenn die streitentscheidenden Normen solche des öffentlichen Rechts sind.

Im vorliegenden Fall ... (hier weitere Ausführungen bezüglich des gestellten Falles).

Mangels Sonderzuweisung und mangels des verfassungsrechtlichen Charakters solcher Streitigkeiten wäre der Verwaltungsrechtsweg nach § 40 Abs. 1 S. 1 VwGO eröffnet.

Antrag beim zuständigen Gericht

Der Antrag auf Normenkontrollklage muss beim zuständigen Gericht, also beim Oberverwaltungsgericht, gestellt werden.

Antrag auf Normenkontrollklage ist beim OVG zu stellen

Dabei ist nachzusehen, dass im Land nicht ausschließlich das Verfassungsgericht zur Nachprüfung der Landes-Verordnungen berufen ist, § 47 III VwGO. Ein solches Entscheidungsmonopol im Hinblick auf das Landesrecht begründet z.B. Art. 132 der Hessischen Verfassung. Allerdings ist das OVG auch hier nicht daran gehindert, die Vereinbarkeit der Rechtsvorschrift mit dem Bundesrecht zu überprüfen.

Antragsbefugnis

Gemäß § 47 II S. 1 VwGO kommen als Antragsteller natürliche und juristische Personen und Behörden in Betracht. Darüber hinaus wird auch nicht-rechtsfähigen Personenvereinigungen, die Träger von Rechten und Pflichten sein können, das Antragsrecht eingeräumt.

Beispiel: Offene Handelsgesellschaft, Kommanditgesellschaft, Gewerkschaften, Fakultäten einer Universität, Vereine, Religionsgesellschaften.

Sofern eine natürliche oder juristische Person oder eine nicht-rechtsfähige Personenvereinigung Antragsteller ist, muss sie darlegen, »durch die Rechtsvorschrift oder deren Anwendung in ihren Rechten verletzt zu sein oder in absehbarer Zeit verletzt zu werden«.

Beispiel: Ein Bebauungsplan erklärt einen Teil einer Straße zum reinen Wohngebiet. Der Unternehmer A, der in diesem Gebiet ein Grundstück erworben hat, um eine Industrieanlage zu errichten, kann geltend machen, durch den Bebauungsplan, der als Satzung erlassen wird, in seinen Rechten verletzt zu sein oder zumindest in absehbarer Zeit verletzt zu werden.

Wie bei der Klagebefugnis muss der Antragsteller geltend machen, dass die möglicherweise verletzte Norm zumindest auch seinen Individualinteressen zu dienen bestimmt ist.

Behörden können nach § 47 II S. 1, 2. HS VwGO die gerichtliche Prüfung betreiben, ohne eine Rechtsverletzung darlegen zu müssen. Entgegen dem Wortlaut des § 47 II S. 1 VwGO, wonach »jede« Behörde den Normenkontrollantrag stellen kann, wird von der h.M. verlangt, dass die Behörde mit dem Vollzug der Rechtsvorschrift befasst ist oder bei der Erfüllung ihrer Aufgaben hierdurch betroffen wird.

§ 47 II 1 VwGO erfordert im Gegensatz zu § 42 II VwGO keine aktuelle Rechtsverletzung

Die Vorschrift des § 47 II S. 1 VwGO unterscheidet sich allerdings von § 42 II VwGO darin, dass keine aktuelle Rechtsverletzung gefordert wird, sondern eine lediglich potentielle Rechtsverletzung ausreicht. Darüber hinaus kann diese sowohl unmittelbar durch die Rechtsvorschrift als auch mittelbar durch deren Anwendung aktuell oder künftig bewirkt werden.

Es ist dem gemäß zu prüfen, ob:
- durch die Rechtsvorschrift selbst bereits eine Verletzung in subjektiven Rechten gemäß § 42 II VwGO vorliegt oder
- durch die Rechtsvorschrift mit hinreichender Gewissheit in naher Zukunft eine solche Rechtsverletzung droht oder
- eine derartige Rechtsverletzung in der Rechtsvorschrift durch einen selbständigen Umsetzungsakt bereits angelegt ist.

Beispielformulierung:

3. Antragsbefugnis, § 47 Abs. 2 S. 1 VwGO

Antragsbefugt ist nur, wer geltend macht, durch die Vorschrift oder ihre Anwendung in seinen Rechten verletzt zu sein oder in absehbarer Zeit verletzt zu werden. Hier genügt wie bei den zu § 42 Abs. 2 VwGO entwickelten Grundsätzen die Möglichkeit einer Verletzung in eigenen Rechten.

A trägt vor ... (hier weitere Ausführung).

Antragsfrist

Nach § 47 II VwGO ist der Normenkontrollantrag innerhalb einer Frist von zwei Jahren nach Bekanntgabe (nicht: seit Inkrafttreten) der Rechtsvorschrift zu stellen.

Richtiger Antragsgegner

Die Wahl des richtigen Antragsgegners ist bei der Normenkontrollklage nach einer Auffassung Zulässigkeitsvoraussetzung. Wer in § 78 VwGO nicht die Regelung der Prozessführungsbefugnis, sondern die der Passivlegitimation sieht, muss die Frage des richtigen Antragsgegners gem. § 47 II S. 2 VwGO konsequenterweise in der Begründetheit prüfen. Richtiger Antragsgegner ist gemäß § 47 II S. 2 VwGO die Körperschaft, Anstalt oder Stiftung, die die Rechtsvorschrift erlassen hat.

Normenkontrollantrag nach § 47 VwGO

1. Statthaftigkeit
Ein Normenkontrollantrag ist nur zur Überprüfung der in § 47 I Nr. 1, 2 VwGO genannten Rechtsvorschriften zulässig, sofern diese »Geltung« haben und, d.h. verkündet und in Kraft getreten sind. Unzulässig ist ein vorbeugender Normenkontrollantrag.

2. Antragsrichtung: Normenkontrollverfahren statthaft,
a. sofern es sich richtet gegen
   - Satzung nach BauGB, RVO nach § 246 BauGB, § 47 I Nr. 1 VwGO
   - sonstige Satzung oder Landes-RechtsVO, § 47 I Nr. 2 VwGO, soweit im AusfG des Landes zu § 47 vorgesehen und
b. sofern keine ausschließliche Zuweisung an das LVerfG, § 47 VwGO

3. allgemeine Zulässigkeitsvoraussetzungen
a. bezüglich des Gerichts
   - sachliche Zuständigkeit: OVG (VGH) § 47 VI VwGO
b. bezüglich der Beteiligten
aa. Antragsteller gem. § 47 II S. 1 VwGO
   - jede natürliche oder juristische Person
   - jede Behörde
bb. Antragsgegner
   - erlassende Stelle

4. Antragsbefugnis gem. § 47 II VwGO
Natürliche oder juristische Personen sind antragsbefugt, wenn sie geltend machen können, durch die Rechtsvorschrift oder deren Anwendung in ihren Rechten verletzt zu sein, oder in absehbarer Zeit verletzt zu werden. Dieses Erfordernis gilt nicht für Behörden.
Antragsfrist, § 47 II S. 1, 2. HS: innerhalb von zwei Jahren nach Bekanntmachung der Rechtsvorschrift

4. Allgemeine Prozessvoraussetzungen

Das Vorliegen der im Folgenden zu behandelnden allgemeinen Prozessvoraussetzungen, auch Sachentscheidungsvoraussetzungen genannt, ist – unabhängig von der Klageart – bei jeder Klage Zulässigkeitsvoraussetzung. Die Verwaltungsgerichte prüfen von Amts wegen, ob eine von ihnen fehlt.

Bei der Bearbeitung einer verwaltungsrechtlichen Klausur sind nur diejenigen allgemeinen Prozessvoraussetzungen darzustellen, die problematisch sind. Selbstverständlich ist eine gedankliche Vorprüfung immer geboten.

Überblick über die allgemeinen Prozessvoraussetzungen:
(1) Sachliche und örtliche Zuständigkeit,
(2) Beteiligungsfähigkeit,
(3) Prozessfähigkeit,
(4) Postulationsfähigkeit,
(5) Formell ordnungsgemäße Klageerhebung,
(6) keine anderweitige Rechtshängigkeit,
(7) keine andere rechtskräftige Entscheidung,
(8) Allgemeines Rechtsschutzbedürfnis.

4.1. Sachliche und örtliche Zuständigkeit

§ 45 VwGO

Sachliche Zuständigkeit

Das Verwaltungsgericht entscheidet im ersten Rechtszug über alle Streitigkeiten, für die der Verwaltungsrechtsweg offensteht.

§ 52 VwGO

Örtliche Zuständigkeit

Für die örtliche Zuständigkeit gilt folgendes:

1. In Streitigkeiten, die sich auf unbewegliches Vermögen oder ein ortsgebundenes Recht oder Rechtsverhältnis beziehen, ist nur das Verwaltungsgericht örtlich zuständig, in dessen Bezirk das Vermögen oder der Ort liegt.

2. Bei Anfechtungsklagen gegen den Verwaltungsakt einer Bundesbehörde oder einer bundesunmittelbaren Körperschaft, Anstalt oder Stiftung des öffentlichen Rechts ist das Verwaltungsgericht örtlich zuständig, in dessen Bezirk die Bundesbehörde, die Körperschaft, Anstalt oder Stiftung ihren Sitz hat, vorbehaltlich der Nummern 1 und 4. Dies gilt auch bei Verpflichtungsklagen in den Fällen des Satzes 1. In Streitigkeiten nach dem Asylverfahrensgesetz ist jedoch das Verwaltungsgericht örtlich zuständig, in dessen Bezirk der Ausländer

nach dem Asylverfahrensgesetz seinen Aufenthalt zu nehmen hat; ist eine örtliche Zuständigkeit danach nicht gegeben, bestimmt sie sich nach Nummer 3. Für Klagen gegen den Bund auf Gebieten, die in die Zuständigkeit der diplomatischen und konsularischen Auslandsvertretungen der Bundesrepublik Deutschland fallen, ist das Verwaltungsgericht örtlich zuständig, in dessen Bezirk die Bundesregierung ihren Sitz hat.

3. Bei allen anderen Anfechtungsklagen vorbehaltlich der Nummern 1 und 4 ist das Verwaltungsgericht örtlich zuständig, in dessen Bezirk der Verwaltungsakt erlassen wurde. Ist er von einer Behörde, deren Zuständigkeit sich auf mehrere Verwaltungsgerichtsbezirke erstreckt, oder von einer gemeinsamen Behörde mehrerer oder aller Länder erlassen, so ist das Verwaltungsgericht zuständig, in dessen Bezirk der Beschwerte seinen Sitz oder Wohnsitz hat. Fehlt ein solcher innerhalb des Zuständigkeitsbereichs der Behörde, so bestimmt sich die Zuständigkeit nach Nummer 5. Bei Anfechtungsklagen gegen Verwaltungsakte der von den Ländern errichteten Zentralstelle für die Vergabe von Studienplätzen ist jedoch das Verwaltungsgericht örtlich zuständig, in dessen Bezirk die Stelle ihren Sitz hat. Dies gilt auch bei Verpflichtungsklagen in den Fällen der Sätze 1, 2 und 4.

4. Für alle Klagen aus einem gegenwärtigen oder früheren Beamten-, Richter-, Wehrpflicht-, Wehrdienst- oder Zivildienstverhältnis und für Streitigkeiten, die sich auf die Entstehung eines solchen Verhältnisses beziehen, ist das Verwaltungsgericht örtlich zuständig, in dessen Bezirk der Kläger oder Beklagte seinen dienstlichen Wohnsitz oder in Ermangelung dessen seinen Wohnsitz hat. Hat der Kläger oder Beklagte keinen dienstlichen Wohnsitz oder keinen Wohnsitz innerhalb des Zuständigkeitsbereichs der Behörde, die den ursprünglichen Verwaltungsakt erlassen hat, so ist das Gericht örtlich zuständig, in dessen Bezirk diese Behörde ihren Sitz hat. Die Sätze 1 und 2 gelten für Klagen nach § 79 des Gesetzes zur Regelung der Rechtsverhältnisse der unter Artikel 131 des Grundgesetzes fallenden Personen entsprechend.

5. In allen anderen Fällen ist das Verwaltungsgericht örtlich zuständig, in dessen Bezirk der Beklagte seinen Sitz, Wohnsitz oder in Ermangelung dessen seinen Aufenthalt hat oder seinen letzten Wohnsitz oder Aufenthalt hatte.

Sachliche Zuständigkeit

Bei der Prüfung der sachlichen Zuständigkeit ist zu klären, ob die Verwaltungsgerichte, also ein Gericht der untersten Stufe, die Oberverwaltungsgerichte der Länder oder das Bundesverwaltungsgericht für die Entscheidung einer Streitigkeit zuständig sind.

Im ersten Rechtszug, wenn eine Klage erhoben wird und nicht ein Rechtsmittel gegen eine gerichtliche Entscheidung eingelegt wird, entscheiden gemäß § 45 VwGO in der Regel die Verwaltungsgerichte. Ausnahmen enthalten die §§ 47, 48 und 50 VwGO. So sind die Oberverwaltungsgerichte in erster Instanz für Normenkontrollklagen (§ 47 VwGO) und nach § 48 VwGO für Streitigkeiten im Hinblick auf Kraftwerke, Flughäfen, Abfallbeseitigungsanlagen und Vereinssachen, das Bundesverwaltungsgericht gemäß § 50 VwGO z.B. für Bund-Länder-Streitigkeiten sachlich zuständig.

Örtliche Zuständigkeit

Prüfungsreihenfolge des § 52 VwGO:
- Nr. 1
- Nr. 4
- Nr. 2
- Nr. 3
- Nr. 5

Sind die Verwaltungsgerichte oder die Oberverwaltungsgerichte sachlich zuständig, dann stellt sich die Frage, welches Verwaltungsgericht oder das Oberverwaltungsgericht welchen Landes örtlich zuständig ist. Dies regelt § 52 VwGO. Innerhalb des § 52 VwGO ist unbedingt die folgende Prüfungsfolge zu beachten: Zuerst ist Nr. 1 zu prüfen, wenn diese nicht zutrifft, Nr. 4, dann Nr. 2, danach Nr. 3 und zuletzt Nr. 5.

Die örtliche Zuständigkeit des angerufenen Gerichts ist im Hinblick auf die Verpflichtungsklagen in § 52 Nr. 2 S. 2 und Nr. 3 S. 5 einer im Verhältnis zu § 52 Nr. 1 u. 4 VwGO allerdings nachrangigen Sonderregelung unterworfen. Diese Regelung gilt allerdings nur dann, wenn der Antrag auf Vornahme eines VAs abgelehnt worden ist.

Anrufung eines unzuständigen Gerichts

Ist das vom Kläger angerufene Gericht sachlich oder örtlich unzuständig, so spricht das Gericht dies gemäß § 83 S. 1 VwGO i.V.m. § 17a Abs. 2 S. 1 GVG von Amts wegen aus und verweist den Rechtsstreit an das zuständige Gericht. Demnach macht die Anrufung des falschen Gerichts eine Klage nicht unzulässig. Dasselbe gilt, wenn sich der Kläger nicht für den richtigen Rechtsweg entschieden hat (vgl. unter 1.).

4.2. Beteiligungsfähigkeit

§ 61 VwGO

Beteiligungsfähigkeit

Fähig, am Verfahren beteiligt zu sein, sind
1. natürliche und juristische Personen,
2. Vereinigungen, soweit ihnen ein Recht zustehen kann,
3. Behörden, sofern das Landesrecht dies bestimmt.

Die Beteiligungsfähigkeit betrifft die Frage, wer in einem gerichtlichen Verfahren als Kläger und Beklagter in Betracht kommt, wer also überhaupt klagen und gegen wen geklagt werden kann. Keinesfalls ist im Rahmen des § 61 VwGO zu prüfen, ob der Kläger den »richtigen Beklagten« in Anspruch genommen hat. Dies ist – außer bei der Normenkontrollklage – im Hinblick auf die Begründetheit der Klage zu klären.

Beteiligungsfähig sind nach § 61 Nr. 1 VwGO alle natürlichen und juristischen Personen. Unter den Begriff »juristische Personen« fallen juristische Personen des öffentlichen und des Privatrechts sowie auch solche Personenvereinigungen, die zwar rechtsfähig, also keine juristischen Personen, sind, denen aber ein Gesetz oder in Ausnahmefällen das Gewohnheitsrecht die Beteiligungsfähigkeit zuerkennt.

Beteiligungsfähigkeit nach § 61 Nr. 1 VwGO

Beispiel: Juristische Personen des Privatrechts sind die AG (§ 1 AktG), die GmbH (§ 13 GmbHG) und eingetragene Vereine (§ 21 BGB). Juristische Personen des öffentlichen Rechts sind der Bund, die Länder, die Gemeinden und u.U. Anstalten und Stiftungen des öffentlichen Rechts. Kraft Gesetzes beteiligungsfähige Personenvereinigungen sind politische Parteien (§ 3 S. 1 ParteiG), die OHG (§ 124 HGB), die KG (§ 161 Abs. 2 i.V.m. § 124 HGB) und die Gewerkschaften (Gewohnheitsrecht).

Des Weiteren können gemäß § 61 Nr. 2 VwGO Vereinigungen, soweit ihnen ein Recht zustehen kann, Kläger und Beklagter sein. Dieser Vorschrift liegt der Gedanke zu Grunde, dass auch Personenvereinigungen, die nicht rechtsfähig oder kraft Gesetzes beteiligungsfähig sind, Träger von bestimmten Rechten und Pflichten sein können. Deshalb ist es sinnvoll, dass diese – insoweit ihnen die Rechte zustehen können – unter ihrem Namen klagen und verklagt werden.

Beteiligungsfähigkeit nach § 61 Nr. 2 VwGO

Beispiel: Eine Fraktion im Gemeinderat kann unter ihrem Namen darauf klagen, dass sie bei der Besetzung eines Ausschusses entsprechend ihrer Stärke im Gemeinderat berücksichtigt wird.

Schließlich sind auch Behörden, sofern das Landesrecht dies bestimmt, beteiligungsfähig. Behörden sind Organe des Rechtsträgers, einer juristischen Person des öffentlichen Rechts, für den sie handeln. Durch das Handeln der Behörde wird nicht sie selbst berechtigt und verpflichtet, sondern der Rechtsträger. Aus diesem Grund klagt in der Regel auch der Rechtsträger oder wird verklagt. In den Bundesländern Brandenburg (§ 8 Abs. 1 AGVwGO), Mecklenburg-Vorpommern (§ 14 Abs. 1 GerOrgG), Sachsen-Anhalt (§ 8 S. 1 AGVwGO), Nordrhein-Westfalen (§ 5 Abs. 1 AGVwGO), Saarland (§ 19 Abs. 1 AGVwGO) sind Behörden generell beteiligungsfähig, in Niedersachsen (§ 8 Abs. 1 VwGG), Sachsen-Anhalt (§ 8 S. 1 AGVwGO) und Schleswig-Holstein (§ 6 S. 1 AGVwGO) gilt dies nur für unmittelbare Landesbehörden, in

Rheinland-Pfalz nur für die Bezirksregierung im Falle der sog. Beanstandungsklage (§ 17 Abs. 2 AGVwGO).

4.3. Prozessfähigkeit

§ 62 VwGO

Prozessfähigkeit

(1) Fähig zur Vornahme von Verfahrenshandlungen sind
1. die nach bürgerlichem Recht Geschäftsfähigen,
2. die nach bürgerlichem Recht in der Geschäftsfähigkeit Beschränkten, soweit sie durch Vorschriften des bürgerlichen oder öffentlichen Rechts für den Gegenstand des Verfahrens als geschäftsfähig anerkannt sind.

(2) Betrifft ein Einwilligungsvorbehalt nach § 1903 des Bürgerlichen Gesetzbuchs den Gegenstand des Verfahrens, so ist ein geschäftsfähiger Betreuter nur insoweit zur Vornahme von Verfahrenshandlungen fähig, als er nach den Vorschriften des bürgerlichen Rechts ohne Einwilligung des Betreuers handeln kann oder durch Vorschriften des öffentlichen Rechts als handlungsfähig anerkannt ist.

(3) Für Vereinigungen sowie für Behörden handeln ihre gesetzlichen Vertreter, Vorstände oder besonders Beauftragte.

(4) §§ 53 bis 58 der Zivilprozeßordnung gelten entsprechend.

Eine weitere allgemeine Prozessvoraussetzung ist die Prozessfähigkeit des Klägers. Die Prozessfähigkeit ist die Fähigkeit, einen Prozess selbst zu führen oder einen anderen diesbezüglich zu bevollmächtigen. Fehlt dem Kläger die Prozessfähigkeit, so kann er keine Prozesshandlungen, etwa die Klageerhebung oder die Klagerücknahme, wirksam vornehmen und auch keine Dritten dazu bevollmächtigen.

Juristische Personen können nicht prozessfähig sein.

Prozessfähig sind nach § 61 Nr. 1 VwGO natürliche Personen, sofern sie nach bürgerlichem Recht unbeschränkt geschäftsfähig sind. Nach dem bürgerlichen Recht beschränkt geschäftsfähige Personen sind prozessfähig, wenn sie durch die Vorschriften des BGB oder des öffentlichen Rechts für den Gegenstand des Verfahrens als geschäftsfähig anerkannt sind, § 61 Nr. 2 VwGO.

Beispiel: Ein Minderjähriger kann auf die Anerkennung als Kriegsdienstverweigerer klagen, denn die Berufung auf Art. 4 III GG setzt nicht voraus, dass der Betroffene das 18. Lebensjahr schon vollendet hat.

Prozessunfähige natürliche und alle juristischen Personen und sonstige beteiligungsfähige Vereinigungen müssen gesetzlich vertreten werden. Gesetzliche Vertreter geschäftsunfähiger natürlicher Personen sind die

Eltern, der Vormund oder Pfleger; juristischer Personen oder sonstiger Personenvereinigungen je nach gesetzlicher Regelung etwa der Vorstand, der Geschäftsführer, die Bundes-, die Landesminister oder der Bürgermeister. Vertreter einer Behörde ist der Behördenvorstand.

4.4. Postulationsfähigkeit

Prozessbevollmächtigte und Beistände § 67 VwGO

(1) Vor dem Bundesverwaltungsgericht und dem Oberverwaltungsgericht muß sich jeder Beteiligte, soweit er einen Antrag stellt, durch einen Rechtsanwalt oder Rechtslehrer an einer deutschen Hochschule im Sinne des Hochschulrahmengesetzes mit Befähigung zum Richteramt als Bevollmächtigten vertreten lassen. Dies gilt auch für die Einlegung der Revision sowie der Beschwerde gegen deren Nichtzulassung und der Beschwerde in Fällen des § 99 Abs. 2 dieses Gesetzes sowie des § 17a Abs. 4 Satz 4 des Gerichtsverfassungsgesetzes und für den Antrag auf Zulassung der Berufung sowie für Beschwerden und sonstige Nebenverfahren, bei denen in der Hauptsache Vertretungszwang besteht, mit Ausnahme der Beschwerden gegen Beschlüsse im Verfahren der Prozesskostenhilfe. Juristische Personen des öffentlichen Rechts und Behörden können sich auch durch Beamte oder Angestellte mit Befähigung zum Richteramt sowie Diplomjuristen im höheren Dienst, Gebietskörperschaften auch durch Beamte oder Angestellte mit Befähigung zum Richteramt der zuständigen Aufsichtsbehörde oder des jeweiligen kommunalen Spitzenverbandes des Landes, dem sie als Mitglied zugehören, vertreten lassen. In Angelegenheiten der Kriegsopferfürsorge und des Schwerbehindertenrechts sowie der damit im Zusammenhang stehenden Angelegenheiten des Sozialhilferechts sind vor dem Oberverwaltungsgericht als Prozessbevollmächtigte auch Mitglieder und Angestellte von Verbänden im Sinne des § 14 Abs. 3 Satz 2 des Sozialgerichtsgesetzes und von Gewerkschaften zugelassen, sofern sie kraft Satzung oder Vollmacht zur Prozessvertretung befugt sind. ...

(2) ...

Nur im erstinstanzlichen Verfahren vor dem Verwaltungsgericht können die Beteiligten selbst Anträge stellen. Vor dem Bundesverwaltungsgericht und dem Oberverwaltungsgericht besteht dagegen nach § 67 VwGO grundsätzlich Anwaltszwang. In bestimmten Angelegenheiten sind besondere Vertretungsbefugnisse vorgesehen.

4.5. Formell ordnungsgemäße Klageerhebung

§ 81 VwGO

Form der Klageerhebung

(1) Die Klage ist bei dem Gericht schriftlich zu erheben. Bei dem Verwaltungsgericht kann sie auch zur Niederschrift des Urkundsbeamten der Geschäftsstelle erhoben werden.

(2) Der Klage und allen Schriftsätzen sollen Abschriften für die übrigen Beteiligten beigefügt werden.

§ 82 VwGO

Inhalt der Klageschrift

(1) Die Klage muß den Kläger, den Beklagten und den Gegenstand des Klagebegehrens bezeichnen. Sie soll einen bestimmten Antrag enthalten. Die zur Begründung dienenden Tatsachen und Beweismittel sollen angegeben, die angefochtene Verfügung und der Widerspruchsbescheid sollen in Urschrift oder in Abschrift beigefügt werden.

(2) Entspricht die Klage diesen Anforderungen nicht, hat der Vorsitzende oder ein von ihm bestimmter Richter (Berichterstatter) den Kläger zu der erforderlichen Ergänzung innerhalb einer bestimmten Frist aufzufordern. Er kann dem Kläger für die Ergänzung eine Frist mit ausschließender Wirkung setzen, wenn es an einem der in Absatz 1 Satz 1 genannten Erfordernisse fehlt. Für die Wiedereinsetzung in den vorigen Stand gilt § 60 entsprechend.

Die §§ 81 und 82 VwGO bestimmen die Form- und Inhaltserfordernisse für eine ordnungsgemäße Klage. Ist die Klageerhebung mangelhaft, so weist das angerufene Gericht die Klage ab.

Gemäß § 81 I VwGO muss eine Klage schriftlich oder zur Niederschrift des Urkundsbeamten der Geschäftsstelle erhoben werden. »Schriftlich« heißt, dass bei Gericht eine handschriftlich unterschriebene Klageschrift eingehen muss. Allerdings wird von der Rechtsprechung auch die Klageerhebung per Fernschreiber, Telefax oder Telegramm als ordnungsgemäß angesehen. Eine telefonische Klageerhebung hingegen genügt den Anforderungen des § 81 I VwGO nicht. Bei einem Verwaltungsgericht, nicht aber beim Oberverwaltungsgericht oder beim Bundesverwaltungsgericht, kann die Klage nach § 81 I S. 2 VwGO auch zur Niederschrift des Urkundsbeamten der Geschäftsstelle erhoben werden.

In der Klageschrift müssen in jedem Fall der Kläger, der Beklagte und der Gegenstand des Klagebegehrens bezeichnet werden, § 82 I VwGO. Hinsichtlich des Klägers und des Beklagten sind die Angabe des Vor- und Nachnamens und deren Adresse bzw. der Adresse des zugezogenen Rechtsanwalts oder des sonstigen Prozessbevollmächtigten erforderlich. Bei Firmen genügt der Firmenname und deren Adresse, bei Behörden die Bezeichnung der Behörde. Der Gegenstand des Klagebegehrens ist hinreichend genau bezeichnet, wenn das angerufene Gericht das Ziel der Klage erkennen kann.

4.6. Keine anderweitige Rechtshängigkeit

Rechtshängigkeit § 90 I VwGO

Durch Erhebung der Klage wird die Streitsache rechtshängig.

Rechtshängigkeit § 17 I GVG

(1) Die Zulässigkeit des beschrittenen Rechtsweges wird durch eine nach Rechtshängigkeit eintretende Veränderung der sie begründenden Umstände nicht berührt. Während der Rechtshängigkeit kann die Sache von keiner anderen Partei anderweitig anhängig gemacht werden.

Gemäß § 90 VwGO wird eine Streitsache rechtshängig, wenn zu deren Klärung eine Klage zum Verwaltungsgericht ordnungsgemäß i.S.d. §§ 81 und 82 VwGO erhoben wird. Ist die Rechtshängigkeit eingetreten, so ist nach § 173 VwGO i.V.m. § 17 Abs. 1 S. 2 GVG eine zweite Klage zwischen denselben Parteien hinsichtlich desselben Streitgegenstandes ausgeschlossen. Dies bedeutet, dass ein Streitfall zwischen zwei Parteien niemals parallel mehreren Gerichten zur Entscheidung vorgelegt werden kann, auch dann nicht, wenn es sich um Gerichte verschiedener Gerichtszweige handelt. Ist beispielsweise eine Streitsache bei einem Zivil-, einem Sozial- oder einem Finanzgericht rechtshängig, so kann keine zweite Klage beim Verwaltungsgericht oder einem sonstigen Gericht erhoben werden. § 17 I S. 1, 2 GVG betreffen nämlich nicht nur die Verwaltungs-, sondern auch die ordentlichen Finanz-, Arbeits-, und Sozialgerichte. Zu beachten ist allerdings, dass die Rechtshängigkeit einer Streitsache im Verwaltungsprozess schon mit der Klageerhebung und nicht – wie im Zivilprozess – erst mit der Zustellung der Klage an den Beklagten eintritt.

Rechtshängig wird eine Klage im Verwaltungsprozess schon mit Klageerhebung, nicht – wie im Zivilprozess – erst mit Zustellung an den Beklagten.

Die Rechtshängigkeit einer Streitsache schließt nur eine andere Klage zwischen den gleichen Parteien aus. Ist ein Dritter an einem Streit beteiligt, so sind durchaus mehrere Klagen denkbar.

Beispiel: A erhält von der Bauaufsichtsbehörde B eine Baugenehmigung zum Neubau eines Wohnhauses. Der Nachbar C erhebt gemäß §§ 81, 82 VwGO Anfechtungsklage auf Aufhebung der Genehmigung, weil ihm der Neubau die Sonneneinstrahlung auf seinen Garten nehmen würde. Die Streitsache zwischen dem Träger der B und C ist rechtshängig. Dennoch könnte der Nachbar D, der auf der anderen

Seite des Grundstücks des A wohnt, ebenfalls gegen den Träger der B auf Aufhebung der Baugenehmigung klagen, wenn er hierfür einen Grund hat. Die Klage würde zwar den gleichen Streitfall betreffen, aber nicht zwischen denselben Parteien erhoben.

Der Umfang der Rechtshängigkeit hängt vom jeweiligen Streitgegenstand ab. Der Streitgegenstand setzt sich zusammen aus dem der Streitigkeit zu Grunde liegenden Lebenssachverhalt und dem Begehren des Klägers, welches in seinem Klageantrag zum Ausdruck kommt. Eine zweite Klage vor einem anderen Gericht ist demnach nicht ausgeschlossen, wenn bezüglich desselben Lebenssachverhaltes etwas anderes begehrt wird.

Beispiel: A wohnt in einer Straße, die von Bäumen, die die Stadt gepflanzt hat, gesäumt ist. Bei einem Sturm knickt ein Baum ein und fällt in den Garten des A, wobei sein Zaun beschädigt wird. A klagt, nachdem die Stadt untätig geblieben ist, auf Entfernung des Baumes. Der Rechtsstreit wird entschieden. Danach klagt A auf Schadensersatz wegen Beschädigung seines Zaunes. Die zweite Klage ist zulässig, obwohl der Lebenssachverhalt derselbe wie bei der ersten Klage ist, da A ein anderes Ziel verfolgt.

4.7. Keine andere rechtskräftige Entscheidung

§ 121 VwGO

Rechtskräftige Urteile

Rechtskräftige Urteile binden, soweit über den Streitgegenstand entschieden worden ist,

1. die Beteiligten und ihre Rechtsnachfolger und
2. im Fall des § 65 Abs. 3 die Personen, die einen Antrag auf Beiladung nicht oder nicht fristgemäß gestellt haben.

Auf andere Streitgegenstände und unbeteiligte Dritte erstreckt sich die Rechtskraft nicht.

§ 121 VwGO normiert, dass ein rechtskräftiges Urteil den Kläger und den Beklagten bindet. Demnach ist eine zweite Klage hinsichtlich ein und desselben Streitgegenstandes nicht nur ausgeschlossen, wenn die Streitsache bei einem anderen Gericht den Streitfall entschieden hat und das Urteil rechtskräftig geworden ist.

Mit »rechtskräftig« ist materiell rechtskräftig gemeint. Der Gegenbegriff zur materiellen Rechtskraft ist die formelle Rechtskraft. Formell rechtskräftig ist ein Urteil, wenn es nicht oder nicht mehr mit einem Rechtsmittel, also der Berufung oder der Revision, angefochten werden kann, weil etwa die Rechtsmittelfrist nicht eingehalten wurde, kein Rechtsmittel zur Verfügung steht oder das Rechtsmittel aus sonstigen Gründen unzulässig ist. Die materielle Rechtskraft eines Urteils ist die Folge dessen formeller Rechtskraft. Materiell rechtskräftig heißt, dass die Entscheidung des Gerichts für den Kläger und den Beklagten – auch wenn sie falsch sein sollte – inhaltlich bindend ist und kein Gericht die Entscheidung abändern darf.

Zu beachten ist, dass ein materiell rechtskräftiges Urteil nur die Parteien des vorangegangenen Prozesses hinsichtlich des dort entschiedenen Streitgegenstandes bindet. Auf unbeteiligte Dritte oder andere Streitgegenstände erstreckt sich die Rechtskraft nicht.

4.8. Allgemeines Rechtsschutzbedürfnis

Das Vorliegen des allgemeinen Rechtsschutzbedürfnisses des Klägers ist allgemeine Sachentscheidungsvoraussetzung. Grundgedanke dieser Prozessvoraussetzung ist Folgendes: Eine Klage kann zwar durchaus den oben beschriebenen Erfordernissen entsprechen, dennoch aber aus objektiver Sicht für den Kläger nicht sinnvoll oder notwendig sein. Deshalb wird den Gerichten die Möglichkeit gegeben, Klagen, die dem Kläger aus objektiver Sicht nichts bringen, obwohl sie formal in Ordnung sind, als unzulässig abzuweisen. Jeder Kläger muss ein schutzwürdiges Interesse an der angestrebten gerichtlichen Entscheidung haben; er darf das Gericht nicht als Institution missbrauchen.

Das allgemeine Rechtsschutzbedürfnis soll dem Missbrauch der Gerichte durch den Kläger vorbeugen.

Die Fälle des sogenannten institutionalen Missbrauchs der Gerichte sind Ausnahmefälle. In der Regel ist das Vorliegen des Rechtsschutzbedürfnisses zu bejahen. Nur wenn in einem Sachverhalt Anhaltspunkte gegeben sind, ist eine nähere Prüfung erforderlich.

Dazu seien zwei typische Fallgruppen vorgestellt:

Zum einen ist das allgemeine Rechtsschutzbedürfnis zu verneinen, wenn der Kläger sein Ziel auf einem anderen Weg als durch Klage einfacher erreichen kann.

Beispiel: Dem Unternehmer U wird vom Bund per Verwaltungsakt eine Subvention zur Förderung des Baugewerbes zugesichert. Die Summe wird auch ausgezahlt. U verbraucht das Geld allerdings für private Zwecke. Der Bund will das Geld zurückhaben und erhebt deshalb allgemeine Leistungsklage beim Verwaltungsgericht. Diese Klage ist unzulässig, da der Bund auch einen Verwaltungsakt erlassen könnte, mit dem das Geld zurückgefordert wird. Dies wäre der einfachere Weg.

Des Weiteren fehlt einer Klage das allgemeine Rechtsschutzbedürfnis, wenn dem Kläger aus einer für ihn positiven gerichtlichen Entscheidung kein realer Vorteil erwachsen würde.

Schema für die Zulässigkeit einer Klage

I.	Deutsche Gerichtsbarkeit
II.	Rechtsweg
a.	besondere Zuweisung an VG
b.	ö-r Streitigkeit, § 40 I VwGO
c.	nichtverfassungsrechtlicher Art, § 40 I VwGO
d.	besondere Zuweisung an andere Gerichte
aa.	an ordentliche Gerichte
1.	§ 40 II 1 VwGO: Vermögensrechtl. Ansprüche aus Aufopferung und Amtshaftung
2.	Art. 14 III 4 GG: Streitigkeiten über die Höhe der Entschädigungszahlung
3.	§ 23 EGGVG: Entscheidung über die Rechtmäßigkeit von Justizverwaltungsakten
4.	§§ 62 I 1, 68 OWiG: Anfechtung von Bußgeldbescheiden
5.	§§ 58 ff. BZG; § 61 I BundesseuchenG; § 217 ff. BauGB
bb.	an besondere Verwaltungsgerichte
1.	§ 51 SGG: Sozialgerichte (bei Sozialversicherung und Kriegsopferversorgung)
2.	§ 33 I Nr. 1 FGO: Finanzgerichte (bei Steuern und Abgaben)
3.	§§ 68-90 WDO (Wehrdisziplinarordnung): Truppendienstgerichte bzw. das BVerwG
III.	Richtiger Klage- oder Verfahrenstyp
IV.	Zuständigkeit
a.	sachliche des VG, §§ 45, 47 ff., 50, 123 VwGO
b.	instanzielle des VG, §§ 124, 132, 146 VwGO
c.	örtliche des VG, §§ 52, 53 VwGO
V.	Partei-, Prozessfähigkeit, sowie Vertretungsmacht, §§ 61, 62 I, 67 III 3 VwGO
VI.	Prozessführungs- bzw. Beklagtenbefugnis, § 78 VwGO
VII.	Ordnungsgemäße Klagerhebung, § 81 f. VwGO
VIII.	Fehlende Rechtshängigkeit, § 90 II VwGO und Rechtskraft, § 121 VwGO
IX.	Klagebefugnis, §§ 42 II, 43 VwGO
X.	Vorverfahren und Klagefrist bei Anfechtungs- und Verpflichtungsklage gem. §§ 68 ff., 74 ff. VwGO
XI.	Allgemeines Rechtsschutzbedürfnis
XII.	Klagefrist
XIII.	Klagehäufung
a.	Stufenklage, §§ 113 I S. 2; 113 IV VwGO
b.	Klagehäufung, § 44 VwGO
XIV.	Evtl. Besonderheiten des Verfahrens

Beispiel: Vor dem Grundstück des A ist auf Grund eines Sturmes ein Alleebaum umgefallen und blockiert den Gehsteig. Die zuständige städtische Behörde entfernt den Baum trotz der Aufforderung des A nicht. A will die allgemeine Leistungsklage erheben. Die Nachbarn des A räumen jedoch den Baum weg. A hat für seine Klage kein Rechtsschutzbedürfnis, da ihm aus einer positiven gerichtlichen Entscheidung kein Vorteil erwachsen würde.

5. Begründetheit einer Klage

Im Rahmen der Begründetheit einer Klage ist zu überprüfen, ob dem Kläger das von ihm geltend gemachte Recht gegenüber dem Beklagten zusteht. Die Wahl des richtigen Beklagten gem. § 78 VwGO wird von wenigen Autoren zu Anfang der Begründetheit geprüft, so dass diese auch dort anstatt in der Zulässigkeit behandelt werden kann.

Im Rahmen der Begründetheit einer Klage ist zu prüfen, ob dem Kläger das geltend gemachte Recht gegenüber dem Beklagten zusteht.

Begründetheit einer Klage:

Bei Anfechtungsklage: Wenn der VA rechtswidrig ist und der Kläger dadurch in seinen Rechten verletzt ist (§ 113 I S. 1 VwGO).

Bei Verpflichtungsklage: Wenn die Ablehnung oder Unterlassung des VAs rechtswidrig und der Kläger dadurch in seinen Rechten verletzt ist (§ 113 V VwGO).

Bei allgemeiner Leistungsklage: Wenn die Ablehnung oder Unterlassung einer fälligen Leistung, die kein VA ist, rechtswidrig und der Kläger dadurch in seinen Rechten verletzt ist (wenn er einen Anspruch hat).

Bei allgemeiner Feststellungsklage: Wenn das streitige Rechtsverhältnis besteht oder nicht besteht oder wenn der VA nichtig ist (§ 43 I VwGO).

Bei der Fortsetzungsfeststellungsklage:
- im Anfechtungsfall: Wenn der VA rechtswidrig war und der Kläger dadurch in seinen Rechten verletzt wurde (§ 113 I S. 4 VwGO, direkt oder analog bei Erledigung vor Klageerhebung).
- im Verpflichtungsfall: Wenn die Ablehnung oder Unterlassung des Verwaltungsaktes rechtswidrig war und der Kläger dadurch in seinen Rechten verletzt wurde (§ 113 I S. 4 VwGO analog).

5.1. Die Anfechtungsklage

ANFECHTUNGSKLAGE

§ 113 VwGO

Anfechtungsklage

(1) Soweit der Verwaltungsakt rechtswidrig und der Kläger dadurch in seinen Rechten verletzt ist, hebt das Gericht den Verwaltungsakt und den etwaigen Widerspruchsbescheid auf. Ist der Verwaltungsakt schon vollzogen, so kann das Gericht auf Antrag auch aussprechen, daß und wie die Verwaltungsbehörde die Vollziehung rückgängig zu machen hat. Dieser Ausspruch ist nur zulässig, wenn die Behörde dazu in der Lage und diese Frage spruchreif ist. Hat sich der Verwaltungsakt vorher durch Zurücknahme oder anders erledigt, so spricht das Gericht auf Antrag durch Urteil aus, daß der Verwaltungsakt rechtswidrig gewesen ist, wenn der Kläger ein berechtigtes Interesse an dieser Feststellung hat.

(2) ...

Voraussetzungen der Begründetheit der Anfechtungsklage:
- Rechtswidrigkeit des Verwaltungsaktes,
- Rechtsverletzung.
- ✏ Das Gericht hebt den Verwaltungsakt auf.

Eine Anfechtungsklage ist gemäß § 113 I S. 1 VwGO begründet, wenn (der Beklagte passivlegitimiert,) der Verwaltungsakt rechtswidrig und der Kläger durch den rechtswidrigen Verwaltungsakt in seinen Rechten verletzt ist (Passivlegitimation). Siehe hierzu unter dem Punkt »Richtiger Klagegegner« die Ausführungen. Wer der Auffassung gefolgt ist, dass § 78 VwGO in der Zulässigkeit zu prüfen ist, der braucht hier keine Ausführungen mehr zu machen.

Die Passivlegitimation betrifft die Frage, ob der durch die Klageschrift bezeichnete Beklagte auch der richtige Beklagte ist. Diese Prüfung ist Teil der Begründetheit und an deren Anfang zu stellen. Dies ist zumindest im Bundesland Bayern so. In vielen anderen Bundesländern erfolgt regelmäßig keine Prüfung der Passivlegitimation. Man sollte in der Verwaltungsrechtsarbeitsgemeinschaft vor der Klausur nachfragen.

Passivlegitimiert, d.h. richtiger Beklagter, ist derjenige, dem gegenüber die begehrte Aufhebung des VAs verlangt werden kann. Wer dies ist, bestimmt sich nach § 78 VwGO.

Die Frage hingegen, ob der Beklagte verklagt werden durfte, ist eine Problematik der Beteiligtenfähigkeit (§ 61 VwGO) und auf jeden Fall in der Zulässigkeit zu prüfen.

Beispielformulierung:
Die Anfechtungsklage ist begründet, soweit der angegriffene Verwaltungsakt rechtswidrig und der Kläger dadurch in seinen Rechten verletzt ist, § 113 Abs. 1 S. 1 VwGO.

Formulierungsvorschlag

5.1.1. Prüfung der Rechtmäßigkeit des VAs

Ein VA ist rechtswidrig, wenn er gegen formell- oder materiellrechtliche Vorschriften verstößt. Leidet der Verwaltungsakt an einem formellen Fehler, so ist zu prüfen, ob dieser gemäß § 46 VwVfG unbeachtlich oder im Sinne des § 45 VwVfG geheilt ist.

Zuerst ist die mögliche Ermächtigungsgrundlage des VAs aufzusuchen und zu benennen und dann die formelle und materielle Rechtmäßigkeit zu prüfen.

5.1.2. Probleme der formellen Rechtmäßigkeit des VAs

Formelle Rechtmäßigkeit des VAs:
1. Zuständigkeit (sachliche/örtliche der Behörde)
2. Verfahren
    a. Ausgeschlossene Personen, Befangenheit
    b. Mitwirkung Anderer

3. Form
   a. Evtl. Anhörung
   b. Begründung
   c. Rechtsbehelfsbelehrung
4. Heilung

Widerspruchsverfahren

Die Verschlechterung des VA im Widerspruchsverfahren ist aufgrund des Prinzips der Gesetzmäßigkeit der Verwaltung und der Selbstkontrollfunktion des Vorverfahrens grundsätzlich zulässig.

Gegenstand der Anfechtungsklage ist grundsätzlich der VA in der Gestalt, die er gem. §§ 45 VwVfG, 79 I Nr. 1 VwGO nach Ablauf des Widerspruchsverfahrens erhalten hat. Soweit der VA im Widerspruchsbescheid verschärft worden ist, könnte ein Verfahrensfehler vorliegen. Es handelt sich um die Änderung einer Entscheidung im Rechtsbehelfsverfahren zum Nachteil dessen, der den Rechtsbehelf eingelegt hat. Sie wird als »reformatio in peius« oder Verböserung bezeichnet. Diese ist grundsätzlich zulässig, wie die Anerkennung dieses Rechtsinstituts durch die §§ 68, 71, 78 VwGO deutlich macht. Für den Fall, dass bei einer Ermessensentscheidung Ausgangs- und Widerspruchsbehörde nicht identisch sind, muss die Verböserungsbefugnis der Behörde allerdings besonders geprüft werden. Hier ist eine Verböserung nur zulässig, wenn die Widerspruchsbehörde nicht nur die Rechtsaufsicht hat, sondern auch gleichzeitig die Fachaufsichtsbehörde ist, d.h. nicht nur zur Rechts- sondern auch zur Zweckmäßigkeitskontrolle befugt ist und damit auch Ermessensentscheidungen selbst korrigieren darf.

Die Verschlechterungsmöglichkeit im Widerspruchsverfahren beurteilt sich nach der sachlichen Ermächtigungsgrundlage der Ausgangsbehörde und ist nach höchstrichterlicher Rechtsprechung dann zulässig, wenn sie:

(1) bei Fehlen bundes- oder landesgesetzlicher Sonderregelungen, jedenfalls mit den Grundsätzen für Rücknahme, Widerruf nach §§ 48, 49 VwVfG vereinbar ist, oder

(2) nicht gegen die auch im Verwaltungsrecht geltenden Grundsätze von Treu und Glauben verstößt.

Nachholung fehlender Anhörung im Widerspruchsverfahren

Klausurträchtig im Zusammenhang mit formellen Fehlern ist auch die Fallgestaltung, bei der die Ausgangsbehörde eine Anhörung des Beteiligten nach § 28 I VwVfG unterlässt, diese aber danach noch nachträglich durch die Widerspruchsbehörde im Widerspruchsverfahren durchgeführt wurde. Problematisch ist die Frage, wer zur Fehlerheilung befugt ist, wenn in einem Fall Ausgangs- und Widerspruchsbehörde nicht identisch sind und Ermessensspielräume bestehen.

Beispiel: Die Ausgangsbehörde versäumt es, den Bürger nach § 28 VwVfG anzuhören. Im Rahmen des Widerspruchsverfahrens holt nur die Widerspruchsbehörde die Anhörung nach. Dabei entgeht dem Bürger die Chance, dass die Ausgangsbehörde auf Grund von Erkenntnissen durch die Anhörung ihre Ermessensentscheidung günstiger getroffen hätte. Dem Bürger entgeht eine Ermessensebene.

Nach den §§ 87 I S. 2 Nr. 7, 94 S. 2, 114 S. 2 VwGO geht der Gesetzgeber durch diese neu gefassten Vorschriften davon aus, dass die den Gerichtsprozess führende Behörde während des Gerichtsprozesses immer auch die Fehlerheilung herbeiführen kann. Nach §§ 78, 79 VwGO in Verbindung mit dem jeweiligen Landesrecht können vor Gericht sowohl die Widerspruchs- als auch die Ausgangsbehörde oder andere Behörden der jeweiligen Rechtsträger auftreten. Wenn man eine Annex-Kompetenz des Bundesgesetzgebers zur Regelung der Zuständigkeit zur Fehlerheilung auf Grund seiner Zuständigkeit zur Regelung des Gerichtsverfahrens nach Art. 74 I Nr. 1 GG bejaht, so ist die fehlende Anhörung bei Ermessensentscheidungen auch durch die Widerspruchsbehörde heilbar.

Hält man hingegen nicht den Bund, sondern nach Art. 30, 70, 84 GG die Länder für zuständig, so lassen sich aus der Änderung der VwGO nur Schlüsse für die Heilung von Fehlern durch Bundesbehörden ziehen, die Zuständigkeit für die Heilung fehlerhafter Verwaltungsakte durch Landesbehörden bliebe unberührt.

Folgt man letzterer Auffassung, dann ist die Heilung der fehlenden Anhörung durch das durch Landesbehörden durchgeführte Widerspruchsverfahren nur für eine Entscheidung nach zwingendem Recht möglich. Die Anhörung selbst kann in diesen Fällen grundsätzlich von der Erst- als auch von der Widerspruchsbehörde vorgenommen werden. Bei Ermessensentscheidungen hingegen darf nur die Landesausgangsbehörde die nachträgliche Anhörung vornehmen, es sei denn, Landesausgangs- und Widerspruchsbehörde sind identisch.

Nach § 68 I S. 1 VwGO überprüft die Widerspruchsbehörde die Recht- und Zweckmäßigkeit der angegriffenen Ermessensentscheidung. Diese Ermessenskontrolle ist aber nicht notwendig gleichbedeutend mit der Ermessensausübung selbst. Bestätigt nun die Widerspruchsbehörde durch die Zurückweisung des Widerspruchs, dass das Ermessen der Ausgangsentscheidung der Landesbehörde zweckmäßig ausgeübt wurde, so ist nicht ausgeschlossen, dass sie nicht auch eine andere, dem Betroffenen gegenüber günstigere Ermessensausübung gebilligt hatte. Somit ist also möglich, dass in Fällen, in denen der Betroffene angehört worden wäre, eine günstigere Ausgangsentscheidung für diesen ergangen wäre, wie sie im Widerspruchsverfahren nicht mehr

> Nach § 68 I S. 1 VwGO findet eine Recht- und Zweckmäßigkeitsprüfung durch die Widerspruchsbehörde statt.

erzielt werden kann. Aus diesen Gründen kann nach dieser Auffassung die Nachholung der Anhörung im Rahmen einer Ermessensentscheidung nur durch eine Handlung der Landesausgangsbehörde selbst bewirkt werden. Die Heilung einer fehlenden Anhörung bei Ermessensakten durch die Widerspruchsbehörde ist nach dieser Meinung damit nur dann möglich, wenn Landesausgangs- und Widerspruchsbehörde identisch sind.

Wenn in einem Fall Ausgangs-, Widerspruchs- und im Gericht auftretende Behörde nicht identisch sind, kann sich somit die Erörterung der Frage anbieten, ob der Bundesgesetzgeber zur Erteilung der Kompetenz zur Fehlerheilung auch an Landesbehörden zuständig war. Verneint man die Frage, so ist der zuletzt in den vorigen drei Absätzen geschilderten zweiten Auffassung zu folgen.

Nachschieben von Gründen durch die Behörde

Grenzen des Nachschiebens von Gründen im gerichtlichen Verfahren: Die angefochtene Verwaltungshandlung darf in Inhalt und Wirkung keine wesentliche Änderung erfahren; die Entscheidungsrichtung muss gleich bleiben.

Bringt die Behörde im Verwaltungsprozess neue Erwägungen vor, so ist in der Klausur folgendes Vorgehen zweckmäßig.

Zunächst ist zu überlegen, ob der Anwendungsbereich des § 114 S. 2 VwGO eröffnet ist oder ob die Erwägungen nicht ohnehin Berücksichtigung finden können. Ist der Anwendungsbereich eröffnet, sollte der VA unter Berücksichtigung der ursprünglichen Begründung auf seine Rechtmäßigkeit überprüft werden. Nur dann, wenn der Klausurbearbeiter zur Rechtswidrigkeit gelangt, können neue Erwägungen erheblich sein. Danach ist festzustellen, ob die neuen Erwägungen der Verwaltungsbehörde im Rahmen des § 114 S. 2 VwGO berücksichtigt werden können. Schließlich ist der VA unter Einbeziehung der berücksichtigungsfähigen Ergänzungen erneut auf seine Rechtmäßigkeit zu prüfen.

Ergänzungsbefugte Behörde

Ergänzungsbefugt ist die beklagte Ausgangsbehörde, § 78 I VwGO. § 114 S. 2 VwGO regelt insbesondere, dass kein neues Widerspruchsverfahren durchzuführen ist, wenn die Ausgangsbehörde im Verwaltungsprozess ihre Ermessenserwägungen im Prozess ergänzt. In den Fällen des § 78 II VwGO (erstmalige Beschwer durch den Widerspruchsbescheid) ist die Widerspruchsbehörde zur Ergänzung der Ermessenserwägungen befugt.

Bei der Anfechtungsklage ist für die Beurteilung der Rechtmäßigkeit des VAs in der Regel der Zeitpunkt der letzten Behördenentscheidung maßgeblich. Gegenstand der Anfechtungsklage ist der VA in der Gestalt, die er durch den Widerspruchsbescheid erlangt hat, § 79 I Nr. 1 VwGO.

Die Zulässigkeit des Nachschiebens von Gründen im Verwaltungsprozess des VAs bei gebundenen Entscheidungen ergibt sich aus dem Umkehrschluss aus § 45 II VwVfG sowie § 114 S. 2 VwGO.

Ob und inwieweit bei Ermessensentscheidungen ein Nachschieben von Gründen möglich ist, ergibt sich aus § 114 S. 2 VwGO. § 114 S. 2 betrifft das materiellrechtliche Erfordernis einer Ermessensentscheidung, bei der die Gründe für und wider einer bestimmten Regelung angemessen berücksichtigt werden. Es geht um ein Nachschieben von Gründen seitens der Verwaltungsbehörde und betrifft folglich die Heilung von materiell fehlerhaften Ermessensentscheidungen. Die Verwaltungsbehörde kann ihre Ermessensentscheidungen hinsichtlich des VAs auch noch im verwaltungsgerichtlichen Verfahren ergänzen.

§ 114 S. 2 VwGO bestimmt, ob und inwieweit ein Nachschieben von Gründen bei Ermessensentscheidungen möglich ist.

Sie kann während des verwaltungsgerichtlichen Verfahrens Ermessenserwägungen, die sie bei Erlass des VAs angestellt hatte, in den Prozess einführen.

Beispiel: Die Behörde hat Belange eines Beteiligten, die bei der Ermessensentscheidung zu berücksichtigen waren, zwar bei ihrer Entscheidung ermessensfehlerfrei berücksichtigt, dies aber nicht in die Begründung des VAs aufgenommen. Diese Erwägungen kann die Behörde ergänzend in den Prozess einführen.

Gleiches gilt grundsätzlich auch für Ermessenserwägungen, die sie nicht beim Erlass des VAs, sondern erst später angestellt hatte. Das gilt auch dann, wenn die Ausgangsbehörde mit der Widerspruchsbehörde nicht identisch ist.

Der Anspruch auf ermessensfehlerfreie Entscheidung ist demnach nicht nur zum Zeitpunkt der behördlichen Erstentscheidung erfüllbar, sondern grundsätzlich auch noch während des verwaltungsgerichtlichen Verfahrens. Dies stellt § 114 S. 2 VwGO klar. Bei § 114 S. 2 VwGO handelt es sich demnach um eine Vorschrift zur Heilung materiell fehlerhafter VAe, die die Ergänzung materiellrechtlich relevanter Ermessenserwägungen im Prozess erlaubt. Damit begründet sie eine Ausnahme von dem Grundsatz, dass sachliche oder rechtliche Änderungen, die nach Ablauf der letzten Behördenentscheidung eintreten, bei der gerichtlichen Entscheidung der Begründetheit der Anfechtungsklage unberücksichtigt bleiben. Die berechtigten Belange des Klägers, der ohne das Nachschieben von Gründen den Prozess gewonnen hätte, sieht der Gesetzgeber durch eine Berücksichtigung im Rahmen der Kostenentscheidung gewahrt. Der Kläger kann den Rechtsstreit in der Hauptsache für erledigt erklären mit der Folge, dass nach § 161 II VwGO die Kostenlast der Behörde aufzubürden ist.

Ein Nachschieben von Gründen ist zur Verhinderung eines Leerlaufens der Regelung des § 45 I Nr. 2 VwVfG allerdings dann nicht zulässig, wenn die Behörde bis zum Prozess dem VA überhaupt keine Begründung gegeben hat. Auch darf das Nachschieben von Gründen nicht zu einer Wesensänderung des angegriffenen VAs führen. Das Bundesverwaltungsgericht hat die Grenze zwischen einer Heilung durch »Aufbesserung der Gründe« und einer »nachträglichen, inhaltlichen Änderung des erlassenen Verwaltungsakts« danach gezogen, ob die behördlichen Erwägungen nach den jeweils einschlägigen Normen, wie z.B. §§ 45 ff. AuslG, 24 f. BImSchG (also nicht bloße Verwaltungsvorschriften), »notwendiger Teil der Ermessensausübung« sind. Ermessenserwägungen, die sich auf Vorfälle beziehen, die sich nach dem für die Sach- und Rechtslage maßgeblichen Zeitpunkt ereignet habe, können jedenfalls nicht eine ursprünglich fehlerhafte Ermessensentscheidung heilen.

Die Formulierung »Ermessenserwägungen hinsichtlich des Verwaltungsaktes« macht deutlich, dass die ergänzend vorgetragenen Erwägungen die getroffene Regelung selbst nicht ändern dürfen, wie auch der unverändert gebliebene § 79 I Nr. 1 VwGO verdeutlicht. Das Nachschieben von Gründen darf nicht zu einem völligen Auswechseln der Begründung führen.

Da der Wortlaut das Ergänzen, nicht jedoch das erstmalige Anstellen von Ermessenserwägungen vorsieht, ist auch ein Ermessensausfall nicht heilbar. Hat die Behörde vor Erlass des angegriffenen VAs keine Ermessenserwägungen angestellt, so greift § 114 S. 2 VwGO nicht ein. Dieser setzt seinem Wortlaut nach voraus, dass die Behörde bereits vor Erlass des VAs Ermessenserwägungen angestellt hat. Das erstmalige Anstellen von Ermessenserwägungen im Prozess ist von dieser Vorschrift nicht gedeckt. Es liegt dann ein nicht heilbarer Fehler vor.

Hat die Behörde verkannt, dass ihr ein Ermessen eingeräumt war (Ermessensausfall), so kommt ein Nachschieben von Ermessenserwägungen nicht in Betracht.

Deshalb kommt das Nachschieben von Gründen nicht in Betracht, wenn die Verwaltungsbehörde verkannt hat, dass ihr überhaupt ein Ermessen eingeräumt war, weil sie die Rechtsgrundlage für den Erlass des VAs falsch ausgelegt hat.

Auch im Fall der Ermessensüberschreitung kommt keine Heilung in Betracht. Beispielhaft wäre die Festsetzung einer Gebühr von 60,– € für eine bestimmte Verwaltungshandlung, obwohl die Gebührenordnung einen Rahmen von 30,– bis 50,– € vorgibt.

Auch beim Ermessensfehlgebrauch kann eine Heilung durch Nachschieben von Ermessenserwägungen nach § 114 S. 2 VwGO nur insoweit in Betracht kommen, als die Behörde nicht ihre Erwägungen völlig austauscht, weil sie etwa die Entscheidung auf die falsche Ermessensrechtsgrundlage gestellt hat und die andere Rechtsgrundlage ganz andere Erwägungen verlangt. Es kann dann nicht mehr von einem

Ergänzen von Ermessenserwägungen gesprochen werden, da die Grenze zur Wesensänderung des VAs erreicht ist.

Nach § 114 S. 2 VwGO ist die Zulässigkeit des Nachschiebens von Gründen darüber hinaus an keine weiteren tatbestandlichen Voraussetzungen geknüpft.

Für die Klausur bedeutet dies, dass der VA zuerst auf seine Rechtmäßigkeit ohne Beachtung der nachgeschobenen Gründe zu untersuchen ist. Auf die Zulässigkeit des Nachschiebens von Gründen ist nur einzugehen, wenn sich ergibt, dass der VA ohne die später vorgebrachten Gründe eindeutig rechtswidrig ist. Nur in diesem Fall ist es wesentlich, ob die nachgeschobenen Gründe bei der Entscheidung des Verwaltungsgerichts berücksichtigt werden dürfen.

> Die Zulässigkeit des Nachschiebens von Gründen ist erst zu prüfen, wenn der VA ohne die später vorgebrachten Gründe eindeutig rechtswidrig ist.

Eine Ausnahme gilt jedoch bei VAen mit Dauerwirkung. Diese Verwaltungsakte erschöpfen sich nicht in einer einmaligen Regelung, sondern wirken in die Zukunft.

Beispiel: ständige Regelung durch Verkehrszeichen.

Aus diesem Grund kommt es bei diesen VAen auf den Zeitpunkt der letzten mündlichen Verhandlung an, also ob in diesem Zeitpunkt das Verkehrszeichen zu Recht bestanden hat.

Auch im Baurecht kann sich eine Abweichung ergeben. Erhebt ein Nachbar gegen eine Baugenehmigung Anfechtungsklage, so müssen Aspekte, die eine ursprünglich rechtswidrige Baugenehmigung nachträglich rechtmäßig machen, wegen des Anspruchs auf Erteilung einer Baugenehmigung aus Art. 14 I GG berücksichtigt werden. In solchen Ausnahmefallgestaltungen ist eine Anwendung des § 114 S. 2 VwGO nicht erforderlich, da sämtliche Erwägungen, die bis zu diesem Zeitpunkt vorgebracht werden, ohnehin berücksichtigt werden.

5.1.3. Probleme der materiellen Rechtmäßigkeit des VAs

Der Kläger muss i.d.R. durch den rechtswidrigen Verwaltungsakt in seinen Rechten verletzt sein. Mit »seinen Rechten« sind subjektive öffentliche Rechte des Klägers gemeint. Welche subjektiven Rechte des Klägers durch den Verwaltungsakt möglicherweise verletzt sind, ist schon im Rahmen der Zulässigkeit bei der Klagebefugnis zu klären.

Materielle Rechtmäßigkeit:
1. Verfassungsmäßigkeit der Ermächtigungsgrundlage
2. Ermächtigungsgrundlage im Einzelnen, geschriebene und ungeschriebene Tatbestandsvoraussetzungen:

    a. Tatbestandsmerkmale

    b. Korrekte Ermessensausübung (§§ 40 VwVfG, 114 VwGO)

    c. Verhältnismäßigkeit der Maßnahme

    • Geeignetheit der Maßnahme

    • Notwendigkeit der Maßnahme

    • Übermaßverbot

3. Schranken anderer Gesetze, insbes. der Verfassung
4. Rechtsverletzung:

    • i.d.R. nur, wenn subjektive Rechte des Klägers verletzt

    • Ausnahme Grundrechtsverstoß: hier genügt auch Verletzung objektiv-rechtlicher Gesichtspunkte

> Ob die sich im Rahmen der angegebenen Grenzen haltende Ermessensentscheidung auch zweckmäßig ist, darf das VG nicht nachprüfen, andernfalls würde das VG die Ermessensausübung der Verwaltung nicht nur kontrollieren, sondern durch eigene ersetzen. Damit wäre in die Zuständigkeit der Verwaltung eingegriffen (Unterschied § 114 VwGO zu § 40 VwVfG).

Grundsätzlich führt die Rechtswidrigkeit des VAs nur dann zu einer Rechtsverletzung, wenn subjektive Rechts des Klägers verletzt sind. Eine Ausnahme besteht bei einem Grundrechtsverstoß. Hier genügt auch die Verletzung objektiv-rechtlicher Gesichtspunkte, da der Eingriff in Grundrechte nur auf Grund gesetzmäßigen, also in jeder Beziehung rechtmäßigen Verwaltungshandelns hingenommen werden muss.

Beurteilungszeitpunkt der Rechtswidrigkeit des VAs

Bei der Beurteilung der Rechtswidrigkeit des VAs ist auf den Zeitpunkt des Erlasses des VAs, oder, wenn ein Widerspruchsentscheid ergangen ist, den Zeitpunkt des Erlasses des Widerspruchsbescheides abzustellen.

Dagegen ist der Zeitpunkt der letzten mündlichen Verhandlung maßgeblich, wenn ein Dauerverwaltungsakt vorliegt (z.B. Verpflichtung zur Führung eines Fahrtenbuches) oder wenn der VA wegen der aufschiebenden Wirkung des Widerspruches nach § 80 VwGO noch nicht vollzogen wurde. Keine Dauerverwaltungsakte in diesem Sinne sind solche VAe, bei denen die gesetzlichen Vorschriften eine Wiedergestattung, Wiedererteilung oder erneute Gestattung vorsehen. Beispiel hierfür ist der Entzug der Fahrerlaubnis nach §§ 4 StVG (Straßenverkehrsgesetz) wenn der Inhaber ungeeignet ist. Weitere Beispiele sind die Rücknahme einer Gaststättenerlaubnis und die Ausweisung eines Ausländers. Im letzteren Fall gilt dies wegen der Trennung des Ausweisungsverfahren zum Verfahren auf Neugestattung des Aufenthalts.

Die Frage nach dem maßgeblichen Zeitpunkt der Verwaltungsentscheidung ist nicht mit der Frage nach der Zulässigkeit des Nachschiebens von Gründen zu verwechseln. Der maßgebliche Zeitpunkt ist – sofern er problematisch ist – zu Beginn der materiellen Prüfung des VAs festzustellen. Die Zulässigkeit des Nachschiebens von Gründen wird erst dann klausurrelevant, wenn der VA im maßgeblichen Zeitpunkt rechtswidrig war, gehört demnach grundsätzlich an das Ende der materiellen Prüfung.

Aufhebung des VAs

Ist die Anfechtungsklage zulässig und begründet, so hebt das Gericht den Verwaltungsakt und – sofern vorliegend – den Widerspruchsbescheid auf. Das Gericht beseitigt den von der Behörde erlassenen VA selbst.

Annexantrag

Der Annexantrag nach § 113 I S. 2 VwGO ist begründet, wenn die Anfechtungsklage begründet ist, ein Folgen- und Beseitigungsanspruch besteht und nach § 113 I S. 3 VwGO die Möglichkeit der Rückgängigmachung sowie Spruchreife besteht. Neben der Aufhebung des VAs spricht das Gericht dann aus, dass und wie die Verwaltungsbehörde die Vollziehung rückgängig zu machen hat, § 113 I S. 2 VwGO. Bei der Verbindung nach § 113 I S. 2 VwGO ist der Annexantrag ohne weitere Prüfung der Sachurteilsvoraussetzungen zulässig.

Vollzugsfolgenbeseitigungsanspruch

Ist die Zulässigkeit der Klage bereits geprüft und hat sich bei Feststellung der Klageart ergeben, dass die Rechtmäßigkeit eines VAs die entscheidungserhebliche Frage ist (häufigster Fall), so genügen für Punkt I.1. ein Einleitungssatz im Hinblick auf § 113 I S. 1 VwGO und die Benennung der möglichen Rechtsgrundlage.

Hat die Klausur hingegen mit der Prüfung der materiellen Rechtslage zu beginnen (entscheidend ist hier die Aufgabenstellung), so muss zuerst einmal die Rechtsnatur der behördlichen Maßnahme geprüft werden (Liegt überhaupt ein VA vor?). Liegt ein VA vor (wie meistens), so ist die mögliche Rechtsgrundlage als erste Rechtmäßigkeitsvoraussetzung zu benennen.

Eingriffsschema

Begründetheitsschema für die Rechtmäßigkeit einer behördlichen Maßnahme
(Begründetheit der Klage / materielle Rechtslage)

I. Rechtsgrundlage
    1. Rechtsnatur der angegriffenen Maßnahme
        Wenn VA: die mögliche Ermächtigungsgrundlage aufsuchen und benennen
    2. Die Verfassungsmäßigkeit der Ermächtigungsgrundlage *
        a) Gesetz regelt Verwaltungsentscheidung. Prüfung:
        • Grundrechtsverletzungen
        • Rechtsstaatsprunzipverletzungen
        b) VA (auch) auf untergesetzliche Norm (Rechtsverordnung, Satzung) gestützt. Prüfung:
        • § 80 I GG bei Rechtsverordnung beachten
        • Satzungsbefugnis vorliegend
        • sonstige formelle und materielle Voraussetzungen bei RVO oder Satzung vorliegend
    3. Ermächtigungsgrundlage nicht im Widerspruch zu höherrangigen Normen
    4. Zuständigkeit der handelnden Behörde
    5. Verfahren: wenn keine Anhörung nach § 28 VwVfG:
       Heilung gem. § 45 I Nr. 3 VwVfG möglich im Widerspruchsverfahren sowohl durch Erst- als auch durch Widerspruchsbehörde
    6. Vorgeschriebene Form (§ 39 I VwVfG) einschl. Bestimmtheit der Maßnahme (§ 37 VwVfG)

II. Ermächtigungsgrundlage im Einzelnen:
    geschriebene und ungeschriebene Tatbestandsvoraussetzungen
    a) Tatbestandsmerkmale
    b) Korrekte Ermessensausübung (§ 40 VwVfG; § 114 VwGO)

III. Inhalt der Maßnahme
    a) Grundrechtsverletzungen
    b) Schranken anderer Gesetze
    c) richtiger Adressat, § 41 I 1 VwVfG
    d) Verhältnismäßigkeit
        • Geeignetheit
        • Erforderlichkeit
        • Angemessenheit: Anlass, Zweck und Ausmaß stehen in einem vernünftigen Verhältnis

* Punkt I.2. in aller Regel weglassen, da hier selten Zweifel vorliegen

5.2. Die Verpflichtungsklage

Begründetheit der Verpflichtungsklage § 113 VwGO

(1) – (4) ...
(5) Soweit die Ablehnung oder Unterlassung des Verwaltungsakts rechtswidrig und der Kläger dadurch in seinen Rechten verletzt ist, spricht das Gericht die Verpflichtung der Verwaltungsbehörde aus, die beantragte Amtshandlung vorzunehmen, wenn die Sache spruchreif ist. Andernfalls spricht es die Verpflichtung aus, den Kläger unter Beachtung der Rechtsauffassung des Gerichts zu bescheiden.

Voraussetzungen der Begründetheit der Verpflichtungsklage:
- Rechtswidrigkeit der Ablehnung oder Unterlassung des VAs,
- Rechtsverletzung.
- Das Gericht verpflichtet die Behörde, den VA zu erlassen oder den Kläger zu bescheiden.

Die Verpflichtungsklage ist begründet, wenn (der Beklagte passivlegitimiert ist,) die Ablehnung oder Unterlassung des begehrten Verwaltungsaktes rechtswidrig war und der Kläger dadurch in seinen Rechten verletzt ist. (Passivlegitimation, siehe hierzu unter dem Punkt »Richtiger Klagegegner« die Ausführungen.) Wer der Auffassung gefolgt ist, dass § 78 VwGO in der Zulässigkeit zu prüfen ist, der braucht hier keine Ausführungen mehr zu machen.

Passivlegitimiert, d.h. richtiger Beklagter, ist der Rechtsträger derjenigen Behörde, die den beantragten VA unterlassen bzw. versagt hat. Dies ergibt sich aus § 78 I Nr. 1 VwGO.

Rechtswidrigkeit der Ablehnung oder Unterlassung eines VAs

Die Ablehnung bzw. Unterlassung des begehrten VAs ist dann rechtswidrig, wenn der Ablehnungsbescheid an Rechtsmängeln leidet. Rechtsmängel können sich aus materiellen sowie bei der Versagungsgegenklage auch aus formellen Gründen ergeben.

Formelle Rechtswidrigkeit

Die Ablehnung des begehrten VAs ist rechtswidrig, wenn:
- die unzuständige Behörde den VA ablehnt,
- das zur Ablehnung führende Verfahren fehlerhaft war oder
- der Ablehnungsbescheid der vorgeschriebenen Form ermangelt.

Der Mangel kann unter den Voraussetzungen des § 45 VwVfG geheilt werden. Zu beachten ist, dass § 46 VwVfG nicht anwendbar ist. Liegen die Voraussetzungen nicht vor, so ist die Ablehnung formell rechtswidrig, wobei es dann zumeist an Spruchreife fehlt.

Materielle Rechtswidrigkeit

Die Ablehnung oder Unterlassung eines begehrten VAs ist materiell rechtswidrig, wenn der Kläger einen Anspruch auf dessen Erlass hat oder der Erlass des begehrten VAs zwar im Ermessen der Verwaltung steht, diese aber ihr Ermessen nicht fehlerfrei ausgeübt hat.

Der Anspruch kann aus einfach-gesetzlichen Normen, etwa den landesrechtlichen Vorschriften über die Baugenehmigung oder § 6 BImSchG für genehmigungsbedürftige Anlagen, aus einem öffentlich-rechtlichen Vertrag oder einer Zusicherung im Sinne des § 38 VwVfG resultieren. Grundrechte, sofern sie nicht ausdrücklich als Leistungsrecht formuliert sind, dienen nur als Anspruchsgrundlage, wenn das Grundrecht für den Kläger ohne den Erlass des VAs vollkommen seine Bedeutung verlieren würde.

Rechtsverletzung

> Rechtsverletzung ist zu bejahen, wenn der Kläger einen Anspruch auf den begehrten VA hat.

Der Kläger muss durch die Ablehnung oder Unterlassung in seinem subjektiven öffentlichen Recht verletzt sein. Dies ist schon dann zu bejahen, wenn er einen Anspruch auf den Erlass des VAs hat.

Ausspruch des Gerichts

Wenn die Verpflichtungsklage zulässig und begründet und die Sache spruchreif ist, verpflichtet das Gericht die Behörde zum Erlass des begehrten VAs. Ist die Sache nicht spruchreif, dann muss die Behörde den Kläger verbescheiden. Demnach erlässt das Gericht den begehrten Verwaltungsakt – selbst bei Spruchreife der Sache – nicht selbst, sondern spricht nur eine Verpflichtung aus. Grund hierfür ist, dass das Gericht als Organ der rechtsprechenden Gewalt (Judikative) grundsätzlich keine VAe erlassen kann. Dies ist die Aufgabe der jeweils zuständigen Behörde, der Exekutive.

Beispielformulierung (Spruchreife ist gegeben):

Die Verpflichtungsklage ist begründet, soweit die Ablehnung (oder Unterlassung) des Verwaltungsaktes rechtswidrig, der Kläger dadurch in seinen Rechten verletzt und die Sache spruchreif ist, § 113 Abs. 5 S. 1 VwGO, wenn der Kläger somit einen Anspruch auf die ... (hier: die begehrte Leistung) *hat.*

oder

Die Verpflichtungsklage ist nach § 113 Abs. 5 S. 1 VwGO begründet, wenn die Ablehnung des Antrages des A auf Erteilung der ...-Genehmigung rechtswidrig und der Kläger dadurch in seinen Rechten verletzt ist. Dies ist jedenfalls dann der Fall, wenn A einen Anspruch auf Erteilung der ...-Genehmigung hat. ...

Spruchreif ist eine Sache, wenn das Gericht feststellen kann, dass alle Voraussetzungen für den Erlass eines bestimmten Verwaltungsakts gegeben sind. Beim gebundenen VA bzw. bei einer Ermessensentscheidung mit einer Ermessensreduzierung auf Null geht der Ausspruch auf Erlass des VAs nach § 113 V S. 1 VwGO.

<small>Spruchreife nur beim gebundenen VA und Ermessensreduzierung auf Null</small>

War es dem Gericht trotz Ausschöpfung seiner Befugnisse nicht möglich, eine endgültige Entscheidung zu treffen, ob und wie der VA erlassen werden muss, obwohl es zu der Auffassung gekommen ist, dass jedenfalls eine bloße Ablehnung oder Unterlassung des VAs rechtswidrig und der Kläger dadurch in seinen Rechten verletzt ist, so fehlt die Spruchreife. Dies ist insbesondere der Fall, wenn die Behörde im Hinblick auf den Erlass des VAs oder bezüglich einzelner Voraussetzungen für dessen Erlass einen Beurteilungsspielraum oder einen Ermessensspielraum, bei dem das Ermessen nicht auf Null reduziert ist, hat, also mehrere Entscheidungen möglich sind.

Fall 38: A beantragt bei der zuständigen Behörde eine Genehmigung zum Betrieb einer Diskothek. Die Behörde reagiert mehr als drei Monate überhaupt nicht auf den Antrag. Deshalb erhebt A Verpflichtungsklage als Untätigkeitsklage nach § 75 VwGO. Das Gericht stellt fest, dass alle Voraussetzungen für die Erteilung der Genehmigung vorliegen, mit Ausnahme dessen, dass die Isolierung der Räume im Hinblick auf nächtliche Ruhestörungen durch die Musik noch nicht geprüft ist.

Die Sache ist somit nicht spruchreif. Das Gericht wird den Träger der Behörde deshalb nicht dazu verpflichten, dem A die Genehmigung zu erteilen, sondern ihn dergestalt zu verbescheiden, dass er einen Anspruch auf die Erteilung der Genehmigung hat, wenn die Räume genug isoliert sind.

Verpflichtung zur Verbescheidung bedeutet demnach, dass das Gericht die Behörde dazu verpflichtet, unter Beachtung der Rechtsauffassung des Gerichts den Kläger erneut zu bescheiden, § 113 V S. 2 VwGO.

Die Spruchreife fehlt auch, wenn die abschließende Entscheidung von der Klärung weiterer Fragen, wegen derer die Verwaltung einen Beurteilungsspielraum hat, abhängt. Ein solcher gerichtlich nur beschränkt überprüfbarer Bereich eigener Wertung und Entscheidung ist in vier Fallgruppen anerkannt:

(1) Prüfungs- und prüfungsähnliche Entscheidung,
(2) dienstliche Beurteilung von Beamten,
(3) wissenschaftliche und künstlerische Wertungen durch weisungsfreie Gremien und Ausschüsse,
(4) sonstige, insbesondere technische, wirtschaftliche und soziale Wertungen und Prognosen (Prognose = Vorhersage von Zukunftseventualitäten).

Ausnahme: Reduzierung des Beurteilungsspielraumes auf Null.

Beispiel: Beim Zusammenzählen der vergebenen Prüfungsnoten der verschiedenen Prüfungsabschnitte und damit der Errechnung der Gesamtnote haben sich die Prüfer verrechnet.

Auch bei planerischen Abwägungsentscheidungen, die eine Abwägung verschiedener Belange vorsehen (z.B. beim Planfeststellungsbeschluss), ist der Behörde ein gerichtlich beschränkt überprüfbarer Abwägungsspielraum eingeräumt. Auch in diesen darf das Gericht grundsätzlich nicht durch abschließende Sachentscheidung eingreifen.

Fehlt es an der Spruchreife, so kann das Gericht die Behörde nicht zum Erlass eines bestimmten VAs verurteilen, sondern nur nach § 113 V S. 2 VwGO die Verpflichtung aussprechen, den Kläger unter Beachtung der Rechtsauffassung des Gerichts neu zu bescheiden. Dies sollte im entsprechenden Fall in der Klausur, wenn nach den Erfolgsaussichten der Klage gefragt ist, deutlich gemacht werden. Es handelt sich dann um ein sogenanntes Bescheidungsurteil. Hat der Kläger Klage auf Erlass eines bestimmten VAs erhoben, so ist deutlich zu machen, dass nur ein Bescheidungsurteil erlassen werden kann und die Klage im Übrigen als unbegründet abzuweisen ist. Nur wenn der Kläger seinen Klageantrag von vornherein auf Bescheidung beschränkt hatte (sog. Bescheidungsklage), ist der Klage im vollem Umfang stattzugeben.

Beispielformulierung (Spruchreife nicht gegeben):

Formulierungsvorschlag

Die Verpflichtungsklage ist begründet, soweit die Ablehnung (oder Unterlassung) des Verwaltungsaktes rechtswidrig, der Kläger dadurch in seinen Rechten verletzt ist und einen Anspruch auf nochmalige Bescheidung hat, § 113 Abs. 5 S. 2 VwGO.

Maßgeblicher Zeitpunkt im Hinblick auf die Rechtswidrigkeit der Ablehnung oder Unterlassung ist grundsätzlich der Zeitpunkt der letzten mündlichen Verhandlung. Es kommt hier darauf an, ob der Kläger gegenwärtig einen Anspruch auf Erlass des begehrten VAs hat, nicht darauf, ob er irgendwann einmal einen Anspruch hatte, als die Behörde den Erlass ablehnte. So können sämtliche Erwägungen, die dem Verwaltungsgericht bekannt werden, Berücksichtigung finden. Da das Gericht den Zeitpunkt der letzten mündlichen Verhandlung zu Grunde zu legen hat, ist eine Anwendung des § 114 S. 2 VwGO überflüssig, weil es ohnehin sämtliche nachgereichten Erwägungen berücksichtigen muss. Es muss folglich nicht auf § 114 S. 2 VwGO zurückgegriffen werden.

Ein Nachschieben von Gründen ist grundsätzlich beachtlich, weil es hier ebenso wie bei der Leistungs- und Feststellungsklage grundsätzlich auf die Sach- und Rechtslage im Zeitpunkt der letzten mündlichen Verhandlung ankommt; es sei denn, die Behörde hatte in dem VA keine Begründung angeführt oder das Nachschieben führt zu einer Wesensänderung des VAs.

Anspruchsschema

Begründetheitsschema für die Rechtmäßigkeit einer behördlichen Maßnahme (Begründetheit der Klage / materielle Rechtslage)
Bei Prüfung des Anspruchs auf eine Leistung vom Staat (bei der Verpflichtungsklage als spezieller Leistungsklage und bei der allgemeinen Leistungsklage als Vornahmeklage)

A. formelle Voraussetzungen
I. Antrag des Bürgers an
II. zuständige Behörde

B. materielle Voraussetzungen
I. Anspruchsgrundlage aus
  - Verfassung selbst selten, da Abwehrrechte
  - Norm
  - Verwaltungsvorschrift i.V.m. Art. 3 GG
  - Vertrag oder sonstiger Vereinbarung
  - Zusage oder Zusicherung nach § 38 VwVfG (§ 38 LVwVfG)
  - Verwaltungsakt bei allgemeiner Leistungsklage
II. Leistungsverbote und Einwendungen aus
1. höherem Recht
2. Ansprüchen Dritter
III. Ermessen
   Anspruch auf fehlerfreie Ausübung des Ermessens

5.3. Die Fortsetzungsfeststellungsklage

Bezüglich der Begründetheit der Fortsetzungsfeststellungsklage kann auf die Ausführungen zur Anfechtungsklage, sofern § 113 I S. 4 VwGO auf die Verpflichtungsklage analog angewandt wird, auf die Ausführungen zur Verpflichtungsklage verwiesen werden. Bei der Prüfung der Sach- und Rechtslage muss das Gericht auf den Zeitpunkt der Erledigung des VAs oder des Begehrens auf den Erlass eines VAs abstellen.

Im Anfechtungsfall ist die Klage gemäß § 113 I S. 4 VwGO (direkt oder analog) begründet, wenn der Verwaltungsakt gemäß § 113 I S. 1 VwGO vor seiner Erledigung rechtswidrig war (1) und der Kläger durch den rechtswidrigen Verwaltungsakt in seinen Rechten verletzt worden ist (2).

Beispielformulierung:

Formulierungsvorschlag

II. Begründetheit

Die Fortsetzungsfeststellungsklage ist begründet, soweit der angegriffene Verwaltungsakt rechtswidrig und der Kläger dadurch in seinen Rechten verletzt ist, § 113 Abs. 1 S. 1 VwGO.

im Fall der analogen Anwendung bei Erledigung des VAs vor Klageerhebung

Die Fortsetzungsfeststellungsklage ist begründet, wenn der Verwaltungsakt rechtswidrig war und der Kläger hierdurch in seinen Rechten verletzt wurde, § 113 Abs. 1 S. 4 i.V.m. S. 1 VwGO.
Die Begründetheit der Klage analog § 113 Abs. 1 S. 4 VwGO richtet sich nach § 113 Abs. 1 S. 1 VwGO, wobei man auf die Zeit vor Erledigung des Verwaltungsaktes abzustellen hat. Entscheidende Frage ist, ob der Verwaltungsakt damals rechtswidrig war. Ist das der Fall, so liegt auch eine Rechtsverletzung des Klägers vor. ...

oder

Die Klage ist begründet, wenn ... rechtswidrig war und A dadurch in seinen Rechten verletzt wurde (§§ 43 Abs. 1, 113 Abs. 4 VwGO).

Die Begründetheit der Klage richtet sich nach denselben Regeln wie die Begründetheit der Anfechtungsklage (§ 113 I VwGO), wobei auf die Zeit vor Erledigung des VAs abzustellen, die Rechtmäßigkeit des VAs und die Rechtsverletzung in dem Zeitpunkt zu prüfen ist, in dem der VA erlassen wurde und sich noch nicht erledigt hatte. § 114 S. 2 VwGO findet analoge Anwendung. Für die Beurteilung der Rechtmä-

Zulässigkeit und Begründetheit verwaltungsrechtlicher Klagen 265

ßigkeit eines erledigten VAs wird es regelmäßig auf den Zeitpunkt der Behördenentscheidung ankommen. Das Gericht prüft, ob die nunmehr irreversible Regelung bis zum damaligen Zeitpunkt (z.B. Platzverweis nach Landespolizeigesetzen) vorgenommen werden durfte.

Im Verpflichtungsfall ist die Klage gemäß § 113 I S. 4 VwGO analog begründet, wenn im Zeitpunkt vor Erhebung die Verpflichtungsklage i.S.v. § 113 V VwGO begründet gewesen wäre.

Die Verpflichtungsfortsetzungsfeststellungsklage ist begründet, wenn die Ablehnung / Unterlassung des VAs rechtswidrig gewesen ist und der Kläger dadurch in seinen Rechten verletzt wurde, §§ 113 V, 113 I S. 4 VwGO analog.

Beispielformulierung:

Die Verpflichtungsfortsetzungsfeststellungsklage ist begründet, wenn die Ablehnung (bzw. Unterlassung) des begehrten Verwaltungsaktes rechtswidrig war und der Kläger dadurch in seinen Rechten verletzt wurde, ihm daher der geltend gemachte Anspruch zugestanden hätte, § 113 Abs. 5 S. 1 i.V.m. Abs. 1 S. 4 VwGO analog.

Formulierungsvorschlag

Richtet sich die Fortsetzungsfeststellungsklage gegen einen ablehnenden Bescheid, dann ist der maßgebliche Zeitpunkt zur Beurteilung der Sach- und Rechtslage derjenige, zu dem das erledigende Ereignis eintrat. War zu diesem Zeitpunkt die Verpflichtungsklage begründet, ist die Fortsetzungsfeststellungsklage analog § 113 I S. 4 VwGO erfolgreich.

(Zur Passivlegitimation siehe die Ausführungen bei der Anfechtungs- und Verpflichtungsklage.)

5.4. Die allgemeine Leistungsklage

Die allgemeine Leistungsklage ist begründet, wenn (sie gegen den richtigen Beklagten gerichtet ist,) dem Kläger der behauptete Anspruch zusteht und dieser Anspruch auch durchsetzbar ist.

Passivlegitimation

§ 78 VwGO gilt wegen seiner Stellung im 8. Abschnitt der VwGO unmittelbar nur für Anfechtungs- und Verpflichtungsklagen. Es ist aber anerkannt, dass § 78 I Nr. 1 VwGO analog oder aber jedenfalls das in ihm statuierte Rechtsträgerprinzip auf die Leistungsklage angewandt wird. Anders jedoch beurteilt sich die Lage hinsichtlich § 78 I Nr. 2 VwGO. Hier wird eine analoge Anwendung dieser Regelung abgelehnt, so dass nicht an die Stelle der Körperschaft – auch nicht mit Hilfe des Landesrechts – eine Behörde treten kann.

Die Klage ist gegen den Bund, das Land oder die Körperschaft zu richten, deren Behörde nach materiellem Recht zur Erfüllung des geltend gemachten Leistungsanspruches verpflichtet ist. Die Klage ist also, sofern sie gegen einen Rechtsträger gerichtet ist, gegen die Körperschaft zu richten, die nach dem materiellen Recht verpflichtet ist, den geltend gemachten Leistungsanspruch zu erfüllen.

Da bei der Leistungsklage die Prozessführungsbefugnis und die (materielle) Passivlegitimation identisch sind, wird üblicherweise auf den Klagegegner in der Zulässigkeit nicht eingegangen. Sofern problematisch, wird die Passivlegitimation dann hier in der Begründetheit geprüft.

Anspruch des Klägers

Formulierungsvorschlag

Beispielformulierung:

Die allgemeine Leistungsklage ist begründet, falls dem Kläger der behauptete Anspruch zusteht und dieser Anspruch auch durchsetzbar ist.

Die allgemeine Leistungsklage ist begründet, wenn die Vornahme oder die Unterlassung des begehrten schlichthoheitlichen Verwaltungshandelns rechtswidrig ist und der Kläger dadurch in seinen Rechten verletzt wird bzw. ein behördlicher Anspruch auf ein bestimmtes Verhalten materiellrechtlich gegeben ist.

Macht der Kläger ein auf ein tatsächliches Handeln gerichtetes Leistungsbegehren geltend, ohne vorher bzw. gleichzeitig die Verpflichtung zum Erlass eines für die Vornahme dieses Verhaltens erforderlichen VAs zu begehren, so ist die Klage unbegründet, weil es an einer Voraussetzung für die Entstehung des Anspruchs auf die erstrebte Leistung fehlt.

Leistungsansprüche können sein bei:

Allgemeiner Leistungsklage Bürger gegen Staat, Geltendmachung:
- öffentlich-rechtlicher Abwehransprüche,
- Folgenbeseitigungsansprüche,
- Entschädigungsansprüche bei Rücknahme rechtswidriger VAs,
- Erfüllung öffentlich-rechtlicher Verträge.

Allgemeiner Leistungsklage Staat gegen Bürger:
- hauptsächlich Geldleistungsansprüche.

Durchsetzbarkeit des Anspruches

Hier sind insbesondere die Aufrechnung oder die Einrede der Verjährung und sonstige Einreden denkbar. Bei der Leistungs(vornahme)klage kann sich ein Anspruch des Bürgers aus einem Gesetz im materiellen Sinne, einem VA, einer Zusage oder aus einem öffentlich-rechtlichen Vertrag ergeben.

Anspruch aus Gesetz im materiellen Sinne

Als Grundlage gesetzlicher Ansprüche kommen formelle Bundes- und Landesgesetze (einschließlich der Verfassung) sowie Rechtsverordnungen und Satzungen in Betracht.

Allgemeiner Folgenbeseitigungsanspruch: Eine der wichtigsten Anspruchsgrundlagen im Rahmen von allgemeinen Leistungsklagen ist der öffentlich-rechtliche Folgenbeseitigungsanspruch. Dieser ist auf Wiederherstellung eines durch hoheitliches Handeln veränderten ursprünglichen Zustandes gerichtet. Wird durch rechtswidriges Verwaltungshandeln ein den Betroffenen belastender Unrechtszustand herbeigeführt, so hat die Behörde diese Folgen zu beseitigen und, soweit möglich und zumutbar, den ursprünglichen rechtmäßigen Zustand wiederherzustellen.

Voraussetzung Folgenbeseitigungsanspruch:
- hoheitlicher Eingriff
- auf dem Gebiet des öffentlichen Rechts
- fortdauernde rechtswidrige Rechtsbeeinträchtigung
  - nach Geltungsende eines belastenden VA oder
  - infolge schlichthoheitlichen Handelns

Beispiel: Im Rahmen von Straßenarbeiten wurde ein Grundstück rechtswidrig mit in die Straßenverbreiterungsarbeiten miteinbezogen. Die Rückgängigmachung dieses Zustandes kann der Eigentümer mit Hilfe des Folgenbeseitigungsanspruches durchsetzen. Er besteht, wenn durch einen hoheitlichen Eingriff in eine rechtlich geschützte Position des Klägers ein rechtswidriger Zustand geschaffen wurde, der noch fortdauert.

Öffentlich-rechtlicher Erstattungsanspruch

- Vermögensverschiebung zwischen zwei Rechtspersonen,
- auf Grund öffentlichen Rechts, d.h. im Rahmen einer öffentlich-rechtlichen Rechtsbeziehung,
- ohne Rechtsgrund.

Die Vermögensverschiebung ist ohne Rechtsgrund erfolgt, wenn ein solcher von Anfang an fehlte oder später weggefallen ist. Rechtsgrund kann insbesondere ein VA sein. Dieser bildet dann auch im Falle der Rechtswidrigkeit so lange den Grund der Leistung, als er nicht von vornherein nichtig oder aufgehoben ist.

Anspruch aus VA: Ein mit der allgemeinen Leistungsklage verfolgbarer Anspruch auf Vornahme behördlicher Verwaltungshandlungen kann sich auch aus einem begünstigenden VA ergeben.

Beispiel: Dem Bürger wird durch einen VA ein Zuschuss zugesprochen. Unter Berufung auf den wirksamen VA kann der Bürger den Anspruch auf den Zuschuss mit Hilfe der allgemeinen Leistungsklage durchsetzen.

Anspruch aus öffentlich-rechtlichem Vertrag: Ein Leistungsanspruch kann sich auch aus einem öffentlich-rechtlichen Vertrag ergeben, wenn sich die Behörde in diesem wirksam zur Leistung verpflichtet hat. Voraussetzungen dieses Anspruchs sind:
- Abschluss eines öffentlich-rechtlichen Vertrages zwischen Behörde und Bürger,
- Wirksamkeit des Vertrages,
- keine rechtsvernichtenden Einreden (denkbar als rechtsvernichtende Einreden sind z.B. eine Kündigung, Aufrechnung oder Rücktritt),
- Einredefreiheit des Anspruches (z.B. wenn keine Einrede der Verjährung dem Anspruch entgegensteht).

Anspruch aus Zusage: Eine Zusage ist eine behördliche Selbstverpflichtung zu einem späteren Tun oder Unterlassen, z.B. zur Vornahme von Realakten.

Voraussetzungen des Anspruches aus der Zusage:
- Erklärung der Behörde mit Bindungswille (abzugrenzen sind Auskünfte, Hinweise und vorweg regelnde Vorbescheide),
- Zuständigkeit der zusagenden Behörde,
- Schriftform der Zusage, § 38 VwVfG analog.

Siehe § 38 VwVfG

Spruchreife

Spruchreif ist die Klage auf Leistung nur dann, wenn das Gericht zu einer abschließenden Sachentscheidung in der Lage ist.

Sofern ein Ermessens-, Beurteilungs- oder Abwägungsspielraum für die Verwaltung besteht und dieser nicht auf Null reduziert ist, kann über den geltend gemachten Anspruch nicht abschließend entschieden werden, es ergeht dann ein Bescheidungsurteil. Die Verwaltung hat unter Beachtung der Rechtsauffassung abschließend zu entscheiden.

5.5. Die Feststellungsklage

Die Feststellungsklage ist begründet, wenn das Rechtsverhältnis besteht bzw. nicht besteht bzw. der VA nichtig im Sinne des § 44 VwVfG ist.

- positive Feststellungsklage

Die positive Feststellungsklage ist begründet, wenn das vom Kläger behauptete Rechtsverhältnis tatsächlich besteht.

- negative Feststellungsklage

Die negative Feststellungsklage ist begründet, wenn das Rechtsverhältnis streitig ist und das vom Kläger geleugnete Rechtsverhältnis tatsächlich nicht besteht.

- Nichtigkeitsfeststellungsklage

Die Nichtigkeitsfeststellungsklage ist begründet, wenn der fragliche VA tatsächlich nichtig ist. Die Klage ist im Fall der Nichtigkeitsfeststellungsklage nur begründet, wenn der nichtige VA die Rechtssphäre des Klägers beeinträchtigt.

Drei Arten der Feststellungsklage:
- *positive Feststellungsklage*
- *negative Feststellungsklage*
- *Nichtigkeitsfeststellungsklage*

Passivlegitimation

Für den Klagegegner gelten die gleichen Grundsätze wie bei der Leistungsklage (siehe dort). Auch bei der Feststellungsklage ist der richtige Beklagte grundsätzlich nach dem Rechtsträgerprinzip zu bestimmen. Da dieser auch passivlegitimiert ist, braucht dieser Punkt in der Zulässigkeit der Klage nicht angesprochen zu werden.

Die Passivlegitimation richtet sich nach dem jeweiligen Klagebegehren.

Bei der negativen wie auch bei der positiven Feststellungsklage ist zwar § 78 I VwGO nicht einschlägig, aber es ist auf das dort niedergelegte Rechtsträgerprinzip abzustellen.

Positive Feststellungsklage

Bei einer positiven Feststellungsklage ist der richtige Beklagte derjenige, der das vom Kläger behauptete Rechtsverhältnis bestreitet.

Negative Feststellungsklage

Richtiger Beklagter ist bei der negativen Feststellungsklage, wenn also die Feststellung des Nichtbestehens eines Rechtsverhältnisses begehrt wird, der vermeintliche Partner in der bestrittenen Beziehung.

Nichtigkeitsfeststellungsklage

Ist die Feststellung der Nichtigkeit eines VAs beantragt, dann kommt im Hinblick auf den richtigen Beklagten § 78 I Nr. 1 VwGO analog zur Anwendung. Richtiger Beklagter ist demnach der Rechtsträger der Behörde, die den VA, dessen Nichtigkeit geltend gemacht wird, erlassen hat.

In den norddeutschen Bundesländern wird der richtige Beklagte bei der Nichtigkeitsfeststellungsklage im Rahmen der Zulässigkeit unter dem Prüfpunkt »Richtiger Klagegegner« geprüft (siehe dort).

Die positive Feststellungsklage ist begründet, wenn das Rechtsverhältnis besteht.

Die negative Feststellungsklage ist begründet, wenn das Rechtsverhältnis nicht besteht.

Die Klage auf Feststellung der Nichtigkeit eines VAs ist begründet, wenn der VA nichtig ist. Es ist zu untersuchen, ob der VA nach speziellen Nichtigkeitsvorschriften, wie z.B. § 11 BGB, ansonsten nach § 44 VwVfG nichtig ist.

5.6. Die Normenkontrollklage

§ 47 VwGO

Normenkontrollklage

(1)-(2) ...
(3) Das Oberverwaltungsgericht prüft die Vereinbarkeit der Rechtsvorschrift mit Landesrecht nicht, soweit gesetzlich vorgesehen ist, daß die Rechtsvorschrift ausschließlich durch das Verfassungsgericht eines Landes nachprüfbar ist.
(4) Ist ein Verfahren zur Überprüfung der Gültigkeit der Rechtsvorschrift bei einem Verfassungsgericht anhängig, so kann das Oberverwaltungsgericht anordnen, daß die Verhandlung bis zur Erledigung des Verfahrens vor dem Verfassungsgericht auszusetzen sei.
(5) Das Oberverwaltungsgericht entscheidet durch Urteil oder, wenn es eine mündliche Verhandlung nicht für erforderlich hält, durch Beschluß. Kommt das Oberverwaltungsgericht zu der Überzeugung, daß die Rechtsvorschrift ungültig ist, so erklärt es sie für nichtig; in diesem Fall ist die Entscheidung allgemein verbindlich und die Entscheidungsformel vom Antragsgegner ebenso zu veröffentlichen wie die Rechtsvorschrift bekanntzumachen wäre. Für die Wirkung der Entscheidung gilt § 183 entsprechend. Können festgestellte Mängel einer Satzung oder einer Rechtsverordnung, die nach den Vorschriften des Baugesetzbuchs erlassen worden sind, durch ein ergänzendes

Verfahren im Sinne des § 215a des Baugesetzbuchs behoben werden, so erklärt das Oberverwaltungsgericht die Satzung oder Rechtsverordnung bis zur Behebung der Mängel für nicht wirksam; Satz 2 zweiter Halbsatz ist entsprechend anzuwenden.

(6) ...

Beispielformulierung:

Die Normenkontrollklage ist begründet, wenn die gerügte Norm gegen höherrangiges Recht verstößt und somit nichtig ist.

oder

Der Antrag ist begründet, wenn die Vorschrift formell oder materiell rechtswidrig und damit nichtig ist.

Formulierungsvorschlag

Die Normenkontrollklage ist begründet, wenn die angegriffene Rechtsnorm nichtig ist, weil sie mit höherrangigen Rechtsvorschriften nicht vereinbar ist. Dies ist der Fall, wenn die Norm formell und/oder materiell rechtswidrig ist. Anders als z.B. bei der Anfechtungs- und Verpflichtungsklage kommt es für die Begründetheit des Normenkontrollantrages nicht darauf an, ob die verletzte Rechtsvorschrift zugleich auch dem Schutz des Antragstellers dient. Die Verletzung eines subjektiven Rechts des Antragstellers ist nicht erforderlich.

Höherrangige Rechtsvorschriften sind in diesem Zusammenhang die Normen des Völkerrechts und des Grundgesetzes, formelle Bundes- und Landesgesetze und Rechtsverordnungen von Bundesbehörden, da diese den Rechtsverordnungen auf Landesebene übergeordnet sind (Art. 31 GG). An sich sind auch die Regelungen in den Landesverfassungen im Range über den angreifbaren Rechtsverordnungen und Satzungen Prüfungsmaßstab. § 47 III VwGO jedoch bestimmt, dass das Oberverwaltungsgericht die Vereinbarkeit einer Rechtsvorschrift mit Landesrecht nicht überprüft, wenn gesetzlich vorgesehen ist, dass die Rechtsvorschrift ausschließlich durch das Verfassungsgericht eines Landes nachprüfbar ist. Einige Landesverfassungen normieren dementsprechend, dass nur der Verfassungsgerichtshof des jeweiligen Landes entscheiden darf, ob eine Rechtsverordnung oder Satzung gegen Landesrecht verstößt. Deshalb ist speziell das Landesverfassungsrecht nur in eingeschränktem Maße Prüfungsmaßstab.

Normenhierarchie:
- Grundgesetz
- Formelles Parlamentsgesetz
- Rechtsverordnungen des Bundes
- Landesverfassung
- Landesgesetz
- Rechtsverordnungen des Landes
- Autonome Satzungen

Prüfung von Satzungen

Formelle Rechtmäßigkeit

– Formelle Rechtmäßigkeit

Jedes staatliche oder körperschaftliche Rechtsetzungsverfahren muss, damit eine Rechtsverordnung oder Satzung gültig wird, vom zuständigen Organ des jeweiligen Rechtsträgers beschlossen sein und die Verfahrensabschnitte Beschluss, Ausfertigung und Verkündung (Bekanntmachung) durchlaufen haben.

– Zuständigkeit

Die sachliche Zuständigkeit (Verbandskompetenz) zum Erlass von Satzungen ergibt sich zumeist aus der Ermächtigungsgrundlage.

– Verfahren

Hier ist auf Verfahrensfehler zu achten. Die wichtigsten sind:
- mögliches Erfordernis der Mitwirkung anderer Behörden,
- Überprüfung der Beschlussfassung in einem Gremium,
- Ladung,
- Beschlussfähigkeit,
- Befangenheit,
- Mehrheitsbeschluss,
- Bekanntmachung und Verkündung, die meist in einem Spezialgesetz geregelt ist. Landesrechtlich ist die Verkündung (Bekanntmachung) untergesetzlicher Rechtsvorschriften in den jeweiligen Verkündungsgesetzen und Bekanntmachungsverordnungen sowie in den Gemeinde- und Kreis(Landkreis)Ordnungen geregelt.

Materielle Rechtmäßigkeit

– Materielle Rechtmäßigkeit

Wirksamkeit der Rechtsgrundlage

Die Ermächtigungsgrundlage kann als formelles Gesetz vom VG / VGH zwar geprüft, aber nicht verworfen werden. Dies können nur die Verfassungsgerichte, wie sich aus Art. 100 I GG und den entsprechenden Vorschriften der Landesverfassungen ergibt.

Soweit spezialgesetzliche Ermächtigungsgrundlagen nicht in Betracht kommen, ist z.B. auf Gemeindeebene die allgemeine Satzungsautonomie der Gemeinde als Ermächtigungsgrundlage ausreichend. Letztere ermächtigt aber nicht zu grundrechtseingreifenden Regelungen. Für jene ist eine spezialgesetzliche Ermächtigung notwendig.

Prüfung, ob:
- der Satzungsgeber sich im Rahmen seines Selbstverwaltungsbereiches hält,

- die Satzung gegen höherrangiges Recht verstößt, wie etwa Verstoß gegen Grundrechte oder das Bestimmtheitsgebot. Die Satzung ist rechtmäßig, wenn sie mit den höherrangigen Rechtsvorschriften, d.h. dem Landes-, Bundes- und Europarecht vereinbar ist. Ein Verstoß gegen das Europarecht führt allerdings nicht bereits als solcher zur Nichtigkeit der Verordnung und damit zur Begründetheit des Normenkontrollantrages, sondern lediglich zur Unanwendbarkeit der Verordnung im konkreten Fall.

Prüfung von Verordnungen

Siehe Abschnitt: »Prüfung von Rechtsverordnungen«.

Rechtsverordnungen sind Rechtsnormen, die von einem Exekutivorgan – also Regierung, Minister, Verwaltungsbehörde – auf Grund einer gesetzlichen Ermächtigung erlassen wurden.

Beispiel: Gaststätten-, Ozon-, Smogverordnungen, sowie u.a. auch Polizeiverordnungen, aber auch Zuständigkeitsverordnungen, Ausführungs- und Durchführungsverordnungen zu Bundes- und Landesgesetzen.

Bei Ermächtigungen zum Erlass von Rechtsverordnungen durch Landesgesetze gelten die Bestimmungen des Art. 80 GG nicht; jedoch verfügen die Landesverfassungen über ähnliche Regelungen.

Rechtsverordnungen, die von Landesorganen auf Grund bundesgesetzlicher Ermächtigung gem. Art. 80 I S. 1 GG erlassen worden sind, sind Landesrecht. Geht es um Rechtsverordnungen (nicht: einer Satzung oder Verwaltungsvorschrift), die von Bundesbehörden auf Grund bundesgesetzlicher (nicht: landesgesetzlicher) Ermächtigung erlassen werden, richtet sich die Verfassungsmäßigkeit und Wirksamkeit nach Art. 80 I S. 1 u. S. 2 GG.

Rechtsverordnungen, die von Landesorganen aufgrund bundesgesetzlicher Ermächtigung gem. Art. 80 I 1 GG erlassen worden sind, sind Landesrecht.

Bei der Prüfung sind folgende Gesichtspunkte zu beachten:

(1) die untergesetzliche Norm muss formell auf Grund des ermächtigenden Gesetzes ergangen und ordnungsgemäß verkündet sein,

(2) sie muss sich materiell im Rahmen des ermächtigenden Gesetzes halten, also den Begriffen des Gesetzes untergeordnet sein,

(3) die Verordnung darf nicht im Widerspruch zu anderen höherrangigen Normen stehen.

– Formelle Rechtmäßigkeit

Formelle Rechtmäßigkeit

Formell rechtswidrig ist eine Verordnung, wenn sie unter der Verletzung von Zuständigkeits-, Verfahrens- oder Formvorschriften zu Stande gekommen ist.

– Zuständigkeit

Das erlassende Organ muss zum Normerlass sachlich, örtlich und instanziell zuständig sein. Das ist der Fall, wenn ihm das Gesetz die Ermächtigung übertragen hat.

(Vgl. für Rechtsverordnungen auf Grund bundesgesetzlicher Ermächtigung Art. 80 I S. 1 GG.)

– Verfahren

Die gesetzlichen Verordnungsermächtigungen, die einfachen Gesetze und Verfassungen stellen unterschiedliche Anforderungen an das beim Normerlass einzuhaltende Verfahren. Sie normieren Anhörung, Zustimmungs- und sonstige Mitwirkungserfordernisse usw.

Verfahrensfehler machen die Norm grundsätzlich rechtswidrig und damit nichtig. Eine Heilung nach § 45 VwVfG bzw. eine Unbeachtlichkeit nach § 46 VwVfG kommen nicht in Betracht.

(Vgl. für Rechtsverordnungen auf Grund bundesgesetzlicher Ermächtigung Art. 80 II GG, ansonsten sind Spezialgesetze zu beachten.)

– Form:
- Schriftform der Rechtsverordnung ist erforderlich,
- Ausfertigung durch den Behördenleiter: Ausfertigung ist die Beurkundung der Übereinstimmung von beschlossener und bekannt zu machender Rechtsnorm,
- Zitiergebot: nach den entsprechenden landesverfassungsrechtlichen Regelungen sowie für Rechtsverordnungen auf Grund bundesgesetzlicher Ermächtigung (Art. 80 I S. 3 GG) ist in der Verordnung die Rechtsgrundlage anzugeben,
- ordnungsgemäße Verkündung: die Verordnung muss öffentlich bekannt gemacht werden, ist dies nicht geschehen, so ist noch keine Verordnung entstanden.

Für Ausfertigung und Verkündigung vgl. für Rechtsverordnungen auf Grund bundesgesetzlicher Ermächtigung Art. 82 I S. 2 GG.

Materielle Rechtmäßigkeit

– Materielle Rechtmäßigkeit

Es ist zu prüfen, ob die Ermächtigungsgrundlage für den Erlass der Rechtsverordnung auf Grund bundesgesetzlicher Ermächtigung den Anforderungen des Art. 80 GG bzw. bei Rechtsverordnungen auf Landesebene der entsprechenden Länderregelung genügt.

1. Die Ermächtigungsgrundlage muss zuallererst selbst ihrerseits formell und materiell verfassungskonform sein, d.h., sie muss insbesondere Inhalt, Zweck und Ausmaß der erteilten Ermächtigung hinrei-

chend genau bestimmen (Art. 80 I S. 2 GG). Es ist zu prüfen, ob das Ermächtigungsgesetz den Voraussetzungen des Art. 80 I S. 1 u. 2 GG bzw. der entsprechenden Länderregelung genügt.

Ermächtigungsadressat können nur sein:
- im Bundesbereich: die Bundesregierung oder die Bundesminister,
- im Landesbereich: die Landesregierungen (nicht: einzelne Landesminister oder oberste Bundesbehörden).

Das Ermächtigungsgesetz muss »Inhalt, Zweck und Ausmaß der erteilten Ermächtigung« bestimmen (Bestimmtheitsgebot).

Inhalt, Zweck und Ausmaß der möglichen Belastung müssen um so genauer bestimmt sein, je schwerwiegender die Auswirkungen auf Grundrechte sind. Fehlt es daran, so darf das Gericht nicht selbst die Verordnung für rechtsfehlerhaft erklären, sondern muss nach Art. 100 GG das Verfahren aussetzen und dem entsprechenden Verfassungsgericht des Landes vorlegen und dessen Entscheidung einholen.

2. Der durch die Ermächtigungsgrundlage inhaltlich gesteckte Rahmen darf nicht überschritten werden. Nur unter den in der Ermächtigungsgrundlage genannten Voraussetzungen darf die Rechtsverordnung erlassen werden.

Liegen die gesetzlichen Voraussetzungen der Ermächtigungsgrundlage vor, so ist dem Normgeber der Verordnung ein weites gesetzgeberisches Ermessen für den Norminhalt eröffnet. Die Grenzen dieses Ermessens muss er jedoch einhalten.

Der Grundsatz der Verhältnismäßigkeit ist zu beachten. Er besagt, dass bei einer für das gesetzgeberische Ziel erforderlichen untergesetzlichen Norm der mit ihr verbundene Eingriff in seiner Intensität auch nicht außer Verhältnis zur Bedeutung der Sache und den vom Bürger hinzunehmenden Einbußen stehen darf.

Beispiel: Eine allgemeine Schulordnung über die fehlende Anerkennung von Kursen bei mehrstündiger Abwesenheit vom Unterricht kann sich unverhältnismäßig in Fällen auswirken, die vom Regelfall, auf den sie abstellt, abweichen. Der Grundsatz der Verhältnismäßigkeit gebietet es, in Sanktionsregelungen für Abwesenheit vom Unterricht Ausnahmeregelungen für die Abwesenheit vorzusehen, die vom Schüler nicht zu vertreten ist.

– Vereinbarkeit mit höherrangigem Recht

Zu prüfen kann auch sein, ob die Verordnungsermächtigung gegen sonstiges höherrangiges Recht verstößt. Die Rechtsverordnung muss mit den formellen Landesgesetzen und dem gesamten Bundesrecht in

Vereinbarkeit mit höherrangigem Recht

Einklang stehen, insbesondere dem Übermaßverbot und den Grundrechten (Vorrang des Gesetzes) genügen. Die Rechtsverordnung ist rechtmäßig, wenn sie mit den höherrangigen Rechtsvorschriften, d.h. dem Landes-, Bundes- und Europarecht vereinbar ist. Ein Verstoß gegen das Europarecht führt allerdings nicht bereits als solcher zur Nichtigkeit der Verordnung und damit zur Begründetheit des Normenkontrollantrages, sondern lediglich zur Unanwendbarkeit der Verordnung im konkreten Fall.

– Rechtmäßigkeit des Norminhalts von Satzungen / Rechtsverordnungen

Innerhalb der gesetzlichen Ermächtigung hat der Normgeber eine weite gesetzgeberische Gestaltungsfreiheit. In diesem Rahmen bleibt dem Normgeber überlassen, zu entscheiden, was unter mehreren, mit der Verfassung, den übrigen höherrangigen Normen und den allgemeinen Rechtsgrundsätzen übereinstimmenden Lösungen am zweckmäßigsten und vernünftigsten ist.

Innere Ermessensfehler

Innere Ermessensfehler liegen vor, wenn die Betätigung des Ermessens dem Zweck der Ermächtigungsgrundlage zuwiderläuft:

Heranziehungsfehler

(1) Heranziehungsfehler:
Negativer Heranziehungsfehler: wenn die vom Zweck der Ermächtigungsgrundlage relevanten Gesichtspunkte nicht berücksichtigt wurden.

Positiver Heranziehungsfehler: wenn der Normgeber Gesichtspunkte herangezogen hat, die dem Zweck der Ermächtigungsgrundlage zuwiderlaufen.

Auslegungsfehler

(2) Auslegungsfehler:
Wenn die vom Zweck der Norm her relevanten Gesichtspunkte in ihrer Bedeutung nicht richtig bestimmt wurden.

Abwägungsfehler

(3) Abwägungsfehler:
Wenn die im Rahmen des Normzwecks heranzuziehenden Belange untereinander im Konflikt stehen und der Normgeber diesen nicht zu einem verhältnismäßigen Ausgleich gebracht hat.

Äußere Ermessensfehler

(4) Äußere Ermessensfehler:
Liegen vor, wenn das Ergebnis der Betätigung des Ermessens gegen höherrangiges Recht verstößt.

Planungsermessensfehler

Für Rechtsvorschriften nach § 47 I Nr. 1 VwGO tritt an die Stelle der allgemeinen gesetzgeberischen die planerische Gestaltungsfreiheit (Planungsermessen) des Normgebers. Hier erstreckt sich die gerichtliche Prüfung auf die durch das Planungsrecht konkretisierten Grenzen der inhaltlichen Plangestaltung. Das Gericht prüft die Beachtung dieser

Planungsleitsätze – ohne selbst das Ermessen »an sich zu ziehen« – hinsichtlich des Abwägungsvorganges und des Abwägungsergebnisses.

Ermessensfehler im Rahmen des Planungsermessens sind daher:
- Abwägungsunvollständigkeit: wenn in die Abwägung die entscheidungserheblichen Belange nicht miteinbezogen wurden,
- Abwägungsfehleinschätzung: wenn die Aussage der in § 1 BauGB genannten Belange verkannt wurde,
- Abwägungsdisproportionalität: wenn der Ausgleich zwischen den kollidierenden Belangen eindeutig sachwidrig ist,
- Abwägungsausfall: wenn die Abwägung unterbleibt.

<small>Abwägungsunvollständigkeit</small>
<small>Abwägungsfehleinschätzung</small>
<small>Abwägungsdisproportionalität</small>
<small>Abwägungsausfall</small>

Lässt das zur Prüfung gestellte untergesetzliche Recht mehrere Deutungen zu, von denen nur eine zu einem verfassungsgemäßen Ergebnis führt, so ist eine verfassungskonforme Auslegung, d.h. die mit dem Grundgesetz in Einklang stehende Auslegung geboten. Für die Norm – Rechtsverordnung oder Satzung – bedeutet das, dass eine Norm nur dann für nichtig zu erklären ist, wenn keine nach anerkannten Auslegungsgrundsätzen zulässige und mit der Verfassung vereinbarende Auslegung möglich ist.

Kommt das Oberverwaltungsgericht zu der Auffassung, dass die angegriffene Rechtsnorm nichtig ist, so wirkt diese Entscheidung in der Regel auf den Zeitpunkt des Erlasses der Norm zurück und ist allgemein verbindlich. Dies bedeutet, dass zum einen alle auf Grund der Vorschrift ergangenen Entscheidungen der Verwaltung, etwa Verwaltungsakte, rechtswidrig sind und sich zum anderen niemand mehr auf die Norm berufen darf. Zu beachten ist allerdings, dass ein rechtswidriger VA nur angegriffen werden kann, wenn die Klagefrist des § 74 I VwGO noch nicht verstrichen ist.

Hält das angerufene Gericht die Rechtsnorm hingegen für gültig, dann entfaltet die Entscheidung nicht gegenüber jedermann Wirksamkeit, sondern nur zwischen den Parteien des Prozesses. Demnach könnte ein Dritter erneut Normenkontrollklage bezüglich dieser Norm erheben, einer erneuten Entscheidung würde also kein rechtskräftiges Urteil i.S.d. § 121 VwGO entgegenstehen.

Nach § 47 VI S. 3 i.V.m. § 183 VwGO, der entsprechend angewendet wird, bleibt bei Nichtigerklärung einer Rechtsnorm der auf diese Norm gestützte bestandskräftige (nicht mehr gerichtlich anfechtbare) VA unberührt.

Maßgeblicher Zeitpunkt der Überprüfung der Sach- und Rechtslage ist der Zeitpunkt der letzten mündlichen Verhandlung.

*Formulierungs-
vorschlag*

Beispielformulierung:

II. Begründetheit

1. Prüfungsmaßstab

Der Antrag ist begründet, wenn die Vorschrift formell oder materiell rechtswidrig und damit nichtig ist. Auf eine Verletzung des Antragstellers in eigenen Rechten kommt es nicht an, da es sich bei der Normenkontrolle um ein objektives Beanstandungsverfahren handelt. Eine Beschränkung des Prüfungsmaßstabes (§ 47 Abs. 3 VwGO) durch eine ausschließliche Zuweisung an das Landesverfassungsgericht ist im Land A nicht erfolgt, vgl. Art ... sowie ...

2. Ermächtigungsgrundlage

...

3. Formelle Rechtmäßigkeit

...

4. Materielle Rechtmäßigkeit

...

– Andere Überprüfungsmöglichkeiten

Neben der in § 47 VwGO bestehenden Möglichkeit der verwaltungsgerichtlichen Kontrolle von Rechtsverordnungen und Satzungen gibt es noch die indirekte Überprüfung durch:

1. Inzidenzkontrolle: bei Klagen gegen eine konkrete Einzelmaßnahme, die auf eine Rechtsnorm gestützt ist, umfasst die Rechtmäßigkeitsprüfung der Einzelmaßnahme als Vorfrage die Prüfung der Rechtmäßigkeit der zu Grunde liegenden Rechtsverordnung oder Satzung im Rahmen der Begründetheitsprüfung der Klage gegen den VA (bei formellem Gesetz hingegen greift bei Annahme der Verfassungswidrigkeit die Vorlagepflicht an das Bundesverfassungsgericht nach Art. 100 GG ein).

2. Feststellungsklage: wenn die Rechtsnorm ausnahmsweise unmittelbar ein konkretes Rechtsverhältnis begründet.

Zulässigkeit und Begründetheit verwaltungsrechtlicher Klagen

Zulässigkeit von Klagen vor dem Verwaltungsgericht

I. Zulässigkeit des Verwaltungsrechtsweges, § 40 I 1 VwGO

1. öffentlich-rechtliche Streitigkeit
2. Streitigkeit nichtverfassungsrechtlicher Art
   Achtung: Streitigkeiten zwischen Bürger und Staat sind i.d.R. keine Verfassungsstreitigkeiten; das gilt auch, wenn Grundrechtsverletzungen gerügt werden (arg. § 90 II BVerfGG)
3. Streitigkeit nicht durch Bundesgesetz einem anderen Gericht ausdrücklich zugewiesen

II. Klagearten

1. a. Anfechtungsklage gem. § 42 I VwGO, wenn Aufhebung eines VA begehrt wird
   b. Annexantrag nach § 113 I 2 VwGO, wenn zulässigerweise eine Anfechtungsklage erhoben und zusätzlicher Antrag gestellt wurde auf Beseitigung der Folgen des angefochtenen VA
   Zweck: Rechtskraft des aufhebenden Urteils braucht nicht abgewartet zu werden
2. Verpflichtungsklage auf Verurteilung zum Erlass eines abgelehnten VA gem. § 42 I VwGO
3. Fortsetzungsfeststellungsklage, geregelt in § 113 I 4 VwGO
   Diese Bestimmung ist bei Erledigung vor Klageerhebung und bei der Verpflichtungsklage entsprechend anwendbar.
4. Feststellungsklage unter den Voraussetzungen des § 43 VwGO
5. Allgemeine Leistungsklage (nicht ausdrücklich geregelt, aber zulässig und geboten im Hinblick auf Art. 19 IV GG u. § 40 I 1 VwGO, vorausgesetzt z.B. in § 43 II u. § 113 IV VwGO) – wenn nicht Aufhebung oder Verurteilung zum Erlass eines VA begehrt wird, sondern z.B. zur Verurteilung zur Vornahme oder Unterlassen hoheitlichen Handelns
6. Normenkontrolle gem. § 47 VwGO

III. Klagebefugnis, §§ 42 II, 43 VwGO

- § 42 II VwGO direkt bei Anfechtungs- und Verpflichtungsklage
- § 42 II VwGO analog bei allgemeiner Leistungsklage und Fortsetzungsfeststellungsklage

IV. Vorverfahren gem. §§ 68 ff. VwGO

Bei Anfechtungs-, Verpflichtungs- und Fortsetzungsfeststellungsklage. Bei Erledigung vor Ablauf der Widerspruchsfrist nicht erforderlich bei der Fortsetzungsfeststellungsklage

V. Klagefrist gem. §§ 74 f. VwGO

Als weitere Sachurteilsvoraussetzungen sind gegebenenfalls zu prüfen:
- Bestehen der deutschen Gerichtsbarkeit
- Ordnungsgemäßheit der Klageerhebung, § 81 f. VwGO
- sachliche und örtliche Zuständigkeit, §§ 45 - 53 VwGO
- Beteiligtenfähigkeit, § 61 VwGO
- Prozessfähigkeit und Prozessvertretung, § 62 VwGO
- Rechtsschutzbedürfnis

Begründetheit von Klagen vor dem Verwaltungsgericht

I.a. Anfechtungsklage gem. § 113 I VwGO

1. Rechtswidrigkeit des VA
2. Rechtsverletzung
3. Unanwendbarkeit des § 46 VwGO

I.b. Annexantrag gem. § 113 I S. 2 VwGO, Begründetheit, § 113 II, IV VwGO

1. Anfechtungsantrag begründet
2. Folgenbeseitigungs- oder Erstattungsanspruch besteht
3. Möglichkeit der Rückgängigmachung
4. Spruchreife

    Merke: Tenor ist wie bei Anfechtungsklage
    »Der Beklagte ist verpflichtet, die Vollziehung dadurch rückgängig zu machen, dass...«

II. Verpflichtungsklage gem. § 113 V VwGO

1. Rechtswidrigkeit der Ablehnung oder Unterlassung des VA
2. Rechtsverletzung
3. Verpflichtungs- oder Bescheidungsurteil
a. Vollverpflichtungsurteil nur bei Spruchreife (bei gebundenem VA bzw. bei Ermessensentscheidung nur, wenn Ermessensreduzierung auf Null) ansonsten
b. Bescheidungsurteil: Beklagte ist dann verpflichtet, den Kläger unter Beachtung der Rechtsauffassung des Gerichts neu zu bescheiden.

III. Feststellungsklage gem. § 43 VwGO

1. positive Feststellungsklage: das Rechtsverhältnis besteht
2. negative Feststellungsklage: das Rechtsverhältnis besteht nicht

IV. Allgemeine Leistungsklage

Der geltend gemachte Anspruch steht dem Kläger zu. Bei der Prüfung kann ggf. eine Anlehnung an § 113 V VwGO zweckmäßig sein.

V. Fortsetzungsfeststellungsklage gem. § 113 I S. 4 VwGO

Bezogen auf den Zeitpunkt vor Erledigung des VA:
1. der erledigte VA war rechtswidrig
2. der erledigte VA verletzt den Kläger in seinen Rechten

VI. Normenkontrollantrag gem. § 47 VwGO

Ungültigkeit der Satzung oder Rechtverordnung
Tenor: Rechtsverordnung ist ungültig.

6. Wiederholungsfragen

○ 1. Wann liegen nichtverfassungsrechtliche Streitigkeiten vor? Lösung S. 183

○ 2. Wie hat der Kläger bei der Verpflichtungsklage die Klagebefugnis geltend zu machen? Lösung S. 198 f.

○ 3. Wann ist eine Untätigkeitsklage zulässig? Lösung S. 200

○ 4. Wer sind die richtigen Klagegegner bei der Verpflichtungsklage? Lösung S. 200

○ 5. Wann wird § 113 I S. 4 VwGO direkt, wann analog (entsprechend) angewandt? Lösung S. 201, 215

○ 6. In welchen Fallgruppen bejaht die Rechtsprechung ein Feststellungsinteresse bei der Fortsetzungsfeststellungsklage? Lösung S. 204-208

○ 7. Wann ist bei der Fortsetzungsfeststellungsklage ein Vorverfahren nicht erforderlich? Lösung S. 209

○ 8. Welche Arten von Klagebegehren umfasst die allgemeine Leistungsklage? Lösung S. 218 ff.

○ 9. Wie unterscheiden sich die allgemeine Leistungsklage und die vorbeugende Unterlassungsklage? Lösung S. 220 f.

○ 10. Kann auch der Staat gegen den Bürger in Form der allgemeinen Leistungsklage klagen? Lösung S. 223

○ 11. In welchen Fällen bedarf es auch bei der Feststellungsklage eines Vorverfahrens? Lösung S. 228

○ 12. Welche Rechtsschutzmöglichkeit neben der Normenkontrollklage nach § 47 VwGO besteht noch gegen untergesetzliche Normen? Lösung S. 232

○ 13. Wann darf die Behörde bei der Anfechtungsklage im Prozess Gründe nachschieben? Lösung S. 252

○ 14. Wann ist Spruchreife bei der Verpflichtungsklage gegeben, wann nicht? Lösung S. 261

○ 15. Wann ist bei Verpflichtungsklagen maßgeblicher Beurteilungszeitpunkt hinsichtlich der Rechtswidrigkeit des VAs? Lösung S. 262

Ergänzungen zum Rechtsschutz

1.	Das Widerspruchsverfahren	284
1.1.	Zulässigkeit des Widerspruchs	285
1.2.	Begründetheit des Widerspruchs	293
2.	**Einstweiliger bzw. vorläufiger Rechtsschutz**	**300**
2.1.	Vorläufiger Rechtsschutz	301
2.2.	Einstweilige Anordnung	304
3.	**Einstweiliger Rechtsschutz nach § 80 V VwGO**	**305**
3.1.	Zulässigkeit des Antrags	307
3.2.	Begründetheit des Antrags	315
4.	**Einstweiliger Rechtsschutz bei Drei-Personen-Verhältnissen nach § 80 a VwGO**	**334**
4.1.	Antrag an die Behörde	334
4.2.	Antrag an das Gericht nach § 80 III VwGO	337
4.3.	Verhältnis- behördlicher und gerichtlicher Rechtsschutz	342
5.	**Einstweilige Anordnung nach § 123 VwGO**	**345**
5.1.	Zulässigkeit des Antrags	345
5.2.	Begründetheit des Antrags	349
5.2.1.	Sicherungsanordnung	349
5.2.2.	Regelungsanordnung	349
5.2.3.	Begründetheit im Einzelnen	351
5.3.	Inhalt der einstweiligen Anordnung	354
5.4.	Schadensersatzpflicht des Antragstellers gem. § 123 VwGO	355
6.	**Gleichzeitiger Rechtsschutz nach §§ 80 V, 123 VwGO**	**357**
7.	**Einstweiliger Rechtsschutz nach § 47 VI VwGO**	**358**
8.	**Wiederholungsfragen**	**362**

1. Das Widerspruchsverfahren

Gemäß § 68 VwGO sind vor Erhebung der Anfechtungsklage bzw. der Verpflichtungsklage in der Form der Versagungsgegenklage – also nicht bei der Untätigkeitsklage – von Ausnahmen abgesehen, die Recht- und Zweckmäßigkeit des VAs bzw. der Ablehnung des begehrten VAs in einem Vorverfahren nachzuprüfen. Ein vorheriges Vorverfahren ist Zulässigkeitsvoraussetzung der Fortsetzungsfeststellungsklage bei Erledigung des VAs nach Klageerhebung und bei Erledigung vor Klageerhebung, aber nach Ablauf der Widerspruchsfrist. Tritt die Erledigung vor Klageerhebung, aber noch innerhalb der Widerspruchsfrist ein, so ist nach h.M. ein Widerspruchsverfahren entbehrlich.

Da das Vorverfahren nach § 69 VwGO mit der Erhebung des Widerspruchs beginnt, wird es auch Widerspruchsverfahren genannt.

»Überprüfung des Verwaltungshandelns«

Abhilfebescheid bei begründetem Widerspruch

Das Widerspruchsverfahren ist ein behördliches, kein gerichtliches Verfahren. Es wird bei derjenigen Behörde erhoben, die den VA erlassen bzw. abgelehnt hat. Diese überprüft – sofern der Widerspruch zulässig ist – die Recht- und Zweckmäßigkeit ihrer Entscheidung. Hält sie den Widerspruch für begründet, dann hilft sie gemäß § 72 VwGO ab, sie nimmt also den angegriffenen VA zurück bzw. erlässt den

Begehrten. Kommt sie hingegen zu dem Schluss, dass ihr Handeln recht- und zweckmäßig war, so gibt sie den Widerspruch in der Regel an die ihr übergeordnete Behörde ab, welche erneut entscheidet. In der Regel deshalb, weil § 73 VwGO Ausnahmen vorsieht, etwa wenn die nächsthöhere Behörde eine oberste Bundes- oder Landesbehörde ist oder wenn der angegriffene VA von einer Selbstverwaltungskörperschaft in einer Selbstverwaltungsangelegenheit erlassen wurde (§ 73 I Nr. 3 VwGO). In diesen Fällen des § 73 VwGO trifft die Ausgangsbehörde, die den VA erlassen oder abgelehnt hat, die endgültige Entscheidung selbst. Die Tatsache, dass grundsätzlich die nächsthöhere Behörde den das Verfahren abschließenden Widerspruchsbescheid erlässt, wird Devolutiveffekt genannt.

Neben dem Devolutiveffekt ist der Widerspruch vom Suspensiv-Effekt gekennzeichnet. Nach § 80 I S. 1 VwGO hat der Widerspruch, wenn ein VA angegriffen, also nicht begehrt wird, aufschiebende Wirkung. Dies bedeutet, dass der angegriffene Verwaltungsakt so lange über seine Wirksamkeit nicht endgültig entschieden ist, nicht vollzogen werden darf.

Ist die durch den VA getroffene Regelung teilbar und will die Ausgangsbehörde dem Widerspruch nur teilweise abhelfen, so kann sie einen Teilabhilfebescheid erlassen. Tut sie dies, so muss sie gleichzeitig den Widerspruch der in § 73 VwGO festgelegten Widerspruchsbehörde vorlegen. Diese wiederum entscheidet dann über die verbliebene Restregelung des VAs.

Ein Widerspruch ist aus der Sicht des Widerspruchsführers erfolgreich, wenn er zulässig und begründet ist. Demnach wird ein Widerspruch ebenso geprüft wie eine Klage. Ist die Zulässigkeit bejaht worden, so ist der Widerspruch auch begründet, wenn der angefochtene VA rechtswidrig ist und der Widerspruchsführer dadurch in seinen Rechten verletzt ist. Geht es um Ermessensentscheidungen, so ist der Widerspruch auch dann begründet, wenn der VA unzweckmäßig ist und die Ermessensnorm zumindest auch dem Interesse des Widerspruchsführers zu dienen bestimmt ist. Geregelt ist das Widerspruchsverfahren primär in den §§ 68 ff. VwGO. Ergänzend kommt gemäß § 79 VwVfG das Verwaltungsverfahrensgesetz zur Anwendung.

Bei Ermessensentscheidungen wird im Unterschied zur verwaltungsgerichtlichen Klage auch die Zweckmäßigkeit des Verwaltungshandelns überprüft.

1.1. Zulässigkeit des Widerspruchs

Überblick über die Zulässigkeitsvoraussetzungen:
- Eröffnung des Verwaltungsrechtsweges, § 40 I VwGO analog,
- Statthaftigkeit: begehrt wird die Aufhebung oder der Erlass eines Verwaltungsakts, das Widerspruchsverfahren ist nicht gemäß § 68 VwGO entbehrlich,

- Widerspruchsbefugnis, § 42 II VwGO analog,
- formell ordnungsgemäße Widerspruchserhebung bei der zuständigen Behörde, § 70 I VwGO,
- Frist, § 70 VwGO,
- Handlungsunfähigkeit, § 12 VwVfG,
- Allgemeines Rechtsschutzbedürfnis.

Eröffnung des Verwaltungsrechtsweges

Das Widerspruchsverfahren als Vorstufe zu einem möglichen verwaltungsgerichtlichen Verfahren setzt zunächst voraus, dass für die betreffende Streitsache der Verwaltungsrechtsweg gem. § 40 I S. 1 VwGO bzw. eine Spezialzuweisung gegeben sein muss.

Formulierungsvorschlag

Beispielformulierung:

A. Zulässigkeit des Widerspruches

I. Eröffnung des Verwaltungsrechtsweges

Die Anwendbarkeit der §§ 68 ff. VwGO setzt (trotz § 79 VwVfG) voraus, dass für die Widerspruchssache der Rechtsweg zu den allgemeinen Verwaltungsgerichten eröffnet ist, d.h. dass eine öffentlich-rechtliche Streitigkeit nichtverfassungsrechtlicher Art vorliegen muss, die keinem anderen Gerichtszweig zugewiesen sein darf (§ 40 Abs. 1 VwGO).

A wendet sich hier gegen die ... (z.B. Bauordnungsverfügung) der ...-behörde. Über die Rechtmäßigkeit dieser Maßnahme entscheidet im Klagefalle das Verwaltungsgericht, weil die streitentscheidenden Vorschriften des ... (z.B. Bauordnungsrechts) öffentlich-rechtlich und die negativen Voraussetzungen des § 40 Abs. 1 VwGO insoweit nicht erfüllt sind.

oder

B. Erfolgsaussichten des Widerspruchs

Der Widerspruch hätte Erfolg, wenn er zulässig und begründet ist.

I. Zulässigkeit des Widerspruchs

1. Eröffnung des Verwaltungsrechtsweges

Mangels aufdrängender Spezialzuweisung beurteilt sich die Eröffnung des Verwaltungsrechtsweges nach der (sogenannten) Generalklausel, § 40 Abs. 1 VwGO i.V.m. § 68 VwGO.

Danach wäre der Verwaltungsrechtsweg eröffnet, wenn es sich um eine öffentlich-rechtliche Streitigkeit nichtverfassungsrechtlicher Art handelt und diese auch nicht ausdrücklich einem anderen Gericht zugewiesen ist.

a) Nach der sog. modifizierten Subjektstheorie handelt es sich dann um eine öffentlich-rechtliche Streitigkeit, wenn sich die Beurteilung des Rechtsstreits nach solchen Vorschriften richtet, die ausschließlich einen Träger hoheitlicher Gewalt berechtigen oder verpflichten. Vorliegend wird ...
Eine öffentlich-rechtliche Streitigkeit liegt damit vor.
b) Es müsste sich ferner um eine Streitigkeit nicht verfassungsrechtlicher Art handeln. Diese Streitigkeit wäre nur dann verfassungsrechtlicher Art, wenn Rechtsbeziehungen zwischen Verfassungsorganen oder am Verfassungsleben beteiligter Organe im Streit sind und über die Auslegung und Anwendung von verfassungsrechtlichen Rechten, Pflichten oder Kompetenzen gestritten wird. Im vorliegenden Fall ist bereits auf einer Seite des Streits der Bürger A beteiligt, so dass eine verfassungsrechtliche Streitigkeit i.S.d. §§ 40 Abs. 1, 68 VwGO auszuschließen ist. Der Verwaltungsrechtsweg nach §§ 40 Abs. 1, 68 VwGO ist somit eröffnet.

Statthaftigkeit

Die §§ 69-73 VwGO gelten auch für das von den Ländern durchgeführte Vorverfahren.

Ein Widerspruch ist statthaft, wenn die Aufhebung oder der Erlass eines VAs begehrt wird und das Widerspruchsverfahren nicht im Sinne des § 68 I S. 2 VwGO entbehrlich ist. Dabei darf sich der VA bzw. das Begehren auf dessen Erlass noch nicht erledigt haben.

Beispielformulierung:

2. Statthaftigkeit des Widerspruches

Nach § 68 Abs. 1 S. 1, Abs. 2 VwGO findet das Widerspruchsverfahren vor Erhebung von Anfechtungs- und Verpflichtungsklage statt. Da diese nur statthaft sind, wenn die angegriffene oder begehrte Maßnahme Verwaltungsakt-Charakter hat, ist auch ein Widerspruch nur gegen Verwaltungsakte statthaft.
Die von A angegriffene ... (z.B. Bauordnungsverfügung) erfüllt die Begriffsmerkmale des § 35 S. 1 VwVfG.

oder im Fall des Verpflichtungswiderspruchs

2. Statthaftigkeit des Widerspruches

Der von A eingelegte Widerspruch könnte gem. §§ 68 Abs. 2, 42 Abs. 1 2. Alt. VwGO als Verpflichtungswiderspruch statthaft sein.

Formulierungsvorschlag

Aus § 68 Abs. 1 S. 1 und Abs. 2 VwGO ergibt sich, dass auch vor Erhebung einer Verpflichtungsklage Recht- und Zweckmäßigkeit eines Verwaltungsaktes in einem Vorverfahren, dem Widerspruchsverfahren, zu prüfen sind, wenn ein Antrag auf Vornahme eines Verwaltungsakts von der Behörde abgelehnt wurde. Es muss sich also im Widerspruchsverfahren immer um einen Verwaltungsakt i.S.d. § 35 VwVfG handeln. Der Widerspruchsführer A begehrt die Erteilung der versagten ...-erlaubnis. Es ist zu prüfen, ob eine solche Erlaubniserteilung einen begünstigenden Verwaltungsakt darstellt.

Dann müsste es sich zunächst um eine Maßnahme handeln. ...

Nur der Anfechtungswiderspruch hat (vgl. § 80 I VwGO) aufschiebende Wirkung, d.h., zum einen müssen alle Zwangsmaßnahmen der Verwaltungsvollstreckung unterbleiben, bzw. eingestellt werden, zum anderen sind alle sonstigen Forderungen tatsächlicher oder rechtlicher Art, die Behörden oder Gerichte aus dem Inhalt des VA ziehen könnten und müssten, verboten.

Nach § 70 I S. 1 VwGO muss der Widerspruch schriftlich oder zur Niederschrift bei der Behörde erhoben werden, die den Verwaltungsakt oder den Ablehnungsbescheid erlassen oder die abschließend über den Widerspruch entschieden hat. Inhaltlich muss die Widerspruchsschrift lediglich erkennen lassen, dass es sich um einen Widerspruch handelt und worauf sie sich bezieht.

Die Statthaftigkeit des Widerspruchs kann durch spezialgesetzliche Vorschrift erweitert sein, wie das in § 126 III BRRG für beamtenrechtliche Streitigkeiten und in § 74 I VwVfG geschehen ist. Sie kann aber auch ausgeschlossen sein, wie z.B. durch die Vorschrift des § 68 I S. 2 Nr. 1 und 2 VwGO und § 65 II DRiG. Nach § 68 I S. 2 2. HS VwGO ist der Widerspruch ausgeschlossen, wenn ein (Bundes- oder Landes-)gesetz dies bestimmt.

Beispiel: §§ 74, 70 VwVfG; § 11 AsylVfG.

Des Weiteren ist der Widerspruch nach § 68 I S. 2 Nr. 1 VwGO unstatthaft, wenn der VA von einer obersten Bundes- oder obersten Landesbehörde erlassen worden ist, also insbesondere bei ministeriellen Entscheidungen. Aber auch hier ist ausnahmsweise ein Vorverfahren erforderlich, wenn ein Gesetz die Nachprüfung ausdrücklich vorschreibt, wie z.B. im Beamtenrecht gem. § 126 III Nr. 1 BRRG.

Ist schon ein Widerspruchsverfahren durchgeführt worden und enthält der Widerspruchsbescheid oder der Abhilfebescheid erstmalig eine Beschwer, so ist nach § 68 I S. 2 Nr. 2 VwGO ein nochmaliger Widerspruch ausgeschlossen.

Beispiel: Dem Bauherrn B wurde durch die zuständige Baubehörde eine beantragte Baugenehmigung verweigert. Auf Widerspruch des B hin erlässt die Widerspruchsbehörde nun doch die beantragte Baugenehmigung, die den Nachbarn N belastet. N muss unmittelbar Anfechtungsklage gegen die Baugenehmigung erheben.

§ 68 I S. 2 Nr. 2 VwGO erfasst die erstmalige Beschwer durch den Abhilfebescheid. Dies gilt nicht nur für die erstmalige Beschwer eines Dritten, sondern auch für die Fälle einer erstmaligen (oder zusätzlichen) Beschwer des Widerspruchsführers oder anderer Verfahrensbeteiligter.

Anders als im Verwaltungsprozess, in dem wegen der Generalklausel des § 40 I VwGO die Gewährung gerichtlichen Rechtsschutzes nicht von einer bestimmten Handlungsform der Verwaltung abhängig ist, hat gem. § 68 I S. 1 u. II VwGO der VA rechtsschutzeröffnende Funktionen. Da das Vorverfahren dem nachfolgenden Verwaltungsprozess vorgeschaltet ist, kann ein Widerspruch nur statthaft sein, wenn der angegriffene VA im Verwaltungsrechtsweg anfechtbar bzw. erstreitbar ist, d.h., es muss eine öffentlich-rechtliche Streitigkeit nichtverfassungsrechtlicher Art nach § 40 I VwGO vorliegen. Vor der Prüfung der Generalklausel ist allerdings gedanklich vorzuprüfen, ob eine aufdrängende Sonderzuweisung hinsichtlich des Verwaltungsrechtsweges vorliegt, wie etwa in § 126 BRRG oder § 59 I S. 1 SoldatenG. Liegt diese nicht vor, so ist festzustellen, ob eine einen anderen Rechtsweg festlegende abdrängende Sonderregelung besteht, wie etwa in § 51 I SGG (Sozialgerichtsgesetz), § 33 I FGO (Finanzgerichtsordnung).

Bei bloßer Untätigkeit der Verwaltung auf einen Antrag hin ist ein Widerspruchsverfahren, wie sich aus § 68 II i.V.m. § 75 S. 1 VwGO ergibt, nicht zulässig; die Verpflichtungsklage kann nach § 75 VwGO dann ohne vorheriges Widerspruchsverfahren erhoben werden.

> Bei bloßer Untätigkeit auf einen Antrag hin ist gem. § 68 II i.V.m. § 75 S. 1 VwGO ein Widerspruchsverfahren unzulässig.

Tritt die Erledigung des Verwaltungsakts vor Widerspruchseinlegung ein, und ist auch die Widerspruchsfrist noch nicht abgelaufen, ist streitig, ob ein Fortsetzungsfeststellungswiderspruch statthaft ist.

Nach einem Teil der Literatur wird dies damit begründet, der Bürger könne die Ziele, die er sonst mit der Fortsetzungsfeststellungsklage verfolgt, weitgehend auch mit einem entsprechenden feststellenden Spruch der Widerspruchsbehörde erreichen. Weiterhin wird auf die Ähnlichkeit zu § 44 Abs. 5 VwVfG verwiesen, wonach die Behörde die Feststellung der Nichtigkeit eines Verwaltungsaktes treffen kann oder sogar muss.

Demgegenüber geht die Auffassung der Rechtsprechung und eines anderen Teils des Schrifttums dahin, dass der Fortsetzungsfeststellungswiderspruch gegen einen erledigten Verwaltungsakt unstatthaft ist. Hierfür spreche, dass die Klage nach § 114 I S. 4 VwGO keine Anfechtungs- oder Verpflichtungsklage, sondern eine Feststellungsklage sei. Hinsichtlich dieser Klagen sei ein Vorverfahren nach § 68 VwGO unstatthaft. Des Weiteren könne bei einem erledigten VA der Zweck des Vorverfahrens, die Verwaltungsgerichte zu entlasten, dass entweder dem Widerspruch stattgegeben und klaglos zu stellen oder ihn von der Rechtmäßigkeit des Verwaltungshandelns zu überzeugen, nicht mehr erfüllt werden. Eine Feststellung durch die Behörde besitze nicht die gleiche Bindungswirkung wie ein Feststellungsurteil durch das Gericht, weil ein feststellender Ausspruch der Widerspruchsbehörde keine Rechtskraftwirkung wie die eines verwaltungsgerichtlichen Urteils gem. § 121 VwGO entfalten könne.

Die letztere Ansicht ist vorzugswürdig. Die Feststellung der Rechtswidrigkeit dient dazu, den betroffenen Bürger vor den Folgewirkungen des erledigten Verwaltungsakts zu schützen. Ein solcher Ausspruch ist deshalb nur dann für ihn von Interesse, wenn er die Rechtswidrigkeit des Verwaltungsakts für alle Beteiligten bindend feststellt. Eine solche Bindungswirkung kommt aber nur gemäß § 121 VwGO dem verwaltungsgerichtlichen Urteil, nicht aber dem Widerspruchsbescheid zu. Die Feststellung der Rechtswidrigkeit durch die Widerspruchsbehörde wäre unverbindlicher Natur und könnte dem gemäß den Bürger nicht daran hindern zusätzlich eine Fortsetzungsfeststellungsklage zu erheben. Die Entlastungsfunktion des Vorverfahrens wäre damit in Frage gestellt.

Widerspruchsfrist

Die Widerspruchsfrist beträgt einen Monat seit Bekanntgabe des VAs bzw. des Ablehnungsbescheids, § 70 I S. 1 VwGO.

Für die Berechnung der Widerspruchsfrist sind auf Grund der Verweisung in § 57 VwGO auf § 222 ZPO die Vorschriften der §§ 187, 188 BGB anzuwenden. War die Bekanntgabe fehlerhaft, so beginnt keine Frist zu laufen. Einem VA muss – wie auch einem Widerspruchsbescheid – stets eine ordnungsgemäße Rechtsbehelfsbelehrung im Sinne des § 58 II VwGO beigefügt werden. Fehlt dem VA die Rechtsbehelfsbelehrung oder ist diese fehlerhaft, so ist der VA zwar nicht rechtswidrig, aber es beginnt nach § 58 II VwGO nur eine Jahresfrist zu laufen. Sie ist eine Ausschlussfrist und keine Rechtsbehelfsfrist. § 57 VwGO ist demnach nicht anwendbar, so dass über § 173 VwGO nur § 222 ZPO anzuwenden ist. Die unterlassene oder nicht ordnungsgemäße Rechtsbehelfsbelehrung kann aber vor Ablauf der Jahresfrist schriftlich nachgeholt werden, mit der Folge, dass mit Eintritt der Heilung die Monatsfrist des § 70 I VwGO zu laufen beginnt. Zur Fristberechnung siehe oben bei Zulässigkeit der Anfechtungsklage »Klagefrist«.

Erlässt die Behörde trotz Versäumung der Widerspruchsfrist eine Sachentscheidung, so ist eine solche grundsätzlich zulässig. Eine Ausnahme besteht nach der Rechtsprechung nur dann, wenn der angefochtene Bescheid Dritte, z.B. einen Nachbarn, begünstigt. In diesen Fällen erwächst der VA in Bestandskraft und kann nicht mehr angefochten werden. Der durch den Widerspruchsbescheid erstmalig belastete

---

Die Wahrung der Widerspruchsfrist ist Zulässigkeitsvoraussetzung für den Widerspruch und damit, da die Durchführung des Widerspruchsverfahrens Zulässigkeitserfordernis für die Anfechtungs- bzw. Verpflichtungsklage ist, auch für die Klage.

Ist der Widerspruch verspätet erhoben und weist ihn die Behörde deshalb als verspätet zurück, kann auch die Klage keinen Erfolg mehr haben.

Nachbar kann diesen nach § 79 I Nr. 2 VwGO unmittelbar mit der Anfechtungsklage angreifen.

Beispielformulierung:

3. Wahrung der Widerspruchsfrist, § 70 Abs. 1 VwGO

Nach § 70 Abs. 1 VwGO muss der Widerspruch innerhalb eines Monats nach Bekanntgabe des Verwaltungsakts eingelegt werden. Im vorliegenden Fall hat ... (HIER weitere Ausführungen).

Die Bestimmung des Fristablaufs richtet sich, obwohl § 70 Abs. 2 VwGO nicht auf § 57 VwGO verweist, nach § 57 Abs. 2 VwGO, da diese Vorschrift nach überwiegender Ansicht als allgemeine, vor die Klammer gezogene Regelung auch für die Fristen im Rahmen des in der VwGO geregelten Widerspruchsverfahrens zu gelten hat. Nach § 57 Abs. 2 VwGO gelten für die Berechnung der Fristen die §§ 222, 224 Abs. 2, 225 u. 226 ZPO. § 222 ZPO verweist wiederum auf die §§ 187 ff. BGB.

Fristbeginn ist demzufolge der ... 20.., Fristende nach § 188 Abs. 2 BGB der ... 20.., 24:00 Uhr. Weil dieser Tag jedoch ein Sonnabend (Samstag) war, wurde das Fristende gemäß § 193 BGB auf den nächsten Werktag, nämlich Montag, den ... 20.., verschoben. Fristablauf war damit der ... 20.., 24:00 Uhr.

Diese Frist ist eingehalten, da ... (HIER weitere Ausführungen).

Formulierungsvorschlag

Beteiligungsfähigkeit

Für das Widerspruchsverfahren ist die Frage der Beteiligtenfähigkeit in der VwGO nicht geregelt. Aus dem Vorschaltcharakter des Widerspruchsverfahrens ergibt sich nach § 79 2. HS VwVfG die Regelung der Beteiligungsfähigkeit in § 11 VwVfG bzw. der einzelnen LVwVfG. Die Vorschrift des § 11 VwVfG entspricht der in § 61 VwGO bezüglich gerichtlicher Verfahren.

Anfechtungswiderspruch

Handlungsfähigkeit

Die Handlungsfähigkeit ist das, was in einem gerichtlichen Verfahren als Prozessfähigkeit bezeichnet wird.

Widerspruchsbefugnis

Wie sich aus dem Vorschaltcharakter des Widerspruchsverfahrens ergibt, ist die Regelung der Klagebefugnis nach § 42 VwGO entsprechend anwendbar. Entsprechung auch deshalb, weil im Gegensatz zum verwaltungsgerichtlichen Verfahren – das nur auf die Rechtskontrolle beschränkt ist –, die Kontrollbefugnis der Widerspruchsbehörde auch auf die Zweckmäßigkeit des angefochtenen VAs gerichtet ist.

§ 42 II VwGO analog

Die Widerspruchsbefugnis ist dann gegeben, wenn nicht ausgeschlossen werden kann, dass der Widerspruchsführer durch den angefochtenen VA in seinen Rechten beeinträchtigt wird und dieser rechtswidrig oder unzweckmäßig ist.

Beispielformulierung:

3. Widerspruchsbefugnis

Des Weiteren muss A widerspruchsbefugt in Anlehnung an § 42 Abs. 2 VwGO sein. Insoweit bestehen hier keine Bedenken, da er Adressat eines belastenden VAs in Form der ... (z.B. Bauordnungsverfügung) ist und daher geltend machen kann, dadurch in seinen Rechten aus ... (z.B. Art. 14 und 2 Abs. 1 GG) verletzt zu sein.

oder im Fall des Verpflichtungswiderspruches

3. Widerspruchsbefugnis

Der Widerspruchsführer A müsste weiterhin widerspruchsbefugt sein. Gem. § 42 Abs. 2 2. Alt. i.V.m. § 68 Abs. 2 VwGO müsste A geltend machen können, durch die Ablehnung des beantragten Verwaltungsakts in seinen Rechten verletzt zu sein. Auch hier ist die sog. Möglichkeitstheorie zu Grunde zu legen. Hinsichtlich des eingelegten Verpflichtungswiderspruches besteht die Möglichkeit einer Rechtsverletzung des A dann, wenn er einen Anspruch auf Erlass eines begünstigenden Verwaltungsakts geltend machen kann und ein solcher Anspruch von der Behörde nicht oder nicht vollumfänglich erfüllt wurde. Dies wäre jedoch nur dann möglich, wenn die Rechtsnorm auf die sich der Widerspruchsführer beziehen kann, dem Schutz von Individualinteressen zu dienen bestimmt ist und ihre Rechtsfolgenseite nach Vorliegen der Tatbestandsvoraussetzungen die Verpflichtung zum Erlass eines begünstigenden Verwaltungsakts ausspricht (sog. gebundene Entscheidung). Bei einer Ermessensnorm käme nur ein Anspruch auf ermessensfehlerfreie Entscheidung in Betracht.

Die Erteilung der begehrten ...-erlaubnis richtet sich nach § ... Nach dieser Vorschrift ...

1.2. Begründetheit des Widerspruchs

> **I. Anfechtungswiderspruch**
> 1. Rechtswidrigkeit des VAs
> a. Eingriffsgrundlage
> b. formelle Rechtswidrigkeit des VAs
>   - Zuständigkeit
>   - Verfahren
>   - Form
> c. materielle Rechtswidrigkeit des VAs
> 2. Rechtsverletzung des Widerspruchsführers, § 113 I VwGO analog
> 3. nur bei Ermessensverwaltungsakten oder Verwaltungsakten mit Beurteilungsspielraum: Zweckwidrigkeit des VAs
>
> **II. Verpflichtungswiderspruch**
> 1. formelle/materielle Rechtswidrigkeit der Versagung des VAs
> 2. Rechtsverletzung durch Versagung, § 113 V VwGO analog
> 3. nur bei Ermessensverwaltungsakten oder Verwaltungsakten mit Beurteilungsspielraum: Zweckwidrigkeit des VAs

Beispielformulierung:

Der Widerspruch ist begründet, wenn der angefochtene Verwaltungsakt rechtswidrig ist und der Widerspruchsführer dadurch in seinen Rechten verletzt bzw. der Verwaltungsakt unzweckmäßig und der Widerspruchsführer dadurch in seinen rechtlich geschützten Interessen beeinträchtigt ist, §§ 113 I analog, 68 ff. VwGO.

Der Widerspruch ist also begründet, wenn der streitbefangene Verwaltungsakt rechtswidrig und / oder unzweckmäßig ist und der Widerspruchsführer hierdurch in seinen Rechten verletzt wird, § 68 I S. 1 VwGO i.V.m. § 113 I S. 1 u. V S. 1 VwGO. Handelt es sich um Ermessensentscheidungen, so ist der Widerspruch auch dann begründet, wenn der Verwaltungsakt unzweckmäßig ist und die Ermessensnorm zumindest auch im Interesse des Widerspruchsführers zu dienen bestimmt ist.

Formulierungsvorschlag

Volle Ermessenskontrolle findet statt.

Der Begründetheitsobersatz lautet:

Anfechtungswiderspruch

• im Fall des Anfechtungswiderspruches

Der Widerspruch ist begründet, wenn der angegriffene Verwaltungsakt rechtswidrig und der Kläger dadurch in seinen Rechten verletzt ist, bzw. soweit der Verwaltungsakt unzweckmäßig und der Kläger dadurch in seinem rechtlich geschützten Interesse beeinträchtigt ist, § 68 I S. 1 i.V.m. § 113 I S. 1 VwGO analog.

Formulierungsvorschlag

Beispielformulierung:

B. Begründetheit des Widerspruchs

Der (Anfechtungs-)Widerspruch des ... ist begründet, soweit der angefochtene Verwaltungsakt rechtswidrig und der Widerspruchsführer dadurch in seinen Rechten verletzt ist oder wenn der Verwaltungsakt zwar rechtmäßig, aber unzweckmäßig ist und deshalb die rechtlich geschützten Interessen des Widerspruchsführers beeinträchtigt, § 113 Abs. 1 VwGO analog.

1. Rechtmäßigkeit oder Rechtswidrigkeit des ...-bescheides ...

a. Formelle Voraussetzungen des ...-bescheides ...

aa. Zuständigkeit ...

bb. Form ...

cc. Verfahren ...

b. Materielle Voraussetzungen des ...-bescheides ...

2. Zweckmäßigkeitsprüfung

Da bereits die Rechtswidrigkeit des Verwaltungsaktes und eine Verletzung der Rechte des A festgestellt wurden, ist eine gesonderte Zweckmäßigkeitsprüfung hier entbehrlich.

Der Widerspruch des A gegen den ...-bescheid vom ... ist also zulässig und begründet.

In juristischen Klausuren ist allerdings in der Regel auf die (Un-)Zweckmäßigkeit mangels Beurteilungsgrundlage nicht einzugehen, so dass es auf die Rechtswidrigkeit der Verfügung (z.B. Bauordnungsverfügung) allein ankommt.

Nur der Anfechtungswiderspruch hat (vgl. § 80 I VwGO) aufschiebende Wirkung, d.h. zum einen müssen alle Zwangsmaßnahmen der Verwaltungsvollstreckung unterbleiben bzw. eingestellt werden, zum anderen sind alle sonstigen Folgerungen tatsächlicher oder rechtlicher Art, die die Behörden oder Gerichte aus dem Inhalt des VA ziehen könnten oder müssten, verboten.

- im Fall des *Verpflichtungswiderspruches* *Verpflichtungswiderspruch*

Der Widerspruch ist begründet, wenn die Ablehnung des vom Kläger begehrten Verwaltungsakts rechtswidrig und er dadurch in seinen Rechten verletzt ist, bzw. soweit die Ablehnung unzweckmäßig und der Kläger dadurch in seinen rechtlich geschützten Interessen beeinträchtigt ist, § 68 II, I S. 1 i.V.m. § 113 V VwGO.

Beispielformulierung:

II. Begründetheit des Widerspruches

Der Verpflichtungswiderspruch ist begründet, wenn die Ablehnung der ...-erlaubnis Rechte des Widerspruchsführers verletzt. Eine solche Rechtsverletzung des A wäre dann gegeben, wenn er einen Rechtsanspruch auf die Erteilung der begehrten Erlaubnis hat, §§ 113 Abs. 5, 68 Abs. 1, 2 VwGO.

Formulierungsvorschlag

1. In Betracht kommende Anspruchsgrundlage
Als Anspruchsgrundlage für die begehrte ...-erlaubnis kommt § ... in Betracht.

2. Formelle Rechtmäßigkeitsvoraussetzungen der begehrten ...-erlaubnis
Die begehrte Erlaubnis müsste von der Behörde in formell rechtmäßiger Art und Weise erlassen werden können.

a) Zuständige Genehmigungsbehörde ...

b) Antragstellung des Widerspruchsführers
Aus dem Sachverhalt ergibt sich, dass der A bereits einen Antrag auf Erteilung der ...-erlaubnis bei ... gestellt hat. Dieses formelle Erfordernis ist folglich zu bejahen.

c) Beachtung von Verfahrensvorschriften
Vorliegend stehen dem Erlass des begehrten Verwaltungsakts keine weiteren Verfahrensvoraussetzungen im Wege.

3. Materielle Rechtmäßigkeitsvoraussetzungen der begehrten ...-erlaubnis
Es müssten auch die materiellen Voraussetzungen für die Erlaubniserteilung gegeben sein.

Dem Widerspruchsführer A könnte ein Anspruch auf Erteilung der ...-erlaubnis aus den Vorschriften des ...-gesetzes zustehen. Vorliegend kommt für die Erteilung der Erlaubnis § ... in Betracht.

a) Tatbestandsseite der Anspruchsgrundlage...

b) Rechtsfolgenseite der Anspruchsgrundlage ...

c) Rechtsverletzung des Widerspruchsführers
A ist durch die Versagung der beantragten Erlaubnis in seinem Rechtsanspruch verletzt.

Der Verpflichtungswiderspruch des A ist zulässig und begründet.

Zumindest im ersten Staatsexamen wird der Sachverhalt i.d.R. zu wenig Hinweise für eine vom Studenten selbst auszuführende Ermessensausübung enthalten. Der Klausurbearbeiter kann sich beim Eingehen auf die Zweckmäßigkeit des VAs darauf beschränken, dass keine Anhaltspunkte für eine vom Ermessen der Ausgangsbehörde abweichende Beurteilung ersichtlich sind. In dem Begründetheitsobersatz sollte aber trotzdem erwähnt werden, dass der Widerspruch auch dann begründet ist, wenn der VA unzweckmäßig ist. Dann ist aber auch deutlich zu machen, dass dies nur der Fall ist, wenn die Ermessensnorm auch dem Interesse des Widerspruchsführers dient, genau wie auch nur eine subjektive Rechtsverletzung zur Begründetheit führen kann.

Zweckwidrig ist im Übrigen ein VA, wenn die Behörde bei ihrer Entscheidung einen Beurteilungs- bzw. Ermessensspielraum hatte, auch im Rahmen dieses Beurteilungs- bzw. Ermessensspielraums entschieden hat, aber dennoch eine andere Entscheidung zweckdienlicher gewesen wäre. Im Unterschied zum verwaltungsgerichtlichen Verfahren erfasst der Prüfungsmaßstab im Verfahren über den Widerspruch auch die Zweckmäßigkeit des Verwaltungshandelns. Folglich hat eine volle Ermessenskontrolle stattzufinden und der auf die Prüfung der Ermessensgrenzen von Ermessensüberschreitung, -unterschreitung und -nichtgebrauch beschränkte § 114 VwGO findet keine Anwendung. Unzweckmäßig ist die angefochtene Verwaltungsentscheidung, wenn diese hinsichtlich des Entscheidungsablaufs, des Ergebnisses oder der Entscheidungswirkungen den Maßstab der Sachgerechtigkeit oder Erfolgsdienlichkeit nicht beachtet hat.

Bei der Überprüfung der Ausgangsentscheidung sind neu vorgetragene Tatsachen sowie zwischenzeitlich eingetretene, für den Widerspruchsführer vorteilhafte Rechtsänderungen zu berücksichtigen.

Beim Verpflichtungswiderspruch ist in Anlehnung an die Rechtsprechung des Bundesverwaltungsgerichtes zur Verpflichtungsklage auch der Aufbau nach dem Anspruch auf den begehrten Verwaltungsakt statthaft. Dabei ist selbstverständlich darauf zu achten, dass insbesondere bei Selbstverwaltungsangelegenheiten eine Zweckmäßigkeitsprüfung ausscheidet.

Verfahrens- und Formfehler

Nach § 45 VwVfG kann die Verletzung von Form und Verfahren, sofern diese nicht zur Nichtigkeit des VAs nach § 44 VwVfG führt, durch Nachholung der unterlassenen Erfordernisse geheilt werden. Dies gilt grundsätzlich auch für das Vorverfahren. Die Heilung von Form- und Verfahrensfehlern durch die Widerspruchsbehörde ist aber nur in dem Maße möglich, wie ihr der gleiche Entscheidungsspielraum zusteht. Ist die Widerspruchsbehörde in ihrer Überprüfungsbefugnis nur auf die Rechtskontrolle beschränkt, so ist ihr eine Heilung einer fehlerhaften Ermessensentscheidung nicht möglich.

Verböserungsmöglichkeit

Die Widerspruchsbehörde ist grundsätzlich zuständig und ermächtigt, den ursprünglichen VA auf den Widerspruch des Betroffenen hin auch zu dessen Nachteil zu verändern. Dies wird als reformatio in peius oder Verböserung bezeichnet. Diese ist grundsätzlich zulässig, wie die Anerkennung dieses Rechtsinstituts durch die §§ 68, 71, 78 VwGO deutlich macht. Für den Fall, dass bei einer Ermessensentscheidung Ausgangs- und Widerspruchsbehörde nicht identisch sind, muss die Verböserungsbefugnis der Behörde allerdings besonders geprüft werden. Hier ist eine Verböserung nur zulässig, wenn die Widerspruchsbehörde nicht nur die Rechtsaufsicht hat, sondern auch gleichzeitig die Fachaufsichtsbehörde ist, d.h. nicht nur zur Rechts-, sondern auch zur Zweckmäßigkeitskontrolle befugt ist und damit auch Ermessensentscheidungen korrigieren darf.

> Grundsätzlich darf die Widerspruchsbehörde den ursprünglichen VA auf Widerspruch des Betroffenen hin auch zu dessen Nachteil verändern.

Die Verschlechterungsmöglichkeit im Widerspruchsverfahren beurteilt sich nach der sachlichen Ermächtigungsgrundlage der Ausgangsbehörde und ist nach höchstrichterlicher Rechtsprechung dann zulässig, wenn sie:

(1) bei Fehlen bundes- oder landesgesetzlicher Sonderregelungen, jedenfalls mit den Grundsätzen für Rücknahme und Widerruf nach §§ 48, 49 VwVfG vereinbar ist, oder
(2) nicht gegen die auch im Verwaltungsrecht geltenden Grundsätze von Treu und Glauben verstößt.

Bescheidung verspäteten Widerspruchs

Ist der Widerspruch verspätet erhoben, so kann die Behörde ihn als unzulässig zurückweisen. Sie kann aber auch in der Sache entscheiden. Weist sie dann den verspäteten Widerspruch als unbegründet zurück,

> Beim VA mit Drittwirkung ist eine »Heilung« des verfristeten Widerspruchs durch eine Sachentscheidung der Behörde nicht möglich

so liegt ein Zweitbescheid trotz verspäteten Widerspruchs vor und es stellt sich die Frage, welche Auswirkungen dies für die spätere Anfechtungs- bzw. Verpflichtungsklage hat.

Nach herrschender Literaturmeinung ändert sich durch eine Sachentscheidung der Behörde nichts an der Unzulässigkeit der Klage. Wie sich aus § 70 II VwGO ergibt, kann die Verfristung nur durch Wiedereinsetzung in den vorigen Stand nach § 60 VwGO überwunden werden.

Die Rechtsprechung differenziert hingegen. Berührt das Widerspruchsverfahren nur das Verhältnis Betroffener – Behörde, so führt der dann ergangene Zweitbescheid zur Wiedereröffnung des Verwaltungsrechtsweges für den Bürger. Handelt es sich hingegen um einen VA mit Drittwirkung, so kann eine Sachentscheidung die Verfristung nicht »heilen«. Dem begünstigten Dritten darf die durch die Bestandskraft gesicherte Rechtsposition nicht dadurch entzogen werden, dass im Verhältnis Betroffener – Behörde eine neue Entscheidung ergeht. Genauso ist auch eine »Heilung« durch eine Sachentscheidung der Behörde dann ausgeschlossen, wenn der Dritte einen verfristeten Widerspruch gegen einen den Adressaten begünstigten VA erhoben hat. Auch in diesem Fall ist die Klage gegen einen negativen Widerspruchsbescheid bereits als unzulässig abzuweisen.

Maßgeblicher Zeitpunkt für die Überprüfung der Sach- und Rechtslage ist der Erlasszeitpunkt des Widerspruchsbescheides. Deshalb sind Änderungen der Sach- und Rechtslage, die während des Widerspruchsverfahrens eintreten, von der Widerspruchsbehörde zu berücksichtigen.

Widerspruchsprüfungsschema

I. Zulässigkeit

1. Verwaltungsrechtsweg gem. § 40 VwGO
2. Zuständigkeit der Widerspruchbehörde
   a. nach Landesrecht bestimmter Rechtsausschuss oder Beirat, § 73 II VwGO
   b. sofern nicht vorhanden, siehe § 73 I S. 2 Nr. 1 bis 3 VwGO
3. Statthaftigkeit gem. § 68 VwGO
   a. Abwehr eines belastenden VAs; sog. Anfechtungswiderspruch gem. § 68 I S. 1 VwGO
   b. Erlass eines begünstigenden VAs, der ganz oder teilweise abgelehnt wurde; sog. Verpflichtungswiderspruch gem. § 68 II VwGO
   c. Fortsetzungsfeststellungswiderspruch
4. Entfallen des Widerspruchsverfahrens
   a. VA oberster Bundes-/ Landesbehörde, sofern nicht besonders bestimmt, § 68 I Nr. 1 VwGO
   b. erstmalige Beschwer eines Dritten, § 68 I Nr. 2 VwGO
   c. spezialgesetzliche Anordnung (z.B. § 70 VwVfG, § 74 VwVfG)
   d. Sonderregelung, § 75 VwGO
5. Form und Frist
   a. Form: schriftlich oder zur Niederschrift der Behörde, § 70 VwGO
   b. Frist: innerhalb eines Monats nach Bekanntgabe oder Zustellung, § 70 VwGO
      gegebenenfalls Wiedereinsetzung gem. §§ 70 II, 60 I-IV VwGO
6. Beteiligungs-, Handlungsfähigkeit, Vertretungsmacht: § 79 VwVfG i.V.m. §§ 11, 12, 14 VwVfG
7. Widerspruchsbefugnis, § 42 II VwGO analog

II. Begründetheit

§ 113 I S. 1 oder S. 4 bzw. V analog, § 68 I S. 1, II VwGO; Anfechtungs- (§ 113 I S. 1 VwGO analog, § 68 I S. 1, II VwGO) / Verpflichtungs- (§ 113 V VwGO analog, § 68 I S. 1, II VwGO), Fortsetzungsfeststellungswiderspruch (§ 113 I S. 4 VwGO analog) sind begründet, wenn:
1. der VA (Anfechtungswiderspruch) bzw. die Ablehnung des beantragten VAs (Verpflichtungswiderspruch) rechtswidrig ist und der Widersprechende dadurch in seinen Rechten verletzt ist,
2. der VA (Anfechtungswiderspruch) bzw. die Ablehnung des beantragten VAs (Verpflichtungswiderspruch) unzweckmäßig und der Widerspruchsführer dadurch in seinen Rechten beeinträchtigt ist, bei Ermessensentscheidungen

III. Behandlung des Widerspruchs

1. hält die Ausgangsbehörde den Widerspruch für begründet: Abhilfebescheid gem. § 72 VwGO
2. sonst Widerspruchsbescheid durch Widerspruchbehörde, Inhalt: Stattgabe oder Zurückweisung oder Feststellung der Rechtswidrigkeit analog § 113 I S. 4 VwGO
3. Der Widerspruch ist zu begründen und mit Rechtsbehelfsbelehrung zu versehen.

2. Einstweiliger bzw. vorläufiger Rechtsschutz

Vorbeugender Rechtsschutz zielt auf endgültige Entscheidung, einstweiliger auf eine vorläufige Regelung.

Vom einstweiligen bzw. vorläufigen Rechtsschutz ist der vorbeugende Rechtsschutz zu unterscheiden. Beim vorbeugenden Rechtsschutz wendet sich der Kläger gegen zukünftiges Handeln der Verwaltung, von der er Rechtsverletzungen befürchtet. Er kann in den Formen der vorbeugenden Unterlassungs- oder Feststellungsklage gegen drohende Rechtsverletzungen als Hauptsacherechtsschutz gewährt werden. Zulässigkeitsvoraussetzung eines solchen vorbeugenden Rechtsschutzes ist ein besonderes Rechtsschutzbedürfnis, das eine Verweisung auf den normalen nachfolgenden Rechtsschutz als unzumutbar erscheinen lässt.

Vorbeugender Rechtsschutz zielt auf die endgültige Entscheidung einer zukünftigen Streitsache, wie z.B. die vorbeugende Feststellungs- oder Unterlassungsklage. Beim vorläufigen Rechtsschutz wird der Vollzug eines bereits erlassenen VAs unterbunden (§ 80 VwGO) oder eine vorläufige Regelung im Hinblick auf einen konkreten Rechtsstreit erstrebt (§ 123 VwGO).

Die Anträge auf einstweiligen bzw. vorläufigen Rechtsschutz sind trotz des vorbeugenden Rechtsschutzes in unserem Rechtssystem deshalb erforderlich, weil es aus der Sicht eines Betroffenen oft zu lange dauert, bis ein Verwaltungsgericht hinsichtlich einer Klage entscheidet. Häufig besteht die Gefahr, dass ohne eine sofortige gerichtliche Entscheidung Maßnahmen getroffen werden, die nicht mehr rückgängig gemacht werden können.

Fall 39: Die Naturschutzvereinigung e.V. plant eine Demonstration an dem Tag, an dem ein Kraftwerk in Betrieb genommen werden soll. Eine Woche vorher meldet sie die Demonstration ordnungsgemäß an. Die zuständige Behörde verbietet die Versammlung, da sie befürchtet, dass Autonome versuchen werden, das Gelände zu stürmen, und ordnet sofortige Vollziehbarkeit der Maßnahme an.

Der Verein könnte nun Widerspruch und Anfechtungsklage gegen das Verbot erheben. Der Widerspruch und auch die anschließende Erhebung einer Anfechtungsklage hätten aber wegen der Anordnung der sofortigen Vollziehbarkeit keine aufschiebende Wirkung, und eine endgültige Entscheidung über das Demonstrationsverbot wäre mit Sicherheit nicht innerhalb einer Woche zu erwarten. In diesem Fall wäre deshalb ein Antrag nach § 80 V VwGO auf einstweiligen Rechtsschutz geboten.

2.1. Vorläufiger Rechtsschutz

Die Verfahren vorläufigen bzw. einstweiligen Rechtsschutzes sichern Rechtspositionen so lange, bis eine endgültige Entscheidung erfolgt ist. Ihr Ziel ist die vorläufige Sicherung, nicht die endgültige Regelung und Befriedigung eines Anspruchs.

Die VwGO kennt zwei Arten von vorläufigem Rechtsschutz:
- die aufschiebende Wirkung von Widerspruch und Anfechtungsklage nach § 80 I VwGO sowie gegebenenfalls die behördliche Aussetzung der Vollziehung nach § 80 IV VwGO oder gerichtliche Anordnung der Wiederherstellung der aufschiebenden Wirkung nach § 80 V VwGO,
- den Erlass der einstweiligen Anordnung durch das Gericht der Hauptsache nach § 123 VwGO – im Fall des Normenkontrollverfahrens nach § 47 VIII VwGO.

Bedeutung der aufschiebenden Wirkung

Die aufschiebende Wirkung führt zum Vollzugsverbot, d.h., sie führt zu einem Verbot, tatsächliche oder rechtliche Konsequenzen aus dem VA zu ziehen, und nicht zu einem Verschieben des Wirksamkeitseintritts.

Nach § 80 I VwGO haben Widerspruch und Anfechtungsklage gegen belastende VAs kraft Gesetzes aufschiebende Wirkung. Aufschiebende Wirkung bedeutet, dass Maßnahmen zur Vollziehung des VAs nach den Verwaltungsvollstreckungsgesetzen des Bundes und der Länder unzulässig sind. »Aufschiebende Wirkung« meint demnach, dass der Verwaltungsakt so lange nicht vollzogen werden darf, als über den Rechtsbehelf, also den Widerspruch oder die Anfechtungsklage nicht endgültig entschieden worden ist.

Aufschiebende Wirkung von Widerspruch und Anfechtungsklage: aufgrund Rechtsbehelfseinlegung Suspensiveffekt

Die aufschiebende Wirkung von Widerspruch und Anfechtungsklage wirkt auf den Zeitpunkt des Erlasses des VAs zurück. Die aufschiebende Wirkung endet mit der Zurückweisung des Widerspruchs und wird erst mit Klageerhebung wiederum begründet, da der Widerspruchsführer nach erfolglosem Widerspruch auch von einer Klage absehen kann.

Die aufschiebende Wirkung kommt grundsätzlich auch dem unzulässigen Rechtsbehelf zu, es sei denn, dessen Unzulänglichkeit ist offensichtlich. Sie tritt daher auch bei Verfristung von Widerspruch und widerspruchs-unabhängiger Anfechtungsklage, bei Fehlen der Widerspruchs- und Klagebefugnis und bei fehlender Zuständigkeit des angerufenen VG ein.

Keine aufschiebende Wirkung hat nur der offensichtlich unzulässige Rechtsbehelf.

Die hiermit verbundene Hemmung der Verwirklichung von VAen ist im Hinblick auf die in § 80 II Nr. 4 VwGO für die öffentliche Verwaltung eröffnete Möglichkeit, die sofortige Vollziehung anzuordnen, hinnehmbar.

Wegfall der aufschiebenden Wirkung

> Das Entfallen der aufschiebenden Wirkung von Widerspruch und Anfechtungsklage ist in § 80 II VwGO geregelt.

Die aufschiebende Wirkung entfällt nach § 80 II VwGO in bestimmten Fällen. Die aufschiebende Wirkung kann allerdings gemäß § 80 II VwGO entfallen, beispielsweise bei polizeilichen VAen. Solche VAe können trotz Einlegung eines Widerspruchs oder Erhebung der Anfechtungsklage vollzogen werden. Nach § 80 II S. 1 Nr. 3 1. Alt. entfällt die aufschiebende Wirkung, wenn andere formelle Bundesgesetze dies vorschreiben, wie z.B. §§ 33 IV S. 2, 35 I S. 1 WPflG (Wehrpflichtgesetz) und § 74 ZDG (Zivildienstgesetz) für Rechtsbehelfe gegen Einberufungs- und Musterungsbescheide oder § 126 III Nr. 1 BRRG für Rechtsbehelfe von Beamten gegen ihre Abordnung oder Versetzung (siehe u.a. auch § 212 a BauGB, § 72 II AuslG, § 42 AuslG; siehe auch die im Rechtsmittelbeschränkungsgesetz (RmBeschrG) aufgeführten Fälle. In Brandenburg, Mecklenburg-Vorpommern, Sachsen, Sachsen-Anhalt und Thüringen entfalten sie auch abweichend von § 80 I S. 2 VwGO bei Investitionsvorhaben grundsätzlich keine aufschiebende Wirkung, z.B. bei Baugenehmigungen, Genehmigungen nach dem BImSchG, AbfG).

Ein Entfallen der aufschiebenden Wirkung kann auch nach § 80 II S. 1 Nr. 3 2. Alt VwGO der Landesgesetzgeber für das Landesrecht anordnen. Die Regelungskompetenz der Länder beschränkt sich aber nur auf VAe, mit denen die Behörden Landesrecht vollziehen. Geht es hingegen um Bundesrecht, so hat der Landesgesetzgeber i.d.R. keinen Einfluss auf den Eintritt der aufschiebenden Wirkung.

Etwas anderes gilt nur, wenn sich Rechtsbehelfe gegen Maßnahmen richten, die in der Verwaltungsvollstreckung durch die Länder nach Bundesrecht getroffen wurden. Hier können die Länder nach § 80 II S. 2 VwGO die aufschiebende Wirkung ausschließen. (Siehe hierzu für Baden-Württemberg § 12 VwVG, Bayern § 38 IV VwZG, Berlin § 4 AGVwGO, Bremen Art. 11 AGVwGO, Hamburg § 8 AGVwGO, Hessen § 12 AGVwGO, Nordrhein-Westfalen § 8 AGVwGO, Rheinland-Pfalz § 15 V VwVG, Saarland § 18 AGvWGO, Schleswig-Holstein § 223 LVwG.) Durch die Öffnungsklausel für den Landesgesetzgeber in § 80 II S. 1 Nr. 3 2. Alt. VwGO hat die Regelung in § 80 II S. 2 VwGO allerdings nur geringe praktische Bedeutung und gilt insbesondere für die Abschiebung nach §§ 49 ff. AuslG.

Der in § 80 II Nr. 4 VwGO genannte Fall ist der wichtigste und in der Praxis häufigste Anwendungsfall. § 80 II Nr. 4 VwGO ermächtigt die Behörde, unter bestimmten Voraussetzungen durch besondere Anordnung im Einzelfall mit gem. § 80 III VwGO grundsätzlich schriftlicher Begründung die sofortige Vollziehung des Verwaltungsakts herbeizuführen. Auf Grund einer solchen Anordnung darf der VA gem. § 6 I VwVG (vgl. auch das entsprechende Verwaltungsvollstreckungsgesetz des Landes, welches bei Vollzugshandlungen von Landesbehörden anzuwenden ist) vollzogen werden.

Die Anordnung kann von der Ausgangs- oder Widerspruchsbehörde in jedem Stadium des Verfahrens für den Gesamt- oder einen Teilinhalt des VAs getroffen werden, solange der VA noch nicht bestandskräftig ist oder das Gericht noch nicht nach § 80 V VwGO entschieden hat. Die Anordnung der sofortigen Vollziehung kann auch schon mit Erlass des VA verbunden werden.

§ 80 II S. 1 Nr. 4 VwGO verlangt eine Abwägung aller beteiligten Interessen. Dabei hat eine Güterabwägung zwischen dem über das allgemeine Interesse am Vollzug eines VAs hinausgehende zusätzliche öffentliche Interesse eines Beteiligten am Sofortvollzug des VAs und dem privaten Aussetzungsinteresse des Betroffenen stattzufinden, wobei das private Rechtsschutzinteresse geringfügiger sein muss.

Das öffentliche Interesse ist – von Ausnahmen abgesehen – gem. § 80 III VwGO schriftlich zu begründen. Ist dies nicht geschehen, so ist die Anordnung einer Vollziehung ohne weitere Prüfung rechtswidrig. Auf jeden Fall ist sie vom Gericht nach § 80 V VwGO stets aufzuheben.

Gemäß § 80 IV VwGO kann nach Einlegung des Widerspruchs die Widerspruchsbehörde auf Antrag oder von Amts wegen die Vollziehung des VAs aussetzen, gleichgültig, ob der Vollzug auf gesetzlicher oder behördlicher Anordnung beruht, es sei denn, ein Bundesgesetz bestimmt etwas anderes. Solange sie die Sachherrschaft über den VA hat, kann dies auch die Ausgangsbehörde.

Es besteht aber in den Fällen des sofortigen Vollzuges für den Betroffenen auch die Möglichkeit, einen Antrag auf Anordnung bzw. Wiederherstellung der aufschiebenden Wirkung gem. § 80 V VwGO bei Gericht zu stellen, um der Gefahr vorzubeugen, dass durch den Vollzug des VAs nicht mehr beseitigbare Folgen entstehen. Dafür ist nicht notwendig, dass vorher ein Antrag nach § 80 IV VwGO bei der Behörde gestellt wurde.

Klausurhinweis: Lässt es die Klausurfrage offen, ob ein Behördenverfahren nach § 80 IV oder ein Verfahren nach § 80 V VwGO gemeint ist, so wird immer von einem Verfahren nach § 80 V VwGO vor dem VG ausgegangen.

Der Adressat eines für sofort vollziehbar erklärten VAs kann:
- bei der Erlass- oder Widerspruchsbehörde einen Antrag auf Aussetzung der Vollziehung gem. § 80 IV VwGO oder
- beim VG Antrag nach § 80 V S. 1 VwGO auf Wiederherstellung der aufschiebenden Wirkung stellen.

Grundsätzlich hat der Adressat ein Wahlrecht zwischen beiden Möglichkeiten. Ausnahme: Fälle des § 80 II S. 1 Nr. 1 VwGO wegen § 80 VI S. 1 VwGO (siehe aber § 80 VI S. 2 Nr. 2 VwGO).

2.2. Einstweilige Anordnung

Bei der einstweiligen Anordnung nach § 123 VwGO geht es um:
- die vorläufige Sicherung des Bestehenden durch die Sicherungsanordnung, § 123 I S. 1 VwGO
- die vorläufige Erweiterung des Rechtskreises durch die Regelungsanordnung, § 123 I S. 2 VwGO

Die VwGO kennt neben der Wiederherstellung der aufschiebenden Wirkung von Widerspruch und Anfechtungsklage nach § 80 I VwGO als weitere Formen des vorläufigen Rechtsschutzes die Anordnung oder Wiederherstellung der aufschiebenden Wirkung nach § 80 V VwGO und die einstweilige Anordnung nach § 123 VwGO. Die einstweilige Anordnung nach § 123 I VwGO ist anzuwenden, soweit es um einstweiligen Rechtsschutz wegen Erlasses eines begünstigenden VAs, Untätigkeit oder Unterlassen der Behörde oder um vorläufigen Rechtsschutz gegen schlicht- hoheitliche Eingriffe geht. Wie sich aus § 123 V VwGO ergibt, ist das Verfahren nach dieser Vorschrift aber subsidiär zum Verfahren nach § 80 V VwGO. Deshalb ist i.d.R. zunächst zu prüfen, ob § 80 V VwGO einschlägig ist. Das ist dann der Fall, wenn einstweiliger Rechtsschutz gegen einen VA begehrt wird, gegen den im Hauptverfahren die Anfechtungsklage geboten wäre, also eine sogenannte Anfechtungssituation vorliegt.

3. Einstweiliger Rechtsschutz nach § 80 V VwGO

Aufschiebende Wirkung § 80 VwGO

(1) Widerspruch und Anfechtungsklage haben aufschiebende Wirkung. Das gilt auch bei rechtsgestaltenden und feststellenden Verwaltungsakten sowie bei Verwaltungsakten mit Doppelwirkung (§ 80 a).

(2) Die aufschiebende Wirkung entfällt nur

1. bei der Anforderung von öffentlichen Abgaben und Kosten,
2. bei unaufschiebbaren Anordnungen und Maßnahmen von Polizeivollzugsbeamten,
3. in anderen durch Bundesgesetz oder für Landesrecht durch Landesgesetz vorgeschriebenen Fällen, insbesondere für Widersprüche und Klagen Dritter gegen Verwaltungsakte, die Investitionen oder die Schaffung von Arbeitsplätzen betreffen,
4. in den Fällen, in denen die sofortige Vollziehung im öffentlichen Interesse oder im überwiegenden Interesse eines Beteiligten von der Behörde, die den Verwaltungsakt erlassen oder über den Widerspruch zu entscheiden hat, besonders angeordnet wird.

Die Länder können auch bestimmen, daß Rechtsbehelfe keine aufschiebende Wirkung haben, soweit sie sich gegen Maßnahmen richten, die in der Verwaltungsvollstreckung durch die Länder nach Bundesrecht getroffen werden.

(3) In den Fällen des Absatzes 2 Nr. 4 ist das besondere Interesse an der sofortigen Vollziehung des Verwaltungsakts schriftlich zu begründen. Einer besonderen Begründung bedarf es nicht, wenn die Behörde bei Gefahr im Verzug, insbesondere bei drohenden Nachteilen für Leben, Gesundheit oder Eigentum vorsorglich eine als solche bezeichnete Notstandsmaßnahme im öffentlichen Interesse trifft.

(4) Die Behörde, die den Verwaltungsakt erlassen oder über den Widerspruch zu entscheiden hat, kann in den Fällen des Absatzes 2 die Vollziehung aussetzen, soweit nicht bundesgesetzlich etwas anderes bestimmt ist. Bei der Anforderung von öffentlichen Abgaben und Kosten kann sie die Vollziehung auch gegen Sicherheit aussetzen. Die Aussetzung soll bei öffentlichen Abgaben und Kosten erfolgen, wenn ernstliche Zweifel an der Rechtmäßigkeit des angegriffenen Verwaltungsakts bestehen oder wenn die Vollziehung für den Angaben- oder Kostenpflichtigen eine unbillige, nicht durch überwiegende öffentliche Interessen gebotene Härte zur Folge hätte.

(5) Auf Antrag kann das Gericht der Hauptsache die aufschiebende Wirkung in den Fällen des Absatzes 2 Nr. 1 bis 3 ganz oder teilweise

anordnen, im Falle des Absatzes 2 Nr. 4 ganz oder teilweise wiederherstellen. Der Antrag ist schon vor Erhebung der Anfechtungsklage zulässig. Ist der Verwaltungsakt im Zeitpunkt der Entscheidung schon vollzogen, so kann das Gericht die Aufhebung der Vollziehung anordnen. Die Wiederherstellung der aufschiebenden Wirkung kann von der Leistung einer Sicherheit oder von anderen Auflagen abhängig gemacht werden. Sie kann auch befristet werden.

(6) In den Fällen des Absatzes 2 Nr. 1 ist der Antrag nach Absatz 5 nur zulässig, wenn die Behörde einen Antrag auf Aussetzung der Vollziehung ganz oder zum Teil abgelehnt hat. Das gilt nicht, wenn

1. die Behörde über den Antrag ohne Mitteilung eines zureichenden Grundes in angemessener Frist sachlich nicht entschieden hat oder

2. eine Vollstreckung droht.

(7) Das Gericht der Hauptsache kann Beschlüsse über Anträge nach Absatz 5 jederzeit ändern oder aufheben. Jeder Beteiligte kann die Änderung oder Aufhebung wegen veränderter oder im ursprünglichen Verfahren ohne Verschulden nicht geltend gemachter Umstände beantragen.

(8) In dringenden Fällen kann der Vorsitzende entscheiden.

§ 80 V VwGO beinhaltet im Einzelnen:
- die Anordnung der aufschiebenden Wirkung in den Fällen, in denen sie kraft Gesetzes ausgeschlossen ist (§ 80 II S. 1 Nr. 1-3 VwGO),
- die Wiederherstellung der aufschiebenden Wirkung in den Fällen, in denen sie kraft behördlicher Anordnung ausgeschlossen worden war (§ 80 II S. 1 Nr. 4 VwGO),
- die Aufhebung bzw. Rückgängigmachung der Vollziehung gem. § 80 V S. 3 VwGO in den Fällen, in denen der VA bereits ganz oder teilweise vollzogen ist.

Die §§ 80 V und 80 a III VwGO besitzen mindestens die gleiche examensrelevante Bedeutung wie die Fortsetzungsfeststellungsklage.

Kein Problemkreis des Verwaltungsprozessrechts besitzt eine solche examensrelevante Bedeutung wie die gerichtliche Anfechtung belastender VAe, im Gesetz geregelt in den §§ 80 V und 80 a III VwGO. Im Vordergrund der Aufgabenstellung liegt regelmäßig die Lösung eines Falles nach § 80 V VwGO.

Zulässigkeit des Antrags nach § 80 V VwGO

Die Zulässigkeit des Antrags nach § 80 V VwGO beurteilt sich in erster Linie nach den gleichen Merkmalen, wie sie für die Zulässigkeit des Verfahrens zur Hauptsache – Widerspruch oder Anfechtungsklage – zu fordern sind.

Alle drei Arten des Verfahrens nach § 80 V VwGO verlangen einen – einschränkbaren – Antrag an das Gericht der Hauptsache bzw. in dringenden Fällen an den Vorsitzenden des Gerichts gem. § 80 VII S. 1 VwGO. Der Antrag ist auch schon vor Erhebung der Anfechtungsklage gem. § 80 V S. 2 VwGO zulässig.

Der Antrag nach § 80 V S. 1 VwGO ist auch schon vor Erhebung der Anfechtungsklage zulässig, § 80 V S. 2 VwGO.

§ 80 V S. 2 VwGO legt keine Voraussetzung für die Entscheidung des Gerichts über die drei Antragsarten fest. Die Beschlüsse des VG können auch nach § 80 V VwGO jederzeit geändert oder aufgehoben werden, etwa wenn sich die Sachlage geändert hat. § 80 V VwGO gibt nur die Befugnis zur Entscheidung, die es umfassend oder teilweise, befristet oder unbefristet (Satz 5), gegen Sicherheitsleistung oder andere Auflagen (Satz 4) ausüben kann. Das VG hat in seiner Prüfung die Nachteile aus einer verspäteten Verwirklichung des VAs mit den Nachteilen abzuwägen, die dem Antragsteller aus dem Vollzug des möglicherweise rechtswidrigen VAs entstehen.

Ein Antrag nach § 80 V VwGO ist – ebenso wie eine Klage – aus der Sicht des Antragstellers erfolgreich, wenn er zulässig und begründet ist.

3.1. Zulässigkeit des Antrages

Überblick über die Zulässigkeitsvoraussetzungen:
- Eröffnung des Verwaltungsrechtswegs, § 40 I S. 1 VwGO,
- Antrag,
- Statthaftigkeit: begehrt wird die Herstellung oder Anordnung der aufschiebenden Wirkung, die gemäß § 80 II VwGO entfallen ist,
- Antragsbefugnis, § 42 II VwGO analog,
- Richtiger Antragsgegner, § 78 VwGO analog,
- Rechtsschutzbedürfnis: keine Unanfechtbarkeit des VAs infolge Verstreichens der Widerspruchs- bzw. Klagefrist; tatsächlich erhobener Widerspruch, der keine aufschiebende Wirkung haben darf,
- Sonstiges (nur zu prüfen, wenn besondere Anhaltspunkte bestehen): ordnungsgemäße Antragstellung, §§ 81, 82 VwGO; Zuständigkeit des angerufenen Gerichts, §§ 45 ff., 52 VwGO; Beteiligungs- und Prozessfähigkeit, § 61 ff. VwGO.

Eröffnung des Verwaltungsrechtsweges

Die Eröffnung des Verwaltungsrechtsweges ist wie bei der verwaltungsgerichtlichen Klage zu prüfen.

*Formulierungs-
vorschlag*

Beispielformulierung:

Als statthafte Verfahrensart kommt ein Verfahren des einstweiligen Rechtsschutzes in Betracht, weil ... [HIER: Eile des vorliegenden Falles: Begründung, warum eine Entscheidung im Hauptsacheverfahren nicht abgewartet werden kann.]

A. Zulässigkeit des verwaltungsgerichtlichen Rechtsschutzes

I. Verwaltungsrechtsweg

Es müsste der Rechtsweg zum Verwaltungsgericht gegeben sein. Das ist für ein Verfahren auf Gewährung einstweiligen Rechtsschutzes dann der Fall, wenn auch das entsprechende Hauptsacheverfahren vor das VG gehört. Maßgeblich ist somit auch hier § 40 Abs. 1 VwGO. Deshalb kommt es darauf an, ob die in der Hauptsache streitentscheidenden Vorschriften dem öffentlichen Recht zuzuordnen sind. Dabei ist grundsätzlich auf die Rechtsgrundlage abzustellen, der das angegriffene Recht zuzuordnen ist. Demnach ist auf die Rechtsgrundlage der angegriffenen Maßnahme abzustellen. Diese ergibt sich aus dem ...-recht (z.B. Melderecht), das dem öffentlichen Recht zugehört. Folglich ist der Verwaltungsrechtsweg auch für den einstweiligen Rechtsschutz eröffnet.

oder

I. Zulässigkeit des Eilantrages

1. Verwaltungsrechtsweg

Der Verwaltungsrechtsweg ist für das Eilverfahren eröffnet, wenn auch im Hauptsacheverfahren § 40 Abs. 1 VwGO oder eine Spezialzuweisung den Verwaltungsrechtsweg eröffnet. Da es sich vorliegend um eine Streitigkeit auf dem Gebiet des Ordnungsbehördengesetzes handelt, ist der Verwaltungsrechtsweg nach § 40 Abs. 1 VwGO eröffnet.

2. Statthafte Antragsart ...

Statthaftigkeit

Abwehr belastender VA

Der Antrag nach § 80 V VwGO ist statthaft, wenn es um die Abwehr belastender VAs geht (= Situation der Anfechtungsklage in der Hauptsache).

Beispielformulierung:

II. Antragsart

Formulierungs-vorschlag

Die Verwaltungsgerichtsordnung (VwGO) kennt zwei Arten des einstweiligen Rechtsschutzes, nämlich die aufschiebende Wirkung nach § 80 Abs. 1 VwGO und die einstweilige Anordnung nach § 123 VwGO. Wie sich aus § 123 Abs. 5 VwGO ergibt, ist dieses Verfahren subsidiär zum Verfahren nach § 80 Abs. 5 VwGO. Aus diesem Grunde ist zunächst zu untersuchen, ob § 80 Abs. 5 VwGO einschlägig ist. Das ist dann der Fall, wenn einstweiliger Rechtsschutz gegen einen Verwaltungsakt begehrt wird, gegen den im Hauptsacheverfahren die Anfechtungsklage statthaft wäre. § 123 Abs. 1 VwGO ist einschlägig, wenn es um einstweiligen Rechtsschutz wegen Nichterlasses eines begünstigen Verwaltungsaktes, Untätigkeit oder Unterlassen der Behörde, oder um Rechtsschutz gegen schlicht-hoheitliche Eingriffe geht.

Demzufolge ist zunächst zu prüfen, ob das Verfahren nach § 80 Abs. 5 VwGO einschlägig ist.

Dann müsste es sich bei dem angegriffenen Bescheid vom ... um einen belastenden Verwaltungsakt handeln. Gegen diesen Verwaltungsakt müsste Widerspruch gem. § 68 VwGO eingelegt worden sein. Außerdem müsste die aufschiebende Wirkung nach § 80 Abs. 2 VwGO im vorliegenden Fall entfallen sein, was unmittelbar auf dem Gesetz nach den §§ 80 Abs. 2 Nr. 1-3, 187 Abs. 3 VwGO oder auf der behördlichen Anordnung der sofortigen Vollziehbarkeit nach § 80 Abs. 2 Nr. 4 VwGO beruhen kann.

Da hier der ... (z.B. Bürgermeister der Stadt ...) die sofortige Vollziehbarkeit in seinem Bescheid vom ... angeordnet hat und der A als Adressat des Bescheides gegen diesen Widerspruch eingelegt hat, kommt es darauf an, ob es sich bei dem Bescheid um einen belastenden Verwaltungsakt handelt.

(Bezüglich der Verwaltungsakt-Qualität dieser Maßnahme ist hier nur das Merkmal ... (z.B. Regelung) problematisch.)

Es handelt sich auch um einen belastenden Verwaltungsakt, da ... (z.B. dem A auferlegt wird ...)

oder

Statthaft könnte ein Antrag nach § 80 Abs. 5 VwGO sein. Dann müsste es um den Vollzug eines belastenden Verwaltungsakts gehen ... (HIER weitere Ausführungen). Die Zulässigkeit des Antrages setzt weiter voraus, dass gegen den VA, um dessen Vollzug es geht, ein Rechtsbehelf im Sinne des § 80 Abs. 1 VwGO eingelegt wurde, bei dem die aufschiebende Wirkung nach Maßgabe des § 80 Abs. 2 VwGO ausgeschlossen ist.

Der A hat ordnungsgemäß Widerspruch eingelegt. Dem Widerspruch kommt aber keine aufschiebende Wirkung nach § 80 Abs. 1 VwGO zu, da die Behörde gemäß § 80 Abs. 2 S. 1 Nr. 4 VwGO sofortige Vollziehung angeordnet hat.

oder

II. Statthafte Antragsart

A hat beim Verwaltungsgericht ... einen Antrag auf Gewährung einstweiligen Rechtsschutzes gestellt. Einstweiliger Rechtsschutz wird im verwaltungsgerichtlichen Verfahren entweder nach § 80 Abs. 5 VwGO oder nach § 123 VwGO gewährt. Nach der Regelung des § 123 Abs. 5 VwGO ist einstweiliger Rechtsschutz nach § 80 Abs. 5 VwGO vorrangig, soweit der Antragsteller sich gegen die Vollziehung eines gegen ihn erlassenen belastenden Verwaltungsakts wendet, gegen den in der Hauptsache Anfechtungsklage zu erheben ist. In allen anderen Fällen ist vorläufiger Rechtsschutz nach § 123 VwGO einschlägig.

Zu klären ist aus diesem Grunde, welche Klageart im vorliegenden Fall in der Hauptsache statthaft wäre. A wendet sich gegen die Verfügung der ...-behörde der Stadt X vom ..., wonach ihm aufgegeben wird, ... Diese Anordnung untersagt dem A, ... und hat daher belastenden Charakter. In der Hauptsache wäre folglich gemäß § 42 Abs. 1 VwGO eine Anfechtungsklage statthaft. Demnach richtet sich das Begehren des A auf vorläufigen Rechtsschutz nach § 80 Abs. 5 VwGO.

oder kürzere Subsumtion

Das Begehren des A richtet sich gegen die Untersagung ... Bei der Untersagung handelt es sich um einen belastenden Verwaltungsakt, gegen den in der Hauptsache die Anfechtungsklage statthaft ist. Der vorläufige Rechtsschutz richtet sich folglich nach § 80 Abs. 5 VwGO.

III. Antragsbefugnis, § 42 Abs. 2 VwGO analog ...

oder kürzer

2. Statthaftigkeit

Der A begehrt einstweiligen Rechtsschutz gegen ... Gemäß § 123 Abs. 5 VwGO geht der einstweilige Rechtsschutz nach den §§ 80, 80 a VwGO der einstweiligen Anordnung nach § 123 VwGO vor. Ein Antrag nach § 80 Abs. 5 VwGO ist statthaft, wenn ein belastender, noch nicht bestandskräftiger Verwaltungsakt vorliegt, der sofort vollziehbar ist. Die Verfügung der ...-behörde ist ein Verwaltungsakt i.S.d. § 35

VwVfG und auch belastender Art, da dem A auferlegt wird ... Das VwVfG findet hier gem. § 1 Abs. 1 VwVfG Anwendung, weil ein Behörde des Bundes (Art. 87 Abs. 1 S. 1 GG) den ...-bescheid erlassen hat. Die Verfügung wurde nach § 80 Abs. 2 S. 1 Nr. 4 VwGO für sofort vollziehbar erklärt und ist auf Grund des Widerspruches des A noch nicht bestandskräftig. Da A hier aufschiebende Wirkung seines Widerspruches begehrt, ist der einstweilige Rechtsschutz nach § 80 Abs. 5 S. 1 VwGO die richtige Verfahrensart.

3. Antragsbefugnis, § 42 Abs. 2 VwGO analog ...

Das Verfahren nach § 80 V VwGO ist also zu wählen, wenn das Begehren des Bürgers dahin geht, die befürchteten Nachteile der sofortigen Vollziehbarkeit – die sofortige Durchsetzung – eines belastenden VAs abzuwehren.

Beliebtes Thema in Examensaufgaben sind auch die Fälle des sog. faktischen Vollzugs. Dieser liegt vor, wenn Widerspruch oder Anfechtungsklage nach § 80 I VWGO aufschiebende Wirkung haben, somit kein Fall des § 80 II VwGO vorliegt, die Behörde aber dennoch die Vollziehung beabsichtigt oder bereits eingeleitet bzw. der VA durch einen begünstigten Dritten ausgenutzt wird. Bei diesem faktischen Vollzug eines angefochtenen Verwaltungsakts handelt es sich ebenfalls um den Vollzug eines angefochtenen VAs, so dass einstweiliger Rechtsschutz nach § 80 V VwGO einschlägig ist, obgleich in der Hauptsache ein Unterlassungsanspruch geltend zu machen wäre. Bei der Statthaftigkeit ist, wie zuvor dargestellt, festzustellen, dass es sich um den Vollzug eines angefochtenen VAs handelt, also Rechtsschutz über § 80 V VwGO zu gewähren ist.

Beim faktischen Vollzug eines VA ist § 80 V VwGO entsprechend anwendbar.

Antragsbefugnis, § 42 II VwGO analog

Vorläufiger gerichtlicher Rechtsschutz hat die Aufgabe, die Möglichkeit des Rechtsschutzes in der Hauptsache zu sichern. Wer gem. § 42 II VwGO nicht klagebefugt ist, ist daher auch nicht nach § 80 V VwGO antragsbefugt. Ein Antrag nach § 80 V VwGO ist deshalb nur zulässig, wenn der VA den Antragsteller nach § 42 II VwGO möglicherweise in eigenen Rechten verletzt.

Beispielformulierung:

III. Antragsbefugnis

Der Antragsteller A müsste zudem antragsbefugt sein. Insoweit gilt § 42 Abs. 2 VwGO analog.

A muss daher geltend machen, durch den Erlass eines Verwaltungsakts in einem subjektiv-öffentlichen Recht verletzt zu sein. Als Adressat

Formulierungsvorschlag

eines belastenden Verwaltungsakts wird A zumindest in der allgemeinen Handlungsfreiheit (Art. 2 Abs. 1 GG) eingeschränkt, so dass A als antragsbefugt anzusehen ist.

oder kürzer

A ist Adressat eines ihn belastenden Verwaltungsakts. Er kann mithin geltend machen, in seinen Grundrechten verletzt zu sein. Die auch im einstweiligen Rechtsschutzverfahren erforderliche Antragsbefugnis analog § 42 Abs. 2 VwGO liegt daher vor.

Zu problematisieren ist die Antragsbefugnis nur in Fällen der Drittbeteiligung, insbesondere bei Verwaltungsakten mit drittbelastender Doppelwirkung.

Richtiger Antragsgegner

Richtiger Antragsgegner ist gemäß § 78 I Nr. 1 VwGO analog der Träger der Behörde, die den VA erlassen hat. § 78 Abs. 1 Nr. 2 VwGO gilt nur bezüglich Landesbehörden.

Beispielformulierung:

Formulierungsvorschlag

4. Richtiger Antragsgegner

Richtiger Antragsgegner ist nach § 78 Abs. 1 Nr. 1 VwGO analog hier die Bundesrepublik Deutschland als Rechtsträgerin der handelnden Behörde, der ...-behörde.

Antrag

Ohne einen entsprechenden Antrag darf das Gericht die aufschiebende Wirkung nicht anordnen oder wiederherstellen. Hinsichtlich der formellen Anforderungen an den Antrag gelten die §§ 81 und 82 VwGO analog. Falsch bezeichnete Anträge sind gem. §§ 86 III, 88 VwGO vom Gericht umzudeuten.

Der Antrag ist an das Gericht der Hauptsache bzw. in dringenden Fällen an den Vorsitzenden des Gerichts gem. § 80 Abs. 7 S. 1 VwGO zu stellen. Er ist auch schon vor Erhebung der Anfechtungsklage gem. § 80 V S. 2 VwGO zulässig.

Zuständigkeit des angerufenen Gerichts

Zuständiges Gericht ist gemäß § 80 V S. 1 VwGO das Gericht der Hauptsache, also das Gericht, das über die Anfechtungsklage entscheidet. Demnach sind die §§ 45 ff. VwGO hinsichtlich der sachlichen und § 52 VwGO bezüglich der örtlichen Zuständigkeit anzuwenden.

Beispielformulierung:

Die sachliche Zuständigkeit des Verwaltungsgerichts richtet sich nach § 45 VwGO, die örtliche nach § 52 VwGO. Vorliegend ...

Formulierungsvorschlag

Beteiligungs- und Prozessfähigkeit

Die Beteiligungs- und Prozessfähigkeit des Antragstellers richten sich nach den §§ 61 f. VwGO.

Rechtsschutzbedürfnis

Das Rechtsschutzbedürfnis für einen Antrag nach § 80 V VwGO ist nur gegeben, wenn der Widerspruch bzw. die Klage nach § 80 II VwGO keine aufschiebende Wirkung entfaltet.

Widerspruch oder Anfechtungsklage müssen erhoben sein.

Dies ist der Fall, wenn:
- der Antragsteller Widerspruch bzw. Anfechtungsklage erhoben hat,
- der Rechtsbehelf nicht offensichtlich unzulässig ist,
- der Widerspruch bzw. die Anfechtungsklage wegen § 80 II VwGO keine aufschiebende Wirkung entfaltet.

Ein gegen einen VA gerichteter Widerspruch oder eine Anfechtungsklage haben nach § 80 II Nr. 1 VwGO nämlich ausnahmsweise keine aufschiebende Wirkung, wenn mit dem VA öffentliche Abgaben und Kosten angefordert werden. Damit soll gewährleistet werden, dass dem Staat die zur Erfüllung seiner Aufgaben erforderlichen finanziellen Mittel zur Verfügung stehen. Des Weiteren entfällt die aufschiebende Wirkung gemäß § 80 II Nr. 2 und 3 VwGO bei unaufschiebbaren Anordnungen und Maßnahmen von Polizeivollzugsbeamten und in anderen durch ein formelles Bundesgesetz vorgeschriebenen Fällen.

Beispiel: Die Polizei erlässt einen Verwaltungsakt mit dem Inhalt, dass alle Personen den Stadtplatz verlassen müssen, weil eine Bombendrohung eingegangen ist.

Schließlich kann nach § 80 II Nr. 4 VwGO eine Behörde, die einen VA erlassen hat, oder die Widerspruchsbehörde, also die der Ausgangsbehörde übergeordnete Behörde, bestimmen, dass dieser sofort vollziehbar ist. Dann entfällt die aufschiebende Wirkung eines Widerspruchs oder einer Anfechtungsklage von diesem Zeitpunkt an. Alle nach § 80 V VwGO statthaften Anträge gegen die nach § 80 II VwGO sofort vollziehbaren VA setzen voraus, dass in der Hauptsache ein Rechtsbehelf eingelegt ist, der die aufschiebende Wirkung nach § 80 I VwGO auszulösen vermag. Gegen den erlassenen VA muss also ein Widerspruch oder eine Anfechtungsklage erhoben worden sein. Das

Vorverfahren braucht nicht abgeschlossen zu sein, da nach § 80 V S. 2 VwGO der Antrag schon vor Erhebung der Anfechtungsklage zulässig ist. Ist ein Widerspruchsverfahren durchzuführen, muss als Mindestvoraussetzung der Widerspruch erhoben sein, weil es andernfalls an einem Rechtsbehelf fehlt, dessen aufschiebende Wirkung wiederhergestellt oder angeordnet werden kann.

Beim Zulässigkeitsaufbau wird teilweise schon bei der Statthaftigkeit geprüft, ob die aufschiebende Wirkung nach § 80 II VwGO ausgeschlossen ist. Dieses Problem kann dadurch umgangen werden, dass man in der Klausur wie folgt formuliert:

»Statthaft könnte ein Antrag nach § 80 V VwGO sein. Dann müsste es um den Vollzug eines belastenden Verwaltungsakts gehen. ... « (Es folgen dann die Ausführungen zu diesem Punkt.)

Die Zulässigkeit des Antrages setzt weiter voraus, dass gegen den Verwaltungsakt, um dessen Vollzug es geht, ein Rechtsbehelf i.S.d. § 80 I VwGO eingelegt wurde, bei dem die aufschiebende Wirkung nach Maßgabe des § 80 II VwGO ausgeschlossen ist. Werden in der Klausur Überschriften gewählt, so kann es jedenfalls nicht falsch sein, wenn man den Ausschluss der aufschiebenden Wirkung schon unter dem Prüfungspunkt »Statthaftigkeit« prüft.

<small>Vorheriger Antrag nach § 80 IV VwGO an Behörde nicht erforderlich</small>

Das allgemeine Rechtsschutzbedürfnis des Antragstellers ist – wie bei einer Klage – zu verneinen, wenn er sein Ziel auf einfacherem Weg als durch gerichtliche Entscheidung erreichen kann. Nach § 80 IV VwGO kann auch die Behörde, die den VA erlassen hat, oder die Widerspruchsbehörde auf Antrag des Betroffenen die sofortige Vollziehung aussetzen. Von dieser Möglichkeit muss – § 80 V VwGO – der Antragsteller allerdings keinen Gebrauch gemacht haben, bevor er sich an ein Gericht wendet. Er kann sogar parallel Anträge nach § 80 IV und V VwGO stellen.

Anders ist es, wenn mit dem zur Disposition stehenden Verwaltungsakt Abgaben und Kosten angefordert werden. Dann muss die Behörde gemäß § 80 VI VwGO über die Aussetzung der Vollziehung entschieden haben, bevor ein Verfahren nach § 80 V VwGO in Gang gesetzt wird.

Des Weiteren hat der Antragsteller kein schutzwürdiges Interesse an der Beurteilung eines Antrags nach § 80 V VwGO, wenn er keinen Widerspruch mehr einlegen und/oder keine Anfechtungsklage mehr erheben kann, weil die Fristen verstrichen sind. Sinn des Antrags nach § 80 V VwGO ist es, die Vollziehbarkeit eines VAs so lange auszusetzen, bis über den Hauptsacherechtsbehelf entschieden ist. Wenn eine solche Entscheidung nicht mehr möglich ist, bedarf es auch keiner vorläufigen Aussetzung der Vollziehung.

Das allgemeine Rechtsschutzbedürfnis besteht auch dann, wenn der VA durch die Behörde vollzogen oder vom Betroffenen verwirklicht ist, etwa der zur Zahlung von Erschließungsbeiträgen herangezogene Antragsteller den angeforderten Betrag gezahlt hat. Im Gegensatz dazu fehlt das allgemeine Rechtsschutzbedürfnis, wenn sich der VA erledigt hat, somit der eigentliche, der der Vollziehung fähige Regelungsgehalt des VAs gegenstandslos geworden ist. Dies ist z.B. der Fall, wenn der Zeitpunkt, an dem eine von der Behörde verbotene Versammlung durchgeführt werden sollte, verstrichen ist.

Beim sog. faktischen Vollzug ist darzulegen, dass wegen des drohenden oder schon erfolgten Vollzugs trotz des Umstandes, dass der eingelegte Widerspruch oder die eingelegte Anfechtungsklage möglicherweise aufschiebende Wirkung hat; ein rechtlich zu schützendes Interesse an der Klärung der Frage besteht, ob der Vollzug durch den Fortfall des Suspensiveffektes gedeckt ist oder nicht.

3.2. Begründetheit des Antrags

Voraussetzungen für die Begründetheit ist ein überwiegendes Interesse des Antragstellers an der Anordnung der aufschiebenden Wirkung gegenüber dem Interesse der Allgemeinheit an der sofortigen Vollziehbarkeit. Bei der Prüfung der Begründetheit eines Antrags nach § 80 V VwGO ist zu unterscheiden, ob die sofortige Vollziehbarkeit des VAs unmittelbar auf Gesetz beruht, wie in den Fällen des § 80 II S. 1 Nr. 1 bis 3 VwGO, oder auf Grund einer behördlichen Anordnung nach § 80 II S. 1 Nr. 4 VwGO eingetreten ist. Im ersten Fall tritt die sofortige Vollziehbarkeit automatisch ein. Der Gesetzgeber hat im Rahmen einer generalisierenden Wertung die Wertung der Interessenlage vorweggenommen. Im zweiten Fall ist hierfür eine besondere behördliche Anordnung erforderlich.

Bei der Begründetheit des Antrags nach § 80 V VwGO ist zu unterscheiden, ob die sofortige Vollziehbarkeit auf Gesetz (§ 80 II S. 1 Nr. 1-3 VwGO) beruht oder auf Grund einer behördlichen Anordnung nach § 80 II S. 1 Nr. 4 VwGO eingetreten ist.

In beiden Fällen prüft das Gericht anhand des glaubwürdigen Vortrags der Parteien und der zur Verfügung stehenden Beweismittel die Rechtmäßigkeit des VAs. Mit dem Begriff, dass die Erfolgsaussichten in der Hauptsache nur »summarisch« zu prüfen seien, ist nur gemeint, dass im Verfahren nach § 80 V VwGO die Sachverhaltsermittlung nicht in dem im Hauptverfahren gebotenen Umfang stattfindet. Die Kürze der zur Verfügung stehenden Zeit rechtfertigt nur, dass die Tatsachenfeststellung je nach dem mit ihr verbundenen zeitlichen Aufwand nicht immer vollständig durchgeführt wird. Demgegenüber sind die im Hinblick auf die Hauptsache anstehenden Rechtsfragen auch im Verfahren nach § 80 V VwGO umfassend und nicht lediglich soweit als möglich zu klären. Vor die Notwendigkeit einer kurzfristigen Prüfung von Rechtsfragen ist der Richter auch im Hauptverfahren gestellt.

Beispielformulierung:

Formulierungsvorschlag

B. Begründetheit des Antrages nach § 80 Abs. 5 VwGO

Der Antrag ist gemäß § 80 Abs. 5 VwGO begründet, mit der Folge, dass die aufschiebende Wirkung des Widerspruches anzuordnen ist, wenn das Interesse des Antragstellers am vorläufigen Aufschub der Vollziehung den Interessen des Antragsgegners an der sofortigen Vollziehung überwiegt. Dies wäre nicht der Fall, wenn sich die für sofort vollziehbar erklärte Beseitigungsverfügung bei der im Rahmen des Verfahrens nach § 80 Abs. 5 VwGO gebotenen summarischen Prüfung als offensichtlich rechtmäßig darstellt und die sofortige Vollziehung im öffentlichen Interesse geboten erscheint.

oder

B. Begründetheit des Antrages nach § 80 Abs. 5 VwGO

Ein Antrag nach § 80 Abs. 5 ist begründet, wenn die Anordnung der sofortigen Vollziehung aus formellen oder materiellen Gründen rechtswidrig ist. ...

Antrag auf Anordnung der aufschiebenden Wirkung nach § 80 V S. 1 1. Alt. VwGO im Fall des § 80 II S. 1 Nr. 1 VwGO

Begründetheit bei § 80 II S. 1 Nr. 1 VwGO:

(1) ernstliche Zweifel an der Rechtmäßigkeit des angegriffenen VAs (vgl. § 80 IV S. 3 VwGO) oder

(2) die Vollziehung hätte eine unbillige, nicht durch überwiegende öffentliche Interessen gebotene Härte zur Folge (vgl. § 80 IV S. 3 VwGO); hier erfolgt Bewertung und Abwägung, welche Vorteile hat der Antragsteller, welche Nachteile die Allgemeinheit,

(3) bei Gleichwertigkeit der Abwägung hat das Vollzugsinteresse Vorrang (Grund: Gesetzliche Wertung des § 80 II Nr. 1 VwGO als Regelfall).

Der Antrag auf Anordnung der aufschiebenden Wirkung nach § 80 V S. 1 1. Alt VwGO im Fall des § 80 II S. 1 Nr. 1 VwGO bei der Anforderung öffentlicher Abgaben ist begründet, wenn ernstliche Zweifel an der Rechtmäßigkeit des VAs bestehen oder wenn die Vollziehung für den Abgaben- oder Kostenpflichtigen eine unbillige, nicht durch überwiegende öffentliche Interessen gebotene Härte zur Folge hätte.

In den Fällen des § 80 II Nr. 1 VwGO, also bei der Anforderung von öffentlichen Abgaben und Kosten, hat – im Gegensatz zur Nr. 2 bis 4 – im Rahmen einer Begründetheitsprüfung keine Interessenabwägung stattzufinden. Das Gesetz hat in § 80 IV S. 3 VwGO für diese Fälle bestimmt, dass die Aussetzung der sofortigen Vollziehung erfolgen soll, sofern ernstliche Zweifel an der Rechtmäßigkeit des angegriffenen VAs bestehen oder wenn die Vollziehung für den Abgaben- oder Kostenpflichtigen eine unbillige, nicht durch überwiegende öffentliche Interessen gebotene Härte zur Folge habe. Diese für die Behörde geltenden Grundsätze sind auch für die Entscheidung des Gerichts nach § 80 V VwGO maßgebend. Demnach reichen für die Aussetzung der Vollziehung ernstliche Zweifel an der Rechtmäßigkeit des VAs. Sind ernste Zweifel an der Rechtmäßigkeit nicht feststellbar, so muss danach geprüft werden, ob nicht eine unbillige Härte für den betroffenen Bürger vorliegt. Eine unbillige Härte beim Vollzug der Anforderung öffentlicher Abgaben und Kosten liegt dann vor, wenn durch die sofortige Zahlung ein auch durch spätere Erstattung nicht wieder gutzumachender Schaden eintritt, etwa Insolvenz oder die Vernichtung der wirtschaftlichen Existenz.

In den Fällen des § 80 II Nr. 1 VwGO findet keine Interessenabwägung statt.

Antrag auf Anordnung der aufschiebenden Wirkung nach § 80 V S. 1 1. Alt VwGO in den Fällen des § 80 II S. 1 Nr. 2 und 3 VwGO.

Begründetheit bei § 80 II S. 1 Nr. 2-3 VwGO:

(1) offensichtliche Rechtswidrigkeit des VAs (Grund: Ein Vollzugsinteresse besteht aus rechtsstaatlichen Erwägungen nicht),
(2) wenn Offensichtlichkeit nicht feststellbar, dann unabhängige Güter- und Interessenabwägung,
(3) bei Gleichwertigkeit Vorteile Antragsteller, Nachteile Allgemeinheit hat das Vollzugsinteresse Vorrang (Grund: Gesetzliche Wertung des § 80 II S. 1 Nr. 2-3 VwGO u. II S. 2 als Regelfall).

Der Antrag ist in der Sache begründet, wenn das Interesse an der aufschiebenden Wirkung des Betroffenen dem Interesse der Behörde an der Vollziehbarkeit überwiegt.

Ist der Verwaltungsakt offensichtlich rechtswidrig, so ist der Antrag begründet, bei offensichtlicher Rechtmäßigkeit in aller Regel unbegründet. Nachdem keine offensichtliche Rechtswidrigkeit oder Rechtmäßigkeit des VAs festzustellen ist, ist in den Fällen des § 80 II Nr. 2 und 3 VwGO dann zu prüfen, ob das private Interesse des Betroffenen an der aufschiebenden Wirkung des Rechtsbehelfs (die dazu führt, dass er einstweilen vom Vollzug des VAs verschont bleibt) dem gesetzlich angeordneten öffentlichen Interesse an der sofortigen Vollziehbarkeit des VAs überwiegt.

Beispielformulierung:

Formulierungsvorschlag

Begründet ist der Antrag auf Anordnung der aufschiebenden Wirkung nach § 80 Abs. 5 S. 1 1. Alt. VwGO, sofern die Interessenabwägung ergibt, dass das private Aussetzungsinteresse dem behördlichen Vollzugsinteresse überwiegt, wobei die Erfolgsaussichten in der Hauptsache mit einzubeziehen sind.

Antrag auf Herstellung bzw. Wiederherstellung der aufschiebenden Wirkung nach § 80 V S. 1 2. Alt. VwGO im Fall des § 80 II S. 1 Nr. 4 VwGO

Begründetheit bei § 80 II S. 1 Nr. 4 VwGO:

I. Formelle Rechtmäßigkeit der Vollziehungsanordnung

1. Zuständigkeit § 80 II Nr. 4 VwGO: Ausgangsbehörde oder Widerspruchsbehörde

2. Verfahren: Anhörung analog § 28 VwVfG nach h.M. nicht erforderlich, da Vollziehungsanordnung kein VA

3. Form, § 80 III S. 1 VwGO: schriftliche Begründung des besonderen Vollzugsinteresses

II. Materielle Rechtmäßigkeit der sofortigen Vollziehung

1. Offensichtlichkeit des Ausgangs des Hauptverfahrens

   a. Offensichtliche Rechtswidrigkeit des VAs (in diesem Fall ist der Antrag i.d.R. unbegründet)

   b. Offensichtliche Rechtmäßigkeit des VAs (in diesem Fall ist der Antrag stets begründet)

2. lässt sich weder die offensichtliche Rechtmäßigkeit, noch die Rechtmäßigkeit an sich abschließend beurteilen, dann unabhängige Güter- und Interessenabwägung Vollzugsinteresse – Suspensivinteresse:

   • welche Vorteile hat der Antragsteller
   • welche Nachteile hat die Allgemeinheit
   • Bewertung und Abwägung (bei Gleichwertigkeit hat das Aussetzungsinteresse Vorrang; Grund: Wertung des § 80 I VwGO als Regelfall).

Der Antrag nach § 80 Abs. 5 VwGO ist begründet, wenn bei Abwägung aller Umstände davon auszugehen ist, dass das Interesse des

Betroffenen an dem einstweiligen Nichtvollzug gegenüber dem öffentlichen Interesse an der sofortigen Vollziehung vorrangig ist.

Stellt sich bei Prüfung des angefochtenen VAs dieser als offensichtlich rechtswidrig heraus, so kann am Vollzug eines offensichtlich rechtswidrigen VAs kein überwiegendes öffentliches Interesse bestehen.

Hat der eingelegte Rechtsbehelf offensichtlich deshalb keinen Erfolg, weil die angegriffene Verfügung offensichtlich rechtmäßig ist, überwiegt nicht allein deswegen schon das Interesse an der sofortigen Vollziehbarkeit. Vielmehr muss in diesen Fällen noch ein besonderes öffentliches Interesse am sofortigen Vollzug gegeben sein, weil sonst in allen Fällen rechtmäßiger Verfügung eine sofortige Durchsetzbarkeit möglich wäre.

Für den praktisch häufigsten Fall der behördlichen Anordnung der sofortigen Vollziehbarkeit hat sich folgende Prüfungsreihenfolge herausgebildet:

1. Stufe: Vorliegen einer ordnungsgemäßen Begründung der sofortigen Vollziehbarkeit nach § 80 II S. 1 Nr. 4, III S. 1 VwGO. Bei diesem Prüfungspunkt ergeben sich kaum Probleme.

2. Stufe: Offensichtlicher Ausgang des Hauptverfahrens, weil der VA offensichtlich rechtswidrig oder offensichtlich rechtmäßig ist. Die Erfolgsaussichten der Anfechtungsklage können allein für die Begründetheit des Antrags gemäß § 80 V VwGO sprechen, wenn die Vollzugsanordnung zwar für sich rechtmäßig ist, der zu Grunde liegende VA aber offensichtlich rechtswidrig ist.

3. Stufe: Abwägung zwischen den Belangen des Antragstellers, vom einstweiligen Vollzug verschont zu werden, und dem öffentlichen Interesse am sofortigen Vollzug, sofern sich die offensichtliche Rechtswidrigkeit oder Rechtmäßigkeit des zu Grunde liegenden VAs nicht beurteilen lässt.

Die Erfolgsaussichten der Anfechtungsklage können allein für die Begründetheit des Antrags gemäß § 80 V VwGO sprechen. Somit ist ein Antrag auf Wiederherstellung der aufschiebenden Wirkung begründet, wenn die Vollzugsanordnung zwar für sich rechtmäßig ist, der zu Grunde liegende VA aber offensichtlich rechtswidrig ist. Liegt ein offensichtlich rechtswidriger VA vor, so ist der Antrag stets begründet. Liegt ein offensichtlich rechtmäßiger VA vor, so ist der Antrag i.d.R. unbegründet. Für die Feststellung, dass ein VA offensichtlich rechtswidrig ist, genügt es, dass ein Fehler vorliegt. Der Antrag ist dann begründet. Erst wenn die Prüfung aller Einzelpunkte des VAs ergibt, dass kein Fehler vorliegt und liegt zu dem ein besonde-

Prüfungsreihenfolge:
- 1. Stufe: ordnungsgemäße Begründung der sofortigen Vollziehbarkeit
- 2. Stufe: offensichtliche Rechtswidrigkeit des VA
- 3. Stufe: die dem VA beigefügte sofortige Vollziehbarkeit selbst muss im öffentlichen Interesse erfolgen

res öffentliches Interesse an der sofortigen Vollziehung vor, so ist dieser offensichtlich rechtmäßig und der Antrag unbegründet.

Lässt sich wegen der tatsächlichen Ungeklärtheit die Rechtmäßigkeit oder Rechtswidrigkeit des VAs, dem die Vollzugsanordnung beigefügt ist, nicht abschließend beurteilen, so ist erst in diesem häufig vorliegenden Fall die 3. Stufe der Prüfung vorzunehmen und eine Interessenabwägung zwischen Vollzugs- und Suspensivinteresse vorzunehmen. Die Interessenabwägung zwischen Vollzugs- und Aufschiebungsinteresse hat also erst bei Ungeklärtheit der Rechtmäßigkeit oder Rechtswidrigkeit des zu Grunde liegenden VAs zu erfolgen.

Aus dem eben Dargestellten ergibt sich folgender Prüfungsaufbau in der Klausur:

Voraussetzungen der Begründetheit, wenn die Vollziehbarkeit des Verwaltungsakts gemäß § 80 II Nr. 4 VwGO behördlich angeordnet ist, sind somit, dass die Anordnung der sofortigen Vollziehung durch die Behörde formell rechtswidrig ist und/oder das Aussetzungsinteresse / das Vollzugsinteresse überwiegt. Es ist demnach zu prüfen, ob die Anordnung der Vollziehung (1) formell rechtmäßig war und ob (2) das Aussetzungsinteresse / das Vollzugsinteresse überwiegt.

Formulierungsvorschlag

Beispielformulierung:

B. Begründetheit des Antrages nach § 80 Abs. 5 VwGO

Der Antrag nach § 80 Abs. 5 S. 1 2. Alt. VwGO ist begründet, wenn (I.) das besondere Interesse an der sofortigen Vollziehung des Verwaltungsakts nicht oder nicht ordnungsgemäß i.S.d. § 80 Abs. 3 S. 1 VwGO begründet ist und/oder (II.) die durchzuführende Interessenabwägung zwischen dem Aufschubinteresse des Betroffenen und dem Interesse der Behörde an der Vollziehbarkeit ergibt, dass das Interesse des Antragstellers an der aufschiebenden Wirkung seines Widerspruchs überwiegt.

Formelle Rechtswidrigkeit der Vollziehungsanordnung

Formelle Rechtswidrigkeit

Die dem VA beigefügte Vollzugsanordnung ist formell rechtswidrig, wenn sie nicht im Sinne des § 80 III VwGO von der Behörde begründet worden ist, die Begründung unzureichend ist oder sonstige, für ein Verwaltungsverfahren geltende Vorschriften nicht beachtet wurden. Wird die sofortige Vollziehungsanordnung wegen Mangelhaftigkeit der Begründung aufgehoben, so kann die Verwaltungsbehörde durch die Anordnung des Sofortvollzugs mit einer ausreichenden Begründung die sofortige Vollziehbarkeit erneut herstellen.

Formelle Voraussetzungen der Vollziehungsanordnung:

- Zuständigkeit der Ausgangs- oder Widerspruchsbehörde,
- Verfahren: Anhörung zur Vollziehungsanordnung auch nicht analog § 28 VwVfG erforderlich, da Vollziehungsordnung nach h.M. kein VA,
- Form: schriftliche Begründung des besonderen Vollzugsinteresses,
- Schlüssigkeit,
- einzelfallbezogene Erwägungen,
- unzureichend: Verwendung nichtssagender Floskeln, Wiedergabe des Gesetzeswortlautes, Hinweis auf offensichtliche Rechtmäßigkeit der Verfügung, Wiederholung der den VA selbst rechtfertigenden Gründe (Ausnahme möglich bei VAen der Gefahrenabwehr).

Zuständigkeit

Bei der Zuständigkeit der die Vollziehungsanordnung erlassenden Behörde ergeben sich selten Probleme.

Verfahren

Da die Vollziehungsanordnung kein VA ist, muss diesbezüglich keine Anhörung stattfinden. Eine fehlende Anhörung ist folglich kein formeller Fehler.

Form

Das Begründungserfordernis des § 80 III S. 1 VwGO für das besondere öffentliche Interesse an der sofortigen Vollziehung des VAs setzt eine auf den konkreten Fall abstellende, also nicht nur formelhafte Begründung, dass der VA im öffentlichen Interesse oder im überwiegenden Interesse eines Beteiligten der sofortigen Vollziehung bedarf, voraus. Die Begründung ist dann als ausreichend anzusehen, wenn sie geeignet ist, das sofortige Vollzugsinteresse zu belegen. Ist sie in diesem Sinne schlüssig, so wird vom Gericht die Richtigkeit der Begründung nicht geprüft, da das Gericht eine eigene Interessenabwägung vornimmt.

Ist die Vollzugsanordnung – etwa wegen unzureichender Begründung – formell fehlerhaft, so führt dies nach h.M. noch nicht zur Wiederherstellung der aufschiebenden Wirkung, sondern nur zu einer Aufhebung der Vollzugsanordnung. Die Behörde muss nämlich die Möglichkeit haben, den Mangel zu beseitigen und eine Vollzugsanordnung mit ausreichender Begründung zu erlassen. Deshalb ist ohne Hilfsgutachten weiter zu prüfen, ob aus materiellen Gründen die Anordnung der sofortigen Vollziehung gerechtfertigt war und gegebenenfalls die aufschiebende Wirkung wiederherzustellen. Nur so erhält der An-

> Ist die dem VA beigefügte Vollzugsanordnung formell fehlerhaft, so führt der Antrag nach § 80 V VwGO nach h.M. nicht zur Wiederherstellung der aufschiebenden Wirkung.

tragsteller die Gewähr, dass der Verwaltungsakt bis zu dessen Bestandskraft nicht vollstreckt wird. Der formelle Fehler führt nach h.M. nicht zur Wiederherstellung der aufschiebenden Wirkung, sondern nur zur Aufhebung der Vollziehungsanordnung, damit die Behörde die Möglichkeit hat, den formellen Mangel durch Erlass einer neuen Vollzugsanordnung zu beheben. Die bloße Aufhebung der Vollzugsanordnung hindert dagegen nur eine Vollstreckung auf Grund dieser formell fehlerhaften Vollzugsanordnung, die durch die Behörde durch Erlass einer neuen Vollzugsanordnung korrigiert werden kann.

Formulierungsvorschlag

Beispielformulierung:

I. Formelle Voraussetzungen der Vollziehungsanordnung

Geht es – wie im vorliegenden Fall – um die Wiederherstellung der kraft behördlicher Vollzugsanordnung ausgeschlossenen aufschiebenden Wirkung, so kann sich die Begründetheit des Aussetzungsantrages bereits aus formellen Gründen ergeben.

1. Zuständigkeit zum Erlass des Vollzugsanordnung

...

2. Begründung nach § 80 Abs. 3 VwGO. Das besondere Interesse an der sofortigen Vollziehung des Verwaltungsakts ist nach § 80 Abs. 3 VwGO schriftlich zu begründen. Im vorliegenden Fall beruft sich der Antragsgegner, die ...-behörde, zunächst pauschal auf ein »überwiegendes Vollzugsinteresse«. Dies reicht als Begründung nicht aus, weil es sich lediglich um eine Wiederholung der Gesetzesformulierung handelt. Daher fehlt es an jeglicher Subsumtion dieses Rechtsbegriffes auf den konkreten Fall. Des Weiteren beruft sich die ...-behörde darauf, dass der »ordnungswidrige Zustand nicht länger hingenommen werden könne«. Auch diese Begründung genügt den Anforderungen an eine ordnungsgemäße Begründung nicht, da es sich hierbei um eine floskelhafte Formulierung ohne Bezug zum Einzelfall handelt. Zudem ist der Hinweis auf den ordnungswidrigen Zustand eine Begründung, die allenfalls die (z.B. Ordnungs-)...-verfügung selbst rechtfertigen kann, nicht aber ein darüber hinausgehendes besonderes Vollzugsinteresse. Da keine Anhaltspunkte einer Befreiung von der Begründungspflicht nach § 80 Abs. 3 S. 2 VwGO ersichtlich sind, ist die Vollzugsanordnung auf Grund einer unzureichenden Begründung formell fehlerhaft.

Ist die Vollzugsanordnung, wie im vorliegenden Fall wegen unzureichender Begründung, formell fehlerhaft, so führt dies noch nicht zur Wiederherstellung der aufschiebenden Wirkung, sondern nur zu einer Aufhebung der Vollzugsanordnung. Die Behörde muss nämlich die

Möglichkeit haben, den Mangel zu beseitigen und eine Vollzugsanordnung mit ausreichender Begründung zu erlassen. Deshalb ist weiter zu prüfen, ob aus materiellen Gründen die Anordnung der sofortigen Vollziehung gerechtfertigt war und gegebenenfalls die aufschiebende Wirkung wiederherzustellen. Nur so erhält der Antragsteller die Gewähr, dass der Verwaltungsakt bis zu dessen Bestandskraft nicht vollstreckt wird. Die bloße Aufhebung der Vollzugsanordnung hindert dagegen nur eine Vollstreckung auf Grund dieser formell fehlerhaften Vollzugsanordnung, die durch die Behörde durch Erlass einer neuen Vollzugsanordnung korrigiert werden kann.

Materielle Rechtswidrigkeit

Die Anordnung nach § 80 II S. 1 Nr. 4 VwGO verlangt eine Abwägung aller beteiligten Interessen nach Gewicht und Dringlichkeit. Gefahren für hochwertige Rechtsgüter (vgl. § 80 III S. 2 VwGO) rechtfertigen in der Regel die Anordnung der sofortigen Vollziehung, etwa beim Entzug der Fahrerlaubnis eines ungeeigneten Kraftfahrzeugführers; fiskalische Interessen nur, sofern sie von einem besonderen Gewicht sind.

Materielle Rechtswidrigkeit

Im Rahmen der Abwägung der Interessen des Antragstellers an der Anordnung der aufschiebenden Wirkung und der Allgemeinheit an der sofortigen Vollziehbarkeit ist vor allem Folgendes zu berücksichtigen: Zum einen, welche Auswirkungen die aufschiebende Wirkung und die sofortige Vollziehbarkeit für die Parteien haben. Entstehen für den Antragsteller durch den Vollzug des VAs nicht mehr beseitigbare Folgen, etwa, weil er sein Haus abreißen muss, so spricht dies für ihn. Zum anderen die Schwere des Eingriffs des VAs in die Rechte des Antragstellers, wobei insbesondere auf Grundrechte abzustellen ist. Aus dem eben Dargestellten ergibt sich folgende Prüfungsfolge der materiellen Rechtmäßigkeit der Anordnung der sofortigen Vollziehung durch die Behörde (Aussicht auf Erfolg in der Hauptsache, Interessenabwägung):

Der Antrag ist ferner begründet, wenn das Interesse am sofortigen Vollzug dem Aussetzungsinteresse des Antragstellers nicht überwiegt.

Ist der VA offensichtlich rechtswidrig, so ist dem Aussetzungsantrag i.d.R. stattzugeben. An der sofortigen Vollziehung eines rechtswidrigen VAs kann grundsätzlich kein überwiegendes Interesse bestehen. In der Klausur könnte wie folgt formuliert werden:

Beispielformulierung:

Im Rahmen der Entscheidung nach § 80 V VwGO findet eine Interessenabwägung statt. Diese fällt in aller Regel zu Gunsten des Antragstellers aus, wenn sich der angefochtene Verwaltungsakt schon bei

Formulierungsvorschlag

summarischer Überprüfung als rechtswidrig erweist, da am sofortigen Vollzug eines erkennbar rechtswidrigen VAs kein überwiegendes öffentliches Interesse bestehen kann.

Es folgt danach die Darstellung der Rechtswidrigkeit des VAs in der Klausur.

• Ist der VA offensichtlich rechtswidrig und erweisen sich somit die Aussichten des Rechtsbehelfs in der Hauptsache als begründet, so überwiegt das Aussetzungsinteresse des Betroffenen. Der Antrag ist in diesem Fall begründet.

Bei offensichtlicher Rechtmäßigkeit des VA muss ein darüber hinausgehendes besonderes öffentliches Interesse am sofortigen Vollzug des VA vorliegen.

Hat der eingelegte Rechtsbehelf offensichtlich deshalb keinen Erfolg, weil die angegriffene Verfügung offensichtlich rechtmäßig ist, überwiegt nicht allein deswegen schon das Interesse an der sofortigen Vollziehbarkeit. Vielmehr muss in diesen Fällen noch ein besonderes öffentliches Interesse am sofortigen Vollzug gegeben sein, weil sonst in allen Fällen rechtmäßiger Verfügung eine sofortige Durchsetzbarkeit möglich wäre. Es muss ein besonderes öffentliches Interesse am sofortigen Vollzug, das über das allgemeine Interesse am Vollzug von Verwaltungsakten hinausgeht, vorliegen. Infolgedessen muss stets geprüft werden, ob es in dem ganz konkreten Einzelfall wirklich besteht.

Sind die Erfolgsaussichten in der Hauptsache offen, so ist auf zweiter Prüfungsebene eine Folgenabwägung vorzunehmen.

• Sind die Erfolgsaussichten in der Hauptsache offen, so hat eine umfassende Abwägung der für und wider der im Sofortvollzug streitenden Interessen stattzufinden. Es sind nun nicht mehr Fragen der Rechtmäßigkeit oder Rechtswidrigkeit des Verwaltungsakts in Betracht zu ziehen. Vielmehr ist losgelöst von rechtlichen Überlegungen eine Folgenbetrachtung vorzunehmen. Es muss sich nunmehr vor Augen geführt werden, welche Auswirkungen tatsächlicher und rechtlicher Art es für die Beteiligten hat, wenn entweder der Verwaltungsakt vollzogen oder seine Vollziehung einstweilen ausgesetzt wird. Ein Fall des non-liquet (= Ungeklärtheit) liegt nur vor, wenn in einem oder mehreren Punkten keine abschließende Entscheidung über die Rechtmäßigkeit des VAs getroffen werden kann, in allen übrigen Punkten hingegen keine Bedenken gegen die Rechtmäßigkeit bestehen. Aus den Klausurformulierungen sollte deutlich erkennbar werden, dass es sich bei der Interessenabwägung auf der zweiten Ebene um eine weitere Wertung der Interessenlage handelt, weil schon die Rechtmäßigkeitskontrolle auf der ersten Ebene im Rahmen einer Interessenabwägung erfolgt.

Beispielformulierung:

II. Materielle Rechtmäßigkeit der sofortigen Vollziehung

Die Begründetheit des Aussetzungsantrages ist auf Grund einer Abwägung zwischen dem öffentlichen (oder auch privaten Interesse) am sofortigen Vollzug des Verwaltungsakts, dem sog. Vollzugsinteresse und dem privaten Aussetzungsinteresse des Betroffenen, dem Aufschubinteresse, vorzunehmen. Dabei ist in erster Linie auf die Erfolgsaussichten der in der Hauptsache anhängig zu machenden Anfechtungsklage abzustellen. Erweist sich der Verwaltungsakt schon bei summarischer Prüfung als offensichtlich rechtswidrig, überwiegt das Aufschubinteresse des Bürgers, da an der Vollziehung eines rechtswidrigen Verwaltungsakts nie ein überwiegendes Interesse der Allgemeinheit bestehen kann. Andererseits ist in aller Regel kein überwiegendes privates Interesse erkennbar, vom Vollzug des angefochtenen Verwaltungsaktes verschont zu bleiben, wenn sich dieser bereits bei summarischer Prüfung als offensichtlich rechtmäßig erweist, da dann das Vollzugsinteresse der Allgemeinheit überwiegt, weil der Bürger kein schützenswertes Interesse daran haben kann, von dem Vollzug eines rechtmäßigen Verwaltungsakts vorläufig verschont zu werden. Führt diese im Rahmen des § 80 Abs. 5 VwGO vorzunehmende summarische Prüfung zu keinem eindeutigen Ergebnis, so ist in einem nachfolgenden zweiten Schritt in einer Folgebetrachtung abzuwägen, welches Interesse überwiegt. Bei dieser Wertung ist im Zweifel auf die gesetzliche Ausgangslage abzustellen, wonach jeder Widerspruch (§ 80 Abs. 1 VwGO) aufschiebende Wirkung hat, sofern sie nicht durch Gesetz ausgeschlossen ist (§ 80 Abs. 2 Nr. 1-3 VwGO).

Formulierungsvorschlag

In materieller Hinsicht kann sich die Begründetheit des Wiederherstellungsantrags aus der Rechtwidrigkeit der angefochtenen (z.B. Ordnungs-) ...-verfügung ergeben.

1. Rechtmäßigkeit der (z.B. Ordnungs-) ...-verfügung in formeller Hinsicht

a. Die Zuständigkeit der ...-behörde zum Erlass der ... (z.B. Ordnungs-) ...-verfügung ergibt sich aus § ...

b. Eine Anhörung nach § 28 Abs. 1 VwVfG im Hinblick auf den Erlass der Verfügung ist laut Sachverhalt am ... erfolgt. In formeller Hinsicht bestehen infolgedessen keine Bedenken gegen die Rechtmäßigkeit der Verfügung.

2. In materieller Hinsicht bedarf die Verfügung einer Ermächtigungsgrundlage. Als solche kommt § ... in Betracht. Danach ...

2. Weitere Interessenabwägung

Im Rahmen der Entscheidung nach § 80 V VwGO findet eine Interessenabwägung statt. Diese fällt zu Gunsten des Antragstellers aus, wenn der Verwaltungsakt offensichtlich rechtswidrig ist, weil am sofortigen

Vollzug eines solchen Verwaltungsakts kein überwiegendes öffentliches Interesse bestehen kann. Andererseits ist in aller Regel kein überwiegendes privates Interesse erkennbar, vom Vollzug des angefochtenen Verwaltungsakts verschont zu bleiben, wenn sich dieser bereits in diesem summarischen Verfahren als offensichtlich rechtmäßig erweist. Vorliegend können weder die offensichtliche Rechtswidrigkeit noch die offensichtliche Rechtmäßigkeit des Verwaltungsakts festgestellt werden. Da die Rechtslage offen ist, muss eine Folgenbetrachtung vorgenommen werden.

In einem ersten Schritt dieser Folgenbetrachtung ist darzulegen, welche nachteiligen Auswirkungen es für den A hat, wenn der Verwaltungsakt vollzogen wird und welche sich für die Behörde ergeben, wenn der Verwaltungsakt während des Anfechtungsverfahrens nicht vollzogen werden kann. ... Nun ist zu prüfen, welchem der Beteiligten es eher zuzumuten ist, diese nachteiligen Auswirkungen bis zum Abschluss des Anfechtungsverfahrens hinzunehmen.

Es ist eine Folgenabwägung vorzunehmen: Die Nachteile, die der Antragsteller erleiden würde, wenn der VA sofort vollzogen werden könnte, der VA sich aber im Hauptsacheverfahren als rechtswidrig erweisen würde, sind gegen die Nachteile abzuwägen, die eintreten würden, wenn der VA nicht sofort vollzogen werden dürfte, die Klage sich aber später als unbegründet erweisen würde. Soweit sich beim Vergleich der eintretenden Nachteile kein Übergewicht zu Gunsten des Vollzugs- oder des Aussetzungsinteresses ergibt (sog. non-liquet-Lage = Ungeklärtheit), hat eine an der gesetzgeberischen Wertung des § 80 I VwGO orientierte Beurteilung stattzufinden, nach der das Vollzugsrisiko grundsätzlich (außer in den Fällen des § 80 II S. 1 Nr. 1-3) bei der Behörde liegen soll.

Es ist wie folgt vorzugehen:
- zunächst sind die gegenseitigen Interessengesichtspunkte darzustellen,
- diese sind anschließend im Sinne einer Folgenbetrachtung zu werten.

In einem ersten Schritt ist folglich ohne wertende Betrachtung darzulegen, welche nachteiligen Auswirkungen es für den Betroffenen hat, wenn der Verwaltungsakt sofort vollzogen wird und welche sich für die Behörde ergeben, wenn der Verwaltungsakt während des Anfechtungsverfahrens nicht vollzogen werden kann. In einem nachfolgenden Schritt ist dann darauf hinzuweisen, welchem der Beteiligten es eher zuzumuten ist, diese nachteiligen Auswirkungen bis zum Abschluss des Anfechtungsverfahrens hinzunehmen. Dafür gilt, dass umso höhere

Anforderungen an das Vollzugsinteresse der Behörde zu stellen sind, je schwerwiegender der Eingriff für den Betroffenen ist. Ergibt die Interessenabwägung eine Gleichwertigkeit, so hat das Aussetzungsinteresse Vorrang. Grund dafür ist die Wertung des § 80 I VwGO als Regelfall.

Antrag auf Feststellung der aufschiebenden Wirkung von Widerspruch oder Anfechtungsklage gem. § 80 V S. 1 VwGO analog

Zulässigkeit des Antrages:

1. Eröffnung des Verwaltungsrechtsweges, z.B. § 40 I S. 1 VwGO
2. Statthafter Antrag nach § 80 V S. 1 VwGO analog
Ohne Anordnung der sofortigen Vollziehung wird ein VA faktisch vollzogen (Die Grundverfügung ist ein belastender VA. Dies ist eine typische Anfechtungssituation und damit § 80 V VwGO einschlägig.). Der Bürger will, dass die Behörde die aufschiebende Wirkung des Widerspruchs nach § 80 I VwGO anerkennt. Hierzu reicht ein Feststellungsbegehren aus, weil eine rechtsstaatliche Verwaltung das Urteil eines VG zu beachten hat.
3. Antragsbefugnis, § 42 II VwGO analog
4. Antragsgegner, § 78 VwGO analog
5. Allgemeines Rechtsschutzbedürfnis

   a. Fall des § 80 I VwGO, d.h., es wurde ein nicht offensichtlich unzulässiger Widerspruch eingelegt

   b. Gefahr des Vollzuges

   c. keine Erledigung des VAs

Begründetheit des Antrages auf Feststellung der aufschiebenden Wirkung:

Der Antrag ist begründet, wenn der Rechtsbehelf aufschiebende Wirkung hat (§ 80 I VwGO greift ein, und es liegt kein Fall des § 80 II VwGO vor).

In der Praxis (und damit in der Klausur auch) kann es mitunter vorkommen, dass Widerspruchs- bzw. Anfechtungsklage zwar die aufschiebende Wirkung auslösen, der VA aber gleichwohl von der Behörde vollzogen bzw. durch einen begünstigten Dritten ausgenutzt wird.

Beachtet die Behörde das Bestehen der aufschiebenden Wirkung einer Widerspruchs- oder einer Anfechtungsklage nicht, indem sie den VA ohne Anordnung der sofortigen Vollziehung faktisch vollzieht, ist

§ 80 V VwGO nicht unmittelbar nach seinem Wortlaut, sondern entsprechend anzuwenden.

Beispiel: Die zuständige Behörde nimmt die Ernennung des B zum Beamten zurück. Der Beamte B legt dagegen Widerspruch ein. Trotzdem zahlt die Behörde keine Bezüge mehr.

Nach dem Willen des Gesetzgebers ist vorläufiger Rechtsschutz gegen bereits erlassene Verwaltungsakte, auch solche mit Doppelwirkung (besser ist hier der Begriff Drittwirkung), nicht nach § 123 VwGO, sondern im System der §§ 80, 80 a VwGO zu gewähren. In den Fällen faktischer Vollziehung findet deshalb nach herrschender Meinung § 80 V VwGO entsprechende Anwendung. Das Gericht kann daher nach § 80 V S. 1 VwGO analog bzw. § 80 a III, I 2. HS VwGO analog durch Beschluss feststellen, dass der VA aufschiebende Wirkung hat.

Bei sog. faktischer Vollziehung findet § 80 V VwGO analog Anwendung.

In den Fällen der sog. faktischen Vollziehung, wenn also der Antragsteller um verwaltungsgerichtlichen Rechtsschutz nachsucht, weil die Behörde sich über die aufschiebende Wirkung des von ihm eingelegten Rechtsbehelfs hinwegsetzt, ist die vom VG zu treffende Feststellung, dass dem eingelegten Rechtsbehelf aufschiebende Wirkung zukommt, schon deshalb zu treffen, weil nach § 80 I S. 1 VwGO die aufschiebende Wirkung kraft Gesetzes auf Grund der Einlegung des Rechtsbehelfs besteht. Somit hat eine Interessenabwägung nicht stattzufinden. Bei der Begründetheit ist dann nur noch zu entscheiden, ob der Widerspruchs- oder der Anfechtungsklage aufschiebende Wirkung zukommt. Ist das der Fall, ist der Antrag schon aus diesem Grunde materiell gerechtfertigt. Eine Interessenabwägung hat in der Klausur nicht stattzufinden. Gleiches gilt, falls ein begünstigter Dritter den VA ausnutzt.

Beispiel: Gegen die dem Bauherrn B erteilte Baugenehmigung zum Bau eines Geschäftshauses in Köln legt der Nachbar N, der sich in seinen Rechten verletzt fühlt, (zulässigen) Widerspruch ein. Dennoch hat B mit den Bauarbeiten begonnen.

Aufhebung der Vollziehung auch bei Verwirklichung des VA durch Private nach § 80 V 1 VwGO analog

In den Fällen sog. faktischer Vollziehung und »faktischen Gebrauchmachens durch den Begünstigten« ist ein Antrag auf aufschiebende Wirkung des Rechtsbehelfs analog § 80 V S. 1 VwGO begründet, wenn der Verwaltungsakt weder kraft Gesetzes noch auf Grund einer behördlichen Anordnung sofort vollziehbar ist. Für eine Interessenabwägung ist hier ebenso wenig Raum wie für eine gerichtliche Ermessensausübung. Nach § 80 I VwGO besteht die aufschiebende Wirkung kraft Gesetzes auf Grund der Einlegung des Rechtsbehelfs.

Antrag auf Anordnung der Aufhebung der Vollziehung gem. § 80 V S. 3 VwGO

Ist der Verwaltungsakt im Zeitpunkt der Entscheidung schon vollzogen, kann das Gericht auf Antrag nach § 80 V S. 3 VwGO die Aufhebung der Vollziehung anordnen. Dabei geht § 80 V S. 3 VwGO von der Fallsituation aus, dass die Vollziehungsmaßnahmen zunächst auf Grund von § 80 II S. 1 Nr. 1-3 oder Nr. 4 VwGO rechtmäßig waren und erst durch die verwaltungsgerichtliche Entscheidung nach § 80 V VwGO unzulässig wurden. Damit ist die Entscheidung nach § 80 V S. 3 VwGO Annexentscheidung zur vorangegangenen rechtsgestaltenden richterlichen Entscheidung nach § 80 V S. 1 VwGO.

§ 80 V 3 VwGO als Annexentscheidung zur vorangegangenen richterlichen Entscheidung nach § 80 V 1 VwGO

Nach ganz h.M. ist § 80 V S. 3 VwGO wie auch § 113 I S. 2 VwGO eine rein verfahrensrechtliche Vorschrift, während die materielle Grundlage der (allgemeine) Folgenbeseitigungsanspruch ist. Der Antrag auf Aufhebung bzw. Anordnung der Aufhebung bereits erfolgter Vollziehungsmaßnahmen gem. § 80 V S. 3 VwGO ist somit nur begründet, wenn der Antragsteller zusätzlich einen Folgenbeseitigungsanspruch hat. Der Antragsteller muss einen Anspruch auf Folgenbeseitigung haben. Dieser setzt i.d.R. ein rechtswidriges Verwaltungshandeln voraus. Die Voraussetzungen des Folgenbeseitigungsanspruches sind jedoch in der Regel erfüllt. Wenn nämlich das Gericht die aufschiebende Wirkung nach § 80 V VwGO herstellt, dann sind Vollzugsmaßnahmen und der damit geschaffene Zustand wegen der Rückwirkung der Entscheidung rechtswidrig.

Beispielformulierung:

Der Antrag auf Aufhebung bzw. Anordnung der Aufhebung bereits erfolgter Vollziehungsmaßnahmen nach § 80 Abs. 5 S. 3 VwGO ist als begründet anzusehen, wenn der Antragsteller einen Folgenbeseitigungsanspruch besitzt. Dieser Anspruch setzt nach herkömmlichem Verständnis ein rechtswidriges Handeln eines Hoheitsträgers voraus. Die Vollziehungsmaßnahmen sind gleichwohl so lange rechtmäßig, als sie auf Grundlage einer wirksamen Vollziehungsanordnung erfolgt sind.

Deshalb ist es erforderlich, dass das Verwaltungsgericht die Grundlage der sofortigen Vollziehbarkeit der Grundverfügung durch den Ausspruch über die Aussetzung der Vollziehung nach § 80 Abs. 5 S. 1 VwGO mit ex-tunc-Wirkung beseitigt. Hieraus folgt, dass die Voraussetzungen für die Anordnung der aufschiebenden Wirkung nach § 80 Abs. 5 S. 1 1. Alt. VwGO vorliegen müssen. Der Antrag nach § 80 Abs. 5 S. 3 VwGO hätte daher Erfolg, sofern der Rechtsbehelf in der Hauptsache offensichtlich begründet wäre.

Formulierungsvorschlag

Die Erfolgsaussichten in der Hauptsache sind im Verfahren nach § 80 Abs. 5 VwGO summarisch zu prüfen, so dass die Tatsachenfeststellung nicht immer vollständig durchgeführt werden muss, hingegen ist es erforderlich, dass eine umfassende rechtliche Würdigung des Sachverhaltes erfolgt.

Der Antrag des A ist daher abzulehnen, wenn sich bei summarischer Prüfung der Rechtslage ergibt, dass der eingelegte Rechtsbehelf offenkundig oder mit hoher Wahrscheinlichkeit keinen Erfolg haben wird. Erweisen sich die Erfolgsaussichten jedoch als offen, so bedarf es einer Abwägung der öffentlichen und privaten Belange unter Berücksichtigung der Umstände des Einzelfalles. Demnach ist zu prüfen, ob die Zwangsvollstreckung entsprechend den gesetzlichen Regelungen durchgeführt wurde. Es ist daher zu untersuchen, ob die formellen und materiellen Erfordernisse für eine Vollstreckung vorlagen. ...

Antrag auf Rückgängigmachung der Vollziehung des VA, obwohl aufschiebende Wirkung bestand, nach § 80 V 3 analog	§ 80 V S. 3 ist bei sog. faktischer Vollziehung des VAs auch noch analog anwendbar. Hier bezieht sich der Antrag auf die Anordnung der Rückgängigmachung der Vollziehung eines Verwaltungsakts, weil die Vollziehung erfolgt ist, obwohl aufschiebende Wirkung bestand.

Bei einseitig belastenden Verwaltungsakten kann ein Antrag auf Anordnung der Beseitigung der bereits durch die Behörde erfolgten Vollziehung bzw. Unterlassung weiterer Vollziehungsmaßnahmen gestellt werden. Unter Vollzug i.S.d. § 80 V S. 3 VwGO sind dabei nicht nur eigene Handlungen der Behörde, sondern auch solche anzusehen, die der Betroffene freiwillig unter dem Druck drohender Vollziehungsmaßnahmen vorgenommen hat und die der Behörde daher zuzurechnen sein werden.

Beispiel: Der zur Zahlung von Erschließungsbeiträgen herangezogene Antragsteller hat den angeforderten Betrag gezahlt.

Auch bei Verwirklichung des VAs durch Private kann Aufhebung der Vollziehung nach § 80 V 3 VwGO analog verlangt werden.	Aber auch bei Verwirklichung des Verwaltungsakts durch Private kann die Aufhebung der Vollziehung nach § 80 V S. 3 VwGO analog verlangt werden. Bei den hier vorliegenden Verwaltungsakten mit Doppelwirkung (besser ist hier der Begriff Drittwirkung) kann der Belastete den Antrag stellen, die Verwaltung zu verpflichten, gegenüber dem Begünstigten einen auf Rückgängigmachung bzw. Unterlassung der Vollziehung gerichteten VA zu erlassen. Wenn der von dem VA Begünstigte trotz Suspensiveffektes von diesem Gebrauch macht, kann das Gericht nach § 80 a III, I Nr. 2 2. HS, § 80 V S. 3 analog die Behörde verpflichten, gegenüber dem Begünstigten einen auf Rückgängigmachung der Vollziehung bzw. deren Unterlassung gerichteten VA zu erlassen.

Beispiel: Bauherr B hat trotz eines die Wirksamkeit der Baugenehmigung aufschiebenden Widerspruches des Nachbarn N angefangen, z.B. ein Geschäftshaus zu bauen. N kann einen Antrag nach § 80a III, I Nr. 2 2. HS, § 80 V S. 3 VwGO analog stellen.

Zusammenfassend lässt sich feststellen: Unabhängig davon, weshalb der Verwaltungsakt bereits vollzogen ist – ob ursprünglich rechtmäßig, ob im Wege sog. faktischer Vollziehung oder durch »faktisches Gebrauchmachen« des Begünstigten – ein Antrag auf Anordnung der Aufhebung der Vollziehung ist entweder direkt oder entsprechend nach § 80 V S. 3 VwGO möglich.

Zulässigkeitsvoraussetzungen des Antrages nach § 80 V VwGO
Anwendungsmöglichkeiten des § 80 V VwGO: A. direkt: Widerspruch und Anfechtungsklage haben wegen § 80 II VwGO keinen Suspensiveffekt   B. analog: die Behörde missachtet den Suspensiveffekt nach § 80 I VwGO
1. Verwaltungsrechtsweg gem. § 40 I VwGO analog
2. formelle Voraussetzungen:
a. Ordnungsgemäße Antragstellung: Anwendung der §§ 81, 82 VwGO   Entsprechend § 81 I VwGO sind erforderlich: • Antragsteller und Antragsgegner   • Bezeichnung des Streitgegenstandes   • bestimmter Antrag   Falsch bezeichnete Anträge sind gem. §§ 86 III, 88 VwGO vom Gericht umzudeuten
b. Zuständigkeit des angerufenen Verwaltungsgerichtes: Zuständig ist gem. § 80 V S. 1 VwGO das Gericht der Hauptsache   • sachliche Zuständigkeit richtet sich nach §§ 45 ff. VwGO   • örtliche Zuständigkeit richtet sich nach § 52 VwGO
c. Beteiligungs- und Prozessfähigkeit gem. §§ 61 f. VwGO
3. Vorliegen eines VA
4. Statthaftigkeit
Der Anwendungsbereich des § 80 VwGO erstreckt sich nur auf die Fälle, in denen Rechtsschutz in der Hauptsache durch Anfechtungsklage zu gewähren ist.
5. Einlegung eines Rechtsbehelfs
Der Antragsteller muss in der Hauptsache Widerspruch eingelegt oder Anfechtungsklage erhoben haben, da nur dann, wenn ein Rechtsbehelf oder Rechtsmittel eingelegt wurde, dessen aufschiebende Wirkung angeordnet werden kann.
6. Antragsbefugnis, § 42 II VwGO analog
7. Wahrung der Widerspruchs- oder Klagefrist
8. Ausschluss der aufschiebenden Wirkung von Widerspruch oder Anfechtungsklage
• kraft Gesetzes (§ 80 II Nr. 1-3)   • kraft behördlicher Anordnung (§ 80 II Nr. 4)
9. Richtiger Antragsgegner, § 78 VwGO analog

Begründetheit des Antrages nach § 80 V VwGO	
1.	Begründetheit des Antrags auf Anordnung der aufschiebenden Wirkung gem. § 80 V VwGO im Fall des:
a.	§ 80 II S. 1 Nr. 1 VwGO; zu überprüfen ist, ob
(1)	ernstliche Zweifel an der Rechtmäßigkeit des VA bestehen oder
(2)	die Vollziehung für den Antragsteller ein unbillige, nicht durch überwiegende öffentliche Interessen gebotene Härte zur Folge hat (siehe § 80 IV S. 3 VwGO)
b.	§ 80 II S. 1 Nr. 2 und 3 VwGO; festzustellen ist, ob
(1)	in der Hauptsache überwiegende Erfolgsaussichten wahrscheinlich sind oder
(2)	besondere Interessen des Antragstellers es geboten erscheinen lassen, von der gesetzlich angeordneten sofortigen Vollziehbarkeit eine Ausnahme zu machen.
2.	Begründetheit des Antrags auf Wiederherstellung der aufschiebenden Wirkung gem. § 80 V VwGO im Fall des § 80 II S. 1 Nr. 4 VwGO, zu überprüfen ist, ob
(1)	die Behörde das besondere Vollzugsinteresse auch schriftlich begründet hat. Wenn nicht, ist die behördliche Anordnung der sofortigen Vollziehung des Verwaltungsaktes aufzuheben
(2)	oder das besondere Vollzugsinteresse wegen offensichtlich fehlenden Erfolgsaussichten des Rechtsbehelfs in der Hauptsache gegeben ist oder ansonsten
(3)	die umfassende Abwägung der beteiligten Interessen ergibt, dass das besondere öffentliche Interesse an der sofortigen Vollziehbarkeit es rechtfertigt, den Ausgang des Widerspruchs- oder Anfechtungsverfahrens nicht abzuwarten und das Interesse des Antragstellers an der Aussetzung der Vollziehbarkeit überwiegt.
3.	Begründetheit des Antrags auf Feststellung der aufschiebenden Wirkung gem. § 80 V S. 1 VwGO analog bei faktischer Vollziehung
	Nach § 80 I S. 1 VwGO besteht die aufschiebende Wirkung kraft Gesetzes aufgrund der Einlegung des Rechtsbehelfs. Eine Interessenabwägung hat nicht stattzufinden.
4.	Begründetheit des Antrags auf Anordnung der sofortigen Vollziehung gem. §§ 80 a III, 80 V S. 1 VwGO
	Das Vollzugsinteresse setzt voraus, dass das Interesse des Antragstellers überwiegt und eine Fortdauer der aufschiebenden Wirkung gegenüber dem Begünstigten unbillig ist. Nachteile verspäteten Vollzugs eines rechtmäßigen VA (Vollzugsinteresse) sind gegen die Nachteile vorzeitigen Vollzugs eines rechtswidrigen VA (Suspensivinteresse) nach eigenem Ermessen des VG abzuwägen.
5.	Begründetheit des Antrags auf Anordnung der Aufhebung der Vollziehung gem. § 80 V S. 3 VwGO
	Der Antrag auf Aufhebung bzw. Anordnung der Aufhebung bereits erfolgter Vollziehungsmaßnahmen gem. § 80 V S. 3 VwGO ist begründet, wenn der Antragsteller einen Folgenbeseitigungsanspruch hat. Dieser setzt i.d.R. ein rechtswidriges Verwaltungshandeln voraus. Besteht der »Vollzug« im Gebrauchmachen durch einen begünstigten Privaten, der beispielsweise trotz Anfechtung der Baugenehmigung durch seinen Nachbarn einfach weiterbaut, so ermächtigen §§ 80 a III, 80 V S. 3 VwGO das VG auch in diesem Fall, die Behörde zu Erlass einer Beseitigungs- oder Stilllegungsverfügung zu verpflichten.

4. Einstweiliger Rechtsschutz bei Drei-Personen-Verhältnissen nach § 80 a VwGO

§ 80a VwGO

Verwaltungsakte mit Doppelwirkung

(1) Legt ein Dritter einen Rechtsbehelf gegen den an einen anderen gerichteten, diesen begünstigenden Verwaltungsakt ein, kann die Behörde
1. auf Antrag des Begünstigten nach § 80 Abs. 2 Nr. 4 die sofortige Vollziehung anordnen,
2. auf Antrag des Dritten nach § 80 Abs. 4 die Vollziehung aussetzen und einstweilige Maßnahmen zur Sicherung der Rechte des Dritten treffen.

(2) Legt ein Betroffener gegen einen an ihn gerichteten belastenden Verwaltungsakt, der einen Dritten begünstigt, einen Rechtsbehelf ein, kann die Behörde auf Antrag des Dritten nach § 80 Abs. 2 Nr. 4 die sofortige Vollziehung anordnen.

(3) Das Gericht kann auf Antrag Maßnahmen nach den Absätzen 1 und 2 ändern oder aufheben oder solche Maßnahmen treffen. § 80 Abs. 5 bis 8 gilt entsprechend.

4.1. Antrag an die Behörde

Begünstigender VA mit belastender Drittwirkung

§ 80 a VwGO betrifft ausschließlich VAe mit Doppelwirkung, besser als Drittwirkung bezeichnet, also VAe, die den einen belasten, den anderen hingegen begünstigen.

§ 80 a I VwGO betrifft die Konstellation, bei der der VA an den Begünstigten gerichtet ist und von den von ihm gleichzeitig belasteten Dritten angefochten worden ist.

Beispiel: Die Baubehörde erteilt dem B die Genehmigung zur Errichtung eines Hauses. B ist durch den Verwaltungsakt begünstigt. Sein Nachbar N hingegen ist durch den Verwaltungsakt belastet, da ihm seiner Meinung nach das geplante Haus die Sonneneinstrahlung nimmt. Er legt deshalb Widerspruch ein.

Der Nachwiderspruch des N gegen die Baugenehmigung hat aufschiebende Wirkung mit der Folge, dass die Wirksamkeit der Baugenehmigung zunächst suspendiert, also zeitweilig aufgehoben ist. § 80 a I

Nr. 1 VwGO eröffnet nun dem Bauherrn B die Möglichkeit, einen Antrag an die Baubehörde auf Anordnung der sofortigen Vollziehung der Baugenehmigung gem. § 80 II Nr. 4 VwGO zu stellen. Hat dieser Antrag nun Erfolg, so kann der Bauherr auf Grund der Genehmigung während des ganzen Anfechtungsverfahrens weiterbauen. Der belastete Dritte, der Nachbar, hat deshalb nach § 80a I Nr. 2 VwGO die Möglichkeit, bei der (Bau)-behörde die Aussetzung der Vollziehung zu beantragen.

Lehnt die Behörde die vom Bauherrn B beantragte Vollziehungsanordnung hingegen ab, so kann B nach § 80 a III, I Nr. 1 VwGO beim VG die Anordnung der sofortigen Vollziehung beantragen, die dann die Interessenabwägung vornimmt.

Aufbauschema für die Prüfung des § 80 a I VwGO

(1) im Fall der Nr. 1 § 80 a I Nr. 1 VwGO

A. Zulässigkeit des Antrags an die Behörde

1. Verwaltungsrechtsweg (Sonderzuweisung oder § 40 I VwGO)
2. Statthaftigkeit des Antrags, § 80 a I Nr. 1 VwGO
Der Antrag ist statthaft, wenn Adressat eines begünstigenden VAs, gegen den ein durch den VA belasteter Dritter einen Rechtsbehelf eingelegt hat, der aufschiebende Wirkung entfaltet, die Anordnung der sofortigen Vollziehung begehrt.
3. Zuständigkeit der Behörde, § 80 a I Nr. 1 i.Vm. § 80 II Nr. 4 VwGO
4. Beteiligten- und Handlungsfähigkeit, §§ 11, 12 VwVfG
5. Antragsbefugnis, § 42 II analog

B. Begründetheit des Antrags an die Behörde

Der Antrag ist begründet, wenn das Vollzugsinteresse des Antragstellers das Aufschubinteresse des Dritten überwiegt (vgl. § 80 II S. 1 Nr. 4 2. Alt VwGO), was insbesondere bei offensichtlicher Rechtmäßigkeit des VAs der Fall ist.

(2) im Fall der Nr. 2 § 80 a I Nr. 2 VwGO

A. Zulässigkeit des Antrags an die Behörde

1. Verwaltungsrechtsweg (Sonderzuweisung oder § 40 I VwGO)
2. Statthaftigkeit des Antrags, § 80 a I Nr. 2 VwGO
Der Antrag ist statthaft, wenn ein Dritter, der gegen den an einen anderen gerichteten, diesen begünstigenden VA einen Rechtsbehelf einge-

legt hat, der keine aufschiebende Wirkung entfaltet, die Aussetzung der sofortigen Vollziehung begehrt.

3. Zuständigkeit der Behörde, § 80 a I Nr. 2 i.V.m. § 80 IV VwGO

4. Beteiligten- und Handlungsfähigkeit, §§ 11, 12 VwVfG

5. Antragsbefugnis, § 42 II analog

B. Begründetheit des Antrags an die Behörde

Der Antrag ist begründet, wenn das Aufschubinteresse des Antragstellers das Vollzugsinteresse des begünstigten Adressaten des VAs überwiegt (vgl. § 80 IV i.V.m. § 80 II Nr. 4 VwGO). Dies ist insbesondere der Fall, wenn ernstliche Zweifel an der Rechtmäßigkeit des angegriffenen VAs bestehen oder die Vollziehung für den Belasteten eine unbillige, nicht durch überwiegende öffentliche oder individuelle Interessen des Begünstigten gebotene Härte zur Folge hätte (Rechtsgedanke des § 80 IV S. 3 VwGO).

Belastender VA mit begünstigender Drittwirkung

§ 80 a VwGO für VA mit Doppel-(Dritt-)Wirkung

Bei der Regelung des § 80 a II VwGO geht es darum, dass der Verwaltungsakt an den belasteten Adressaten ergangen ist und von diesem VA gleichzeitig Begünstigter diesmal der »Dritte« ist.

Beispiel: Gegen den Bauherrn B erlässt die Baubehörde im Interesse des Nachbarn N auf dessen Antrag oder von Amts wegen eine Stillegungsverfügung. B ficht die Stillegungsverfügung durch Widerspruch an und kann wegen des Suspensiveffektes während des Anfechtungsverfahrens wieder weiterbauen.

Der Nachbar N kann nun nach § 80 a II VwGO bei der Behörde beantragen, die sofortige Vollziehung der Stillegungsverfügung nach § 80 II Nr. 4 VwGO anzuordnen. Wird der Antrag des N abgelehnt, kann dieser beim VG nach § 80 a III eine Vollziehungsanordnung erstreben.

Hat der Antrag des N Erfolg oder ordnet die Behörde von sich aus die sofortige Vollziehung der Stillegungsverfügung an, so kann der Bauherr B beim VG nach den §§ 80 a III, 80 V VwGO die Wiederherstellung der aufschiebenden Wirkung seines Rechtsbehelfes beantragen. Er kann sich aber auch vorher an die Behörde wenden und nach § 80 IV VwGO die Aussetzung der Vollziehung beantragen. Da § 80 a II VwGO keine dem Abs. 1 Nr. 2 VwGO entsprechende Regelung enthält, ist § 80 VwGO – der durch § 80 a VwGO nicht verdrängt, sondern lediglich ergänzt wird – anzuwenden.

Die Regelung des § 80 a II erweist sich als Kehrseite zu der des § 80 a I VwGO. Die Rechtsbehelfe, die der belastete Dritte nach § 80 a I VwGO hat, hat der belastete Adressat nach § 80 a II VwGO und umgekehrt.

Die Rechtsbehelfe, die der belastete Dritte nach § 80 a I VwGO hat, hat der belastete Adressat nach § 80 a II VwGO und umgekehrt.

Aufbauschema für die Prüfung des Antrags nach § 80 II VwGO

A. Zulässigkeit des Antrags an die Behörde

1. Verwaltungsrechtsweg (Sonderzuweisung oder § 40 I VwGO)
2. Statthaftigkeit des Antrags, § 80 a II VwGO
Der Antrag ist statthaft, wenn ein Dritter, der vom VA begünstigt wird, die Anordnung der sofortigen Vollziehung eines VAs begehrt, der vom Adressaten, den er belastet, mit aufschiebender Wirkung angefochten werden kann.
3. Zuständigkeit der Behörde, § 80 a II i.V. m. § 80 II Nr. 4 VwGO
4. Beteiligten- und Handlungsfähigkeit, §§ 11, 12 VwVfG
5. Antragsbefugnis, § 42 II analog

B. Begründetheit des Antrags an die Behörde

Der Antrag ist begründet, wenn das Vollzugsinteresse des Dritten das Aufschubinteresse des Adressaten des VAs und Rechtsbehelfsführers überwiegt (§ 80 II S. 1 Nr. 4 2. Alt VwGO), was insbesondere der Fall ist, wenn der VA erkennbar rechtmäßig ist.

4.2. Antrag an das Gericht nach § 80 a III VwGO

Den Fallgruppen aus den Absätzen 1 und 2 des § 80 a VwGO trägt der Absatz 3 Rechnung.

Beispiel 1: B erhält eine Baugenehmigung für ein Haus. N ficht die Baugenehmigung an. Auf Antrag des B nach § 80 a I Nr. 1 VwGO oder von Amts wegen ordnet die Baubehörde die sofortige Vollziehung der Baugenehmigung nach § 80 a I Nr. 1 VwGO an.

Rechtsschutz des N: Auf Antrag des N kann das VG nach §§ 80 a III, 80 V VwGO die sofortige Vollziehung der Baugenehmigung ganz oder teilweise aussetzen oder den Bau ganz oder teilweise stilllegen.

Beispiel 2: B erhält eine Baugenehmigung für ein Haus. N ficht diese Baugenehmigung an. Auf Antrag des B nach § 80 a I Nr. 1 VwGO lehnt die Baubehörde aber die sofortige Vollziehung der Baugenehmigung ab.

Rechtsschutz des B: Auf Antrag des B kann das VG nach §§ 80 a III, 80 V VwGO die sofortige Vollziehungsanordnung erlassen.

Beispiel 3: B erhält eine Baugenehmigung für ein Haus. N ficht diese an, so dass B wegen des Suspensiveffektes der Anfechtung durch N nicht weiterbauen kann. B stellt einen Antrag auf Anordnung der Vollziehung nach § 80 a I Nr. 1 VwGO an die Baubehörde. Diese gibt seinem Antrag statt und er kann weiterbauen. Hiergegen wiederum stellt N einen Antrag bei der Baubehörde, die Vollziehung der Baugenehmigung des B nach § 80 a I Nr. 2 VwGO auszusetzen und hat Erfolg. B kann nun wiederum nicht mehr weiterbauen.

Rechtsschutz des B: Auf Antrag des B kann das VG nach §§ 80 a III, 80 V VwGO jetzt erneut die sofortige Vollzugsanordnung erlassen.

Beispiel 4: B erhält eine Baugenehmigung für ein Haus. Auf Antrag des N oder von Amts wegen ergeht gegen B eine Stilllegungsverfügung der Baubehörde nach § 80 a II VwGO.

Rechtsschutz des B: Auf Antrag des B kann das VG nach §§ 80 a III, 80 V VwGO die sofortige Vollziehung der Stillegungsverfügung aussetzen. B kann weiterbauen.

Beispiel 5: Gegen B ergeht im Interesse des N eine Stillegungsverfügung der Baubehörde. B ficht diese an, so dass er auf Grund des Suspensiveffektes seiner Anfechtung weiterbauen kann. N stellt einen Antrag nach § 80 a II VwGO auf sofortige Vollziehung der Stillegungsverfügung. Dieser wird von der Baubehörde abgelehnt.

Rechtsschutz: Auf Antrag des N kann das VG nach §§ 80 a III, 80 V VwGO die sofortige Vollzugsanordnung der Stillegungsverfügung erlassen. B kann nicht weiterbauen.

Für die Behandlung dieser Anträge gelten die oben beschriebenen Grundsätze. Es ist jedoch zu beachten, dass bei der Interessenabwägung nicht nur die Interessen des Antragstellers, des Antraggegners, also des Trägers der Behörde, die den VA erlassen hat, und die der Allgemeinheit zu berücksichtigen sind, sondern zudem auch die des belasteten oder begünstigten Dritten.

Beispiel 6: B setzt sich über die aufschiebende Wirkung eines von N eingelegten Rechtsbehelfs gegen die Baugenehmigung hinweg und beginnt dennoch mit den Bauarbeiten.

Rechtsschutz: N kann einen Antrag auf Feststellung der aufschiebenden Wirkung gem. §§ 80 a III, 80 V VwGO analog stellen. Dieser ist schon auf Grund der Missachtung der aufschiebenden Wirkung begründet, so dass eine Interessenabwägung nicht vorzunehmen ist. Das VG wird den Suspensiveffekt durch Sicherungsmaßnahmen nach § 80 a III, I Nr. 2 2. Alt VwGO analog durchsetzen, zu deren Anordnung das VG die Behörde verpflichten kann, etwa zur vorübergehenden Stilllegung des Baues.

Beispiel 7: B errichtet ohne Baugenehmigung einen sogenannten Schwarzbau.

Rechtsschutz: Vorläufiger Rechtsschutz nach § 80 I VwGO ist nicht möglich, weil die aufschiebende Wirkung von Widerspruch oder Anfechtungsklage nicht erreicht werden kann. Ein VA in Form der Baugenehmigung liegt nicht vor. N müsste eine Stilllegungsverfügung erreichen, die er im Hauptverfahren nur mit Verpflichtungsklage erreichen kann, so dass sich der vorläufige Rechtsschutz nach § 123 VwGO richtet.

Aufbauschema für die Prüfung eines Antrags nach § 80 a III VwGO an das Gericht

A. Zulässigkeit des Antrags an die Behörde

1. Verwaltungsrechtsweg (Sonderzuweisung oder § 40 I VwGO)
2. Statthaftigkeit des Antrags, § 80 a III VwGO
Der Antrag ist statthaft, wenn er darauf gerichtet ist, dass das Gericht Maßnahmen nach § 80 a I oder II VwGO ändert oder aufhebt oder solche Maßnahmen trifft.
3. Zuständigkeit des Gerichts, § 80 a III S. 2 i.V.m. § 80 V VwGO
4. Beteiligten- und Prozessfähigkeit, §§ 61, 62 VwGO
5. Antragsbefugnis, § 42 II analog
6. Vorrang einer Behördenentscheidung? (Siehe dazu unter 4.3.)

B. Begründetheit des Antrags an das Gericht

Der Antrag ist begründet, wenn das Gericht auf Grund der von ihm vorzunehmenden Interessenabwägung unter vorrangiger Berücksichtigung der Erfolgsaussichten in der Hauptsache zu dem Ergebnis gelangt, dass die Änderung oder Aufhebung der behördlichen Maßnahme nach § 80 a I oder II VwGO oder der Erlass einer solchen Maßnahme geboten ist.

Bei der im Rahmen der Begründetheit vorzunehmenden Interessenabwägung fällt diese nicht allein deshalb zu Gunsten des belasteten Betroffenen aus, weil der VA offensichtlich rechtswidrig ist. Es muss bei einem Drittrechtsbehelf hinzukommen, dass sich die Rechtswidrigkeit gerade aus der Verletzung einer drittschützenden Norm ergibt, damit das Aussetzungsinteresse des Belasteten überwiegt.

Zu beachten ist in diesem Zusammenhang, dass regelmäßig nicht das öffentliche Interesse am Sofortvollzug mit dem privaten Interesse an der aufschiebenden Wirkung aufeinander trifft, sondern zwei private Interessen gegeneinander abzuwägen sind.

Beispiel: Bei einer Baugenehmigung stehen sich das private Interesse des Bauherrn B an der sofortigen Vollziehbarkeit dem ebenfalls privaten Interesse des Nachbarn N an der aufschiebenden Wirkung gegenüber. Nur dann, wenn sich die privaten Interessen gleichgewichtig gegenüberstehen, sind auch die öffentlichen Interessen mit zu berücksichtigen.

Formulierungsbeispiel:

Formulierungsvorschlag

Der Antrag nach den §§ 80 a Abs. 3 S. 1, 80 Abs. 5 VwGO ist begründet, wenn das Aussetzungsinteresse des ... (HIER Angabe des Dritten) dem Vollzugsinteresse des ... (HIER z.B. Bauherrn) überwiegt.

Ein vorrangiges Aussetzungsinteresse ist anzunehmen, wenn die ... (z.B. Baugenehmigung) offensichtlich rechtswidrig ist. Die Baugenehmigung muss gerade wegen Verstoßes gegen drittschützende Normen offensichtlich rechtswidrig sein. Zudem muss der Nachbar vom Schutzbereich dieser Norm erfasst werden. Nur in diesem Fall kann der Nachbar ein berechtigtes Interesse daran haben, dass die Baugenehmigung vorläufig nicht vollzogen wird. ...

2. Weitere Interessenabwägung

Kann bei summarischer Prüfung ein solcher Verstoß gegen nachbarschützende Normen nicht eindeutig festgestellt werden, muss eine Folgenbetrachtung vorgenommen werden.

In einem ersten Schritt dieser Folgenbetrachtung ist darzulegen, welche nachteiligen Auswirkungen es für den A hat, wenn der Verwaltungsakt vollzogen wird und welche sich für den Nachbarn ergeben, wenn der Verwaltungsakt während des Anfechtungsverfahrens nicht vollzogen werden kann. ...

Nun ist zu prüfen, welchem der Beteiligten es eher zuzumuten ist, diese nachteiligen Auswirkungen bis zum Abschluss des Anfechtungsverfahrens hinzunehmen.

Es ist eine Folgenabwägung vorzunehmen: Die Nachteile, die der Antragsteller erleiden würde, wenn der VA sofort vollzogen werden könnte, der VA sich aber im Hauptsacheverfahren als rechtswidrig erweisen würde, sind gegen die Nachteile abzuwägen, die eintreten würden, wenn der VA nicht sofort vollzogen werden dürfte, die Klage sich aber später als unbegründet erweisen würde. Soweit sich beim Vergleich der eintretenden Nachteile kein Übergewicht zu Gunsten des Vollzugs- oder des Aussetzungsinteresses ergibt (sog. non-liquet-Lage = Ungeklärtheit), hat eine an der gesetzgeberischen Wertung des § 80 I VwGO orientierte Beurteilung stattzufinden, nach der das Vollzugsrisiko grundsätzlich (außer in den Fällen des § 80 II S. 1 Nr. 1-3) bei der Behörde liegen soll.

Es ist wie folgt vorzugehen:

- *zunächst sind die gegenseitigen Interessengesichtspunkte darzustellen,*
- *diese sind anschließend im Sinne einer Folgenbetrachtung zu werten.*

In einem ersten Schritt ist folglich ohne wertende Betrachtung darzulegen, welche nachteiligen Auswirkungen es für den Betroffenen hat, wenn der Verwaltungsakt sofort vollzogen wird und welche sich für den Nachbarn ergeben, wenn der Verwaltungsakt während des Anfechtungsverfahrens nicht vollzogen werden kann. In einem nachfolgenden Schritt ist dann darauf hinzuweisen, welchem der Beteiligten es eher zuzumuten ist, diese nachteiligen Auswirkungen bis zum Abschluss des Anfechtungsverfahrens hinzunehmen. Dafür gilt, dass umso höhere Anforderungen an das Vollzugsinteresse zu stellen sind, je schwerwiegender der Eingriff für den Betroffenen ist. Ergibt die Interessenabwägung eine Gleichwertigkeit, so hat das Aussetzungsinteresse Vorrang. Grund dafür ist die Wertung des § 80 I VwGO als Regelfall.

4.3. Verhältnis behördlicher und gerichtlicher Rechtsschutz

Verhältnis § 80 a I sowie II VwGO zu § 80 a III VwGO

Nach § 80 a VwGO kann sich der Adressat oder Dritte an die Behörde nach § 80 a I und II VwGO, aber auch nach § 80 a III VwGO an das Gericht wenden. Deshalb ist fraglich, ob der Antrag an das VG nur dann zulässig ist, wenn erst zuvor ein Antrag bei der Behörde gestellt worden ist.

Eine Meinung spricht sich für die unmittelbare Anrufungsmöglichkeit des Verwaltungsgerichtes aus. Sie begründet das damit, dass § 80 a III S. 2 VwGO auf die Regelung des § 80 VI VwGO verweist, damit sei ein vorheriger Antrag bei der Behörde nur in Abgabenangelegenheiten i.S.d. § 80 VI anzuwenden, ansonsten könne deshalb das VG direkt angerufen werden.

Die Gegenmeinung lehnt diese Auffassung mit dem Hinweis ab, dass ein VA mit Drittwirkung in Abgabenangelegenheiten gar nicht möglich sei und die Regelung des § 80 a III S. 2 VwGO leer liefe, wenn man ihn nur auf diese Fälle, die es gar nicht gebe, begrenze. In den Fällen nach § 80 a I Nr. 1 und II VwGO ist nach dieser Meinung ein vorheriger Behördenantrag erforderlich, wenn die Anordnung der sofortigen Vollziehung begehrt wird.

Im Fall des § 80 a I Nr. 2 VwGO ist nur dann ein vorheriger Antrag notwendig, sofern die Behörde noch nicht mit der sofortigen Vollziehung nach § 80 II Nr. 4 VwGO befasst war. Hat sie hingegen die sofortige Vollziehung gemäß § 80 II Nr. 4 VwGO angeordnet, so hat sie selbst schon die Interessenabwägung zwischen den Beteiligten vorgenommen. Eine Überprüfung dieser Interessenabwägung kann nur noch durch das Gericht erfolgen.

Diese Diskussion der Problemstellung entfällt allerdings in den Fallkonstellationen, in denen die Vollstreckung des VAs unmittelbar droht, etwa wenn der Bauherr mit den Bauarbeiten begonnen hat oder diese unmittelbar bevorstehen. Dann greift § 80 a III S. 2 i.V.m. § 80 VI S. 2 Nr. 2 VwGO ein und das VG kann ohne vorherigen Behördenantrag eingeschaltet werden.

Antrag nach § 80 a VwGO		
§ 80 a I Nr. 1	§ 80 a I Nr. 2	§ 80 a II
I. Zulässigkeit des Antrags bei der Behörde		
1. § 40 I analog 2. Antrag, statthaft, sofern		
a) begünstigender VA mit belastender Drittwirkung b) Widerspruch des belasteten Dritten	a) begünstigender VA mit belastender Drittwirkung b) Widerspruch des belasteten Dritten	a) belastender VA mit begünstigender Drittwirkung b) Widerspruch des belasteten Adressaten
3. Antragsbefugnis		
Antragsteller, Adressat bzw. Begünstigter des VA	Verletzung subjektiv-öffentlicher Rechte des belasteten Dritten möglich	§ 42 II VwGO analog: Verletzung subjektiv-öffentlicher Rechte des Antragstellers möglich
4. Antrag bei der Erlass- oder der Widerspruchsbehörde, vlg. § 80 II Nr. 4		
II. Begründetheit des Antrags bei der Behörde		
Sofortiges Vollziehungsinteresse des Antragstellers überwiegt Aufschubinteresse des Dritten (vgl. § 80 II Nr. 4, 2. HS), i.d.R. dann, wenn der VA offensichtlich rechtmäßig ist. Konsequenz: Behörde ordnet die sofortige Vollziehung des VA nach § 80 II Nr. 4 an.	Aufschubinteresse des antragstellenden belasteten Dritten überwiegt das sofortige Vollziehungsinteresse des Adressaten des begünstigenden VA Konsequenz: Behörde setzt die Vollziehung gem. § 80 IV aus oder stellt bei faktischer Vollziehung fest, dass der Widerspruch aufschiebende Wirkung hat und zu beachten ist. Oder einstweilige Sicherungsmaßnahmen, etwa durch Erlass einer Stilllegungsverfügung	Vollzugsinteresse des begünstigten Dritten überwiegt Aufschubinteresse des belasteten Adressaten, also i.d.R. dann, wenn der VA offensichtlich rechtmäßig ist. Konsequenz: Behörde ordnet die sofortige Vollziehung des VA nach § 80
III. Zulässigkeit des gerichtlichen Rechtsschutzes nach §§ 80 a III, 80 V VwGO		
IV. Begründetheit nach §§ 80 a III, 80 V VwGO bei gerichtlichem Rechtsschutz nach Antrag		
1. des Dritten bei begünstigendem VA mit drittbelastender Wirkung 2. des Adressaten des belastenden VA mit drittbegünstigender Wirkung		

Fall 39: Bauherr B erhält von der zuständigen Baugenehmigungsbehörde eine Baugenehmigung für ein Haus. Querulant Q, der nur in der weiter entfernten Nachbarschaft des Grundstücks des B wohnt, legt Widerspruch gegen die B erteilte Baugenehmigung ein.

B muss nun zuerst einen Antrag bei der Baugenehmigungsbehörde nach § 80 a I Nr. 1 auf Anordnung der sofortigen Vollziehung der Baugenehmigung stellen. Hat dieser keinen Erfolg, so kann er sich an das VG mit einem Antrag auf Anordnung der sofortigen Vollziehung seiner Baugenehmigung nach §§ 80 a III, 80 V S. 1 VwGO wenden, um nach Erfolg des Antrags weiterbauen zu können. Ob ein Antrag auf Anordnung der sofortigen Vollziehung gem. §§ 80 a III, 80 V S. 1 VwGO begründet ist, ist vom VG nach den in § 80 II Nr. 4 2. HS VwGO festgelegten Kriterien zu beurteilen. Das VG hat über die in dieser Vorschrift erfassten widerstreitenden privaten Interessen bei einem VA mit Drittwirkung zu entscheiden. Das Vollzugsinteresse setzt hierbei voraus, dass das Interesse des Antragstellers überwiegt und eine Fortdauer der aufschiebenden Wirkung gegenüber dem Begünstigten unbillig ist.

Die Nachteile des verspäteten Vollzugs eines rechtmäßigen VAs (Vollzugsinteresse) sind gegen die Nachteile vorzeitigen Vollzugs eines rechtswidrigen VAs (Suspensivinteresse) nach eigenem Ermessen des VG abzuwägen. Das Verwaltungsgericht muss bei Vorliegen des besonderen Vollzugsinteresses die sofortige Vollziehung anordnen. Da der Widerspruch des Q wegen Fehlens der Widerspruchsbefugnis offensichtlich aussichtslos wäre, da er vom Bau des B nicht betroffen ist und außerdem erhebliche Kostensteigerungen durch einen weiteren Baustopp zu erwarten sind, ist das besondere Vollzugsinteresse zu Gunsten des B zu bejahen und die sofortige Vollziehbarkeit der Baugenehmigung vom VG anzuordnen.

Bei den §§ 80, 80 a VwGO geht es um Rechtsschutz im Verwaltungsverfahren, nicht um gerichtlichen Rechtsschutz.

5. Einstweilige Anordnung nach § 123 VwGO

Einstweilige Anordnung § 123 VwGO

(1) Auf Antrag kann das Gericht, auch schon vor Klageerhebung, eine einstweilige Anordnung in bezug auf den Streitgegenstand treffen, wenn die Gefahr besteht, daß durch eine Veränderung des bestehenden Zustands die Verwirklichung eines Rechts des Antragstellers vereitelt oder wesentlich erschwert werden könnte. Einstweilige Anordnungen sind auch zur Regelung eines vorläufigen Zustands in bezug auf ein streitiges Rechtsverhältnis zulässig, wenn diese Regelung, vor allem bei dauernden Rechtsverhältnissen, um wesentliche Nachteile abzuwenden oder drohende Gewalt zu verhindern oder aus anderen Gründen nötig erscheint.
(2) Für den Erlaß einstweiliger Anordnungen ist das Gericht der Hauptsache zuständig. Dies ist das Gericht des ersten Rechtszugs und, wenn die Hauptsache im Berufungsverfahren anhängig ist, das Berufungsgericht. § 80 Abs. 8 ist entsprechend anzuwenden.
(3) Für den Erlaß einstweiliger Anordnungen gelten §§ 920, 921, 923, 926, 928 bis 932, 938, 939, 941 und 945 der Zivilprozeßordnung entsprechend.
(4) Das Gericht entscheidet durch Beschluß.
(5) Die Vorschriften der Absätze 1 bis 3 gelten nicht für die Fälle der §§ 80 und 80 a.

5.1. Zulässigkeit des Antrags

Überblick über die Zulässigkeitsvoraussetzungen:

- Eröffnung des Verwaltungsrechtsweges, Spezialzuweisung oder § 40 I VwGO
- Statthaftigkeit: begehrt wird einstweiliger Rechtsschutz und die §§ 80 und 80 a VwGO sind nicht einschlägig, Faustregel: Verpflichtungs-, Leistung- oder Feststellungsklage in der Hauptsache
- Antragsbefugnis, § 42 II VwGO analog
- Zuständigkeit des angerufenen Gerichts, § 12 II i.V.m. §§ 45 ff. VwGO
- Beteiligten- und Prozessfähigkeit, §§ 61, 62 VwGO
- Antragsgegner, richtet sich nach Klageart i.d. Hauptsache: in Verpflichtungssituationen § 78 VwGO analog; im Übrigen Rechtsträgerprinzip

- Ordnungsmäßigkeit der Antragstellung, § 123 III VwGO i.V.m. § 920 III ZPO und § 82 I VwGO analog
- Sonstige allgemeine Sachentscheidungsvoraussetzungen, insbesondere das allgemeine Rechtsschutzbedürfnis

Die einstweilige Anordnung ist als vorläufige Rechtsschutzart für alle Fälle anwendbar, bei denen § 80 V VwGO nicht einschlägig ist. Sie kommt also bei allen Verfahrensarten außerhalb der Anfechtungsklage in Betracht (§§ 123 V, 47 VII VwGO), wobei für die einstweilige Anordnung im Normenkontrollverfahren spezielle Regelungen gelten, die dem § 32 BVerfGG nachgebildet sind.

Eröffnung des Verwaltungsrechtsweges

Wie aus § 123 II S. 1 VwGO zu entnehmen ist, obliegt der Erlass der einstweiligen Anordnung dem Gericht der Hauptsache. Im Verwaltungsrechtsweg kann eine einstweilige Anordnung somit nur erreicht werden, wenn für die Hauptsache der Weg zu den allgemeinen Verwaltungsgerichten gem. § 40 VwGO eröffnet ist.

Formulierungsvorschlag

Beispielformulierung:

A. Zulässigkeit des Verwaltungsrechtsschutzes

I. Rechtsweg

Der Rechtsweg zum Verwaltungsgericht ist gemäß § 40 Abs. 1 VwGO eröffnet, weil es in der Hauptsache um ...recht (z.B. Schulrecht) und damit um öffentliches Recht geht. Im vorliegenden Fall wendet sich der Antragsteller gegen ...

Antrag, § 123 I S. 1 VwGO

Nach § 123 I S. 1 VwGO kann ein Gericht eine einstweilige Anordnung nur auf Antrag erlassen. Ein Antrag ist gemäß § 123 III VwGO i.V.m. § 920 ZPO schriftlich zu stellen oder zur Niederschrift des Urkundsbeamten der Geschäftsstelle zu erklären und muss den geltend gemachten Anspruch und den Grund, warum eine einstweilige Anordnung erforderlich ist, enthalten.

Zuständigkeit des angerufenen Gerichts

Zuständiges Gericht ist nach § 123 II S. 1 VwGO das Gericht der Hauptsache, also das Gericht, das über die Verpflichtungs-, die Feststellungs- oder die allgemeine Leistungsklage entscheiden würde.

Statthaftigkeit

Ein Antrag auf einstweilige Anordnung ist nach § 123 I und V VwGO statthaft, wenn der Antragsteller vorläufigen Rechtsschutz nicht über die §§ 80 und 80 a VwGO, also wenn in der Hauptsache Rechtsschutz durch eine Feststellungs-, Verpflichtungs- oder allgemeine Leistungsklage zu ersuchen ist, erlangen kann. In Fällen, bei denen sich der Betroffene gegen einen bereits erlassenen belastenden VA wendet – in denen die Anfechtungsklage den statthaften Hauptsacherechtsbehelf darstellt –, ist hinsichtlich des einstweiligen Rechtsschutzes § 80 oder § 80 a einschlägig, in allen anderen Fällen § 123 VwGO.

Das Verfahren nach § 123 I VwGO ist bereits vor Klageerhebung zulässig und soll Regelungen zur Sicherung von Rechtspositionen treffen, die erst in einem Hauptsacheverfahren durchgesetzt werden sollen.

Demgegenüber ist eine einstweilige Anordnung statthaft, soweit es sich, wenn der Antragsteller eine Entscheidung über eine Klage abwarten könnte, in der Hauptsache um die Versagung eines begünstigenden VAs (= Situation der Verpflichtungsklage), die Versagung einer schlicht-hoheitlichen Begünstigung (= Situation der Leistungsklage) oder um die Abwehr schlicht-hoheitlicher Eingriffe (= Situation der Unterlassungsklage) geht oder auch die Situation der vorbeugenden Unterlassungsklage vorliegt. Für das abstrakte Normenkontrollverfahren ist für die einstweilige Anordnung § 47 VI VwGO anzuwenden.

Klausurhinweis: Ein Eingehen darauf, ob eine Sicherungs- (§ 123 I S. 1 VwGO) oder eine Regelungsanordnung (S. 2) beantragt werden soll, kann hier unterbleiben, da wegen der fließenden Grenzen beider Antragsformen in der Praxis nicht mehr unterschieden wird.

Beispiel 1: Referendar R möchte die Feststellung, dass er das 2. Staatsexamen bestanden hat, erstrebt somit eine begünstigende hoheitliche Entscheidung zur Regelung eines Einzelfalles mit Außenwirkung und damit den Erlass eines VA i.S.d. § 35 S. 1 VwVfG durch den Prüfungsausschuss.

Beispiel 2: A möchte sich gegen eine bevorstehende tatsächliche Handlung der Verwaltung, die keine Regelung i.S.d. § 35 VwfG ist, wehren.

Bei allen Verfahrensarten außerhalb der Anfechtungsklage kommt als vorläufige Rechtsschutzart die einstweilige Anordnung in Betracht (§§ 123 V, 47 VII VwGO).

Soweit Nebenbestimmungen zu VAs als der isolierten Anfechtung zugänglich angesehen werden, richtet sich der vorläufige Rechtsschutz gegen sie nach § 80 V VwGO, während von der abtrennbaren Begünstigung Gebrauch gemacht werden darf. Soweit Nebenbestimmungen unabtrennbarer Bestandteil des begünstigenden VAs sind, ist für den vorläufigen Rechtsschutz nur die einstweilige Anordnung anwendbar, weil die uneingeschränkte Begünstigung mit der Verpflichtungsklage erstritten werden muss.

*Formulierungs-
vorschlag*

Beispielformulierung:

II. Antragsart

Statthafte Antragsart könnte die einstweilige Anordnung gemäß § 123 VwGO sein.

Als Auffangtatbestand vorläufigen Rechtsschutzes greift die einstweilige Anordnung nach § 123 VwGO nur ein, wenn sie nicht durch die spezielle und damit vorrangige Rechtsschutzform des § 80 Abs. 5 VwGO verdrängt wird. Nach § 123 Abs. 5 VwGO kommt nämlich die einstweilige Anordnung nicht in Betracht »für die Vollziehung des angefochtenen Verwaltungsakts oder die Beseitigung der aufschiebenden Wirkung eines Rechtsbehelfs«, was gerade der Gegenstand des § 80 Abs. 5 VwGO ist. Im vorliegenden Fall geht es nicht um die Vollziehung eines belastenden Verwaltungsakts (Hauptsacheverfahren = Anfechtungsklage), sondern um die Ablehnung einer beantragten Amtshandlung, nämlich ... Statthafte Antragsart ist deshalb die einstweilige Anordnung gemäß § 123 VwGO.

Antragsbefugnis

Für die Antragsbefugnis bezüglich der Sicherungsanordnung muss dem Antragsteller ein sicherungsfähiges Recht zustehen können, und eine Gefährdung dieses Rechts muss möglich sein.

Für die Antragsbefugnis in Bezug auf die Regelungsanordnung muss der Antragsteller Beteiligter eines konkreten Rechtsverhältnisses sein können, dieses also darlegen und das Rechtsverhältnis muss regelungsbedürftig erscheinen.

Zum besseren Verständnis der einstweiligen Anordnung muss hier Folgendes noch erklärt werden: Gemäß § 123 I VwGO können zwei Arten der einstweiligen Anordnung, die sogenannte Sicherungsanordnung (§ 123 I S. 1 VwGO) und die Regelungsanordnung (§ 123 I S. 2 VwGO), unterschieden werden. In der Rechtsprechung wird häufig keine Unterscheidung zwischen beiden Arten gemacht oder der Regelungsanordnung ein so weiter Anwendungsbereich zugeordnet, dass die Sicherungsanordnung in der Gerichtspraxis kaum eine Rolle spielt. Lässt sich im Klausurfall keine genaue Zuordnung treffen, so sollte man sich im Zweifel für eine Regelungsanordnung entscheiden und begründen, warum diese vorliegt.

5.2. Begründetheit des Antrags

5.2.1. Sicherungsanordnung, § 123 I S. 1 VwGO

Die Sicherungsanordnung dient der Erhaltung eines bestehenden Zustandes zu Gunsten des Antragstellers. Mit ihrem Erlass soll verhindert werden, dass eine Sachlage, etwa durch behördliche Maßnahmen, zum Nachteil des Antragstellers verändert wird und dieser auf Grund der Veränderung einen ihm zustehenden Individualanspruch nicht mehr oder nur unter großen Schwierigkeiten verwirklichen kann. Hauptanwendungsfall ist die Unterlassungsklage.

Bei der Sicherungsanordnung soll ein bestehender Zustand erhalten werden.

Beispiel: Polizeihauptmeister P bewirbt sich um einen Dienstposten als Kommissar. Er erfährt, dass dem X, Konkurrent um diesen Posten, in der nächsten Woche die Ernennungsurkunde ausgehändigt werden soll und dieser damit den Dienstposten innehätte.

In der Hauptsache würde es sich um eine Unterlassungsklage auf Unterlassung der Ernennungsurkunde an X handeln. Vorläufiger Rechtsschutz müsste nach § 123 I S. 1 VwGO erstrebt werden.

Weiteres Beispiel: Abwehr eines Bauvorhabens durch den Nachbarn, wenn der Bauherr keine Baugenehmigung besitzt, Sicherung von Unterlassungsansprüchen (z.B. gegen zukünftige VAs), Abwehr der Inanspruchnahme eines Grundstücks für den Straßenbau.

5.2.2. Regelungsanordnung, § 123 I S. 2 VwGO

Der Erlass der Regelungsanordnung setzt nicht voraus, dass der Antragsteller einen bestimmten Individualanspruch gegenüber dem Antragsgegner hat, sondern das Bestehen eines konkreten Rechtsverhältnisses im Sinne des § 43 I VwGO zwischen dem Antragsteller und dem Antragsgegner. Dies bedeutet jedoch nicht, dass eine Regelungsanordnung nur statthaft ist, wenn in der Hauptsache die Feststellungsklage die richtige Klageart ist. Ein konkretes Rechtsverhältnis ist auch dann gegeben, wenn der Antragsteller einen Anspruch auf den Erlass eines Verwaltungsakts oder auf die Vornahme eines Realakts hat, also etwas geschehen soll. Hieraus ist ersichtlich, dass die Regelungsanordnung mehr Fälle als die Sicherungsanordnung erfasst. Des Weiteren ist zu beachten, dass das Gericht im Rahmen einer Regelungsanordnung nicht nur zu Maßnahmen verpflichten kann, die dazu geeignet sind,

Regelungsanordnung erfordert Bestehen eines konkreten Rechtsverhältnisses i.S.d. § 43 I VwGO

einen bestehenden Zustand zu erhalten, sondern auch Anordnungen treffen kann, mit deren Ausführung eine gegebene Situation verändert wird. Will der Antragsteller seinen Rechtskreis erweitern, so kann die einstweilige Anordnung nur als Regelungsanordnung ergehen.

Beispiel: Anspruch auf vorläufige Zulassung zum Studium oder zur Prüfung, Anspruch auf Erlass abgelehnter VAs, Leistungsansprüche (z.B. von Sozialhilfe), Bewilligung einer Subvention, Zuteilung von Sendezeiten im Fernsehen an politische Parteien.

Hauptanwendungsfall der Regelungsanordnung sind die Verpflichtungsklage und die Leistungsklage, die auf ein positives Tun gerichtet sind.

Beispiel: Student S möchte nach dem Abitur einen Studienplatz in Zahnmedizin. Die ZVS lehnt ab. In der Hauptsache erfolgt Rechtsschutz mittels Verpflichtungsklage, der vorläufige Rechtsschutz richtet sich nach § 123 I S. 2 VwGO.

Anzumerken ist, dass häufig sehr schwer zu differenzieren ist, ob im konkreten Fall eine Regelungsanordnung oder eine Sicherungsanordnung vorliegt. In der Praxis wird diese Unterscheidung meist nicht vorgenommen. Der Student muss die beiden Arten jedoch kennen; im Zweifelsfall sollte man sich für die Regelungsanordnung entscheiden, da eine Sicherungsanordnung immer auch als Regelungsanordnung erlassen werden kann. Die konkrete Gefährdung der Rechtsverwirklichung i.S.v. § 123 I S. 1 VwGO begründet zugleich ein streitiges Rechtsverhältnis i.S.v. S. 2 des § 123 VwGO. Eine nach S. 1 erforderliche Zustandssicherung rechtfertigt auch die Notwendigkeit einer Regelung nach S. 2. Überwiegend ergeht daher die Anordnung als Regelungsanordnung.

Formulierungsvorschlag

Hinsichtlich der Begründetheit des Antrags ist zwischen den beiden Arten der einstweiligen Anordnung zu unterscheiden. § 123 Abs. 1 S. 1 VwGO regelt die sog. Sicherungsanordnung, während § 123 Abs. 1 S. 2 VwGO die sog. Regelungsanordnung betrifft. Während die Sicherungsanordnung dazu dient, ein Individualrecht (=Anordnungsanspruch) davor zu schützen, dass es durch eine drohende Veränderung des bestehenden Zustandes gefährdet ist (=Anordnungsgrund), geht es bei der Regelungsanordnung darum, ein streitiges Rechtsverhältnis (=Anordnungsgegenstand) einer vorläufigen Regelung zuzuführen, weil dies zur Abwendung wesentlicher Nachteile, zur Verhinderung drohender Gefahr oder aus anderen Gründen nötig erscheint (=Anordnungsgrund).

Im vorliegenden Fall geht es darum, ...

5.2.3. Begründetheit im Einzelnen

Der Antrag auf Erlass einer einstweiligen Anordnung ist begründet, wenn der Antragsteller gemäß § 123 III VwGO i.V.m. §§ 920 II, 294 ZPO Anordnungsanspruch und Anordnungsgrund glaubhaft gemacht hat. Das ist dann der Fall, wenn eine summarische Prüfung ergibt, dass der vom Antragsteller behauptete Anordnungsanspruch und der Anordnungsgrund (Dringlichkeit) vorliegt.

Glaubhaftmachung, § 123 III i.V.m. § 920 II ZPO

Gemäß § 123 III VwGO i.V.m. § 920 II ZPO muss der Antragsteller glaubhaft machen, dass er einen Anspruch auf Vornahme einer Handlung oder ein Unterlassen hat. Dabei prüft das Gericht anhand der bekannten Fakten und dem Vorbringen der Parteien, ob eine Klage, also eine Verpflichtungs-, Leistungs- oder Feststellungsklage, in der Hauptsache Aussicht auf Erfolg hätte.

Des Weiteren ist eine Glaubhaftmachung eines Anordnungsgrundes erforderlich, § 123 III VwGO i.V.m. § 920 II ZPO. Dies bedeutet, dass der Antragsteller glaubwürdig darlegen muss, dass er die Entscheidung über eine entsprechende Klage nicht abwarten kann, weil ansonsten die Verwirklichung von Grundrechten gefährdet ist oder sonstige nicht unerhebliche irreparable Schäden entstehen.

Nach der »Glaubhaftmachung« des Antragstellers entscheidet das Gericht, ob es eine einstweilige Anordnung erlässt. Bei seiner Entscheidung muss es alle in Frage stehenden Interessen des Antragstellers, des Antragsgegners, Dritter und der Allgemeinheit insbes. der Erfolgsaussichten der Hauptklage berücksichtigen. In Klausuren bis einschließlich zum ersten Staatsexamen ist die Frage der Glaubhaftmachung des Antrages durch den Antragsteller regelmäßig ohne Bedeutung, da der Fallsachverhalt feststeht und somit nur eine gründliche Prüfung der Rechtslage erforderlich ist.

> In Klausuren des 1. juristischen Staatsexamens ist die Frage der Glaubhaftmachung i.d.R. ohne Bedeutung.

Begründetheit des Antrags auf Erlass einer Sicherungsanordnung gem. § 123 I S. 1 VwGO

Sicherungsanspruch: Der Antrag auf Erlass einer Sicherungsanordnung setzt voraus, dass ein sicherungsfähiges Recht des Antragstellers durch die zur Geltendmachung dieses Rechts behaupteten Tatsachen gem. § 123 III i.V.m. §§ 920 II, 294 ZPO glaubhaft gemacht ist.

> Sicherungsanspruch: Recht des Antragstellers

Ausreichend ist demnach, wenn nach der Überzeugung des VG die den Erlass der einstweiligen Anordnung rechtfertigenden Tatsachen mit überwiegender Wahrscheinlichkeit gegeben sind.

Beispiel für Sicherungsansprüche: Ansprüche auf Erlass eines begünstigenden Verwaltungsakts, ermessensfehlerfreie Neubescheidung (etwa über die Versetzung eines Schülers in die nächsthöhere Klasse), grundrechtliche Unterlassungsansprüche und Ansprüche auf Beseitigung (wie z.B. Folgenbeseitigungsansprüche einschließlich der Ansprüche auf Widerruf) sowie öffentlich-rechtliche Zahlungsansprüche.

Sicherungsgrund: Ein Anordnungsgrund für eine Sicherungsanordnung liegt gem. § 123 I S. 1 VwGO vor, wenn die Gefahr besteht, dass durch die Veränderung des bestehenden Zustandes die Verwirklichung des Rechts vereitelt oder wesentlich erschwert werden könnte, d.h. die Durchsetzbarkeit des Rechts im Hauptsacheverfahren muss ernstlich gefährdet sein.

> Sicherungsgrund: Gefahr, dass durch eine Veränderung das Recht vereitelt oder erschwert wird, insbes. dass nicht wieder rückgängig zu machende rechtswidrige Eingriffe erfolgen

Es muss also ein wichtiger Anlass gegeben sein, der ein Abwarten des Urteils im Hauptverfahren als unzumutbar erscheinen lässt und demnach einen Eilfall begründet. Hierbei erfolgt eine umfassende Güter- und Interessenabwägung, bei der u.a. zu berücksichtigen sind: die Bedeutung der Dringlichkeit des geltend gemachten Anspruchs, die Zumutbarkeit, eine Entscheidung in der Hauptsache abzuwarten, das Maß einer eventuellen Gefährdung sowie gegebenenfalls die Irreparabilität der drohenden Schäden. Im Anwendungsbereich der Sicherungsanordnung werden Individualansprüche gesichert, etwa auf Leistung, aber auch Unterlassung.

Beispiel: Antragsteller Student S wendet sich gegen einen Beschluss des ASTA als Antragsgegner, dem zufolge alle Studenten einem Vorlesungsstreik nachkommen sollen. Hier liegt in dem Vorlesungsstreikbeschluss des ASTA eine Gefahr für die Verwirklichung von Rechten des S auf Besuch von Lehrveranstaltungen, die der ASTA als Antragsgegner erschwert oder vereitelt, so dass eine Sicherungsanordnung in Betracht kommt.

Begründetheit des Antrags auf Erlass einer Regelungsanordnung gem. § 123 I S. 2 VwGO

Bei der Regelungsanordnung geht es nicht um den vorbeugenden Schutz gefährdeter Rechte des Antragstellers, sondern um eine vorläufige Regelung widerstreitender Interessen der Parteien eines Rechtsverhältnisses. Rechtsverhältnis ist in Übereinstimmung mit § 43 VwGO die sich aus dem konkreten Sachverhalt auf Grund einer Rechtsnorm ergebende rechtliche Beziehung einer Person zu einer anderen Person oder Sache.

Beispiel: Verpflichtungs- und sonstige Leistungsbeziehungen, vertragliche oder gesetzliche Schuldverhältnisse des öffentlichen Rechts, Beamten- und sonstige Statusverhältnisse.

Regelungsanspruch: Es ist festzustellen, ob der Antragsteller Tatsachen gem. § 123 III VwGO, §§ 920 II, 294 ZPO glaubhaft gemacht hat, aus denen sich ergibt, dass ein Rechtsverhältnis i.S.d. § 43 I VwGO besteht und dass es zwischen ihm und dem Antragsgegner im Streit ist.

Regelungsanspruch: Streitiges Rechtsverhältnis, aus dem sich ein Recht des Antragstellers ergeben kann

Regelungsgrund: Ein Anordnungsgrund ist nach § 123 I S. 2 VwGO gegeben, wenn die Regelung zur Abwehr wesentlicher Nachteile, zur Verhinderung drohender Gewalt oder aus anderen Gründen nötig ist. Hierbei sind nicht nur die Interessen des Antragstellers, sondern auch etwaige entgegenstehende öffentliche oder private Interessen zu berücksichtigen. Es muss daher eine Interessenabwägung erfolgen, bei der insbesondere darauf abzustellen ist, ob dem Antragsteller das Abwarten des Hauptsacheverfahrens zugemutet werden kann oder ob z.B. die Gefahr besteht, dass der später gewährte Rechtsschutz wirkungslos bleibt.

Regelungsgrund: Regelung nötig, um drohende Gewalt oder wesentliche Nachteile für den Antragsteller abzuwenden oder aus anderen Gründen, wobei es auch auf die Aussichten i.d. Hauptsache und/oder eine Interessenabwägung ankommt

Hierbei ergibt sich folgende Prüfungsfolge:
- Ist die Klage in der Hauptsache offensichtlich unzulässig oder unbegründet, so ist der Antrag nach § 123 I S. 2 VwGO abzulehnen.
- Ist die Klage hingegen offensichtlich begründet, dann ist eine Regelungsanordnung zu erlassen.
- Im Fall der Ungeklärtheit (»non-liquet«), d.h., wenn weder der Erfolg noch der Misserfolg der Klage in der Hauptsache offensichtlich sind, sind die unmittelbar betroffenen öffentlichen und privaten Interessen (Schwere, Revidierbarkeit der Regelung usw.) gegeneinander abzuwägen. Hierbei sind insbesondere die Nachteile, die entstünden, wenn die einstweilige Anordnung nicht ergänze, die Hauptsache aber Erfolg hätte, mit den Folgen zu vergleichen, wenn die einstweilige Anordnung erlassen würde, die Hauptsacheklage des Antragstellers aber erfolglos bliebe. Nötig i.S.d. § 123 I S. 2 VwGO erscheint die Regelungsanordnung, sofern das Interesse des Antragstellers am Erlass der beantragten Regelung dem Interesse des Antragsgegners an der Aufrechterhaltung des bisherigen Zustandes überwiegt.

Erweist sich, dass der Antragsteller im Hauptverfahren mit seinem Rechtsschutzbegehren offensichtlich erfolglos sein wird, so besteht kein schutzwürdiges Interesse an seiner vorläufigen Regelung zu Gunsten des Antragstellers.

Umgekehrt gilt aber nicht, dass allein die offensichtliche Begründetheit eines Rechtsbehelfs ausreicht. Das allgemeine Interesse des Betroffenen an der Herstellung eines rechtmäßigen Zustandes genügt nicht allein zum Erlass einer Regelungsanordnung. Wesen des vorläufigen Rechtsschutzes ist nämlich nur, die Effektivität des Rechtsschutzes durch Verhinderung des Eintritts irreparabler Ergebnisse sicherzustellen. Daraus folgt, dass das überwiegende Interesse des Antragstellers nur dann vorliegt, wenn über die offensichtlichen Erfolgsaussichten in der Hauptsache hinaus dem Antragsteller nicht zuzumuten ist, das Obsiegen in der Hauptsache abzuwarten, weil die Gefahr besteht, dass dieser erst dann gewährte Rechtsschutz ohne Wirkung bleibt.

Umfassende Interessenabwägung, wenn sich die Erfolgsaussichten in der Hauptsache nicht genau voraussagen lassen

Lassen sich die Erfolgsaussichten in der Hauptsache nicht genau voraussagen, so muss eine umfassende Abwägung der beteiligten Interessen entsprechend dem Verfahren gem. § 80 V VwGO erfolgen. Die öffentlichen und privaten Interessen der Beteiligten sind gegeneinander abzuwägen.

Die Regelungsanordnung umfasst die Fälle, die von der Sicherungsanordnung nicht abgedeckt sind, wie sich aus den Worten »aus anderen Gründen nötig erscheint« ergibt.

Beispiel: Zulassung zum Studium, Zulassung zur Prüfung, Anspruch eines Studenten gegen die Universität, bei einem Vorlesungsboykott nicht untätig zu bleiben und Maßnahmen zu ergreifen, um den Lehrbetrieb sicherzustellen, damit der Student Lehrveranstaltungen besuchen kann.

5.3. Inhalt der einstweiligen Anordnung

Dem Gericht steht es im Rahmen seines pflichtgemäßen Ermessens frei, welche einstweilige Anordnung es erlässt, § 123 III VwGO i.V.m. § 938 I ZPO. Da es sich aber um einen Antrag auf einstweiligen Rechtsschutz handelt, soll es – soweit dies möglich ist – nicht die Entscheidung über eine Klage vorwegnehmen, also eine vorläufige Regelung treffen.

Fall 40: A hat bei der Bauaufsichtsbehörde eine Baugenehmigung beantragt. Diese wurde ihm auf Grund des Vorbringens seines Nachbarn N versagt. Trotzdem beginnt A mit den Bauarbeiten. B will erreichen, dass dem A das Weiterbauen untersagt wird und A das bisher Errichtete wieder abreißen muss.

In der Hauptsache würde N eine Verpflichtungsklage gegen den Träger der Bauaufsichtsbehörde erheben, so dass diese verpflichtet wird, an A einen Verwaltungsakt mit dem Inhalt zu erlassen, dass A den Schwarzbau wieder abreißen muss. Da die Entscheidung einer Verpflichtungsklage zu lange dauern würde, stellt N einen Antrag auf Erlass einer einstweiligen Anordnung im Sinne des § 123 VwGO. Das Gericht hält den Antrag für begründet. Es würde anordnen, dass die Bauaufsichtsbehörde dem A den Weiterbau per VA untersagen muss. Von einer Verpflichtung zum Erlass einer Abrissverfügung würde es hingegen absehen, da es nach Möglichkeit die am wenigsten einschneidende Maßnahme wählen wird, die die Entscheidung in der Hauptsache nicht vorwegnehmen sollte.

Das Verbot, dass durch die einstweilige Entscheidung die Hauptsache nicht vorweggenommen werden darf, gilt ausnahmsweise dann nicht, wenn sonst nicht wiedergutzumachende Schäden eintreten würden. Eine Deckungsgleichheit von der Entscheidung im Verfahren über die vorläufige Anordnung und der späteren Hauptsacheentscheidung ist also dann erforderlich, wenn ansonsten irreparable Schäden entstehen.

Ausnahmefallgruppen vom Verbot der Vorwegnahme der Hauptsache sind:
1. Bedrohung der wirtschaftlichen Grundlage
2. Geldleistungen, die für den Antragsteller lebensnotwendig sind
3. im Schulbereich die aber nur vorläufige Versetzung in die nächsthöhere Klasse
4. im Hochschulbereich die Zulassung zum Studium oder zur Prüfung
5. eine gerichtliche Entscheidung in der Hauptsache käme wegen Entfallens des Anspruchgrundes durch Zeitablauf zu spät.

Beispiel: Eine Partei möchte die Stadt- oder Gemeindehalle für eine Wahlkampfveranstaltung in Anspruch nehmen. Dies wird abgelehnt. Eine verwaltungsgerichtliche Entscheidung in der Hauptsache über den Anspruch würde erst nach Ablauf des Wahlkampfes ergehen und käme damit zu spät. (Es wäre dann auch nur noch eine Umstellung auf Fortsetzungsfeststellungsklage im Verpflichtungsfall nach § 113 I S. 4 VwGO analog möglich, Feststellungsinteresse: Erheblichkeit für Geltendmachung von Amtshaftungsansprüchen, Wiederholungsgefahr.)

5.4. Schadensersatzpflicht des Antragstellers gem. § 123 VwGO

Gem. § 123 III VwGO i.V.m. § 945 ZPO trifft den Antragsteller eine verschuldens-unabhängige Schadensersatzpflicht.

Beispiel: Nachbar N erwirkt eine einstweilige Anordnung, die die Baubehörde verpflichtet, dem Bauherrn A das weitere Gebrauchmachen von der Baugenehmigung zu untersagen. Die erwirkte Anordnung war von Anfang an ungerechtfertigt. Dem A ist ein Schaden von 5.000,- € entstanden.

Nach ständiger Rechtsprechung des Bundesgerichtshofes im Fall des Schadensersatzanspruches nach § 123 III VwGO i.V.m. § 945 ZPO liegt eine bürgerliche Rechtsstreitigkeit i.S.v. § 13 GVG vor, mithin ist der Rechtsweg zu den ordentlichen Gerichten gegeben. Art und Umfang des Schadensersatzes richten sich nach den §§ 249 ff. BGB. Ein mitwirkendes Verschulden des Antragstellers ist nach § 254 BGB zu beachten.

Antrag nach § 123 VwGO

I. Zulässigkeitsvoraussetzungen des Antrags nach § 123 VwGO

1. Verwaltungsrechtsweg gem. § 40 I VwGO analog
2. Schriftlicher Antrag: § 123 III VwGO, Bezeichnung der Antragsteller und Antragsgegner, § 82 VwGO analog, falsch bezeichnete Anträge sind gem. §§ 86 III, 88 VwGO umzudeuten
3. Zuständigkeit des Gerichts der Hauptsache: sachliche und örtliche Zuständigkeit, § 123 II 1 VwGO
4. Beteiligten- und Prozessfähigkeit, §§ 61 f. VwGO
5. Statthaftigkeit: kein Verfahren nach § 80 V VwGO statthaft, § 123 VwGO. Einschlägig bei:
   - Versagung begünstigender VA, wie Bewilligung, Genehmigung, Erlaubnis
   - schlicht hoheitlichen Eingriffen
   - unselbständigen Nebenbestimmungen
   - öffentlich-rechtlichen Zahlungsansprüchen

   Es kommen also für die Anordnung nach § 123 VwGO in Betracht: Verpflichtungs-, Leistungs-, Unterlassungs- und Feststellungsklage
6. Antragsbefugnis: Wäre in der Hauptsache eine Verpflichtungs- oder Leistungsklage statthaft, so ist § 42 II VwGO analog anzuwenden. Bei der Feststellungsklage in der Hauptsache muss das Feststellungsinteresse analog § 43 VwGO vorliegen.

II. Begründetheit

1. Sicherheitsanordnung gem. § 123 I S. 1
   aa. Recht des Antragstellers auf
   - Erlass eines begünstigenden VA
   - Erbringung sonstiger Leistung oder Unterlassung
   - Feststellung

   bb. + Gefahr der Vereitelung oder Erschwerung dieses Rechts aufgrund drohender Veränderung

2. Regelungsanordnung gem. § 123 I S. 2
   Erforderlichkeit einer vorläufigen Regelung eines streitigen Rechtsverhältnisses
   aa. erste Stufe: summarische Prüfung in der Hauptsache auf Offenkundigkeit
   - sofern offensichtlich erfolglos: keine Notwendigkeit einer einstweiligen Anordnung
   - sofern offensichtlich erfolgreich: zusätzlich muss Abwarten infolge besonderer Schutzwürdigkeit wegen Drohens wesentlicher Nachteile unzumutbar sein.

   bb. zweite Stufe: bei fehlender Offenkundigkeit erfolgsunabhängige Interessenabwägung und Einbeziehung der Folgen

3. Grenzen der einstweiligen Anordnung
   a. Grundsatz: keine Vorwegnahme der Hauptsache
   b. Ausnahme:
   aa. keine Geltung bei Sicherungsanordnung
   bb. bei Regelungsanordnung, sofern hohe Erfolgswahrscheinlichkeit
   + Gefahr schwerer irreparabler Nachteile

6. Gleichzeitiger Rechtsschutz nach §§ 80 V, 123 I VwGO

Wenn das Antragsbegehren sich nur durch die Kombination beider Rechtsschutzmöglichkeiten verwirklichen lässt, so kann gleichzeitiger Rechtsschutz nach §§ 80 V, 123 I VwGO gewährt werden.

Verwaltungsakte mit Drittwirkung im Konkurrentenverhältnis

Erteilt die Behörde eine Erlaubnis, Gestattung oder sonstige Berechtigung unter Anordnung des Sofortvollzuges nicht dem Antragsteller, sondern einem Mitbewerber und beansprucht der Antragsteller die Berechtigung für sich, so kann er vorläufigen Rechtsschutz nur auf folgende Weise erhalten:

Antragsteller gegen »bevorzugten« Mitbewerber

1. Antrag nach § 80 V VwGO auf Wiederherstellung der aufschiebenden Wirkung seines gegen die Erteilung eingelegten Rechtsbehelfs. Ziel ist, den Eintritt der Bestandskraft der behördlichen Entscheidung zu verhindern.

2. Zugleich muss ein Antrag nach § 123 I S. 2 VwGO gestellt werden, in dem der Antragsteller die vorläufige Erteilung der Berechtigung an sich begehrt.

Schrägversetzung in eine andere Schulart

Bei der Rückstufung in eine andere Schulart geht es ausschließlich um den eigenen Rechtskreis des Antragstellers.

Rückstufung eines Schülers in eine andere Schulart

1. Nach § 80 V VwGO muss sich der betroffene Schüler gegen den Sofortvollzug einer Schrägversetzung von der Oberschule in die Mittelschule wenden. Die Wiederherstellung der aufschiebenden Wirkung bewirkt aber nur, dass er in seiner bisherigen Klasse bleiben kann und diese wiederholen muss.

2. Zugleich muss er zusätzlich mit der einstweiligen Anordnung nach § 123 I S. 2 VwGO zu erreichen versuchen, am Unterricht der nächsthöheren Klasse teilzunehmen, in die er nicht versetzt worden ist.

7. Einstweiliger Rechtsschutz nach § 47 VI VwGO

§ 47 VI VwGO

Einstweiliger Rechtsschutz

(1)-(5) ...

(6) Das Gericht kann auf Antrag eine einstweilige Anordnung erlassen, wenn dies zur Abwehr schwerer Nachteile oder aus anderen wichtigen Gründen dringend geboten ist.

Zulässigkeit des Antrags:
- Verwaltungsrechtsweg,
- Statthaftigkeit,
- Antragsbefugnis, § 47 II S. 1 VwGO,
- Beteiligtenfähigkeit,
- zuständiges Gericht,
- Antrag.

Im Normenkontrollverfahren ist eine einstweilige Anordnung nach § 47 VI VwGO möglich, wenn dies zur Abwehr schwerer Nachteile oder aus anderen wichtigen Gründen dringend geboten erscheint. Im Gegensatz z.B. zu § 123 VwGO reicht es aber nicht aus, dass die einstweilige Anordnung nötig erscheint, sondern sie muss dringend geboten sein; der Maßstab ist also enger als bei § 123 VwGO, dessen Grundsätze ansonsten im wesentlichen auch bei der einstweiligen Anordnung nach § 47 VI VwGO gelten. Das OVG hat eine umfassende Interessenabwägung vorzunehmen, wobei im Wesentlichen auf die Erfolgsaussichten in der Hauptsache und darauf abzustellen ist, ob ohne die Anordnung irreparable Folgen (»schwere Nachteile«) entstehen würden.

Statthaftigkeit

Statthaft bei nach § 47 I VwGO überprüfbaren Normen

Statthaft ist der Antrag nach § 47 VI VwGO, wenn in der Hauptsache die Normenkontrolle nach § 47 I VwGO statthaft ist, d.h. bei Satzungen nach dem BauGB und, soweit Landesrecht dies bestimmt, bei anderen unter dem Landesgesetz stehenden Rechtsvorschriften.

Die Norm, gegen die sich die einstweilige Anordnung richtet, braucht zwar noch nicht in Kraft getreten zu sein, jedenfalls muss aber bereits die normative Willensbildung abgeschlossen sein. Ist das Normsetzungsverfahren noch nicht abgeschlossen, kommt allenfalls vorbeugender Rechtsschutz in Betracht.

Der Antrag auf einstweilige Anordnung nach § 47 VI VwGO ist wie bei § 123 VwGO schon vor einem Normenkontrollantrag in der Hauptsache statthaft.

Antragsbefugnis

Der Antragsteller muss geltend machen, durch die Rechtsvorschrift oder deren Anwendung verletzt zu sein oder in absehbarer Zeit verletzt zu werden.

Des Weiteren muss der Antragsteller geltend machen, die einstweilige Anordnung sei zur Abwehr schwerer Nachteile oder aus anderen Gründen dringend geboten, es muss folglich die Eilbedürftigkeit dargelegt werden.

Rechtsschutzinteresse

Das Rechtsschutzinteresse ist gegeben, wenn sich der Antragsteller gegen den Vollzug der Norm in zumutbarer Weise nach § 80 oder § 123 VwGO wehren kann. Dies ergibt sich für den vorläufigen Rechtsschutz nach § 47 VI VwGO daraus, dass dieser dringend geboten sein muss.

Beteiligtenfähigkeit

Antragsteller kann jeder der in § 47 VwGO Genannten sein, somit auch eine mit dem Vollzug der Norm befasste Behörde. Im Übrigen gelten die §§ 61, 62 VwGO.

Beteiligtenfähigkeit:
§ 47 VwGO i.V.m.
§§ 61 f. VwVfG

Antragsgegner ist nach § 47 II S. 2 VwGO immer der hoheitliche Rechtsträger, der die Norm erlassen hat.

Zuständiges Gericht

Zuständig ist nach § 47 VI das Gericht der Hauptsache, also das örtlich zuständige OVG (VGH), § 47 I VwGO.

Zuständiges Gericht:
OVG/VGH

Antrag

Nur auf Antrag kann die einstweilige Anordnung ergehen, die in der Form den §§ 81, 82 VwGO entsprechen muss.

Antragsfrist

Da ein Antrag auf einstweilige Anordnung nur dann zulässig ist, wenn ein Normenkontrollantrag in der Hauptsache zulässig wäre, sind auch im Rahmen des vorläufigen Rechtsschutzes die für den Normenkontrollantrag geltenden Fristen zu beachten. Nach § 47 II S. 1 VwGO gilt eine Frist von 2 Jahren nach Bekanntgabe der Rechtsvorschrift.

Begründetheit des Antrags nach § 47 VI VwGO

Bei Gebotenheit zur Abwehr schwerer Nachteile (strengerer Maßstab als bei § 123 VwGO)

Nach § 47 VI VwGO ist ein Antrag auf einstweilige Anordnung nur dann begründet, wenn deren Erlass zur Abwehr schwerer Nachteile oder aus anderen wichtigen Gründen dringend geboten ist. Es ist wie bei anderen Rechtsbehelfen im Verfahren des einstweiligen Rechtsschutzes eine Interessenabwägung vorzunehmen. Es hat eine Abwägung zu erfolgen, bei der die Folgen miteinander zu vergleichen sind, die eintreten würden, wenn eine einstweilige Anordnung nicht erginge, der Normenkontrollantrag aber Erfolg hätte gegenüber Nachteilen, die entstünden, wenn die gültige Norm vorläufig außer Vollzug gesetzt würde, der Normenkontrollantrag aber keinen Erfolg hätte. Die einstweilige Anordnung muss zur Abwehr schwerer Nachteile oder aus anderen wichtigen Gründen dringend geboten sein. Der Erlass ist insbesondere dann geboten, wenn sonst vollendete Tatsachen geschaffen würden, die später nicht oder nur schwer wieder rückgängig gemacht werden könnten, wenn in der Hauptsache anders entschieden würde und wenn außerdem mit großer Wahrscheinlichkeit damit gerechnet werden kann, dass auch die Normenkontrollklage Erfolg haben wird. Das dringende Gebotensein verdeutlicht den Ausnahmecharakter. Gegenüber dem Verfahren aus § 123 VwGO gilt ein strengerer Maßstab. Erforderlich ist ein deutliches Überwiegen der Interessen des Antragstellers.

Es ergibt sich dabei für die Klausur folgende Prüfungssystematik:

I. formelle Rechtmäßigkeit der Norm

   1. Zuständigkeit

   2. Verfahren

   3. Form

II. materielle Rechtmäßigkeit der Norm: Verstoß der Norm gegen höherrangiges Recht?

Prüfungsmaßstab: Erfolgsaussichten in der Hauptsache nach summarischer Prüfung

Ist die Norm offensichtlich rechtmäßig, dann muss der Einzelne auch den Normvollzug hinnehmen, und die einstweilige Anordnung ist nicht begründet.

Bestehen hingegen Zweifel an der Rechtmäßigkeit der Norm und droht dem Antragsteller ein schwerer Nachteil, dann ist der Antrag nach § 47 VI VwGO in der Regel begründet. Bei der Prüfung des Tatbestandsmerkmals des »schweren Nachteils« sind zunächst die Folgen zu ermitteln, die für den Antragsteller entstehen, wenn eine einstweilige Anordnung nicht ergeht, die angegriffene Rechtsvorschrift sich jedoch im Hauptsacheverfahren als unwirksam erweist. Ein »schwerer Nachteil« ist danach gegeben, wenn durch die Folgen des Vollzuges der

Rechtsvorschrift Rechte oder rechtlich geschützte Interessen des Antragstellers in ganz besonderem Maße beeinträchtigt oder dem Antragsteller außergewöhnliche Opfer abverlangt werden. In gleicher Weise ist ein schwerer Nachteil dann zu bejahen, wenn dem Antragsteller irreparable Nachteile durch den Vollzug der Rechtsvorschrift drohen.

8. Wiederholungsfragen

○ 1. Bei welchen Klagearten ist ein vorheriges Widerspruchsverfahren erforderlich? Lösung S. 284

○ 2. Was geschieht, wenn die Behörde den Widerspruch für begründet, was, wenn sie ihn für unbegründet hält? Lösung S. 285

○ 3. Kann bei bloßer Untätigkeit der Behörde ein Widerspruch erhoben werden? Lösung S. 290

○ 4. Wann ist ein Widerspruch begründet? Lösung S. 293

○ 5. Welches ist der maßgebliche Zeitpunkt für die Überprüfung der Sach- und Rechtslage beim Widerspruchsbescheid? Lösung S. 298

○ 6. In welchen Fällen ist die aufschiebende Wirkung von Widerspruch und Anfechtungsklage per Gesetz ausgeschlossen? Lösung S. 302

○ 7. Ist ein Antrag nach § 80 V VwGO noch zulässig, wenn die Fristen von Widerspruch oder Anfechtungsklage verstrichen sind? Lösung S. 301.

○ 8. Wie ist die Prüfung der Begründetheit des Antrags nach § 80 V VwGO im Fall des § 80 II Nr. 4 VwGO vorzunehmen? Lösung S. 303, 318 ff.

○ 9. Welche Arten von VAen umfasst § 80 a VwGO? Lösung S. 334-336

○ 10. Wie ist das Verhältnis von behördlichem und gerichtlichem Rechtsschutz nach § 80 a VwGO? Lösung S. 342

○ 11. Wann ist die einstweilige Anordnung nach § 123 I VwGO einschlägig? Lösung S. 346

○ 12. Was unterscheidet die Sicherungs- von der Regelungsanordnung? Lösung S. 349

○ 13. Welches sind die Hauptanwendungsfälle der Regelungsanordnung? Lösung S. 350

○ 14. Welche Fälle der Ausnahme vom Verbot der Vorwegnahme der Hauptsache bei § 123 VwGO gibt es? Lösung S. 355

○ 15. In welchen Fallgruppen ist gleichzeitiger Rechtsschutz nach §§ 80 V, 123 VwGO denkbar? Lösung S. 357

Die Rechtsmittel

1.	**Rechtsmittel**	**364**
2.	**Berufung**	**365**
2.1.	Zulassung der Berufung	366
2.2.	Begründetheit der Berufung	366
3.	**Revision**	**367**
3.1.	Zulässigkeit der Revision	369
3.2.	Begründetheit der Revision	370
4.	**Beschwerde**	**371**

1. Rechtsmittel

Zur Kontrolle von Verwaltungshandlungen gibt es formlose und förmliche Rechtsbehelfe. Zu den formlosen Rechtsbehelfen gehören die Gegenvorstellung, die Fach- und die Dienstaufsichtsbeschwerde. Für sie gilt der Grundsatz: formlos-, fristlos- und (meist) fruchtlos.

Neben den förmlichen gerichtlichen Rechtsbehelfen, den verwaltungsgerichtlichen Klagen und den Verfahren des vorläufigen Rechtsschutzes gibt es noch außergerichtliche Rechtsbehelfe – wie das Widerspruchsverfahren – zur Überprüfung von Verwaltungshandlungen.

RECHTSMITTEL

Rechtsmittel sind förmliche Rechtsbehelfe, mit denen gerichtliche Entscheidungen angegriffen werden können. Durch Rechtsmittel können gerichtliche Entscheidungen, insbesondere Urteile, aber auch Beschlüsse, einem höheren Gericht zur Nachprüfung vorgelegt werden. Rechtmittel sind demnach prozessuale Mittel zur Verwirklichung eines Rechts, die das Verfahren in eine höhere Instanz bringen (Devolutiveffekt).

Devolutiveffekt

Durch Einlegung des Rechtsmittels wird aber auch der Eintritt der Rechtskraft gehemmt (Suspensiveffekt). Rechtsmittel sind Berufung, Revision und auch die Beschwerde. Letztere richtet sich gegen Beschlüsse, Verfügungen und Zwischenurteile.

Suspensiveffekt

Zum Verständnis der Rechtsmittel ist es erforderlich, dass die wichtigsten Arten gerichtlicher Entscheidungen differenziert werden können.

Nach § 107 VwGO wird über eine Klage, soweit nichts anderes bestimmt ist, durch Urteil entschieden. Demnach ist das Urteil der Normalfall einer gerichtlichen Entscheidung, sofern eine Klage gegeben ist. Eine Ausnahme hierzu enthält § 84 VwGO für Streitsachen, die keine besonderen Schwierigkeiten tatsächlicher oder rechtlicher Art aufweisen und deren zu Grunde liegender Sachverhalt geklärt ist. In diesen Fällen kann das Gericht einen Gerichtsbescheid erlassen. Der Gerichtsbescheid und das Urteil unterscheiden sich dadurch, dass dem Urteil – sofern die Parteien nicht darauf verzichten – eine mündliche Verhandlung vorausgeht, in der die Streitsache erörtert wird, während der Gerichtsbescheid, da die Sachlage klar ist, auf Grund des Vortrags des Klägers und der vorhandenen Materialien ohne weitere Erörterung ergeht. Der Gerichtsbescheid ist dem Urteil gemäß § 84 III VwGO bezüglich seiner rechtlichen Wirkung gleichgestellt.

Neben Urteilen und Gerichtsbescheiden gibt es noch den Beschluss. Ein Beschluss setzt – wie der Gerichtsbescheid – nicht voraus, dass die Streitsache in einer mündlichen Verhandlung diskutiert worden ist. Eine Entscheidung durch Beschluss ergeht insbesondere auf Anträge auf einstweiligen Rechtsschutz (vgl. §§ 80 VII S. 1, 123 IV VwGO). Auch über eine Normenkontrollklage kann gemäß § 47 VI S. 1 VwGO per Beschluss entschieden werden.

Als Rechtsmittel sieht die VwGO Berufung (§§ 124 ff. VwGO), Revision (§§ 132 ff. VwGO) und die Beschwerde (§§ 146 ff.) vor. Die gegen Rechtsbescheide (§ 84 VwGO) gegebenen Rechtsmittel ergeben sich aus § 84 II VwGO.

2. Die Berufung

Statthaftigkeit der Berufung § 124 VwGO

(1) Gegen Endurteile einschließlich der Teilurteile nach § 110 und gegen Zwischenurteile nach den §§ 109 und 111 steht den Beteiligten die Berufung zu, wenn sie von dem Verwaltungsgericht oder dem Oberverwaltungsgericht zugelassen wird.
(2) Die Berufung ist nur zuzulassen,
1. wenn ernstliche Zweifel an der Richtigkeit des Urteils bestehen,
2. wenn die Rechtssache besondere tatsächliche oder rechtliche Schwierigkeiten aufweist,
3. wenn die Rechtssache grundsätzliche Bedeutung hat,

4. wenn das Urteil von einer Entscheidung des Oberverwaltungsgerichts, des Bundesverwaltungsgericht, des gemeinsamen Senats der obersten Gerichtshöfe des Bundes oder des Bundesverfassungsgerichts abweicht und auf dieser Abweichung beruht oder

5. wenn ein der Beurteilung des Berufungsgerichts unterliegender Verfahrensmangel geltend gemacht wird und vorliegt, auf dem die Entscheidung beruhen kann.

§ 124a VwGO

Zulassung und Begründung der Berufung

(1) Das Verwaltungsgericht lässt die Berufung in dem Urteil zu, wenn die Gründe des § 124 Abs. 2 Nr. 3 oder Nr. 4 vorliegen. Das Oberverwaltungsgericht ist an die Zulassung gebunden. Zu einer Nichtzulassung der Berufung ist das Verwaltungsgericht nicht befugt.

(2) Die Berufung ist, wenn sie von dem Verwaltungsgericht zugelassen worden ist, innerhalb eines Monats nach Zustellung des vollständigen Urteils bei dem Verwaltungsgericht einzulegen. Die Berufung muss das angefochtene Urteil bezeichnen.

(3) Die Berufung ist in den Fällen des Absatzes 2 innerhalb von zwei Monaten nach Zustellung des vollständigen Urteils zu begründen. Die Begründung ist, sofern sie nicht zugleich mit der Einlegung der Berufung erfolgt, bei dem Oberverwaltungsgericht einzureichen. ...

(4)-(6) ...

§ 128 VwGO

Umfang der Nachprüfung

Das Oberverwaltungsgericht prüft den Streitfall innerhalb des Berufungsantrags im gleichen Umfang wie das Verwaltungsgericht. Es berücksichtigt auch neu vorgebrachte Tatsachen und Beweismittel.

2.1. Zulassung der Berufung

Die Berufung ist nur gegeben, wenn sie zugelassen wird. Nach § 124 I VwGO steht den Beteiligten die Berufung gegen Endurteile einschließlich der Teilurteile sowie gegen Zwischenurteile nur noch zu, wenn sie zugelassen wird. § 124 II VwGO regelt anschließend die Zulassungsgründe.

2.2. Begründetheit der Berufung

Die Begründetheitsvoraussetzung der Berufung:
- Zulässigkeit bzw. Unzulässigkeit der erstinstanziellen Klage
- Begründetheit bzw. Unbegründetheit der erstinstanziellen Klage

Bei der Prüfung der Begründung der Berufung muss man sich zuerst noch einmal klarmachen, wer der Berufungskläger ist, der Kläger oder der Beklagte in erster Instanz. Aus der Sicht des erstinstanziellen Klägers ist die Berufung begründet, wenn die Klage in erster Instanz zulässig und begründet war. Ist hingegen der Beklagte Berufungskläger, so ist die Begründetheit der Berufung zu bejahen, wenn die Klage in erster Instanz unzulässig und/oder unbegründet war.

Das Berufungsgericht prüft die erstinstanzielle Klage gemäß § 128 S. 1 VwGO in gleichem Umfang wie das Ausgangsgericht, ermittelt also selbst die wesentlichen Tatsachen und würdigt die rechtliche Situation. Es berücksichtigt auch neu vorgetragene Tatsachen und Beweismittel.

3. Die Revision

Zulassung der Revision § 132 VwGO

(1) Gegen das Urteil des Oberverwaltungsgerichts (§ 49 Nr. 1) und gegen Beschlüsse nach § 47 Abs. 5 Satz 1 steht den Beteiligten die Revision an das Bundesverwaltungsgericht zu, wenn das Oberverwaltungsgericht oder auf Beschwerde gegen die Nichtzulassung das Bundesverwaltungsgericht sie zugelassen hat.

(2) Die Revision ist nur zuzulassen, wenn

1. die Rechtssache grundsätzliche Bedeutung hat,

2. das Urteil von einer Entscheidung des Bundesverwaltungsgerichts, des Gemeinsamen Senats der obersten Gerichtshöfe des Bundes oder des Bundesverfassungsgerichts abweicht und auf dieser Abweichung beruht oder

3. ein Verfahrensmangel geltend gemacht wird und vorliegt, auf dem die Entscheidung beruhen kann.

(3) Das Bundesverwaltungsgericht ist an die Zulassung gebunden.

Zulässige Revisionsgründe § 137 VwGO

(1) Die Revision kann nur darauf gestützt werden, daß das angefochtene Urteil auf der Verletzung

1. von Bundesrecht oder

2. einer Vorschrift des Verwaltungsverfahrensgesetzes eines Landes, die ihrem Wortlaut nach mit dem Verwaltungsverfahrensgesetz des Bundes übereinstimmt, beruht.

(2) Das Bundesverwaltungsgericht ist an die in dem angefochtenen Urteil getroffenen tatsächlichen Feststellungen gebunden, außer wenn in bezug auf diese Feststellungen zulässige und begründete Revisionsgründe vorgebracht sind.

(3) Wird die Revision auf Verfahrensmängel gestützt und liegt nicht zugleich eine der Voraussetzungen des § 132 Abs. 2 Nr. 1 und 2 vor, so ist nur über die geltend gemachten Verfahrensmängel zu entscheiden. Im übrigen ist das Bundesverwaltungsgericht an die geltend gemachten Revisionsgründe nicht gebunden.

§ 139 VwGO

Frist; Revisionseinlegung; Revisionsbegründung

(1) Die Revision ist bei dem Gericht, dessen Urteil angefochten wird, innerhalb eines Monats nach Zustellung des vollständigen Urteils oder des Beschlusses über die Zulassung der Revision nach § 134 Abs. 3 Satz 2 schriftlich einzulegen. Die Revisionsfrist ist auch gewahrt, wenn die Revision innerhalb der Frist bei dem Bundesverwaltungsgericht eingelegt wird. Die Revision muß das angefochtene Urteil bezeichnen.

(2) Wird der Beschwerde gegen die Nichtzulassung der Revision abgeholfen oder läßt das Bundesverwaltungsgericht die Revision zu, so wird das Beschwerdeverfahren als Revisionsverfahren fortgesetzt, wenn nicht das Bundesverwaltungsgericht das angefochtene Urteil nach § 133 Abs. 6 aufhebt; der Einlegung einer Revision durch den Beschwerdeführer bedarf es nicht. Darauf ist in dem Beschluß hinzuweisen.

(3) Die Revision ist innerhalb von zwei Monaten nach Zustellung des vollständigen Urteils oder des Beschlusses über die Zulassung der Revision nach § 134 Abs. 3 Satz 2 zu begründen; im Falle des Absatzes 2 beträgt die Begründungsfrist einen Monat nach Zustellung des Beschlusses über die Zulassung der Revision. Die Begründung ist bei dem Bundesverwaltungsgericht einzureichen. Die Begründungsfrist kann auf einen vor ihrem Ablauf gestellten Antrag von dem Vorsitzenden verlängert werden. Die Begründung muß einen bestimmten Antrag enthalten, die verletzte Rechtsnorm und, soweit Verfahrensmängel gerügt werden, die Tatsachen angeben, die den Mangel ergeben.

Die Revision ist nicht nur gegen Urteile des Oberverwaltungsgerichts gegeben, sondern auch gegen Beschlüsse und Urteile des Oberverwaltungsgerichts über Normenkontrollanträge (§ 47 VwGO).

Die Revision ist möglich, wenn das Oberverwaltungsgericht sie im Urteil zulässt oder das Bundesverwaltungsgericht auf Beschwerde gegen die Nichtzulassung der Revision diese zulässt, § 132 I VwGO.

§ 134 VwGO sieht unter den dort genannten Voraussetzungen und Verfahrensanforderungen die Möglichkeit der Sprungrevision gegen erstinstanzliche Urteile des Verwaltungsgerichts vor. Voraussetzung der Sprungrevision ist, dass Kläger und Beklagter schriftlich zustimmen und das Verwaltungsgericht sie durch Beschluss zulässt.

3.1. Zulässigkeit der Revision

Die Zulässigkeitsvoraussetzungen:
- Statthaftigkeit: gegen Urteile der Oberverwaltungsgerichte, wenn die Revision zugelassen ist (§ 132 I VwGO) und gegen Urteile der Verwaltungsgerichte, wenn Kläger und Beklagte zustimmen und die Revision zugelassen ist (§ 134 VwGO),
- Frist, § 139 I und II VwGO,
- formell ordnungsgemäße Einlegung durch einen Rechtsanwalt, § 139 I S. 1 und S. 3, § 67 I S. 2 VwGO,
- Begründung der Revision, § 139 III VwGO,
- Beschwer,
- Allgemeines Rechtsschutzbedürfnis.

Die Revision ist gemäß § 132 I VwGO gegen Urteile der Oberverwaltungsgerichte statthaft, wenn sie vom Oberverwaltungsgericht zugelassen worden ist. Ob sie zugelassen ist oder nicht, ist aus dem Urteil selbst ersichtlich. Die Nichtzulassung kann nach § 133 I VwGO mit der Beschwerde angegriffen werden.

Des Weiteren können nach § 134 I VwGO auch Urteile der Verwaltungsgerichte Gegenstand der Revision sein. Dann liegt eine sogenannte Sprungrevision vor, es wird eine Instanz, die Berufungsinstanz, übersprungen. Voraussetzung hierfür ist, dass der Kläger und der Beklagte schriftlich zustimmen und die Revision zugelassen ist.

Sog. Sprungrevision gegen VG-Urteile möglich

Gemäß § 139 I und II VwGO muss die Revision innerhalb eines Monats nach Zustellung des vollständigen Urteils bei dem Gericht, dessen Urteil angefochten wird, oder beim Bundesverwaltungsgericht, das über die Revision entscheidet (vgl. § 49 Nr. 1 VwGO), eingelegt werden.

Die Einlegung der Revision muss nach § 139 I S. 1 VwGO schriftlich erfolgen, wobei das angefochtene Urteil gemäß § 139 I S. 3 VwGO zu bezeichnen ist. Dabei besteht nach § 67 I S. 2 VwGO Anwaltszwang, d.h., die Revisionsschrift muss von einem Anwalt verfasst oder vollständig überprüft worden sein.

Die Revision muss gemäß § 139 III S. 1 VwGO innerhalb von zwei Monaten nach Zustellung des vollständigen Urteils durch einen Rechtsanwalt (§ 67 Abs. 1 S. 2 VwGO) schriftlich begründet werden. Die Begründung kann mit der Revisionsschrift verbunden werden oder selbständig erfolgen.

Um die inhaltlichen Erfordernisse einer Revisionsbegründung verstehen zu können, ist es notwendig, zuerst darzulegen, was mit der Revision überhaupt gerügt werden kann. Gemäß § 137 I VwGO kann die Revision nur darauf gestützt werden, dass das angefochtene Urteil auf der Verletzung von Bundesrecht oder einer Vorschrift des Verwaltungsverfahrensgesetzes eines Landes, die ihrem Wortlaut nach mit dem Verwaltungsverfahrensgesetz des Bundes übereinstimmt, beruht. »Beruht« bedeutet, dass das Gericht der vorherigen Instanz in seinem Urteil zu einem anderen Ergebnis gekommen wäre, wenn es die Verletzung von Bundesrecht oder die Norm des Verwaltungsverfahrensgesetzes erkannt hätte. Dementsprechend muss die Revisionsbegründung nach § 139 III S. 4 einen bestimmten Antrag enthalten und angeben, welche Rechtsnorm verletzt ist.

Anzumerken ist, dass auch die Vorschriften über den Ablauf eines gerichtlichen Verfahrens bundesrechtliche Normen sind. Deshalb kann die Revision auch auf die Verletzung gerichtlicher Verfahrensvorschriften in der ersten oder vorherigen Instanz gestützt werden, etwa, dass das rechtliche Gehör versagt worden ist. In diesem Fall müssen nach § 139 III S. 4 VwGO in der Revisionsbegründung die Tatsachen angeführt werden, aus denen sich der Verfahrensmangel ergibt.

Hinsichtlich der Beschwer und des allgemeinen Rechtschutzbedürfnisses gelten die Ausführungen zur Berufung; insbesondere kann auf die Revision auch verzichtet werden.

3.2. Begründetheit der Revision

Die Begründetheitsvoraussetzungen der Revision:
- Das Gericht der vorherigen Instanz hat gerichtliche Verfahrensvorschriften nicht beachtet (= Verfahrensmangel) oder bei seiner Entscheidung Bundesrecht verletzt (= sachlicher Fehler).
- Das Urteil beruht auf dem Rechtsverstoß.

Das angegriffene Urteil muss auf dem Rechtsverstoß beruhen.

Wie oben behandelt, kann mit der Revision gerügt werden, dass das gerichtliche Verfahren mangelhaft war oder dass die Entscheidung sachlich unrichtig ist, weil bundesrechtliche Vorschriften nicht beachtet oder falsch angewendet worden sind. Bei der Prüfung einer Verfahrensrüge ist das Revisionsgericht, das Bundesverwaltungsgericht, gemäß § 137 III S. 1 VwGO auf die geltend gemachten Verfahrensmängel beschränkt.

Das angegriffene Urteil muss auf dem Verfahrensfehler oder auf der Verletzung des Bundesrechts beruhen, d.h. auf Grund des Mangels unrichtig sein, § 144 IV VwGO. In den Fällen des § 138 VwGO wird dieser Kausalitätszusammenhang vermutet, er muss also nicht extra geprüft werden.

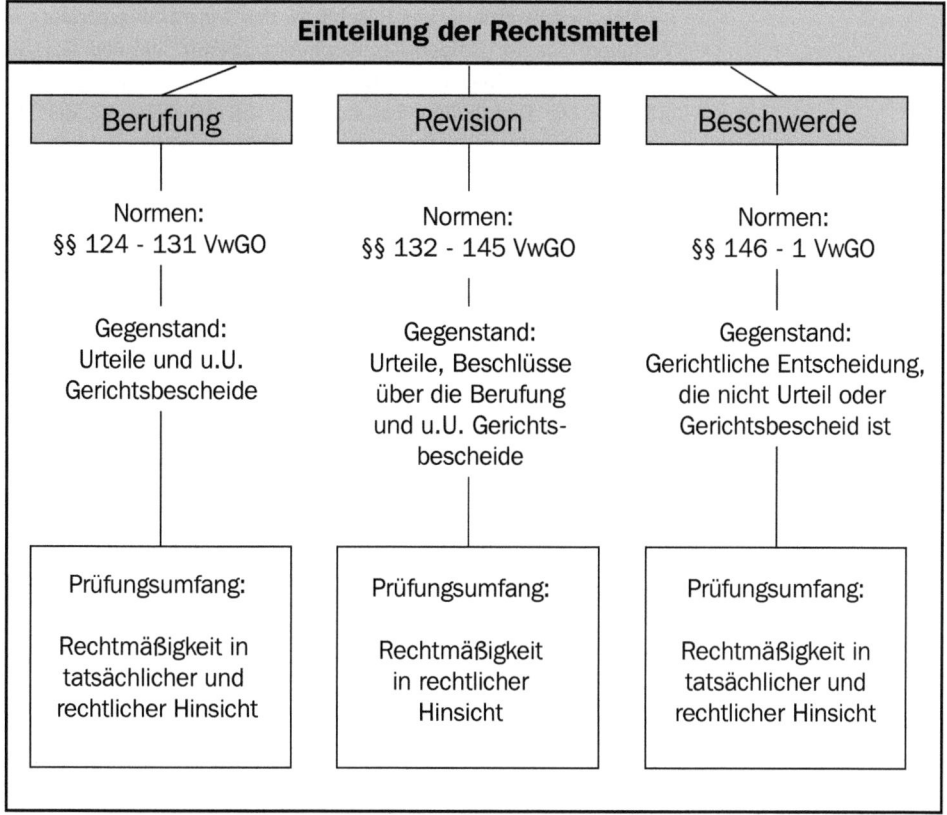

4. Beschwerde

Statthaftigkeit der Beschwerde § 146 VwGO

(1) Gegen die Entscheidungen des Verwaltungsgerichts, des Vorsitzenden oder des Berichterstatters, die nicht Urteile oder Gerichtsbescheide sind, steht den Beteiligten und den sonst von der Entscheidung Betroffenen die Beschwerde an das Oberverwaltungsgericht zu, soweit nicht in diesem Gesetz etwas anderes bestimmt ist.

(2) Prozeßleitende Verfügungen, Aufklärungsanordnungen, Beschlüsse über eine Vertagung oder die Bestimmung einer Frist, Beweisbeschlüsse, Beschlüsse über Ablehnung von Beweisanträgen, über Verbindung und Trennung von Verfahren und Ansprüchen und über die Ablehnung von Gerichtspersonen können nicht mit der Beschwerde angefochten werden.

(3) ...

> (4) Die Beschwerde gegen Beschlüsse des Verwaltungsgerichts in Verfahren des vorläufigen Rechtsschutzes (§§ 80, 80a und 123) ist innerhalb eines Monats nach Bekanntgabe der Entscheidung zu begründen. Die Begründung ist, sofern sie nicht bereits mit der Beschwerde vorgelegt worden ist, bei dem Oberverwaltungsgericht einzureichen. Sie muss einen bestimmten Antrag enthalten, die Gründe darlegen, aus denen die Entscheidung abzuändern oder aufzuheben ist, und sich mit der angefochtenen Entscheidung auseinander setzen. Mangelt es an einem dieser Erfordernisse, ist die Beschwerde als unzulässig zu verwerfen. Das Verwaltungsgericht legt die Beschwerde unverzüglich vor; § 148 Abs. 1 findet keine Anwendung. Das Oberverwaltungsgericht prüft nur die dargelegten Gründe.
>
> (5)-(6) [weggefallen]

Gegen Entscheidungen des VGs, des Vorsitzenden oder des Berichterstatters, die nicht Urteile oder Gerichtsbescheide sind, steht den Beteiligten die Beschwerde an das OVG zu, § 146 I VwGO. Die in § 146 II VwGO genannten Beschlüsse sind von der Beschwerdemöglichkeit ausgenommen.

Klausurfälle

1. Fallbeispiel

Sachverhalt

Das Müllentsorgungsunternehmen Müll-AG beabsichtigt, auf dem Gebiet der Gemeinde G eine Müllverbrennungsanlage zu bauen. Aus diesem Grund hat die Müll-AG schon bei der zuständigen Behörde einen Standort-Vorbescheid beantragt, über den aber noch nicht entschieden worden ist.

Der auf Ortsebene gegründete und auch in G ansässige Verein »Schutz der Umwelt« e.V. möchte eine Informationsveranstaltung durchführen, auf der Fachleute zu den Auswirkungen des Baus von Müllverbrennungsanlagen Auskunft geben sollen. Zu dieser Veranstaltung werden wegen der nicht nur lokalen Bedeutung des Themas zahlreiche Besucher erwartet.

Der Vorstand V des Vereins beantragte bei der Gemeinde, dem Verein die Gemeindehalle neben dem Rathaus für Freitag, dem 21. Juli 1999, 19:30 Uhr für die Veranstaltung zur Verfügung zu stellen. Die Gemeindehalle, für die keine Benutzungsordnung erlassen worden ist, ist der einzige größere verfügbare Saal in der Gemeinde G. Schon in der Vergangenheit ist die Gemeindehalle zu größeren Veranstaltungen verschiedenster Art benutzt worden. Unter anderem sind dort im Verlaufe des letzten halben Jahres schon jeweils zwei Veranstaltungen des Vereins »Schutz der Umwelt« e.V. und der Müll-AG sowie ähnliche Veranstaltungen zur Information über den Bau der geplanten Müllverbrennungsanlage durchgeführt worden, die alle das rege Interesse der Bevölkerung und der Medien fanden. Den erneuten Antrag des Vereins »Schutz der Umwelt« e.V. lehnt die Gemeinde G aber mit der Begründung ab, das Thema sei »ausdiskutiert«. Bei Nichtablehnung müsse auch im Interesse der Chancengleichheit einem weiteren Antrag der Müll-AG um abermalige Überlassung der Gemeindehalle entsprochen werden. Zu einem solchen Verfahren, das sich beliebig lange fortsetzen ließe, könne die Gemeinde nicht gezwungen werden, da der Saal auch anderen Vereinen und Interessengruppen zur Verfügung gestellt werden müsse, die sich nicht mit dem Problembereich Umweltschutz befassen.

Nach erfolglosem Widerspruch erhebt der Vorstand V des Vereins »Schutz der Umwelt« e.V. beim Verwaltungsgericht Klage. V beantragt, die Gemeinde zu verurteilen, dem Verein die Gemeindehalle unter Berücksichtigung des zum gegenwärtigen Zeitpunkt festgelegten Vergabeplans zum nächstmöglichen freien Termin zur Verfügung zu stellen. Der Verein macht geltend, dass die Gemeinde auf Grund des Gemeinderechts zur neuerlichen Überlassung der Gemeindehalle gesetzlich verpflichtet sei und es der Gemeinde nicht zustünde, darüber zu befinden, wann ein politisch bedeutsames Thema »ausdiskutiert« sei. Die Gemeinde wiederholt ihr Vorbringen aus dem Ablehnungsbescheid und beruft sich auch darauf, dass es sich bei der Klage des Vereins »Schutz der Umwelt« e.V. um eine unzulässige Verbandsklage handele.

Frage: Hat die Klage Aussicht auf Erfolg?

Die Gemeindeordnung (GO) des Bundeslandes L, in der die Gemeinde G liegt, enthält folgende Regelung in § 18:

»(1) Alle Einwohner der Gemeinde sind im Rahmen der bestehenden Vorschriften berechtigt, die öffentlichen Einrichtungen der Gemeinde zu benutzen. Sie sind verpflichtet, die Lasten zu tragen, die sich aus ihrer Zugehörigkeit zu der Gemeinde ergeben.

(2) Grundbesitzer und Gewerbetreibende, die nicht in der Gemeinde wohnen, sind in gleicher Weise berechtigt, die öffentlichen Einrichtungen zu benutzen, die in der Gemeinde für Grundbesitzer und Gewerbetreibende bestehen. Sie sind verpflichtet, für ihren Grundbesitz oder Gewerbebetrieb im Gemeindegebiet zu den Gemeindelasten beizutragen.

(3) Diese Vorschriften gelten entsprechend für juristische Personen und für Personenvereinigungen.«

Bearbeitervermerk: Es ist das Verwaltungsverfahrensgesetz (VwVfG) des Bundes anzuwenden.

* Ähnliche Vorschriften – wie diese aus der schleswig-holsteinischen Gemeindeordnung entnommen – finden sich in fast allen Gemeindeordnungen der Bundesländer (vgl. nur § 10 BadWürttGO; Art. 21 BayGO; § 15 BremVerf.; § 20 HessGO, § 22 NdsGO; § 18 NRWGO; § 14 RhPfGO; § 19 SaalKSVG).

Gliederung

A. Zulässigkeit der Klage

I. Verwaltungsrechtsweg gem. § 40 Abs. 1 VwGO. Die streitentscheidende Norm des § 18 Abs. 1 GO ist öffentlich-rechtlicher Natur.

II. Klageart: Verpflichtungsklage, da die Entscheidung über die Gewährung der Benutzung unter Berücksichtigung des Vergabeplanes ein VA nach § 35 VwVfG ist.

III. Klagebefugnis gem. § 42 Abs. 2 VwGO: Der geltend gemachte Anspruch ist auf eine Norm gestützt, die dem Kläger ein subjektives öffentliches Recht gewährt.

Die Gliederung ist kein Bestandteil der Klausur; sie dient nur der Übersichtlichkeit

IV. Vorverfahren gem. § 68 VwGO: Das Widerspruchsverfahren ist schon durchgeführt.

V. Klagefrist, § 74 VwGO: Die Klagefrist von einem Monat ist zu unterstellen.

VI. Beteiligungsfähigkeit: Verein: § 61 Nr. 1 1. Alt. VwGO, Gemeinde G: § 61 Nr. 1 1. Alt VwGO.

VII. Prozessfähigkeit: Verein: § 62 Abs. 2 VwGO i.V.m. § 26 Abs. 2 S. 1 BGB durch den Vorstand, Gemeinde G: § 62 Abs. 2 VwGO.

B. Begründetheit der Klage

I. Anspruch auf Zulassung zur Benutzung des Gemeindesaals aus § 18 Abs. 1 i.V.m. Abs. 3 GO. Die Gemeindehalle ist eine öffentliche Einrichtung.

II. Grenzen des Zulassungsanspruchs (»im Rahmen der geltenden Vorschriften«).

1. Rechtliche Grenzen

a. Widmung

b. nachträgliche Änderung der Widmung

2. Faktische Grenzen

Ergebnis: Es gibt keine Schranken des Anspruchs auf Benutzung.

III. Ein Anspruch auf Zulassung zur Benutzung des Gemeindesaals aus Art. 3 Abs. 1 GG i.V.m. der Selbstbindung der Verwaltung ist gegeben, aber gegenüber dem spezialgesetzlichen Anspruch aus § 18 GO subsidiär

Gesamtergebnis: Die Verpflichtungsklage ist zulässig und auch begründet.

Lösungsvorschlag

A. Zulässigkeit der Klage

Es könnte eine verwaltungsgerichtliche Klage zulässig sein.

I. Verwaltungsrechtsweg gem. § 40 Abs. 1 VwGO

Die Zulässigkeit des Verwaltungsrechtsweges kann sich aus § 40 Abs. 1 VwGO ergeben. Danach müsste es sich im vorliegenden Fall um eine öffentlich-rechtliche Streitigkeit nichtverfassungsrechtlicher Art handeln. Entscheidend hierfür ist, ob um die Anwendung einer öffentlich-rechtlichen Norm auf den konkreten Sachverhalt gestritten wird. Dabei kommt es anerkanntermaßen ausgehend vom erkennbaren Ziel der Klage und den vom Kläger vorgetragenen Behauptungen tatsächli-

cher Art auf den wirklichen Rechtscharakter des behaupteten Rechtsverhältnisses, nicht dagegen auf seine rechtliche Qualifizierung durch den Kläger selbst an. Der Verein »Schutz der Umwelt« e.V. will sich auf Grund des gegebenen Sachverhalts offensichtlich nicht auf einen etwa aus § 242 BGB folgenden Kontrahierungszwang der Gemeinde G zu seinen Gunsten berufen. Er möchte vielmehr, da andere Anspruchsgrundlagen nicht ersichtlich sind, sich auf Bestimmungen der Gemeindeordnung stützen. Da der Verein »Schutz der Umwelt« e.V. einen Anspruch auf Benutzung des Gemeindesaales geltend macht, richtet sich die Rechtsnatur der Streitigkeit nach der Rechtsnatur der in Betracht kommenden Anspruchsgrundlage. Eine Norm ist dann öffentlichrechtlich, wenn sie ausschließlich einen Träger öffentlicher Gewalt berechtigt oder verpflichtet. Hier kommt auf jeden Fall § 18 Abs. 2 GO als Anspruchsgrundlage in Betracht.

Diese Norm richtet sich ausschließlich an einen Träger der öffentlichen Verwaltung in Form der Gemeinde G und gehört folglich dem öffentlichen Recht an. Der Zivilrechtsweg käme auch nur dann in Betracht, wenn das Benutzungsverhältnis der Gemeindehalle privatrechtlich ausgestaltet wäre und nicht über die Frage des generellen Zugangs, des »Ob«, sondern über die Frage der konkreten Ausgestaltung, des »Wie«, gestritten würde. Es ist aber ein privatrechtliches Benutzungsverhältnis nicht ersichtlich, und es geht um die Frage des »Ob«. Da eine Sonderzuweisung an eine andere Gerichtsbarkeit nicht in Betracht kommt und im vorliegenden Fall auch nicht Verfassungsorgane oder selbständige Teile von ihnen um ihre verfassungsmäßigen Rechte und Pflichten streiten, ist der Verwaltungsrechtsweg gemäß § 40 Abs. 1 VwGO eröffnet.

II. Klageart

Da der Vorstand V im Namen des Vereins »Schutz der Umwelt« e.V. die Verurteilung der beklagten Gemeinde G zur Überlassung der Gemeindehalle unter Berücksichtigung des zum gegenwärtigem Zeitpunkt festgelegten Vergabeplans zum nächstmöglichen Termin begehrt, könnte es sich bei seiner Klage, dem Klagetyp nach, um eine gemäß § 42 Abs. 1 VwGO statthafte Verpflichtungsklage handeln. Mit dieser wird die Verurteilung der Gemeinde G zum Erlass eines abgelehnten Verwaltungsakts erstrebt. Bei Überlassung der Gemeindehalle handelt es sich um eine Maßnahme, die eine Verwaltungsbehörde in Form der Gemeinde G in Bezug auf einen Einzelfall nach Maßgabe des öffentlichen Rechts mit unmittelbarer Außenwirkung trifft. Fraglich ist aber, ob auch der Regelungscharakter gemäß § 35 S. 1 VwVfG gegeben ist.

Eine Ansicht geht davon aus, dass ein auf einer öffentlich-rechtlichen Norm basierender Antrag nur ein auf die tatsächliche Gewährung der

Benutzung gestütztes Begehren darstellt. Diese Auffassung wird damit begründet, dass die Rechtsfolge der Norm auf die Leistungsgewährung gerichtet ist, und kommt so über die Verneinung der Verwaltungsaktsqualität zu einer allgemeinen Leistungsklage. Dem ist aber entgegenzuhalten, dass die Vergabe der Gemeindehalle auch den Regelungscharakter beinhaltet, da es bei der Zulassung zum Saal um eine verbindliche Feststellung eines Anspruchs geht, da der Verein den Gemeindesaal unter Berücksichtigung des zum gegenwärtigem Zeitpunkt festgelegten Vergabeplans zum nächstmöglichen freien Termin überlassen haben will. Da es bei Sachen im Anstaltsgebrauch kein Recht unmittelbar auf Benutzung, sondern nur auf Zulassung gibt, erstrebt der Verein nicht die – faktische – Gewährung der Benutzungsmöglichkeit, sondern will die verbindliche Feststellung eines Anspruchs. Er will eine positive Entscheidung der Gemeinde G über seine Zulassung zur Benutzung unter Berücksichtigung des zum gegenwärtigen Zeitpunkt festgelegten Vergabeplans, einem konkretisierten Zeitpunkt, begehrt also den Erlass eines Verwaltungsaktes. Es liegt daher eine Verpflichtungsklage vor.

III. Klagebefugnis gem. § 42 Abs. 2 VwGO

Gemäß § 42 Abs. 2 VwGO muss der Verein »Schutz der Umwelt« e.V. geltend machen, dass er durch die Ablehnung des Verwaltungsakts in »seinen Rechten« verletzt sein könnte. Fraglich ist, ob der Verein tatsächlich als solcher die Verletzung eigener Rechte geltend machen kann, oder ob es sich – wie von der Gemeinde G behauptet – um eine sog. unzulässige Verbandsklage, bei der es vielmehr darum geht, dass ein Verband im eigenen Namen Mitgliederinteressen oder öffentliche Interessen geltend macht, handelt und die Klage deshalb als eine durch § 42 Abs. 2 VwGO ausgeschlossene Popularklage zu qualifizieren ist. Deshalb ist die Beeinträchtigung eines rechtlich geschützten Interesses zu fordern, das die juristische Person selbst – nicht nur ihre Mitglieder – in nachteiliger Hinsicht treffen muss. Der Verein als solcher muss also eine substantiierte Behauptung dergestalt aufstellen können, dass eine Verletzung seiner Rechte denkbar ist. Die Klage vor dem Verwaltungsgericht wäre dann unzulässig, wenn sich aus dem Vortrag des Vereins ergibt, dass eine Verletzung seiner Rechte nicht in Betracht kommt, also ausgeschlossen ist. Es scheint nicht ausgeschlossen, dass eine Rechtsbeeinträchtigung des Vereins als solches vorliegt, weil der Verein »Schutz der Umwelt« e.V. geltend machen kann, dass er durch die Ablehnung seines Antrages möglicherweise in seinem Recht aus § 18 Abs. 1 GO, der gemäß § 18 Abs. 3 GO gerade auch entsprechend auf juristische Personen und Personenvereinigungen anwendbar ist, verletzt ist. Dem Verein geht es in seiner Klage um eine Möglichkeit, für sein Wirken als Personenvereinigung selbst in der Öffentlichkeit für den auch schon in seinem Namen zum Ausdruck kommenden Vereinszweck »Schutz der Umwelt« e.V. in Form der Organisation von Veranstaltungen – unter anderem als Gegengewicht zu den Interessen der Müll-AG – zu informieren. Demnach geht es nicht um die Vertretung fremder Interessen, so dass eine Popularklage nicht vorliegt.

IV. Vorverfahren

Das gemäß § 68 Abs. 2 VwGO erforderliche Vorverfahren ist durchgeführt worden.

V. Klagefrist

Von einer Beachtung der Klagefrist gemäß § 74 Abs. 2 VwGO ist auszugehen.

VI. Beteiligungsfähigkeit

Die Fähigkeit, am Verwaltungsgerichtsverfahren beteiligt zu sein, folgt für den Verein als Kläger aus § 61 Nr. 1 VwGO, wonach juristische Personen – hier der Verein als juristische Person des Privatrechts – beteiligtenfähig sind. Für die beklagte Gemeinde als juristische Person des öffentlichen Rechts ergibt sich die Beteiligungsfähigkeit ebenfalls aus § 61 Nr. 1 1. Alternative VwGO.

VII. Prozessfähigkeit

Die Vertretung des prozessunfähigen Vereins als Kläger erfolgt gemäß § 62 Abs. 2 VwGO i.V.m. § 26 Abs. 2 S. 1 BGB durch den Vorstand. Die Prozessfähigkeit ergibt sich für den für die Beklagte auftretenden gesetzlichen Vertreter aus § 62 Abs. 2 VwGO.

B. Begründetheit der Klage

Die Verpflichtungsklage ist nach § 113 Abs. 5 S. 1 VwGO begründet, wenn die Ablehnung des Verwaltungsakts rechtswidrig ist, der Kläger in einem subjektiven Recht verletzt und die Sache spruchreif ist. Das ist anzunehmen, wenn der Verein »Schutz der Umwelt« e.V. einen Rechtsanspruch auf Erlass des begehrten Verwaltungsakts hat.

I. Anspruch auf Zulassung zur Benutzung der Gemeindehalle aus § 18 Abs. 1 i.V.m. Abs. 3 GO

Ein Recht auf Zugang zur Gemeindehalle kann sich nach § 18 Abs. 1 i.V.m. Abs. 3 GO ergeben. Nach § 18 Abs. 1 GO haben die Gemeindeeinwohner einen Rechtsanspruch darauf, die öffentlichen Einrichtungen der Gemeinde nach gleichen Grundsätzen zu benutzen. Begründet wäre der Anspruch, wenn seine tatbestandlichen Voraussetzungen gegeben wären. Dieser Anspruch unterliegt, wie aus dem Wortlaut der Vorschrift deutlich wird, nicht dem behördlichen Ermessen. Gemäß

§ 18 Abs. 3 GO gilt die Vorschrift des § 18 Abs. 1 GO für juristische Personen und Personenvereinigungen entsprechend. Da der Verein »Schutz der Umwelt« e.V. in G ansässig ist, damit dort seinen Sitz hat, kann an seiner Aktivlegitimation nicht gezweifelt werden. Der Umstand, dass auch Ortsfremde an der geplanten Veranstaltung teilnehmen bzw. auf dieser Veranstaltung auswärtige Fachleute auftreten sollen, ist rechtlich unerheblich.

Für die Begründetheit der Verpflichtungsklage kommt es weiterhin darauf an, ob die Gemeindehalle als »öffentlich« zu qualifizieren ist. Mit diesem Merkmal ist nicht etwa die öffentlich-rechtliche Organisations- und Benutzungsstruktur gemeint, »öffentlich« wird vielmehr die Einrichtung durch die rechtsverbindliche Freigabe zur allgemeinen Benutzung. Dies geschieht allein durch Widmung. Widmung ist die Erklärung des zuständigen Verwaltungsorgans, wonach die Einrichtung künftig von einem Teil der Allgemeinheit zu bestimmten Zwecken benutzt werden darf. Dabei legt der Widmungsakt zugleich die Zweckbestimmung der Einrichtung fest und unterwirft sie im Zweifel den Regeln des öffentlichen Rechts. Eine ausdrückliche Widmung der Gemeindehalle durch eine Benutzungsordnung oder Satzung ist von der Gemeinde G nicht vorgenommen worden. Allerdings braucht die Widmung nicht ausdrücklich ausgesprochen zu werden, sie kann auch konkludent erfolgen. Als Indizien kommen der erkennbare Zweck der Einrichtung, die bisherige Benutzungspraxis sowie die Ausgestaltung der Nutzungsverhältnisse in Betracht. Sind solche Indizien nicht eindeutig feststellbar, so ergibt sich ausgehend von der Gemeinwohlorientiertheit allen staatlichen Handelns die Vermutungsregel, dass für die Allgemeinheit faktisch nutzbare kommunale Einrichtungen »öffentliche Einrichtungen« darstellen. Diese Vermutung ist durch die Gemeinde nur widerlegbar, wenn sie den Nachweis führen kann, dass sich aus der eindeutigen Beschränkung der Bereitstellung ergebe, die Einrichtung solle als private Einrichtung betrieben werden. Aus dem Sachverhalt ergibt sich, dass die Gemeindehalle bisher dem Verein »Schutz der Umwelt« e.V. und der Müll-AG für deren Veranstaltungen zur Verfügung gestellt wurde. Im Ablehnungsschreiben der Gemeinde wird sogar darauf hingewiesen, dass die Gemeindehalle den beiden Antragstellern in den letzten sechs Monaten überlassen wurde. Darüber hinaus wurde darauf hingewiesen, dass die Halle auch für andere Interessengruppen zur Verfügung steht. Folglich liegt eine konkludente Widmung vor. Die Gemeindehalle ist demnach eine öffentliche Einrichtung der Gemeinde.

II. Grenzen des Zulassungsanspruchs

Der allgemeine Zulassungsanspruch besteht aber nicht uneingeschränkt, sondern wird gemäß § 18 Abs. 1 GO nur »im Rahmen der geltenden Vorschriften« gewährt.

1. Rechtliche Grenzen

a. Widmung

Zu diesen Schranken gehört vor allem die Widmung der öffentlichen Einrichtung. Beschränkt werden kann der Anspruch insbesondere nach Maßgabe einer etwa vorhandenen Satzung oder Benutzungsordnung. Eine solche rechtliche Grenze ergibt sich aber nicht, da laut Sachverhalt die Gemeinde G eine Benutzungsordnung nicht erlassen hat.

Nach dem vorliegenden Sachverhalt ist zwar keine ausdrückliche Widmung des Gemeindesaals erfolgt, aber es könnte eine konkludente Einschränkung der Widmung, ohne dass ein besonderer Beschluss des Gemeinderats gefasst worden ist, vorliegen. Als Indiz hierfür kann die bisherige Benutzungspraxis herangezogen werden. Aus der bisherigen Überlassungspraxis, von der auf Inhalt und Umfang der konkludenten Widmung geschlossen werden muss, ergeben sich keine Schranken für die Art der vom Verein »Schutz der Umwelt« e.V. vorgesehenen Veranstaltung, da die Gemeindehalle zu Veranstaltungen auch in der vom Verein vorgesehenen Form schon zweimal von diesem selbst benutzt werden durfte.

b. nachträgliche Änderung der Widmung

Denkbar ist, dass in der Begründung der Antragsablehnung, das Thema Müllverbrennungsanlage sei »ausdiskutiert«, eine an sich mögliche nachträgliche Änderung der Zweckbestimmung der Gemeindehalle vorliegt. Die Versagung der Zulassung unter diesem Gesichtspunkt könnte aber einen Verstoß gegen Art. 5 Abs. 1 GG darstellen und schon aus diesem Grund unerheblich sein.

Gemäß Art. 5 Abs. 1 S. 1 GG hat jeder das Recht, seine Meinung in Wort, Schrift und Bild frei zu äußern und zu verbreiten. Fraglich ist, ob es sich bei der vorgesehenen Informationsveranstaltung, auf der zum Bau einer Müllverbrennungsanlage Stellung genommen werden soll, um eine Meinungsäußerung i.S.v. Art. 5 Abs. 1 S. 1 GG handelt. Meinungen i.S.v. Art. 5 Abs. 1 S. 1 GG sind Stellungnahmen, Wertungen, wertende Urteile, Beurteilungen, Einschätzungen, wertende Ansichten, Anschauungen oder Auffassungen u.ä.. Eine Meinungsäußerung liegt dann vor, wenn einer dieser Aspekte bestimmter Art zum Ausdruck kommt, wie hier bei den geplanten Äußerungen durch Fachleute zum Thema Müllverbrennungsanlage. Da die Gewährleistung der freien

Meinungsäußerung und -vertretung die Freiheit von staatlicher Lenkung und Behinderung bedeutet, führt die Ablehnungsbegründung zu einer Beschränkung dieser Freiheitsverbürgung des Art. 5 Abs. 1 S. 1 GG, weil das Argument, dass das Thema »ausdiskutiert« sei, keine sachlich begründbare Grundlage hat und damit Art. 5 GG verletzt.

Gegen eine mögliche Zweckbestimmungsänderung der Gemeindehalle durch Ausschluss für das Thema Müllverbrennungsanlage spricht auch, dass der belastende Verwaltungsakt der Antragsablehnung gegenüber dem Verein nicht einen für die Beschneidung der Zweckbestimmung nötigen adressatenlosen Verwaltungsakt darstellt. Zudem würde ein solcher auch gegen das Prinzip verstoßen, dass ein bereits gestellter Antrag noch nach den bisher geltenden Grundsätzen der Überlassungspraxis beschieden werden muss.

2. Faktische Grenzen

Zu prüfen ist, ob dem Zulassungsanspruch, der sich für den Verein aus § 18 Abs. 1 i.V.m. Abs. 3 GO ergibt, eine weitere zulässige Benutzungsbeschränkung, die sich aus den tatsächlichen Verhältnissen ergeben könnte, entgegensteht. Auch die Verfügbarkeit und Kapazität der öffentlichen Einrichtung begrenzen den Zulassungsanspruch. Der Rechtsanspruch kann aus natürlichen Gründen nicht unbegrenzt sein, da der Zulassungsanspruch dort seine Grenze findet, wo die Aufnahmefähigkeit endet.

Fraglich ist, ob die durch die Gemeinde angenommene Endloskette einer im ständigen Wechsel folgenden Benutzung der Gemeindehalle ausschließlich vom Verein »Schutz der Umwelt« e.V. und der Müll-AG und die daraus gezogene Schlussfolgerung der Kapazitätsauslastung des Saals – mit der Konsequenz, dass andere Vereine und Interessengruppen somit von der Hallenbenutzung ausgeschlossen wären – rechtlich und tatsächlich einwandfrei begründet ist. Angesichts einer bloß theoretischen hypothetischen Möglichkeit einer Endloskette kann es aber auf diese Begründung nicht ankommen, da es um ein konkretes Begehren für einen weiteren Veranstaltungstermin zum nächstmöglichen freien Termin des Vergabeplanes geht.

Der Antrag des Vereins »Schutz der Umwelt« e.V., ihr die Gemeindehalle unter Berücksichtigem des zum gegenwärtigem Zeitpunkt festgelegten Vergabeplans zum nächstmöglichen freien Termin zu überlassen, ist nach § 18 Abs. 1 GO gerechtfertigt.

III. Anspruch auf Zulassung zur Benutzung des Gemeindesaals aus Art. 3 Abs. 1 GG i.V.m. der Selbstbindung der Verwaltung

Ein Recht auf Zugang zur Gemeindehalle könnte sich auch aus Art. 3 Abs. 1 GG i.V.m. der Selbstbindung der Verwaltung ergeben. Die

Gemeinde hat schon mehrmals die Gemeindehalle zu Informationsveranstaltungen zu dem geplanten Bau der Müllverbrennungsanlage, unter anderem zweimal der Klägerin zur Verfügung gestellt. Nach ihrem bisherigen Verhalten bei der Zuteilung der Gemeindehalle darf die Gemeinde den Verein nicht grundsätzlich von der Benutzung der Gemeindehalle ausschließen, sofern sie nicht – um z.b. etwaigen Gefahren der Selbstbindung zu entgehen – den Widmungszweck der Halle in Form einer Benutzungsordnung näher bestimmt. Auch aus diesem Gesichtspunkt hat der Verein einen Anspruch auf Überlassung des nächstmöglichen freien Termins, wobei letzterer Anspruch aber gegenüber dem spezialgesetzlichen Anspruch aus § 18 GO subsidiär ist. Das Verwaltungsgericht muss der begründeten Klage stattgeben und die Beklagte, da die Sache spruchreif ist, verpflichten, den begehrten Verwaltungsakt dem Kläger zu erteilen.

Ergebnis: Die Verpflichtungsklage ist zulässig und begründet.

Hinweise zur Lösung

Rechtsfragen der Benutzung (kommunaler) öffentlicher Einrichtungen zählen zum Standardrepertoire öffentlich-rechtlicher Klausuren. Gegenstand der vorliegenden Klausur sind prozessuale Probleme bei der Geltendmachung von Ansprüchen auf Zulassung zu einer kommunalen öffentlichen Einrichtung sowie Einzelfragen des materiellrechtlichen Benutzungsanspruches.

Zu A.III. Klagebefugnis
Wenn sich die Klagebefugnis schon aus einem einfachgesetzlichen subjektiven Recht ergibt, sollte bei einer Verpflichtungsklage nicht mehr auf Grundrechte eingegangen werden.

Bei der Verpflichtungsklage kann in zweierlei Weise unterschieden werden:
1. nach dem vorausgegangenen Handeln der Verwaltung:
• nach Ablehnung des VAs: sog. Weigerungs- bzw. Versagungsgegenklage,
• beim Untätigbleiben der Verwaltung nach Antrag des Bürgers: Untätigkeitsklage bei Unterlassen des VAs.
2. nach dem Klageziel:
• die auf Erlass des VAs gerichtete Verpflichtungsklage: sog. Vornahmeklage (wenn alle rechtlichen oder tatsächlichen Voraussetzungen für den VA in dem Sinne geklärt sind, dass feststeht, ob der VA erlassen oder abgelehnt wird),

- *die bei fehlender Spruchreife (z.B. bei Ermessen der Behörde) auf erneute Bescheidung gerichtete Bescheidungsklage.*

Im Begründetheitsaufbau muss auf jeden Fall deutlich werden, dass der Verein einen Anspruch auf Benutzung geltend macht, es sich somit um einen Vornahmefall handelt. Ein direkt am Wortlaut des § 113 V VwGO anknüpfender Aufbau, in dem zuerst die Rechtswidrigkeit der Ablehnung zu prüfen wäre, lässt sich nicht verwirklichen, da die Ablehnung der erstrebten Benutzung nur rechtswidrig sein kann, wenn der Verein ein Recht, also einen Anspruch auf diese Benutzung hat. Ein sog. »Ablehnungsaufbau« der Verpflichtungsklage, der direkt dem Wortlaut des § 113 V VwGO folgt, ist nur dann zu empfehlen, wenn sich die Klage gegen die Ablehnung einer Erlaubnis richtet, die für die Ausübung einer grundrechtlich geschützten Freiheit notwendig ist.

Mit dem in der Klausur in der Eingangsformulierung erwähnten Anspruch kann sowohl ein unbedingter Anspruch, aber auch ein Anspruch auf ermessensfehlerfreie Entscheidung gemeint sein. Welchen Charakter der Anspruch dann haben wird, zeigt sich in der weiteren Prüfung.

2. Fallbeispiel

Sachverhalt

In einem Bundesgesetz, dem sog. »Ausgleichsabgabengesetz« für bestimmte Waren, heißt es in § 7:

»Zur Erreichung des in § 1 dieses Gesetzes genannten Zweckes können nach Anhörung des Bundesministers für Wirtschaft die Landesregierungen der Länder durch Rechtsverordnung Ausgleichsabgaben einführen. Die Höhe der Ausgleichsabgaben darf 3-5 % des Verkaufserwerbes in Gruppe der in § 4 genannten Waren betragen.«

Die Beteiligung des Bundesministers für Wirtschaft wird damit begründet, dass nur auf diese Weise eine Abstimmung mit den Verordnungen des Bundeswirtschaftsministers sowie eine ausreichende Berücksichtigung der überregionalen Auswirkungen einer landesrechtlichen Ausgleichsabgabe gewährleistet seien.

Auf Grund der genannten Bestimmung erlässt der Wirtschaftsminister des Bundeslandes L nach Anhörung des Bundesministers für Wirtschaft eine entsprechende Rechtsverordnung. Die Landesregierung von L hat die Rechtsverordnung des Wirtschaftsministers gebilligt, den Erlass aber dem Wirtschaftsminister überlassen, da nach der Landesverfassung von L jeder Minister in seinem Geschäftsbereich für die Landesregierung handeln darf.

Der X erhält von der zuständigen Behörde einen Abgabenbescheid, durch den er zur Zahlung einer Ausgleichsabgabe gemäß der Rechtsverordnung herangezogen wird. Er hält diese Heranziehung für nicht gerechtfertigt.

Wie ist die Rechtslage 1. in materieller und 2. in verfahrensmäßiger Hinsicht zu beurteilen?

Bearbeitervermerk: Es ist nur deutsches Recht anzuwenden.

Gliederung

1. Frage: Rechtmäßigkeit des Abgabenbescheides

A. formelle Rechtmäßigkeit des Bescheides

- Zuständigkeit der Erlassbehörde

- ordnungsgemäßes Verfahren

- ordnungsgemäße Form

Die Gliederung ist kein Bestandteil der Klausur; sie dient nur der Übersichtlichkeit.

B. materielle Rechtmäßigkeit des Bescheides

I. wirksame Ermächtigung zum Erlass der Rechtsverordnung des Landes L

1. allgemeine formelle und materielle Rechtmäßigkeitsvoraussetzungen des der Rechtsverordnung zu Grunde liegenden »Ausgleichsabgabengesetzes«

2. besondere Rechtmäßigkeitsvoraussetzungen für Gesetze, die zum Erlass von Rechtsverordnungen ermächtigen

a. zulässiger Ermächtigungsadressat nach Art. 80 I S. 1 GG

b. keine unzulässige »Mischgesetzgebung«

c. Beachtung des Bestimmtheitsgebotes des Art. 80 I S. 2 GG

II. Wirksamkeit der Verordnung des Landes L im Übrigen. Die Verordnung des Landes L müsste auch im Übrigen wirksam sein.

1. formelle Voraussetzungen

a. Zuständigkeit des Wirtschaftsministers des Bundeslandes L zum Erlass der Rechtsverordnung

b. ordnungsgemäßes Verfahren

c. Beachtung des Zitiergebotes des Art. 80 I S. 3 GG

2. materielle Voraussetzungen

III. materielle Rechtmäßigkeit des Bescheides selbst

Vorliegen aller Tatbestandsvoraussetzungen der Rechtsverordnung

Ergebnis: Rechtmäßigkeit des Abgabenbescheides

2. Frage: Verfahrensmäßiges Vorgehen des B

I. Rechtsbehelfe gegen den Abgabenbescheid, den Widerspruch und einer Anfechtungsklage

II. Rechtsbehelfe gegen die Rechtsverordnung des Landes L

1. Verwaltungsrechtsweg gem. § 47 I VwGO

2. Statthaftigkeit des Normenkontrollantrages

a. § 47 I Nr. 2 i.V.m. AG VwGO

b. landesrechtliche Bestimmungen als Prüfungsgegenstand

3. keine Zuweisung zum Verfassungsgericht, § 47 III VwGO

4. Antragsbefugnis gem. § 47 II S. 1 VwGO

5. Rechtsschutzbedürfnis

Ein Normenkontrollantrag nach § 47 VwGO ist somit zulässig.

Der Normenkontrollantrag wäre aber auf Grund der Wirksamkeit der Rechtsverordnung des Landes L nicht begründet.

III. Rechtsbehelfe in Bundesländern ohne Normenkontrollverfahren (Berlin, Hamburg, Nordrhein-Westfalen)

Feststellungsklage nach § 43 VwGO: Es fehlt am »konkreten Rechtsverhältnis«, X kann mit Widerspruch und Anfechtungsklage den Abgabenbescheid angreifen.

Außer in Berlin, Hamburg und Nordrhein-Westfalen kann X mit Normenkontrollantrag nach § 47 VwGO auch die Rechtsverordnung überprüfen lassen. Kommt das Verwaltungsgericht bei der Anfechtungsklage oder das Oberverwaltungsgericht im Normenkontrollverfahren zur Verfassungswidrigkeit – des der Rechtsverordnung zu Grunde liegenden – »Ausgleichsabgabengesetzes«, so muss das Gericht die Sache gemäß Art. 100 GG dem Bundesverfassungsgericht zur Verwerfung des »Ausgleichsabgabengesetzes« vorlegen.

Lösungsvorschlag

1. Frage: Rechtmäßigkeit des Abgabenbescheides

A. formelle Rechtmäßigkeit des Bescheides

In formeller Hinsicht sind keine Fehler ersichtlich. Dem Sachverhalt ist zu entnehmen, dass der Bescheid – ein VA also – durch die zuständige Behörde erlassen worden ist. Hinsichtlich Form und Verfahren kann davon ausgegangen werden, dass der Bescheid in einwandfreier Weise ergangen ist.

B. materielle Rechtmäßigkeit des Bescheides

In materieller Hinsicht ist der Bescheid als belastende Maßnahme nur dann rechtmäßig, wenn eine Ermächtigungsgrundlage vorhanden ist.

I. wirksame Ermächtigung zum Erlass der Rechtsverordnung des Landes L

Ermächtigungsgrundlage kann nur die Rechtsverordnung der Landesregierung von L sein. Dann müsste diese Rechtsverordnung selbst wirksam erlassen sein. Nach dem auch für Rechtsverordnungen geltendem Prinzip vom Vorbehalt des Gesetzes bedarf sie als untergesetzliche Rechtsnorm einer formell-gesetzlichen Ermächtigungsgrundlage, die ihrerseits wiederum wirksam sein muss. Als eine solche Ermächti-

gung kommt § 7 des genannten Bundesgesetzes in Betracht. Diese Bestimmung müsste wirksam, also verfassungsmäßig sein.

1. allgemeine formelle und materielle Rechtmäßigkeitsvoraussetzungen des der Rechtsverordnung zu Grunde liegenden »Ausgleichsabgabengesetzes«

a. Zuallererst muss § 7 des »Ausgleichsabgabengesetzes« die an jedes Gesetz zu stellenden formellen Anforderungen, wie u.a. Gesetzgebungszuständigkeit des Bundes sowie ordnungsgemäßes Gesetzgebungsverfahren erfüllen. Da der Sachverhalt keine näheren Angaben enthält, ist insbesondere zu unterstellen, dass der Bundesgesetzgeber für das im Gesetz geregelte Sachgebiet nach Art. 74 GG zuständig war und auch die weiteren formellen Erfordernisse gegeben sind.

b. Auch dass die materiellen Voraussetzungen, wie insbesondere Vereinbarkeit mit den Grundrechten oder den Prinzipien des Art. 20 GG erfüllt sind, kann mangels fehlender Angaben angenommen werden.

2. besondere Rechtmäßigkeitsvoraussetzungen für Gesetze, die zum Erlass von Rechtsverordnungen ermächtigen

Die Voraussetzungen des Art. 80 I GG müssten zusätzlich vorliegen, sofern diese Vorschrift anzuwenden ist. Es geht hier um den Erlass von Rechtsverordnungen, die auf Grund bundesgesetzlicher Ermächtigung des § 7 ergehen. Folglich richtet sich die Verfassungsmäßigkeit und Wirksamkeit des § 7 des »Ausgleichsabgabengesetzes« nach Art. 80 I S. 1 sowie S. 2 GG. Danach ist die Ermächtigung nur wirksam, sofern sie sich an einen nach Art. 80 Abs. 1 S. 1 GG zulässigen Delegationsempfänger richtet und außerdem Inhalt, Zweck und Ausmaß der Ermächtigung in einem dem S. 2 entsprechend erforderlichen Umfang durch das Gesetz bestimmt sind.

a. zulässiger Ermächtigungsadressat nach Art. 80 I S. 1 GG

§ 7 des Bundesgesetzes richtet sich nur dann an einen zulässigen Delegationsempfänger, wenn dies die Landesregierung des Landes L i.S.v. Art. 80 I S. 1 GG sein kann. Nach Art. 80 I S. 1 GG können die Bundesregierung, ein Bundesminister oder die Landesregierungen, nicht hingegen einzelne Landesminister oder oberste Landesbehörden zum Erlass von Rechtsverordnungen ermächtigt werden. Im vorliegenden Fall ermächtigt § 7 des »Ausgleichsabgabengesetzes« die Landesregierungen der einzelnen Länder und steht somit im Einklang mit Art. 80 I S. 1 GG.

b. keine unzulässige »Mischgesetzgebung«

Fraglich ist, ob die vor Erlass einer Landesverordnung vorgesehene vorherige Anhörung des Bundesministers für Wirtschaft in § 7 gegen das Bundesstaatsprinzip verstößt. Es besteht zwar die Möglichkeit, eine Rechtsverordnung an die Zustimmung einer Stelle, die selbst rechtsetzungsbefugt oder Ermächtigungsadressat des Art. 80 GG ist, also des Bundesrates, des Bundestages, eines Bundesministers, der Bundesregierung oder gar eines Bundestagsausschusses als sog. Zustimmungsverordnung zu knüpfen, auf Grund des bundesstaatlichen Aufbaues sind aber die Kompetenzen von Bund und Ländern bis auf einige ausdrücklich im Grundgesetz festgelegte Ausnahmen der »Mischgesetzgebung« selbständig und getrennt wahrzunehmen. Da für den Erlass von Rechtsverordnungen eine ausdrückliche Ausnahme der Mischgesetzgebung nicht vorgesehen ist, ist es nicht zulässig, wenn eine Rechtsordnung der Landesregierung von der Zustimmung der Bundesregierung oder eines Bundesministers abhängig gemacht wird. Es läge ein Verstoß gegen Art. 80 I GG und das Bundesstaatsprinzip vor, sofern der Erlass der Verordnung eines Landes von der Zustimmung des Bundesministers der Wirtschaft abhängig wäre. In dem § 7 des »Ausgleichsabgabengesetzes« ist aber lediglich eine Anhörung vorgesehen, keine Zustimmung festlegt, so dass die im Grundgesetz im Verhältnis von Bundes- und Landesorganen vorgesehene grundsätzliche Trennung der Befugnisse gewahrt bleibt.

c. Beachtung des Bestimmtheitsgebotes des Art. 80 I S. 2 GG

Da der Sachverhalt dazu nichts aussagt – § 7 verweist auf § 1 des Bundesgesetzes, dessen Inhalt nicht wiedergegeben ist –, ist zu unterstellen, dass auch Inhalt, Zweck und Ausmaß nach Art. 80 I GG hinreichend bestimmt ist. Die in § 7 des Gesetzes dargelegte Begrenzung der Höhe der Ausgleichsabgabe spricht für eine hinreichende Bestimmtheit.

Ein Verstoß gegen Art. 80 I S. 2 GG ist auch nicht festzustellen, so dass kein Ungültigkeitsgrund der Ermächtigungsvorschrift des § 7 des »Ausgleichsabgabengesetzes« vorliegt.

§ 7 des »Ausgleichsabgabengesetzes« ist verfassungsgemäß und somit eine wirksame Ermächtigungsgrundlage für die Landesverordnung des Landes L.

II. Wirksamkeit der Verordnung des Landes L im Übrigen

Die Verordnung des Landes L müsste auch im Übrigen wirksam sein.

1. formelle Voraussetzungen

a. Zuständigkeit des Wirtschaftsministers des Bundeslandes L zum Erlass der Rechtsverordnung

Auf Grund von § 7 ist Adressat der Ermächtigung zum Erlass der Rechtsverordnung die Landesregierung. Was unter Landesregierung zu verstehen ist, richtet sich nach dem Verfassungsrecht des jeweiligen Landes. In diesem kann auch festgelegt sein, dass ein einzelner Minister in seinem jeweiligen Geschäftsbereich für seine Landesregierung *handeln darf. Nach dem Fall war der Wirtschaftsminister des Landes L für den Erlass der Rechtsverordnung zuständig, so dass sich in dieser Hinsicht keine Bedenken ergeben.*

b. ordnungsgemäßes Verfahren

Des Weiteren müsste die Rechtsverordnung in einem ordnungsgemäßen Verfahren erlassen worden sein. Die nach Art. 80 II GG vorgeschriebene Mitwirkung des Bundesrates war nicht notwendig, weil die Verordnung von der Landesregierung von L und nicht von der Bundesregierung oder einem Bundesminister erlassen worden ist. Die nach § 7 erforderliche Anhörung des Bundesministers für Wirtschaft ist erfolgt.

Ebenso ist auch von einer ordnungsgemäßen Ausfertigung und Verkündung der Rechtsverordnung nach den entsprechenden Regelungen der Landesverfassung von L auszugehen.

c. Beachtung des Zitiergebotes des Art. 80 I S. 3 GG

Da der Sachverhalt dazu nichts aussagt, ist zu unterstellen, dass in der Rechtsverordnung des Landes L die Rechtsgrundlage der Verordnung angegeben ist, wie es nach Art. 80 I S. 3 GG erforderlich ist.

2. materielle Voraussetzungen

Da über die Verordnung der Landesregierung selbst keine näheren Angaben dem Sachverhalt zu entnehmen sind, ist von deren Wirksamkeit auszugehen. Die Verordnung des Landes L verstößt nicht gegen höherrangiges Recht, ist somit eine wirksame Ermächtigungsgrundlage für den Abgabenbescheid gegenüber B.

III. materielle Rechtmäßigkeit des Bescheides selbst

Damit der Bescheid selbst auch materiell rechtmäßig ist, bedarf es des Vorliegens aller einzelnen Tatbestandsvoraussetzungen der Rechtsverordnung des Landes L. Da dem Sachverhalt hierzu keine Angaben zu entnehmen sind, ist auch in dieser Hinsicht von der Rechtmäßigkeit des Abgabenbescheides auszugehen. Der Abgabenbescheid gegenüber X ist rechtmäßig.

2. Frage: Verfahrensmäßiges Vorgehen des X

I. Rechtsbehelfe gegen den Abgabenbescheid

X kann gegen seine Heranziehung zu Abgaben mit einem Widerspruch und einer Anfechtungsklage vorgehen. Damit erreicht er eine inzidente Prüfung der Verordnung des Landes L und des ihr zu Grunde liegenden Gesetzes.

Kommt das anzurufende Verwaltungsgericht zu dem Ergebnis, dass das Gesetz, auf dem die Verordnung beruht, verfassungswidrig ist, so wird es eine Entscheidung des Bundesverfassungsgerichtes nach Art. 100 GG einholen. Das Bundesverfassungsgericht würde dann bei Verfassungswidrigkeit des »Ausgleichsabgabengesetzes« dieses für nichtig erklären und zugleich damit auch die auf seiner Grundlage erlassenen Rechtsverordnungen außer Kraft setzen. Das Verwaltungsgericht kann die Verfassungswidrigkeit nicht selbst feststellen, da es sich um ein formelles und nachkonstitutionelles Bundesgesetz handelt, welches allein vom Bundesverfassungsgericht verworfen werden kann.

Erweist sich dagegen das Ausgleichsabgabengesetz als verfassungskonform, so kommt es darauf an, ob der Wirtschaftsminister des Landes L beim Erlass der Verordnung das Gesetz korrekt befolgt hat oder nicht. Über diese Frage kann das Verwaltungsgericht dann wieder selbst entscheiden, weil Art. 100 GG nur die förmlichen Gesetze dem Verwerfungsmonopol des Bundesverfassungsgerichts bei Bundesgesetzen, bzw. bei Landesgesetzen dem Landesverfassungsgericht unterstellt hat, sofern das jeweilige Land ein Landesverfassungsgericht hat.

II. Rechtsbehelfe gegen die Rechtsverordnung des Landes L

1. Verwaltungsrechtsweg gem. § 47 I VwGO

In Betracht kommt gegen die Rechtsverordnung des Landes L ein abstraktes Normenkontrollverfahren vor dem OVG (das in einigen Bundesländern als Verwaltungsgerichtshof bezeichnet wird) nach § 47 I VwGO. Dann müsste der Verwaltungsrechtsweg nach § 47 I VwGO eröffnet sein. Dies ist dann der Fall, wenn die im Streit befindliche Rechtsverordnung des Landes L eine Norm des öffentlichen Rechts ist.

Da der Streit um Rechtsnormen stets öffentlich-rechtlicher Natur ist, unterliegen Rechtsnormen der Normenkontrolle durch das OVG nur insoweit, als bei deren Vollzug unter § 40 I VwGO fallende Streitigkeiten entstehen könnten, nicht jedoch bei Vorschriften, bei deren Anwendung sich Streitigkeiten ergeben, die vor die Zivil- oder Strafgerichte gehören. Letzteres wäre dann der Fall, wenn etwa gegen einen Bußgeldbescheid vom Bürger vorgegangen wird, da über das Bußgeld die Strafgerichte nach dem OWiG entscheiden. Da ein solcher Fall nicht vorliegt, ist der Rechtsweg vor das OVG eröffnet.

2. Statthaftigkeit des Normenkontrollantrages

a. § 47 I Nr. 2 i.V.m. AG VwGO

Ein Normenkontrollantrag ist nur dann zulässig, wenn das Ausführungsgesetz des Landes L eine Bestimmung enthält, nach der auch andere im Range unter dem Landesgesetz stehende Rechtsvorschriften gemäß § 47 I Nr. 3 VwGO im Wege der Normenkontrolle überprüft werden können.

b. landesrechtliche Bestimmungen als Prüfungsgegenstand

Gegenstand des Normenkontrollverfahrens können lediglich untergesetzliche landesrechtliche Bestimmungen nach § 47 I Nr. 2 VwGO sein. Dies könnte hier deshalb fraglich sein, da die in Frage stehende Rechtsverordnung des Landes L vom Landesminister auf Grund bundesrechtlicher Ermächtigung erlassen worden ist.

Dafür, dass Landesrecht auch in diesem vorliegt, spricht zweierlei. Der Staat kann erstens zurechenbar nur durch seine Organe handeln. Landesorgane üben Landesstaatsgewalt aus und setzen somit Landesrecht, auch wenn sie auf Grund bundesrechtlicher Ermächtigung handeln. Dadurch, dass der Bund seine Befugnis zur materiell-rechtlichen Sonderregelung nicht vollständig in Anspruch genommen hat, hat er zweitens auch die Entstehung von Landesrecht nicht ausgeschlossen.

Die vom Wirtschaftsminister des Landes L auf Grund bundesrechtlicher Ermächtigung des § 7 »Ausgleichsabgabengesetz« erlassene Rechtsverordnung ist demnach Landesrecht.

3. keine Zuweisung zum Verfassungsgericht, § 47 III VwGO

Des Weiteren ist zu unterstellen, dass das Bundesland L nicht ausschließlich zur Überprüfung von Rechtsverordnungen des Landes berufen ist, somit § 47 III VwGO nicht entgegensteht.

4. Antragsbefugnis gem. § 47 II S. 1 VwGO

Der X kann auch geltend machen, durch die Anwendung der Rechtsverordnung in seinen Rechten verletzt zu sein, so dass er auch antragsbefugt ist.

5. Rechtsschutzbedürfnis

Allerdings könnte dem X das Rechtsschutzbedürfnis fehlen, weil gleichzeitig die Möglichkeit besteht, gegen den Abgabenbescheid durch verwaltungsgerichtliche Anfechtungsklage vorzugehen, wobei die Rechtsverordnung im Rahmen der Rechtmäßigkeitsprüfung inzident überprüft würde. Hiergegen spricht aber, dass nach § 47 V S. 2 2. HS VwGO das Ziel des Normenkontrollverfahrens nicht so sehr die Abwehr der Verletzung von Individualrechtsgütern als vielmehr die allgemeine Nichtigkeitsfeststellung der Rechtsnorm zum Ziel hat.

Ein Normenkontrollantrag nach § 47 VwGO ist in Anbetracht der Wirksamkeit der Rechtsverordnung des Landes L somit zulässig, aber nicht begründet.

III. Rechtsbehelfe in Bundesländern ohne Normenkontrollverfahren (Berlin, Hamburg, Nordrhein-Westfalen)

In diesen Bundesländern ist an eine Feststellungsklage gem. § 43 VwGO zu denken. Fraglich ist vor allem, ob X mit seinem Antrag auf

Feststellung der Rechtswidrigkeit der Rechtsverordnung des Landes L die nach § 43 VwGO erforderliche Feststellung eines konkreten Rechtsverhältnisses begehrt. Ein solches ist nur für Normen anerkannt, die unmittelbar dem Bürger Verhaltenspflichten auferlegen, ohne dass es zu einer Umsetzung durch eine Einzelmaßnahme und damit der Möglichkeit der Inzidenzkontrolle kommt, wie bei polizeilichen Verbotsverordnungen.

Da die Rechtsverordnung durch einen Verwaltungsakt im Einzelfall – hier den Abgabenbescheid – vollzogen werden muss, liegt eine solche Konstellation aber hier nicht vor. Eine Feststellungsklage ist somit nicht möglich; es bleibt nur die Anfechtungsklage, mit der die Rechtsverordnung inzident überprüft wird.

Ergebnis:

X kann mit Widerspruch und Anfechtungsklage den Abgabenbescheid angreifen. Außer in Berlin, Hamburg und Nordrhein-Westfalen kann X mit Normenkontrollantrag nach § 47 VwGO auch die Rechtsverordnung eigenständig überprüfen lassen. Kommt das Verwaltungsgericht bei der Anfechtungsklage oder das Oberverwaltungsgericht im Normenkontrollverfahren zur Verfassungswidrigkeit des »Ausgleichsabgabengesetzes«, so muss das Gericht die Sache gemäß Art. 100 GG zur Verwerfung des »Ausgleichsabgabengesetzes« vorlegen.

Hinweise zur Lösung

Zu B.I.2.: Bei Ermächtigungen zum Erlass von Rechtsverordnungen durch Landesgesetze sind die Bestimmungen des Art. 80 GG nicht anwendbar. Hier gelten die Regelungen der Landesverfassungen. Diese sind aber dem Art. 80 GG ähnlich.

Zu B.II.1.a.: Anders wäre der Fall z.B. zu beurteilen, wenn nicht die Landesregierungen sondern, nur die Landwirtschaftsminister zur Rechtsverordnung ermächtigt worden wären durch § 7 des Bundesgesetzes. Da die Rechtsverordnung dann wegen Verstoßes gegen Art. 80 I S. 1 GG nichtig wäre, entbehrte der an B gerichtete Abgabenbescheid der erforderlichen Ermächtigungsgrundlage und wäre daher rechtswidrig.

Wird nach der Zulässigkeit und der Begründetheit eines Normenkontrollverfahrens gefragt, so ist im Anschluss an die Zulässigkeitsprüfung des Normenkontrollantrags in der Begründetheit auf die bei der 1. Frage unter B.I. bis II.2. gemachten Ausführungen einzugehen. Auf die Prüfung des VAs – des Bescheides selbst (unter A. und B.III.) – ist nicht einzugehen, da nur die Rechtmäßigkeit der Rechtsverordnung selbst im Normenkontrollverfahren nachzuprüfen ist. Die Ausgangs-

formulierung im Begründetheitsteil würde dann etwa wie folgt lauten: »Der Antrag ist begründet, wenn die der Rechtskontrolle zugeführte Norm ganz oder teilweise mit höherrangigem Recht unvereinbar und damit ungültig ist.«

Die auf Grund einer für nichtig erklärten Rechtsverordnung ergangenen Verwaltungsakte sind lediglich rechtswidrig und nicht nichtig. Sie können nur im Rahmen von noch zulässigen Rechtsbehelfsverfahren (z.B. Anfechtungsklage) angegriffen werden. Sind hingegen Fristen für Widerspruch oder Anfechtungsklage verstrichen, so sind die VAe nicht mehr angreifbar. Allerdings wird die Vollstreckung eines noch nicht vollzogenen VAs unzulässig. Gegen die bevorstehende Vollstreckung kann also noch vorgegangen werden. Die Nichtigerklärung hat auch nicht die Verpflichtung der Behörde zur Rücknahme von VAen, die darauf gestützt waren, zur Folge. Auch für den Widerruf von VAen ist die Nichtigerklärung von Rechtsvorschriften grundsätzlich ohne Bedeutung und stellt auch keine Rechtsänderung i.S.v. § 49 II Nr. 4 VwVfG dar.

Register

Abgrenzung: öffentliches Recht-Privatrecht
⇨ 33-41

Abhilfebescheid im Widerspruchsverfahren
⇨ 284 f.

Allgemeine Leistungsklage
ist eine Klage, die auf den Erlass oder das Unterlassen sonstiger ö-r Maßnahmen gerichtet ist, die nicht VAe sind ⇨ 177, 179, 218-224, 265-268, 347

Allgemeine Prozessvoraussetzungen
(auch als allgemeine Sachentscheidungs-, Sachurteils- oder Klageartvoraussetzungen bezeichnet) sind Zulässigkeitsbedingungen, die bei jeder Klage- und Antragsart vorliegen müssen ⇨ 236-247

Allgemeines Verwaltungsrecht
umfasst all die Vorschriften und Grundsätze, die für das gesamte Gebiet, somit auch für die Sonderbereiche des Verwaltungsrechts maßgeblich sind ⇨ 3 f.

Allgemeinverfügung
Verwaltungsakt, der eine konkret-generelle Regelung umfasst, bei der der einzelne Fall bzw. Sachverhalt geregelt wird, der Personenkreis aber unbestimmt ist (§ 35 S. 2 VwVfG) ⇨ 58-60

Amts- und Staatshaftung
⇨ 34, 39 f.

Amtshaftungsanspruch
⇨ 157-167

Anfechtungsklage
ist eine Klage, bei der die Rechtsgestaltung durch Aufhebung eines VAs erstrebt wird, § 42 I VwGO ⇨ 4, 42, 54, 57, 126, 177, 179, 186, 187-197, 248-257, 284, 300, 301, 332, 347

Anhörungspflicht (beim VA)
⇨ 76 f.

Annexantrag
(§ 113 I S. 2 VwGO) ⇨ 257

Anstalt
ist ein Bestand von sachlichen Mitteln und Dienstkräften, der organisatorisch verselbständigt ist und eine bestimmte Verwaltungsaufgabe zu erfüllen hat und im Gegensatz zu den Körperschaften keine Mitglieder, sondern nur Benutzer hat ⇨ 5, 12 f.

Antragsbefugnis
⇨ 233 f., 311 f., 348

Antragsgegner
⇨ 235, 312

Auflage (beim VA)
ist die selbständige Nebenbestimmung zu einem begünstigenden VA, durch die dem Bürger eine besondere Verhaltenspflicht auferlegt wird ⇨ 120-122

Auflage (modifizierende)
Auflage und gewährender VA sind dergestalt miteinander verbunden, dass der gewährende VA ohne die Auflage keinen festumrissenen Inhalt mehr hätte
⇨ 123 f.

Auflage (nachträgliche)
⇨ 123

Auflagenvorbehalt
berechtigt die Verwaltung, nachträglich Auflagen zu erlassen ⇨ 122

Aufopferungsanspruch
⇨ 171-173

Aufschiebende Wirkung
bedeutet, dass ein VA durch Einlegung eines Rechtsbehelfs nicht vollzogen, d.h. durchgesetzt werden kann
⇨ 285, 295-298

Auftragsverwaltung
Die Verwaltungsaufgaben führt der Staat selbst aus, bedient sich aber in der Unterinstanz nicht eigener Behörden, sondern vorhandener unterstaatlicher juristischer Personen, die die übertragene Aufgabe im Auftrag des Staates ausführen ⇨ 15

Austauschvertrag
ist ein öffentlich-rechtlicher Vertrag bei dem der Bürger eine Gegenleistung für eine behördliche Leistung übernimmt (§ 56 VwVfG) ⇨ 144 f.

Auswahlermessen
liegt vor, wenn die Behörde einen Handlungsspielraum hat, welche von verschiedenen Maßnahmen sie ergreifen will ⇨ 23

Bedingung (beim VA)
⇨ 119 f.

Befristung (des VAs)
⇨ 119

Begründetheit einer Klage
⇨ 247-280

Begünstigender VA
⇨ 104, 104-108

Behörde
ist ein Organ einer juristischen Person des öffentlichen Rechts, das bestimmte Verwaltungsaufgaben wahrnimmt (vgl. § 1 IV VwVfG), wie »Ämter«, »Stellen« usw., aber auch Staatsorgane aus den Bereichen von Gesetzgebung, Regierung und Rechtsprechung, sofern sie öffentliche Verwaltungsaufgaben wahrnehmen ⇨ 56 f., 195 f., 252 f.

Beklagtenbefugnis
ist im Verwaltungsprozess dann gegeben, wenn sich die Klage gegen den richtigen Beklagten richtet, also der richtige Beklagte gewählt wurde, § 78 VwGO
⇨ siehe Klagegegner

Belastender VA
⇨ 104, 108 f., 115 f.

Beliehene
sind Privatrechtssubjekte, denen die Zuständigkeit eingeräumt ist, bestimmte hoheitliche Kompetenzen im eigenen Namen auszuüben ⇨ 13 f.

Berufung
ist das Rechtsmittel, das grundsätzlich gegen Urteile des ersten Rechtszuges gegeben ist und im Gegensatz zur Revision eine neue zweite Tatsacheninstanz eröffnet
⇨ 365-367

Beschluss
⇨ 365

Beschwerde
⇨ 371 f.

Besondere Prozessvoraussetzungen
sind Zulässigkeitsbedingungen, die bei einzelnen Klage- und Antragsarten zusätzlich gegeben sein müssen und mit den besonderen Klage- und Antragsarten erörtert werden ⇨ 176, 186 f.

Besonderes Verwaltungsrecht
umfasst Sonderregeln für das jeweilige Sachgebiet ⇨ 4

Beteiligungsfähigkeit
(§ 61 VwGO) ⇨ 238-240, 313

Beurteilungsspielraum
Bei der Auslegung des unbestimmten Rechtsbegriffs mit Beurteilungsspielraum hat die Verwaltung einen nicht nachvollziehbaren Erkenntnisvorsprung, so dass den Gerichten nur eine eingeschränkte Überprüfung des VAs möglich ist ⇨ 27-29

Beurteilungszeitpunkt
⇨ 256 f., 262 f., 277

Devolutiveffekt
liegt vor, wenn ein Rechtsbehelf das Verfahren in eine höhere Instanz bringt ⇨ 285, 364

Drittschutz
bedeutet, dass der in Frage stehende Rechtssatz nicht nur die Interessen der Allgemeinheit schützen soll, sondern – zumindest auch – den Individualinteressen des Klägers zu dienen bestimmt ist (sog. Schutznormtheorie)
⇨ 191, 345

Einstweilige Anordnung
ist eine vorläufige Entscheidung des Gerichts im Verlaufe eines Rechtsstreits, in dem es die endgültige Entscheidung zu treffen hat ⇨ 304, 345-356

Einstweiliger Rechtsschutz
ist ein Verfahren des Rechtsschutzes, der auf eine vorläufige, aber nicht endgültige Sicherung einer Rechtsposition gerichtet ist, indem entweder der Vollzug eines bereits erlassenen VAs (§ 80 VwGO) einstweilen unterbunden werden soll oder eine vorläufige gerichtliche Regelung im Hinblick auf einen konkreten Rechtsstreit erstrebt wird (§ 123 VwGO) ⇨ 300-361

Enteignender Eingriff
⇨ 165-171

Enteignungsgleicher Eingriff
⇨ 156-171

Entschließungsermessen
Die Behörde hat einen Handlungsspielraum, ob sie eine Maßnahme trifft oder nicht ⇨ 24

Ermächtigungsgrundlage
ist eine Rechtsgrundlage zum Erlass abstrakt-genereller Regelungen (z.B. Verordnungen) ⇨ 273-276

Ermessen
liegt vor, wenn bei Erfüllung der Tatbestandsseite einer Norm der Handelnde zwischen mehreren rechtlich möglichen Verhaltensweisen wählen darf ⇨ 19, 20-26

Ermessensfehlgebrauch
liegt vor, wenn die Behörde zwar eine von der Ermessensvorschrift vorgesehene Rechtsfolge wählt, bei der Auswahl dieser aber unsachgemäße Erwägungen angestellt hat ⇨ 25, 31

Ermessenskontrolle
⇨ 31, 285

Ermessensnichtgebrauch
liegt vor, wenn sich die Behörde beim Erlass des Verwaltungsaktes für gebunden hält und deshalb von dem ihr zustehenden Ermessen keinen Gebrauch macht ⇨ 24

Ermessensreduzierung auf Null
liegt vor, wenn bei Ermessensentscheidungen im Einzelfall nur eine Entscheidung rechtmäßig ist ⇨ 24

Ermessensspielraum
ist dann gegeben, wenn eine Rechtsvorschrift der Verwaltung die pflichtgemäße Entscheidungsfreiheit einräumt, ob eine Rechtsfolge ausgesprochen werden soll (Entschließungsermessen) und/oder welche Rechtsfolge ausgesprochen werden soll (Auswahlermessen) ⇨ 21

Ermessensüberschreitung
liegt vor, wenn die Verwaltungsbehörde mehr Entscheidungsspielraum in Anspruch nimmt, als ihr vom Gesetz eingeräumt worden ist ⇨ 24

Ermessensunterschreitung
liegt vor, wenn das eingeräumte Ermessen nicht gebraucht oder die Reichweite des Ermessens verkannt wird ⇨ 24 f.

ex tunc
lat. = von damals an ⇨ 114

Feststellungsinteresse
⇨ 204-207, 213, 227 f.

Feststellungsklage
ist eine Klage, bei der der Kläger die Feststellung des Bestehens oder Nichtbestehens eines Rechtsverhältnisses oder der Nichtigkeit eines VAs erstrebt, § 43 I VwGO ⇨ 224-229, 269 f.

Feststellungsurteil
ist ein Urteil, durch das das Gericht eine bestimmte Rechtslage feststellt ⇨ 179, 224

Folgenbeseitigungsanspruch
Anspruch auf Beseitigung der tatsächlichen Folgen eines Verwaltungshandelns durch behördliche Wiedergutmachung, wobei sich die Klageart danach richtet, wie die Folgen zu beseitigen sind; bei Folgen durch vorangehende VAe – Verpflichtungsklage, bei Folgen durch schlichtes Verwaltungshandeln – Leistungsklage ⇨ 132 f., 267

Formelles Gesetz
(=Parlamentsgesetz) ist jedes von einem verfassungsmäßigen Gesetzgebungsorgan erlassene Gesetz, das im förmlichen Gesetzgebungsverfahren zustande gekommen ist ⇨ 82

Fortsetzungsfeststellungsklage
ist eine Klage, gerichtet auf die Feststellung der Rechtswidrigkeit eines VAs bzw. der Versagung oder Unterlassung eines VAs vor oder nach Erledigung der Anfechtungs- bzw. Verpflichtungsklage, vgl. § 113 I S. 4 VwGO ⇨ 54, 56, 178, 179, 201-218, 264 f.

Gebundene Entscheidung
liegt vor, wenn bei der Erfüllung der Voraussetzungen der Tatbestandsseite einer Rechtsnorm eine zwingende Rechtsfolge vorgeschrieben ist ⇨ 19 f.

Gebundener Verwaltungsakt
⇨ 64, 97, 145

Gerichtsbescheid
⇨ 365

Gesetzesvorbehalt
Bei Eingriffen in die Rechte des Einzelnen ist eine gesetzliche Ermächtigungsgrundlage (Satzung, Rechtsverordnung, Parlamentsgesetz) erforderlich (»kein Handeln ohne Gesetz«) ⇨ 68, 88, 90

Gesetzesvorrang
bedeutet, dass die eingreifende oder leistende Verwaltung keine Maßnahme treffen darf, die einem gültigen Gesetz in Form von Rechtsverordnung, Satzung oder Parlamentsgesetz widersprechen, vgl. Art. 20 III GG (»kein Handeln gegen das Gesetz«) ⇨ 88, 92, 131

Gesetzmäßigkeit der Verwaltung
(Art. 20 II GG) besagt, dass die Verwaltung bei ihren Handlungen an Gesetz und Recht gebunden ist, alle belastenden (Eingriffs-)Maßnahmen der Verwaltung müssen auf Gesetz beruhen; ist die Rechtsgrundlage wegen Verstoßes gegen höherrangiges Recht rechtswidrig und damit unwirksam, so ist auch der auf ihr

beruhende VA rechtswidrig (nur bei VAen führt die Rechtswidrigkeit nicht automatisch zur Rechtsunwirksamkeit, sondern der VA bleibt grundsätzlich wirksam, bis er durch die Verwaltung selbst oder durch Gerichtsurteil aufgehoben wird) ⇨ 68, 271

Gestaltungsurteil
ist ein Urteil, durch welches das Gericht die Rechtslage gestaltet, etwa durch Aufhebung eines VAs ⇨ 177

Gewohnheitsrecht
ist das auf langjähriger Übung beruhende, ungeschriebene Recht, das von den Beteiligten allgemein als rechtens anerkannt wird ⇨ 218

Glaubhaftmachung
⇨ 351

Hausrecht
⇨ 40 f., 89

Heilung der Rechtswidrigkeit eines VAs
Nach § 45 VwVfG können bestimmte formelle Fehler eines VAs bis zum Abschluss des Widerspruchsverfahrens durch Nachholung der Erfordernisse beseitigt werden ⇨ 95-97

Innerdienstliche Weisungen
Verwaltungsinterne Anordnungen ohne Rechtswirkung nach außen ⇨ 62

Interessentheorie
Normzweck muss dem öffentlichen Interesse dienen und nicht nur den Individualzwecken Einzelner ⇨ 34 f.

Isolierte Anfechtungsklage
⇨ 189

Juristische Personen
sind Träger von Rechten, die zum einseitigen Handeln berechtigen ⇨ 5

Klagebefugnis
ist die Sachurteilsvoraussetzung nach § 42 II VwGO, nach der die Klage dann unzulässig ist, sofern der Kläger kein subjektives Recht hat oder darin nicht verletzt sein kann ⇨ 190-191, 198 f., 221 f.

Klageerhebung
⇨ 242

Klagefrist
⇨ 193 f., 199 f., 213 f.

Klagegegner
⇨ 194-197, 200, 218, 223, 229

Koordinationsrechtlicher Vertrag
Verwaltungsrechtlicher Vertrag, bei dem hinsichtlich des Vertragsgegenstandes keine Partei der anderen übergeordnet ist ⇨ 143

Körperschaften
Rechtsfähige, mitgliedschaftlich organisierte Verwaltungseinheiten, die Aufgaben der öffentlichen Verwaltung erfüllen ⇨ 5, 10-12

Leistungsurteil
ist ein Urteil, bei dem das Gericht den Beklagten zu einem Tun (z.B. Erlass eines VAs) oder Unterlassen verpflichtet ⇨ 177

Leistungsverwaltung
⇨ 2

Mehrstufiger Verwaltungsakt
ist ein Verwaltungsakt, dessen Erlass Mitwirkungen anderer Behörden neben der Erlassbehörde voraussetzt ⇨ 63

Mittelbare Bundesverwaltung
⇨ 14 ff.

Mittelbare Landesverwaltung
⇨ 14 ff.

Mittelbare Staatsverwaltung
Ausführung von Verwaltungsaufgaben nicht durch eigene Organe des Staates, sondern durch unterstaatliche juristische Person (vgl. dort), also durch von ihm gegründete rechtlich selbständige Organisationen in Form von Körperschaften, Anstalten, Stiftungen, oder er bedient sich sog. Beliehener ⇨ 5, 10

Mitwirkungsbedürftiger Verwaltungsakt
Verwaltungsakt, dessen Erlass verfahrensrechtlich die Mitwirkung des Bürgers in Form eines Antrags oder der Zustimmung des Betroffenen voraussetzt ⇨ 76, 143

Nachschieben von Gründen
⇨ 252-255

Nebenbestimmung (des VAs)
sind Zusätze zu einem VA, die einen eigenen Regelungsinhalt haben, der mit dem VA in einem inneren Zusammenhang steht; sie sind Anordnungen, welche die Behörde einem begünstigenden VA beifügt, um ihn inhaltlich oder zeitlich zu beschränken ⇨ 118-127

Nichtiger Verwaltungsakt
ist ein Verwaltungsakt, der auf Grund der Besonderheit seines Fehlers unwirksam ist (vgl. § 44 VwVfG) ⇨ 91-94

Nichtiger Verwaltungsvertrag
⇨ 146-148

Normenhierachie
kennzeichnet den Vorrang des jeweils ranghöheren staatlichen Aktes, d.h. die rangniedere Norm muss sich in den Grenzen der ranghöheren Norm halten ⇨ 271

Normenkontrollverfahren nach § 47 VwGO
ist eine Klage, die auf Feststellung der Nichtigkeit einer im Range unter dem formellen Gesetz stehenden Rechtsnorm (Rechtsverordnung, Satzung) gerichtet ist ⇨ 229-235, 270-278, 358-361

Oberverwaltungsgericht
⇨ 229, 233, 365 f.

Öffentlich-rechtlicher Vertrag
ist jede auf dem Gebiet des öffentlichen Rechts zweiseitig vorgenommene Regelung ⇨ 73, 139-151, 268

Organ
ist eine mit bestimmter Zuständigkeit nach außen gebildete Stelle, die für eine juristische Person verbindlich handelt, durchwegs Behörden in Form von Dienststellen, Verwaltungsstellen, -ämter ⇨ 195, 239

Organe juristischer Personen
Einzelpersonen oder Behörden ⇨ 5

Parlamentsvorbehalt
Neben dem Erfordernis, dass alles Verwaltungshandeln in den Bereichen der Leistungsverwaltung einer gesetzlichen Ermächtigungsgrundlage in Form von Rechtsverordnung, Satzung oder Parlamentsgesetz bedarf (allgemeiner Gesetzesvorbehalt), dürfen wesentliche Entscheidungen nur durch den Gesetzgeber selbst durch ein förmliches Gesetz getroffen werden (Parlamentsvorbehalt) ⇨ 68

Planungsermessen
Bezeichnet die weitgehende Gestaltungsfreiheit der Verwaltung zur Konkretisierung der allgemein gehaltenen Maßgaben des Planes ⇨ 30-32

Popularklage
ist die Klage einer Person, die durch den angegriffenen Akt nicht in ihren Rechten verletzt sein kann ⇨ 191

Postulationsfähigkeit
Wenn der Prozessfähige bestimmte Prozesshandlungen nicht selbst vornehmen darf, sondern sich eines Anwaltes bedienen muss, etwa vor dem Bundesverwaltungsgericht oder auf Anordnung (vgl. § 67 VwGO) ⇨ 241

Potestativbedingung
⇨ 122

Präjudizialität
ist der Fall der Bindungswirkung einer rechtskraftfähigen Entscheidung zwischen den Parteien, wenn der Tenor der 1. Entscheidung Vorfrage (anspruchsbegründende Tatsache) in einem zweiten Verfahren ist ⇨ 204 f.

Prozessfähigkeit
ist die Fähigkeit Prozesshandlungen selbst oder durch selbstbestellte Vertreter wirksam vorzunehmen und entgegenzunehmen, (vgl. § 62 VwGO) ⇨ 240 f.

Prozessökonomie
ist ein allgemeiner Prozessgrundsatz zur Vermeidung überflüssiger Prozesse ⇨ 204

Prozessurteil
ist die Abweisung einer Klage aus prozessualen Gründen wegen Unzulässigkeit durch Urteil ⇨ 176

Prozessvoraussetzungen
(Sachentscheidungs-, Sachurteils- oder Klageartvoraussetzungen genannt) sind prozessuale Voraussetzungen, die erfüllt sein müssen, damit ein Gericht in der Sache selbst, d.h. über die materielle Rechtslage, entscheiden kann ⇨ 176

Realakte
(auch schlichtes Verwaltungshandeln genannt) sind diejenigen Verwaltungsmaßnahmen, die nicht auf einen Rechtserfolg, sondern auf einen tatsächlichen Erfolg gerichtet sind, also keine VAe beinhalten ⇨ 130-133

Rechtsbehelf
ist jedes von der Rechtsordnung in einem Verfahren zugelassene Gesuch, mit dem eine behördliche, insbesondere gerichtliche Entscheidung angefochten werden kann und ist gegenüber dem Begriff Rechtsmittel der Oberbegriff, da unter Rechtsbehelfe auch förmliche und formlose Gesuche fallen (z.B. Einspruch, Widerspruch, Erinnerung, Gegenvorstellung) ⇨ 177 f., 301 f., 364

Rechtsbehelfsbelehrung
⇨ 81, 193, 213 f.

Rechtsgrundlage eines VAs
ist die Eingriffsermächtigung bzw. Anspruchsgrundlage zum Erlass desselben ⇨ 68-74

Rechtshängigkeit
⇨ 243 f.

Rechtskraft
⇨ 364

Rechtsmittel
sind förmliche Rechtsbehelfe mit denen gerichtliche Entscheidungen angegriffen werden können und führt dazu, dass eine Entscheidung in der nächsthöheren Instanz überprüft wird, z.B. Einlegung der Berufung ⇨ 364-372

Rechtsschutzbedürfnis
⇨ 222 f., 245

Rechtsverordnung
ist eine allgemeinverbindliche Anordnung für eine unbestimmte Vielzahl von Personen, die nicht in einem förmlichen Gesetzgebungsverfahren ergeht, sondern von einer Regierungs- oder Verwaltungsbehörde, also von Organen der vollziehenden Gewalt, aufgrund gesetzlicher Ermächtigung erlassen wird ⇨ 55, 72, 83, 85 f., 133 f., 138, 273-278

Rechtsweg
ist der Weg, auf dem bei einer Gerichtsbarkeit um Rechtsschutz nachgesucht werden kann ⇨ 32, 180

Reformatio in peius
im Widerspruchsverfahren, ist die Verböserung oder Verschlechterung einer behördlichen Entscheidung durch Widerspruchsbescheid ⇨ 250, 297

Regelungsanordnung
⇨ 349 f., 352-354

Rehabilitierungsinteresse
ist ein ideelles Wiedergutmachungsverlangen ⇨ 206 f.

Revision
ist ein gegen Urteil zugelassenes Rechtsmittel, das nur auf eine Rechtsverletzung gestützt werden kann und im Gegensatz zur Berufung keine neue Tatsacheninstanz eröffnet ⇨ 367-370

Rücknahme eines VAs
Aufhebung eines rechtswidrigen VAs durch die Behörde ⇨ 103-109

Sachentscheidungsvoraussetzungen
(auch Sachurteils-, Klageart- oder Prozessvoraussetzungen genannt) sind prozessuale Voraussetzungen, die erfüllt sein müssen, damit ein Gericht in der Sache selbst, d.h. über die materielle Rechtslage, entscheiden kann ⇨ 176

Sachurteil
ist eine Entscheidung des Gerichts durch Urteil in der Sache selbst ⇨ 176

Satzung
ist eine Rechtsnorm, die von einem Selbstverwaltungsträger (Körperschaft, Anstalt und Stiftungen) zur Regelung ihrer eigenen Angelegenheiten erlassen wird, bei Körperschaften unter Mitwirkung der Mitglieder ⇨ 66 f., 72., 86-88, 135-138, 230

Schlichtes Verwaltungshandeln
⇨ siehe Realakte

Selbstbindung der Verwaltung
liegt vor, wenn sich die Behörde durch gleichmäßigen Ermessensgebrauch auf eine Verwaltungspraxis festlegt und deshalb in gleichgelagerten Fällen von ihrer Praxis aufgrund des Gleichheitssatzes nicht abweichen darf (Aber: kein Anspruch auf »Gleichheit im Unrecht«) ⇨ 26, 135

Selbstverwaltung
Statt eigene staatliche Behörden zu bilden, schafft der Staat unterstaatliche juristische Personen, der er Verwaltungsaufgaben zur eigenverantwortlichen Durchführung überträgt ⇨ 15, 135

Sicherungsanordnung
⇨ 349, 351 f.

Sonderrechtstheorie
Verwaltungshandeln ist öffentlich-rechtlich, wenn die zu Grunde liegende Norm einen Träger öffentlicher Gewalt einseitig berechtigt oder verpflichtet ⇨ 35

Staat
Juristische Person des öffentlichen Rechts mit umfassender Hoheitsgewalt (mit Gesetzgebung, Verwaltung, Rechtsprechung) ⇨ 5

Stiftung (öffentlich-rechtliche)
Die auf einen Stiftungsakt gegründete, auf Grund öffentlichen Rechts errichtete oder anerkannte Verwaltungseinheit mit eigener Rechtspersönlichkeit, die mit einem Kapital- und Sachbestand Aufgaben der öffentlichen Verwaltung erfüllt ⇨ 13

Subjektives Recht
gewähren Rechtsnormen dann, wenn sie nicht nur das Allgemeininteresse, sondern auch Individualinteressen schützen ⇨ 190, 255

Subordinationsrechtlicher Vertrag
ist ein verwaltungsrechtlicher Vertrag in einem Sachbereich, in dem die Behörde auch durch VAe hätte handeln können ⇨ 143-145, 148

Subordinationstheorie
Typische Über-/ Unterordnungsverhältnisse sind öffentlich-rechtlich, Gleichordnungsverhältnisse sind privat ⇨ 35

Subsumtion
ist die Unterordnung eines Sachverhaltes unter eine bestimmte Rechtsnorm ⇨ 46

Subventionen
sind Leistungen aus öffentlichen Mitteln an Private, die ohne marktmäßige Gegenleistung oder zum Teil ohne marktmäßige Gegenleistung gewährt werden und der Förderung der Wirtschaft dienen sollen ⇨ 42, 85

Summarische Prüfung
ist Prüfung der Hauptsache im Eilverfahren ⇨ 315

Suspensiveffekt
(= aufschiebende Wirkung) liegt vor, wenn durch Einlegung eines Rechtsbehelfs die Rechtskraft gehemmt wird ⇨ 285, 364

Unbeachtlichkeit der Fehler eines VAs
Bestimmte formelle Fehler, die auf die Entscheidung in der Sache selbst keinen Einfluss haben, führen nicht zur Rechtswidrigkeit eines VAs ⇨ 93, 96

Unbestimmter Rechtsbegriff
ist ein wertungsausfüllungsbedürftiger Begriff auf der Tatbestandsseite einer Norm ⇨ 19, 26 f.

Unmittelbare Staatsverwaltung
Der Staat erfüllt öffentliche Aufgaben selbst durch staatliche Behörden, Bundes- oder Landesbehörden ⇨ 5, 136

Untätigkeitsklage
im weiteren Sinne eine Klage (Anfechtungs- oder Verpflichtungsklage) die nach § 75 VwGO ohne Vorverfahren zulässig ist, im engeren Sinne eine Verpflichtungsklage gerichtet auf Verurteilung zum Erlass eines

beantragten, aber nicht verabschiedeten VAs ⇨ 193, 199, 200, 261

Unterlassungsklage, allgemeine
⇨ 220, 222 f.

Unterlassungsklage, vorbeugende
⇨ 220, 222, 347

Unterstaatliche juristische Personen des öffentlichen Rechts
Selbstverwaltungskörperschaften, rechtsfähige Anstalten und Stiftungen, die Hoheitsgewalt für bestimmte Verwaltungsaufgaben haben ⇨ 10 ff.

Verfahren nach § 80 V VwGO
⇨ 305-331

Verfassungsrechtliche Streitigkeiten
liegen dann vor, wenn am Verfassungsleben unmittelbar beteiligte Rechtsträger, Verfassungsorgane oder Teile von ihnen (= formelle Komponente) über materielles Verfassungsrecht, d.h. Inhalt Auslegung oder Anwendung der Verfassung streiten (= materielle Komponente) ⇨ 183 f.

Vergleichsvertrag
ist ein öffentlich-rechtlicher Vertrag zur Überbrückung einer unsicheren Sach- und Rechtslage durch gegenseitiges Nachgeben (§ 55 VwVfG) ⇨ 144

Verhältnismäßigkeitsgrundsatz
Für öffentlich-rechtliche Maßnahmen gilt ein Übermaßverbot, d.h. das angewendete Mittel darf nicht stärker sein und der Eingriff nicht weitergehen, als der Zweck der Maßnahme es rechtfertigt ⇨ 90

Verordnung
⇨ siehe Rechtsverordnung

Verpflichtungsklage
ist eine Klage, bei der der Kläger den Erlass eines abgelehnten oder unterlassenen VAs erstrebt, §§ 42 I, 113 V S. 1 VwGO oder im Fall eines Ermessens- oder Beurteilungsspielraumes der Verwaltung eine Bescheidungsverpflichtungsklage auf Neubescheidung seines Antrags auf Erlass eines VAs unter Berücksichtigung der Rechtsauffassung des Gerichts erhebt, vgl. §§ 42 I, 113 V S. 2 VwGO ⇨ 4, 42, 54, 56, 126, 177, 178, 179, 197-200, 259-263, 290, 347

Verwaltung
ist die Tätigkeit des Staates oder eines sonstigen Trägers öffentlicher Gewalt außerhalb von formeller Rechtsetzung und Rechtsprechung ⇨ 5-10

Verwaltungsakt
Eine abstrakte Rechtsnorm wird durch ihn verbindlich für einen Einzelfall konkretisiert und individualisiert ⇨ 32, 54-67

Verwaltungsgerichtshof
⇨ 231

Verwaltungsinterne Anordnungen
⇨ 3

Verwaltungsprivatrecht
Ein Träger öffentlicher Verwaltung erledigt unmittelbare Verwaltungsaufgaben im Bereich der Leistungsverwaltung in Form des Privatrechts ⇨ 41

Verwaltungsprozessrecht
Es geht um die gerichtliche Auseinandersetzung über die Rechtmäßigkeit des Verwaltungshandelns ⇨ 4

Verwaltungsrechtlicher Vertrag
⇨ siehe Öffentlich-rechtlicher Vertrag

Verwaltungsrechtsweg
⇨ 180-184

Verwaltungsträger
⇨ 16

Verwaltungsverfahrensrecht
ist die nach außen wirkende Tätigkeit der Behörden, die auf Prüfung der Voraussetzungen, die Vorbereitung sowie Erlass eines VAs oder eines ö-r Vertrages gerichtet ist ⇨ 3

Verwaltungsvorschrift
ist eine allgemeine Regelung der Regierungs- oder Verwaltungsbehörden, die an nachgeordnete Behörden gerichtet ist und sich auf die Organisation oder das Verfahren der Verwaltung (z.B. für die Handhabung des Verwaltungsermessens) oder das dienstliche Verhalten der dort Tätigen bezieht; sie ist grundsätzlich nur verwaltungsintern verbindlich, kann allerdings mittelbar (z.B. Richtlinien, Erlasse, Verwaltungsanweisungen u. Dienstanweisungen) dann Bindungswirkung im Verhältnis zum Bürger entfalten, wenn sich die Verwaltung durch sie auf eine bestimmte Handhabung des Ermessens festgelegt hat (Gleichbehandlungsgebot, Art. 3 I GG) ⇨ 74, 135

Vollzugsfolgenbeseitigungsanspruch
ist der auf Beseitigung der Folgen eines VAs gerichtete Folgenbeseitigungsanspruch ⇨ 188, 257

Vorbeugender Rechtsschutz
ist der Rechtsschutz bei dem sich der Kläger gegen ein zukünftiges Handeln der Verwaltung, von dem er eine Rechtsverletzung befürchtet, mittels einer vorbeugenden Unterlassungs- oder Feststellungsklage wendet, um eine

endgültige Entscheidung zu erreichen, während beim vorläufigen Rechtsschutz der Vollzug eines bereits erlassenen VAs (§ 80 VwGO) einstweilen unterbunden werden soll oder eine vorläufige gerichtliche Regelung im Hinblick auf einen konkreten Rechtsstreit erstrebt wird (§ 123 VwGO) ⇨ 220, 300

Vorläufiger Rechtsschutz
⇨ siehe Einstweiliger Rechtsschutz

Vorrang des Gesetzes
bedeutet, dass die Verwaltung bei ihrer Tätigkeit nicht gegen Rechtsnormen verstoßen darf (Gesetzesbindung der Verwaltung) ⇨ 88, 92, 131

Vorverfahren
⇨ siehe Widerspruchsverfahren

Wegfall der aufschiebenden Wirkung
⇨ 302-304

Wesentlichkeitstheorie
Wesentliche Verwaltungsentscheidungen, d.h. alle grundrechtsrelevanten Entscheidungen sowie sonstige Entscheidungen, die aus dem Gesichtspunkt von demokratischer Legitimation und der Gewaltenteilung für das Gemeinwesen von Bedeutung sind, müssen auf eine Rechtsgrundlage in Form eines Parlamentsgesetzes rückführbar sein, wobei das Wesentliche im Gesetz stehen muss, mindestens Tatbestand und Rechtsfolge ⇨ 84

Widerruf eines VAs
Aufhebung eines rechtmäßigen VAs durch die Behörde ⇨ 110-117

Widerrufsanspruch, öffentlich-rechtlich
⇨ 39, 132 f.

Widerrufsanspruch, privatrechtlich
⇨ 39

Widerrufsvorbehalt (beim VA)
⇨ 120

Widerspruchsbefugnis
⇨ 291 f.

Widerspruchsverfahren
(auch Vorverfahren genannt) ist das vor Erhebung einer Anfechtungs- oder Verpflichtungsklage und der Fortsetzungsfeststellungsklage (bei Erledigung des VAs nach Klageerhebung oder vor Klageerhebung, aber nach Ablauf der Widerspruchsfrist) vorausgesetzte Verfahren, bei dem die Recht- und Zweckmäßigkeit eines VAs auf Grund eines Widerspruchs von der Verwaltung selbst nachgeprüft wird, vgl. §§ 68 ff VwGO ⇨ 192 f., 199, 209-211, 223, 250-255, 284-298

Widmung
ist der Hoheitsakt, der die Eigenschaft als öffentliche Sache begründet und zugleich ihre Zweckbestimmung festlegt ⇨ 61, 380-382

Wiederaufgreifen des Verfahrens
ist die Entscheidung der Behörde nach Ausübung pflichtgemäßen Ermessens darüber, dass sie ein formell rechtskräftiges Verwaltungsverfahren erneut sachlich prüfen will ⇨ 117

Wiedereinsetzung in den vorigen Stand
Wenn eine prozessuale Frist oder ein Termin versäumt wird, kann die Wirkung der Versäumung beseitigt werden, sofern die Versäumung ohne Verschulden geschah ⇨ 194

Wiederholende Verfügung
Eine bereits getroffene Regelung wird ohne erneutes Einlassen zur Sache selbst von der Verwaltung erneut erlassen ⇨ 58

Wiederholungsgefahr
⇨ 205 f.

Zuständigkeit, örtliche
(§ 52 VwGO) ⇨ 236 f., 238

Zuständigkeit, sachliche
(§ 45 VwGO) ⇨ 236, 237 f.

Zweitbescheid
Durch einen Zweitbescheid hebt die Behörde nach erneuter Sachprüfung einen bisherigen VA auf und ersetzt ihn durch einen neuen VA ⇨ 58

MIX
Papier aus verantwortungsvollen Quellen
Paper from responsible sources
FSC® C105338

If you have any concerns about our products,
you can contact us on
ProductSafety@springernature.com

In case Publisher is established outside the EU,
the EU authorized representative is:
**Springer Nature Customer Service Center GmbH
Europaplatz 3, 69115 Heidelberg, Germany**

Printed by Libri Plureos GmbH
in Hamburg, Germany